With great
admiration &
thanks for
translating my
work.

교양인을 위한 인문학 사전

교양인을 위한
인문학 사전

Dictionary of Critical Theory

| 이안 뷰캐넌 지음 | 윤민정·이선주 옮김 | 이택광 감수 |

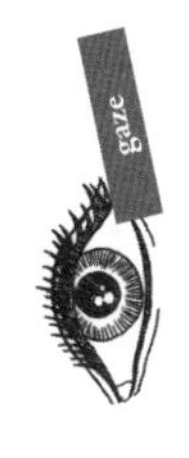

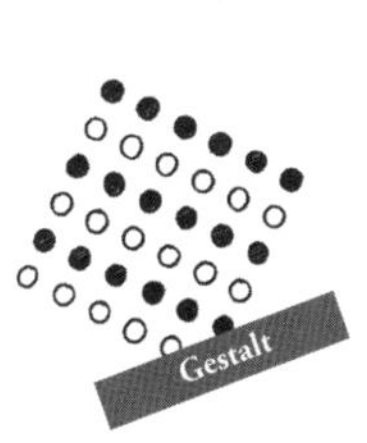

자음과모음

머리말

사전을 쓰는 일은 이상하고 복잡한 작업이다. 하나의 글쓰기로서 사전 쓰기는 저자 자신이 만들어내는 것이 아니라 기준에 의해 정해지기 때문에 이상한 작업이다. 어떤 용어를 정의해야 할지를 결정하는 것 역시 예상만큼 언제나 단순한 일이 아니기 때문에 또한 복잡한 작업이기도 하다. 나는 비평이론이 대개의 분야들보다 더 견고하지 못한 경계를 갖고 있지 않을까 의심해본다. 적어도 이는 비평이론의 기원에 역사, 철학, 정신분석, 사회학이 혼합되어 있기 때문만은 아니다. 비평이론의 상호 학문적 출발은 비평이론이 성장함에 따라 학제 간 상호연관성을 작아지게 하는 것이 아니라 더 증대시켜가고 있다. 바로 이러한 측면이 왜 이와 같은 사전이 필요한가라는 질문에 답할 수 있는 여러 이유 중 하나다.

《교양인을 위한 인문학 사전》(원제: *Oxford Dictionary of Critical Theory*)과 그것의 자매편인 《옥스퍼드 문학용어 사전》(*Oxford Dictionary of Literary Terms*), 《옥스퍼드 철학 사전》(*Oxford Dictionary of Philosophy*)에서 서로 중첩되는 부분을 제한하는 방식으로 나는 다소 자의적으로 경계를 설정했다. 하지만 나머지 두 개의 사전이 다루고 있는 몇몇 동일한 용어를 이 사전에 포함시키는 것이 필요하다고 느꼈던 경우가 몇 차례 있었다. 이는 비평이론이 그 용어들을 문학이나 철학의 학제에서 차용해 새롭게 혹은 확장된 방식으로 사용했기 때문이거나 혹은 비평이론이 실제로 그 용어의 기원의 지점이기 때문이다.

각 항목들을 쓰면서, 해당 용어가 쓰이는 실제의 사례들을 제시함으로써 가능한 한 멀리까지 '어떤 특정 개념이 무엇을 하고 있는가?'라는 불가피한 질문을 예측해보려고 했다. 모든 항목에서 가능한 한 종합적인 설명을 하고자 했지만 또한 그것을 단순하고 명료하게 표현하려고도 노력했다. 때때로 이런 나의 노력 때문에 구체적이고 세부적인 내용이 부족한 항목들이 있기도 하지만 편리성의 향상이라는 측면에서 그것이 가치가 있기를 바란다. 나에게는 너무 어려워서 독자가 그것을 해독하기 위해 여전히 다른 사전을 필요로 하는 항목들을 이 사전에서 제공하는 것은 아무 쓸모가 없어 보였다. 이 사전이 독자들에게 (종결 지점이 아니라!) 고무적인 출발점으로 작용하기를 바란다.

마지막으로 나의 가족 타냐, 코트니, 그리고 세바스찬에게 지난 2년간 이 사전을 쓰는 일을 견뎌준 것에 대해 감사를 표한다. 가족이라 하더라도 그렇게 많이 투덜대며 은둔했던 나의 생활을 참아주는 일은 쉽지 않은 법이다.

이안 뷰캐넌

차례

머리말 005

ㄱ

가다머, 한스 게오르크 019 | 가부장제 021 | 가상 021 |
가장 021 | 가치 021 | 가타리, 펠릭스 023 | 감옥정보그룹 025 |
감정 구조 025 | 강도 026 | 개념 미술 027 | 거대 서사 027 |
거울 단계 027 | 거츠, 클리퍼드 028 | 게슈탈트 029 | 게이 030 |
게이츠, 헨리 루이스 주니어 030 | 겔너, 어니스트 031 | 결핍 032 |
경험주의 032 | 계급 033 | 계급의식 034 | 계급투쟁 035 | 계몽 035 |
계몽의 변증법 036 | 계보학 037 | 고고학 038 | 고프먼, 어빙 038 |
골드망, 뤼시앵 039 | 공간 040 | 공동체 042 | 공리계 042 |
공시와 통시 043 | 공적 영역 043 | 교양소설 044 | 교차 배열법 044 |

구성주의 045 | 구술 치료 045 | 구전성/구술성 046 |
구조적 인과성 046 | 구조주의 064 | 국가(민족) 알레고리 047 |
국제적 스타일 048 | 권위 048 | 규율 049 | 그람시, 안토니오 049 |
그레마스, 알지르다스 쥘리앵 052 | 그리어, 저메인 053 |
그린블랫, 스티븐 054 | 극사실성 055 | 근본주의 056 |
글로컬리제이션 056 | 글리상, 에두아르 057 | 급진적 페미니즘 057 |
기관 없는 신체 058 | 기능주의 059 | 기호 060 | 기호사각형 060 |
기호학 062 | 꿈작업 063

ㄴ

나르시시즘 068 | 남근중심주의 068 | 남성성 069 | 남성중심주의 070 |
낭시, 장 뤽 070 | 낯설게 하기 071 | 내면 투사 071 | 내재성 072 |
내포 독자 072 | 냉소적 이성 073 | 네그리, 안토니오 073 |
네그리튀드 076 | 네오리얼리즘 077 | 노에시스와 노에마 078 |
논리실증주의 078 | 누벨바그 078 | 누보로망 079 |
능동적 그리고 반동적 080 | 니체, 프리드리히 081 | 니힐리즘 084

ㄷ

다다 086 | 다성성 088 | 다중 089 | 단독성 089 | 단독적 보편 090 |
담론 090 | 담론의 구성 091 | 담론의 실천 091 | 대상 092 |
대상관계 이론 093 | 대안적 근대성 094 | 대용 094 | 대위법적 읽기 094 |
대화주의 095 | 데리다, 자크 111 | 데일리, 메리 096 | 데카당스 096 |

도구적 이성 097 | 도덕 비평 098 | 도상 099 | 도상학 099 |
독일 표현주의 100 | 독자 반응 비평 100 |
독자적 텍스트와 작가적 텍스트 101 | 동물행동학 102 |
뒤르켐, 에밀 103 | 듀보이스 105 | 드보르, 기 105 | 드브레, 레지 108 |
들뢰즈, 질 115 | 디아스포라 109 | 디에게시스 110 | 딜타이, 빌헬름 110

ㄹ

라이트, 에릭 올린 120 | 라이히, 빌헬름 121 | 라캉, 자크 158 |
라쿠 라바르트, 필립 122 | 라클라우, 에르네스토 123 |
랑그와 파롤 124 | 랑시에르, 자크 125 | 랭, 로널드 데이비드 126 |
러시아 형식주의 127 | 러커토시, 임레 128 | 레비나스, 엠마누엘 129 |
레비스트로스, 클로드 132 | 로고스 중심주의 135 | 로맨스 135 |
로티, 리처드 136 | 롤스, 존 137 | 뢰벤탈, 레오 138 | 루만, 니클라스 139 |
루카치, 죄르지 140 | 르 되프, 미셸 143 | 르페브르, 앙리 143 |
리비도 146 | 리비스, 프랭크 레이먼드 147 | 리샤르, 장 피에르 149 |
리얼리즘 149 | 리오타르, 장 프랑수아 150 | 리좀 152 | 리처, 조지 153 |
리처즈, 아이버 암스트롱 154 | 리쾨르, 폴 155

ㅁ

마르쿠제, 허버트 162 | 마르크스, 카를 205 | 마르크스주의 164 |
마르크스주의 비평 165 | 마리네티, 필리포 토마소 167 |
마술적 리얼리즘 167 | 마슈레, 피에르 168 | 만들어진 전통 169 |

매클루언, 허버트 마셜 170 | 맥도날드화 171 | 메를로 퐁티, 모리스 172 | 메시아주의 174 | 메츠, 크리스티앙 174 | 메타논평 175 | 메타서사 176 | 메타언어 176 | 메타역사 176 | 메타픽션 177 | 메탈렙시스 177 | 명시 내용과 잠재 내용 178 | 명시와 함축 178 | 모더니즘 179 | 모더니티 181 | 모방 182 | 모순 183 | 모스크바 언어학 서클 183 | 목적론 184 | 몸 184 | 무위의 공동체 185 | 무의식 186 | 무정부 상태 187 | 문제 틀 187 | 문제화 188 | 문학성 188 | 문헌학 188 | 문화 189 | 문화 산업 190 | 문화 연구 192 | 문화 유물론 194 | 문화 이동 196 | 물성 196 | 물신주의(연물주의) 197 | 물화 197 | 미래주의 197 | 미래학 198 | 미메시스 198 | 민족방법론 199 | 민족성 200 | 민족중심주의 201 | 민족지학 201 | 믿을 수 없는 화자 202 | 밀러, J. 힐리스 203 | 밀레트, 케이트 204

ㅂ

바네겜, 라울 209 | 바디우, 알랭 210 | 바르트, 롤랑 211 | 바바, 호미 214 | 바슐라르, 가스통 216 | 바우만, 지그문트 217 | 바이스, 페터 218 | 바쟁, 앙드레 219 | 바타유, 조르주 220 | 바티모, 잔니 222 | 바흐친, 미하일 223 | 반복 강박 225 | 반작용형성 226 | 반정신의학 226 | 반토대주의 227 | 발리바르, 에티엔 227 | 발린트, 마이클 229 | 방향 전환 229 | 백인성 230 | 버틀러, 주디스 231 | 베르그송, 앙리 233 | 베블런, 소스타인 234 | 베텔하임, 브르노 235 | 벡, 울리히 237 | 벤베니스트, 에밀 238 | 벤야민, 발터 239 | 벨, 대니얼 242 | 변증법 243 | 변증법적 비평 245 | 변증법적 유물론 246 | 보드리야르, 장 247 | 보부아르, 시몬 드 250 | 복잡계(복잡성) 이론 251 | 본능 252 | 본래성 253 | 본질 254 | 본질주의 254 | 봉합 254 |

봉합 지점 255 | 뵐플린, 하인리히 255 | 부르디외, 피에르 256 |
부분 대상 259 | 부유하는 기표 259 | 부재 원인 259 | 부정 변증법 259 |
부조리극 260 | 부조리주의 260 | 분배적 정의 261 | 분석철학 262 |
분열분석 262 | 불안 264 | 브레히트, 베르톨트 264 | 브로델, 페르낭 267 |
브르통, 앙드레 268 | 브리콜라주 270 | 블랑쇼, 모리스 271 |
블랙스플로이테이션 272 | 블로흐, 에른스트 273 | 블룸, 앨런 275 |
블룸, 해럴드 275 | BWO 277 | 비릴리오, 폴 277 | 비물질적 노동 279 |
비선형 체계 279 | 비장소 280 | 비체 281 | 비트겐슈타인, 루트비히 281 |
비평이론 285 | 빈학파 287

ㅅ

사라짐 288 | 사르트르, 장 폴 372 | 사이드, 에드워드 289 |
사적 유물론 292 | 사피어-워프 가설 292 | 사회 293 | 사회구성체 293 |
사회생물학 293 | 사회운동 294 | 사회주의 리얼리즘 295 |
사회주의인가 야만인가 296 | 사회주의 페미니즘 297 |
사회학 연구회 297 | 산책자 298 | 삶세계 299 | 상고르, 레오폴 299 |
상대주의 300 | 상부구조 301 | 상상계 301 | 상상의 공동체 301 |
상징 303 | 상징계 304 | 상징적 교환 304 | 상징적 폭력 305 | 상품 305 |
상품 물신주의 305 | 상호텍스트성 307 | 상황 307 | 상황주의 307 |
생기론 310 | 생명권력 310 | 생물학적 결정론 311 | 생산양식 312 |
생정치 313 | 생태 비평 313 | 생태 제국주의 314 | 생태페미니즘 314 |
서구 마르크스주의 315 | 서발턴 316 | 서사극 317 | 서사시 318 |
서사학 318 | 설, 존 로저스 319 | 성좌 319 | 성차별주의 320 |
세계체제이론 321 | 세계화 321 | 세르, 미셸 324 | 세르토, 미셸 드 324 |
세제르, 에메 327 | 소격 효과 328 | 소망 충족 329 | 소비사회 329 |

소쉬르, 페르디낭 드 330 | 소외 331 | 소자, 에드워드 331 |
손택, 수전 332 | 솔레르, 필리프 333 | 수사학 334 |
수용미학 335 | 수용 이론 335 | 수정주의 336 | 수학소 337 |
수행사 337 | 수행성 337 | 숭고 338 | 스케이프스 339 |
스타니슬랍스키, 콘스탄틴 세르게예비치 340 | 스트라우스, 레오 341 |
스티글러, 베르나르 342 | 스펙터클 342 | 스펙터클의 사회 343 |
스피박, 가야트리 343 | 슬로터다이크, 페터 345 | 승화 346 |
시각애호증 346 | 시공성 347 | 시기화 가설 348 |
시네마베리테(영화의 진실) 348 | 시대정신 349 | 시뮬라시옹 349 |
시뮬라크럼 350 | 시민 351 | 시민사회 352 | 시클롭스키, 빅토르 352 |
시학 353 | 식수, 엘렌 353 | 신경증 355 | 신구조주의 355 | 신비평 356 |
신식민주의 357 | 신역사주의 358 | 신인종주의 359 | 신철학자들 359 |
신태그마 360 | 신화 360 | 신화 비평 363 | 신화 시학 363 | 실어증 364 |
실용주의 364 | 실재계 364 | 실제비평 364 |
실제적인 것과 잠재적인 것 366 | 실존주의 367 | 실증주의 368 |
실천 369 | 실천적 타상태 370 | 심리/정신/프시케 370 |
심리적 현실 371 | 심성 371

ㅇ

아감벤, 조르조 376 | 아날학파 377 | 아노미 378 |
아도르노, 테오도어 479 | 아렌트, 한나 379 | 아르토, 앙토냉 380 |
아방가르드 382 | 아비투스 382 | 아우라 383 | 아우어바흐, 에리히 384 |
아이러니 385 | ISA 386 | 아카이브 386 | 아파두라이, 아르준 386 |
아포리아 387 | 안잘두아, 글로리아 388 | 알레고리 388 | RSA 389 |
알튀세르, 루이 389 | 압축 394 | 액어법 394 | 액체 근대성 394 |

앤더슨, 베네딕트 395 | 앤더슨, 페리 395 | 야스퍼스, 카를 398 |
야우스, 한스 로베르트 399 | 야콥슨, 로만 399 | 약한 사유 401 |
약호 402 | 약호화/탈약호화 403 | 양가성 403 | 양성성 404 | 억압 405 |
억압 가설 405 | 억압적 관용 406 | 억압적 국가장치 406 |
억압적 탈승화 407 | 언리학 407 | 언어 놀이 409 | 언어능력과 수행 409 |
언어 비평 410 | 언어적 전회 410 | 언캐니 410 | 얼굴 411 | 에고 412 |
에이젠슈테인, 세르게이 412 | 에코, 움베르토 413 | 에포케 416 |
에피스테메 416 | 엠프슨, 윌리엄 416 | 엥겔스, 프리드리히 418 |
여성 비평 420 | 여성성 420 | 여성적 글쓰기 422 | 역 422 |
역사기술학 423 | 역사주의 423 | 역행 대용 423 | 연속성 424 |
연어 424 | 열린 작품과 닫힌 작품 424 | 영향에 대한 불안 425 |
예술 세계 425 | 예일 해체학파 426 | 옐름슬레우, 루이 426 |
오리엔탈리즘 427 | 오브제 (프티) 아 428 | 오스트라네니예 429 |
오스틴, 존 랭쇼 430 | 오용 431 | 오이디푸스 콤플렉스 431 | 오인 433 |
오제, 마르크 433 | 오토포이에시스 436 | 오포야즈 436 |
왓킨스, 글로리아 437 | 왜상 437 | 욕망 437 | 욕망 생산 438 |
욕망하는 기계 438 | 울리포 439 | 원초적 장면 440 | 원한 440 |
원형 441 | 월러스틴, 이매뉴얼 441 | 웰렉, 르네 442 |
위니컷, 도널드 우즈 443 | 위티그, 모니크 444 | 위험 사회 445 |
윌리엄스, 레이먼드 446 | 유기적 지식인 447 | 유명론 448 |
유목주의(노마디즘) 448 | 유사 원인 449 | 유아론 449 | 유토피아 450 |
유혹 이론 450 | 68년 5월 451 | 융, 카를 452 | 융합 그룹 454 | 은유 454 |
은폐 기억 455 | 음성중심주의 455 | 음소 455 | 응시 455 |
의도의 오류 456 | 의례적 기능 457 | 의미 분석 457 | 의미장 457 |
의사소통 행위 458 | 의식의 흐름 458 | 의인법 458 | 의존적 자기애 459 |
이글턴, 테리 459 | 이데올로기 461 | 이데올로기적 국가장치 462 |
이드 463 | 이론 464 | 이리가레, 뤼스 464 | 이마고 467 |
이상적 자아 467 | 이야기와 플롯 467 | 이어성 467 | 이저, 볼프강 468 |

이중 의식 469 | 이항 대립 469 | 인본주의 470 | 인식론 470 |
인식론적 단절 471 | 인종 471 | 인지적 소외 472 | 인지적 지도 472 |
일상생활 473 | 일상 언어철학 476 | 임시 자율 구역 476 |
잉가르덴, 로만 477

ㅈ

자기기만(거짓 신념) 484 | 자리, 알프레드 485 | 자아 이상 485 |
자유 간접 스타일 486 | 자유연상 486 | 작가성 486 |
작가 이론 487 | 작품과 텍스트 488 | 잔혹극 489 | 잠재 내용 490 |
잡종성(혼종성) 490 | 장(필드) 491 | 장기 지속 492 | 장르 492 |
장치 493 | 재현 493 | 재현체 493 | 쟁론 494 | 저자의 죽음 494 |
저항 495 | 전략과 전술 496 | 전략적 본질주의 496 | 전술 497 |
전의 497 | 전이 497 | 전쟁 기계 498 | 전치 499 | 전환사 499 |
접촉 지대 500 | 정동 500 | 정동의 쇠퇴 501 | 정서의 오류 502 |
정신병 502 | 정신분석 503 | 정신분석 비평 505 | 정신지리학 507 |
정체성 508 | 정체성 정치학 508 | 정치적 무의식 509 |
정치적 올바름 509 | 제1세대 페미니즘 510 | 제2세대 페미니즘 510 |
제3공간 512 | 제3세계 513 | 제3세대 페미니즘 514 | 제국 514 |
제네바학파 516 | 제유 517 | 제임슨, 프레드릭 517 | 젠더 521 |
존재론 522 | 종속 이론 522 | 종 편견 523 | 주권 523 |
주네트, 제라르 524 | 주이상스 525 | 주인성 526 | 주체 526 |
죽음 충동 526 | 중층 결정 527 | 중층 기술 528 | 즈다노프주의 529 |
즉자성/대자성 529 | 지금 시간 530 | 지시 대상 530 | 지시어 530 |
GIP 530 | 지정학적 미학 531 | 지젝, 슬라보예 531 | 지표 533 |
지향성 533 | 지형학 533 | 진술 534 | 진술사 535 | 질 기호 535 |

짐멜, 게오르크 535 | 집단 무의식 537 | 징후적 독해 538

차연 539 | 초근대성 540 | 초자아 541 | 초현실주의 542 |
촘스키, 노암 544 | 추상주의 546 | 충동 547

ㅋ

카니발성 549 | 카섹시스 550 | 카스토리아디스, 코르넬리우스 551 |
카우츠키, 카를 552 | 카타르시스 553 | 칸트, 임마누엘 553 |
칼비노, 이탈로 556 | 캉길렘, 조르주 557 | 코드 전환 558 | 코라 558 |
코르슈, 카를 559 | 코브라 561 | 코이레, 알렉상드르 562 |
코제브, 알렉상드르 563 | 코즈모폴리터니즘 564 | 콤플렉스 565 |
쾌락 566 | 쾌락원칙 567 | 쿠퍼, 데이비드 567 | 쿤, 토머스 새뮤얼 568 |
퀴어 연구 569 | 퀴어 이론 570 | 크라카우어, 지그프리트 571 |
크레올성 573 | 크리스테바, 줄리아 574 | 클라인, 멜라니 576 |
클로소프스키, 피에르 577 | 키치 579 | 키틀러, 프리드리히 579

ㅌ

타우시그, 마이클 581 | 타자 582 | 타자성 582 | 타자학 583 |

탈산업사회 583 | 탈승화(역승화) 584 | 탈식민주의 연구 585 |
탈식민지화 587 | 탈약호화 588 | 탈영토화 588 |
탈중심화된 구조 588 | 테크닉스 589 | 텔켈 589 | 토대주의 590 |
토도로프, 츠베탕 590 | 토착문화부흥주의 591 | 토착원주민성 592 |
토포스 592 | 톰슨, 에드워드 파머 592 | 통각 593 | 통시적 594 |
통치성 594 | 퇴니스, 페르디난트 595 | 투렌, 알랭 595 | 투사 596 |
특질 597 | TAZ 597

ㅍ

파놉티콘 598 | 파농, 프란츠 599 | 파라텍스트 602 | 파라프락시스 602 |
파롤 602 | 파리프로이트학파 602 | 파불라와 수제 603 |
파이어스톤, 슐라미스 603 | 파이어아벤트, 파울 604 | 파타피직스 605 |
파편화된 몸 606 | 판타스마고리아 606 | 판타지 606 | 팔루스 607 |
패러다임 607 | 패스티시 608 | 팰림프세스트 608 |
퍼스, 찰스 샌더스 608 | 페르소나 611 | 페미니스트 이론 611 |
페미니즘 636 | 페쇠, 미셸 614 | 편집증 비평적 방법 614 | 폐제 615 |
포드주의 615 | 포르트/다 616 | 포스트모더니즘 640 |
포스트모더니티 616 | 포스트모던 616 | 포스트모던의 조건 617 |
포스트 페미니즘 617 | 포스트 휴머니즘 617 | 포퍼, 칼 618 | 표류 619 |
표현주의 620 | 푸코, 미셸 646 | 풀란차스, 니코스 621 |
프라이, 노스럽 622 | 프라하 언어학 서클 624 | 프락시스 624 |
프랑스 뉴웨이브 625 | 프랑크, 만프레트 625 | 프랑크푸르트학파 625 |
프레게, 고틀로프 629 | 프로이트, 안나 630 | 프로이트, 지그문트 652 |
프로프, 블라디미르 631 | 프롬, 에리히 632 | 프리던, 베티 632 |
피분석자 633 | 피시, 스탠리 633 | 필름 누아르 634 | 핍진성 635

ㅎ

하버마스, 위르겐 657 | 하부와 상부구조 660 | 하비, 데이비드 660 |
하위문화 661 | 하이데거, 마르틴 662 | 하이퍼텍스트 664 |
하트, 마이클 665 | 함축 667 | 합리성 667 | 합리적 선택 이론 667 |
해러웨이, 도나 668 | 해석 공동체 669 | 해석학 669 | 해체 670 |
행동자 671 | 행동주의 672 | 행위자 672 | 행위자 연결망 이론 673 |
허위의식 673 | 헐벗은 삶 674 | 헤게모니 675 |
헤겔, 게오르크 빌헬름 프리드리히 675 | 헤테로토피아 679 |
현대화 680 | 현상학 681 | 현실시험 682 | 현실원칙 682 | 현실효과 683 |
현재를 향한 향수 683 | 현존재 684 | 형이상학 684 | 호가트, 리처드 685 |
호르크하이머, 막스 685 | 호명 688 | 호모 사케르 689 |
혼합성/문화융합 689 | 홀, 스튜어트 690 | 홉스봄, 에릭 691 |
화용론 692 | 화이트, 헤이든 692 | 화행 693 | 환유 693 |
회복된 기억 693 | 후기 구조주의 694 | 후기 자본주의 695 |
후설, 에드문트 695 | 후쿠야마, 프랜시스 698 | 훅스, 벨 699 | 흐름 699 |
히스테리 700 | 히스테리적 숭고 701

추천된 웹 링크 703
표제어 목록 705
옮긴이의 말 723

일러두기

1. 거론한 책이 한국에서 출간된 경우 출간된 표제를 따랐다(예를 들어 데이비드 리카도,《정치경제학과 과세의 원리에 대하여》, 권기철 옮김, 책세상, 2010).
2. 단행본과 잡지, 신문은《 》, 시와 논문, 에세이, 강연, 영화, 음악 등의 표제는〈 〉로 표기했다.
3. 모든 항목은 한글 자모순으로 배열했다.
4. 외국어와 외래어 표기는 국립국어원의〈외래어 표기법〉에 따르되, 일부 인명 표기는 관습에 따라 예외를 두었다.
5. 부호와 약물은 다음과 같이 사용했다.

   * : 표제어 표시

   → : 해당 표제어로 이동

   ' ' : 특히 강조하거나 다른 말과 구별이 필요할 때

   " " : 남의 말을 직접 인용할 때

   ( ) : 한자 또는 원어를 병기할 때

   ①, ② : 어떤 사실을 조목조목 나열해서 설명할 때
6. 웹 링크

   이 사전에 수록된 많은 항목은 웹 링크를 추천하고 있다. 항목의 말미에서 **⊙웹 링크** 기호를 보면 이 사전의 웹 페이지 www.oup.com/uk/reference/resources/criticaltheory에 가서 자료 부문에 있는 웹 링크를 클릭하고, 알파벳 순서로 된 목차의 항목을 클릭하라. 그런 다음 연관된 웹사이트로 바로 클릭해서 가라. 부가적인 웹 링크들은 부록에 있다.

가다머, 한스 게오르크 Gadamer, Hans-Georg (1900~2002)

*해석학 연구로 유명한 독일의 철학자. 가다머는 마르부르크에서 태어났으며 그의 아버지는 그곳의 약학대학 교수로 있었다. 자연과학을 공부하라는 부모의 압박이 있었지만 가다머는 대학 시절 인문학을 공부했다. 처음에는 브레슬라우(현 폴란드의 브로츠와프)에서, 그다음에는 마르부르크에서 공부한 후 1922년 플라톤의 *쾌락의 본질에 대한 논문으로 학위를 마쳤다. 당시 마르부르크 전역을 소아마비 전염병이 휩쓸고 있었는데, 불행히도 가다머가 소아마비에 걸리고 말았다. 그 당시에는 소아마비가 치료할 수 없는 병이었으므로 가다머는 침대에만 누워 있는 길고 고통스러운 요양 기간을 견뎌야 했다.

가다머가 긴 요양 기간을 잘 보내도록 도와주기 위해 그의 스승 파울 나트로프는 당시 알려지지 않은 젊은 학자였던 마르틴 *하이데거가 아리스토텔레스의 *현상학적 해석에 대해 다룬 미출판 원고를 그에게 보냈다. 가다머는 건강을 회복하고 난 다음 오로지 이 에세이의 매력에 이끌려 프라이부르크로 옮겼다. 그는 하이데거의 지도 아래 박사 학위 논문에 착수했고 매우 엄선된 젊은 철학자들로 이루어진 모임에도 참여했다. 이 모임의 젊은 학자 중에서 레오 *스트라우스, 카를 뢰비트, 한나 *아렌트 같은 많은 이가 당당히 중요한 인물들로 성장하게 된다. 1928년 가다머는 연구를 끝마쳤고, 그즈음 하이데거 또한 옮겨왔던 마르부르크 대학교에서 비정년 교수직을 받았다. 플라톤의 변증법적 방법에 대한 가다머의 박사 학위 논문은 1931년에 출판되었다. 이 논문은 거의 30년 동안 그가 실재에 관해 쓴 유일한 책이었다! 이는 부분적으로 가다머가 전 스승(하이데거)과 반대로 나치당원이 아니었고, 나치당에도 결코 가입하지 않았기 때문이다. 그래서 그는 나치 정권에서 침묵을 강요당했다. 가다머는 결코 적극적으로 나치 정권을 반대하지는 않았지만 이러한 자세는 전후 그에게 좋은 영향을 미쳤다.

1945년 가다머는 라이프치히 대학교 총장이 되었다. 그는 자신의 직위를 활용해 독일의 정신적 재구성의 필요성을 논의하는 학회와 철학적 사유의 자율성을 방어하기 위한 학회 등 다양한 학회를 주관했다. 그러나 그는 동독에서의 삶이 자신과 맞지 않는다는 사실을 알게 되었다. 그래서 1947년 서독으로 이주했다. 가다머는 처음에 테오도어 *아도르노와 막스 *호르크하이머 등 자신의 동료들이 있는 프랑크푸르트로 갔다. 그런 다음 하이델베르크로 완전히 옮겨 1949년부터 50년 후 죽을 때까지 그곳에서 살았다. 그곳에서 가다머는 그의 저서 중 가장 유명한 책인《진리와 방법》(*Wahrheit und Methode: Grundzüge einer philosophischen Hermeneutik*, 1960 / *Truth and Method*, 1975)을 썼다. 그는 이 책에서 철학적 해석학을 만들어내기 시작했다. 가다머는 프리드리히 슐라이어마허의 심리주의와 그가 강조했던 저자의 의도를 거부하고, 그 대신 역사에 따라 생산된 집단의식(*wirkungsgeschichtliches Bewußtsein*)에 대한 이해를 바탕으로 텍스트의 진리를 찾으려고 했다. 이러한 작업에서 가다머가 이루고자 했던 목표는 텍스트를 이해하고 해석하는 데 작동하게 되는 (가다머가 명명했던 대로) 선구조(fore-structure)를 파악하는 것이었다.

+ 더 읽을거리

J. Grondin, *Hans-Georg Gadamer: A Biography*, 2003.

C. Lawn, *Gadamer: A Guide for the Perplexed*, 2006.

가부장제 patriarchy

이 용어는 원래 인류학에서 연장자인 남성(보통은 아버지 혹은 할아버지)이 가족생활을 통제하는 가족 구조를 가리키는 용어였다. •페미니즘에서 이 용어는 미시적·거시적 차원 모두(다시 말해, 개별 가족은 물론이고 권력의 주요 기관들까지)에서 남성이 통제권을 장악한 사회 전체를 가리키는 말로 확장되었다. 가부장적 사회는 본원적으로 위계적이다. 하나의 집단/남성들이, 단지 그들의 •젠더에 기초해 다른 집단/여성들에 대해 우위를 점하고 특권을 행사한다. '유리 천장'(자격을 갖추었음에도 한 사회에서 여성이라는 이유로 최고 지위에까지 올라가지 못하는 현상을 가리키는 말) 같은 흔히 쓰이는 표현에 이와 같은 상황이 반영되어 있다.

가상 virtual →실제적인 것과 잠재적인 것

가장 masquerade

사회적으로 기대되는 역할, 달리 말하면 •페르소나를 채택하고 그에 합당한 외양/표현을 지속하게끔 하는 심리학적 현상을 가리키는 정신분석학의 용어. 영국의 정신분석학자 조앤 리비에르가 〈가장으로서의 여성성〉(Womanliness as Masquerade, 1929)이라는 논문에서 처음 썼다. 저메인 •그리어 같은 페미니스트 문화비평가들이 빈번하게 써왔음에도 온전히 발전된 개념이 되지는 못했다. 이 개념은 주디스 •버틀러가 발전시킨, 정교하고 세련된 •수행성 개념의 전신으로 볼 수도 있다.

가치 value

어떤 사물(재화나 용역)의 절대적이며 상대적인 가치를, 그것을 소유한 사람과 기타 사람들에게 구분하는 척도. 본원적으로 위계적인 것으로서 가치는 여러 다른 분야에서 쓰인다. 가치를 이론화하는 주요 방식이 두 가지 있다. 하나는 윤리적 문제로서의 가치이고 다른 하나는 경제적 문제로서의 가치다. 최근 지속 가능성에 대한 연구들은 이 두 문제를 결합하고자 한다. 두 문

제가 결합할 때 윤리적 선택과 경제적 선택은 하나로 동일한 것이 된다.

윤리학에서 가치는 *일상생활에 중대한 영향을 미치는 아이디어와 개념의 차이를 결정하는 수단이다. 예를 들어, 자유와 생명이라는 개념은 태아가 갖는 삶의 권리와 아이를 낳을지 결정하는 태아 모친의 권리와 대립한다. 이와 마찬가지로 문제적인 것이 불치병 환자의 죽을 권리 대 의료 전문인의 생명에 대한 헌신이다. 미셸 *푸코와 조르조 *아감벤이 지적하듯이, 생명에 대해 이런 방식으로 가치를 부여하는 일이 새로운 형태의 *통치성을 낳았다. 이것을 푸코와 아감벤은 *생명권력이라 했다.

경제학에서는, 그 누구보다 카를 *마르크스가 가치의 의미를 철저히 사유하는 데 주력했다. 그러나 마르크스의 가치 이론은 아리스토텔레스에서 시작하는 유구한 철학적 탐구의 전통 위에 서 있다. 어떤 사물의 사용가치(실제로 그 사물을 사용하는 사람에게 그것이 갖는 가치)와 교환가치(그 사물과 교환하는 대가로 다른 사람이 내놓을 용의가 있는 다른 사물) 사이에 차이가 있음을 처음 주목한 이는 아리스토텔레스다. 사용가치의 경우, 사물의 본원적인 물리적 속성이 가치를 결정한다(예를 들어, 다른 도끼보다 더 잘 드는 도끼는 다른 도끼보다 더 좋은 재료로 만들어졌다). 교환가치는 사회적으로 구성되며 특정 사회의 변덕과 취향(예를 들어, 유행)에 따라 끊임없이 변한다.

아리스토텔레스는, (현대적인 상황으로 옮겨보면) 차가 집보다 가치가 더 크다면 그것은 정도에서 벗어난 일이라고 간주했다. 소유자에게, 차보다는 집이 가질 가치가 훨씬 더 크다는 것이 명백하기 때문이다. 마르크스는 이러한 사태가 자본주의에서는 정상적인 것이라고 보고 자신의 가치 이론으로 이를 설명하고자 했다. '가치의 노동 이론'이라 불리곤 하는 마르크스의 가치 이론은 고전 경제학자 데이비드 리카도의 유명한 저서《정치경제학과 과세의 원리에 대하여》(*Principles of Political Economy and Taxation*, 1817)에 기반을 둔다. 마르크스는 가치를 주어진 상품이 체현(혹은 그것에 내재)하는 '사회적으로 필요한 추상적 노동'에 상대적인 것으로 정의했다. 탁자를 만드는 데는 10시간 노동이 필요하고 차를 만드는 데는 1만 시간 노동이 필요하다면, 차는 탁자보다 더 가치가 있다. 이 사실은 화폐(마르크스에게는 화폐가 하나의 *상품이다)

가 모든 사물의 교환가치를 표준화하는 과정에서 은폐되는 경향이 있다.

+ 참고
데이비드 리카도, 《정치경제학과 과세의 원리에 대하여》, 권기철 옮김, 책세상, 2010.

가타리, 펠릭스 Guattari, Félix (1930~1992)

프랑스의 정신분석가, 정치적 행동주의자, 철학자. 가타리는 프랑스의 철학자 질 •들뢰즈와 함께 쓴 책들 《앙티 오이디푸스》(*L'Anti-Oedipe: Capitalisme et Schizophrénie*, 1972 / *Anti-Oedipus*, 1977), 《카프카: 소수적인 문학을 위하여》(*Kafka: Pour une Littérature Mineure*, 1975 / *Kafka: Toward a Minor Literature*, 1986), 《천 개의 고원》(*Mille Plateaux: Capitalisme et Schizophrénie 2*, 1980 / *A Thousand Plateaus: Capitalism and Schizophrenia*, 1987)과 《철학이란 무엇인가》(*Qu'est-ce que la Philosophie?*, 1991 / *What is Philosophy?*, 1994)로 유명하다. 또한 그는 자기 혼자서 《정신분석과 횡단성》(*Psychanalyse et Transversalité*, 1972)과 《분자적 혁명》(*La Révolution Moléculaire*, 1980 / *Molecular Revolution*, 1984), 《분열분석에 관한 지도》(*Cartographies Schizoanalytiques*, 1989) 같은 중요한 책을 몇 권 썼다.

들뢰즈를 만나기 전, 가타리는 프랑스에서 이미 정치운동가로서 악명을 얻었다. 그는 프랑스 언론에서 '미스터 안티'로 유명했다. 그는 알제리의 탈식민화부터 프랑스 감옥에서 죄수에 대한 처우 개선(가타리는 미셸 •푸코의 •감옥정보그룹의 일원이었다), 프랑스 정신병원에서 정신적으로 아픈 환자들의 처우 개선, 자유라디오 설립, 동성애자 권리 그리고 환경 정치에 이르는 다양한 명분을 위해서 대중적 캠페인을 벌였다. 1973년 그는 기 오캉갬과 르네 셰레가 편집하는 저널 《탐구》(*Recherches*)의 〈30억의 도착자: 동성애자에 관한 백과사전〉(Trois milliards de pervers: Grande Encyclopédie des Homosexualités)이라는 도발적인 제목을 붙인 특별호를 출판함으로써 프랑스 국민을 격분시켰다. 프랑스 법원은 이 특별호를 금지했고 모든 사본을 폐기하라는 명령을 내렸다. 가타리 또한 600프랑 벌금형을 선고받았지만 그는 당당하게 결코 벌금을 내지 않았다. 가타리는 1977년 붉은 여단과 연루된 테러 혐의로 체포된 이탈리아의 •마르크스주의 이론가 안토니오 •네그리와 공동 연구를 한 것 때문에 훨씬 더 많은 논쟁을 불러일으켰다. 또한 가타리는 바더 마인호프단(적군파)에 동조하는 독일의 변호사 클라우스 크루아상을 독일에서 프랑스로 인도하는 데 반대하는 발언을 했다. 1950년대 후반과 1960년대 초반 그는 알제리 민족해방전선을 위해 현금을 운반하기도 했다.

가타리의 *행동주의는 1953년 장 우리가 '제도를 탈제도화하는' 급진적으로 새로운 형식의 간호를 제공할 목적으로 창립한 라 보르드라는 개인 정신병원에서 심리치료사로 임상 실습에 참여하면서 알려지게 되었다. 라 보르드에서 요리사와 청소부를 포함한 모든 직원은 환자들을 위해 치료를 제공하는 일에 참여했다. 그곳의 환자는 대부분 정신병자들이었다. 그리고 의사들과 간호사들을 포함한 모든 직원은 병원을 유지하는 데 참여했다. 가타리는 집단 행동을 조직하고 직원과 환자 간의 장벽을 허물어뜨리는 일을 도와줄 능력이 있었기 때문에 우리에게 발탁되었다. 가타리는 1969년 '분석가 회원'이라는 지위를 얻은 후 프랑스에서 가장 중요한 지그문트 *프로이트 해석가인 자크 *라캉에게서 공식적으로 *정신분석 훈련을 받았다. 비록 라캉이 만든 학파인 *파리프로이트학파가 라캉이 죽고 얼마 되지 않아 해체될 때까지 가타리가 그곳의 회원으로 남아 있었다고 하더라도 라캉은 물론 라캉적인 정신분석과 그의 관계는 좋게 말해서 양가적이었다. 가타리의 비망록《앙티 오이디푸스와 관련된 글들》(*The Anti-Oedipus Papers*)이 출판되면서 그들이 특히《앙티 오이디푸스》 출판 이후 얼마나 긴장된 관계였는지 명백히 드러나게 된다(들뢰즈와 가타리의 말에 따르면 비록《앙티 오이디푸스》가 라캉학파로부터 라캉을 구원하기 위해 계획되었다 할지라도).

가타리는 로널드 데이비드 *랭과 데이비드 *쿠퍼 같은 반정신의학자들의 전략에는 동의하지 않았는데도 그들처럼 장 폴 *사르트르의 *실존주의 철학에 깊은 영감을 받았다. 심리 치료 접근법을 기술하기 위해서 중요한 용어인 *분열분석을 전개할 때 가타리가 주도한 목표는 정신분석, 특히 프로이트적인 형식과 라캉적인 형식을 정신분석 내부로부터 재발명하는 것이었다. 정신분석에 대한 가타리의 반박은 정신분석이 지나치게 규범적이라는 것이었다. 정신분석의 기본 치료 방향은 정신분석이 이전의 정상적 상태라고 추정하는 어떤 상태로 환자를 회복하려고 시도하는 것이다. 반면에 가타리는 정신병적 에피소드가 일어난 후에는 돌아갈 곳이 없으므로 거기서부터 앞으로 나아가야만 한다고 생각했다. 말년에 접어들면서 가타리는 통합된 세계 자본주의 이론을 발전시켰다. 그래서 그는 세계화 이론의 선구자가 되었고 마이클 •하트와 안토니오 •네그리의 •제국이라는 개념에 주요한 영향을 미쳤다(→ 반정신의학; 라캉; 마르크스주의; 분열분석).

+ 더 읽을거리

F. Berardi, *Félix Guattari: Thought, Friendship, and Visionary Cartography*, 2008.
F. Dosse, *Gilles Deleuze et Félix Guattari: Biographie Croisée*, 2007.
G. Genosko, *Félix Guattari: A Critical Introduction*, 2009.
J. Watson, *Guattari's Diagrammatic Thought: Writing between Lacan and Deleuze*, 2009.

감옥정보그룹 *Groupe d'Information sur les Prisons* / Group for Information on Prisons

미셸 •푸코가 장 마리 도므나슈와 피에르 비달 나케와 협력해 프랑스 감옥의 상황을 알릴 목적으로 1970년 설립한 단체. 감옥정보그룹은 근본적으로 감옥-개혁을 옹호하는 지지자들의 단체가 아니다. 하지만 죄수들이 어쩔 수 없이 살아가야만 하는 끔찍한 조건을 세상에 알릴 때 그 목적은 변화를 촉진하는 것이었다. 전자우편과 인터넷이 나타나기 이전에 활동했던 이 단체의 다양한 멤버는 죄수들과 그들의 부인들, 간수들을 인터뷰하고 자체 발간한 팸플릿에 조사 결과를 실음으로써 정보를 수집했다. 이 단체는 질 •들뢰즈, 장 주네, 장 폴 •사르트르 같은 명사를 멤버로 끌어들였다.

+ 더 읽을거리

D. Macey, *The Lives of Michel Foucault*, 1993.

감정 구조 structure of feeling

레이먼드 •윌리엄스는《영화에 쓰는 서문》(*Preface to Film*, 1954)에서 극적 관습과 문서 텍스트의 관계를 논의하면서 이 용어를 고안했다. 윌리엄스의 관심은 특정 관습의 사회적 수용 가능성에 있었다. 셰익스피어 극에서 흔히 보는 오인된 •정체성이라는 주제를 생각해보라. 이 주제는 특수 효과의 도움은 받지 못하지만 관습을 통해 설득력을 갖는다. 후기 저작, 특히 《기나긴 혁명》(*The Long Revolution*, 1961)에서 윌리엄스는 이 개념을 한층 더 발전시키고, 이 개념을 바탕으로 안토니오 •그람시의 •헤게모니 개념을 •문제화(논박은 아니지만)한다. '상식'으로 볼 수도 있고 특정 시대와 장소에서 지배적인 사고의 방식으로 볼 수도 있는 헤게모니는 실상 결코 절대적이지 않다고 윌리엄스는 말한다. 새로운 사고방식이 부상할 수 있는 내적 역학이 언제나 존재한다. 감정 구조는 역사의 어떤 순간에 부상하기 위해 서로 경쟁하는 각기 다른 사고의 방식을 가리킨다. 감정 구조는 정책과 규제에 관한 공식적 •담론, 공식적 담론에 대한 대중적 반응, 그리고 문학과 기타 문화 텍스트들에서 일어나는 이것들의 전유, 이들 사이에 존재하는 간극에서 드러난다. 윌리엄스가 사고 대신 감정이라는 말을 쓰는 것은, 그것이 명확하고 온전하게 표현되는 무엇이 아니며 행간을 읽음으로써 유추할 수 있는 무엇임을 보여주기 위해서다. 이 용어가 모호하다면, 그것은 이 말이 실상 어떤 한 궤적(trajectory)으로 보아야 할 무엇을 가리키기 때문이다. 이 후기의 정식화가 널리 알려져 있다.

+ 더 읽을거리

A. O'Connor, *Raymond Williams: Writing, Culture, Politics*, 1989.

+ 참고

레이먼드 윌리엄스, 《기나긴 혁명》, 성은애 옮김, 문학동네, 2007.

강도 intensity

언어철학에서 파생된 질 •들뢰즈의 용어. 어떤 것이 한 종류의 사물이지 또 다른 종류의 사물이 아니라는 것을 결정하는 특정 기준을 나타낸다. 들뢰즈가 •정동을 포함해서, 문자 그대로 모든 것의 •존재론을 이론화하려고 이 용어를 사용하기 때문에, 강도는 특별히 강렬한 경험의 종류를 가리킨다는 오해를 종종 받는다. 그러나 이는 잘못된 것이다. 이 용어의 본래 기원은 강화와 확장 간의 논리적 관계다. 만일 파란색을 예로 들어본다면, 파란색을 확장한다면 파란 세계에 있는 모든 것이 그 대상이다. 반면에 강화는 어떤 사물을 파랗다고 인식할 수 있도록 만드는 구체적인 특색의 집합이다. 이런 의미에서 강도는 또한 대단히 역설적이게도 차이의 확장으로도 이해될 수 있다(→단독성).

개념 미술 conceptual art

예술의 목적을 아이디어의 창조라고 보는 비재현적 예술 형식. 그러한 것으로서 예술의 대상은 완결된 작품이 아니라 예술이 관객에게 불러일으키는 아이디어다. 개념 미술은 물리적 영속성을 보존할 필요성에는 관심을 두지 않는다. 따라서 사실상 어떤 사건을 찍은 사진은 단지 그 사건의 존재를 기록한 것일 뿐이다. 주목받는 개념 미술가로는 요제프 보이스, 클래스 올덴버그, 조지프 코수스가 있다.

거대 서사 grand narrative / *grand récit*

장 프랑수아 *리오타르의 용어로 어떤 사회적 행동과 실천을 합법화하기 위한 기능을 수행할 수 있는 생각, 개념, 관념 혹은 신념을 뜻한다. 예를 들어, 프랑스혁명 이래 혁명이라는 개념은 대규모 프로그램의 사회적 변화를 합법화하는 데 기여했다. 이와 비슷하게 *계몽이라는 개념은 세속적인 명분을 지향하는 운동을 합법화하는 데 봉사했다. *포스트모던 시대의 특징을 모든 거대 서사에 대한 불신이라고 정의하는 리오타르에 따르면, 그러한 거대 서사는 이제 더는 기능하지 않는다. 그러나 몇몇 비평가는 모든 거대 서사가 소멸되었다고 말하기는 너무 이르다고 주장했다. 많은 사람이 생각하는 *마르크스주의는 여전히 사회적 삶에 의미와 일관성을 부여할 힘을 보유하고 있다. 영미권 *문화 연구에서 거대 서사는 *이데올로기를 지배하는 어떤 형식을 의미한다고 해석되었다. 이 경우 거대 서사는 이데올로기를 억압적인 것이라고 코드화한다.

거울 단계 mirror stage / *stade du miroir*

자크 *라캉의 *정신분석 용어. 유년기의 발달 과정에서 *에고가 형성되는 단계를 가리킨다. 라캉의 이론은 그의 친구인 심리학자 앙리 왈롱이 했던, '거울 테스트'라 불리는 실험에 기초한 것이다. 이 실험에서 왈롱은 6개월령 인간 영아와 월령이 비슷한 침팬지들이 거울 앞에서 보이는 반응을 기록해 비교했다. 왈롱이 보기에 그리고 라캉이 보기에 이 실험에서 주목할 점은, 인간 영아들이 완전히 거울 이미지에 매혹된 데 반해 침팬지는 거울 속 자기 이미지에 제한된 관심만 보였다는 것이다. 여기서 라캉은 인간 영아들이 거울 속 이미지를 실제 자기 자신으로 *오인했다는 결론을 내렸다. 실험 속 아기들은 삶에서 최초로 자신을 전체로 보여주는 이미지를 획득하며, 그렇게 해서 그 순간 이전의 자기 육체는 *파편화되어 있었다는 *나르시시즘적 감각을 갖게 된다. 또한 이 아기들은 자신의 육체가 환경으로부터 독립적이며 다른 육체들로부터도 독립적임을 본다. 이러한 경로를 거쳐 주체는 자신에게서 *소외된다. 다시 말해, 거울 단계는 주체를 상상계 속에 편입시킨다.

거츠, 클리퍼드 Geertz, Clifford (1926~2006)

미국의 문화인류학자. 거츠는 샌프란시스코에서 태어나 제2차 세계대전 중에는 해군에서 복무했다. 앤티오크 칼리지에서 '제대군인 원호법(GI Bill)' 연구로 학사 학위를 마쳤다. 이 법을 연구한 것이 하버드 대학교에서 박사 학위를 받는 일로 이어졌다. 그는 (인도네시아에 있는) 자바에서 이 연구를 하기 위한 방대한 현장 연구를 했다. 현장 연구 작업 대부분을 인도네시아에서 했지만 그는 모로코에서 상당 기간을 보냈다. 그는 시카고 대학교와 프린스턴 대학교에서 교수를 했다. 거츠는 다섯 번째 책《문화의 해석》(*The Interpretation of Cultures*, 1973)으로 국제적인 주목을 받았다. 더 중요한 것은 그가 이 책으로 전문적인 인류학계 바깥의 독자층을 얻게 되었다는 것이다. 거츠는 인류학 연구에 '중층적 기술'이라는 새로운 사고 방법을 제안했다. 그는 이 용어를 영국의 분석철학자 길버트 라일에게서 빌려왔다. 거츠는 문화를 하나의 '행동으로 옮겨진 문서'라고 서술하면서 인류학의 대상, 즉 인류학자들이 실제로 연구하는 것이 그 자체로 '중층적 기술'이라고 주장했다. 인류학의 대상은 인류학자가 구성하면서 동시에 해석하는 여러 가지 암호화된 '텍스트'이기 때문이다. 모든 인간의 행동은 상징적 행위이므로 인류학적 현장 연구는 이러한 상징이 고정되어 있다거나 변화하지 않는다고 생각하는 함정에 빠지지 않으면서 동시에 상징이 문화 속에서 조작되는 다양한 방식을 배우는 것으로 이루어졌다고 주장했다. 따라서 거츠의 주장에 따르면 인류학적 해석은 허구다. 거짓이라는 의미에서가 아니라 오히려 (허구라는 용어의 본래 뜻처럼) 만들어지거나 구성된다는 의미에서, 도식화될 수 없다는 의미에서 그러하다. 거츠는 이러한 논제를 이후 저술한《지역적 지식》(*Local Knowledge*, 1983)에서 심화·발전시켰다. 거츠의 방법은 *포스트모더니즘의 도래를 알린 *상대주의와 *실용주의를 향한 변화와 일치했고, 그의 저술은 대단히 다양한 영역, 특히 문학 연구와 *문화 연구에 막대한 영향을 미쳤다. *신역사주의의 선두적 학자인 스티븐 *그린블랫은 거츠에게 이론적으로 빚을 졌다고 공공연히 인정했다. 거츠의 후기 저서는 좀 더 전기적인 것, 궁극적으로는 자서전적인 것으로 전환되었다. 먼저 그는 핵심 인류학자 네 명의 삶을 다룬 짧은《연구와 삶: 저자로서 인류학자》(*Works and Lives: The Anthropologist as Author*, 1988)를 쓰고 그다음에 현장에서의 자기 삶을 다룬《사실 이후: 두 나라, 사십 년, 어떤 인류학자》(*After the Fact: Two Counties, Four Decades, One Anthropologist*, 1995)를 썼다.

+ 더 읽을거리

F. Inglis, *Clifford Geertz: Culture, Custom and Ethics*, 2000.

게슈탈트 Gestalt

'배치(configuration)', '패턴(pattern)', '전체(who le)'를 뜻하는 독일어. 영어에는 이에 정확히 상응하는 말이 없기 때문에 독일어 그대로 유입되었다. *비평이론에서 이 용어의 사용은 막스 베르트하이머, 쿠르트 코프카, 볼프강 쾰러에 의해 발전한 게슈탈트 심리학에서 비롯한다. 이들은 인지심리학을 연구했고 인지의 작동 원리가 전체론적(holistic)이라고 주장했다(다시 말해, 우리는 먼저 사물의 전체 윤곽을 보고 그다음 단계별로 세부적인 것을 파악한다). 게슈탈트 이론은 쉽게 예술이론으로 바뀌었다. 영향력 있는 예술사가인 에른스트 곰브리치는 형상(figure)과 토대(ground) 간의 변증법을 만들어내려고 게슈탈트 이론을 사용했다.

게이 gay

본래 마음이 가볍거나 까불거나 유쾌한 태도를 기술하기 위해 쓰이는 형용사. 20세기 초반 게이는 성적 고유성에 개방적 혹은 비관습적으로 접근하는 사람을 지칭하기 위해 사용되었다. 이것이 1950년대까지 게이란 말에 대한 가장 널리 인식된 의미였다. 20세기 중반 무렵 게이는 동성애 일반을 뜻하는 말로 사용되기 시작했다. 1970년대 무렵 후자의 의미가 게이라는 단어의 지배적 의미로 대두했다. 1969년 스톤월 폭동을 기념하며 연례적으로 거행된 게이 프라이드 퍼레이드가 게이라는 단어를 대체로 적극적이고 긍정적인 용어로 변화시키는 데 도움을 주었다. 21세기 초 게이에 그것이 가지고 있는 다른 의미와는 명백히 무관한 새로운 의미, 즉 '멋있지 않은, 시대에 뒤진, 한심한, 대체로 바람직하지 않은'과 같은 경멸적 의미가 추가되었다.

게이츠, 헨리 루이스 주니어 Gates, Henry Louis Jr (1950~)

아프리카계 미국인 연구를 전문적으로 하는 미국의 문학비평가, 역사가. 버지니아에서 태어난 게이츠는 예일 대학교에서 학사 학위를 마쳤다. 그는 예일 대학교 재학 시절 탄자니아의 한 선교 병원에서 1년간 자원봉사를 했다. 그런 다음 멜런 재단 장학금(그는 이 장학금을 받은 최초의 아프리카계 미국인이기도 하다)을 받아 케임브리지 대학교에서 박사 학위를 얻기 위해 공부했다. 그곳에서 그는 뒷날 그의 은사가 된 나이지리아의 학자이자 작가인 월레 소잉카(문학으로 노벨상을 수상한 최초의 아프리카인)를 만났다. 게이츠는 레이먼드 •윌리엄스, 조지 스타이너와 함께 연구했다. 그는 박사 학위 논문을 완성하기 전에 미국으로 돌아왔다. 그 후 예일 대학교, 코넬 대학교, 듀크 대학교, 하버드 대학교에서 교수를 했다. 현재 그는 하버드 대학교의 아프리카계 미국인을 위한 듀보이스 연구소 소장이다. 게이츠의 학문적 이력을 살펴보면 하나의 목적을 위해 두 가지 방법을 이행하고 있다고 볼 수 있다. 그의 목적은 아프리카인 그리고 아프리카계 미국인의 목소리를 수용하기 위해 서구의 정전을 변경하는 것이다. 이러한 목적을 이루기 위해 그는 두 가지 방법, 즉 이론적인 방법과 역사적인 방법을 이용한다. 한편으로 그는 《의미화 작업을 하는 원숭이》(*The Signifying Monkey*, 1989) 같은 책에서 (*네그리튀드가 일반화로 말미암아 비판의 대상이 되듯이) 흑인의 경험을 보편화하지 않으면서 동시에 흑인의 글쓰기 특징을 구분하는 방식으로 흑인의 글쓰기에 어떤 미학성을 제시하려고 시도했다. 다른 한편으로 그는 (더 좋은 용어를 찾기 어려운데) 흑인의 작품에 관한 방대한 재건 프로그램을 수행했다. 게이츠는 이 프로그램에서 흑인이 미국에서 쓴 최초의 소설인 해리엣 윌슨의《우리의 깜둥이》(*Our Nig*) 같은 아프리카계 미국인 작가의 희귀 출판본과 미출판본 책을 발굴해내서 대중적 영역으로 끌어냈다. 이러한 작업은 흑인의 삶과 글쓰기에 대한 백과사전 편찬과 함께 이루어졌다. 게이츠는 텔레비전을 활용해 많은 작업을 하고 주류 언론에 글을 써서 세간의 이목을 끄는 지식인이다. 통상적으로 그는 매우 영향력 있는 아프리카계 미국인 중 한 사람으로 인정된다.

겔너, 어니스트 Gellner, Ernest (1925~1995)

체코의 역사학자, 사회인류학자. 파리의 보헤미아계 유대인 가정에서 태어난 겔너는 프라하에서 성장했다. 1939년 그의 가족은 나치당의 박해를 피하기 위해 영국으로 이주했다. 겔너는 옥스퍼드의 베일리얼 칼리지에서 장학금을 받으며 철학과 정치학, 경제학을 공부했다. 그는 공부를 시작한 지 1년 만에 대학을 떠나 체코의 군대에 입대했다. 그는 전후 프라하로 돌아갔지만 공산주의 정권의 의심을 받아 몇 달 만에 프라하를 떠나 베일리얼 칼리지에서 공부를 다시 시작했다. 1947년 그는 에든버러 대학교 도덕철학과에서 첫 교수직을 얻었다. 2년 후 그는 런던 경제대학교 사회학과에서 자리를 잡아 20년간 교수로 재직하게 된다. 1974년 케임브리지 대학교 인류학과 학과장으로 자리를 옮긴 뒤 프라하로 다시 돌아가겠다는 평생의 꿈을 이루기 직전까지 거의 20년간 재직했다. 그 후 그는 동유럽의 민족주의 봉기를 연구하기 위해 조지 소로스의 기금을 받는 한 연구소의 소장이 되어 프라하로 돌아갔다. 겔너는 1959년《말과 사물》(*Words and Things*)을 출판하면서 명성을 얻었다. 이 책에서 그는 이른바 일상 언어철학자들, 특히 루트비히 *비트겐슈타인을 전통과 공동체에 따라 설립된 의미 기준에 특권적 지위를 부여한다는 이유로 공격했다. 겔러의 저서 중 가장 많이 읽힌 책은《민족과 민족주의》(*Nations and Nationalism*, 1983)일 것이다. 이 책은 베네딕트 •앤더슨의 책과 더불어 지속적으로 무엇이 민족주의를 구성하는가 하는 주제에 대한 토론 의제를 설정하고 있다.

+ 더 읽을거리

J. Hall, *The State of the Nation: Ernest Gellner and the Theory of Nationalism*, 1998.
S. Malešević and M. Haugaard, (eds.) *Ernest Gellner and Contemporary Social Thought*, 2007.

결핍 lack / *manque*

자크 •라캉의 •정신분석 이론에서 •욕망의 추동 원인. 주체가 결여하는 것은 존재 혹은 온전히 자기 자신이라는 감각이다. 이 개념은 장 폴 •사르트르의 •실존주의 철학에 빚지고 있다. 이와 같은 의미에서 결핍은 거세와 동의어다. 라캉의 저작에서 거세는 의미화 사슬의 단절, 그리고 그에 따른 기의에 대한 접근의 차단으로 드러난다.

경험주의 empiricism

유일하게 믿을 수 있는 지식의 기원은 경험(즉, 관찰될 수 있는 것)이라고 주장하는 철학적 추론의 한 양식. 경험주의는 어떤 지식이 관찰될 수 있는 영역의 밖에 있다는 것을 부정한다. 주요 경험주의 철학자로는 데이비드 흄, 존 로크, 존 스튜어트 밀이 있다. 경험주의는 직접 감지될 수 없지만 그것의 존재는 추론될 수 있는 범주(우리는 우주 전체를 관찰할 수 없지만 우주의 존재를 추론할 수 있다)에 대한 임마누엘 •칸트의 개념과 비슷한 개념을 거부한다. 철학자로서 칸트의 모든 이력은 경험주의 철학에 반대하고 그가 명명한 비판철학이라는 대안을 세우는 방향으로 움직였다(비판철학은 •비평이론의 철학적 근거가 된다). 칸트 이후 철학은 대륙철학과 경험주의 철학 두 가지로 쪼개졌다. 관점이 칸트적이거나 비판적인 전자는 근본적으로 그 기원이 유럽에 있다보니 후자에 의해 그렇게 명명되었다. 경험주의는 거의 유일하게 영국과 북미에 그 기원이 있다(또한 •분석철학으로 알려져 있다).

ㄱ

계급 class

물적 토대가 대단히 비슷한 사람들로 이루어진 대규모 집단 중에서 한편으로는 공유된 상황을 인정하고, 다른 한편으로는 각 집단 사이에 의미심장한 현실적 차이가 존재한다는 것을 인식하고 있는 사회적 범주. 물질적 조건의 관점에서(예컨대, 원하는 대로 쓸 수 있는 돈을 얼마나 많이 가지고 있는가, 어떤 주택을 살 여유가 있는가, 기타 등등), 실업 상태에 있거나 불완전취업 상태에 있는 사람들의 집단은 더 많은 급여를 받고 더욱 큰 재정적 안정을 이룬 전문직 집단에 속한 사람들과의 공통점보다는 서로에게 더 많은 공통점을 가지고 있다. 그러므로 실업자들이나 불완전취업 노동자들이 하나의 계급을 이루고 전문직 종사자들이 또 다른 계급을 구성한다. 비록 카를 *마르크스가 이 용어를 발명하지도 않았고 이 용어에 대한 완결된 정의도 만족스러울 정도로 제시한 적은 없지만 계급이라는 개념은 *마르크스주의의 중심을 이룬다. 마르크스가 이해한 바에 따르면, 계급은 본질적으로 적대적인 개념이다. 계급은 단순히 차이의 노선을 정의하는 것이 아니라 투쟁의 노선을 정의하기 때문이다.

마르크스가 남긴 계급에 관한 유명한 어록에 따르면, 계급의 역사는 곧 투쟁의 역사다. 계급은 단순히 한 집단을 구성하는 수동적인 구성원의 문제가 아니다. 마르크스는 계급이 공통적 상황에서 탄생한 공통적 이해관계에 대한 의식과 적이 누구인가에 대한 공통된 생각, 즉 마르크스가 칭한 역사의식에서 발생한다고 전제한다. 계급은 더는 존재하지 않고 우리는 계급이 없는 사회에서 살고 있다고 이야기될 때(특히 우파에서 그렇게 말할 때), 사실상 쟁점이 되는 것은 경제적 범주로서 여전히 우리와 함께 명백히 존재하는 계급 자체가 아니라 *계급의식이다. 이러한 관점에서 중요한 것은 마르크스가 계급은 생산수단과의 관계에 따라 정의된다고 주장하면서 *생산양식이라는 개념을 계급과 연결했다는 점이다. 계급이 생산수단을 소유하는가 혹은 그렇지 않은가? 이 문제는 마르크스에게 본질적인 질문이다. 마르크스는 그 계량법을 이용해 세 가지 기본적인 계급, 즉 프롤레타리아(팔 것이라고는 오직 자신의 노동력뿐인 임금노동자들), 부르주아(생산수단의 소유자 혹은 자본가들) 그리고 지주층(금리생활자들)이 무엇인지 정의했다. 이런 엄격한 방식에서 보면, 전문직 계급(그들이 공장을 소유하지 않고 급여를 받고 있다는 측면에서)은 비록 그들이 부르주아계급의 문화적 취향과 습관을 공유한다 할지라도 부르주아계급보다는 실업자나 불완전취업 노동자에 더 가깝다. 이것이 바로 피에르 •부르디외가 •아비투스라는 개념에서 말하는 문제다. 마르크스가 생각했듯이, 계급은 모든 지형학적 경계를 넘는다. 다시 말해, 프롤레타리아는 그들이 아메리카에 근거를 두고 있든 혹은 아시아에 근거를 두고 있든 동일하다. 그리고 전 세계 모든 노동자가 자신들이 처한 공통된 상황을 인식하고 함께 단결해 자본가계급을 전복하는 것이 언제나 마르크스의 꿈이었다. 이와 비슷한 비전이 마이클 •하트와 안토니오 •네그리의 •다중이라는 개념을 활성화한다.

+ 더 읽을거리

A. Milner, *Class*, 1999.

계급의식 class consciousness

공통의 물질적 상황과 그 상황에서 발생하는 이해관계의 공통집합에 대한 집단적 의식. 계급의식은 공통의 적에 대한 인지를 수반한다. 이런 점에서 계급의식은 카를 •마르크스가 지칭한 •계급투쟁의 주춧돌이다. 마르크스에 따르면 •계급은 자기의 상황을 의식하고 공유된 •정체성의 함축적 의미를 인정할 때만 오직 진실로 그 계급이 된다. 마르크스는 공통적인 물질적 상황을 가지고 있는 사람들의 집단, 즉 일반적 의미의 계급을 즉자적 계급(class-in-itself)이라고 말했다. 하지만 일단 이 계급이 의식을 계발하고 그들의 이해관계에 대해서 수동적인 상태로 머무는 것을 중지한다면, 이 계급은 대자적 계급(class-for-itself)이 된다. 마르크스는 사람들이 자신들의 진짜 상황을 의식하게 되면, 즉 •허위의식이라는 베일이 걷히게 되면 계급의식이 거의 자발적으로 생길 것이라고 생각했다. 그러나 역사는 이렇게 허위의식이 걷히는 것을 증명하지 못한다. 그래서 나중에 블라디미르 레닌과 마오쩌둥 같은 후대 이론가들은 대개 계급의식을 생산해야만 한다고 주장했다. 하지만 계급의식은 혁명적인 수단으로 상황을 변화시키기 위해 기꺼이 행동을 취하겠다는 의향을 함축하고 있다. 또다시 역사는 이를 증명하지 못한다. 그래서 마이클 •하트와 안토니오 •네그리 같은 이론가들은 계급의식을 전환하는 것이 이미 혁명이라고 제안했다. 그들은 만일 세상이 어떻게 조직되기를 원하는지에 대해 사람들이 다르게 생각한다 하더라도 무장 반란을 일으킬 필요는 없다고 생각했다.

계급투쟁 class struggle

계급의 역사는 곧 계급투쟁의 역사라는 유명한 말을 남긴 카를 •마르크스에 따르면 계급투쟁은 계급에 내재한 적대주의를 가리킨다. 마르크스가 주장한 대로 계급이 존재의 조건이자 •다중(마르크스는 이것을 •계급의식이라 지칭했다)에서 공통된 상황에 대한 의식이라고 한다면, 그러한 의식은 필요하다면 혁명적인 수단을 동원해 변화에 대한 욕망을 드러낼 것이 예상된다고 마르크스는 추론했다. 마르크스는 서로 다른 계급이 서로 다른, 심지어 모순적인 이해관계를 가지고 있고, 그것이 결국 갈등을 불러올 수밖에 없다는 사실을 은연중 의식하게 되는 것이 계급에 대한 자각이라는 논거를 펼쳤다. 생산수단의 소유자들(부르주아계급)은 이익을 최대화하기 위해서 할 수 있는 한 임금을 낮게 끌어내리는 데 관심을 둔다. 이러한 사실은 임금노동자들(프롤레타리아계급)의 이익과 상충하는 것이다. 임금노동자들은 임금이 가능한 한 많이 상승하는 것을 분명히 보고 싶어 하기 때문이다. 따라서 전자의 이익은 후자의 이익과 모순관계에 놓이고 그 결과 갈등이 일어난다. 마르크스는 이러한 갈등이 많은 서로 다른 형식, 즉 문화적·경제적·정치적은 물론 마침내 혁명적 전복의 형식을 취하는 것을 보았다. 그러나 이러한 투쟁이 일반적이라면, 즉 모든 노동자가 공통의 명분 아래 함께 단결한다면 계급투쟁은 비로소 성공할 수 있다.

계몽 Enlightenment / *Aufklärung*

이성의 힘을 전면에 두고 미신의 배척을 특징으로 유럽에서 일어난 광범한 지적 운동. 정확히 계몽 시대가 언제 시작되었는지 합의된 것은 없지만 일반적으로 1637년 르네 데카르트의 《방법서설》(*Discours de la méthode pour bien conduire sa raison, et chercher la verité dans les sciences / Dicourse on the Method of Rightly Conducting One's Reason and of Seeking Truth in the Sciences*)이 출판되기 훨씬 이전에

계몽 시대가 출발했다고는 생각하지 않는다. 《방법서설》에는 '나는 생각한다, 고로 존재한다'는 이성의 중요성을 찬양하는 유명한 구호가 나온다. 계몽 시대의 도래를 보여주는 또 다른 중대한 시점이 있다. 첫째, 드니 디드로와 장 르 롱 달랑베르가 이끈 한 그룹의 저자들로 이루어진 백과전서파가 1751년에서 1772년 사이에 방대한 《백과전서》(*Encyclopédia, out dictionnaire raisonné des sciences des arts et des metiers / Encyclopedia, or a systematic dictionary of the sciences, arts, and crafts*)를 썼는데, 이 책에서 그들은 과학적으로 습득된 지식을 전면에 두고 미신을 추방함으로써 사람들의 사고방식을 바꾸고자 했다. 둘째, 백과전서파와 같은 시대에 일어난 스코틀랜드 계몽파가 있는데, 이들을 주도적으로 이끈 인물은 데이비드 흄, 애덤 스미스, 로버트 번스였다. 셋째, 미국에서 권리장전을 저술한 한 그룹의 정치인 또한 계몽운동의 일부로 간주된다. 그러나 •비판이론에서는 계몽의 연대를 통상 1784년 임마누엘 •칸트의 에세이 〈'계몽이란 무엇인가'라는 질문에 대답하기〉(Beantwortung der Frage: Was ist Aufklärung? / Answering the Question: What is Enlightenment?)의 출판을 기점으로 한다(→ 계몽의 변증법).

+ 더 읽을거리

M. Foucault, 'What is Enlightenment?' in P. Rabinow, (ed.) *The Foucault Reader*, 1984.
J. Israel, *Enlightenment Contested: Philosophy, Modernity, and the Emancipation of Man 1670~1752*, 2008.
R. Porter, *The Enlightenment*, 2001.

계몽의 변증법 Dialectic of Enlightenment

계몽주의는 인간의 지적 미성숙의 끝이며 이성의 시대가 도래했다는 것을 의미한다는 임마누엘 •칸트의 논제에 대한 테오도어 •아도르노와 막스 •호르크하이머의 수정안. 아도르노와 호르크하이머는 계몽이 이성의 시대를 초래했다는 점은 인정하지만 이성은 양날의 칼이라고 주장했다. 혹은 그들의 표현을 빌리면 이성은 변증법적이다. 인간이 이성을 발휘하고 자신의 욕구에 따라 환경을 변화시키면서 합리적 방식의 사유가 비합리적 행동을 초래한다는 역설적 결과와 더불어 인간은 '도구적' 방식의 사유가 모든 사유의 양상을 지배하도록 하기 때문이다. 제2차 세계대전 중에 쓰인 《계몽의 변증법》(*Dialektik der Aufklärung*, 1944 / *The Dialectic of Enlightenment*, 1972)의 일차적 관심사는 독일 같은 지적 전통이 대단히 풍부한 국가가 어떻게 나치즘이라는 시대착오적 호소에 굴복할 수 있었는지 이해하는 것이었다. 부분적으로 그들이 찾은 답은 단순한 상품, 즉 삶에 영향을 미치는 어떤 것이기보다는 교환되어야 할 어떤 것이 되기 위해 사유가 허용되었기 때문이라는 것이었다.

계보학 genealogy

프랑스의 역사학자 미셸 *푸코의 용어. 푸코는 프리드리히 *니체에게서 계보학의 의미를 빌려와 자신의 연구 방법론을 설명했는데, 결국 그것을 *고고학이라는 개념으로 대체했다. 1971년 〈니체, 계보학, 역사〉(Nietzsche, Genealogy, History)(도날드 부처드가 편집한 《언어, 반기억, 실천》(*Language, Counter-Memory, Practice*)이라는 모음집에 재수록)라는 글에서 푸코가 처음으로 윤곽을 드러낸 계보학의 목표는 암묵적 시스템이나 기록되지 않은 규칙(푸코는 나중에 이것을 *담론의 실천이라고 지칭했다)을 드러내는 것이었다. 사실상 푸코의 많은 개념처럼 계보학은 관념의 역사가 가지고 있는 전통과 단절하기 위해 의도된 것이었다. 특히 푸코가 원한 것은 그가 잘못되었다고 생각했던 세 가지 기준, 즉 '역사는 사물의 본질 혹은 어떤 근본적 진리를 드러내기 위한 시도다, 가장 중요한 순간은 출생(기원)의 순간이다, 사물의 기원이 또한 사물의 진리다'라는 전제에 이의를 제기하는 것이었다. 그 대신에 역사는 상속과 출현에 관심을 두어야 한다고 푸코는 제안했다. 푸코의 주장에 따르면 역사는 개인의 의도적 행위의 결과물이 아니다. 역사는 오히려 비의도적이고 예상되지 않은 수백만 개인의 행위가 결집된 결과물이다. 따라서 역사를 도표로 만드는 유일한 방법은 어떤 우연한 사고와 출발이 시간을 두고 새로운 유대를 어떻게 발생시키는지 알아보려 시도하는 것이다. 푸코는 이러한 침묵의 사건을 명백히 드러내기 위한 개념적 방법을 고안하는 데 자기 삶을 바쳤다.

+ 더 읽을거리

P. Barker, *Michel Foucault: An Introduction*, 1998.

고고학 archaeology

프랑스의 역사학자 미셸 •푸코가 자신의 연구 방법을 기술하기 위해 이 용어를 사용했다. 역사를 사유하고 이행하기 위한 기존의 모든 관습을 유보하고, 바로 그러한 기존의 관습이 스스로 역사적 질문에 종속되어야 한다고 전제하는 것이 푸코의 고고학 개념의 특징이다. 이 개념은 《지식의 고고학》(*L'Archéologie du savoir*, 1969 / *The Archeology of Knowledge*, 1972)에서 광범한 범위에 걸쳐 구체적으로 윤곽이 드러나는데, 이 책에서 고고학은 확산, 반복, 변환의 중요성을 인식하기 위해서 저자, 규율, 장르, 그에 부응하는 호출이라는 인지된 단위들과 맞서는 일련의 명령하는 모습을 띠고 있다. 푸코는 이미 말해지고 행해진 것에서 그러한 것들을 가능하게 만드는 일련의 조건(푸코는 이것을 •담론의 구성이라 지칭했다)으로 역사의 목적을 이동시키고 싶어 했다. 예컨대, 푸코에게 중요한 것은 정신이상인 사람들이 감금되어 있다는 사실이 아니라 '정신이상'이라는 바로 그 분류가 그렇게 분류된 사람들의 감금을 '정상'으로 만들기 위해서 존재하게 되는 다양한 방식이다.

+ 더 읽을거리

J. Bernauer, *Michel Foucault's Force of Flight*, 1990.
C. O'Farrell, *Michel Foucault*, 2005.

고프먼, 어빙 Goffman, Erving (1922~1982)

캐나다 태생의 사회학자. 고프먼은 앨버타의 맨빌에서 태어나 위니펙 근처에서 자랐다. 그의 부모는 중하류층 계급의 우크라이나계 유대인이었다. 고프먼은 본래 화학을 공부하려고 매니토바 대학교에 입학했지만 얼마 지나지 않아 캐나다 영화위원회에서 일하면서 사회학에 관심을 두게 되었고 전공을 바꾸어 토론토 대학교로 옮겼다. 그곳에서 그는 저명한 사회과학자인 C. W. M. 하트와 레이 버드휘슬에게서 가르침을 받았다. 그는 시카고 대학교에서 셰틀랜드 군도의 농촌 생활 연구로 박사 학위를 받고 1953년 졸업했다. 1955년부터 1958년까지 고프먼은 워싱턴 DC에 있는 성 엘리자베스 병원에서 국립정신보건원의 기금을 지원받은 민족지학적 연구 프로젝트에 힘

썼다. 그는 이 연구를 자신의 책《정신병동》(*Asylums*, 1961)을 쓰기 위한 자료를 모으는 기회로 활용했다. 이는 20세기 사회학 분야의 영향력 있는 책 중 하나이면서 정신병 환자들이 종속되는 비인간화 과정에 대한 감동적이면서도 깊은 연민을 불러일으키는 이야기들을 담고 있다. 고프먼이 특히 관심을 둔 것은 어떤 행동이 단순히 괴상한 것이 아니라 임상적으로 정신이상이라고 코드화되는 사회적 기제와 정치적 기제였다. 이러한 것들에 대한 고프먼의 관심은 마찬가지로 영향력 있는 그의 전작《일상생활에서 자아 표현》(*The Presentation of Self in Everyday Life*, 1959)에서 형성되었다. 이 책은 사회적 역할의 수행을 주제로 다루었다. 고프먼은 자신의 걸작이라고 생각했던《틀 분석》(*Frame Analysis*, 1974)에서 일상적 상호작용에 대한 자신의 관찰을 통합하려고 시도했다. 지금도 고프먼이 계속해서 읽히기는 하지만 그의 저서는 다소 역설적이게도 한편으로는 지나치게 인상주의적이고, 다른 한편으로는 지나치게 체계적이라는 비난을 받고 있다.

+ 더 읽을거리

T. Burns, *Erving Goffman*, 1992.

P. Manning, *Erving Goffman and Modern Sociology*, 1992.

골드망, 뤼시앵 Goldmann, Lucien (1913~1970)

루마니아 태생으로, 파리에 근거를 둔 •마르크스주의 문학사회학자. 구조적 병렬이나 상동 관계(homology)에 관한 그의 이론은 1950년대와 1960년대에 가장 영향력이 있었다. 골드망은 부쿠레슈티에서 태어나 그곳에서 학업을 시작했다. 그러나 곧 그는 독일 •문헌학을 공부하기 위해 빈으로 이주했다. 그곳에서 처음으로 죄르지 •루카치의 저서와 만나게 된다. 그 후 루카치는 일생 동안 골드망의 관심사가 되었다. 제2차 세계대전 동안 그는 당시 공부하고 있던 파리에서 처음으로 투옥되었다. 하지만 그는 스위스로 도망쳐 훌륭한 아동심리학자인 장 피아제의 조수로 일하게 되었다. 그는 그곳에서 임마누엘 •칸트를 주제로 박사 학위 논문을 마쳤다. 전쟁이 끝난 후 파리로 돌아온 그는 파리 국립과학연구센터와 고등연구실천원에서 근무했다. 골드망의 저서는 •계급의식과 •물화 문제를 전면에 내세웠다. 《숨겨진 신》(*Le dieu caché: étude sur la vision tragique dans les Pensées de Pascal et le théâtre de Racine*, 1955 / *The Hidden God: A Study of Tragic Vision in the Pensées of Pascal and the Tragedies of Racine*, 1964) 에서 골드망은 계급 상황, 세계관, 예술 형식 세 가지 중 각각의 것이 다른 두 가지 것과 동의어로 취급될 수 있음을 함축하면서 이들의 상동 관계를 주장했다. 이에 따르면 예술 작품 연구가 계급과 세계관 두 가지 모두에 대한 지식을 생산할 수 있다. 한 가지에 대한 연구가 다른 것에 대한 연구로 기능하는 것이 가능한 이러한 용이성 때문에 상동 관계론은 처음에 대단히 매력적으로 받아들여졌지만 그다음에 모든 것을 지나치게 단순화했다는 맹렬한 비판을 받게 되었다. 골드망은 사후 출판된 《소설의 사회학》(*Pour une sociologie du roman*, 1973 / *Towards a Sociology of the Novel*, 1974)에서 소설 형식과 자본주의사회의 •일상생활 사이에 '엄정한 상동 관계(rigorous homology)'를 만들면서 이러한 생각을 확대했다.

+ 더 읽을거리

M. Cohen, *The Wager of Lucien Goldmann: Tragedy, Dialectics, and a Hidden God*, 1994.

공간 space

공간은 •일상생활이 일어나는 물리적 환경(다시 말해, 그 안에서 우리가 살아가는 곳)이자 그 환경 내의 능동적 행위자(사회적 행동의 힘)다. 의미가 대단히 폭넓은 용어로, 공간이라는 개념의 지시 대상은 복잡하고 심지어 모순적일 수 있다. 공간은 건축된 인공환경과 자연환경 둘 다를 포함해서 엄밀한 의미의 물리적 환경을 가리키기도 하고, 특정 집단의 사람들이 거주하는 방식까지 포함하는 넓은 의미의 물리적 환경을 가리키기도 하며, 둘 다를 가리키기도 한다. 규모 면에서 공간은 개인의 공간에서 행성적 공간까지 가리킬 수 있다. 여러 학문 분야가 공간을 서로 다르게 규정하기도 한다. 예를 들어 건축, •문화 연구, 지리학, 역사학, 사회학, 도시계획 등의 분야는 공간의 여러 면 중 한 가지 면 혹은 그 이상을 강조한다. 이들 분야 사이에 공간에 대한 다학제적 접근이 가능한 것도 이 때문이다.

프랑스의 •마르크스주의 사회학자 앙리 •르페브르가 공간에 대한 가장 영향력 있는 20세기의 이론가다. 인지된 공간, 구상된 공간, 체험하는 공간(우리가 보고 만지고 느끼는 공간, 우리가 설계하고 건축하는 공간, 우리가 감정적 · 정서적으로 관계를 맺는 공간)에 대한 르페브르의 구분은 20세기에 공간이 사유되었던 주요한 방식을 잘 보여준다. 시각예술가는 인지된 공간을 전면에 부상시켰고, 건축가와 도시계획자는 구상된 공간에 집중했으며, 문화 연구, 지리학, 사회학에서는 체험된 공간을 그들의 연구 영역으로 삼았다. 그러나 르페브르가 강조하듯이, 공간의 이 세 유형은 추상적 차원에서만 분리될 수 있으며, 공간적 사고의 진정한 과제는 이 세 요소를 함께 사유하는 데 있다. 미국의 지리학자 에드워드 •소자는 이 과정을 '삼항변증법(trialectics)'이라 했는데, 그의 작업은 이것이 어떻게 성취될 수 있는지에 대한 몇 가지 흥미로운 예를 제시했다.

이 분야에 중요한 영향을 미친, 공간에 대한 20세기 주요 이론가로 가스통 •바슐라르, 모리스 •블랑쇼, 모리스 •메를로 퐁티, 미셸 드 •세르토, 마르크 •오제 등을 꼽을 수 있다. 세르토는 공간과 장소를 대비했다. 세르토에게는 공간에 권력이 투자될 때 공간은 장소로 변한다. 여기서 세르토에게 공간은 무력한 이들을 위한 보호 구역이라는 것을 유추할 수 있다. 장소가 아닌 공간에 거주하는 사람들은 전략 대신 •전술을 사용할 수밖에 없다. 세르토의 작업을 원용하면서 오제는 •비장소 개념을 만들어냈다. 비장소 역시 장소와 대립된다. 비장소는 권력에서 투자한 장소로서 장소의 어떠한 이점(예를 들어, 소속감이나 위치의 감각)도 갖지 않는 장소다. 비장소의 예로 그는 지하철, 공항 등을 들었다.

프레드릭 •제임슨은 •포스트모더니즘을 개관하는 데 대단히 큰 영향력을 행사한 저작에서 제2차 세계대전 이후의 세계에서 공간 환경에 질적 변화가 있었다고 논했다. 제임슨은 르페브르의 작업을 원용하면서 1945년 이래 시골에서 도시로 대규모 인구 이동이 있었다는 사실을 부각했다. 이와 같은 인구 이동의 결과, 20세기 말에 이르면 인류 역사상 최초로 도시 거주 인구의 수가 시골에 거주하는 인구보다 많아졌다. 그러나 제임슨은 최소한 서구에서는 자기 충족적 구조물(도시의 다른 부분과 별개로 존재하고 싶어 하는 듯 보이는)을 창조하는 쪽으로 가는 움직임도 있었다고 지적했다. 이 점을 여실히 보여주는 예로 로스앤젤레스 다운타운에 있는 보나벤처 호텔을 들었다. 제임슨이 논의한 이후 이 호텔 건물은 *포스트모더니티의 핵심적 *토포스가 되었다.

+ 더 읽을거리

M. Doel, *Poststructuralist Geographies*, 1999.
D. Gregory, *Geographical Imaginations*, 1994.
N. Thrift, *Spatial Formations*, 1996.

공동체 community →상상의 공동체; 무위의 공동체

공리계 axiomatic / *L'axiomatique*

자본주의자의 생산방식을 가리키는 질 *들뢰즈와 펠릭스 *가타리의 용어. 공리(axiom)는 우리가 참이나 거짓을 증명할 수는 없지만 그것으로 규칙 시스템을 구축할 수 있는 명제다. 스포츠에는 공리가 매우 많은데, 가령 럭비는 결코 공이 양손에서 앞으로 나아갈 수 없다는 공리를 기초로 만들어졌고 축구는 (골키퍼를 제외하고) 어떤 선수도 양손으로 공을 만질 수 없다는 공리 위에 세워졌다. 이러한 규칙은 단지 게임을 위해 필요한 필수 조건을 구축할 때만 쓰일 뿐 정당화될 수 없다. 이와 같은 이유로 경기장 모양, 사용된 공의 유형, 럭비나 축구 경기 참가 인원수는 공리가 된다. 이와는 대조적으로 럭비와 축구가 (물론 다른 형식으로) 제도화한 오프사이드 규칙은 이미 구축된 럭비나 축구라는 게임의 경기 진행 조건을 변경하기 위해 계획한 것이다. 만일 우리가 오프사이드 규칙을 없애 그것이 실질적으로 게임을 변화시킬 수 없다 해도 그 게임은 여전히 럭비이거나 축구다. 들뢰즈와 가타리는《천 개의 고원》(*Mille Plateaux*, 1980 / *A Thousand Plateaus*, 1987)에서 정부라는 형태의 국가 운용을 설명하기 위해 이러한 논리를 활용했다. 들뢰즈와 가타리가 공리계라는 용어로 의미하고자 한 바를 가장 선명하게 보여주는 예가 *세계화다.

예컨대, 세계무역기구가 각 국가에 세부적 국가 의제를 제쳐놓고 기업의 이윤 창출을 용이하게 만드는 규칙을 지키도록 하는 것이 세계화의 공리계다.

공시와 통시 synchronic and diachronic

페르디낭 드 *소쉬르가 언어 분석에 필요한 두 시간의 축을 정의하기 위해 도입한 개념. 이 개념은 언어만이 아니라 모든 인간 활동에 적용할 수 있다. 소쉬르의 시대에 언어학은 언어의 다수성이라는 문제를 각 언어가 공유하는 공통의 원천으로 추적함으로써 접근했다(이는 진화생물학자들이 종의 다수성이라는 문제에 접근하는 방식과 비슷하다). 하지만 소쉬르에게 이것은(그가 보기에 더 흥미롭고 중요한) 언어가 왜 존재하며 어떻게 작동하느냐는 문제를 무시하는 접근이었다. 소쉬르는 이 문제에 접근하기 위해 특정 시점에 언어의 스냅숏을 찍어야 하며, 일종의 정지 프레임을 생산해야 한다고 말했다. 이것이 공시적 접근이다. 시간을 정지함으로써, 더 정확히 말하면 시간의 효과를 무시함으로써 소쉬르는 영원하고 보편적인 무엇을 볼 수 있을 것이라고 생각했다.

+ 더 읽을거리

프레드릭 제임슨, 《언어의 감옥: 구조주의와 형식주의 비판》, 윤지관 옮김, 까치, 1990.
J. Sturrock, *Structuralism*, 1986.

공적 영역 public sphere / *Öffentlichkeit*

안에서 여론이 형성될 수 있는 사회적 삶의 영역을 가리키는 위르겐 *하버마스의 용어. 일반적인(다시 말해, 공적인) 관심의 대상이 될 수 있는 주제에 시민들이 자기 의견을 표현할 수 있는 포럼이 있는 곳 어디에서나 공적 영역이 생겨난다. 여기서 생겨나는 여론은 비판적 논쟁의 대상이 될 수 있다. 공적 영역은 모든 시민에게 열려 있어야 하며, 그 안의 누구이든 동등하게 대해야 한다. 공적 영역의 예로 신문, 잡지, 라디오 뉴스, 텔레비전 뉴스, 인터넷 등을 꼽을 수 있다. 이 영역들이 모두 접근성과 여론 표현의 자유 면에서 민주주의적 규칙을 충족하는 것은 아님을 알아야 한다. 이와 비슷하게, 이 영역들에서 표현되는 모든 의견이 공적인 관심의 대상이 될 수 있는 것도 아니다. 달리 말하면, 공적 영역은 단지 미디어의 동의어가 아니다. 하버마스는 18세기 초에 부상했던 공적 영역이 미셸 •푸코가 •생명권력이라고 한 국가의 개입으로 침식되었다고 주장했다. 역사적 개념인 공적 영역은 하버마스가 보기에 그들 시대를 대표하는 무엇이라고 할 수 있다.

교양소설 *Bildungsroman* / development novel

소설의 하위 장르로 대개 어린 시절부터 성인기에 이르는 주인공 인물의 개인적 성장에 초점을 맞춘다. 교양소설의 원형은 괴테의 《빌헬름 마이스터의 수업 시대》(*Wilhelm Meisters Lehrjarhre / Wilhelm Meister's Apprenticeship*, 1795~1796)다. 그러나 19세기 내내 유럽에서는 이런 교양소설의 형식이 널리 차용되었다. 다른 예로는 샬롯 브론테의 《제인 에어》(*Jane Eyre*, 1847), 찰스 디킨스의 《데이비드 코퍼필드》(*David Copperfield*, 1850), 토머스 하디의 《비운의 주드》(*Jude the Obscure*, 1895) 같은 유명한 작품이 있다. 이러한 예들이 제시하듯이 성장은 단순히 개인적인 것이 아니다. 성장이 일반적으로 시골을 떠나 근대 도시를 향해 이동하고 하나의 사회적 계급에서 다른 계급으로 상향 운동 형식을 취하기 때문이다. 이런 점에서 개인의 역사는 국가의 역사 안에 있는 특수한 궤도에 대한 •알레고리로 읽을 수 있다.

+ 더 읽을거리

M. Bakhtin, *Speech Genres and Other Late Essays*, 1986.
프랑코 모레티, 《세상의 이치: 유럽문화 속의 교양소설》, 성은애 옮김, 문학동네, 2005.

교차 배열법 chiasmus

•수사학에서 병렬 절 두 개로 이루어진 수사. 예를 들어, '일이 이상해지면, 그 이상한 것이 일이 된다(When the going gets weird, the weird turn pro, 헌터 S. 톰슨)에서처럼 두 병렬 절 중 후행 절이 선행 절을 역전한다. 이 용어는 십자 모양을 하다는 뜻의 그리스어에서 유래했다. 그리스도의 책형(the crucifixion of the Christ)을 나타내기 위해 교차 배열법을 사용했던 초기 기독교도 저자들

은 교차 배열의 모양이 의미심장하다고 생각했다.

구성주의 constructivism

1. 1920년대 시작 무렵 후기 혁명기 러시아에서 발원한 예술운동. 구성주의는 1930년대 중반까지 활발했다가 *사회주의 리얼리즘으로 대체되었다. 구성주의는 예술을 위한 예술이라는 낭만주의적 사상을 거부하고 예술은 사회적·정치적 목적에 봉사해야 한다고 주장했다. 대체로 시각예술에 국한되어 있는(작곡가 드미트리 쇼스타코비치가 한때 구성주의자였다. 하지만 일반적으로 그를 구성주의자라고 간주하지는 않는다) 구성주의에서 가장 기억되는 작품들은 혁명을 지지하면서 제작된 포스터들이다. 구성주의의 영향력은 나치당이 권력을 차지할 때까지 혁명에 대한 유사한 감정이 압도적이었던 바이마르 독일에서 가장 첨예하게 느껴진다. 중요한 구성주의 예술가로는 엘 리시츠키, 블라디미르 마야콥스키, 블라디미르 타틀린, 영화 제작자 지가 베르토프가 있다.

2. 철학에서 구성주의는 실재가 인간의 인지에서 독립적이라는 견해. 우리가 실재에 대해 가지고 있는 어떤 지식은 필연적으로 구성일 수밖에 없다는 태도를 가리킨다. 이러한 구성주의는 실재의 존재나 실재가 정말로 존재한다는 것을 알 수 있는 우리 능력에 의문을 제기하지 않으므로 *상대주의와 같지 않다.

구술 치료 talking cure

요제프 브로이어의 환자 안나 오 양(나중에 베르타 판 파펜하임으로 밝혀지는)의 사례는 브로이어가 지그문트 *프로이트와 같이 쓴 《히스테리 연구》(*Studien über Hysterie*, 1895 / *Studies on Hysteria*, 1955)에 분석되어 있다. 그녀는 자신이 받았던 치료를 구술 치료라고 했다. 치료가 대체로 그녀 자신과 그녀의 유년기를 최면 상태에서 말하는 식으로 진행되었기 때문이다. 이 말은 *정신분석과 일종의 동의어가 되었다.

+ **참고**

지그문트 프로이트, 《히스테리 연구》, 김미리혜 옮김, 열린책들, 2003.

구전성 / 구술성 orality

문자 형태로는 존재하지 않고 구술 언어 형태로만 존재하는 언어의 상태. 쓰기 기술이 한 사회에 미치는 영향, 특히 한 사회의 언어에 미치는 영향을 측정하려고 만든 개념이다. 예를 들어, 구술 사회에서 어휘의 의미와 발음은 인쇄술이 지닌 표준화의 힘에 고정되지 않으므로 더 빨리 변화한다고 여겨진다. 마찬가지로, 기억의 보존을 돕는 출판의 힘에 기대지 않으므로 구술 사회는 지식을 보존하는 방법으로 신화와 노래를 더욱 적극 활용한다. 흥미롭게도, *구조주의의 아버지인 페르디낭 드 *소쉬르는 이 두 사항 모두에 동의하지 않고 발화가 쓰기보다 중요하다고 주장했다.

+ 더 읽을거리
W. Ong, *Orality and Literacy: The Technologizing of the Word*, 1982.

구조적 인과성 structural causality

신이 만사의 내재적 원인이라는 바뤼흐 스피노자의 신개념에서 출발한 루이 *알튀세르는 사회적 총체성 같은 추상적 실체와 경제적·정치적·이데올로기적 기관들(예를 들어 은행, 정당, 학교) 같은 구체적 실체 사이의 관계를 설명하는 데 이 용어를 사용했다. 구조는 그것이 만들어내는 효과에 내재하는 것으로 이해된다. 다시 말해, 구조는 그것의 효과 속에서만 존재하므로 그것의 효과에서 분리될 수 없다. 이런 이유에서 구조는 부재하는 원인으로 정의된다. 하나의 실질적 요소로 그 자체로는 어디서도 존재하지 않기 때문이다. 이것의 가장 간명한 예는 우주라는 개념이다. 우주는 말 그대로 어디에나 있지만, 하나의 독자적 실체로 분리될 수는 없다. 비슷하게, 우리는 사회 속에서 산다고 말할 수 있지만, '사회'라는 추상적 실체는 그 어디서도 자신의 존재를 드러내지 않는다. 스피노자의 사상에서처럼 신에 적용될 때, 이 개념은 스피노자의 동료들에게 이단으로 여겨졌다. 자신의 피조물과 구분되는 초월적 신이라는 개념을 부정하기 때문이다. 《정치적 무의식》(*The Political Unconscious*, 1981)에서 프레드릭 *제임슨은 가장 온전한 의미에서의 경제를 하나의 부재하는 원인으로 봄으로써 문화 텍스트의 정치적 읽기에 구조적 인과성의 개념을 동원할 수 있음을 보여주었다(→ 이데올로기적 국가장치; 호명).

+ 더 읽을거리

루이 알튀세르, 《자본론을 읽는다》, 김진엽 옮김, 두레, 1991.
그레고리 엘리어트, 《알튀세르: 이론의 우회》, 이경숙 옮김, 새길, 2010.
프레드릭 제임슨, 《정치적 무의식》, 이경덕 · 서경목 옮김, 민음사, 2015.

구조주의 structuralism → 64페이지를 보라.

국가(민족) 알레고리 national allegory

핵심 주제가 민족국가인 서사 유형. 크든 작든 한 국가의 삶은 소설이 실제로 감당할 수 있는 수준을 초과하므로 이 유형의 서사 소설은 *알레고리를 수단으로 개인 인물들의 삶보다 더 큰 존재의 차원을 표현한다. 국가 알레고리는 국가수반이나 귀족 집단보다는 평범한 사람들의 삶에 초점을 두는 경향이 있으며, 일상적 삶에서 이들의 투쟁으로 국가의 상태를 보여주고는 한다. 프레드릭 *제임슨이 윈덤 루이스에 대한 연구서 《공격성의 우화》(*Fables of Aggression*, 1979)에서 국가 알레고리의 개념을 처음 구상했고, 이후 〈다국적 자본주의 시대의 제3세계 문학〉(Third-World Literature in the Era of Multinational Capitalism, 1986)이라는 제목의 논문에서 이 개념을 한층 발전시켰다. 국가 알레고리는 대단히 논쟁적인 개념이며, 특히 *탈식민주의 연구에서 많은 논란을 일으키는 주제가 되었다. 제임슨은 상벤 우스만의 소설 《할라》(*Xala*, 1974)가 국가 알레고리의 완벽한 예를 보여준다고 했다. 여기서 주요 인물들이 겪는 곤경은 그들 국가의 관점에서만 온전히 이해될 수 있다(→ 지정학적 미학).

+ 더 읽을거리

A. Ahmad, *In Theory*, 1992.
J. Beverley, *Subalternity and Repression: Arguments in Cultural Theory*, 1999.
C. Irr and I. Buchanan, (eds.) *On Jameson*, 2006.
I. Szeman, *Zones of Instability: Literature, Postcolonialism, and the Nation*, 2003.

국제적 스타일 international style

유럽의 훌륭한 건축가인 발터 그로피우스, 르 코르뷔지에, 미스 반 데어 로에의 작품과 연관된 소박하고 반장식적이며 초현대주의적인 건축 스타일. 이 용어는 제1차 세계대전이 끝난 후 등장해서 당시 정점에 이르렀던 새로운 스타일의 건축을 전시하려고 1932년 연출된 박람회(그리고 이 박람회에 관해서 헨리 러셀 히치콕과 필립 존슨이 부수적으로 쓴 책) 제목에서 유래했다. 국제적 스타일은 대칭적인 선보다는 부드럽고 균형 잡힌 선을 활용하고, 장식적인 당초풍 장식을 배제하고 용적을 강조하며, 강철, 유리, 콘크리트 같은 값싼 현대적 재료를 선호한 것이 가장 두드러진 특징이라 할 수 있다. 미스 반 데어 로에의 명언 '(장식이) 적을수록 풍요롭다(less is more)'는 이 운동 전체가 목표로 삼고 있는 스타일을 나타내는 모토 구실을 했다. 반면에 건축물을 '삶을 위한 기계들'이라고 표현한 르 코르뷔지에의 설명은 아마도 국제적 스타일이 가지고 있는 기능주의적 태도, 즉 건축은 사람들이 어떻게 행동하고 생각하며 살아가고 일하는지를 변화시키기 위해 계획된 것이라는 관점을 요약해 보여준다. 이런 의미에서 국제적 스타일의 건축은 유토피아적이다.

권위 authority

정치학 이론과 사회학에서 권위는 권력 사용의 적법성(혹은 비적법성)을 지칭한다. 만일 어떤 특수한 권력이 적법하다고 지각되고 권위를 가지고 있다면 우리는 강압이나 위협이 없어도 그런 권력의 요구에 순응한다. 권위에 대한 분석은 주로 권위가 어떻게 획득되는가 하는 문제에 관심을 둔 독일의 사회학자 막스 베버가 발전시켰다. 베버는 세 가지 권위가 있다고 보았다. 이 세 가지 권위는 ① 합리적·합법적 권위, 즉 정부는 자신의 권위를 위해 법이 필요성의 외양을 갖추고 있다는 사실에 의존한다(예컨대, 살인과 기타 등등의 것을 금지하는 것이 합리적이다). ② 전통적 권위, 즉 장시간 확립된 관습, 법과 관례, 언제나 모든 일이 그렇게 되어 있어 그렇게 있어야만 한다는 의미에서 권위가 나온다. ③ 카리스마적 권위, 즉 개인이 주장하거나, 운명이나 신 같은 더 높은 힘에서 도출한 권위다. 미셸 드 *세르토는 *68년 5월에 대한 분석에서 길거리 시위는 그 당시 정부가 권력을 보유했다 할지라도 권위는 상실했음을 나타낸다고 주장했다. 슬라보예 *지젝은 2009년 이란에서 일어난 사건들과 그 이전에 있었던 체코공화국의 이른바 '스프링 어웨이크닝(Spring Awakening)'에 대해서 권위 상실이 권력 상실로 가는 전조였다고 주장했다.

규율 discipline

미셸 *푸코가 유럽의 역사에서 탐지한 것으로 극적인 볼거리를 제공하며 괴기스러운 형식의 처벌에서 개인의 몸을 목표물로 삼는 좀 더 미묘한 강제적 집행의 양태로 나아가는 방대한 규모의 움직임을 묘사하려고 사용한 용어. 푸코가 후일 *생명권력의 시대라고 특징지은 시대의 시작이기도 한 18세기 중후반에 시작했던 이러한 기술은 인간의 몸에 있는 잠재력을 충분히 이용하려고 많은 막사, 특히 병역 업무에서 발전되었다. 이러한 새로운 규율 기술은 그들이 해체할 수 없는 전체로서 더는 몸을 보지 않는다는 사실 때문에 이전의 것과 구분된다. 하지만 그런 기술은 하나의 기계를 구성하는 대단히 많은 부품처럼 몸을 부분들이 상호 연결된 시리즈로 취급했다. 몸을 세심히 규율해서 몸의 생산력이 강화될 수 있었고 동시에 저항하고자 하는 몸의 의지는 감소하게 되었다. 권력 소유자들에게 이러한 결과물의 매력은 분명하다. 푸코는 이러한 새로운 논리의 규율은 처음에는 군인을 준비시키는 데서 구체화되었지만 사실상 근대적 삶의 모든 양상에서 그 적용을 발견하게 된다는 것을 보여주었다.

+ 더 읽을거리
미셸 푸코, 《감시와 처벌: 감옥의 역사》, 오생근 옮김, 나남, 2003.

그람시, 안토니오 Gramsci, Antonio (1891~1937)

이탈리아 태생의 *마르크스주의 철학자, 정치 활동가, 이론가. 그람시는 사르디니아에 있는 칼리아르 근처 알레스라는 작은 마을에서 태어났다. 그의 가족은 알바니아 출신인데, 그람시가 겨우 7세였을 무렵 그의 아버지는 횡령으로 투옥되었다. 이 때문에 그의 가족은 상당한 재정적 압박을 받게 되었다.

아버지가 1904년 석방될 때까지 그람시는 가족을 부양하는 일을 도우려고 어쩔 수 없이 시간제 일을 해야 했다. 그럼에도 그는 고등학교를 마쳤고 장학금을 받아 토리노 대학교에 진학해 언어학과 문학을 공부했다. 그러나 건강이 좋지 않고 집안 형편이 안 좋아 공부를 마칠 수 없었다.

1914년부터 그는 생계를 위해 사회주의 신문들을 위한 글을 쓰기 시작했다. 그 후 10년 정도 그는 저널리즘과 정치적 행동주의를 결합한 삶을 살았다. 피아트와 란치아는 토리노가 장차 거대한 공업도시로 나아갈 수 있도록 토리노에 공장을 세우고 있었는데, 그람시는 새로운 공장 노동자들이 노조를 조직하는 일을 도와주었다. 1913년 그는 이탈리아 사회당에 가입했다. 1919년 그는 블라디미르 *레닌이 이데올로기 측면에서 자신의 볼셰비키적 프로그램에 가장 가깝다고 인정한 주간지 《새 질서》(*L'Ordine Nuovo*)를 창간하는 일을 도와주었다. 1921년 그람시가 조직하는 것을 도와준 이탈리아 공산당 소수파 그룹의 핵심이 《새 질서》 편집진을 구성하고 있었다. 그람시는 1924년 이탈리아 공산당의 지도자가 되었다.

1924년 그람시는 베네토 지방의 대표 의원으로 이탈리아 국회에 진출했다. 그람시는 강경한 반무솔리니파였는데, 이는 그 당시 대단히 취하기 어려운 위험한 정치적 자세였다. 국회의원으로서 면책특권이 있었지만 그람시는 1926년 '비상통치권' 법령 아래에서 파시스트 정부에 체포되었다. 당시 그람시를 담당한 검사가 그람시의 뇌가 작동하지 못하게 하라는 선고를 내린 것은 그의 재판에 얽힌 유명한 일화다. 그러나 분명히 그런 일은 일어나지 않았다. 그람시는 수감되어 있는 동안 3,000쪽이 넘는 메모를 썼다. 이 메모들은 나중에 감옥에서 몰래 빼내 출판되었는데 그람시는 이 메모들 덕분에 유명해졌다. 그러나 비참한 옥중 상황이 이미 좋지 않았던 건강을 더 악화시켰다. 그람시는 46세에 선고받은 20년형을 절반쯤 치렀을 무렵 교도소 병원에서 세상을 떠났다.

알려져 있는 것처럼, 그람시의 '옥중 수고'는 놀라울 정도로 방대한 주제를 망라하고 있다. 그의 '옥중 수고'에는 공산주의 서적이 감옥에서 허용되지 않았으므로 온전히 기억만으로 써야 했던 카를 *마르크스 책에 대한 꼼꼼한 읽기들이 포함되어 있다. 또한 그람시의 글은 교도관의 정밀 조사를 받았다. 이런 이유로 그는 정교한 어휘들을 만들어내야 했다. 당시 그가 만든 새로운 개념 중 많은 것이 완전히 새로운 것은 아니었다. 그람시가 만든 개념은 상당수가 이미 존재하는 개념을 대신하는 약간 새로운 어휘들이다. 이러한 예로 가장 잘 알려진 것이 *헤게모니다. 헤게모니는 여러 면에서 단지 *이데올로기라는 전통적인 마르크스주의 개념을 다시 고쳐 쓴 것이다. 마르크스주의 담론 내부에서 이런 변화들의 장점에 대한 논쟁이 상당했다. 어떤 사람들은 그람시의 개념이 단순히 새로운 어휘가 아니라 진정으로 새로운 개념이라고 주장했다. 다른 사람들은 그람시가 만들어낸 변화가 지적 유산의 의미 상실을 대가로 치르고 있다는 관점을 취했다. 그람시는 교과서적인 마르크스주의에서 일탈함으로써 영국에서 *문화 연구와 신좌파에 이르는 폭넓은 독자층을 확보했다.

이렇게 된 이유는 무척 단순하다. 그람시는 *문화가 정치에서 하는 일을 새롭고 주목하지 않을 수 없는 방식으로 이론화했다. 그는 국가를 정치사회의 강제력과 사업, 일 혹은 그가 불렀던 *시민사회라는 사적 영역을 절충하는 일종의 이중 시스템으로 정의했다. 헤게모니라는 개념을 활용해 많은 사람이 예상했던 프롤레타리아 혁명이 일어나지 않은 이유를 설명했다. 시민사회의 영역 안에서 노동자계급이 자신들의 최고 이득을 부르주아계급의 최고 이득과 같은 것이라고 보았기에 프롤레타리아혁명이 일어나지 않았다고 분석했다. 2007년부터 2009년까지 있었던 금융 위기 혹은 '신용 경색'이 이러한 생각이 어떻게 실제로 나타나게 되는지 실례를 선명하게 보여주었다. 영국, 미국은 물론 그 밖에 다른 곳에서 은행들이 도산하도록 내버려둔다면 우리 모두가 훨씬 더 심각해질 수 있다는 사실을 근거로 도산하는 은행들을 지원하려 납세자들의 돈이 사용되었다. 이 근거는 대체로 효과적이었다. 그람시가 몇십 년 전에 주장했듯이 지배계급이 미디어뿐만 아니라 '상식' 같은 문화적 생산수단을 통제하고 있기 때문이다.

그람시는 이것을 막으려면 프롤레타리아는 자체의 지식인, 즉 그가 *유기적 지식인(organic intellectual)이라 부른 상비군이 필요하다고 주장했다. 상아

탑 지식인과 직접 대비되는 유기적 지식인은 노동자계급에서 태어나 길러진 지식인을 가리킨다. 그리고 이들은 자신들이 사회에서 분리되어 있다고 생각하지 않는다. 유기적 지식인은 노동자계급의 경험을 공유하고 그들의 상황을 이해한다. 하지만 노동자계급과 다르게 더는 •서발턴이라고 생각하지 않는다. 이런 이유로 그들은 진보적 변화를 쉽게 할 수 있는 위치에 있다. 그람시는 '대중' 교육, 즉 인생의 모든 단계에 있는 모든 사람의 교육을 지지했다. 그람시의 옥중 서고는 대중문학과 영화의 정치적 의미를 다룬 훌륭한 글들을 포함하고 있다. 이러한 그람시의 글들은 대중문학과 영화를 피억압자들이 가지고 있는 반동적 본성과 변화에 대한 약속의 원천으로 파악하였다.

+ 더 읽을거리

P. Anderson, "The Antinomies of Perry Anderson" in *New Left Review*, 1976.
C. Bambery, *A Rebel's Guide to Gramsci*, 2006.
C. Buci-Glucksmann, *Gramsci and the State*, 1975.
S. Jones, *Antonio Gramsci*, 2006.

그레마스, 알지르다스 쥘리앵 Greimas, Algirdas Julien (1917~1992)

구조주의자, 기호학자. 그의 연구는 롤랑 •바르트와 프레드릭 •제임슨(그레마스의 기호학적 사각형의 열성적 옹호자) 같은 다양한 학자에게 영향을 미쳤다. 그레마스는 제2차 세계대전의 여파로 모든 형식의 문화 연구에 좀 더 과학적으로 접근하는 것이 가능하고 바람직하다고 생각한 (주로) 프랑스 학자들로 이루어진 훌륭한 세대의 일원이다.

리투아니아에서 태어난 그레마스는 1936년 그르노블 대학교에서 법학을 공부하려고 프랑스로 이주했다. 1940년 그는 다시 리투아니아로 돌아갔다. 리투아니아에서 독일과 소련의 군사 점령을 이어서 겪은 후, 1944년 다시 프랑스로 돌아와 의복 어휘 연구로 박사 학위를 했다. 1949년 이집트의 알렉산드리아에서 학생들을 가르쳤다. 여기서 그와 마찬가지로 프랑스 문화부에서 파견된 바르트를 만나 친구가 되었다. 그레마스는 세 가지 주요한 근거, 즉 스위스의 언어학자 페르디낭 드 •소쉬르, 덴마크의 언어학자 루이 •옐름슬레우, 러시아의 형태론자 블라디미르 •프로프에 의지해서 구조의미론이라 불리는 분석 방법을 개척했다. 이 분석 방법이 그의 대표작《구조의미론》(*Sémantique structurale*, 1966 / *Structural Semantics*, 1983)의 주제였다.

그레마스의 목표는 세부적인 단어나 텍스트의 의미를 결정하는 것이 아니라 오히려 의미가 어떻게 생산되는지 이해하는 것이었다. 사실상 노암 •촘스키의 변형 문법과 흡사한 변형 모델인 구조의미론은 극단적 형태의 형식주의다. 의미론적 환원으로도 알려져 있는 구조의미론은 그레마스가 •행동자와 기능이라 부른 두 가지 상호 연관된 구조 사이에서 연출되는 더 심오한 드라마의 피상적인 표현(혹은 발화 작용–볼거리)을 텍스트의 내용으로 취급한다. 이런 식으로 사실상 (그레마스가 분석했던 텍스트 유형 중에서 몇 가지만 목록에 넣어 설명한다면) 과학적 논제로 이루어진 글쓰기부터 민담과 요리책에 이르는 텍스트 생산의 모든 양식은 서사로 취급될 수 있다. 게다가 구조의미론은 내용이 서사 혹은 서사에 해당하는 것에서 독립되어 있다고 주장한다. 구조의미론은 어떤 특별한 서사 기능이나 •행위자가 거의 무한히 다양한 내용으로 실현될 수 있다는 것을 보여준다.

+ 더 읽을거리

F. Dosse, *History of Structuralism*, 1997.
프레드릭 제임슨,《언어의 감옥: 구조주의와 형식주의 비판》, 윤지관 옮김, 까치, 1990.
R. Scheifer, *A. J. Greimas: Linguistics, Semiotics and Discourse Theory*, 1987.

○ 웹 링크

- 알지르다스 그레마스를 포함한 일단의 기호학자들에 대한 개요.

그리어, 저메인 Greer, Germaine (1939~)

오스트레일리아 태생의 •페미니즘 학자, 정치운동가, 저널리스트. 그리어는 국제적인 베스트셀러《여성, 거세당하다》(*The Female Eunuch*, 1970)를 출판하면서 누구나 다 아는 이름이 되었다. 이 책은 •제2세대 페미니즘의 선두에 있는 선봉적 텍스트다. 그리어는 문화가 여성을 사실상 거세되도록 만들어서 여성의 •리비도, 여성의 •욕망, 여성의 성욕을 여성에게서 분리했다고 주장했다. 이렇게 여성의 리비도에서 여성을 분리한 것이 사실상 여성의 행동능력에서 여성을 분리한 것과 같아서 그렇게 분리된 여성이 정치적으로 질식하고 있다는 것이 그녀의 더 큰 쟁점이다. 그녀는 만일 페미니즘이 목표를 달성하고 현실적으로 여성을 *가부장제라는 억압 구조에서 해방하려고 한다면 페미니즘은 여성을 다시 자신의 성욕과 접촉할 수 있는 상태로 돌려놓아야 한다고 주장했다. 이것을 이루기 위해서 여성은 독신주의, 일부일처제, 심지어 핵가족 제도도 포기해야 한다고 주장했다. 그리어의 논제가 도발적이라고 여겨지고 연구가 아낌없이 칭찬받았을 뿐 아니라 상당히 비판받았다는 것은 놀라운 일이 아니다.《여성, 거세당하다》의 성공에 뒤이어 그리어는 페미니즘의 명분을 옹호하면서 세간의 이목을 끄는 삶을 살았다. 그러나 그녀의 주장이 언제나 전폭적 지지를 받은 것은 아니다. 세상 사람들의 생각과 논평을 도발하지 않는 것은 결코 아닌 방식으로 페미니즘의 명분을 놓고 주장을 펼치기도 했다. 그리어는《여성, 거세당하다》이후 책을 여러 권 출판했다. 그러나 그녀의 어떤 책도 첫 번째 책만큼 성공적이지는 못했다.

그린블랫, 스티븐 Greenblatt, Stephen (1943~)

미국 보스턴 태생의 문학이론가, 윌리엄 셰익스피어와 르네상스 연구 전문가, *신역사주의의 창시자 중 한 사람. 예일 대학교와 케임브리지 대학교에서 공부하고 레이먼드 *윌리엄스와 함께 케임브리지 대학교에서 연구했다. 그린블랫은 거의 10년간 버클리 캘리포니아 대학교에서 가르쳤고 지금은 하버드 대학교에 근거를 두고 있다. 1982년 자신의 책《영국 르네상스 시대에서 형식의 힘》(*The Power of Forms in the English Renaissance*)에서 문학 텍스트를 정치적 문맥과 연결하는 자신의 연구 방법을 설명하려고 처음으로 신역사주의라는 용어를 사용했다. 그린블랫은 문학 텍스트를 해석하고 이해하는 수단으로 신역사주의를 사용하려고 했다. 그는 텍스트는 언제나 그 시대의 재료에서 발흥한다고 보아야 한다고 주장했다. 아이디어, 이야기, 개념 같은 것이 하늘에서 그냥 떨어지는 것이 아니라 분명한(그렇다고 반드시 알 수 있는 것은 아니지만) 기원을 가지고 있다고 주장했다. 그린블랫은 전작인《자기 생성적 르네상스》(*Renaissance Self-Fashioning*)로 이미 명성을 얻었는데, 이 책에서 그는 미셸 *푸코가 자아에 대한 보살핌을 이론화할 때 유용한 것을 발견했다고 시인한 한 가지 아이디어를 도입했다. 내적 자아와 외적 자아 모두에 대한 의식적 구성을 뜻하는 자기생성은 여러 면에서 그린블랫의 전체 연구에서 핵심을 이룬다. 그의 가장 유명한 책이면서 《뉴욕타임스》의 베스트셀러였던 《셰익스피어는 어떻게 셰익스피어가 되었는가》(*Will in the World: How Shakespeare became Shakespeare*, 2004)는 자기생성이라는 아이디어를 논리적 한계까지 밀고 갔다. 그린블랫의 연구는 특히 해석에 대한 그의 역사적 접근에 분명한 공감을 표한 •탈식민주의 문학 연구에 대단히 큰 영향을 미쳤다. 그러나 또한 많은 사람이 그의 연구를 반이론적이며 •비평이론에는 그렇게 부합하지 않는다고 평가하기도 한다.

+ 더 읽을거리

C. Gallagher and S. Greenblatt, *Practicing New Historicism*, 2000.
M. Robson, *Stephen Greenblatt*, 2007.

극사실성 hyperreality

모조된 실물보다 더 사실적인 효과를 만들어내려는 재생산물 혹은 복사물이 가지고 있는 미학적 양식. 이탈리아 작가, 기호학자, 문화비평가인 움베르토 •에코가 〈극사실 여행〉(Travels in Hyperreality, 1975)이라는 제목의 글에서 이 용어를 만들어냈다. 그는 이 글에서 밀랍인형 박물관에 있는 미국인, 리플리의 믿거나말거나 박물관, 라스베이거스의 미니 에펠탑처럼 겉으로 보기에 유럽 문화 아이콘을 무자비하게 복사한 것의 특별한 매력을 설명하려고 시도했다. 에코는 다소 우월감에 젖어 그러한 전시품의 이면에 숨어 있는 논리가 보상적이라고 생각했다. 에코는 미국이 진정한 자국 문화가 없기 때문에 유럽 문화의 •패스티시(pastiche, 혼성모방)를 창출해낸다고 주장했다. 그러나 미국 문화의 비본래성을 정말로 은폐할 수 없기 때문에 유럽 문화의 패스티시는 원본 대상물의 존재가 주는 정서를 환기하려고 노력함으로써 원본보다 더 실제적이려고 애쓴다. 장 •보드리야르는 •시뮬라시옹을 설명하면서 문화가 자신을 소통하는 방식에서 전 지구적 변환의 일부가 극사실성이라고 주장하며 극사실성에 좀 더 관대한 태도를 취했다.

근본주의 fundamentalism

어떤 종교적 교리나 정치적 정책을 엄격하게 고수하는 것. 이는 종종 특정 종교나 정치적 태도의 근본을 이루는 텍스트(예를 들어, 성서, 선언문, 기타 등등)를 극단적으로 교조적으로 해석하는 것과 결부되어 있다. 근본주의는《성경》이나《코란》같은 종교적인 책들을 신이 말한 그대로 취급하라는 실천을 지칭하기도 한다.

글로컬리제이션 glocalization

지역적인 것의 가능성을 약화하는 것 같아 보이는 세계화 과정이 사실상 지역성에 집중된 관심을 요구하는 역설적인 방식을 표현하기 위해서 '세계적(global)'과 '지역적(local)'이라는 두 단어를 조합해 만든 신조어. 글로컬리제이션은 세계에 대한 두 가지 관점, 즉 세계적인 것과 지역적인 것 간의 불가분의 관계를 강조한다. 국제 금융 흐름의 이동 같은 전 세계적인 과정이 지역적인 것에 영향을 미치고, 반대로 2007~2009년 '신용 경색'이 입증하듯이 지역적인 것이 세계적인 것에 영향을 미친다. 미국에서 붕괴된 주택담보대출이 세계 전체 금융 부문을 무너뜨렸다.

글로컬리제이션은 만프레트 랑게가 본에서 관장했던 1989년 세계변화박람회의 목적을 기술하려고 처음 사용했다. 이 박람회에서 그는 서로 다른 층위의 인지, 즉 현지적(local), 지역적(regional), 세계적 층위의 인지 간 상호 연결성을 보여주고자 했다. 글로컬리제이션은 학술 모임들에서 영국의 사회학자 롤런드 로버트슨과 지그문트 •바우만이 대중화했다. 세계적인 것과 현지적인 것의 관계는 또한 •탈식민주의 이론, 특히 아르준 •아파두라이, 호미 •바바, 아리프 딜릭, 가야트리 •스피박에게는 중대한 관심사가 되었다.

학계와는 별도로, 세계적 기업들은 (특히 일본에서) 마케팅에서 한 가지 방법을 모든 지역에 적용하는 접근법이 작동하지 않는다는 것과 현지의 문맥에 그들의 상품을 끼워 넣는 것이 오히려 필요하다는 것을 알게 되었다. 그래서 새 천년이 시작되면서 CNN은 하나의 중심화된 뉴스데스크가 전 세계로 방송하는 모델을 버리고 그 대신에 그 지역의 구체적인 문화적·민족적·정치적 관심사에 맞춰 재단된 현지화된 뉴스데스크를 여러 개 만들어냈다. 또한 '세계적으로 생각하라, 현지에 따라 행동하라'는 슬로건에 예시되어 있듯이 글로컬리제이션에는 행동주의적 차원이 있다.

+ 더 읽을거리

Z. Bauman, *Globalization: The Human Consequences*, 1998.
M. Featherstone et al., (eds.) *Global Modernities*, 1995.
F. Jameson and M. Miyoshi, (eds.) *The Cultures of Globalization*, 1998.

글리상, 에두아르 Glissant, Éduoard (1928~2011)

카리브해 출신의 작가, 비평이론가. 그는 카리브해의 문화적·민족적·정치적 이질성을 찬양하기 위한 운동, 즉 •크레올성 이면에 있는 주요 이론가 중 한 사람으로 잘 알려져 있다. 1992년 노벨문학상 최종 후보자 명단에 이름이 올랐던 글리상은 시집과 에세이뿐만 아니라 소설을 몇 권 쓴 작가이기도 하다. 그해의 노벨상은 카리브해 출신의 동료 데릭 월컷이 받았다. 아마도 글리상이 프랑스어권에 속해 있다보니 그의 작품이 •탈식민주의 연구에서 주목할 만한 관심을 받지 못했던 듯하다. 글리상은 자신의 이론적인 글들에서 질 •들뢰즈와 펠릭스 •가타리의 영향, 특히 두 사람의 •리좀이라는 개념에 영향을 받았다고 시인했다.

급진적 페미니즘 radical feminism

현대사회의 구조에 본질적 변화를 요구(그래서 '급진적'이라는 이름이 붙는다)하는 •페미니즘 내에서 느슨하게 조직되었지만 크게 주목받았던 분파. 1960년대 미국에서 여성해방운동과 함께 시작되었다. 급진적 페미니즘은 하나의 혹은 통합된 이론적·정치적 원리를 갖고 있지는 않다. 그러나 남성을 향해 일관된 태도를 취한다. 급진적 페미니스트들은 •가부장제가 여성 억압의 주요하고 보편적인 원인이라고 파악한다. 이는 가부장제가 여성의 생식능력, 성 그리고(아마도 가장 중요하지만 훨씬 모호한 방식으로) •여성성을 통제하기 때문이다. 슐라미스 •파이어스톤 같은 일부 급진적 페미니스트들은 여성의 생식능력 자체가 여성이 남성에게 종속되게 한다고 주장했다. 임신과 육아가 여성으로 하여금 남성에게 의존하게 만들기 때문(적어도 선사시대 인류의 경우를 본다면)이다. 이런 견해에서는 피임약 같은 수단으로 생식을 통제하는 것이 중요한 정치적 진보로 여겨진다. 이와 비슷하게, 남성의 욕망과 필요를 충족한다는 관점(포르노그래피와 매춘에서 그 예를 찾을 수 있는)을 떠나 섹스를 재정의함으로써 급진적 페미니즘은 여성의 섹슈얼리티 통제에 저항한다. 일부 급진적 분리주의 페미니스트들이 옹호하는 하나의 해결책은 이성애 기반에서 이탈해 레즈비언 생활방식을 채택하는 것이다. 이보다 더 널리 선택되고 저메인 *그리어 같은 페미니스트들이 옹호한 해결책은 여성들이 결혼 전까지의 정절, 결혼 후의 자기부정이라는 문화적 기대가 가하는 제약을 떨치고 자신들의 쾌락적 요구를 능동적으로 추구하는 것이다. 최근의 포스트 페미니스트들은 이 전략을 최선의 경우에도 그 결과에 비해 대가가 너무 크다는 이유로 반대한다. 이 전략으로 얻을 수 있는 것은 헌신이나 사랑이 없는 우울한 섹스일 뿐이기 때문이다. 아마도 가장 큰 변화는 급진적 페미니스트들이 전복하고자 했던 여성성의 이데올로기에 일어난 변화일 것이다. 급진적 페미니즘은 메리 *데일리 같은 페미니스트들의 작업으로 여성적 *인식론(여성이 중심이 되는 관점을 바탕으로 세계를 인식하는 방법)을 구축했다.

기관 없는 신체 body without organs

질 *들뢰즈와 펠릭스 *가타리가 정신병적 주체의 기원을 설명할 때 핵심 개념. 들뢰즈가 이 개념을 처음 사용한《의미의 논리》(*Logique du sens*, 1969 / *Logic of Sense*, 1990)에서부터 이 개념의 전개가 좀 더 잘 담겨 있는《천 개의 고원》(*Mille plateaux*, 1980 / *A Thousand Plateaus*, 1987)에 이르기까지 이 개념은 많은 변형을 겪었다. 흥미롭게도 이 개념은《천 개의 고원》직후 들뢰즈가 프랜시스 베이컨에 관해 책을 출판한 이후 그의 저서에서 거의 완전히 사라진다. 가타리 역시 자신의 후기 저서에서 이 용어를 많이 사용하지 않은 경향이 있다. 하지만 가타리가 이 용어를 어떻게 사용했는지 살펴보려면《앙티 오이디푸스에 대한 자료들》(*The Anti-Oedipus Papers*, 2006)에서 최근 발표된 가타리의 일기들을 참고해야 한다. '기관 없는 신체'라는 말은 정신병 환자였던 프랑스의 극작가이자 시인인 앙토냉 *아르토에게서 빌려왔지만, 따로 떨어져 있던 아르토의 저서가 이 개념을 설명하기 위해 사용될 수는 없었다. 들뢰즈는 멜라니 *클라인(그리고 그보다 정도는 덜하지만 지젤라 판코와는 대조적으로)의 아르토를 읽는다. 그리고 오직 이러한 문맥에서만 이 개념은 의미를 가지게 된다. 들뢰즈가 《의미의 논리》에서 설명했듯이 클라인은 *정신분석에서 항문 *대상에 부가적으로 요관 혹은 액체 상태의 대상이 첨가되어야 하고 항문 대상이 우리의 욕망을 끌어모으는 반면 요관 대상은 욕망을 효과적으로 부정하면서 욕망을 흡수한다고 주장했다. 들뢰즈는 클라인이 자신의 이러한 논점을 끝까지 끌고 나가지 못한 것을 아쉽게 놓쳐버린 기회라고 간주하고, 자신의 욕망 때문에 박해받는다고 느껴서 욕망을 전적으로 부정하고 대상 없는 신체가 되겠다는 결정을 내리는 정신병적 주체를 설명하고자 클라인의 생각을 원용했다(이 문맥에서 대상과 기관은 동일하다). 《의미의 논리》의 후속 저서에서 들뢰즈는 이 개념에 두 번째 기능을 첨가했다. 즉, 주체가 기관 없는 신체가 되었을 때, 욕망은 '기적을 만들어내는 것'으로 몸에서 생기는 것 같다.

기능주의 functionalism

건축학, 언어학, 철학, 심리학, 사회학에서 사용되는 용어. 기능주의는 각 학제의 문맥에 따라 의미가 약간 달라진다. 그러나 모든 학제에서 기능주의는 특정 연구 분야 안에서 어떻게 사물이 기능하는지 기술하는 것에 대한 의식적 강조를 뜻한다. 모든 학제를 막론해 여러 가지 면에서 이 용어의 의미를 표상하는 건축학에서 기능주의는 디자인이 목적을 반영하는 건물 스타일을 가리킨다. 이른바 *국제적 스타일을 표방하는 건축가들은 이러한 원칙을 지지했다. 사회학과 언어학, 철학에서 기능주의는 언어에서 결혼과 같은 사회적 제의를 거쳐 사상 자체에 이르는 모든 사회 양상이 특수한 목적에 봉사하기 위해서만 존재한다는 전제를 가리킨다.

기호 sign

•기호학의 기본 단위. 의미 단위로서 기호의 특징은 기호 자체로는 의미가 없으며 다른 곳에 존재하는 의미의 기호(혹은 지시)로 기능한다는 데 있다. 기호학의 두 '아버지'인 페르디낭 드 •소쉬르와 찰스 샌더스 •퍼스는 기호가 이항 구조인지 삼항 구조인지에 동의하지는 않았지만, 두 사람의 기호 개념은 몇 가지 핵심 특징을 공유한다. 기호는 둘이나 셋의, 연관되고 상호작용하는, 구분되지만 그럼에도 분리할 수는 없는 부분으로 구성된다. 소쉬르에게 기호는 기표와 기의로 구성된다. 기표는 소리 이미지('cat'이라는 단어에서 'c'의 소리는 같은 단어의 't' 소리와 다르다)이며, 기의는 우리가 그 소리와 자의적으로 연계하는 정신적 개념(다시 말해, 실제의 고양이가 아니라 고양이의 관념)이다. 퍼스의 기호학에서 기호는 •재현체, 해석소(interpretant), •대상으로 구성된다. 재현체는 인지 가능한 대상(기호 전달체라고 부르기도 한다)이며, 해석소는 기호의 의미나 효과를 가리키고, 대상은 기호가 가리키는 그것을 말한다. 소쉬르에게나 퍼스에게나 기호는 그것을 구성하는 전달체 이상의 무엇이 된다. 예를 들어, 신호등에서 빨간색 불은 운전자들에게 멈추어야 할 때를 알려주는 기호학적 신호의 한 부분에 불과하다. 이 경우 기호는 그것의 물질적 전달체와 동일하지 않다. 빨간색은 그 자체로 기호가 아니기 때문이다. 기호는 그것의 구성 요소와 같지도 않다. 다시 말해, 빨간색은 기호를 구성하는 하나의 부분일 뿐이다.

기호사각형 semiotic square

리투아니아 출신으로 파리에서 활동한 언어학자 알지르다스 쥘리앵 •그레마스가 의미의 심층 구조, 특히 의미 생산의 구조를 설명하려고 사용한 도식. 스위스 언어학자 페르디낭 드 •소쉬르가 수립한 차이의 원리(무엇의 의미는 그것이 의미하지 않는 무엇으로부터 자신을 차별화하며 동시에 의미하지 않는 무엇을 부정하는 힘에 따라 결정된다는)를 전제로 하여, 기호학 사각형은 단순한 대립과 복잡한 부정의 조합으로 구축된다. 사각형의 네 변은 각각 S1, S2, S1′, S2′로 지명되며, 의미 생산에서 각기 다른 위치를 대표한다. 이것의 도식은 왼쪽에서 오른쪽으로, 수직 방향과 가로지르는 방향으로 해독되어야 한다.

ㄱ

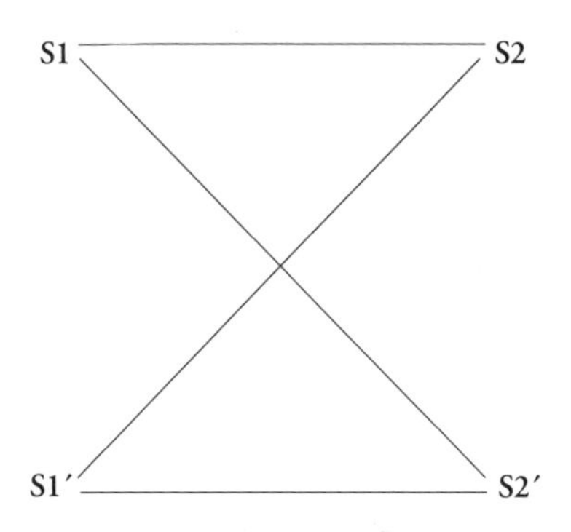

그레마스가 의미라는 주제로 쓴 글들을 모은《의미에 대하여》(*On Meaning*, 1987) 서문에서 프레드릭 *제임슨이 말하듯이, 기호사각형에 기초한 의미의 분포를 수립하려면 상당한 작업이 필요하다. '자유'를 예로 들면, 만일 이것을 S1 위치에 두는 경우, 우리는 그것의 단순한 반대인 S2가 '비자유'라고 할 수 있다. 그런가 하면 그것의 부정인 S2′은 '노예 상태'라고 할 수 있다. 기호사각형에서 최종 지점 S1′ 혹은 부정의 부정은 '해방'이 될 것이다. 이렇게 기호사각형에 따라 자유와 해방이 병치되며, 이로써 기호사각형은 우리로 하여금 두 용어 사이의 '간극' 혹은 '차이'를 숙고하게 한다. 우리가 '해방' 대신 '자유'를, '자유' 대신 '해방'을 말할 때, 두 용어 사이에는 어떤 차이가 있는가 하는 질문이 여기서 제기된다. 제임슨이 기호사각형을 활용해 텍스트의 변증법적 읽기를 진행할 수 있다고 제안하는 이유가 여기에 있다. 제임슨은 기호사각형을 자주 사용했다.

+ 더 읽을거리

F. Dosse, *History of Structuralism*, 1997.
프레드릭 제임슨, 《언어의 감옥: 구조주의와 형식주의 비판》, 윤지관 옮김, 까치, 1990.
R. Schleifer, *A. J. Greimas: Linguistics, Semiotics and Discourse Theory*, 1987.

기호학 semiotics

기호학의 창시자 중 한 사람인 스위스의 언어학자 페르디낭 드 *소쉬르에 따르면 기호학은 *기호의 과학이다. 기호학에는 주요 분파가 둘 있다. 소쉬르 기호학과 미국의 *실용주의 철학자 찰스 샌더스 *퍼스의 작업을 가리키는 퍼스 기호학이 그것이다. 이 두 기호학 모델은 서로 참조하지 않고 독자적으로 구축되었으며, 한 가지 점에서 중대한 차이가 있다. 소쉬르의 기호학 모델은 이원적인 데 반해 퍼스의 모델은 삼원적이다. 그 결과 두 기호학 학파 사이에 교차적 발전은 거의 일어나지 않았다. 소쉬르의 핵심적 통찰(기호학 전체가 이 통찰을 기반으로 세워진)은 한 어휘의 소리가 그것의 의미, 그리고 그것이 가리키는 대상과 관련해 자의적이라는 것이다. 예를 들어, 소를 '소'라 부를 본원적 이유가 없으며 '소'라는 어휘를 그렇게 발음해야 할 이유도 없다(서로 다른 언어들이 같은 사물에 서로 다른 어휘를 갖고 있다는 점이 이 두 번째 사항의 증거로 제시될 수 있다). 소쉬르의 관점에서 '소'라는 어휘는 기표(어휘의 소리)와 기의(우리가 그 소리와 연계하는 개념)로 구성된 기호로 이해될 수 있으며, 소쉬르는 이 아이디어를 언어 전반으로 확장했다. 소쉬르가 죽은 지 50년이 넘은 다음, 1950년대에서 1960년대 동안에 프랑스만은 아니었지만 특히 프랑스에서, 롤랑 *바르트, 클로드 *레비스트로스, 크리스티앙 *메츠, 자크 *라캉 등을 포함하는 언어학자, 문학이론가, 문화비평가, 정신분석학자가 소쉬르의 기호 개념을 적극적으로 활용·확장하기 시작했고, 이 개념이 *일상생활이라는 비언어적 영역을 포함해 넓은 범위의 의미 생산 활동에 적용될 수 있음을 발견했다. 기호학에 대한 관심이 폭발했고 이후 꽤 오랫동안 기호학은 인문학에서 지배적인 분석 양식이었다. 특히 *문화 연구는 기호학을 *이데올로기의 작동 방식을 이론화하는 작업의 수단으로 보았다. 이와 같은 작업의 선구자는 바르트다. 바르트는 *신화에 대한 작업에서, 비누 거품과 같은 아주 일상적인 대상도 단순히 효용을 넘어서는 의미를 갖는다는 점을 보여주었다. 비누 거품은 순수, 기쁨, 청결, 유년기의 재미 등의 기호가 될 수 있다. 여러 비평가가 지적했듯이, 기호학에 대한 폭발적 관심은 모든 문화 활동을 '언어처럼' 본다는 대가를 치러야 했고, 이것이 대단히 유용한 모델이기는 하지만 모든 문화 활동이 언어처럼 작동하지는 않는다는 점에서 단점도 있었다. 1960년대 전성기 이후 기호학은 대단히 복잡한 전문 분야가 되었고, 인공지능 연구자 사이에서 새로운 청중을 찾았다.

+ 더 읽을거리

J. Culler, *The Pursuit of Signs*, 1981.
움베르토 에코, 《기호학 이론》, 서우석 옮김, 문학과지성사, 1999.
W. Nöth, *Handbook of Semiotics*, 1990.
H. Ruthrof, *Pandora and Occam: On the Limits of Language and Literature*, 1992.

꿈작업 dreamwork / *Traumarbeit*

지그문트 •프로이트에 따르면 꿈생각(•잠복된 내용)을 실제 꿈(•명시적 내용)으로 변형하는 과정. 꿈작업은 꿈생각이 담고 있는 함축적인 욕망이 의식에 드러나지 않도록 하는 방식으로 꿈생각을 왜곡한다. 꿈에는 두 가지 서로 다른 기능이 있다. 첫째, 꿈생각을 생산하는 것이다. 꿈생각은 신체적 자극, •본능 그리고 프로이트의 표현을 빌리면 낮의 찌꺼기(즉, 날이 저물 때까지 해결되지 않은 채 남아 있는 여러 갈래의 실타래로 엉킨 정신 활동)에서 만들어진다. 둘째, 그러한 꿈생각(이들 중 많은 것은 의식으로 받아들여질 수 없다)을 꿈 이미지로 변형하는 것이다. 이러한 과정의 적절한 꿈작업은 •압축, •전치, 재현 가능성 재고, 2차 수정이라는 네 가지 다른 기제로 구성된다. 프로이트의 주장에 따르면 꿈은 창의적이지 않다. 꿈은 변형적이다. 프로이트는 분석의 관점에서 결정적인 것은 꿈에 내재된 변형이라고 주장했다. 다른 말로 한다면, 꿈을 분석할 때 프로이트는 어떤 특별한 이미지가 무엇을 나타내는지 묻지 않는다. 오히려 그는 그 특별한 이미지가 나타내는 것이 왜 그런 방식으로 재현되어야 하는지 알고 싶어 한다.

구조주의 structuralism

20세기에 매우 중요하고 광범위한 영향을 준 지적 운동 중 하나. '언어학적 전회'라 불릴 때가 많다. 구조주의의 방법이 스위스의 언어학자 페르디낭 드 *소쉬르가 제시한 통찰—인간의 모든 창조물이 언어처럼 구조화되어 있다—에서 기원하기 때문이다. 프랑스의 정신분석학자 자크 *라캉은 *무의식이 언어처럼 구조화되어 있다고 선언하기도 했다. 라캉의 이 말에 담긴 핵심적 함의는 오해될 때가 많다. 그가 말하고자 했던 것은 언어가 하나의 체계이듯이 무의식도 하나의 체계이며, 둘 다 같은 방식으로 구조화되어 있다는 것이었다. '언어학적 전회'라 불리는 것과 같은 이유에서, 구조주의는 반인본주의적 방법으로 설명되기도 한다. 인간 주체나 개인의 의식을 우선시하거나 그것들에 특권을 부여하지 않기 때문이다.

흥미롭게도, 흔히 구조주의의 기원으로 여겨지는 《일반 언어학 강의》(*Cours de linguistique générale*, 1916 / *Course in General Linguistics*, 1959)에서 소쉬르는 '구조(structure)'라는 말을 한 번도 쓰지 않았다. 그가 쓴 말은 '체계(system)'이며, 실상 이것이 더 적절한 말이다. 소쉬르가 발견하고자 했던 것은 모든 언어에 공통되는 언어 자체의 보편 체계였다. 그는 언어가 '어떻게' 의미를 갖는지, 언어의 의미는 '무엇'인지 알고자 했다. 이를 위해, 그는 언어학이 언어를 보는 방식을 바꾸어야 했다. 소쉬르는 세 가지 중요한 시도를 했다. 그의 이 세 가지 시도가 구조주의의 방법론적 모태를 형성했다.

첫째, 그는 관심을 언어의 시간적 차원에서 공간적 차원으로 옮겼다. 그의 시대까지, 언어학(여전히 *문헌학의 하위 분야로 지금처럼 독립적인 개별 학문이 되지 못했던)은 특정 언어의 역사나 진화를 연구하는 데 집중했다. 그에 따라 역사 속에서 일어난 발음, 철자법, 어휘, 문법 등의 변화를 추적하고 기록했다. 소쉬르는 이와 같은 분석 경로를 *통시적 축이라 했고, 그 중요성을 인정하면서도 이 방법은 언어가 무엇인가 하는 질문에는 답하지 못한다고 말했다. 그는 통시적 축 대신 그의 용어로 *공시적 축에 집중했다. 이것은 지금 존재하는 대로인 언어를 연구하는 것이다. 소쉬르는 공시적 축을 연구하면서 왜 서로 다른 언어들이 같은 사물에 다른 어휘들을 갖는지, 왜 비슷한 어휘들에 다른 의미가 있는지 등 흥미로운 문제를 생각했다.

둘째 움직임은 앞의 질문에 대해 소쉬르가 내린 결론이기도 하다. 수십 년 뒤 여러 인문 과학에 혁명을 불러온 이 통찰은 특정 *음소와 그것의 의미의 관계가 '자의적'이라는 것이다. 이 점을 분명히 하려고 소쉬르는 현재 말해지는 언어라는 구체적 사실(이것을 그는 *파롤이라 했다)과 언어가 의사소통 방식으로 기능할 수 있게끔 하는 언어의 기저에 자리한 조합의 체계(이것을 그는 *랑그라 했다)를 구분해야 했다. *랑그와 파롤은 분리할 수 없다. 하지만 파롤이 정의상 구체적으로 현존해야 하는 반면, 랑그는 구체적 현존으로 드러나지 않는다. 파롤은 랑그의 불완전하고 부분적인 실현 또는 예시다. 이 구분을 바탕으로 '전체' 체계를 삼각 구도로 도식화한 데에 소쉬르의 천재성이 있다. 소쉬르가 이해하는 랑그는 사회적 사실이다. 다시 말해, 어떤 개인이 많은 언어에 능통하다 해도 그 전체를 파악할 수는 없는 개념적 실체다.

마지막으로, 소쉬르는 언어학이 분석 대상을 어휘에서 *기호로 전환해야 한다고 제안했다. 기호는 파롤(랑그로만 의미를 실현할 수 있는)의 구체적 예시이며, *기표와 기의라는 두 요소로 구성된다. 기표는 특정 어휘의 음가다. 이것은 다른 음가와 구분되어야 하고 재생산이 가능해야 한다(이 두 가지 특징이 음소를 단순 소음과 구분되게 한다). 기의는 우리가 이 음가와 연계하는 개념이다. 기표와 기의의 관계는 어휘와 사물(*지시 대상)의 관계가 아니다. 만일 그렇다면 언어는 명명의 체계로 축소될 것이다. 기호는 상징이 그렇듯이 자기 충족적이지 않으며, 상호 연관되는 차이의 체계에 의존해 의미를 지니게 된다.

구조주의의 방법론이 다른 학문 분야에 채택되고 그들의 구체적 목표와 *문제 틀에 맞게 변용되면서, 구조주의는 지구적인 지적 운동이 되었다. 구조주의의 영향을 받은 최초 학문은 인류학이다. 구조주의적 인류학을 주도한 클로드 *레비스트로스는 뉴욕에 머무는 동안 로만 *야콥슨을 통해 소쉬르의 저술을 접했다. 제2차 세계대전 동안 뉴욕에 망명 중이었던 레비스트로스와 야콥슨은 언어학 이외의 분야에서 구조주의적 방법이 어떻게 활용될 수 있는지 보여주는 짧은 저작을 같이했다. 철학에서는 모리스 *메를로 퐁티가 구조주의 도입을 선도했고, 문학 연구에서는 롤랑 •바르트가 길을 개척했으며, 영화 연구(크리스티앙 •메츠), •정신분석(자크 •라캉), •마르크스주의(루이 •알튀세르)가 그 뒤를 이었다.

다른 방법과 비교할 때 구조주의의 우위는 이후 구조주의 비판자들이 지적했듯이, 구조주의에 내재한 약점이기도 했다. 그렇기는 하지만 구조주의의 강점은 상당하다. 구조주의적 비교 분석의 힘이 여전히 유용하게 쓰이는 대중소설 연구를 예로 들 수 있다. 움베르토 •에코가 《독자의 역할: 텍스트 기호학의 탐험》(*The Role of the Reader: Explorations in the Semiotics of Texts,* 1979)에서 제임스 본드 소설과 영화들을 분석한 것을 이와 같은 연구의 모범으로 제시할 수 있다. 에코는 본드 소설과 영화 전체를 읽으면서 서사 조직의 전 층위에서 이들이 공유하는 일련의 특징을 추출했다. 이러한 방식으로, 에코는 어떻게 본드 '기계'가 일관되고 핵심 요소에서 유사하며, 그럼에도 독자들을 만족시키기에 충분할 만큼 다른 이야기들을 만들어낼 수 있는지 보여주었다. 본드 서사에 대한 이와 같은 이해는 저자와 독자의 •무의식을 볼 수 있는 창을 열어주는 일이기도 하다. 재니스 래드웨이는 대중 로맨스 분석인 《로맨스 읽기》(*Reading the Romance,* 1991)에서, 윌 라이트는 웨스턴 연구인 《6연발 권총과 사회》(*Sixguns and Society,* 1992)에서 비슷한 접근을 했다. 이와 같은 분석의 가장 세련된 사례는 무엇보다 알지르다스 쥘리앵 •그레마스의 •기호사각형이다.

구조주의의 단점은 두 가지다. 첫째, 프레드릭 •제임슨 같은 마르크스주의 비평가들이 지적했듯이, 구조주의는 몰역사적이다. 실상 이것은 통시적 차원을 거부해야만 공시적 차원에 집중할 수 있다는 점을 감안하면 의도적인 것이다. 그렇기는 하지만 구조주의의 몰역사성은 문제가 된다. 문화에서 작동하는 다양한 모델과 기계들을 규명할 수 있지만, 왜 그것들이 생겨났는지, 왜 그것들이 계속 존재하는지는 설명하지 못하기 때문이다. 둘째, 자크 •데리다가 지적했듯이, 기의는 기표에 의미를 제공하지 않는다. 기의 자체가 결정되어 있지 않기 때문이다. 어떤 예로든 이 점을 증명할 수 있다. '붉음'이라는 개념이 '붉은'이라는 기표의 기의라면, '붉음'이라는 개념에 의미를 주는 것은 무엇인가? 데리다는 체계 자체가 '현존'의 환영, 확정적 의미의 현존이라는 환영에 토대를 두고 있다고 말한다. 널리 인정되듯이, 데리다는 볼티모어에서 열린 학회에서 구조주의의 시대가 끝나게 했다. 이 학회는 아이러니하게도, 미국의 학자들에게 구조주의의 성과를 보여주고자 기획된 것이었다.

+ 더 읽을거리

프레드릭 제임슨, 《언어의 감옥: 구조주의와 형식주의 비판》, 윤지관 옮김, 까치, 1990.

J. Sturrock, Structuralism, 1986.

나르시시즘 narcissism

자존감의 강렬한 형태. 자기 이미지에 대한 강렬한 매혹. 이 용어는 그리스 신화에서 기원한다. 신화 속 청년 나르키소스는 물에 비친 자기 영상에 깊이 매혹된 나머지 그것과 하나가 되려고 물속에 빠져 죽는다. 정신분석학자 지그문트 *프로이트는 영국의 성의학자 해블록 엘리스에게서 이 용어를 빌려 남성 동성애가 자기 이미지에 대한 성적 매혹이라는 이론을 전개했다. 후에 프로이트는 남성 동성애를 설명한 이 이론을 철회하지만, 나르시시즘이라는 개념은 그대로 두면서 *리비도가 외부 *대상에서 분리되어 *에고에 재집중하는 상황을 설명했다. 프로이트에 따르면, 이것이 아이들이 삶을 시작하는 방식(그가 1차 나르시시즘이라 부르는 단계)이다. 아이는 서서히 1차 나르시시즘에서 벗어나 외부 세계에서 *카섹시스를 모색하는 상황으로 이행한다.

남근중심주의 phallocentrism

남근 혹은 *팔루스에, 아니면 둘 다에 우위를 부여하는 섹슈얼리티 이론은 모두 남근중심주의다. 지그문트 *프로이트의 전기 작가 어니스트 존스가 어린 소녀들의 섹슈얼리티를 논의하는 글에서 처음 썼던 용어다. 존스의 글은 남근으로 모두를 설명하는 프로이트의 관점을 향한 도전이었다. 남근에 대한 선망, 그것이 좌절되었을 때 대체물로 아기를 원하는 것이 소녀의 섹슈얼리티를 규정한다고 본 프로이트와 달리, 존스는 소녀들이 실제로 자신들의 성기를 자각하며, 자신들의 섹슈얼리티를 조직할 때 비교 지점으로 남근이 필요하지 않다고 주장했다.

남성성 masculinity

남성에게 적용되며, 문화적으로 상대적인 *젠더 정체성의 이상을 말한다. 이제 방대한 규모가 된 남성성 연구는 남성성의 구체적 내용이 시대와 장소에 따라 다르다는 것을 보여준다. 19세기 영국의 남성들에게 기대되는 행동 규범은 지금 이라크의 남성들에게 기대되는 행동 규범과 상당히 다르다. 따라서 비평 담론에서는 보통 남성성을 단수가 아니라 복수로 말한다. 남성성 연구는 *페미니즘과 문화 연구가 선구적으로 주도한 *젠더 연구에서 파생되었으므로 그 핵심에 *정체성 형성 문제가 자리한다. 남성성 연구는 젠더화된 행동(예를 들어, 남성이 여성보다 더 힘이 강하고 공격적이라서 사냥꾼-전사이게끔 타고난다)이 생리학의 기능이라는 *생물학적 결정론의 관점을 전복했고 남성성이 문화적으로 규정된다는 점을 분명히 보여주었다. 이 분야의 연구는 주디스 *버틀러의 *수행성 개념(그녀는 이것을 언어학자 존 랭쇼 *오스틴의 수행성 개념에서 착안했다)에서 크게 영향을 받았다. 버틀러의 수행성 개념에 따르면 젠더 역할은 지속적인 자기관리를 요구하는 수행의 행위다. 이 아이디어에 기대어, 일부 연구자는 남성이 여성만큼 이상적인 육체에 대한 문화적 기대에 순응하는 압박을 받고 있다고 말하기도 했다. 그러나 페미니즘 진영에서는 이러한 논의가 사태를 과장했다고 보는 편이다. 세계의 대부분 지역에서 *가부장제가 여전히 강고히 자리하고 있기 때문이다.

+ 더 읽을거리

R. W. Connell, *Masculinities*, 2005.

S. Whitehead, *Men and Masculinities: Key Themes and New Directions*, 2002.

남성중심주의 androcentrism

19세기 미국인 샬롯 퍼킨스 길먼이 《남성이 만든 세계 또는 우리의 남성중심적 문화》(*The Man-made World or Our Androcentric Culture*, 1911)에서 이 용어를 사용했다. 길먼은 서구 사상의 경향이 남성의 관점을 중심으로 형성되었고, 그 결과 일반적 상식이나 보편적이라고 취급되는 것들은 사실상 남성의 정체성과 가치를 반영하고 있다고 보았다. 이러한 남성중심적 사고 체계에서 여성적 관점은 정도에서 벗어난 비정상적인 것, 즉 남성중심적 규준에서 벗어난 일탈로 취급된다. 데일 스펜더 같은 페미니스트 언어학자는 어떻게 남성중심적 세계관이 언어 속에, 특히 남성 대명사를 보편적 용어로 사용할 때 스며들게 되는지를 보여주었다.

낭시, 장 뤽 Nancy, Jean-Luc (1940~)

프랑스의 *후기 구조주의 철학자. 철학에서 독일 낭만주의 전통에 대한 저술을 다수 발표했고, 그중에는 독일 낭만주의의 20세기 계승자인 마르틴 *하이데거에 대한 저술도 포함된다.

보르도 근방의 코데랑 출신인 낭시는 바덴바덴과 베르주라크에서 대학 예비 학교들을 다녔으며, 툴루즈 대학교에 입학한 이후 소르본에서 수학했다. 소르본 재학 시절 그의 스승으로는 조르주 *캉길렘과 폴 *리쾨르가 있다. 리쾨르는 G. W. F. *헤겔의 종교철학을 다룬 낭시의 논문을 지도했다. 소르본을 졸업한 후 스트라스부르 대학교에 강사로 임용되었다. 낭시는 이 대학에서 신학 박사 학위를 마치려고 했지만, 결국 임마누엘 *칸트에 대한 논문을 썼다. 1987년 툴루즈 대학교에 제출한 박사 학위 논문에서 그는 칸트, 프리드리히 셸링, 헤겔에서 보는 자유의 경험이라는 주제에 대해 썼다. 자크 *데리다, 장 프랑수아 *리오타르가 그의 박사 학위 논문 심사 위원회에 있었다.

낭시는 데리다와 뜻을 같이하는 것으로 여겨질 때가 많으며, 데리다도 낭시를 '후기해체주의자'로 보았다. 이는 낭시 작업의 독창성을 인정하면서 동시에 해체가 그의 작업에서 근간이라는 것의 간접적 표현이다. 낭시의 작업은 공동체, 자유, 인류 등 정치적 개념에 대한 철학적 비판을 수행한다. 그의 비판은 정치적 개념의 존재론적으로 '순수한' 형식, 당과 •이데올로기 등 철학적으로 미심쩍은 관심에 오염되지 않은 순수한 형식을 규명하는 것을 목적으로 하며, 데리다의 •해체 프로젝트와 같은 노선에 있다고 볼 수 있다. 그러나 낭시가 보기에 단일성이 불가능하기 때문에 순수성이란 불가능하다. 낭시에게 •존재론은 파편들의 문제, 그 파편들이 서로 어떤 관련이 있는지는 좋게 보더라도 불확실할 뿐인 파편들의 문제다. 심장 이식 수술을 한 이후, 낭시의 초점은 다른 사상가들에 대한 논평을 떠나 자기 자신의 철학을(철학적 체계의 수립이 불가능하다는 신념은 떠나지 않지만) 개진하는 일로 옮겨졌다. 그의 중요한 저술로 평가되는 책들이 이 시기에 출간된다. 《무위의 공동체》(*La Communauté désoeuvrée*, 1986 / *The Inoperative Community*, 1991), 《단수형 복수로》(*Être singulier pluriel*, 1996 / *Being Singular Plural*, 2000), 《세계의 창조 혹은 세계화》(*La Création du monde; ou, La Mondialisation*, 2002 / *The Creation of the World or Globalization*, 2007)가 그것들이다. 학계 바깥에서 낭시는 심장 이식 수술 경험을 적은 《침입자》(*L'intrus*, 2000)로 널리 알려져 있다. 이 책은 클레어 드니 감독이 같은 제목으로 영화화했다. 스트라스부르 대학교 동료인 필립 •라쿠 라바르트와 공동 연구한 저서도 몇 권 발표했다.

+ 더 읽을거리

J. Derrida, *Le Toucher, Jean-Luc Nancy*, 2000 / *On Touching, Jean-Luc Nancy*, 2005.
B. Hutchens, *Jean-Luc Nancy and the Future of Philosophy*, 2005.
I. James, *The Fragmentary Demand*, 2006.
D. Sheppard et al., (eds.) *On Jean-Luc Nancy: The Sense of Philosophy*, 1997.

+ 참고

장-뤽 낭시, 《무위의 공동체》, 박준상 옮김, 인간사랑, 2010.

낯설게 하기 defamiliarization →오스트라네니예

내면 투사 introjection

환상 속에서 •대상 혹은 기타 •쾌락의 원천을 대상으로 일어나는 전이 현

상. 대개 주체의 바깥에서 내면으로 전이한다. 아버지의 힘이나 어머니의 부드러움에 이끌리는 어린이가 있다면, 이 어린이는 부모의 이 자질을 자신의 *에고와 *초자아 속으로 무의식중에 통합한다. 부모를 잃는 경우, 주체가 수행하는 애도 작업은 부분적으로는 상실한 자아의 일부를 애도하는 작업이기도 하다. 이 개념은 1909년 지그문트 *프로이트의 친구이며 동료 정신분석학자인 산도르 페렌치가 *투사의 반대 개념으로 창안했다. 1915년에는 프로이트 자신이 인용했다. 멜라니 *클라인의 대상 이론에서 핵심 역할을 한다.

내재성 immanence

자기 자신에 토대를 둔 철학의 한 양태. 내재성은 외부적 또는 초월적 토대라는 관념을 거부하지만 그렇다고 해서 반토대주의적이지는 않다. 내재성에 관한 가장 중요한 철학자로 바뤼흐 스피노자를 꼽을 수 있다. 그의 저서에서 신은 초월적이라기보다 내재적인 존재로 다루어진다. 이는 신이 인간을 판단하는 높은 곳에 앉아 있다는 뜻이 아니라 오히려 우리가 신의 실체와 함께 존재한다는 뜻이다. 20세기에 내재성을 다룬 주요 철학자는 질 *들뢰즈다. 비록 그가 신을 존재로 대체했다 할지라도 그의 *존재론은 스피노자에게서 도출된 것이다.

내포 독자 implied reader

볼프강 *이저의 독자에 대한 개념. 어떤 문학작품이 그를 위해 쓰인 것 같아 보이거나 초대하는 것 같아 보이는 독자를 가리킨다(작품의 실제 독자와 대립한다). 내포 독자는 텍스트의 전략을 공감하고 수용한다고 상정된다. 이와 같은 이유로 내포 독자는 실제 독자와는 대조적으로 텍스트의 계획에 지장을 초래할 수도 있는 어떤 이데올로기적 '짐'도 지고 있지 않다. 이 개념은 분명히 웨인 부스의 내포 저자 개념에 빚지고 있다. 스탠리 *피시의 *해석 공동체 개념과 비교하는 것이 유용할 수 있다.

+ 더 읽을거리

로버트 C. 홀럽, 《수용미학의 이론》, 최상규 옮김, 예림기획, 1999.

냉소적 이성 cynical reason / *zynische Vernunft*

독일 철학자 페터 •슬로터다이크의 용어. 그는 계몽된 •허위의식을 냉소적 이성이라 했다. 슬로터다이크는 예상치 않게 베스트셀러가 된 자신의 책《냉소적 이성 비판》(*Kritik der zynischen Vernunft*, 1983 / *The Critique of Cynical Reason*, 1987)에서 계몽주의와 •마르크스주의의 중심에 있던 이상, 즉 세계의 본성에 대한 우리의 이해가 증가할 때 필연적으로 사회적 변화가 야기될 것이라는 이상의 끝이 냉소적 이성이라고 기술했다. 슬라보예 •지젝은 현재 상황이 부당하다는 것을 잘 알지만 그래도 마치 그렇지 않은 듯 우리가 행동할 때 느끼는 감정을 냉소적 이성이라고 정의했다. 이 문제의 가장 완벽한 예로는, 상대적으로 말해서, 기후 변화에 대한 지식에도 불구하고 우리의 전 지구적 활동이 없다는 점을 꼽을 수 있다. 우리 자신에게 우리가 지구 전체에 미치는 재앙을 향해 가고 있다는 것을 안다고 말한다 해도 우리는 마치 아무것도 잘못되지 않은 것처럼 행동한다(→ 도구적 이성).

+ 더 읽을거리
페터 슬로터다이크, 《냉소적 이성 비판》, 이진우 옮김, 에코리브르, 2005.

네그리, 안토니오 Negri, Antonio (1933~)

이탈리아의 •마르크스주의 정치철학자. 마이클 •하트와의 공동 저술로 유명하다. 네그리의 중요성은 1980년 미셸 •푸코가 했던 말(네그리는 사상 때문에 투옥되었다)에서도 짐작할 수 있다. 사상 때문에 투옥되었다고 할 수 있는 이론가는 사실 거의 없다.

네그리는 이탈리아의 파도바에서 태어났다. 그는 1950년대 초 가톨릭 청년 조직인 '이탈리아 가톨릭 청년행동연합'에 가입하면서 일찌감치 정치적 활동을 시작했다. 1956년에는 이탈리아 사회당에 가입했다. 그는 파도바 대학교에서 정치 이론을 공부했고 졸업하면서 같은 대학에 교수로 임용되어 국가와 헌법 이론을 가르쳤다. 1969년 네그리는 '노동자의 힘' 조직 창설에 참여했다. '노동자의 힘'은 공장에서 노동자의 편에 서서 저항을 조직한 '노동자주의' 정치 집단이다. 이 조직은 1973년에 해산했다. 네그리는 '자율주의노동자연합'에 가입한 뒤 여기에 수많은 이론적 글을 기고했다.

1979년 4월, 네그리는 다른 몇몇 자율주의노동자연합 운동가와 함께 체포되어 '붉은 여단' 조직과의 연루 등 몇 가지 혐의로 기소된다. 1978년 붉은 여단이 벌인 기독민주당 지도자 알도 모로의 납치와 살해를 배후 조종했다는 혐의도 포함되어 있었다. 이 점에 대해선 무죄판결을 받았지만, 붉은 여단과 연루되었다는 혐의는 유죄판결을 받는데, 1984년 궐석재판에서 30년 징역형을 받았다. 이에 4년형이 추가되는데, 1960년대와 1970년대 정치 활동가들의 폭력성에 '도덕적으로 책임'이 있다는 혐의 때문이었다. 그는 상고심을 기다리면서 4년을 교도소에서 보냈다. 그동안 그는 급진당 소속으로 이탈리아 국회의원으로 선출되면서 의원 특권을 적용받아 석방되었다. 그러나 이탈리아 국민회의가 이 결정을 철회했다. 그는 다시 교도소로 돌아가는 대신 국제사면위원회와 펠릭스 •가타리의 도움을 받아 프랑스로 도피했다.

프랑스에서 그는 생드니의 파리 8대학교에서 강의하게 되는데, 알랭 •바디우, 질 •들뢰즈 등이 그의 동료였다. 그는 이때 젊은 학생이었던 하트를 만났다. 이후 수십 년에 걸쳐 그와 하트는 여러 공동 저술을 생산했다. 1997년 그는 이탈리아로 돌아가 자발적으로 남은 형기를 마치기로 한다. 이는 1960년대와 1970년대에 급진적 행동에 참여했다 도피한 다른 망명자 수백 명이 처한 상황에 대한 관심을 환기하자는 희망에서였다. 그는 형기가 감형되어 2003년 석방되었다. 수감되어 있던 세월이 네그리에게는 대단히 생산적인 시간이었다. 그가 하트와 공저한 최초의 책《디오니소스의 노동》(*The Labor of Dionysus*, 1994)이 교도소에 있는 동안 완성되었다. 이 책은 네그리가 전에 썼던 글들의 영어 번역과 하트가 쓴 새로운 글들을 같이 묶은 것이다. 국제적으로 베스트셀러였던《제국》(*Empire*, 2000) 역시 교도소에서 완성되었다.

《제국》 출간과 함께 네그리와 하트는 •비평이론의 최전선에 서게 된다. 이 책은 '시애틀 전투'라 불린 1999년 11월 사건 거의 직후 출간되었다. 이 사건으로 세계 곳곳에서 모여든 반세계화 •사회운동 조직이 전 세계의 주목을 받게 되었는데, 여기에 희망에 관한 강력한 새로운 메시지가 있는 듯했다. 이 책에서 하트와 네그리는 새로운 형식의 *주권이 제2차 세계대전 이후 부상했는데, 그것을 *제국이라 부를 수 있으며, 제국은 그 본성상 국제적이고 이미 어떤 민족국가보다 강력하다고 말했다. 또한 두 사람은 생산, 노동 관리, 금융에서 생겨난 새로운 국제적 과정(세계화라는 이름으로 불리는)이 자본의 구성 자체를 바꾸고 있으며, 그 과정에서 그들이 *다중이라 부르는 새로운 계급을 창조하고 있고, 이로써 *계급투쟁의 역사에서 새로운 장을 열고 있다고 주장했다. 좌파 계열의 필자들이 대부분 신보수주의의 부상에 암울한 진단과 전망을 내놓을 때, 하트와 네그리의 책은 신선한 바람처럼 등장했다. 그러니 놀랍지 않게도《제국》은 즉각 베스트셀러가 되었다.

2001년 9월 11일 일어난 일들이 국제 정치 환경을 극적으로 바꾸었고, 하트와 네그리가《제국》의 후속으로 내놓은《다중》(*Multitude: War and Democracy in the Age of Empire*, 2005)은 전작과 비교하면 독자들의 냉대를 받았다.《제국》에 열광했던 비평가들은 칼날을 갈았다. 이것은 부분적으로는《다중》이《제국》이 제기했던 문제에 답하지 못했기 때문이었다. 다시 말해, 어떻게 다중이 사회 변화를 가져올지, 하트와 네그리는 여전히 설명하지 못했다. 하트와 네그리는 다중이 존재한다는 바로 그 사실이, 사회 변화가 이미 일어났다는 뜻이라는 관점을 취했다. 이 관점이 기술적으로는 정확할 수 있어도, 대부분 독자는 그에 만족하지 못했다. 네그리와 하트의 3부작 중 마지막 권인《공통체》(*Commonwealth*, 2009)가 독자들의 이런 요구에 답할지는 시간이 말해줄 것이다.

《제국》 이후의 10년은 네그리에게 놀랍도록 생산적인 시기였다. '제국'과 관련한 3부작 외에도, 그는 이 3부작이 제시하는 여러 기본 테제를 보충하고 설명하는 에세이와 인터뷰를 여러 권으로 묶어냈다.

+ 더 읽을거리

세르지오 볼로냐 외, 《이제 모든 것을 다시 발명해야 한다: 제국에 저항하는 네그리의 정치철학》, 윤영광·강서진 옮김, 갈무리, 2010.

+ 참고

안토니오 네그리, 《디오니소스의 노동: 국가 형태 비판》, 이원영 옮김, 갈무리, 1997.

네그리튀드 ***négritude* / blackness**

마르티니크 출신의 시인이며 정치가인 에메 •세제르가 고안한 용어. 경멸적인 어휘 '네그레(nègre. 영어의 '니그로(negro)', '니거(nigger)'와 어원을 공유하는 어휘)를 전유해 거기에 긍정적인 의미를 부여했다. 가장 유명한 예는 세제르의 역작 산문시《귀향 수첩》(*Cahier d'un retour au pays natal*, 1939 / *Notebook of a Return to My Native Land*, 2001)이다. 이 작품에 '아이티, 네그리튀드가 최초로 일어서 인류에 대한 희망을 말했던 곳'이라는 구절이 등장한다. 아이티에 대한 언급은 1791년 노예반란을 이끌었던 투생 루베르튀르에 대한 언급이기도 하다. 하나의 운동으로서 네그리튀드는 1930년대의 파리에서 아프리카 카리브해 출신 학자들의 소그룹에서 출범했다. 이 그룹의 성원으로 장래 세네갈의 지도자가 될 레오폴 •상고르와 시인 레옹 다마가 있었다. 이들은 미국의 할렘 르네상스(특히 1920년대 초 파리에 체류했던 시인 랭스턴 휴즈, W. E. B. •듀보이스, 자메이카 출신의 마르쿠스 가비)와 파리의 •초현실주의의 영향 아래서 시와 글쓰기로 정신의 탈식민화를 추구했다. 네그리튀드는 무엇보다 의도적으로 본질주의적 방식을 택하면서 아프리카 유산을 기리는 것을 목적으로 한다. 구체적으로, 아프리카적 성격과 감정을 찬미하고, 그로써 인종차별이 존재하며 백인이 지배하는 세계에서 존재의 긍정을 이끌어내고자 한다. 아프리카와 흑인 •디아스포라 전체가 네그리튀드의 시야 안에 있다. 장 폴 •사르트르는 1948년 출간된 상고르의 시선집《새로운 흑인 그리고 마다가스카르 시선집》(*Anthologie de la nouvelle poésie nègre et malgache de langue française* / *Anthology of New Black and Malagasy Poetry*)에 쓴 유명한 서문에서, 네그리튀드의 이 대담한 견지를 칭송했다. 그러나 네그리튀드 비판자가 없었던 것은 아니다. 심지어 흑인 공동체 내부에서도 비판의 목소리가 있었다. •크레올성을 옹호한 작가들은 네그리튀드의 일원적 관점을 공격했다. 나이지리아의 노벨상 수상 작가 월레 소잉카는 흑인들만의 긍정적 용어를 만들어내지 못하고 유럽의 강대국이 물려준 흑인을 열등하게 보는 용어를 채택한 점에 대해 네그리튀드를 공격했다. 소잉카는 네그리튀드에 '원주민의, 근본의' 상태에 대한 불건강한 페티시즘이 있다고 보았다. 수십여 년에 걸쳐 네그리튀드는 중요한 의미가 있는 운동이었지만, 지금 그 힘은 거의 소진되었다.

+ 더 읽을거리

바트 무어-길버트, 《탈식민주의! 저항에서 유희로》, 이경원 옮김, 한길사, 2001.
에드워드 사이드, 《문화와 제국주의》, 김성곤·정정호 옮김, 창, 2011.

네오리얼리즘 neo-realism

1942년에서 1952년 사이에 일어난 이탈리아의 영화 운동. 루키노 비스콘티의 〈강박관념〉(Ossessione / Obsession, 1942)이 최초의 네오리얼리즘 영화로 여겨지고 로베르토 로셀리니의 〈무방비 도시〉(Roma città aperta / Rome Open City, 1945)가 보통 이 장르의 원형으로 간주된다. 무솔리니의 파시스트 정권이 강제한 영화 내용 규제(범죄나 부도덕한 내용 묘사, 실상 이탈리아를 최선의 관점으로 보여주지 않는 무엇이든 금했던)에 반응해 생겨난 운동이다. 관객으로 하여금 그들의 현실을 직면하도록 하는 것을 핵심 목적으로 했기 때문에 네오리얼리즘은 선전 영화들의 비현실성에 로셀리니가 도덕적이라 부른 미학으로 맞서고자 했다. 네오리얼리즘 미학에는 네 가지 기본 원리가 있다. ① 허구적 이야기를 구성하기보다 *일상적 삶의 한순간을 보여주어야 한다. ② 사회 현실에 초점을 두어야 한다. 특권을 가진 소수가 아니라 어려운 상황에서 간신히 존재를 꾸려가는 가난한 농부와 도시의 노동자, 인민 다수에 속하는 사람들의 삶을 보여주어야 한다. ③ 보여주고자 하는 사람들의 자연스러운 발화 리듬을 보전하기 위해 비전문적인 배우를 기용하고 즉흥적으로 쓴 대본을 사용해야 한다. ④ 같은 이유에서, 스튜디오가 아닌 로케이션에서 핸드헬드 카메라를 사용해 촬영해야 한다. 그러나 단 하나의 영화, 비토리오 데 시카의 〈자전거 도둑〉(Ladri di biciclette / The Bicycle Thieves, 1948)만이 이 네 가지 원리 모두를 고수한 작품이다. 네오리얼리즘은 프랑스의 *누벨바그뿐만 아니라 인도의 탁월한 소설가이자 감독인 사티야지트 라이 등에게 상당한 영향을 미쳤다. 질 *들뢰즈는 영화의 '자연사'에 관한 저서 두 권에서, 영화가 마침내 서사의 액션·리액션 모드에서 벗어나 진정한 사상을 표현하는 영화를 발전시킨 순간으로 네오리얼리즘을 거론했다.

노에시스와 노에마 noesis and noema

•현상학의 용어. 이해 행위(노에시스)와 이해 대상(노에마)을 가리킨다. 한 특정의 노에마는 다수의 노에시스 행위로 이어질 수 있다.

논리실증주의 logical positivism

모리츠 슐리크와 한스 한이 시작한 •빈학파의 저작과 함께 세기말 빈에서 생겨난 철학 학파. 논리실증주의의 대표 이론가로는 A. J. 아이어, 루돌프 카르납, 에른스트 마흐, 루트비히 •비트겐슈타인을 꼽을 수 있다. 과학과 논리학의 원리에 따르는 새로운 철학을 창조한다는 것이 논리실증주의의 목표였다. 그렇게 함으로써 논리실증주의는 •형이상학 그리고 임마누엘 •칸트 이후 철학이 견지해온 종합적 사고의 방향 오류를 증명하고자 했다. 논리실증주의는 세계에 대한 모든 진술에 증명의 원리를 적용했고, 진실한 것으로 증명되지 못하는 모든 진술을 거부했다. 예를 들어, "우주는 무한하다"는 진술은 옳고 그름이 증명될 수 없는데, 그것은 우주의 개념이나 무한의 개념이나 입증할 수 없는 개념이기 때문이다. 논리실증주의는 •비평이론에는 거의 영향을 미치지 못했다(→분석철학; 경험주의).

누벨바그 *Nouvelle Vague*

1950년대 말에서 1960년대 초까지 프랑스에서 일어났던 영화 운동 혹은 영화사의 한순간. 프랑스 뉴웨이브라고도 불리는 누벨바그는 이탈리아의 •네오리얼리즘의 영향을 받았으며, 네오리얼리즘 영화들과 비슷하게 당시 영화계를 주도했던 대규모 예산의 문학작품 각색 영화와 시대극이라는 국가적 경향에 반발했다. 누벨바그라는 용어는 당시 부상하던 청년 문화를 기술하기 위해 《렉스프레스》(*L'Express*) 편집장이던 프랑수아즈 지루가 고안했다. 영화와의 연계는 당시 겨우 28세였던 로제 바딤이 감독한 〈그리고 신은 여자를 창조했다〉(Et Dieu créa la femme / And God Created Woman, 1956) 같은 영화들이 얻었던 인기와 함께 생겨났다. 누벨바그는 대단히 지적인 영화 형식이었고, 누벨바그를 이끌던 중요한 감독들은 《카이에 뒤 시네마》에 평론을 쓰던 영화 비평가들로, '청년 영화'를 향한 수요가 만든 기회를 잡은 이들이었다. 클로드 샤브롤, 장 뤼크 고다르, 자크 리베트, 에릭 로메르, 프랑수아 트뤼포 등이 이들에 속한다. 노골적으로 정치적이지는 않지만 그럼에도 누벨바그는 당시 프랑스의 삶을 장악하기 시작했던 소비문화에 대단히 비판적이었다. 따라서 누벨바그는 주류 영화의 안전한 상업적 공식에 따르지 않는 영화들을 만들고자 했다. 그리하여 설정 쇼트를 쓰지 않았고 그 대신 점프 컷을 도입했다. 누벨바그는 표준화된 서사 경로를 버리고 그 대신 인간관계의 모호한 복잡함을 그대로 제시하는 데 집중했다. 현실에서 인간관계는 분명한 시작, 중간, 결말의 경로를 따르지 않는다. 누벨바그는 *작가이론의 부상과 시기를 같이하며, 누벨바그의 감독들은 영화에는 그것을 만든 감독 특유의 스타일이 스며 있어야 하고, 감독이 누구여도 상관없는 상품이어서는 안 된다는 믿음을 고수했다.

누보로망 *nouveau roman* / new novel

프랑스에서 1950년대에 부상했으며 *누벨바그의 선례가 된 소설 스타일. 몇몇 누보로망 작가는 영화감독들과 협력하거나 아니면 그들이 영화감독이 되었다. 마르그리트 뒤라스가 가장 널리 알려진 예다. 누보로망은 관습적인 서사 형식을 거부하며, 그에 따라 '플롯이 없는' 소설이라고 불릴 때가 많다. 글쓰기의 한 실험으로 시작되고 탐구된 누보로망은 *리얼리즘, 인물, 플롯 등의 규범을 일부러 방기하면서, 끝없이 소설의 이해 가능성의 경계를 확장하고자 했다. 놀랍지 않게도, 누보로망이 처음 받았던 비평적 관심은 적어도 대중 언론에서 호의적인 것과는 아주 거리가 멀었다. 롤랑 *바르트 같은 비평가들이 누보로망을 옹호했지만, 그럼에도 누보로망은 극히 소수 독자만이 관심을 갖는 소설로 남았다. 누보로망의 가장 유명한 지지자는 알랭 로브그리예다. 1963년 발표된 에세이 선집 《새로운 소설을 위하여》(*Pour un Nouveau Roman*, 1963 / *For a New Novel*, 1965)는 실상 누보로망을 위한 그의 선언문이다. 다른 중요 누보로망 작가들로는 미셸 뷔토르, 나탈리 사로트, 클로드 시몽이 있다.

+ 더 읽을거리

S. Heath, *The Nouveau Roman: A Study in the Practice of Writing*, 1972.

능동적 그리고 반동적 active and reactive

세계 안에서의 행동과 (더 나아가) 존재에 관한 두 가지 다른 방식을 기술하려고 독일 철학자 프리드리히 *니체와 니체 이후의 프랑스 철학자 질 *들뢰즈가 이 용어를 사용했다. 어떤 행위(생각, 느낌, 실천)가 어떤 것을 자신의 대상으로 취할 때 그 행위는 능동적이다. 반대로, 행위가 어떤 사람이나 다른 어떤 것의 대상이 될 때 그것은 반동적이다. 그래서 만일 우리가 슬프다고(혹은 행복하다고) 느끼면서도 왜 그렇게 느끼는지 그 이유를 모른다면 우리는 반동적인 상태에 있다고 할 수 있다. 그러나 만일 왜 그렇게 느끼는지 이유를 발견할 수 있다면 우리는 반동적 힘을 능동적 힘으로 전환할 수 있다. 반동적인 것은 부정적인 것과 같지 않다. 그리고 반동적인 것은 본질적으로 나쁘다고 생각해서는 안 된다. 오히려 반동적인 것이 사물의 평상시 상태다. 그러나 반동적인 것은 우리가 할 수 있는 것과 우리를 구분하기 때문에 사물의 한계적 상태다. 예컨대 우리가 분명한 이유 없이 슬프고 그 이유를 찾아내지 못한다면 우리는 그 이유에 적절히 반응하지 못하게 된다. 그러면 행동할 수 있는 우리의 힘은 줄어든다. 우리는 행동할 수 있을 때 반동하려고 한다. 그리고 더 문제적인 것은 우리가 행동을 취하지 못한다는 것을 변명하기 위해 우리 반응을 여전히 이용한다는 점이다. 니체는 일반적으로 이러한 상태를 *'원한(*ressentiment*)'이라고 했다. 따라서 니체에 따르면, 철학과 삶에 대한 도전은 사물의 반동적 상태를 극복하고 능동적이게 됨으로써 끊임없이 행동할 수 있는 우리의 힘을 강화하는 것이다.

+ 더 읽을거리

질 들뢰즈, 《니체, 철학의 주사위》, 신범순·조영복 옮김, 인간사랑, 1993.

니체, 프리드리히 Nietzsche, Friedrich (1844~1900)

임마누엘 •칸트, G. W. F. •헤겔과 비견할 만한 영향력을 행사한 독일의 철학자. 프랑스 철학자 미셸 •푸코는 20세기 사상에 미친 영향 면에서 니체를 카를 •마르크스, 지그문트 •프로이트와 동급에 놓았다. 푸코의 평가는 니체의 중요성을 간명하게 보여준다. 그러나 실상 처음에는 어떻게 이런 평가가 정당화될 수 있는지 알아보기 힘들 수 있다. 니체주의는 •마르크스주의나 •정신분석처럼 널리 알려져 있지 않다. 그러나 많은 면에서 니체의 회의주의가 마르크스주의와 정신분석이라는 두 •담론 체제(푸코의 용어를 사용한다면)를 위한 길을 열었다고 할 수 있다. 니체가 생전에 거의 알려지지 않았다는 점이 니체와 관련한 미스터리를 더욱 증폭한다. 실상 그의 책들은 거의 팔리지 않았고 그는 자비 출판을 해야 했다. 그러나 20세기에 활동한 중요한 대륙철학자 중 니체의 중요성을 인정하지 않는 철학자는 없다.

니체는 독일 라이프치히 근방의 작은 마을 뢰켄에서 태어났다. 교사로 일하기도 했던 그의 아버지는 마을의 루터교 교회 목사였다. 니체에게는 여동생과 남동생이 있었다. 그의 여동생은 니체의 마지막 미완의 유고《힘에의 의지》(*Der Wille zur Macht* / *The Will to Power*)가 반유대주의 메시지를 담은 저작으로 보이게 하려고 선별적으로 편집함으로써 니체의 저작을 왜곡했는데, 이 일로 니체 연구에서 논쟁적 인물이 되었다. 그녀가 편집한《힘에의 의지》는 나치즘의 이데올로기에 부합하는 저술로 보이게 된다. 1960년대에 니체 전집 번역을 준비하던 이탈리아 철학자 조르조 콜리와 마치노 몬티나리가 니체의 유고를 면밀히 검토한 결과《힘에의 의지》가 날조·위조된 책, 대단히 현실적인 의미에서 '존재하지 않는' 책이라는 점을 논란의 여지 없이 보여주었다. 니체의 여동생은 니체 원고에서 1,500쪽 이상을 삭제했으며 남은 문단들의 순서를 바꿔 그 의미가 상당히 달라지게 했다.《힘에의 의지》는 실상 제목부터 허구인 책이다. 니체 자신은 이 책에서 모든 •가치의 재평가를 시도하고자 했다.

니체의 아버지가 1849년 세상을 떠나면서 니체 가족은 나움베르크로 이사해야 했다. 여기서 그의 가족은 아버지의 결혼하지 않은 누이들과 함께 살았다. 니체는 나움베르크에 있는 신학교에 입학했고, 음악을 포함해서 여러 과목에서 뛰어난 적성을 보였다. 1864년 니체는 본 대학교에서 신학 공부를 시작했으나 한 학기 만에 그만두고 학교를 떠났다. 이어 라이프치히 대학교로 옮겨 철학을 공부했다. 라이프치히 대학교에서 공부를 끝내기도 전에, 24세이던 1869년 그는 바젤 대학교에서 철학 교수직을 제의받았다. 당시나 지금이나 니체는 교수직을 제의받은 최연소 학자에 속한다. 1870년, 그는 프러시아 군대에서 의무병으로 1년간 복무하고 바젤 대학교로 돌아왔다. 그는 대학에서 비스마르크 정권하에 독일 국가가 형성되는 과정을 혐오감 속에 지켜보았다. 바젤 대학교에 있던 처음 몇 년 동안 그는 리하르트 바그너와 깊은 친분을 쌓았고, 루체른 호수 근방에 있는 바그너의 집을 자주 방문했다.

니체의 첫 저서 《비극의 탄생》(*Die Geburt der Tragödie aus dem Geiste der Musik / The Birth of Tragedy*, 1993)은 1872년에 출간되었다. 그의 모든 책이 그랬듯이 《비극의 탄생》 역시 의혹 그리고 궁극적으로 경멸이라는 대접을 받았다. 문제는 무엇보다 스타일에 있었다. 니체는 철학적 논증을 제시하고 전개할 때 고전적 모델을 폐기하고 더 사변적인 스타일을 택했다. 이는 그의 동료 학자들의 감수성에 위배되는 것이었다. 한편 어느 정도 바그너를 옹호했던 《비극의 탄생》을 니체 자신이 나중에 거부한다. 예술에서 아폴론적 경향과 디오니소스적 경향이라는 이원적 구성이 지나치게 단순화되었다는 이유에서였다. 그의 다음 저서 《반시대적 고찰》(*Unzeitgemässe Betrachtungen*, 1876 / *Untimely Meditations*, 1997)은 독일의 문화, 역사, 바그너, 아르투어 쇼펜하우어에 대한 에세이 네 편으로 구성되었다. 마이클 태너는 그의 탁월한 니체 소전기 《니체》(*Nietzsche*, 1994)에서, 흔히 무시되어온 《반시대적 고찰》을 매슈 아널드가 쓴 거의 동시대 저서 《문화와 무정부》(*Culture and Anarchy*, 1869)와 함께 일종의 해독제로 읽을 수 있다고 추천했다. 니체의 이후 저술들은 이 에세이들이 지녔던 서사적 구조를 버리고, 엄밀한 의미에서 아포리즘은 아니지만 그에 가까운 형태로, 즉각 소화하기 힘든 형식을 취하게 된다.

니체는 1876년 바이로이트에서 열린 바그너의 음악 축제에 참가하는데,

여기서 보게 된 대중주의적 분위기에 몹시 실망한 나머지 바그너와 완전한 절연을 결심한다. 니체는 바그너와 절연한 일이 자신에게 큰 충격이었다고 썼지만, 이 경험은 생산적인 글쓰기로 이어졌다. 그다음 10년간 니체는 거의 1년에 한 권을 썼다. 《인간적인 너무나 인간적인》(*Menschliches, Allzumenschliches: Ein Buch für freie Geister*, 1878 / Human, All Too Human: *A Book for Free Spirits*, 1996), 《아침놀》(*Morgenröte. Gedanken über die moralischen Vorurteile*, 1881 / *Daybreak: Thoughts on the Prejudices of Morality*, 1997), 《즐거운 학문》(*Die fröhliche Wissenschaft*, 1882 / *The Gay Science*, 1974) 등이 이 시기에 쓰였다. 이 놀라운 생산성에도 니체는 1879년 바젤 대학교 교수직을 사임했다. 애초 그리 좋은 편은 아니었던 그의 건강이 더는 대학에서 일하는 것을 힘들게 할 만큼 악화되었기 때문이다. 이어지는 10년 동안 니체는 건강과 글쓰기에 좋은 기후를 찾아 독일, 오스트리아, 이탈리아를 떠도는 삶을 살게 된다.

1889년 1월 이탈리아 토리노에서 니체는 정신병 발작을 겪었다. 전설에 따르면, 그는 카를로 알베르토광장에서 회초리를 맞고 있는 말을 보았는데, 그 말에 달려가 두 팔로 말의 목을 감싸 안아 회초리를 맞지 않게 했다고 한다. 그런 후 그는 눈물을 흘리며 바닥에 쓰러졌다. 이 일이 있고 며칠 동안 그는 엽서 정도 길이로 편지를 몇 통 써서 가까운 친구들에게 보냈다. 이 편지들은 내용을 이해할 수 없기 때문에 '광기의 편지들'이라 불린다. 이 편지들을 마지막으로 니체는 다시 글을 쓰지 않았다. 이 편지들은 수신한 친구들에게 큰 우려를 안겼고, 이들은 그를 다시 바젤로 데려와 정신병원에 입원할 수 있게 했다. 1893년, 새로운 독일 창조를 목적으로 하는 유토피아 프로젝트그룹의 일원으로 파타고니아에 가 있다가 독일로 돌아온 니체의 여동생 엘리자베트는 오빠의 간병을 책임지기로 했다. 그녀는 니체의 미발표 원고들도 자기 아래에 두고, 이들을 자기가 생각한 방향으로 재창조했다. 니체를 쓰러지게 한 것이 무엇인지는 정확히 알려져 있지 않다. 오랜 세월 매독이 그 원인이었다고 여겨졌지만, 최근 여기에 의문을 표하는 연구자들이 나타났다.

니체는 반종교적이었지만, 종교를 대하는 그의 태도는 복잡했다. 그는 무엇도 믿지 않는 것보다는 신을 믿는 것이 낫다고 주장했다. 그러나 신에 대한 믿음이 시간이 지날수록 공허한 몸짓에 지나지 않게 되면서, 무엇도 믿지 않는 것이나 다름없게 되었다고 보았다. 때로 니체는 니힐리스트로 여겨지기도 하지만, 실상 •니힐리즘은 니체가 가장 반대한 것이었으므로 이것은 착오다. 니체는 철학에서 니힐리즘의 심연을 피할 수 있도록 낡은 가치를 재평가하고자 했다. 니체는 인류가 노예 도덕에 매달려 있기 때문에 이와 같은 도약을 하지 못한다고 보았다. 노예 도덕은 그가 다른 말로 •원한이라고 한 것으로, 세상이 개인에게 무엇인가 빚지고 있으며 그로 말미암아 개인들이 진전하지 못한다는 의미가 담겨 있다. 이 문제에 대한 답으로 그는 영겁회귀라는 개념을 내놓았다. 우리가 삶을 다시 살 수 있다면, 그것은 모든 점에서 우리가 살았던 삶을 그대로 반복해야 하며, 그러지 못한다면 그것은 우리 삶이 아닐 것이다. 그러니 우리는 삶이 반복된다고 해도 기꺼이 그것을 받아들일 수 있도록 우리의 현생을 살아야 한다. 달리 말하면, 우리는 삶을 판단해서도 안 되고, 속박 상태에 두어서도 안 된다. 그 대신에 삶의 최고 가능성을 모두 실현하면서 살 수 있어야 한다.

+ 더 읽을거리

질 들뢰즈, 《니체와 철학》, 이경신 옮김, 민음사, 2001.
J. Derrida, *Spurs: Nietzsche's Styles*, 1979.
알렉산더 네하마스, 《니체: 문학으로서 삶》, 김종갑 옮김, 연암서가, 2013.
리 스핑크스, 《(가치의 입법자) 프리드리히 니체》, 윤동구 옮김, 앨피, 2009.
M. Tanner, *Nietzsche*, 1994.

+ 참고

프리드리히 니체, 《니체 전집》(1~21), 정동호 외 옮김, 책세상, 2005.

웹 링크

- 프리드리히 니체 소사이어티의 웹사이트. 자료와 토론 게시판 링크가 있음.

니힐리즘 nihilism

지적·정치적 입장으로서 니힐리즘은 신, 인류, 정의, 자연 등으로 불리는 고차원적 권위나 존재가 있다는 믿음에 기초한 도덕적·윤리적 가치를 배격한다. 용어 자체는 이반 투르게네프의 소설 《아버지와 아들》(*Fathers and Sons,*

1861)에서 기원한다. 이 소설에서 니힐리즘은 러시아 부르주아의 삶을 공허하다고 보며 그것에 환멸을 느끼게 된 지식인 세대를 묘사하는 말로 쓰인다.

+ 참고

투르게네프, 《아버지와 아들 · 연기》, 이철 옮김, 범우사, 1998. 투르게네프의 소설은 이 밖에 여러 국역본이 있다.

다다 Dada

제1차 세계대전을 선동하고 수행했던 제국주의 부르주아 문화와 제1차 세계대전에 대한 반응으로 형성된 (문학, 공연예술, 시각예술을 포괄하는) 예술운동. 다다는 급격히 변화했고 그 생명 또한 짧았다. 대략 1916년부터 1924년까지 유럽과 미국에서 번성했다. 다다는 *초현실주의로 가는 길을 열어주었고 종종 초현실주의와 같은 범주에 묶이기도 하지만 1950년대와 1960년대 상황주의자들이 주장했듯, 사실상 다다의 미학성은 초현실주의와 차이가 있다.

앙드레 *브르통이 초현실주의의 교황이라면, 다다이즘의 교황은 후고 발이라 할 수 있다. 일반적으로 다다이즘 운동은 1916년 취리히의 슈피겔가세에서 발이 문을 연 카바레 볼테르에서 탄생했다고 본다. 카바레 볼테르를 자주 드나들었던 인물로는 트리스탕 차라, 한스 아르프, 리하르트 휠젠베크, 한스 리히터가 있다. 발은 다다라는 이름을 다다이즘 운동의 잡지 제목으로 만들어냈다. 발이 설명했듯 다다는 루마니아어로는 '예, 예(yes, yes)', 프랑스어로는 '흔들 목마', 독일어로는 '천진난만함'을 나타내고 아기의 입에서 나오는 첫 번째 말이기도 하다. 즉, 다다는 이 모든 것을 뜻하면서 동시에 아무것도 뜻하지 않는다. 간단히 말하면, 이것이 바로 다다의 미학이다.

다다는 전쟁 이전의 예술이 보이는 퇴폐적 허세에 칼을 들이대는 예술 형식, 즉 반예술로 기능하는 예술 형식의 생산을 목표로 삼았다. 또한 다다의 반예술은 사회적 성명서를 작성하려고 의도된 것이기도 했다. 다다의 특징적 모습은 '기성품'과 예술로 재문맥화되고 변형된 소변기 같은 일상적 대상, 예술을 생산하려 강제적이고 창조적인 방식으로 병치된 일상 용품들의 '콜라주(collage)'나 '절개(cut-up)'다.

다다 운동은 구성원들이 이곳저곳 떠돌아다닌 만큼 여러 도시를 옮겨 다녔다. 다다라는 단어에 여러 의미가 있는 것처럼 여러 가지 다다가 있다. 뉴욕에서는 카바레 볼테르에서 다다와 관련된 이벤트들을 벌였다. 이와 거의 동시에 미국에서 거주하던 프랑스 예술가 마르셀 뒤샹과 프랑시스 피카비아가 유명한 '아머리 쇼(Armory Show)'에서 뒤샹이 칭한 '반망막적 예술(anti-retinal)', 즉 눈을 즐겁게 하기보다는 자극하기 위한 예술로 센세이션을 불러일으키고 있었다. 장 프랑수아 *리오타르는 재현할 수 없는 것을 생산하는 예술이 *포스트모던 예술의 특징이라고 설명하면서 뒤샹을 포스트모더니즘 예술의 주요한 선구자적 예술가 중 한 사람으로 꼽았다.

뉴욕과 취리히의 다다 이외에 통상적으로 인정되는 적어도 서로 다른 두 다다의 형식, 즉 베를린 다다와 파리 다다가 있다. 뉴욕과 취리히와 다르게 파리와 베를린은 중립적인 도시가 아니었다. 전쟁이 말 그대로 그 도시의 코앞에서 벌어졌다. 결과적으로 베를린과 파리의 다다는 그 이전에 있었던 선임 다다보다 더 삭막했다. 조지 그로스의 피로 흠뻑 젖은 〈오스카 파니차에게 바치다〉(Homage to Oskar Panizza, 1917~1918)가 이렇게 변화된 관점을 보여주는 가장 전형적인 작품이다. 또한 베를린 다다는 포토몽타주(사진 합성법)로 알려진 기술을 발명했다(가장 잘 알려진 주창자는 의심할 여지 없이 맨 레이다). 이 포토몽타주 기술은 여전히 *아방가르드 예술에 영향을 미치고 있다. 파리 다다는 뒤샹과 피카비아가 만들어낸 산물이다. 이 두 사람은 1919년 뉴욕에서 돌아와 차라, 그리고 단호히 관습에 도전하고 급진적으로 새로운 것을 생산하려고 했던 폴 엘뤼아르 같은 활기찬 젊은 지식인들, 예술가 그룹과 교류했다.

사실상 다다는 끝났다기보다 자체적으로 무너졌다. (전체로서) 다다 그룹이 너무 많은 괴팍한 유명인사들을 견뎌낼 수 없다보니 허물어졌다. 그러나 다다가 개척했던 아이디어와 기술은 오늘날 지속적으로 효과를 발휘하고 있다.

+ 더 읽을거리

매슈 게일, 《다다와 초현실주의》, 오진경 옮김, 한길아트, 2001.
D. Hopkins, *Dada and Surrealism: A Very Short Introduction*, 2004.
한스 리히터, 《다다: 예술과 반예술》, 김채현 옮김, 미진사, 1994.

○ 웹 링크

- 다다의 정의와 주목할 만한 다다 예술가들의 전반적인 전기적 사실이 대표적 예술 작품과 함께 제공되는 웹사이트.

다성성 polyphony

러시아의 언어학자이자 문학비평가인 미하일 *바흐친의 용어. 말 그대로 여러 목소리의 공존을 가리키는 이 용어는 저자나 화자의 음성의 지배에서 작품 속 인물들의 음성을 해방하는 문학적 글쓰기를 설명한다. 《도스토옙스키 시학의 문제들》(*Problems of Dostoevsky's Poetics*, 1984)에서 바흐친은 하나의 새로운 예술적 사유로서 다성성을 언급했다. 다성성은 조화(혹은 여러 목소리가 하나로 들리기)에 전통적으로 부여된 특권에 반대한다는 점에서 새로운 예술적 사유가 될 수 있다. 도스토옙스키의 독자들은 그들이 읽는 것의 저자가 한 사람이 아니며, 실상 다수 저자(라스콜리니코프, 미시킨, 스타브로긴, 이반 카라마조프, 대심문관 등등)와 대면하고 있다는 인상을 피할 수 없다고 바흐친은 말했다. 이들 다수 저자는 각자 그만의 독특한 음성을 가지고 있다(→ 카니발성; 시공성; 대화주의; 이어성).

+ 더 읽을거리

K. 클라크, 《바흐친 : 미하일 바흐친 전기》, 강수영·이득재 옮김, 문학세계사, 1993.
M. Holquist, *Dialogism*, 2002.
D. Lodge, *After Bakhtin*, 1990.

+ 참고

미하일 바흐찐, 《도스또예프스끼 시학의 제문제》, 김근식 옮김, 중앙대학교 출판부, 2011.

다중 multitude

《제국》(*Empire*, 2000), 더 명시적으로는《다중》(*Multitude*, 2004)에서 마이클 •하트와 안토니오 •네그리는 바뤼흐 스피노자의 용어를 차용해 새로운 형식의 정치적 주체성을 구상했다. 개인이 아닌 •독자적 주체들, 다시 말해 •헐벗은 삶으로 축소할 수 없는 사회적 주체들로 구성되는 다중은, 하트와 네그리에 따르면, 진정한 의미의 민주주의, 만인이 만인을 지배하는 민주주의를 실현할 유일한 형식의 정치적 주체성이다. 다중은 초월적이기보다 내재적인 개념이므로 민중의 개념과 혼동해서는 안 된다. 다중은 통합되지 않으며, 다수적이고 복수적이다. 마찬가지로, 다중은 무정부주의적이거나 비일관적이 아니며 그것의 구성 주체들이 공유하는 권력에 연합된다. 이 논지를 강화하려고 하트와 네그리는 노동의 변화하는 구성 요소들, 그중에서도 특히 •비물질적 노동이라고 하는 것의 증가 현상을 강조했다. 하트와 네그리는 다중의 시대에 인종과 •젠더는(여타 다양한 •정체성의 차이 중에서도) 여전히 중요하겠지만, 그것들이 더는 권력의 위계 혹은 포섭과 배제의 체제를 결정하지 않을 것이라고 주장했다. 하트와 네그리는 자본주의가 자신도 모르게 자본과 사회 구성 요소들에 변화를 일으키며, 그에 따라 다중이 끝없이 생겨나게 된다는 상당히 문제적인 주장을 내놓았다. 이에 많은 논평이 제시되었다.

+ 더 읽을거리

알렉스 캘리니코스 외, 《제국이라는 유령: 네그리와 하트의 제국론 비판》, 김정한·안중철 옮김, 이매진, 2007.
마이클 하트·안토니오 네그리, 《다중: 〈제국〉이 지배하는 시대의 전쟁과 민주주의: 안토니오 네그리의 多衆》, 조정환 외 옮김, 세종서적, 2008.
빠올로 비르노, 《다중 : 현대의 삶 형태에 관한 분석을 위하여》, 김상운 옮김, 갈무리, 2004.

+ 참고

마이클 하트·안토니오 네그리, 《제국》, 윤수종 옮김, 이학사, 2001.

단독성 singularity

존재의 두 상태(예를 들면, 끓는 상태와 끓지 않는 상태)를 나누는 임계 지점. 이 지점에서 대상이 어느 한쪽의 존재 상태에 있는지 아니면 다른 한쪽의 존재 상태에 있는지 결정하는 것은 불가능하다. 따라서 그것은 끓는 것도 끓지 않는 것도 아니라고 말해야 하며, 정확히 이런 의미에서 그것은 결정 불가능하다고 말하는 것이 옳다. 알랭 *바디우와 질 *들뢰즈는 사건을 단독성에 따라 정의했다. 두 사람에게 단독성은 지나치게 플라톤적이라서 그들이 버린 *본질을 대신한다.

단독적 보편 singular universal

귀스타브 플로베르처럼 위대한 작가들과 다른 작가들을 구분하는 기준이 무엇인지를 설명한 프랑스 철학자 장 폴 *사르트르의 용어. 플로베르 같은 작가들은 보편적인 것의 단독적 사례다. 사르트르는 이 개념을 플로베르를 다룬 5부작《집안의 백치》(*L'idiot de la famille: Gustave Flaubert de 1821 à 1857,* 1971 / *The Family Idiot: Gustave Flaubert 1821-1857,* 1993)에서 개진했다. 이 저작은 다음과 같은 질문으로 시작한다. 우리는 한 사람의 무엇을 알 수 있는가? 사르트르는 한 사람의 삶을 구성하는 요소는 가장 일상적 차원에서 가장 중대한 차원까지, 어떤 깊은 층위에서 심오하게 동질적이라고 말했다. 달리 말하면, 한 사람의 삶을 구성하는 모든 요소는 하나의 더 큰 전체를 구성하는 부분이다. 사르트르는 누구나 그가 산 역사의 산물이지만, 동시에 누구나 자기 역사의 생산자라고 말했다. 그 결과, 보편적인 것은 언제나 단독적이며 단독적인 것은 언제나 보편적이다.

담론 discourse

상황에 따라 만들어지는 규칙과 문맥에 따라 형성되고 결정되는 언어 사용의 세부 형식. 담론을 언어의 수행(performance)이라고도 생각할 수 있지만 이러한 생각조차 지나치게 제한적이다. 정확히 모든 의사소통 양식이 지닌 언어 외적인 차원을 포괄하는 방식으로 담론이라는 개념이 언어를 대신해 사용되기 때문이다. *비평이론 분야에서 이 개념을 발전시키는 데 가장 많이 기여한 사람이 미셸 *푸코다. 푸코의 책에서 담론은 권력의 작동을 포함하는 데까지 확장된다. 푸코는 누가 특수한 담론을 사용할 권리를 가지고 있는지, 담론 사용에 어떤 혜택이 사용자에게 누적되는지, 담론 사용이 어떻게 규제되는지, 담론은 어디에서 *권위를 도출하는지를 물었다. 푸코가 제시한 담론의 예로는 의학 담론(정신병 포함), 형벌 담론, 성적 담론이 있다.

+ 더 읽을거리
S. Mills, *Discourse*, 2004.

ㄷ

담론의 구성 discursive formation

프랑스의 역사철학자 미셸 *푸코의 용어로 *담론의 실천(역사상 어떤 순간에 어떤 특별한 사회의 규칙을 뒷받침하는 체계)의 힘으로 생산된 *진술문의 체계를 나타낸다. 푸코는 비선형적인 혹은 분산된 방식으로 인과성을 재고하는 수단으로 이 개념을 만들어냈다. 예를 들어, 푸코는 17세기와 18세기 내내 유럽 도처에서 다양한 형태로 그리고 지리적으로 곳곳에 산재했던 공장, 병원, 감옥 그리고 학교 같은 기관에서 일어났던 변화가 그들 모두를 연결하는 담론적 연결 고리 때문에 서로 일치한다는 것을 보여주고자 했다. 이런 변화는 단독적인 의식이나 특정한 의도가 만들어낸 산물이 아니다. 이러한 변화는 이 경우 *규율과 같은 어떤 특정의 담론적 실천이 점점 더 앞으로 이동하면서 시간을 두고 누적된다. 그런 다음 느리고 불확실한 방식으로 담론의 구성물들이 출현한다. 이런 담론의 구성물들은 명령에 따라 태어나거나 만들어지지 않았기에 익명적이고 객관적이다.

+ 더 읽을거리
J. Bernauer, *Michel Foucault's Force of Flight*, 1990.
미셸 푸코, 《지식의 고고학》, 이정우 옮김, 민음사, 2000.
C. O'Farrell, *Michel Foucault*, 2005.

담론의 실천 discursive practice

프랑스의 역사학자 미셸 *푸코의 용어로 역사의 특정 순간에 특수한 사회에서 *진술문의 생산을 지배하는 규칙 시스템을 가리킨다. 이러한 규칙은 익명적이고 의도되지 않았으며 객관적이다. 이러한 규칙이 단순히 법률이나 사회적 제약을 가리키는 것은 아니다. 오히려 이런 규칙은 진술문을 생산하려고 한다. 이들은 단순히 어떤 순간에 무엇이 말해질 수 있고 말해질 수 없는지를 결정하는 것뿐만 아니라 (좀 더 중요한 것은) 무엇을 말할 수 있는지를 결정한다. 예를 들어 어떤 사람이 '미치광이'라고 말할 수 있으려면 광기가 개념으로 존재하고 있고 그 개념을 사용하려는 규칙이 설정되어 있어야 한다. 역사가로서 푸코의 흥미를 끈 것은 바로 이러한 규칙을 생산하는 것이다.

+ 더 읽을거리
미셸 푸코, 《지식의 고고학》, 이정우 옮김, 민음사, 2000.

대상 object / *Objekt*

•충동이 자기 목적, 즉 만족 혹은 소멸(일시적이지만)을 실현하려고 찾는 그것. 사람, 육체의 일부, 상징, 이미지, 아이디어 등이 모두 대상이 될 수 있다. 지그문트 •프로이트에게 충동은 •본능의 심리적 조직으로서 생명과 비생명, 부분과 전체, 심지어 실제와 상상을 구분하지 않는다. 대상 개념은 •정신분석, 특히 정신분석의 성 이론에서 핵심 개념이다. 가장 기본적 차원에서, 대상 선택이 성 정향성(동성애나 이성애)을 규정한다. 대상은 또한 성적 변태(다른 사람과의 관계를 중심으로 조직되지 않는 모든 형태의 섹슈얼리티를 말한다)의 성격도 규정한다. 대상 선택이 아동기에 일어난다고 여겨지므로 대상 이론은 멜라니 •클라인 같은 아동 정신분석학자에게 특히 더 중요하다.

대상은 육체 내부의 것일 수도 있고, 외부의 것일 수도 있다. 예를 들어, 배고픔은 위장의 핵심에서 오는 것처럼 느껴지므로 내부의 것이다. 그런가 하면 피부로 체험되는 촉각은 외부적이다. 그러나 내부 대상과 외부 대상이 언제나 분명히 구분되는 것은 아니다. 어떤 대상은 외부적인 듯 보이지만 내부적인 것이 되어야 대상으로 기능하기도 한다. 아이가 잠들기 전에 빠는 엄지손가락이 그 한 예다. 대상은 대상으로서 효과를 갖기도 하고 그러지 않기도 한다. 그에 따라 사랑을 받기도 하고 증오를 받기도 하는데, 그 둘이 동시에 일어나는 일도 잦다. 사랑과 증오가 공존하는 상태를 •정신분석에서는 •양가성이라 한다.

클라인은 효과 없는 대상을 '나쁜 대상', 효과 있는 대상을 '좋은 대상'이라고 했는데, 그녀의 아동 발달 이론은 나쁜 대상이 아동에게 표상하는 위기에 아동이 어떻게 대처하는지에 기반을 두었다. 나쁜 대상의 고전적 예는 젖이 나오지 않는 유방이다. 충분히 이해할 수 있는 일이지만, 배고픈 아기에게 이는 증오의 대상이 될 수 있다. 여기서 주의를 기울여야 할 또 다른 점은, 아기에게 유방은 반드시 '엄마'라 불리는 대상의 일부는 아니라는 것이다. 이런 이유에서 유방은 *부분 대상이 된다. 아이가 특정 대상(부분이든 전체이든)과 어떻게 관계를 맺는가 하는 이론이 *대상관계 이론이다. 대상관계 이론은 대상을 향한 사랑이나 증오만이 아니라 사랑이나 증오의 배정(다시 말해 *내면투사와 *투사 혹은 내적인가 외적인가의 문제) 그리고 사랑과 증오가 대상에 또는 대상과 함께 작동하는 방식도 다룬다.

ㄷ

+ **더 읽을거리**

장 라플랑슈, 《정신분석 사전》, 임진수 옮김, 열린책들, 2005.

대상관계 이론 object relations theory

아동 발달 과정에서 *대상의 역할을 우선시하는 *정신분석의 한 분파. 일반적으로 영국정신분석협회와 연계된다. 이 협회의 가장 주목할 만한 회원으로는 마이클 *벌린트, 멜라니 *클라인, 도널드 우즈 *위니컷 등이 있다. 대상관계 이론은 전통적 정신분석과 대조적으로 지그문트 *프로이트의 사상에서 핵심 역할을 하는 부친-아이의 관계 혹은 *오이디푸스 관계가 아니라 아이와 모친의 관계에 초점을 둔다. 대상관계 이론은 이 관계를 주체(아이)의 대상(모친)에 대한 관계 혹은 주체와 *부분 대상(유방)의 관계로 파악한다. 이러한 관점은 대상이 하는 역할을 인정하지만 그럼에도 아이와 부모의 관계를 상호 주관적인 것으로 보는 프로이트의 견해와 또다시 대조된다.

+ **더 읽을거리**

G. Kohon, (ed.) *The British School of Psychoanalysis: The Independent Tradition*, 1986.
장 라플랑슈, 《정신분석 사전》, 임진수 옮김, 열린책들, 2005.

대안적 근대성 alternate modernity

세계의 서로 다른 부분이 자기만의 방식으로, 자기만의 고유한 시간에서 *근대성(모더니티)을 경험했다고 보는 개발 문제 연구와 *탈식민주의 연구 이론. 이 이론은 근대성이 다른 곳에서 경험한 근대성보다 대단히 구체적이고 아주 다른 어떤 것을 의미한다고 주장하는 중국과 브라질에서 특히 두드러지게 나타났다. 프레드릭 *제임슨은 《단독적 근대성》(*A Singular Modernity*, 2002)에서 근대성이 사실상 자본주의의 도래를 알리는 하나의 코드명이고 그것이 전 지구적 현상이었다는 의견을 제시하면서 이러한 관점을 강력히 반박했다.

대용 anaphora

이전 발화의 일부분을 반복함으로써 두 문장이나 문단 혹은 생각을 연결하는 방식. 예를 들어, '존은 방에 들어왔다. 그는 외투를 집어 들었다(John came into the room. He picked up his coat)'라는 문장이 있다. 이 문장에서 대명사 '그(he)'는 존을 대신하는 대용적 기능을 수행함으로써 누가 외투를 집어 들었는지를 우리에게 알려준다. 이 점은 이 문장의 수동태 문장, 즉 '존은 방에 들어왔다. 외투가 집어 들려졌다(John came into the room. The coat was picked up)'와 비교할 때 더 분명해진다. 이 예에서 둘째 문장은 첫째 문장과 연결할 수 있는 어떤 요소도 없다. 그래서 우리는 방에 들어오는 존과 집어 들려진 외투 사이에 관계가 있는지 없는지 알지 못하게 된다(→ 역행 대용).

대위법적 읽기 contrapuntal reading

음악에서 빌려온 용어. 음악에서 대위법은 주제(예를 들어 베토벤의 〈5번 교향곡〉(Fifth Symphony)에서 그 유명한 '다-다-다-담'과 그에 뒤따라 나타나는 진행 간의 관계) 간의 관계를 가리킨다. 이 용어로 에드워드 *사이드는 《문화와 제국주의》(*Culture and Imperialism*, 1993)에서 영국과 프랑스 같은 지배적인 식민주의 국가의 대도시 중심부나 적어도 시골 지역을 배경으로 한 서사와 식민주의 국가의 부를 위해 거대한 권력이 의존하는 식민지 간의 관계(사이드는 이것을 문화적 *아카이브라고 했다)를 설명하려고 사용했다. 사이드는 제인 오스틴의

《맨스필드 공원》(*Mansfield Park*, 1814)을 핵심적인 예로 들었다. 이 작품에서는 버트럼 가족이 소유한 영지를 다루었는데, 이 가족의 재산은 안티과의 사탕수수 농장에서 생성된다. 그러나 사이드가 주목했듯이 식민지에서 보유한 자산이 없으면 버트럼 일가는 지금과 같이 부유할 수 없고 영지에서 멀리 떨어져 그렇게 많은 시간을 보낼 수도 없다. 구조적 의미에서 이야기가 안티과의 사탕수수 농장에 의존하는 것이 사실인데도 이 소설에서 안티과는 거의 언급되지 않는다. 따라서 안티과는 소설이 천착하는 서사의 가능성을 열어 놓고 있다. 그런 다음 사이드의 전략은 그러한 구조적 의존성의 견지에서 소설을 읽고 망각된 •타자를 텍스트로 다시 불러내 읽는 것이다.

ㄷ

대화주의 dialogism

미하일 •바흐친에 따르면 모든 형식의 의사소통을 뒷받침하고 있는 수행적 차이를 상호 연결하는 원칙이나 조건. 바흐친은 개별 단어의 의미가 대화 중인 실제 화자들이 서로에게뿐만 아니라 언어 자체와 협상해서 얻은 결과물이라는 것을 우리가 만일 파악하지 않는다면 의미가 어떻게 생산되는지 이해할 수 없다고 주장했다. 모든 언어 사용자는 그들이 처한 상황에 따라 말의 의미를 전환하고 재형성한다. 이런 의미에서 대화주의는 단어나 발화의 어떤 다른 부분에 고유한 것이지 않다는 측면에서 언어 외적인 기능이다. 대화주의는 또한 언어가 (바흐친의 표현을 빌리면) 살아 있는 영역이므로 완전히 분리될 수 없고 언어학의 잉여로 취급될 수 없다. 그러나 언어는 언제나 독백의 상태, 즉 우리가 공식적 담론에서 발견하게 되는 것과 같은 상태로 다시 돌아갈 수 있다. 따라서 바흐친은 자신이 칭한 '두 가지 목소리를 내는 담론'을 창출하려고 어떤 담론을 또 다른 담론으로 유도함으로써 모든 층위에서 대화주의를 생산하려고 노력하는 것이 문학의 임무라고 했다. 이런 이유로 바흐친은 •카니발성에 관심이 많다. 카니발성은 사물들의 공식적 질서를 전복적 위반과 병치한다는 의미에서 본래 이중적이다. 바흐친은 저자 자신의 목소리가 사라지고 등장인물들이 마치 스스로 말하는 것처럼 자율적으로 보일 때 대화주의 유형의 글쓰기는 정점에 도달한다고 보았다. 바흐친은 도스토옙스키에 관한 책을 쓸 때 대화주의라는 개념을 착상했다. 그는 도스토옙스키를 대화주의 형식 글쓰기의 거장이라고 보았다(→ 카니발성; 이어성; 다성성).

+ 더 읽을거리

K. 클라크, 《바흐친》, 강수영·이득재 옮김, 문학세계사, 1993.
M. Holquist, *Dialogism*, 2002.
D. Lodge, *After Bakhtin*, 1990.

데리다, 자크 Derrida, Jacques → 111페이지를 보라.

데일리, 메리 Daly, Mary (1928~2010)

미국의 •급진적 페미니즘 철학자이자 신학자. 데일리는 뉴욕 주 셰넥터디에서 태어났다. 그녀는 철학 박사와 신학 박사 학위를 취득했고, 예수회에서 운영하는 보스턴 칼리지에서 30년 이상 가르쳤다(그녀는 대학의 정책을 어긴 남학생을 가르치는 일을 거부했는데, 이것 때문에 어쩔 수 없이 은퇴했다). 페미니스트 운동에서 도발적 인물인 데일리는《여성/생태학: 급진적 페미니즘의 메타윤리학》(*Gyn/Ecology: The Metaethics of Radical Feminism*, 1978)으로 가장 잘 알려지게 되었다. 이 책에서는 서구 문화가 여성을 대상의 지위로 환원하고 결국 이러한 대상의 지위가 여성을 정신적·육체적으로 파괴한다고 주장했다. 데일리는 서구 사회가 조직적 측면에서 가부장적일 뿐만 아니라 현실 자체(그녀가 현실 자체라는 말로 의미하고자 했던 것은 언어, 경험, 의식)가 가부장적이어서 만일 •페미니즘이 이러한 기본적 사실을 말하지 않는다면 페미니즘은 성공할 수 없다고 주장했다. 페미니즘 운동의 내부에서, 특히 오드리 로드는 대단히 영향력 있는 인물인 데일리가 인종과 계급에 따른 억압의 불균등한 배분 방식을 충분히 고려하지 않았다고 비판했다.

데카당스 decadence

문화적 기준의 쇠락을 의미하는 일반적 단어. 19세기 후반 유럽에서 대두한 미학적 스타일을 명명하려고 차용되었다. 데카당스는 고대의 신화와 초자연적인 이야기를 상기시키는 것이 자신의 주제였는데도 19세기 후반에 있던 기존의 미학과 단절을 나타냈다는 면에서 일종의 *아방가르드나 *모더니즘이었다. 실제로 프레드릭 *제임슨은 *포스트모더니즘을 다룬 책에서 데카당스를 일종의 전조로 설명했다. 이런 미학적 의미의 '데카당스'는 테오필 고티에가 샤를 보들레르의 《악의 꽃》(*Les Fleurs du Mal*, 1857)에 붙인 1868년 서문에서 처음 사용되었다. 그러나 데카당스의 정수로 간주되는 작품은 조리 카를 위스망스의 《거꾸로》(*À rebours*, 1884 / *Against Nature*, 1926)다. 대단히 흥미롭게도 이 책은 자연주의를 보여주는 좀 더 중요한 예의 하나라고 여겨지기도 한다. 데카당스는 프리드리히 *니체의 중대한 관심사였다. 하지만 니체에게 데카당스는 철학이 극복하는 법을 발견해내야만 하는 것이었다.

+ 더 읽을거리

M. 칼리니스쿠, 《모더니티의 다섯 얼굴: 모더니티/아방가르드/데카당스/키치/포스트모더니즘》, 이영욱 외 옮김, 시각과언어, 1993.

도구적 이성 instrumental reason

막스 *호르크하이머와 테오도어 *아도르노의 용어. 이 용어는 목적에서 수단으로, 다시 말해 목표 뒤에 있는 더 큰 의미와 목적에 대한 우려에서 그런 목표가 달성되는 효율성만 신경 쓰는 쪽으로 우선순위가 사회적·정치적으로 변환된 것을 말한다. 막스 *베버의 *합리성 개념과 비교할 때(경제적 합리성이 합리성의 가장 잘 알려진 예다), 도구적 이성은 베버가 말한 관료주의적 사유에서 발흥한다는 것을 나타낼 뿐만 아니라 철학에서 주관적인 것을 희생해 객관적인 것을 특권화하려는 더 광범한 흐름을 나타낸다. 호르크하이머와 아도르노가 《계몽의 변증법》(*Dialektik der Aufklärung*, 1944 / *Dialectic of Enlightenment*, 1972)에서 논의했듯이, 주관적인 것은 마치 그것이 어떤 인지적 내용이 없는 순수한 재현인 듯 취급되는 반면, 객관적인 것은 마치 그것이 순수한 인지적 내용인 듯 취급된다. 이와 같은 맥락의 사유를 보여주는 동시대적인 예로 마누엘 데란다의 책, 특히 《강도의 과학과 잠재성의 철학》(*Intensive Science and Virtual Philosophy*, 2002)이 있다. 호르크하이머와 아도르노는 이러한 방식의 사유가 우리가 이성이라고 생각하는 것이 언제나 이성적인 것과 비이성적인 것, 주관적인 것과 객관적인 것, 경험적으로 증명할 수 있는 것과 증명할 수 없는 것 사이의 협상의 생산물이라는 사실을 모호하게 한다고 주장했다. 훨씬 더 문제적이라 할 수 있는 것은 (이성적) 사고가 엄정하게 모든 주관적 요인에서 자기 자신을 정화하려고 시도함으로써 자신이 빠져 있는 신화의 생산을 정리해버린다는 점이다. 객관적인 것을 효과적으로 신성과 같은 차원에 놓은 다음 변하지 않고 영원하며 보편적인 것과 그것을 동등해 보이도록 만든다. 미학에 관해 나중에 쓴 책에서 아도르노는 주관적인 것을 전적으로 축출하는 이러한 과정이 아직도 완결되지 않았다고 주장했다. 그리고 그는 현대 생활의 모든 다른 차원에서 이성적인 것에 대한 무차별적 추구를 완화하면서 비이성적인 것을 위한 장소를 예술이 창출하므로 예술은 우리 사회에서 그 중요성을 지속해왔다고 주장했다.

+ 더 읽을거리

S. Jarvis, *Adorno: A Critical Introduction*, 1998.

+ 참고

테오도어 아도르노·막스 호르크하이머, 《계몽의 변증법: 철학적 단상》, 김유동 옮김, 문학과지성사, 2001.

마누엘 데란다, 《강도의 과학과 잠재성의 철학: 잠재성에서 현실성으로》, 이정우·김영범 옮김, 그린비, 2009.

도덕 비평 moral criticism

형식적 원리가 아닌 도덕적 원리에 따라 문학작품을 판단하는 문학비평의 한 경향. 독립된 유파는 아니다. 도덕 비평은 접근 방식에서 반드시 검열관의 태도를 취하거나 '설교적'이지는 않다. 그럴 때가 자주 있기는 하지만, 반드시 기독교적 관점을 취하는 것도 아니다. 도덕 비평가 중에는 이교도 처지에서, 문학에서 자양을 취하는 하나의 힘으로서 '삶'의 미덕을 찬양한 데이비드 허버트 로렌스가 있다. 다른 예로, 기독교도이며 인생을 해명하고 인생에 의미를 주는 역량을 기준으로 문학작품을 판단한 T. S. 엘리엇이 있다. 문학은 독자를 감화해야 한다고, 문학을 읽음으로써 독자가 더 나은 사람이 되게 해야 한다고 믿은 프랭크 레이먼드 •리비스도 도덕 비평가에 속한다. 도덕 비평은 작품의 '진지함'에 관심을 가지며 작품의 목적이 수단을 정당화하는지 묻는다. 소설 속의 성 묘사가, 영화 속의 나체 묘사가 서사의 도덕적 목적에 봉사하지 않는다고 보일 때, 그것이 '불필요'한지 논의하는 것 등이 이 관점에서 제시되고는 한다.

도상 icon

그리스어로 '유사성'이나 '이미지'를 의미하는 '에이콘(eikon)'에서 유래한 말로, 일반적으로 기독교의 성자와 종교적으로 의미 있는 다른 인물의 신성한 이미지를 가리킬 때 사용된다. 미국의 기호학자 찰스 샌더스 •퍼스는 •기호의 유형을 세 가지로 분류하고 그중 하나를 가리켜 도상이라 했다(나머지 두 유형에는 •지표와 •상징이 있다). 퍼스에게 도상은 그가 일차성(firstness)이라 칭한 것의 한 가지 예다. 도상은 자체의 성질에 따라, 다시 말해 대상이나 관습을 참고하지 않고도 의미를 나타낼 수 있기 때문이다. 퍼스적 의미에서 순수한 도상은 그것이 재현하는 사물과 매우 유사해 우리가 이미지를 바라본다는 것을 잊게 만드는 사물의 이미지다. 이런 의미에서 도상은 실제가 아니라 이론적 가능성이다.

도상학 iconography

회화를 구성하는 세부적 이미지 요소의 분석에 관심을 두는 미술사의 한 분야. 도상학이라는 용어는 이미지와 글쓰기를 의미하는 그리스어에서 만들어진 신조어다. 이러한 사실은 도상학의 주요 관심사가 무엇인지 단서를 제공한다. 아비 바르부르크와 에르빈 파노프스키 같은 미술사가는 중세, 바로크, 르네상스 기독교 미술이 제한된 숫자의 이미지를 이용해 꽤 안정적인 의미의 집합을 이루었음을 보여준다. 낭만주의 시대에 숲, 산, 강은 이전 시대의 기독교적 상징물의 표준과 유사한 도상적 방식으로 사용되었다. 이러한 이미지들과 그것의 세부적인 코드화된 의미를 찾아내면서 이들 작품에 대한 읽기가 가능해진다. 도상학의 실천은 한 역사가가 미스터리를 풀려고 몇 가지 다른 예술 작품의 의미를 해독해내는 댄 브라운의 베스트셀러 소설 《다빈치 코드》(*The Da Vinci Code*, 2003)로 대중화되었다.

+ 더 읽을거리
R. van Straten, tr. P. de Man, *An Introduction to Iconography*, 1994.

독일 표현주의 German Expressionism

독일에서 20세기 전반, 대략 1919년에서부터 1924년까지 지속하며 발전한 *모더니즘 영화 운동. 잘 알려진 독일 표현주의 영화로는 〈칼리가리 박사의 밀실〉(The Cabinet of Dr. Caligari, 로베르트 비네 감독, 1919)과 〈메트로폴리스〉(Metropolis, 프리츠 랑 감독, 1926), 〈노스페라투〉(Nosferatu, 프리드리히 무르나우 감독, 1921)가 있다. 격동의 바이마르 시대와 독일 파시즘의 대두와 함께 발생한 독일 표현주의의 어두운 반사실주의적 미학은 구스타프 클림트, 에드바르 뭉크, 빈센트 반 고흐 같은 다양한 인물로 대표되는 미술 분야 *표현주의의 범 유럽적 운동에 영감을 받았다. 지역적으로 설명하면, 독일 표현주의는 뮌헨에 기반을 둔 예술가 집단인 청기사파와 드레스덴에 기반을 둔 예술가 집단인 다리파에서 영감을 얻었다. 이 두 집단의 일원으로는 프란츠 마르크, 바실리 칸딘스키, 에른스트 키르히너, 프리츠 블레일이 포함되어 있다. *정신분석에 영향을 받은 표현주의 예술과 비슷하게 독일 표현주의 예술의 소재는 성욕이나 감정과 관계있는 양가적 문제에 집중하는 경향이 있다. 독일 표현주의 예술은 초자연적이고 과학소설적인 이야기에서 그러한 문제를 탐구했다. 독일 표현주의는 할리우드, 특히 *필름 누아르에 지대한 영향을 미쳤다(랑, 루비치, 무르나우를 포함한 많은 감독이 1933년 나치당이 집권하자 미국으로 이주했다).

+ 더 읽을거리
T. Elsaesser, *New German Cinema: A History*, 1989.

독자 반응 비평 reader-response criticism

텍스트의 의미를 수립하고 비평적 가치를 평가할 때, 저자의 의도나 텍스트의 실제 구조보다는 독자의 역할을 우선시하는 문학비평 방식. •신비평과 •실제비평(오직 텍스트만이 중요하다는 가정 아래 작동하는)에 대한 불만, 모든 작가는 독자가 그들의 작품을 두고 하는 말에 반응하며 그들의 미래 글을 그에 따라 바꾼다는 인식에서 시작되었다. 독자 반응 비평의 이론적 핵심은 한스 로베르트 •야우스의 •수용미학, 볼프강 •이저의 •수용 이론에서 발원한다. 독자 반응 비평은 텍스트가 읽히기 전에는 온전히 존재하지 않으며, 텍스트의 의미는 독자의 공동체와 단절된 상태로 추출할 수 없다는 존재론적 전제에서 출발한다. 독자 반응 비평은 실제 독자들 사이에 존재하는 차이를 크게 중시한다는 점에서 수용미학, 수용 이론과 다르다. 이런 의미에서 독자 반응 비평은 정치적 자각이 더욱 강하다. •젠더, •인종, •계급이 독자가 텍스트에 반응하는 방식에 자기 몫의 영향을 미친다는 점을 놓치지 않는 것이다(→해석 공동체).

+ 더 읽을거리

J. Tompkins, (ed.) *Reader-response Criticism: From Formalism to Post-structuralism*, 1980.

독자적 텍스트와 작가적 텍스트 readerly and writerly / *lisible and scriptible*

프랑스의 문학이론가 롤랑 •바르트가 《*S/Z*》(*S/Z*, 1970 / *S/Z*, 1974)에서 제안한 용어. 구체적인 형식적 특징 때문에 독자의 해석 작업에 여지를 거의 주지 않으면서 독자가 텍스트에 가까이 밀착하게끔 독자를 제약하는 텍스트(독자적 텍스트), 독자로 하여금 텍스트의 의미를 이해하려 애쓰게 하고 그에 따라 텍스트의 쓰기 자체에 실질적으로 기여하게끔 하는 텍스트(작가적 텍스트)를 구분한다. 전자의 텍스트는 독자를 수동적으로 만들며, 후자의 텍스트는 독자가 능동적 구실을 하게끔 한다. 바르트는 고전 혹은 사실주의 텍스트들, 조지 엘리엇의 《미들마치》(*Middlemarch*, 1871~1872)와 오노레 드 발자크의 《외제니 그랑데》(*Eugénie Grandet*, 1833) 같은 텍스트들을 독자적 텍스트로 분류한다. 이 텍스트들에는 서사를 조직하는 핵심적 플롯(주로 그것은 수수께끼 형태로 나타난다. 무슨 일이 일어났거나 일어날 예정이지만, 그게 무엇인지 바로 알려지지 않는)이 있으며, 그 플롯을 중심으로 이야기가 대단히 조직적인 방식으로 전개된다. 누가 말하는지, 그들이 말하는 대상이 누구인지, 그들이 무엇을 왜 하는지가 언제나 명확하다. 이와 대조적으로, 작가적 텍스트에서(바르트에게 이것은 보통 제임스 조이스나 사뮈엘 베케트처럼 실험적 작품을 쓴 •모더니즘 작가들의 작품을 뜻한다) 독자는 누가, 무엇을, 왜 등의 질문과 관련해 이와 같은 명징성을 확보하지 못한다. 바르트가 보기에, 작가적 텍스트는 이와 같은 점에서 더 복수적인 텍스트가 된다. 작가적 텍스트는 독자에게 스스로 텍스트의 의미를 구축하게 하는 더 큰 자유를 준다. 프레드릭 •제임슨이 《모더니즘 논문들》(*The Modernist Papers*, 2007)에서 논하듯이, 독자적 텍스트를 이른바 '닫힌' 혹은 전체주의적 사회와 동일시하며 작가적 텍스트를 '열린' 혹은 민주주의적 사회와 동일시한다는 점에서(여기서 '열린' 그리고 '닫힌'이라는 용어는 1962년 발표된 움베르토 •에코의 유명한 에세이 〈열린 작품의 시학〉(The Poetics of the Open Work)에서 왔다) 바르트의 이 개념의 배후에는 '냉전' 이데올로기와 정치가 숨어 있다. 독자적 텍스트와 작가적 텍스트라는 구분은 상대적으로 그리 많이 쓰이지 않게 되었다. 이는 부분적으로 분명 그 배후의 정치가 더는 적절하지 않기 때문이지만, 동시에 구분 자체의 토대가 허약하기 때문이기도 하다. 모더니즘 문학에 비판적인 이들이 주장하듯이, 독자에게 의미의 위안을 부정한다는 점에서, 작가적 텍스트가 독자적 텍스트만큼이나 전제적이라고 말할 수 있기 때문이다.

+ 더 읽을거리

캐서린 벨지, 《비평적 실천: 포스트구조주의 문학이론의 이해와 적용》, 정형철 옮김, 신아사, 2003.

동물행동학 ethology

동물의 행동에 관한 과학적 분석을 중시하는 동물학의 한 갈래. 원칙적으로 동물행동학은 왜 동물이 행동하는지, 동물이 그 행위로 진화선상에서 어떤 이득을 도출하는지를 알고자 한다. 동물행동학적 관점은 심리학적이라기보다는 생물학적이다. 동물행동학은 한 가지 종의 동물을 보기보다는 광범한 종의 동물을 관찰하는 경향이 있다. 동물행동학적 연구의 대상은 흔히 •본능이라고 일컬어지는 것이다. 본능은 어떤 동물이 특정한 자극에 어떻게 반응할지를 고정된 방식으로 결정하는 뇌 속에 '하드웨어처럼 장착된' 행동의 방아쇠와 같다. 예컨대 많은 실험에서 알을 품고 있는 회색 기러기들은 (골프공 같은) 알처럼 생긴 어떤 것을 보면 그것을 둥지를 향해 굴릴 것이라는 것과 우리가 알을 없앤다 해도 회색 기러기들은 알을 굴리는 행동을 계속할 것이라는 사실이 밝혀졌다. 또 다른 잘 알려진 예로는 동물행동학자들이 닭을 관찰하고 발견한 '먹이를 쪼는 서열(pecking order)'이라는 개념이다. 동물행동학은 동물이 서로서로 그리고 환경에서 배우고 자극에 대한 새로운 유형의 반응을 개발하는 방식에 관심을 둔다. 동물행동학은 1960년대에 네덜란드의 생물학자 니콜라스 틴버겐이 오스트리아의 생물학자 콘라트 로렌츠와 협력해 하나의 학문으로 확립했다. 1973년 이 두 사람은 카를 폰 프리슈와 함께 노벨상을 수상했다. 1970년대에는 로버트 아드리의 《사회적 계약》(*The Social Contract*, 1970)과 E. O. 윌슨의 《사회생물학》(*Sociobiology*, 1975)과 같은 책들을 출판해 인간의 행동을 설명하려고 동물행동학을 이용하려는 시도가 있었다. 프랑스의 비평이론가 질 *들뢰즈와 펠릭스 *가타리 또한 《천 개의 고원》(*Milles Plateaux*, 1980 / *A Thousand Plateaus*, 1987)에서 동물행동학의 개념을 사용해 네덜란드 철학자 바뤼흐 스피노자의 저술과 연결했다. 분석심리학자 카를 *융의 *원형 이론 또한 행동의 내재적 패턴 체계를 설명하려 시도한다는 점에서 동물행동학과 비교되고 있다.

뒤르켐, 에밀 Durkheim, Émile (1858~1917)

사회학이라는 분야의 기틀을 마련한 창시자 중 한 사람으로 널리 존경받는 프랑스 사회학자. 뒤르켐은 프랑스 로렌 지역의 독실한 유대교 집안(그의 아버지, 조부, 증조부 모두 랍비였다)에서 태어났다. 뒤르켐은 집안의 전통을 따라 랍비 학교에 갈 거라는 기대를 받았지만 명문 대학인 파리 고등사범학교에서 공부했다(그의 대학 동기 중에는 앙리 *베르그송과 장 조레가 있다). 그는 사회 연구에 과학적으로 접근하겠다고 결정한 일 때문에 학계의 기득권층인 인본주의자들과 불화를 겪었다. 그 결과 그의 학문적 이력은 발전하기 어렵게 되었다. 1887년 보르도 대학교에서 교직을 얻었는데 15년 동안 그곳은 그가 프랑스의 학계 시스템 공격에 착수하고 사회학을 학제로서 수립하는 작업을 시작하는 토대가 되었다. 1893년 뒤르켐의 박사 논문《사회분업론》(*The Division of Labour in Society*)이 출판되었고 곧이어 출판된《사회학적 방법의 규칙들》(*Rules of Sociological Method*, 1895)은 성장하고 있는 분야인 사회학을 위한 성명서가 되었다. 1898년 그는 잡지《사회학연보》(*L'Année Sociologique*)를 창간했는데, 이 잡지는 전쟁 중 중단되었다가 현재까지 계속해서 발간되고 있다. 뒤르켐의 유명한 책 두 권 중 첫 번째 책《자살론》(*Suicide*)은 1897년 출판되었다. 그는 프로테스탄트와 가톨릭 신자의 자살률을 비교해 사회적 통제 기제의 측면에서 왜 프로테스탄트보다 가톨릭 신자의 자살률이 더 낮은지를 설명하려고 했다. 책이 출판된 후 그의 자료 수집 방법에 이의가 제기되었지만 이 책은 자살의 유형을 범주화해 분류하는 방식 때문에 사회학적 사례 분석의 중요한 초기 모델로 남아 있다. 뒤르켐은 여러 지방을 돌며 학생들을 가르친 후 사실상 모든 프랑스 대학 교수가 예상한 대로, 1902년 소르본 대학교 교육학과 학장 자리를 제안 받았다. 1912년 그가 남긴 명저 두 권 중 두 번째 책이며 또한 그의 마지막 책이기도 한《종교 생활의 기본형태》(*The Elementary Forms of Religious Life*)가 출판되었다. 그리고 같은 해에 마침내 그는 소르본 대학교에서 종신 교수직을 얻었다. 그와 같은 시대의 인물인 막스 베버와 페르디난트 •퇴니스와 다르게 뒤르켐은 개별적인 것이 아니라 정부, 종교, 교육처럼 개인의 행동이라는 관점에서는 생각될 수 없는 대규모 제도에 초점을 두었다. 그는 사회가 •근대성의 국면에서 어떻게 단결할 수 있는지 설명하는 데 주안점을 두었다. 그에게 근대성은 공동의 배경을 전제로 정의되지 않는 사회적 상황을 의미했다.

+ 더 읽을거리

J. Alexander and P. Smith, (eds.) *The Cambridge Companion to Durkheim*, 2005.
앤서니 기든스,《뒤르켐》, 이종인 옮김, 시공사, 2000.
S. Lukes, *Émile Durkheim: His Life and Work*, 1975.
케네스 톰슨,《에밀 뒤르케임》, 이향순 옮김, 학문과사상사, 1991.

듀보이스 Du Bois, W. E. B. (1868~1963)

흑인 •문화 연구의 기틀을 마련한 인물로 작가이자 사회학자, 경제학자, 운동가. 듀보이스는 무장 반란 없이 서구의 인종차별을 극복하려고 실질적으로 가능한 모든 것을 시도한 운동가였다. 아이티 노예의 후손으로 매사추세츠에서 태어난 그는 아버지가 가족을 버린 후 어머니 손에 양육되었다. 듀보이스는 매우 가난했지만 훌륭한 교육을 받을 수 있었고 학교에서도 뛰어났다. 하버드 대학교와 베를린 대학교에서 공부한 그는 일생 동안 4,000편이 넘는 글을 썼다. 그러나 이런 글들은 (이 글들의 상당수는 그가 《위기》(*Crisis*)의 편집자로 활동했던 시절 쓰인 소소한 사설이었다. 《위기》는 그가 공동 발기인이었던 전미유색인종지위향상협회(NAACP, National Association for the Advancement of Colored People)의 기관지였다) 대부분 찾아내기가 어려우며, 놀랍게도 그의 모든 글을 수록한 전집이 없다. 하지만 1903년 출판된, 그리고 1세기가 지난 지금도 여전히 연구되고 학습되고 있는 《흑인의 영혼》(*Souls of Black Folk*)이 그의 가장 유명한 책이라는 것은 의심할 여지가 없다. 동화와 통합(그러나 운동 차원에서)을 지지했던 듀보이스는 마르쿠스 가비 같은 분리주의자의 전략에는 완전히 동의하지 않았다. 듀보이스는 흑인이 언제 어떻게 흑인으로 행동하는지를 알아야 할 뿐만 아니라 언제 어떻게 백인으로 행동하는지도 알아야 한다는 의미에서 •이중 의식을 견뎌내야만 한다고 주장했다. 그러므로 흑인은 '자신들이' 누군가에게는 문제가 된다는 사실을 의식하며 살아간다. 폴 길로이는 자신의 책 《검은 대서양》(*The Black Atlantic: Modernity and Double Consciousness*, 1993)에서 이러한 논지가 전체로서 흑인 •디아스포라까지 확장될 수 있다고 주장했다.

드보르, 기 Debord, Guy (1931~1994)

프랑스의 마르크스주의자, 운동가, 영화제작자, 사회비평가, 철학자. 드보르는 파리에서 태어나 남부 휴양도시인 니스, 포, 칸에서 어머니와 할머니에게 양육되었다. 피레네산맥 기슭의 작은 산에 있는 포에서 장차 그의 영웅이 될 콩트 드 로트레아몽(이시도르 뒤카스)이 다닌 고등학교에서 공부했다. 로트레아몽은 《말도로르의 노래》(*Les Chants de Maldoror*, 1868)와 《시》(*Poésies*, 1870)의 저자로 그에게서 '표절은 필수적이다'라는 *상황주의의 모토가 도용되었다. 전쟁 후 잠시 드보르는 파리 대학교에서 법률 공부를 하려고 파리로 다시 이주했지만 결코 진지하게 학업에 임하지 않았다. 그 대신에 그는 보헤미안적 삶을 더 선호했다.

1951년 칸의 영화 페스티벌에서 드보르는 루마니아 태생의 괴짜이며 국제 문자주의 운동의 창시자인 이시도르 이주와 만났다. 드보르는 국제 문자주의 운동에 가담하자마자 이 운동에서 영감을 크게 받은 지지자 중 한 사람이 자기 자신이라고 단언했다. 처음에 이 운동은 *초현실주의의 *무의식에 대한 도전에서 자양분을 발견했다. 그러나 드보르의 삶에서 반복해서 재생된 패턴에 따라 이 운동은 곧 기존의 *가치에 대한 *다다의 논쟁을 불러일으키는 풍자에 호감을 보이며 거부되었다. 국제 문자주의 운동은 마르셀 모스가 자신의 영향력 있는 책《선물》(*Essai sur le don*, 1925 / *The Gift*, 1954)에서 논의했던 아메리카 인디언의 축제 이름을 따서《포틀래치》(*Potlatch*)라는 자체 저널을 창간했다. 1952년 드보르의 첫 영화 〈사드를 위해 절규함〉(Hurlements en faveur de Sade, 1952)이 제작되었는데, 이 영화는 반(反)시네마식으로 문자주의를 실행한 것이었다.

1957년 문자주의는 한적한 이탈리아 마을에서 (*코브라와도 연관되어 있고 아스게르 요른이 이끈) 이미지니스트 바우하우스(Imaginist Bauhaus) 운동의 잔류자들과 만나면서 큰 소리 없이, 거의 찍소리 없이 끝나버렸다. 나중에 드보르가 말한 것으로 유명한데, 바로 그곳에서 '반쯤 취한 상태에서' *상황주의는 5 대 1의 거수로 형성되었다. 이 그룹의 예술적·정치적 활동의 초점이 되는 상황이라는 개념은 상반된 두 가지 근거, 즉 장 폴 *사르트르의 상황 개념과 그의 경쟁자인 앙리 *르페브르의 *일상생활에 대한 변형 요구가 혼합되어 만들어졌다. 드보르는 르페브르와 오래 지속되지는 않았지만 진지한 우정을 나누었는데, 르페브르는 드보르에게 가장 중요한 영향을 미친 인물이기도 하다. 르페브르는 사상적 측면뿐만 아니라 관계 측면에서도 드보르에게 영향을 미쳤다. 드보르는 르페브르의 소개로 상황주의의 다른 두 핵심 인물인 라울 *바네겜과 콩스탕 뉘베니를 만났다.

신랄히 혹평하는 데 타고난 재능이 있던 드보르는 상황주의 내부에서 당파의 아주 격렬한 파벌 싸움을 도발했다. 그러한 내부 당파 싸움 중 1972년 상황주의 그룹이 해체되었다. 하지만 드보르의 이름은 영원히 상황주의와 관련될 것이다. 상황주의자들은 그들이 삶의 진정성에 대한 자본주의의 잠식이라고 보았던 것에 맞서 항의 수단으로 •방향 전환(*détournement*/turnaround)과 •표류(*dérive*/drift)라는 개념이나 실천을 발명했는데, 오늘날에도 문화운동가들이 계속해서 그러한 개념을 동원하는 상황을 보면 드보르 때문에 상황주의 그룹이 해체되었다는 설명은 상황주의의 해체를 설명하는 최소한의 이유도 되지 않는다. •방향 전환의 완벽한 예들로는 문화훼방과 애드버스팅(adbusting/subvertising)이 있다. 이와 같은 맥락에서 •심리지리학이라는 상황주의의 개념이 있는데, 이 개념은 디자인의 습성과 디자인에 대한 충실성의 관점에서가 아니라 욕망의 관점에서 도시를 배치하는 실험적 절차를 가리킨다. 이 개념은 처음으로 제안된 후 대략 50년이 흘렀는데도 문화지리학자 중에는 여전히 열렬한 지지자들이 있다.

드보르의 가장 영향력 있는 책은《스펙터클 사회》(*La Société du spectacle*, 1967 / *Society of the Spectacle*, 1970)다. 이 책에서 드보르는 탈근대성이 완전히 실현될 것 같다는 예언, 즉 상품의 최종 형식은 이미지가 될 것이라는 유명한 예언을 했다. 결코 다작하지 않은 드보르는 자기보다 나이 많은 친구 르페브르의 짜임새 없는 횡설수설보다는 난해한 아포리즘 스타일을 더 선호했다. 이 때문에 드보르가 쓴 책의 총 권수는 상대적으로 빈약하지만 그의 책이 미친 충격은 이례적이었다. 드보르의 영화들은 DVD로 볼 수 있고, 그런대로 해적판 형식으로도 인터넷에서 볼 수 있다. 부지런한 팬들로 이루어진 작은 모임이 서신(4권 분량)을 포함한 드보르의 많은 글을 모아 편집하고, 대부분 그것들을 영어로 번역하는 몹시도 힘든 일을 해왔다. 그들은 드보르가 의심할 여지 없이 소원했던 대로 그의 글들을 인터넷에서 자유롭게 볼 수 있도록 만들고 있다.

일생 알코올 남용으로 고통을 겪은 드보르는 샹포에 있는 오두막에서 가슴에 총을 쏘아 자살했다.

+ 더 읽을거리

J-M. Apostolidès, *Les Tombeaux de Guy Debord*, 1999.
C. Bourseiller, *Vie et mort de Guy Debord: 1931~1994*, 1999.
A. Hussey, *The Game of War: The Life and Death of Guy Debord*, 2001.
A. Jappe, *Guy Debord*, 1999.
V. Kaufman, *Guy Debord: Revolution in the Service of Poetry*, 2006.
A. Merrifield, *Guy Debord*, 2005.

드브레, 레지 Debray, Régis (1940~)

피델 카스트로와 체 게바라의 인연뿐만 아니라 게릴라 전쟁 옹호로도 국제적으로 유명해진 프랑스의 좌파 지식인, 저널리스트, 교수, 정책 조언자. 파리에서 태어난 드브레는 파리에서 가장 유력한 명문 학교라 할 수 있는 루이 르그랑 고등학교와 고등사범학교에서 공부했다. 그는 고등사범학교에서 •마르크스주의 철학자인 루이 •알튀세르와 함께 연구했다. 1961년 드브레는 대단한 성공을 거둔 문맹 퇴치 캠페인을 보도하려고 쿠바를 방문했다가 남미 정치학에 흥미를 갖게 되었다. 그는 1963년과 1964년에 그곳에서 돌아와 게릴라 전술을 공부했다. 1966년에는 아바나 대학교에서 교편을 잡았다. 그는 자신의 경험을 바탕으로 《혁명 속의 혁명》(*Révolution dans la révolution*, 1967 / *Revolution in the Revolution*, 1967)을 썼다. 이 책은 혁명가들에게 일종의 교과서가 되었다. 이는 분명히 쿠바의 출판업자들이 이 책의 초판을 20만 부 인쇄했다는 사실에 크게 도움을 받은 것이라 할 수 있다. 1967년 드브레는 한 멕시코 신문의 기자로서 게바라와 동행해 볼리비아로 마지막 운명적 여행을 떠났다. 그러나 내란을 도왔다는 혐의로 홀로 체포되어 투옥되었다. 장 폴 •사르트르, 앙드레 말로, 샤를 드골 대통령과 같은 저명한 인사들이 이끄는 국제적 사면 캠페인이 일어난 후 1970년 드브레는 석방되었다. 그는 칠레로 이동해서 마르크스주의자인 칠레 대통령 살바도르 아옌데와 만나 인터뷰할 기회를 잡았고, 이 인터뷰들을 바탕으로 《칠레의 혁명》(*The Chilean Revolution*, 1971)을 출판했다. 1973년 아우구스도 피노체트가 쿠데타를 일으키자 드브레는 파리로 돌아왔다. 1981년부터 1995년까지 미테랑 대통령의 외교문제 정책 보좌관으로 일했는데, 나중에 그는 미테랑 대통령이 자기 생각을 무시했다고 전했다. 지난 20년에 걸쳐 그는 파리 대학교와 소르본 대학교에서 박사 학위를 마친 후 미디어 이론가로 성장해왔다. 또한 세 권으로 된 자서전 《삶을 이해하는 시간》(*Le temps d'apprendre à vivre*, 1992~2000)을 썼다.

들뢰즈, 질 Deleuze, Gilles →115페이지를 보라.

ㄷ

디아스포라 diaspora

'씨를 흩뿌리다'를 의미하는 그리스어에서 유래한 말로 (자발적인 그리고 비자발적인) 인구의 이주와 확산을 기술하려고 사용된다. 본래 이 용어는 기독교 이전 시대에 이스라엘(현재 알려진 바대로)로부터 유대인 강제 추방과 유대인이 1,000년에 걸쳐 잘 거주했던 스페인, 포르투갈, 러시아로부터 연달아 퇴출당하는 것을 가리키려고 사용되었다. 현재 디아스포라는 실질적으로 대규모 이주를 지칭하는 데 사용된다. 유럽과 남북 아메리카의 노예제도는 아프리카인 수백만 명이 멀리 떨어진 땅에 강제로 재배치되는 아프리카인 디아스포라를 만들어냈다. 마찬가지로 유럽의 식민주의는 유럽인 수백만 명을 멀리 떨어진 대륙에 재배치하는 결과를 만들어냈다. 이러한 현상은 차례로 인도인 디아스포라와 중국인 디아스포라로 이어졌는데, 이는 생산과 관련된 다양한 문제를 해결하려 값싼 노동력이 남아프리카, 오스트레일리아, 피지 그리고 다른 곳으로부터 수입되었기 때문이다. 일반적으로 디아스포라는 외상(trauma)과 추방의 의미에서의 '고향 상실' 측면에서 생각된다. 하지만 최근에 디아스포라는 일종의 탈민족주의적 *코즈모폴리터니즘이나 *크레올성으로서 좀 더 긍정적으로 간주된다. 코즈모폴리터니즘이나 크레올성의 문맥에서 디아스포라적 주체는 새로운 그리고 좀 더 진보적인 단계의 정치적·문화적으로 혼성적인 시민을 나타낸다.

+ 더 읽을거리

E. Said, *Reflections on Exile*, 2000.

디에게시스 diegesis

플라톤에 따르면 •미메시스의 반대말. 디에게시스에서는 저자가 자신의 목소리로 말하는 반면 미메시스에서 저자는 그렇지 않다(그 대신 저자는 그 밖에 다른 사람이 말한다는 환상을 창조하려고 시도한다). 1960년대에 크리스티앙 •메츠와 제라르 •주네트 같은 프랑스 •구조주의 학자들은 이야기 속에서 사건의 실제적 연속, 즉 무엇이 일어나는지 가리키려 이 용어를 차용했다. 이야기 속에서 일어난 사건들은 서사 혹은 이야기 말하기(사실상 이들은 새로운 형식의 미메시스)와는 대립적이다. 이러한 구분은 문학 연구와 영화 연구에서 두 가지 특별한 용도로 이용된다. 첫째, 이러한 구분은 서술자들이 말하는 이야기에 참여하는 서술자와 그렇지 않은 서술자로 서술자들을 구분한다. 조지프 콘래드의《어둠의 심연》(*Heart of Darkness*, 1900)을 생각해보라. 말로는 자신이 말하는 이야기의 사건에 참여했다. 그러므로 그는 디에게시스적 화자(diegetic narrator)다. 그러나 그가 이야기를 말해주는 사람은 독자들이 이야기를 말하지 않을 때 사실상 우리에게 이야기를 전하는 사람이다. 그러므로 그는 외부 디에게시스적(extra-diegetic), 즉 이야기 바깥에 있다. 마찬가지로 영화에서 음악은 디에게시스에 있거나 디에게시스 바깥에 있다. 다시 말해, 영화에서 음악은 들리는 이야기의 일부이거나 청각적 배경이 될 수 있다.

딜타이, 빌헬름 Dithey, Wilhelm (1833~1911)

•해석학과 생철학(*Lebensphilosophie*/life philosophy)을 연구한 독일의 철학자. 딜타이는 마르틴 •하이데거와 한스 게오르크 •가다머, 위르겐 •하버마스에게 영향을 미쳤다. 그는 베를린 대학교에서 게오르크 •짐멜의 동료이자 중요한 지지자였다. '생경험(lived experience)'에 대한 딜타이의 연구는 •현상학에서 중요한 선구자적 역할을 했다.

+ 더 읽을거리

R. Makkreel, *Dilthey: Philosopher of the Human Studies*, 1993.

데리다, 자크 Derrida, Jacques (1930~2004)

프랑스의 철학자. 20세기에 영향력이 큰 지식인 중 한 사람인 데리다는 *해체의 창시자로 잘 알려져 있다. 천재적 재능을 바탕으로 많은 책을 저술한 데리다는 일반적으로 지금껏 중요한 철학자 가운데 한 사람으로 여겨진다 (논쟁의 여지가 없지는 않지만 그는 매우 중요한 철학자 중 한 사람이다). 분명히 악평이 하나의 기준이 될 수 있다면 그의 중요성은 부인할 여지가 없다. 그러나 그의 동료인 질 *들뢰즈와 미셸 *푸코와 달리 데리다의 영향력은 대체로 '대륙철학'의 가능성을 인정하는 문학 관련 학과들과 몇 안 되는 철학과에 국한되어 있다.

알제리에서 태어난 데리다는 그곳의 고등학교에서 대학에 갈 준비를 했다. 그러나 비시정부가 유대인에게 가한 제약 때문에 그는 학업을 중단했다. 그는 1949년 파리로 이주한 뒤 파리에서 명망 있는 루이 르그랑 고등학교에 다닌 다음 고등사범학교에 들어갔다(고등사범학교 강사 중에 루이 *알튀세르와 미셸 *푸코가 있었다). 1956년 데리다는 두 번째 시도 만에 대학교수 자격시험을 통과했다. 1957년과 1959년 사이에 군복무를 하는 대신 르 망에 있는 한 고등학교에서 영어와 프랑스어를 가르쳤다. 1960년 다시 파리로 돌아와 소르본 대학교에서 조교수로 자리를 잡았다. 1964년 그는 자신의 모교인 고등사범학교에서 전임 교수직을 받았고 1983년까지 그곳에서 재직했다. 1983년에는 사회과학고등학술연구원 연구소장이 되었다. 1966년부터 계속해서 데리다는 존스 홉킨스 대학교와 예일 대학교, 뉴욕 주립대학교 버팔로, 캘리포니아 주립대학교 어바인에 정기적으로 초빙 교수로 임명되었다.

1966년 데리다는 클로드 *레비스트로스를 비판하면서 볼티모어의 한 학회에서 했던 강연 〈인문학적 담론에서 구조, 기호, 유희〉(La structure, le signe et le jeu dans le discourse sciences humaines / Structure, Sign and Play in the Discourse of Human Sciences, 1978)에 힘입어 국제적인 명사로 떠올랐다. 일반적으로 이 글은 *포스트모더니즘의 토대를 마련한 계기로 인정받는다. 데리다에게 분수령이 된 그다음 해에는 포스트모더니즘 분야에서 이정표가 될 운명의 책인, 《목소리와 현상》(*La Voix et la Phénemène*, 1967 / *Speech and Phenomena*, 1973), 《글쓰기와 차이》(*L'Écriture et la difference*, 1967 / *Writing and Difference*, 1978), 《그라마톨로지》(*De la Grammatologie*, 1967 / *Of Grammatology*, 1976)가 출판되었다. 이들 중 마지막 책은 출판 즉시 악명을 얻은 '텍스트 바깥에는 아무것도 없다(li n'y a pas de hors-texte / There is nothing outside the text)'라는 문장을 담고 있는데, 데리다의 사상은 이 문장으로 알려지게 된다. 데리다를 비방하는 논평가들은 이 구절을 데리다가 *니힐리즘에 빠졌다는 증거로 읽지만, 일반적으로 이 문장은 텍스트의 의미를 결정하려고 호소할 수 있는 더 높은 *권위는 없다는 것을 뜻한다고 여겨진다.

데리다가 매우 유용한 인터뷰집 《입장들》(*Positions*, 1972 / *Positions*, 1981)에서 설명했듯이, 《목소리와 현상》, 《글쓰기와 차이》, 《그라마톨로지》는 프로젝트(*이성중심주의 비판)와 방법론(*해체)을 한꺼번에 공표했다. 이성중심주의라는 용어는 말하기와 글쓰기가 로고스(이성)라는 외재적이고 추상적인 형식을 전제함으로써만 사유될 수 있다고 가정하는 언어철학의 관념론을 뜻한다. 비록 해체라는 용어가 대중적 용어로 변해버렸다 할지라도 그 의미는 해체의 다양한 전유가 제시해왔던 것보다 훨씬 더 복잡하고 미묘하다. 상당히 단순화하면 해체는 공동의 상호의존이라는 특이한 역설에 각별한 관심을 기울이면서 텍스트나 개념, 관념의 작동 요소를 완전히 복잡하게 표현하는 것을 흥미 있어 하는 읽기의 실천이라고 이해하는 것이 유용하다. 예컨대, 데리다는 '용서'의 개념을 다룬 후기 저서에서 용서할 수 없는 것만이 진정으로 용서될 수 있다고 주장했다. 이는 오로지 용서할 수 없는 것만이 용서될 수 있는 것의 요구를 충족하기 때문이다. 만일 무엇인가가 용서될 수 있다면 어떤 의미에서 그런 용서는 미리 주어진 것이므로 정말로 용서가 필요하지 않다는 것이 데리다의 요점이다. 당연히 용서는 그런 사실을 겪고 난 이후에만 해야 한다.

해체의 핵심에는 *차연을 대하는 데리다의 개념이 있다(데리다는 차연이 개념이 아니라고 명백히 말했다). 차연은 해체를 이행하는 수단이면서 동시에 해체의 예다. 간단히 〈차연〉이라는 제목을 붙였지만 널리 읽힌 이 글에서 데리다는 '차연'이라는 용어의 철자가 'to differ'라는 동사의 두 가지 의미를 조합하는 방식으로 만들어졌다고 설명했다. 이 동사는 데리다가 읽었듯이 '연기하다'와 '차이를 분별하다'라는 두 가지 뜻을 모두 의미한다. 그가 설명한 바로 이것이 •기호의 기본 조건이다. 기호는 존재하지 않는 사물을 대신한다. 그러므로 어떤 의미에서 기호는 존재하지 않는 그 사물과 접촉하는 것을 연기한다. 마찬가지 이유로 기호는 정의상 기호가 의미하는 것과 다르다. '차연'은 차이 자체의 기원이다. 그러나 '차연'에 대한 바로 이러한 개념이 기원이라는 생각 자체를 문제적으로 만든다는 점을 고려하면 (데리다가 지적했듯이) 차연은 '유희(play)'로 자신을 나타내는 문제의 조건이나 정황으로 더 많이 생각된다. 유희는 농담하고 놀기 좋아하는 것부터 수행적인 것, 건축학적인 것에 이르기까지 놀이의 모든 의미 영역에서 사용되는 말이다. '차연'은 문학 연구 분야에 막대한 영향을 미쳤다. 문학 연구에서 '차연'은 초심자에게는 꽤 힘들어 보일 수 있는 '꼼꼼히 읽기(close reading)'라는 미시적 형식 혹은 '유희적(playful)' 형식을 허가하는 데 이용되어왔다. 이에 대한 잘 알려진 주창자들이 이른바 •예일학파 해체론자들이다.

그러나 데리다가 '어떤 포로도 잡지 않는(take-no-prisoners)' 전투적 논쟁 스타일로 유명해졌다는 것도 언급해야 한다. 그의 친구들조차 이런 전투적 논쟁 스타일에서 자유로울 수 없었다. 1963년 미셸 •푸코(데리다의 많은 전리품 중 첫 번째)는 몸소 참석했던 대중 강연에서 이전에 자신의 학생이었던 데리다가 자신의 《광기와 착란》(*Folie et déraison: Histoire de la Folie à l'âge classique*)을 혹평했을 때 그것을 알게 되었다. 다른 주목할 만한 전리품에는 데리다와 •화행 이론을 놓고 활발히 논쟁했던 존 로저스 •설이 포함되어 있다. 친구 폴 드 만을 찬사하려고 쓴 《폴 드 만을 위한 비망록》(*Mémoires, pour Paul de Man*, 1988)이라는 책에서처럼 때때로 데리다의 전투적 스타일은 또한 방어 목적용으로 전환되기도 했다. 후자의 관점에서 아마도 데리다의 가장 중대한 저서라 할 수 있는 책은 《마르크스의 유령들》(*Spectres de Marx*, 1993 / *Spectres of Marx*, 1994)이다. 프레드릭 •제임슨이 이 책의 서평에서 주장했듯이 이 책은 프랑스와 그 밖의 다른 곳에서 카를 •마르크스에 대한 비평적 관심을 새롭게 만들고 그것을 좀 더 중요하게 재합법화하는 기능을 했다. 이 책은 또한 프랜시스 *후쿠야마의 신자유주의 찬양을 흔드는 반격을 제시했다. 데리다는 생의 마지막 10년에 걸쳐 자신이 *코즈모폴리터니즘이라 칭한 환대의 윤리학을 구체화하려고 노력하면서 점차 정치적 문제로 방향을 전환했다.

+ 더 읽을거리

R. Gasché, *The Tain of the Mirror*, 1986.

크리스토퍼 노리스, 《해체비평: 디컨스트럭션의 이론과 실천》, 이기우 옮김, 한국문화사, 1996.

니콜러스 로일, 《자크 데리다의 유령들》, 오문석 옮김, 앨피, 2007.

J. Smith, *Jacques Derrida: Live Theory*, 2005.

들뢰즈, 질 Deleuze, Gilles (1925~1995)

의심할 여지 없이 20세기의 매우 영향력 있는 철학자 중 한 사람. 그의 친구 미셸 *푸코는 20세기가 들뢰즈의 이름을 따서 들뢰즈의 세기로 명명될 것이라는 장난스러운 제안을 하기도 했다. 말 그대로 들뢰즈의 철학을 담은 책이 수백 권 쏟아져 나온 21세기 초반 무렵, 그의 철학은 유행의 최고봉에 있었다. 읽기 어려운 것으로 악명 높고 종종 좌절할 정도로 의미를 포착하기 어렵다고 할지라도, 들뢰즈는 사상가로서 광범한 매력을 지니고 있다. 이는 그의 저서가 맹종적 지지가 아니라 창조적 적용을 이끌어내기 때문이다.

파리에서 태어난 들뢰즈는 카르노 중학교에서 대학입학 자격시험을 보려고 공부한 다음 앙리 4세 고등학교에서 고등사범학교 입시를 준비했다. 그곳에서 그는 철학을 공부하려고 소르본 대학교에 진학해 1948년 졸업했다. 들뢰즈의 동기생 중에는 프랑수아 샤틀레, 장 프랑수아 *리오타르, 미셸 뷔토르, 피에르 *클로소프스키, 서사 영화 〈쇼아〉(Shoah)의 감독 클로드 란즈만, 자신의 회고록《바람의 영혼》(*Le Vent Paráclet*, 1977 / *The Wind Spirit*, 1988)에서 들뢰즈를 추억한 소설가 미셸 투르니에가 있다. 아직 학생이던 시절에 들뢰즈는 자신의 첫 번째 책《경험주의와 주체성》(*Empirisme et subjectivité. Essai sur la nature humaine selon Hume*, 1953 / *Empiricism and Subjectivity: An Essay on Hume's Theory of Human Nature*, 1991)을 썼다. 들뢰즈가 천재였다는 분명한 사실 이외에도 이 책에서 흥미로운 점은 이 시기에 썼던 다른 모든 것을 그가 후기에 거부했다는 것이다. 당시 들뢰즈의 눈에는 흄에 대한 연구가 자기 경력의 진정한 출발점으로 보였다.

프랑스 학술 시스템의 관례대로 1957년 소르본 대학교에서 전임 강사직을 얻기 전 거의 10년 동안 들뢰즈는 처음에는 아미앵, 그다음에는 오를레앙, 마지막으로 다시 파리로 돌아와 중고등학교 시스템인 리세에서 시간을 보냈다. 그는 1964년까지 소르본 대학교에서 재직하다가 프랑스 국립과학연구소로 자리를 옮겼다. 8년간 출판 공백기를 보낸 후 1962년에 들뢰즈는 자신의 두 번째 책《니체와 철학》(*Nietzsche et la philosophie*, 1962 / *Nietzsche and Philosophy*, 1983)을 출판했는데, 많은 사람이 이 책을 그의 가장 중요한 저서라고 여긴다. 거의 반세기 이상 무시되던 프리드리히 •니체를 불러내 '니체에게 귀환'이라는 중대한 불꽃을 이 책이 점화했다는 점이 인정되기 때문이다. 이 책은 궁극적 니힐리스트라는 니체의 음울한 이미지를 전복했고 그의 여동생 엘리자베스가 만들어낸 나치 같은 철학자라는 니체의 왜곡된 그림을 받아들인 사람들이 품고 있던 니체에 대한 의심을 해소했다. 그 대신에 이 책은 우리가 •원한을 극복하고 우리에게 삶을 온전히, 다시 말해 반동적 방식이 아니라 능동적 방식으로 포용하도록 요청하는 기쁨의 철학자로 니체를 제시했다.

이 주제는 비록 용어 자체가 1960년대 말에는 많은 사람이 알고 있는 •생기론 철학으로 진화하면서 사라져버렸지만 들뢰즈 책 곳곳에 끊임없이 나타난다. 들뢰즈가 쓴 그다음 책들은 문학을 검토하면서 이러한 문제를 다소 간접적으로 연구한다. 철학자는 일종의 의사와 같다는 니체의 생각에 영감을 받은 들뢰즈는 니체의 그런 생각이 마찬가지로 문학에 적용될 수 있는지 알아보려고 마르셀 프루스트와 자허 마조흐의 작품을 살펴보았다. 《프루스트와 기호들》(*Proust et les signes*, 1964 / *Proust and Signs*, 1972)과 《마조히즘》(*Presentation de Sacher-Masoch*, 1967 / *Coldness and Cruelty*, 1971)은 《비평과 진단》(*Critique et clinique*, 1993 / *Essays Critical and Clinical*, 1997)에서 정점에 이른 '진단'이라는 궤적을 들뢰즈의 철학에서 출범시킨다. 프루스트와 마조흐를 다룬 책들을 쓰는 중간에 들뢰즈는 위탁받은 앙리 •베르그송과 임마누엘 •칸트에 관한 교재들을 집필했다. 대체로 전자는 들뢰즈가 정말 생기론자였다는 증거로 간주되는 반면 후자는 들뢰즈의 철학적 프로젝트가 칸트 비판을 완결하는 것으로 이루어졌다는 신호로 읽힌다. 칸트 비판은 들뢰즈의 후기 공동 연구서들에서 분명해진다.

1964년부터 1969년까지 들뢰즈는 리옹 대학교에서 철학을 가르쳤다. 이 기간에 그는 박사 학위를 위한 두 가지 필수 논문을 준비했다. 이 두 논문은 분수령을 이룬 해인 1968년 《차이와 반복》(*Différence et répétition*, 1968 / *Difference and Repetition*, 1994)과 《스피노자에서 표현의 문제》(*Spinoza et le problème de l'expression*, 1968 / *Expressionism in Philosophy: Spinoza*, 1990)에서 등장했다. 들뢰즈 자신의 설명에 따르면 《차이와 반복》은 자신만의 철학을 시도한 첫 번째 책, 다시 말해 그가 철학사를 쓰는 작업에서 스스로 새로운 철학을 창조하기 시작한 첫 번째 책이다. 같은 기간에 쓰였지만 1년이 지난 후에야 출판된《의미의 논리》(*Logique du sens*, 1969 / *The Logic of Sense*, 1990)가 이 단계의 들뢰즈 이력을 마무리 짓는다. 이 책은 겉으로 보기에는 루이스 캐럴을 연구한 것 같지만 언어철학에 대한 진정으로 심오한 사유를 담고 있다.

들뢰즈는 *68년 5월의 사건들에 참여하지 않았다. 그리고 대체로 그 사건들의 결과에 양가적 태도를 취했다. 한편으로 그는 대략 1,000만 명이나 되는 학생과 블루칼라 노동자로 이루어진 그렇게 많은 사람이 자신들의 반대 의견을 보여주려고 행동을 조직화했다는 것에 깊은 인상을 받았다. 그러나 다른 한편으로 그는 몇몇 단체의 활동에서 파시즘적 요소를 감지했다. 1969년 여름 펠릭스 *가타리라는 젊은 정신분석가이자 정치적 활동가가 들뢰즈를 찾아냈다. 이는 가타리가 들뢰즈의 철학적 연구를 높이 평가했기 때문이다. 이 두 사람의 만남은 진정한 두 정신이 회합했다는 것을 입증하게 된다. 그즈음 들뢰즈는 68년 5월에 어떻게 철학적으로 대응할지 알고 있었다. 그와 가타리는 함께 연구하는 데 동의했고, 그로부터 여러 달에 걸쳐 만나서 생각을 공유하고, 동시에 카를 *마르크스와 지그문트 *프로이트(특히 프로이트에 대한 자크 *라캉의 해석) 비판과 재사유 작업을 발전시켰다. 그들은 두 사람이 제창한 *분열분석이라는 새로운 방법론을 통합한 연구를 했다(*분열분석의 핵심 개념은 욕망하는 기계다). 가타리의 비망록《앙티-오이디푸스에 관한 글들》(*Écrits pour l'Anti-Oedipe*, 2005 / *The Anti-Oedipus Papers*, 2006)은 부분적이기는 하지만 그럼에도 두 사람이 어떻게 연구 작업을 했는지를 조망하고 있다.《앙티 오이디푸스》(*L'Anti-Oedipe*, 1972 / *Anti-Oedipus*, 1977)는 1972년 출판되자마자 즉각 센세이션을 일으켰다. 그러나 이 책을 급진적 개입이라고 고지한 프레드릭 *제임슨 같은 사람과 이 책을 비합리주의자의 무의미한 말이라고 일축한 페리 *앤더슨 같은 사람들 사이에서 이 책에 대한 의견은 대단히 첨예하게 나뉘었다.

들뢰즈는 나머지 10년을 가타리와 공동 프로젝트를 발전시키면서 보냈다. 그다음 출판된 책은 두 사람이 서로 좋아한 작가 중 한 사람인 체코의 문호 프란츠 카프카에 초점을 맞추어 분열분석을 문학에 적용하려고 시도했다. 책의 제목에서 암시하듯이《카프카: 소수적인 문학을 위하여》(*Kafka: Pour une literature mineure*, 1975 / *Kafka: Towards a Minor Literature*, 1986)는 새 범주의 문학과 소수성에 새로운 사유 방식을 도입했다. 소수 문학은 *탈식민주의 연구에서 중요한 개념이 되었다. 자기 책을 쓰는 데 어려움을 느낀 들뢰즈는 친구인 클레르 파르네와의 교류(들뢰즈는 인터뷰라는 단어를 쓰는 것을 거부했다)나 대담을 모은《대담》(*Dialogues*, 1977 / *Dialogues*, 1987)을 출판했다. 전작처럼 이 책은 마침내 1980년 등장한《앙티 오이디푸스》의 속편을 위한 애피타이저 역할을 했다. 새로운 개념과 생각이 훨씬 더 천재적으로 종합되었다고 할 수 있는《천 개의 고원》(*Mille Plateaux*, 1980 / *A Thousand Plateaus*, 1987)은 20세기의 매우 중요한 철학서 중 하나다. 오늘날 학자들은 이 책이 창시했던 아이디어들을 쏟아내는 작업에 대해 지속적으로 매력을 느끼고 있다. 그리고 이 책의 아이디어는 *추상 기계, 배치, 되기(becoming), *기관 없는 신체, *유목주의, *리좀과 *전쟁 기계 같은 암시적 개념을 설명해내려는 주석서를 출판하는 명실상부한 하나의 산업을 낳았다.

《천 개의 고원》 이후 들뢰즈는 자기 자신을 다시 찾아야 할 필요가 있다고 말했다. 그래서 그다음 출판된 그의 저서들은 어떤 면에서는 대단히 개인적이다. 처음에 그는 프랜시스 베이컨의 예술을 담은 짧은 책《감각의 논리》(*Francis Bacon, logique de la sensation*, 1981 / *Francis Bacon: The Logic of Sensation*, 2003)를 썼다. 이 책에서는《천 개의 고원》에서 발전된 몇몇 개념을 사용하지만 *정동과 감각 같은 새로운 용어를 더 많이 강조했다. 이 새로운 용어들은 가타리와 공동으로 쓴 네 번째 책《철학이란 무엇인가》(*Qu'est-ce que la philosophie*, 1991 / *What is Philosophy*, 1994)에서 중요해진다. 그는 이 책에 뒤이어 영화에 관한 책《시네마 I: 운동-이미지》(*Cinéma 1. L'image-mouvement*, 1983 / *Cinema 1: The Movement-Image*, 1986)와《시네마 II: 시간-이미지》(*Cinéma 2. L'Image-temps*, 1985 / *Cinema 2: The Time-Image*, 1989)를 썼다. 이 두 책에서 그는 영화의 철학을 제안하는 것이 아니라 오히려 영화에 있는 특정한 철학적 차원을 표현하려고 했다. 영미권 영화 연구들은 아주 천천히 이 책들의 진가를 인정했다. 하지만 이 책들이 영화에 대한 논의를 새로운 방향으로 돌리는 방식에 대해 영미권 영화 연구들이 매혹된 것은 최근 몇 년 사이에 일어난 일이다.

들뢰즈가 그다음 쓴 책 두 권은 개인적으로 그리고 지적으로 그와 가까웠던 저자들을 다룬 논문이다. 이 시기에 쓰인 이런 부류의 책 중에서 가장 개인적인 것은 그의 친구 푸코에 관해 쓴《푸코》(*Foucault*, 1986 / *Foucault*, 1988)다. 이 책은 푸코가 죽고 2년이 지나 출판되었다. 들뢰즈의 다음 책은 나머지 그의 책에서 자주 언급되지는 않았지만 분명히 그에게 중요한 저자인 고트프리트 라이프니츠를 다루었다.《주름, 라이프니츠와 바로크》(*Le Pli: Leibniz et le baroque*, 1988 / *The Fold: Leibniz and the Baroque*, 1993)는 창조적 예술가들과 지리학자들에게 잘 수용되는데, 이는 그들이 이 책에서 공간과 공간적 관계들에 관한 급진적으로 새로운 방식의 사유를 보기 때문이다. 1980년대 말 들뢰즈는 건강이 급격히 악화되었고, 연구하는 것이 어렵다는 사실을 알게 되었다. 그럼에도 그는 새로운 저술, 그리고 문학에 대한 진단적인 접근을 다룬 글뿐만 아니라 이미 언급한 가타리와의 공동 연구서를 계속해서 생산해냈다. 그러나 아마도 이 시기에 가장 중요한 그의 작업은 클레르 파르네와의 대담을 담은 8시간짜리 장대한 비디오 〈질 들뢰즈 입문〉(L'Abécédaire de Gilles Deleuze)이라 할 만하다.

들뢰즈는 1995년 11월 스스로 목숨을 끊었다. 그가 이루어낸 성과를 분류하는 작업은 어려운 일이다. 그는 자신이 플라톤을 전복했고 철학이 자기 자신을 빠뜨렸던 여러 가지 궁지에서 빠져나와 철학을 구해낸 초월적 경험주의 철학을 만들어냈다고 생각했다. 이런 모험에서 그가 얼마나 성공했는지는 여전히 논쟁 중이다. 그러나 그가 20세기의 매우 중요한 사상가 중 한 사람이었다는 사실은 공공연히 인정되고 있다.

+ 더 읽을거리

로널드 보그,《들뢰즈와 가타리》, 이정우 옮김, 중원문화, 2012.
I. Buchanan, *Deleuze and Guattari's Anti-Oedipus*, 2008.
클레어 콜브룩,《질 들뢰즈》, 백민정 옮김, 태학사, 2004.
F. Dosse, *Gilles Deleuze et Félix Guattari: Biographie Croisés*, 2007.
마이클 하트,《들뢰즈 사상의 진화》, 김상운·양창렬 옮김, 갈무리, 2004.

○ 웹 링크

- 질 들뢰즈의 강의와 인터뷰의 영문 원고뿐만 아니라 이 분야에서 진행 중인 연구의 링크도 담고 있는 훌륭한 자원.
- 훌륭한 자료 출처인데 프랑스어로 되어 있다. 이 웹 링크는 질 들뢰즈 강의의 최초 레코딩과 비디오를 포함하고 있다.

라이트, 에릭 올린 Wright, Eric Olin (1947~)

미국의 •마르크스주의 사회학자. 캔자스에서 태어났으며, 하버드와 옥스퍼드에서 학부 과정을 공부했다. 1976년 버클리에서 사회학 박사 학위를 받았다. 박사 학위 후 위스콘신 대학교 교수가 되어 줄곧 이 대학에 재직해왔다. 주요 저서 목록에서 알 수 있듯이, 라이트의 연구는 •계급이라는 고전 마르크스주의의 문제에 집중해왔다. 《계급, 위기, 국가》(*Class, Crisis and the State,* 1978), 《계급론》(*Classes,* 1985), 《계급 분석》(*Class Counts,* 2000), 《계급 분석론》(*Approaches to Class Analysis,* 2009) 등의 저서가 있다. 나중에 그는 관심을 확장해 •유토피아 문제를 다루기도 했다. 라이트의 작업은 마르크스주의에서 두 가지 핵심 문제를 해결하려고 했다. ① 생산수단의 소유자도 아니고 생산수단 소유자의 전횡을 감수해야 하는 것도 아닌 중산층이라는 변칙적 계층의 존재, ② 역사를 추동하는 주요 요인으로서 •계급투쟁과 기술적 결정론 사이에 일어나는 갈등이 그것이다. 라이트는 중산층을 모순적 계급으로 다룸으로써 첫 번째 문제를 해결하고, 기술혁신은 역사에 전진력을 제공하지만 인간이 기술을 선택하는 한에서만 기술이 힘을 가질 수 있으므로 역사를 추동하지는 않는다고 지적함으로써 두 번째 문제를 해결했다.

+ 더 읽을거리
A. Milner, *Class*, 1999.

라이히, 빌헬름 Reich, Wilhelm (1897~1957)

오스트리아의 *정신분석학자. *마르크스주의와 *정신분석을 결합한 라이히의 저술들은 유럽과 미국에서 한 세대의 정치 활동가들과 저자들에게 영향을 미쳤다. 말년에는 자신이 표방한 기이한 관점 때문에 대단히 논쟁적인 인물이 된다. 그는 미국에서 미국식품의약국(FDA)에 기소된 뒤 감옥에서 죽었다.

라이히는 지금은 우크라이나 영토지만 당시에는 오스트리아-헝가리제국의 변방 위성도시였던 도브르자니카에서 태어났다. 그의 집안은 부농이었으며(이것이 나중에 섹스를 연구하겠다는 그의 관심을 촉발했다고 그는 말했다) 유대적 문화유산을 거부한 유대계였다. 라이히는 정규 교육을 받지 않고 집에 개인 교사를 두어 공부했는데, 12세 되던 해 어머니가 자살하면서 남학생 기숙학교로 보내졌다. 제1차 세계대전이 일어나 1915년 러시아가 침공했을 때 라이히와 그의 형은 빈으로 도피했지만 모든 것을 잃었다. 그는 1915년 입대했고 전쟁이 끝날 때까지 군대에서 복무했다. 제대 후에 빈 대학교에서 의학을 공부했는데, 여기서 지그문트 *프로이트를 만났다. 프로이트는 학생인 그를 자신의 정신분석학회에 초대했다.

그는 1922년 정신분석의로 개업했다. 이어지는 몇 년 동안 그는 가장 유명하며 아마도 가장 중요한 저서인 《오르가슴의 기능: 생물학적 에너지의 성경제적 문제》(*Die Funktion des Orgasmus: Zur Psychopathologie und zur Soziologie des Geschlechslebens*, 1929 / *The Function of the Orgasm: Sex-Economic Problems of Biological Energy*, 1968)를 쓴다. 놀라운 일은 아니겠지만 이 책은 윌리엄 버로스나 노먼 메일러 같은 작가들의 관심을 끌었고, 이들 작가들은 반문화 세대에게 라이히가 대중화되게 했다.

1930년 그는 베를린으로 이사한 뒤 독일 공산당에 가입했다. 그는 독일에서 나치즘의 부상을 목격했으며, 《파시즘의 대중심리》(*Die Massenpsychologie des Faschismus*, 1933 / *The Mass Psychology of Fascism*, 1980)에서 이 현상을 이론화했다. 그의 질문은 이것이었다. 왜 대중은 그렇게 하는 것이 그들의 이익에 부합하지 않는데도 독재 정당에 이끌리는가? 다소 단순하지만 그럼에도 시사점이 큰 그의 답은, 유년기의 성적 억압이 사람들로 하여금 이후 독재 정권을 받아들일 수 있게 준비시킨다는 것이었다. 독일 공산당은 이 책이 그들의 지향에 맞지 않는다고 판단해 그를 당에서 추방했다. 나치가 집권하면서 이 책은 바로 금서가 되었고 라이히는 독일을 떠나야 했다. 그는 스칸디나비아로 가지만 거기서도 정착이 허용되지 않았으며, 제2차 세계대전이 일어나자 미국으로 갔다.

미국에서 라이히는 노르웨이에서 시작했던 작업을 확장해 생명의 기원을 탐색했다. 그는 '오르곤'이라 이름 붙인, 관측 가능한 에너지를 발견했다고 주장했다. 그에 따르면 오르곤은 생명 자체의 기원이다. 생전에 그의 과학적 방법과 절차는 알베르트 아인슈타인 같은 저명한 과학자들에게서 의심을 받았지만, 라이히는 자신이 생명의 기원을 발견했다는 신념을 굳건히 지켰다. 그는 아픈 이들을 치유하는 등 이로운 목적에 사용될 수 있도록 이 '우주적' 에너지를 모아 농축하는 '오르곤 축적기'를 만들었다. 불행히도 라이히는 '오르곤 축적기'를 우편 판매했는데 이것이 FDA의 주목을 받았다. 1954년에 그는 주경계선 바깥으로 장비를 배송하지 못한다는 금지령을 받았지만 이에 순응하지 않았다. 그는 자기 사건을 맡은 판사에게 자신이 지은 책들을 보냈지만, 법정 모독죄로 2년 형을 받았다.

+ 더 읽을거리

R. Corrington, *Wilhelm Reich: Psychoanalyst and Radical Naturalist,* 2003.

+ 참고

빌헬름 라이히, 《오르가슴의 기능》, 윤수종 옮김, 그린비, 2005.
빌헬름 라이히, 《파시즘의 대중심리》, 황선길 옮김, 그린비, 2006.

라캉, 자크 Lacan, Jacques →158페이지를 보라.

라쿠 라바르트, 필립 Lacoue-Labarthe, Philippe (1940~2007)

프랑스의 *후기 구조주의 철학자. 스트라스부르 대학교 동료인 장 뤽 *낭시와 함께 작업할 때가 많았으며, 주된 관심사는 후기 구조주의 이후 *주체의 형이상학이다. 그는 문학과 철학 사이, 더 엄격하게 표현하면 미학과 정치 사이의 관계를 탐문함으로써 이 *문제 틀을 탐색했다. 이 점에서 그의 작업은 *해체의 한 형식으로 보일 때가 있다. 자크 *데리다와 가까운 사이이기도 했지만 그의 제자나 아류는 아니었다. 그는 마르틴 *하이데거의 나치 협력과 그것이 철학에 갖는 함의에 대한 탐구로 가장 잘 알려져 있다. 이 주제를 다룬 그의 저서 《정치적인 것의 픽션》(*La Fiction du politique*, 1987)은 《하이데거, 예술과 정치》(*Heidegger, Art and Politics*, 1990)라는 제목으로 영역되었다. 이 책 이전 그의 작업은 이 책이 이루는 성취의 극점으로 가는 길 내기로 파악할 수 있다. 낭시와 공저한 《문학적 절대》(*L'Absolu littéraire*, 1978 / *The Literary Absolute*, 1988)에서 그는 독일 낭만주의의 발전 경로를 추적하고 그것이 나치즘과 어떤 연관이 있는지 탐구했다. 이 작업 이후 그는 하이데거가 관심을 보인 시인 중 한 사람인 파울 첼란에 대한 작업에 착수하는데 그 결과가 《경험으로서 시》(*La poésie comme experience*, 1986 / *Poetry as Experience*, 1999)다. 많은 저자가 그랬듯이 그도 하이데거의 철학을 즉각 거부하지는 않았다. 그 대신 그의 철학에 나치즘과 철학적으로 대립하려는 여러 경로가 있었다고 논했다. 하이데거 자신이 그 경로를 택했어야 하지만 그러지 못했다. 그러나 하이데거가 홀로코스트에 침묵을 지킨 것에는 라쿠 라바르트 또한 비판의 목소리를 높였다.

+ 더 읽을거리

J. Martis, *Philippe Lacoue-Labarthe: Representation and the Loss of the Subject*, 2005.

라클라우, 에르네스토 Laclau, Ernesto (1935~2014)

영국에서 활동한 아르헨티나 출신의 사회학자, 정치 이론가. 대중투쟁과 *헤게모니의 개념을 다룬 방대한 저작으로 널리 알려져 있다. 부에노스아이레스에서 태어나 부에노스아이레스 대학교와 옥스퍼드 대학교에서 수학했으며, 1973년 이래 에식스 대학교 행정학과에서 학생들을 가르쳤다. 그의 저서로는 샹탈 무페와 공저한 《헤게모니와 사회주의 전략: 급진 민주주의 정치를 향해》(*Hegemony and Socialist Strategy: Towards a Radical Democratic Politics*, 1985)가 가장 유명하다. 이 책에서 라클라우와 무페는 후기 구조주의적 태도를 견지하면서, 본질주의적이며 결정론적이라는 이유로 •마르크스주의를 배격하고, 정치적 사유는 현시대 삶에 내재하는 진정한 불확실성, 결정 불가능성과 씨름해야 한다고 논했다. 이 저서와 그 이후 저작들에서 라클라우는 •계급이 그 자체로 정치적 변화를 위해 필요한 수준의 집단 단결성을 생산할 수 있다는 관념을 배격했다. 비슷하게, 집단 단결성이 미리 정해진 동일시 과정을 거쳐 성취된다는 관념 또한 배격했다. 이와 같은 견해는 전통적 마르크스주의와 비교할 때 어떤 면에서는 더 희망적이다. 라클라우의 관점에서는, 여러 집단이 복수의 연대성을 획득할 수 있다. 그런가 하면, 곤경을 공유하는 자각만으로 사람들이 계급적 행동을 취할 수 있다고 보지 않는다는 점에서 전통적 마르크스주의보다 훨씬 더 비관적이기도 하다. 2000년에 라클라우는 주디스 •버틀러, 슬라보예 •지젝과《우연성, 헤게모니, 보편성: 좌파에 대한 현재적 대화들》(*Contingency, Hegemony and Universality*)을 공저했다. 이 책은 하나의 공유하는 문제 틀에 이 세 이론가가 어떻게 다르게 접근하는지 보여준다. 이 프로젝트는 우호적인 분위기에서 진행된 것처럼 보이지만, 결과는 특히 라클라우와 지젝의 관계만 놓고 보면 그 반대였던 듯하다. 다음 몇 년 동안 학술지《크리티컬 인콰이어리》(*Critical Inquiry*)와 그들의 저서에서 두 사람은 서로를 겨냥한 장기전에 돌입했고, 카를 •마르크스, 정치, 그 밖에 거의 모두를 오해한다며 서로 비난했다.

+ 참고

에르네스토 라클라우, 《헤게모니와 사회주의 전략: 급진 민주주의 정치를 향하여》, 이승원 옮김, 후마니타스, 2012.
주디스 버틀러·슬라보예 지젝, 《우연성, 헤게모니, 보편성: 좌파에 대한 현재적 대화들》, 박대진·박미선 옮김, b, 2009.

랑그와 파롤 *langue and parole*

페르디낭 드 •소쉬르가 도입한 이항 개념. 하나의 언어 안에 내재하는, 의미를 생산하기 위해 가능한 조합들의 체계가 랑그이며, 그에 기초해 표현되는 구체적 언어 행위가 파롤이다. 외국어를 배울 때, 주목표는 그 언어의 랑그를 습득하는 데 있다. 랑그를 이해해야 비로소 그 언어를 이해한다고 할 수 있기 때문이다. 소쉬르에게 한 언어를 이해한다는 것은 그 언어를 조작해 새로운 의미를 만드는 능력을 지니게 됨을 뜻한다. 랑그를 이해하지 못하고 어휘만 습득한다면, 그 언어의 모국어 화자가 하는 것과 같은 언어 이해를 할 수 없다. 그 언어의 랑그를 구성하는, 언어의 조합과 관련된 규칙을 이해하지 못하기 때문이다. 이 두 개념은 번역하기 까다로워서 프랑스어 그대로 쓰일 때가 많다. '언어(language)'와 '발화(speech)'로 번역한다면, 소쉬르에게 랑그는 언어의 내재적 구조를 뜻하지 언어 자체를 뜻하지 않는다는 점에서 오해의 소지가 있다. 소쉬르 또한 언어 자체를 말할 때는 '언어'라고 썼다. 소쉬르에게 랑그는 언어 사용자의 구체적 공동체가 지닌 •집단 무의식 속에서 개발된 언어 체계다. 그에 반해 파롤은 언어적 사건이다. 이 구분이 •구조주의를 이루는 주춧돌 중 하나가 되었다.

+ 더 읽을거리

프레드릭 제임슨, 《언어의 감옥: 구조주의와 형식주의 비판》, 윤지관 옮김, 까치, 1990.
J. Sturrock, *Structuralism*, 1986.

랑시에르, 자크 Rancière, Jacques (1940~)

프랑스의 철학자. 알제리에서 태어난 랑시에르는 저명한 지식인을 여럿 배출한 파리 고등사범에서 학부 과정을 마쳤다. 고등사범에서 랑시에르는 에티엔 •발리바르, 피에르 •마슈레, 미셸 •페쇠 같은 다른 재학생과 함께 루이 •알튀세르와 가까이 지내며 공부했다. 이들 모두가 카를 •마르크스를 다시 읽는 작업에 동참했으며, 그 결실로《자본론 읽기》(*Lire Le capital*, 1968 / *Reading Capital*, 1970)를 출간했다. 그러나 책을 출간한 직후 이 그룹은 알튀세르와 결별했다. •68년 5월에 알튀세르가 침묵했기 때문이다. 2판부터 발리바르를 제외하고 이 그룹이 기고했던 글들은 실리지 않았다. 랑시에르는 꽤 가혹한 비판이 담긴《알튀세르의 교훈》(*La Leçon d'Althusser*, 1974 / *Althusser's Lesson*, 2011)으로 알튀세르와 자신의 관계를 정리했다. 대단히 생산적인 저자 랑시에르가 발표한 저술 다수는 세 가지 관심 영역(미학, 정치, 교육)에 초점을 두며, 이들 간의 상호 관계를 탐구한다.

+ 더 읽을거리

N. Hewlett, *Badiou, Balibar, Rancière: Re-thinking Emancipation*, 2007.
T. May, *The Political Thought of Jacques Rancière: Creating Equality*, 2008.

랭, 로널드 데이비드 Laing, Ronald David (1927~1989)

많은 논란을 일으켰던 영국의 정신의학자. *반정신의학 운동을 이끈 인물 중 하나다. 글래스고에서 태어나 글래스고 대학교에서 의학을 공부했다. 대학을 졸업한 후 건강이 좋지 않았는데도 군에 징집되었고 군 의무부대 소속 정신과 의사로 복무했다. 1953년 전역한 뒤 글래스고 병원에서 짧게 근무한 다음 런던으로 와서 태비스톡 클리닉에서 *정신분석 수련을 시작했다. 태비스톡 클리닉에서 그가 함께 작업한 사람이 도널드 우즈 *위니컷이다. 1965년, 랭은 데이비드 *쿠퍼를 포함한 일군의 동료와 함께 필라델피아 연합을 수립했다. 정신의학을 위한 실험적 공동체였던 필라델피아 연합은 런던 이스트엔드에 있는 킹슬리홀에서 《분열된 자아》(*The Divided Self*, 1960), 《자아와 타자들》(*Self and Others*, 1961), 《정상성, 광기, 가족》(*Sanity, Madness, and the Family*, 1964) 등 랭이 일련의 저서에서 재개념화한 정신병의 이해에 기반을 둔 정신치료의 실천을 도모했다. 정신과 의사들과 정신병 환자들이 생활공간을 공유하고, 정신병이 약물이나 전기충격요법으로 치료하는 질병이 아니라 일종의 주술적 여정으로 이해되어야 한다는 것이 필라델피아 연합의 기본 자세였다. 킹슬리홀의 삶에 대해, 그곳에서 생활했던 환자 메리 반스와 그녀의 치료를 맡았던 정신과 의사 조지프 버크가 함께 쓴 《메리 반스: 광기를 통과하는 여정을 다룬 두 이야기》(*Mary Barnes: Two Accounts of A Journey Through Madness*)가 있다. 이 책이 그리는 킹슬리홀의 모습은 유명하지만, 동시에 그곳에 불명예를 안기기도 했다. 그의 영향력이 가장 큰 책 《경험의 정치학과 극락조》(*The Politics of Experience and the Bird of Paradise*, 1967)는 이 시기에 쓰였다. 명백히 그 시대의 산물로서 이 책은 카를 *마르크스, 프리드리히 *니체, 지그문트

*프로이트, 마르틴 *하이데거와 장 폴 *사르트르 등을 원용하면서, 서구인들이 알고 있는 서구 사회가 그 성원들의 정신을 구속하며, 서구 사회에서 그토록 많은 사람이 불행한 이유가 여기에 있다고 논했다. 그의 저작은 *68년 5월의 학생 저항 운동을 예고했고, 펠릭스 *가타리에게 큰 영향을 미쳤다. 그러나 가타리 자신은 반정신의학 운동을 거부했다. 반정신의학 운동이 정신과 의사들에게나 비평이론가들에게나 대체로 실패한 것으로 여겨지고, 그것이 내세웠던 치료 테크닉들이 환자를 정신병이 유발하는 고통스러운 경험에서 구제하지 못했기 때문에 랭의 작업은 후대에 그리 존중받지 못했다.

+ 더 읽을거리

Z. Kotowicz, *R. D. Laing and the Paths of Anti-psychiatry*, 1997.

러시아 형식주의 Russian Formalism

러시아 형식주의는 20세기에 영향력이 컸던 문학비평 운동 중 하나다. 범박하게 말하면, 비평 운동으로서 러시아 형식주의는 문학 텍스트를 비문학 텍스트와 달라지게 하는 언어 사용의 구체적 특질을 규명하는 데 관심이 있었다. 그들의 접근은 평범한 언어 사용과 시적 언어 사용의 차이가 정확히 무엇인지 밝힐 수 있다고 보았다는 점에서 과학적이었다. 20세기 후반에 등장할 후기 구조주의자들과 달리 러시아 형식주의자들은 시를 담론의 자율적 형식으로, 다른 모든 담론 형식과 구분되는 자율적 형식으로 보았다. 이들은 시의 이 특징을 질적 용어인 *문학성이라 했으며, 그것을 *낯설게 하기에 관한 그들의 이론에서 양으로 표시(다시 말해, 형식화)하고자 했다. 낯설게 하기는 간단하게 표현하면 이미 친숙한 무엇을 낯선 혹은 기이한 무엇으로 보이게 해 우리 안에 더 강렬한 인식을 일깨우는 것을 말한다.

러시아 형식주의는 20세기 초반 러시아에서 활동했던 연구자 중 최소한 두 그룹을 가리키는 포괄적 용어로 쓰인다. 첫 번째 그룹은 상트페테르부르크에 기반을 두고 *오포야즈라는 약자로 알려진 그룹이다. 이들은 1916년 언어 연구를 하는 교수와 학생의 소모임으로 결성되었는데, 좌장은 시인인 오시프 브리크였다. 처음부터 함께한 멤버로 빅토르 *시클롭스키, 보리스 아이헨바움, 로만 *야콥슨이 있다. 이 그룹은 1923년 해산했다. 핵심 멤버 중 다수가 제1차 세계대전이나 러시아혁명, 아니면 둘 다를 피해 러시아를 떠나 망명한 것이 해산의 큰 이유였다. 그룹의 남은 멤버들은 러시아 형식주의를 구성하는 두 번째 그룹과 합치는데, 이것이 오포야즈의 망명자 야콥슨이 설립한 *모스크바 언어학 서클이다. 모스크바 언어학 서클은 언어의 시적 기능을 탐구하려고 설립되었으며, 멤버로는 시클롭스키와 유리 티냐노프(둘 다 러시아 형식주의의 이론적 발전에 중요한 역할을 했다) 등이 있었다. 이 그룹은 시학과 언어학을 연결하면서, 둘 중 하나가 빠지면 어느 쪽도 제대로 이해할 수 없음을 보여주고자 했다.

+ 더 읽을거리

토니 베네트, 《형식주의와 마르크스주의: 문예비평적 고찰》, 임철규 옮김, 현상과인식, 1983.
빅토르 얼리치, 《러시아 형식주의: 역사와 이론》, 박거용 옮김, 문학과지성사, 1983.
프레드릭 제임슨, 《언어의 감옥: 구조주의와 형식주의 비판》, 윤지관 옮김, 까치, 1990.

러커토시, 임레 Lakatos, Imre (1922~1974)

헝가리의 과학, 수학 철학자. 반증 가능성의 논제로 유명하다. 헝가리 제2의 도시 데브레첸의 유대인 가정에 태어났으며, 원래 이름은 임레 립쉬츠(Imre Lipschitz)다. 대학에서 철학, 수학, 물리학을 공부했다. 나치가 헝가리를 침공했을 때 그는 자신이 유대인임을 감추려고 이름을 몰나르(Molnár)로 바꾸었다. 전쟁이 끝난 후인 1944년 헝가리의 나치 괴뢰 정부를 몰아내고 유대인의 죽음의 수용소 이송을 중단시킨 게저 러커토시 장군의 이름을 기리는 의미에서 성을 러커토시로 바꾸었다. 박사과정에서 공부하는 동안 교육부 소속 공무원으로 일하기도 했다. 1948년 박사 학위를 받은 후 모스크바 대학교에서 연구를 계속했다. 1950년 헝가리로 돌아와서는 헝가리 공산당 내부의 이념 전쟁에 휘말린 끝에 3년 동안 옥고를 치렀다. 소련이 헝가리를 침공한 1956년, 그는 헝가리를 영원히 떠나 영국으로 갔다. 케임브리지 대학교에서 박사 학위를 마쳤는데, 학위 논문이 그가 죽은 뒤 《증명과 반박》(*Proofs and Refutations*, 1976)이라는 제목으로 출간되었다. 학위를 취득한 후 칼 *포퍼가 이끄는 런던 정경 대학교의 신설된 철학과에 임용되었다.《증명과 반박》에서 러커토시는 포퍼가 제시했던 과학의 진보와 관련된 반증 모델과 토마스 새뮤얼 •쿤의 •패러다임 변화의 모델 사이에서 그가 보았던 간극의 화해를 시도했다. 포퍼에게 과학 사상에서의 변화는 이론의 일부 혹은 전체가 틀렸다는 것이 발견되는 순간 일어나는 데 반해, 쿤은 이론의 한계와 오류가 알려졌더라도 과학자들이 그 이론에 매달릴 때가 많다고 논했다. 러커토시의 해법은 과학적 이론을 '연구 프로그램'으로 보고 그것이 진리를 찾는 잠정적(그렇다고 해서 임기응변은 아니지만) 시도라고 이해하는 것이었다. 연구 프로그램은 그것이 진보적이냐 아니냐를 기준으로 평가될 수 있다. 이와 같은 러커토시의 해법은 그의 동료이자 친구인 파울 •파이어아벤트에게 맹공격을 받았다.

+ 참고
임레 러커토시, 《수학적 발견의 논리》, 우정호 옮김, 아르케, 2001.

레비나스, 엠마누엘 Levinas, Emmanuel (1906~1995)

파리에서 활동했던 철학자, 탈무드 논평가. 레비나스는 리투아니아 영토인 러시아 코브노의 유대인 가정에서 태어나 1923년 스트라스부르 대학교에서 철학을 공부했다. 대학 시절 그는 샤를 블롱델, 모리스 프라뎅, 앙리 카르테르통, 모리스 •블랑쇼와 만났다. 1928년 에드문트 •후설과 •현상학을 연구하려고 프라이부르크 대학교로 옮겼다. 여기서 그는 후설과 연구하고 있던 마르틴 •하이데거와 만났다. 하이데거의 주저《존재와 시간》(*Sein und Zeit*, 1926 / *Being and Time*)은 그에게 심대한 영향을 미쳤다.

1930년 레비나스는 프랑스로 돌아와서 프랑스 시민으로 귀화했다. 독일이 프랑스에 전쟁을 선포했을 때 그는 병역대상 심사를 받아야 했다. 그는 징병되었지만 곧 적군에 체포되었다. 1940년부터 전쟁이 끝나기 얼마 전까지 그는 전쟁 포로로 독일의 하노버 근처 수용소에 수감되었다. 그는 유대인이었기에 유대인 전쟁 포로 막사에 배정되었다. 이 시기에 그는《존재에서 존재자로》(*De l'existence à l'existant*, 1947 / *Existence and Existents*, 1978)를 썼다. 강연록《시간과 타자》(*Le Temps et l'Autre*, 1948 / *Time and Other*, 1987) 또한 이 시기에 쓰였다. 레비나스의 아내와 딸이 수도원에 도피할 수 있도록 도와준 사람이 블랑쇼다. 그의 장모, 부친과 형제들은 그만큼 운이 좋지 못했다. 이들은 모두 나치 수용소에서 목숨을 잃었다.

전쟁이 끝난 후 레비나스는 '유대인보편인권연합' 소장으로 일했고 무슈 슈샤니와 함께《탈무드》를 연구했다.《탈무드》해설서를 다섯 권 쓰는데, 그중 마지막 권은 그가 타계하고 얼마 후 출간되었다. 전쟁 경험이 그의 사상에 깊은 자취를 남겼다. 그가 하이데거를 용서할 수 없다고 느꼈던 것은 놀라운 일이 아니다. 그러나 그와 동시에 그는 하이데거를 쉽게 무시할 수는 없다고도 느꼈다. 하이데거가 그려 보인 것은 일종의 한계 철학이며, 이 철학은 그 한계 너머로 나아갈 것을 요청했다. 레비나스의 후기 저작들은 정확히 이것을 하려는 시도로 읽을 수 있다. 1950년대와 1960년대에 레비나스는 하이데거, 현상학, 존재론에 점점 더 비판적 태도를 취했다. 이때 하이데거가 자신의 작업에서 여전히 존재를 강조한 반면, 레비나스는 존재 외에 다른 무엇이 있을지를 사유했다. 이 시기에 그의 작업 초점은 윤리학으로 옮겨갔다. 레비나스는 윤리학이 우리가 •타자와 맺는 관계에 기초해서만 사유될 수 있다고 논했다. 레비나스에게 타자는 단순히 신이 아니라 존재의 미스터리다. 타자-미스터리는 결코 동일자로 환원되거나 포섭될 수 없다.

레비나스는 소문자로 표기하는 타자(다른 사람들을 뜻한다)와 대문자로 표기하는 타자를 대비한다. 그의 사상의 많은 부분에서 핵심을 이루는 것은 대문자로 표기하는 타자다. 실상 그의 사유 전체가 이 •문제 틀을 중심에 두었다고 할 수 있으며 그가 구상하는 많은 개념이 여기에 기원을 두었다고 할 수 있다. 타자가 동일성으로 환원될 수 없다면, 타자와 우리의 관계는 레비나스 자신의 말대로 '관계없는 관계'가 되어야 한다. 타자의 현전을 우리는 일종의 •얼굴로만 감지할 수 있다. 타자에게 촉발되는 에피파니의 순간 같은 것을 레비나스는 얼굴이라는 용어에 담고자 했다. 얼굴이 주는 에피파니의 순간에 우리는 세계 속에서 우리가 공존한다는 것을, 세계가 우리 소유가 아니라는 것을 알게 된다. 레비나스의 윤리학 개념은 여기서 발원했다. 레비나스에게 윤리학은 단순히 우리가 어떻게 행동해야 하는지를 결정하는 문제가 아니다. 그의 윤리학은 세계를 보고 또 세계를 질문하는 하나의 방식을 포함한다. 그의 유명한 전언대로, 윤리학은 광학이다.

1950년대 말과 1960년대 초부터 레비나스의 작업은 더욱 변별성을 갖기 시작했다. 이제 그의 글쓰기는 존재하는 철학에 대한 주석을 점점 줄이고 그 자신의 사유를 더 많이 담았고 •타자성의 윤리학 혹은 •타자학이라 할 만한 무엇으로 발전했다. 1961년, 레비나스는 박사 학위 논문을 출간했다. 대작 《전체성과 무한》(*Totalité et Infini / Totality and Infinity,* 1969)이다. 같은 해 푸아티에 대학교 철학 교수로 임명되었다. 레비나스는 이 대학교에서 1967년까지 재직하다 그해 파리 낭테르 대학교로 옮겼다. 1972년에 《타자의 인간주의》(*Humanisme de l'autre homme / Humanism of the Other*, 2003)를 출간했다. 1973년 레비나스는 소르본 대학교로 옮겼다. 1974년 《존재와 다르게》(*Autrement qu'être ou Au-delá de l'essence / Otherwise than Being or Beyond Essence*, 1978)가 출간되었다. 1976년에 은퇴하지만 은퇴한 후에도 왕성하게 글쓰기를 했으며 강의도 계속했다. 그의 말년 20년 동안 나온 여러 저서 중에서 《신을 생각하며》(*De Dieu qui vient à l'idée,* 1982 / *Of God Who Comes to Mind*, 1998)와 《우리 사이에》(*Entre Nous,* 1991 / *Entre Nous*, 2000)가 주목할 만하다.

레비나스의 저작은 프랑스 •실존주의에 중대한 영향을 미쳤다. 타자성의 윤리학을 발전시키려는 그의 시도는 모리스 •메를로 퐁티, 장 폴 •사르트르, 자크 •데리다에게 영향을 남겼다. 그는 1995년 크리스마스에 파리에서 타계했다.

+ 더 읽을거리

H. Caygill, *Levinas and the Political*, 2002.
S. Critchley, *The Ethics of Deconstruction*, 1992.
콜린 데이비스, 《엠마누엘 레비나스: 타자를 향한 욕망》, 김성호 옮김, 다산글방, 2001.
J. Derrida, *Adieu to Emmanuel Levinas*, 1999.
R. Eaglestone, *Ethical Criticism: Reading after Levinas*, 1997.

+ 참고

엠마누엘 레비나스, 《존재에서 존재자로》, 서동욱 옮김, 민음사, 2003.
엠마누엘 레비나스, 《시간과 타자》, 강영안 옮김, 문예출판사, 1996.

엠마누엘 레비나스, 《존재와 다르게: 본질의 저편》, 김연숙·박한표 옮김, 인간사랑, 2010.
엠마누엘 레비나스, 《후설 현상학에서의 직관 이론》, 김동규 옮김, 그린비, 2014.
엠마누엘 레비나스, 《신, 죽음 그리고 시간》, 김도형·문성원·손영창 옮김, 그린비, 2013.

웹 링크

- 엠마누엘 레비나스 웹페이지.
- 레비나스 연구소 웹사이트.

레비스트로스, 클로드 Lévi-Strauss, Claude (1908~2009)

프랑스의 인류학자. *구조주의를 주창했다. 브뤼셀에서 태어났지만 그의 가족은 그가 6세 때 프랑스로 이주했다. 파리의 콩도르세 중학교에 다녔다. 프랑스의 명문인 파리 고등사범학교 입학시험을 보지 않기로 하고, 그 대신 파리 대학교에서 법학과 철학을 공부했다. 1932년 대학을 졸업했다. 1929년에는 장송 드 사이 중학교에서 교사 수련을 시작하는데, 당시 그의 동료로 시몬 드 *보부아르와 모리스 *메를로 퐁티가 있었다. 대학을 졸업하고 철학 교사로 일했지만 그 일에 열의를 느끼지는 못했다. 그러다 1935년 셀레스탱 부글레의 제안에 따라 프랑스 문화 사절단의 일원으로 브라질을 방문했다. 상파울루 대학교에서 사회학 방문 교수로 일하면서, 레비스트로스는 아마존강 유역과 마투 그로수주 지역 원주민의 민속학 현장 연구에 착수했다. 그는 짧은 동안 카두베오, 남비크와라, 투피 카와힙, 보로로족 사람들과 살면서, 그들의 친족 구조, 신념 체계, 종교적 상징에 대한 정보를 모았다. 이 시기 그리고 전후 다시 브라질을 방문했을 때를 포함해 브라질에서 경험한 것의 회고가 《슬픈 열대》(*Tristes Tropiques*, 1955)에 담겨 있다. 레비스트로스 자신은 이 책이 그를 인류학자가 되게 했다고 평가했다. 1974년 같은 제목으로 출간된 영어 번역본은 세계적 베스트셀러가 되었다.

독일이 1939년 폴란드를 침공했을 때, 레비스트로스는 프랑스로 돌아오는 것이 의무라고 느끼면서 귀국했다. 그리고 마지노 전선에 연락병으로 배치되었다. 프랑스가 독일에 항복했을 때 그는 몽펠리에에 있는 중학교에서 교사직에 복귀하지만 얼마 되지 않아 유대계였던 그는 나치가 수립한 인종 관련 법규에 따라 사직했다. 1941년 운 좋게 그는 뉴욕의 뉴스쿨(신사회연구소)에서 교수직을 제의받았다. 그는 프랑스 출국 허가와 미국 입국 허가를 받아 떠날 수 있었다. (그와 같은 처지에 있던 다른 지식인들, 예를 들어 발터 •벤야민은 그처럼 운이 좋지 못했다.) 뉴욕에 있는 동안 레비스트로스는 중요한 인맥을 쌓게 되는데, 이렇게 알게 된 인물들이 그의 연구에 대단히 큰 영향을 미친다. 아마도 가장 중요한 인물은 그처럼 망명 중이던 러시아 언어학자 로만 •야콥슨일 것이다. 야콥슨은 레비스트로스와 나란히 많은 이에게 구조주의를 정초한 인물로 꼽힌다. 또한 레비스트로스는 미국의 탁월한 인류학자 프란츠 보아스와도 알게 된다. 어떤 기이한 운명의 장난처럼, 보아스는 컬럼비아 대학교 교수 회관에서 열린 만찬 모임 동안 심장마비를 일으켜 레비스트로스의 팔에 안겨 죽었다.

1946~1947년에 레비스트로스는 워싱턴 DC의 프랑스 문화원에서 문화대사로 근무했다. 1948년 프랑스로 돌아와 국립자연사박물관 산하 인류박물관의 부소장직을 맡았다. 같은 해 그는 학위 취득에 필요한 주논문과 부논문 두 편을 모두 제출했다. 주논문은 〈남비크와라 인디언 부족의 가족생활과 사회생활〉(La Vie familiale et sociale des Indiens Nambikwara / The Family and Social Life of the Nambikwara Indians)이며 부논문은 〈친족의 기본 구조〉(Les Structures élémentaires de la parenté / The Elementary Structures of Kinship)다. 주논문은 1949년 단행본으로 출간되었고, 1967년 처음 영어 번역본이 나왔다. 이 영어 번역본을 둘러싸고 큰 논란이 일었으며 1990년 다시 번역되었다. 이 책이 간행되기 전 초고를 읽고 장 폴 •사르트르가 발행하던 잡지 《현대》(*Les Temps moderns*)에 쓴 긴 서평에서 보부아르는 이 책을 사회학의 '탁월한 각성'이라고 선언했는데, 이와 같은 평가는 큰 반향을 일으켰다. 보부아르는 심지어 이 책에서 실존주의적 기획과의 심대한 공존가능성을 감지했다고 말하기도 했는데, 레비스트로스 자신은 그녀의 주장이 근거 없음을 《야생의 사고》(*La Pensée sauvage*, 1962)에서 보여주었다. 이 책은 1966년 《The Savage Mind》라는 제목으로 영역되었다. 1950년 레비스트로스는 프랑스 고등연구원 교수로 임용되었으며, 1959년 콜레주 드 프랑스의 사회인류학 학과장이 되었다.

그리 유명하지 않은 인류학자에서 •패러다임 전환을 주도하는 지식인으로 레비스트로스의 위상을 바꾼 것은 1955년 발표한 짧은 논문 〈신화의 구조 연구〉(The Structural Study of Myth)다. 1958년 발간된 《구조인류학》(*Anthropologie Structurale / Structural Anthropology*, 1963) 1권에 재수록된 이 논문은 후일 구조주의라는 이름으로 불리게 될 분석 방법을 창시한 저작 중 하나다. 레비스트로스는 친구인 야콥슨의 통찰과 니콜라이 트루베츠코이의 저작을 원용하면서 *신화가 '언어처럼' 접근될 수 있다고, 다시 말해 그것을 구성하는 각기 다른 유형의 요소 사이에 존재하는 관계의 복잡한 체계로 접근할 수 있다고 보았다. 문법과 어휘를 놓고 볼 때 언어들 사이의 차이는 크다. 그러나 어떤 언어에든 문법과 어휘가 공통적으로 존재한다. 이것을 이해하는 것이 구조주의의 기본 출발 지점이다.

이런 관점은 경험적으로 제시되는 것만 분석 대상으로 삼는 기존의 인류학 관행에서 급진적으로 이탈하는 것이었다. 이 관점에서 중요한 것은 특정 신화의 내용이 아니라 신화 요소들 사이에 존재하는 일련의 관계다. 레비스트로스에게 이 관계는 여러 시대와 다양한 장소에서 공통적으로 반복되어 나타난다. 레비스트로스는 이 방법을 이용해 오이디푸스 신화의 여러 유형이 실질적으로 어떤 문화에서든 발견된다는 점을 보여줄 수 있었다. 여기서 그가 제시하는 질문은 이것이다. 왜 문화에는 신화가 필요한가? 그의 답은, 단순화를 무릅쓰고 말한다면, 신화가 실제의 문제에 상징적 해결책을 제공한다는 것이다. 신화는 문화의 규칙에 내재하는 모순을 해결하는 문화의 방식이다. 프레드릭 *제임슨은 이 테제를 받아들여 《가시적인 것의 인장》(*Signatures of the Visible*, 1992)에서 현대 문화를 분석하는 데 원용했다.

레비스트로스는 명성이 최고점에 달했던 1966년 존스 홉킨스 대학이 주최한 학회에 초청받았다. 이 학회에는 당시 상대적으로 무명의 철학자였던 자크 *데리다도 초청되었는데, 학회에서 데리다는 레비스트로스의 구조주의에 통렬한 비판을 수행했다. 데리다의 이 발표가 *후기 구조주의의 탄생을 알렸다는 것은 이제는 전설이 되었다. 데리다의 비판은 강력했고, 레비스트로스의 영향력은 쇠퇴했지만, 그의 학문적 이력은 끝나지 않았다. 이후 30년 동안 그는 저작을 다수 발표했다. 이 중에는 《구조인류학》에서 정초된 아이디어를 확장한 몇 가지 저서가 포함되어 있다.

+ **더 읽을거리**

에드먼드 리치, 《레비스트로스》, 이종인 옮김, 시공사, 1998.
J. Sturrock, *Structuralism*, 1986.

+ **참고**

클로드 레비-스트로스, 《슬픈 열대》, 박옥줄 옮김, 한길사, 1998.
클로드 레비-스트로스, 《야생의 사고》, 안정남 옮김, 한길사, 1996.
클로드 레비-스트로스, 《구조인류학》, 김진욱 옮김, 종로서적, 1983.

로고스 중심주의 logocentrism

프랑스의 철학자 자크 *데리다의 용어. 널리 쓰이는 이 용어는 언어철학 내부에서 흔히 보는 한 관념론적 경향을 지칭한다. 이 관념론적 경향은 말하기든 글쓰기든 그것의 불완전한 표상일 수밖에 없는 어떤 이상화된 언어를 상정한다. 신 혹은 다른 권위 있는 존재의 '말'을 뜻하는 그리스어 단어 '로고스'가 어원으로, 철학에서 언어의 의미를 보장하는 어떤 궁극적 권위가 있다고 상정하는 경향을 가리킨다. 롤랑 *바르트가 *저자의 죽음을 말할 때, 그의 의도는 로고스 중심주의적 언어 이해가 죽었음을 지적하는 데 있었다. 얇은 인터뷰집인 《입장들》(*Positions*, 1972 / *Positions*, 1981)에서 데리다는 로고스 중심주의가 그가 개발한 읽기 전략, 다시 말해 해체가 노리는 핵심 표적이라고 밝혔다. 특히 초기 저작에서 데리다에게 로고스 중심주의의 가장 위험한 징후는 철학에서 말하기가 글쓰기보다 특권을 갖는(글쓰기가 말하기보다 부차적이거나 아니면 말하기에 기생적이라고 보는 경우가 대표적이다) 현상이었다.

+ **참고**

자크 데리다, 《입장들》, 박성창 옮김, 솔, 1992.

로맨스 romance

중세 초기에 시작되어 이후 많은 변천을 겪은 문학 장르. 이 장르의 최초 사례들이 이른바 로망스어(당시 대부분 책들이 쓰인 라틴어가 아니라 지역적 방언이었던 언어)로 쓰인 데서 이 용어가 비롯했다. 궁정 이야기로 불리기도 하는 로맨스는 대체로 중세 왕과 여왕의 삶에 초점을 맞춘 모험담 혹은 탐색 이야기였다. 주제 면에서 이 이야기들 대부분이 용기, 사랑, 명예, 예절, 정절(혼인 상대에 대한 정절이면서 동시에 그리고 더 중요하게, 자기 영토에 대한 정절) 등과 연관된 기사도적 문제에 집중한다. 로맨스 텍스트 중 가장 많이 연구된 예는 몇 가지 이본(異本)이 있는 아서왕 이야기다. 최초의 현대 소설로 여겨지는 미겔 데 세르반테스의《돈키호테》(*Don Quixote*, 1604)는 궁정 로맨스의 패러디이면서 한편으로는 이 장르를 붕괴시키고 다른 한편으로는 새로운 방향으로 발전할 수 있도록 이 장르를 해방시킨다. 오늘날 로맨스라는 용어는 주제적 핵심이 사랑인 소설의 한 하위 장르를 가리킬 때가 많다. 제인 오스틴의《오만과 편견》(*Pride and Prejudice*, 1813)이 로맨스 장르의 이와 같은 변천의 효시로 여겨진다. 이렇게 이해되는 로맨스는 밀스앤드분에서 펴내는 대중 로맨스로까지 확장되었다. 이 로맨스의 경우 모험 요소는 포함되지 않을 때가 많고, 서사는 여주인공 관점에서 진행된다. 하지만 로맨스 소설이 로맨스 장르가 살아남은 유일한 형식은 아니다. 로맨스 장르는 J. R. R. 톨킨의 '반지 3부작' 같은 판타지 소설에서도 계속된다.

+ 더 읽을거리
B. Fuchs, *Romance*, 2004.

로티, 리처드 Rorty, Richard (1931~2007)

미국의 철학자. 언어와 언어의 내재적 모호성에 대한 관심, 그리고 사고가 언어 외의 수단으로 자신을 표현할 수 있다고 보지 않았기 때문에 종종(사실 오해이지만) *포스트모더니즘 진영에 속한다고 여겨진다. 로티는 대단히 독특한 유형의 *실용주의 철학자로 보는 것이 가장 정확할 것이다. 개념을 표현 수단에 불과한 것으로 보며, 주어진 문맥에서의 구체적 유용성 그리고 구체적 문제에 그것이 맺는 관계의 관점에서 개념을 평가하기 때문이다(로티를 실용주의자로 보는 견해는, 특히 수전 하크를 포함해서 여러 비평가의 도전을 받았다). 또한 그 자체로 정당화되는 어떤 개념(이들의 예로 흔히 거론되는 것은 역사, 기억, 사회다)이 있어야 한다는 주장을 거부한다는 면에서 로티를 반토대주의자로 볼 수도 있다. 비슷하게, 로티는 최종적으로 존재를 설명할 때 참조할 수 있는 객관적 현실이 있다는 개념도 거부했다. 로티는 20세기에 매우 많이 인용된 철학자 중 한 사람이다. 그의 작업에 바쳐진 방대한 분량의 2차 문헌이 지난 20년간 생산되었고, 그의 작업은 앞으로도 꾸준히 논의될 것이 분명하다.

로티의 부모인 제임스 로티와 위니프레드 라우센바흐는 이른바 '뉴욕 지식인들'이라 불린 그룹에 속했다. 둘의 정치 성향은 중도 좌파였지만 동시에 격렬한 반공산주의자였다. 로티는 부모가 도시 생활에서 피신하려고 구입한 뉴저지 시골의 집에서 대단히 지적인 분위기에서 성장했다. 15세에 그는 시카고 대학교 허친스 칼리지에 입학했고, 시카고 대학교에서 학사 학위와 석사 학위를 받았다. 그의 주요 연구 분야는 철학이다. 박사 학위는 예일 대학교에서 형이상학자 폴 와이스를 지도 교수로 마쳤다. 처음 교수로 부임한 학교는 웰즐리 칼리지지만, 곧 프린스턴으로 옮겨 이 대학교에서 20년 넘게 재직했다. 1982년 《철학 그리고 자연의 거울》(*Philosophy and the Mirror of Nature*, 1979)이 거둔 비평적 성공이 성가를 드높이던 때, 로티는 버지니아 대학교 영문과로 이직하는 놀라운 선택을 했다. 이로써 로티는 철학과에서 허용하는 것보다 훨씬 범위가 넓은 주제를 강의할 자유를 자신에게 주었다. 그는 1998년 은퇴했고 2007년 췌장암으로 타계할 때까지 스탠퍼드 대학교에서 석좌 교수로 있었다.

+ 더 읽을거리

N. Gross, *Richard Rorty: The Making of an American Philosopher*, 2008.

+ 참고

리처드 로티, 《철학 그리고 자연의 거울》, 박지수 옮김, 까치, 1998.

롤스, 존 Rawls, John (1921~2002)

정의를 다룬 저술로 유명한 미국의 정치철학자. 볼티모어 태생으로 볼티모어와 코네티컷에서 학교를 다녔다. 프린스턴 대학교에서 1943년에 학사 학위를 받았다. 이어 입대해 뉴기니, 필리핀, 일본에서 보병으로 복무하면서 히로시마 원폭의 여파를 목도했다. 전쟁이 끝난 후 그는 프린스턴에 복학해 도덕철학 전공으로 박사 학위를 받았다. 1950년대 초 옥스퍼드 대학교에서 박사후 연수를 했으며, 이 대학교에 있는 동안 이사야 벌린의 영향을 받았다. 이어 코넬 대학교와 MIT에 적을 두었다가 1962년 하버드 대학교로 옮겨 40년을 재직했다. 롤스는 1971년의 주저 《정의론》(*A Theory of Justice*)으로 가장 유명하다. 역사상 많이 인용된 인문학 저술 중 하나인 《정의론》은 •분배 정의의 문제에 초점을 두면서 이 책 이후 유명하게 되는 두 가지 원리(자유의 원리와 차이의 원리)를 소개했다. 롤스가 불가침의 권리로 간주하는 첫 번째 원리는 사회가 정의로우려면 누구나 언론, 회합, 찬양 등의 자유가 있어야 한다는 것이다. 이보다 더 복잡한 두 번째 원리는 가장 가난한 이에게 가장 큰 혜택이 갈 수 있도록 경제가 조직되어야 하며, 사회적 지위를 향상하기 위한 기회가 모두에게 열려 있어야 한다는 것이다. 《정의론》은 많은 논의의 대상이 되었으며, 40년 전 출간된 이래 정치학에서 사회정의에 관한 논의의 주된 흐름을 결정했다. 이 책 이후 그의 저서들, 특히 《정치적 자유주의》(*Political Liberalism*, 1993), 《만민법》(*The Law of Peoples*, 1999)은 이 책이 제시했던 원리를 국제정치에 확장 적용했다.

+ 더 읽을거리

C. Audard, *John Rawls*, 2006.
P. Lehning, *John Rawls: An Introduction*, 2009.
T. Pogge and M. Kosch, *John Rawls: His Life and Theory of Justice*, 2007.

+ 참고

존 롤스, 《정의론》, 황경식 옮김, 이학사, 2003.
존 롤스, 《정치적 자유주의》, 장동진 옮김, 동명사, 1999.
존 롤스, 《만민법》, 장동진 외 옮김, 아카넷, 2009.

뢰벤탈, 레오 Löwenthal, Leo (1900~1993)

독일의 문학사회학자. •프랑크푸르트학파의 창설 멤버 중 한 사람이다. 프랑크푸르트 암마인의 중산층 유대인 가정에서 태어났고, 미래의 프랑크푸르트학파 동료인 테오도어 •아도르노와 지그프리트 •크라카우어를 고교 시절에 만났다. 프랑크푸르트, 하이델베르크, 기센 등에서 문학을 공부했고 1923년 철학 박사 학위를 받았다. 막스 •호르크하이머가 이끌던 사회조사연구소에서 조교로 일했으며, 연구소에서 내는 학술지 《사회 연구》(*Zeitschrift für Sozialforschung / Journal for Social Research*)의 편집 책임을 맡았다. 이 학술지의 기반 사무실이 파리로, 그리고 뉴욕으로 자리를 옮기는 상황에서 뢰벤탈은 편집 책임을 다했다. 프랑크푸르트학파의 다른 성원들이 거의 모두 그랬듯이, 뢰벤탈도 나치 박해를 피해 미국으로 이주했다. 그러나 아도르노, 호르크하이머처럼 캘리포니아로 가지는 않았고, 전쟁 기간에 워싱턴 DC에서 행정가로 일했다. 전후에도 아도르노와 호르크하이머처럼 독일로 돌아가지 않고, 허버트 마르쿠제처럼 미국에 머무르면서 스탠퍼드와 버클리에서 학생들을 가르쳤다. 프랑크푸르트학파의 내부 핵심 멤버 중 한 사람이지만, 학파를 대표하는 중요한 혁신적 사상가로 여겨지지는 않는다. 학자로서 그의 중요성은 그가 남긴 대중문학에 대한 방대한 분석에 있다고 할 수 있다. 그의 저술은 아도르노와 다른 프랑크푸르트학파 이론가들이 그들만의 더욱 추상적 방식으로 했던 이론화와 분석의 더 실제적인 사례라고 할 수 있다.

+ 더 읽을거리

마틴 제이, 《변증법적 상상력》, 황재우 외 옮김, 돌베개, 1979.
R. Wiggershaus, *The Frankfurt School*, 1994.

ㄹ

루만, 니클라스 Luhmann, Niklas (1927~1998)

독일의 사회학자이자 시스템 이론가. 루만은 현대사회의 모든 면을 설명할 수 있는 사회학 모델을 개발하는 시도를 해서 명성을 얻었다. 그의 작업은, 특히 독일에서는 영향력이 막강하다. 사회과학계를 주도하는 위르겐 •하버마스의 라이벌이라고 할 수 있다.

루만은 북부 독일의 뤼네베르크에서 태어났다. 그의 가족은 양조장을 운영했는데 상당히 부유했다. 1943년, 겨우 16세였을 때 루만은 공군 고사포 부대에 징집되었다. 귄터 그라스, 교황 베네딕토 16세, 하버마스도 고사포 부대에서 복무했다. 1945년 미군에 포로로 잡혔지만 전쟁이 끝나면서 프라이부르크에서 법학을 공부했다. 대학을 졸업하면서 공무원으로 취직했다. 1961년에 그는 안식년 허가를 받은 뒤 하버드 대학교로 떠나 미국의 저명한 사회학자 탤컷 파슨스와 함께 연구했다. 이어 슈파이어의 행정 대학교에서 연구하고 뮌스터 대학교에서 교수자격시험을 통과했다. 1970년 빌레펠트 대학교 사회학 교수로 임명되었다. 루만은 이 대학교에서 여생을 보내고 1993년 은퇴했다.

가장 유명하며 기념비적인 저서 《사회체계이론》(*Soziale Systeme: Grundriß einer allgemeinen Theorie*, 1984 / *Social Systems*, 1995)이 분명히 보여주듯이, 루만의 관심은 사회가 기능하는 방식에 있었다. 체계 이론이라는 말이 그런 오해를 부를 수도 있겠지만, 루만은 융통성 없는 구조주의자가 아니다. 그는 사회가 적응하는 방식, 사회가 위험과 재난에 대처하는 방식에 특히 관심을 가졌다. 부분적으로 루만은 움베르토 마투라나와 프란시스코 바렐라의 작업, 특히 두 사람의 획기적 저서 《자기형성과 인지: 살아 있음의 실현》(*Autopoiesis and Cognition: The Realization of the Living*, 1972)에서 영감을 받았다. 이 책에서는 •오토포이에시스/자기형성(autopoiesis), 자기를 창조하는 체계라는 개념을 처음 소개했다.

+ 더 읽을거리
C. Borch, *Niklas Luhmann*, 2010.

+ 참고
루만 니클라스, 《사회체계이론》, 박여성 옮김, 한길사, 2007.

루카치, 죄르지 Lukács, György (1885~1971)

헝가리의 •마르크스주의 철학자이자 문학비평가. •서구 마르크스주의를 정초한 이론가로 꼽힌다. 부다페스트의 부유한 유대인 가문(그의 부친은 투자 은행가였다)에서 태어나 부다페스트, 베를린, 하이델베르크에서 공부했다. 독일에서는 막스 베버, 에른스트 •블로흐, 시인 슈테판 게오르게와 교유했다. 이 시기에 그는 여전히 임마누엘 •칸트, G. W. F. •헤겔, 빌헬름 딜타이의 강력한 영향 아래에 있었다. 관념적이었던 그의 초기 저작 《영혼과 형식》(*Soul and Form*, 1910), 《소설의 이론》(*The Theory of the Novel*, 1916)에서 그 영향을 볼 수 있다.

제1차 세계대전, 더욱 중요하게는 러시아혁명이 루카치에게 심오한 영향을 미쳤다. 1918년 그는 헝가리 공산당에 가입했고, 얼마 가지 못한 헝가리 소비에트공화국에서 인민교육문화부 장관직을 수행했다. 소비에트가 무너졌을 때 그는 빈으로 망명해야 했다. 그는 부재중 사형선고를 받았기에 본국에 송환되어 처형될 예정이었지만, 토마스 만 등 작가 친구들의 개입으로 그런 운명을 피할 수 있었다. 만의 소설《마의 산》(*Der Zauberberg*, 1924 / *The Magic Mountain*, 1927)의 등장인물 나프타는 루카치를 모델로 했다고 널리 알려져 있다. 빈이라는 도시는 루카치가 그와 비슷한 사정으로 망명한 다른 마르크스주의 지식인과 혁명가, 안토니오 *그람시, 아돌프 요페, 빅토르 세르주 같은 인물과 만날 수 있게 했다. 이로써 형성된 풍요한 지적 환경 속에서 루카치는 그가 이전에 지녔던 견해를 다시 생각할 기회를 얻게 된다. 그 결과물이 그의 가장 중요한 저작이라고 할《역사와 계급의식》(*History and Class Consciousness*, 1923)이다.

출간 당시 '극좌' 성향이라는 이유로 코민테른의 비난을 받았고, 나중에 루카치 자신이 혹독한 자기비판을 하기도 했지만,《역사와 계급의식》은 여러 학문 분야에 심대한 영향을 남겼다. 이 책에서 루카치의 목표는 변증법 논쟁을 촉발하고, 변증법을 마르크스주의 철학의 중심에 놓는 데 있었다. 프레드릭 *제임슨이《마르크스주의와 형식》(*Marxism and Form*, 1971)에서 설명하듯이,《역사와 계급의식》은 사회적 삶의 '총체성'을 이해하지 못하는 무능함 혹은 무력함을 놓고 카를 *마르크스 이전의 철학을 비판했다. 특히, 그는 '물자체'를 이해하는 일의 불가능성에 대한 칸트의 관심을, 그것이 가짜 문제라며 강하게 비판했다. 물자체를 이해하지 못하는 것은 루카치에 따르면, 중산층의 소외 결과이고, 대상을 그것의 물질성에 대한 이해로 보기보다는 단지 관조적으로만 보는 것이 그에 따른 한 경향이다.

루카치는 중산층이 특정 대상을 이해할 수는 있으나 그런 일들이 애초 어떻게 가능한가라는 좀 더 큰 역사적 문제는 이해하지 못한다고 말했다. 이와 대조적으로, 자기 계급을 의식하는 프롤레타리아는 그들이 놓인 상황의 진실을 간파하고, 중간계급이 그들의 상품 물신주의에 따라, 그 안으로 꼼짝 못하고 빠져들게 되는 빙하적 상태로서 물화, 이것을 용해할 힘을 갖는다. 프롤레타리아의 이와 같은 자각을 보여주는 작품을 루카치는 *리얼리즘에 충실한 작품이라고 보았다. 그는 탁월한 사실주의 작가로 오노레 드 발자크, 월터 스콧, 레프 톨스토이 등을 꼽았다. 여기서 그와 베르톨트 *브레히트 사이에 20세기의 위대한 문학 이론 논쟁 중 하나가 시작되었다. 루카치는 브레히트를 *모더니즘의 기수로 오해했다. 루카치는 모더니즘을 단순한 형식적 실험으로 이해했다. 루카치에게 리얼리즘은 사회적 세력을 표현해내는 작품들을 뜻한다. 달리 말하면, 찰스 디킨스가 하듯이 가난한 사람들의 삶의 조건을 폭로하는 데서 그치지 않고, 그 삶의 조건에 사회가 어떤 책임을 져야 하는지도 보여주는 작품이어야 한다. 이런 견지에서 그는 자연주의도 배격했다. 루카치는 가장 중요한 자연주의 이론가이며 작가인 에밀 졸라의 작품들이 피상적이라고 생각했다.

1929년 루카치는 베를린으로 이사한 뒤 나치가 집권하는 1933년까지 베를린에 머물렀다. 나치 집권 후 그는 모스크바로 도피했고 제2차 세계대전이 끝난 뒤까지 모스크바에 있었다. 그러는 동안 그는 독일의 러시아 침공에서도 죽지 않고 살아남았을 뿐 아니라, 더욱 놀랍게도 이시오프 스탈린의 숙청까지도 피해 갈 수 있었다. 모스크바에서 쓰인 그의 글들은, 아마도 정치적 필요에서 그랬겠지만, 교조적으로 스탈린주의적이다. 그는 소비에트의 지령에 따르는 *사회주의 리얼리즘을 옹호하고 모더니즘을 맹렬하게 비난했다. 이 시기 그의 주요 저작으로《역사소설》(*The Historical Novel*, 1937),《청년 헤겔》(*The Young Hegel*, 1938),《유럽 리얼리즘 연구》(*Studies in European Realism*, 1948) 등을 꼽을 수 있다. 전쟁이 끝난 후 그는 부다페스트로 돌아와서 헝가리의 정치적 재건에 적극적인(양가적이기도 했지만) 역할을 했다. 1950년대 말, 그는 소련에 반대하는 노선인 임레 너지의 혁명 정부에 가담했다. 1956년 봉기 이후 그는 루마니아로 추방되지만, 이번에도 가까스로 처형을 면했다. 바로 다음 해 그는 고국으로 돌아왔고, 이후 죽을 무렵까지 지속된 길었던 자기비판의 시기로 들어서서 이전의 '스탈린주의적' 태도를 배격했다.

+ 더 읽을거리

A. Kadarkay, *Georg Lukács*, 1991.

M. Löwy, *Georg Lukács: From Romanticism to Bolshevism*, 1979.

+ 참고
죄르지 루카치, 《영혼과 형식》, 반성완·심희섭 옮김, 심설당, 1988.
죄르지 루카치, 《소설의 이론》, 반성완 옮김, 심설당, 1998.
죄르지 루카치, 《역사와 계급의식: 마르크스주의 변증법 연구》, 박정호 옮김, 거름, 1999.
죄르지 루카치, 《역사소설론》, 이영욱 옮김, 거름, 1987.
죄르지 루카치, 《청년 헤겔》, 김재기 옮김, 동녘, 1986.

르 되프, 미셸 Le Dœuff, Michèle (1948~)

프랑스의 페미니스트 철학자이자 극작가. '프랑스 페미니스트'로 알려진 사상가 집단에서는 상대적으로 덜 알려져 있다. 그보다 더 유명한 동료들인 뤼스 *이리가레나 줄리아 *크리스테바의 작업과 비교하면, 르 되프의 작업은 더 충실하게 철학적이다. 에세이 선집인 《철학적 상상계》(*Recherches sur l'imaginaire philosophique*, 1980 / *The Philosophical Imaginary*, 1990)가 가장 유명하다. 그의 사상에 대한 가장 중요한 주석가인 엘리자베스 그로츠에 따르면, 이 책이 르 되프의 핵심 작업을 이룬다. 르 되프가 제안하는 *상상계 개념을 같은 용어를 쓰는 자크 *라캉의 개념과 혼동해서는 안 된다. 그로츠는 르 되프의 상상계 개념을 구성하는 요소가 세 가지 있다고 설명했다. 첫째, 느슨한 의미로 쓰일 때 그것은 이미저리 혹은 텍스트를 가리킨다. 둘째, 그것은 엄격하게 규정되는 개념의 반대로서 이미지를 가리킨다. 셋째, 라캉적 의미에서이기보다 프로이트적 의미에서의 *정신분석, 특히 억압을 가리킨다. 르 되프는 르네상스 시기 영국 사상 전문가로, 프랜시스 베이컨, 토머스 모어, 윌리엄 셰익스피어에 대한 글들을 발표했다.

+ 더 읽을거리
M. Deutscher, (ed.) *Michèle Le Dœuff: Operative Philosophy and Imaginary Practice*, 2001.
E. Grosz, *Sexual Subversions*, 1989.

르페브르, 앙리 Lefebvre, Henri (1901~1991)

프랑스의 *마르크스주의 철학자이자 사회학자. 르페브르는 생전에 놀랍도록 다양한 분야의 주제를 다룬 무려 70권에 이르는 저서를 출간했다. 20세기의 위대한 이론가 중 한 사람으로 널리 꼽힌다. *공간과 *일상생활에 대한 관심으로(실상 이 두 개념은 거의 항상 그의 이름과 함께 거론된다) 그는 철학과보다 지리학과에서 더 많이 읽힌다. 영어권 독자에게는 불행한 일이지만 영어로 번역된 그의 저서들은 이와 같은 편향을 반영하고 있다.

르페브르는 프랑스의 피레네에 접한 에게모라는 시골 마을에서 태어났다. 소르본 대학교에서 공부하려고 일찌감치 파리로 갔지만, 그는 일생에 걸쳐 시골 삶에 강한 애착을 간직했다. 1920년대에 르페브르는 파리에서 철학을 가르쳤고, 〈철학들〉(Philosophies) 그룹이라 알려진, 반 베르그송주의를 표방한 마르크스주의 사상가들의 작은 그룹에 참여했다. 그는 1928년 공산당에 가입했다. 이 시기에 그는 초현실주의자들의 작업에 관심이 많아졌고, 트리스탕 차라와 앙드레 *브르통과 교분을 쌓았다. 하지만 이것은 오래가지 않는 열정이었다. 곧 그는 초현실주의가 진정성을 결여한 비판 양식이라고 보아 적대를 분명히 하면서 초현실주의와 결별했다.

1920년대 말부터 1930년대 초까지 르페브르는 직업상 어려움을 겪으면서 택시 운전사, 공장 노동자로 일했다. 나중에 그는 이러한 경험이 육체노동 경험은 전혀 없었던 장 폴 *사르트르 같은 실존주의자와 비교할 때, 그에게 실존을 말할 수 있는 더 큰 권리를 주었다고 말했다. 그는 심각한 교통사고를 겪은 다음 교사로 일자리를 찾았다. 이 무렵 그는 G. W. F. *헤겔을 읽기 시작했고 헤겔을 읽으며 카를 *마르크스를 발견했다. 독일이 프랑스를 점령한 동안, 르페브르는 공산당 당원이라는 이유로 교직에서 제명되었고 프리드리히 *니체에 대한 그의 책은 압수·소각되었다. 이 사건 후 그는 레지스탕스에 합류했고, 비시정부에 반대하는 소책자들을 썼다. 독일의 열차들을 폭파하는 일에 가담했다고 전해지기도 한다. 전쟁이 끝난 후 그는 툴루즈의 라디오 방송국에서 예술 디렉터로 일했다.

일상생활에 대한 그의 3부작 중에서 1부가 될 《일상적 삶 비판》(*Critique de la vie quotidienne*)은 1947년에, 2부는 1962년에, 3부는 1981년에 출간되었다. 이 3부작의 영어 번역은 《*Critique of Everyday Life*》라는 제목으로 10년 후인 1991년에 나왔다. 이 저서들에서 르페브르는 변화를 모색하는 급진적 정치라면 사람들의 일상을 구성하는 의식과 습관을 면밀히 이해해야 한다고 보았다. 이것이 르페브르에게 비판의 진정한 의미이며, 초현실주의자들의 쓸모없는 '시적' 비판에 대항해 '혁명적' 비판이라고 말했다. 르페브르가 시작한 일상생활 비판에는 두 가지 전략적 목표가 있었다. 한편으로 그는 *상부구조를 분석하려는 동료 마르크스주의자들에게 *소외 개념의 유용성을 설득하고자 했다. 다른 한편으로 그는 철학자들에게 일상성의 중요성을 설득하고자 했다.

ㄹ

이러한 전략적 목표가 르페브르의 가장 영향력 있는 저서《공간의 생산》(*La production de l'espace*, 1974 / *The Production of Space*, 1991)의 기저를 이루었다. 일상생활에 대한 그의 저작들처럼, 공간에 대한 이 저서 또한 '순간'에 관심을 두었다. 달리 말하면, 그는 공간을 우선시하면서도 그 대가로 시간을 포기하지는 않았다. 그 대신에 그는 어떻게 시간과 공간이라는 두 차원을 함께 사유하면서, 현대의 삶에 대한 비판적 해석을 이끌어낼 수 있을지 보여주었다. 그의 마지막 저서《리듬 분석: 공간, 시간, 도시의 일상생활》(*Éléments de rythmanalyse: Introduction à la connaissance de rythmes*, 1992 / *Rhythmanalysis: Space, Time and Everyday Life*, 2004)은 시공간의 연계성을 더 구체적으로 하고, 그 연계성을 분석하기 위한 더욱 분명한 방법론을 모색했다. 덧붙여 지적할 사항은, 르페브르는 공간 문제를 온전히 이해하고자 할 때 추상적 형태로 이해되는 시간과 공간만으로는 충분하지 않다고 보았다는 점이다. 추상적 이해의 한계를 극복하려고 그는 역사, 운동, 변화라는 부차적 차원을 공간에 대한 우리의 이해와 융합하는 길을 모색했다.

르페브르의 작업은 특히 광범위한 의미로 이해된 현재의 *문화 연구에 큰 영향을 미쳤다. 르페브르의 영향을 크게 받은 세 이론가로 프레드릭 *제임슨, 데이비드 *하비, 에드워드 *소자를 꼽을 수 있다. 이 세 이론가 모두에게, 도시화 과정에 대한 르페브르의 지속적 관심이, 역사적 단계로서 *포스트모더니즘 개념화에 핵심적 단서를 제공했다. 미셸 드 *세르토도 일상생활의 실천에 대한 책을 쓰면서 르페브르의 영향을 받았다고 말했지만, 두 사람 사이에 존재하는 차이가 작지 않다는 점 또한 주목해야 한다. 세르토는 르페브르처럼 마르크스에 헌신하지 않았다. 르페브르의 연구 조교였던 장 •보드리야르 또한 르페브르에게서 받은 영향을 인정했으며 이 점은 사물들에 대한 그의 저작에서 명백히 알아볼 수 있다. 그러나 보드리야르 역시 마르크스에 대한 헌신은 거부했다.

+ 더 읽을거리

B. Burkhard, *French Marxism Between the Wars: Henri Lefebvre and the 'Philosophies'*, 2000.

S. Elden, *Understanding Henri Lefebvre: Theory and the Possible*, 2004.

R. Hess, *Henri Lefebvre et l'aventure du siècle*, 1988.

R. Shields, *Lefebvre, Love and Struggle: Spatial Dialectics*, 1998.

+ 참고

앙리 르페브르, 《공간의 생산》, 양영란 옮김, 에코리브르, 2011.

앙리 르페브르, 《리듬 분석: 공간, 시간, 그리고 도시의 일상생활》, 정기헌 옮김, 갈무리, 2013.

리비도 libido

•정신분석학에서 •이드의 심리적 에너지를 명명하기 위해 욕망 혹은 소망을 뜻하는 라틴어 어휘를 차용한 용어. 이 용어를 이런 의미로 쓴 것은 지그문트 •프로이트가 처음이다. 지금 리비도는 개인의 성적 욕구를 가리키는 정중한 은어로, 정신분석 문헌의 바깥에서까지 널리 쓰이는 용어가 되었다. 애초 프로이트는 리비도가 그 본성이 전적으로 성적이라고 생각했다. 이 경우 리비도는 •본능에 국한된다. 프로이트는 이렇게 이해한 리비도를, 본능과 타협한 산물인 •에고와 대립 지점에 있다고 보았다. 그러나 나중에 프로이트는 에고에도 리비도 에너지가 있다는 방향으로 자기 이론을 수정했다. 프로이트의 완숙기 저작들에서, 리비도는 성적 흥분의 심리적 차원이다. 리비도의 힘은 몸으로 체험할 수 있지만, 그럼에도 리비도는 육체적 개념은 아니다. 본능이라기보다 •충동에 속한다고 보는 것이 리비도를 더 잘 이해하는 일일 것이다. 이렇게 이해하는 쪽이 리비도가 •죽음 충동의 대척점에 있다고 보는 그의 후기 저작들의 견지와 더 잘 부합한다. 카를 •융, 질 •들뢰즈 같은 학자는 리비도가 필연적으로 성적 에너지라는 프로이트의 아이디어를 배격하는 대신 그것을 일종의 생(의)-힘/삶(의)-힘으로 보았다. 그들에게 리비도는 인

간의 활동 전반에 스며들어 있는 에너지를 뜻한다.

리비스, 프랭크 레이먼드 Leavis, Frank Raymond (1895~1978)

영국의 문학비평가로 *실제비평을 주도했다. 문학비평가로서 리비스의 영향을 과대평가하기는 불가능하다. 1983년 초판이 나온《문학이론입문》(*Literary Theory: An Introduction*)의 1장 〈영문학 연구의 발흥〉(The Rise of English)에서 테리 *이글턴은 우리 모두가 리비스주의자라고까지 말했다. 이는 우리 모두가 코페르니쿠스주의자라고 말할 수 있는 것과 같다. 문학을 어떻게 볼 것이냐와 관련해 리비스가 시작한 혁명의 여파 속에서 우리 모두가 작업하고 있다는 뜻이다.

리비스는 케임브리지 태생이며 케임브리지 대학교에서 공부했다. 부친은 케임브리지에서 피아노와 기타 악기를 파는 악기상을 운영했다. 리비스가 19세일 때 제1차 세계대전이 일어났는데, 수백만 영국 청년과 달리 그는 전쟁에 반대했다. 보병대 소속으로 전투에 참여하는 대신 그는 구급 구조대 대원이 되었다. 이는 전혀 섬약한 선택이 아니었다. 전쟁 동안 그는 독가스실에 보내졌는데, 이 때문에 영구적 후유증을 겪었다. 1919년 그는 대학에 입학했다. 애초 전공은 역사학이었지만, 2학년에 올라가면서 영문학으로 전공을 바꾸었다. 1924년 〈저널리즘과 문학의 관계〉(The Relationship of Journalism to Literature)라는 논문으로 박사 학위를 받았고 1927년 처음으로 전임 교수직을 얻었다. 1929년 그는 제자였던 퀴니 도로시 로스와 결혼하는데, 이로써 문학비평에서 가장 막강한 동반자 관계를 형성했다.

리비스는 아내와 함께 1932년 창간한 저널《검토》(*Scrutiny*)의 쉽게 타협하지 않는 엄격한 편집자로 널리 알려져 있다. 그는 20년이 넘게《검토》를 진두지휘하면서,《검토》에서 그가 옹호한 문학 분석의 새로운 방법(다시 말해, 실제비평)을 실천하고, 문학비평의 다른 접근에서 보았던 엄격함의 부재를 공격했다. 후자의 사례로 특히 블룸스버리 그룹을 생각할 수 있다. 리비스는 블룸스버리 그룹이 내비쳤던 중간계급적 엘리트주의를 못마땅해했다. 리비스가 실천했던 실제비평은 '꼼꼼히 읽기'라고도 불린다. 스승 아이버 암스트롱

•리처즈에게서 배워 발전시킨 이 방법이 리비스에게 문학작품의 상대적 '위대함'을 평가(평가라기보다는 '순도 분석'이라는 말이 더 정확할 수도 있다)하는 수단이 되었다. 리비스는 문학작품이 독자적으로 존재한다고 보았다. 이는 저자의 의도 같은 쉽지 않은 개념을 밀어두는 것을 뜻할 뿐 아니라, 문학작품의 역사적 문맥처럼 그보다 더 막중한 문제 역시 무시한다는 것을 뜻한다. 리비스에게 '위대한' 작품은 '삶'을 포함하는 작품이다. '삶'으로 무엇을 뜻하고자 했는지 리비스가 정의한 적은 없다. 경험의 즉각성, 인간의 일상적 존재의 기저에 자리하는 무의식적 힘들의 이해 같은 것을 뜻한다고 짐작할 수 있다. 이렇게 볼 때, 그가 왜 데이비드 허버트 로렌스를 그토록 옹호했는지 이해하기는 어렵지 않은 일이다.

문학작품의 위대성이라는 문제에 관심이 많은 비평가였던 그가 정전의 문제에 매달렸다는 것은 놀라운 일이 아니다. 그의 가장 유명한 에세이 선집 《영국 소설의 위대한 전통》(*The Great Tradition*, 1948)은 정전 형성의 막강한 실천 사례로 읽을 수 있다. 여기서 리비스는 제인 오스틴에서 시작해 조지 엘리엇과 헨리 제임스로, 조지프 콘래드와 아마도 당연히 로렌스로 이어지는 어떤 계보를 추적했다. 그가 토머스 하디를 혐오했기에 이 책에서 하디의 부재는 널리 회자되었다. 지금 리비스는 흔히 반동적이며 반이론적인 비평가로 여겨진다. 이런 평가가 어떤 면에서는 옳기도 하지만, 영문학 연구라는 학제의 창조가 리비스의 진정한 성취였다는 이글턴의 통찰은 그 어떤 문학연구사도(문학이론사까지 포함해서) 그를 무시할 수 없다는 것을 뜻한다. 더욱이 그의 유산이 전적으로 부정되었다는 것은 전혀 사실이 아니다. 지금 작업 중인 비평가 가운데도 탁월한 리비스주의자들이 많다. 리비스는 고등학교 학생들도 즉각 이해할 수 있는, 문학 연구를 위한 하나의 교육학적 모델을 창조했다. 이 모델이 1950년대에는 영어권 국가들 전반에 걸쳐 표준 방법으로 채택되었다.

+ 더 읽을거리

M. Bell, *F. R. Leavis*, 1988.
I. MacKillop, *F. R. Leavis: A Life in Criticism*, 1995.
F. Mulhern, *The Moment of Scrutiny*, 1979.

+ 참고

프랭크 레이먼드 리비스, 《영국소설의 위대한 전통: 조지 엘리엇, 헨리 제임스, 조지프 콘래드》, 김영희 옮김, 나남, 2007.
테리 이글턴, 《문학이론입문》, 김명환 외 옮김, 창작과비평사, 1989.

리샤르, 장 피에르 Richard, Jean-Pierre (1922~)

*제네바학파의 *현상학 전통에 속하는 프랑스의 문학비평가. 그의 가장 유명한 저술은 《문학과 감각》(*Littérature et Sensation,* 1954)이다. 그는 마르셀 프루스트와 귀스타브 플로베르에 관한 중요한 저술들을 썼다. 영어권 학계에서 그의 저술은 상대적으로 알려지지 않은 편이다.

ㄹ

리얼리즘 realism

1. 예술 용어. 특히 문학과 시각예술에서 리얼리즘은 *모더니즘 이전에 지배적이었던 19세기 운동이다. 이것이 리얼리즘이라 불리는 것은 당시 예술 관습과 결별하면서 예술의 본령에 널리 받아들여지던 견해(예술은 아름다움과 도덕을 추구해야 하며 독자/수용자를 교화할 수 있어야 한다는)에 도전하면서, 예술은 현실을 그대로 기록하고, 필요하다면 현실을 탄핵할 수도 있어야 한다고 주장했기 때문이다. 리얼리즘 미술은 *재현에서 *핍진성을 고양함으로써 이와 같은 목표를 성취했고, 문학은 현실에서 *일상적 삶을 살고 있는 인물들을 택해 그들의 내적 동기를 탐구함으로써 이와 같은 목표를 성취했다.

2. 실재론. 철학에서 논의, 아이디어 혹은 공식이 받아들여지려면, 주관적 관찰자와 별개로 그것들의 진실성이 입증되어야 한다고 보는 견해. 세계가 실제로 존재하며 정신의 구성물(극단적 상대주의자라면 이렇게 주장할 것이다)이 아닐 뿐 아니라 언어의 효과에 불과한 것도 아니라는 관점을 전제로 한다. 실재론의 목표는 객관적 용어로 세계를 가장 정확하게 기술하는 데 있다. 실재론은 수학과 자연과학과 가까이 연계하는 경향이 있다. 모든 현상이 정신에서 독립적인 수단을 활용해 입증 가능한 것이 아니기 때문에, 실재론은 그것이 다룰 수 있는 대상과 관련해 대단히 제한적이다.

리오타르, 장 프랑수아 Lyotard, Jean François (1924~1998)

프랑스의 철학자. 미학, 특히 •아방가르드, 윤리학, 정의, 정치 이론 등 다양한 주제와 분야에서 25권이 넘는 책을 써냈다. •포스트모더니즘에 대한 저술《포스트모던의 조건: 지식에 대한 보고》(*La Condition postmoderne: rapport sur le savoir*, 1979 / *The Postmodern Condition: A Report on Knowledge*, 1984)가 가장 유명하다.

젊은 시절인 1954년에서 1964년까지 리오타르는 '사회주의냐 야만이냐' 그룹에서 적극적으로 활동했다. 이 그룹의 성원으로 장 라플랑슈, 클로드 르포르, 제라르 •주네트 같은 명사들이 있었다. 그룹을 시작한 코르넬리우스 •카스토리아디스의 주도에 따라, '사회주의냐 야만이냐' 그룹은 •마르크스주의를 그 내부에서부터 비판하고자 했다. 카를 •마르크스 사상의 혁명적 정신을 따르는 것이 그가 남긴 글에 자구 그대로 충실한 것보다 중요하다. 이 시기에 리오타르는 프랑스의 알제리 개입에 적극적으로 반대했다. 리오타르는 1964년 '사회주의냐 야만이냐' 그룹과 결별했지만, 좌파와는 계속 연대했다. 그것이 깨지는 것은 •68년 5월 항쟁의 실패(라고 그는 보았던)를 겪으면서다. 이때 그는 마르크스주의와 완전히 결별했다. 그는 마르크스주의가 공포의 담론이라고 보기 시작했다. '마르크스라 불리는 욕망'을 통렬히 논평한 글을《리비도 경제》(*Economie libidinale*, 1974 / *Libidinal Economy*, 1993)에서 볼 수 있다.

퀘벡 대학 평의회라는 지방정부의 요청으로 쓰인《포스트모던의 조건: 지식에 대한 보고》는 포스트모더니즘이라는 용어가 모호함의 베일을 벗고 건축, 문학, 예술에서 새로운 스타일의 경향을 가리키는 명칭으로 부상하게끔 했다. 그 과정에서 포스트모더니즘은 현시대를 향한 고발이 된다. 그의 논제는 그가 쓴 유명한 구절 현시대가 •'거대 서사를 향한 불신'으로 규정된다는 말로 요약되어 있다. 풀어 말하면, 과학적 담론(지식 일반)이 이전 그것에 전통적으로 주어지던 합법화의 서사에 더는 의존할 수 없는 새로운 시대에 진입했다. 합법화 서사의 두 축으로, 혁명(특정 사회의 단점이나 오류를 알아보는 것이 그것을 고치기 위한 •사회운동으로 이어질 것이라는 생각)과 계몽(예술과 과학의 세련화로 사회가 전보다 더 인간적이 된다는 생각)을 꼽을 수 있다. 거대 서사의 부재 속에서 오늘날의 지식은 고도로 국부화한 가치, '작은 서사'로 전락할 수

밖에 없다. 효율성이라는 아이디어가 작은 *가치의 한 예다.

이 작은 서사가 고도로 구체적이며 전적으로 통약(通約) 불가능한 *언어 놀이(그가 루트비히 *비트겐슈타인에게서 빌려온 용어)라고 보는 것이 아마도 리오타르의 가장 도발적인 생각일 것이다. 그가 사회가 브라운 운동(Brownian motion)의 혼돈 속에 있다는 뜻은 아니며 언어 놀이만이 유일한 사회적 관계라는 것도 아니라고 명확히 밝혔지만, 그럼에도 그는 그의 논제가 시사하는 절대적 상대주의(혹은 반토대주의)가 미덕이 되어야 한다고 보는 듯한 강력한 인상을 남겼다. 다른 모든 언어 놀이를 지배하거나 통합할 하나의 언어 게임은 없기 때문이다. 리오타르는 정치적 투쟁은 '총체성을 향한 전쟁의 선포'가 되어야 한다고 말하기도 했다. 그에게 총체성은 형식과 상관없이 *헤게모니를 행사하는 모든 담론을 말한다. 여기 담긴 자유 개념은 빈약하다. 하지만 리오타르의 많은 독자가 여기서 희망을 보았다. 어쨌든 여기에 저항이 가능하다는 생각이 담겨 있기는 하기 때문이다. 그럼에도 그러한 저항은 문제적 개념이다. 저항의 개념에는 어떤 진정한 사회적 운동을 창출하기 위해서 개인의(개별적) 언어 놀이를 조정할 수 있는 가능성이 결핍되어 있기 때문이다.

리오타르는 그의 논제에 담긴 사회적 함의를 상세하게 탐구하지는 않았다. 그러나 이후 저작들에서 그는 언어 놀이 사이의 통약 불가능성이(다시 말해, 하나의 언어 놀이가 다른 언어 놀이와 완전히 소통할 수 없는 불능이) 아마도 불의라고 해야 할 것의 원천이라고 논했다. 이 *문제 틀이 그의 삶 후반에서 중대한 관심이 되며, 많은 이에게 그의 가장 중요한 철학적 저서로 알려진 책으로 이어진다. 그것은 바로 《쟁론》(*Le Différend*, 1983 / *The Differend: Phrases in Dispute*, 1988)이다. 쟁론('잘못', '불의' 정도로 번역할 수 있다)은 불의를 당한 쪽이 그들의 의견을 표현할 수단을 찾지 못할 때, 그 갈등 상황에서 일어난다. 리오타르는 홀로코스트는 일어나지 않았다고 말하는 로베르 포리송의 극단적 상대주의를 예로 든다. 포리송에 따르면, 가스실이 실재했다고 증언할 수 있는 유일한 사람은 그 안에서 실제로 죽은 사람뿐이다.

리오타르 말년의 저작들은 재현 가능성 문제에 집중했다. 《비인간》(*L'inhumain*, 1988 / *The Inhuman: Reflections on Time*, 1991)에서 리오타르는 재현

불가인 것만이 예술을 위한 적합한 주제라는 아이디어를 중심으로 한 미학을 제시했다. 리오타르는 이것이 논리적으로는 불가능하다는 점을 받아들이면서, 그러나 그럼에도 그것이 하나의 미학이며 인식론적 필요라고 주장하면서, 재현 불가한 것을 제시한다는 점에서(어쨌거나 관객이 보기에는) 포스트모더니즘 예술을 칭송했다. 여기에 미래 정치의 희망이 있다.

+ 더 읽을거리

G. Bennington, *Lyotard: Writing the Event*, 1988.
B. Readings, *Introducing Lyotard*, 1991.
《(장 프랑수아 리오타르) 포스트모더니즘을 구하라》, 윤동구 옮김, 앨피, 2008.
J. Williams, *Lyotard: Towards a Postmodern Philosophy*, 1998.

+ 참고

장 프랑수아 리오타르, 《포스트모던의 조건》, 유정완 외 옮김, 민음사, 1992.

리좀 rhizome

질 •들뢰즈와 펠릭스 •가타리가 순수 사유의 영역과 구체적이며 •일상적인 영역 둘 다에서 •비선형 관계를 개념화하려고 식물학에서 차용한 용어. 《리좀》(*Rhizome*, 1976)이라는 제목의 소책자에서 처음 사용되었다. 이 소책자는 이후 《천 개의 고원》(*Mille Plateaux*, 1980 / *A Thousand Plateaus*, 1987)에 서론으로 포함되었다. 리좀 개념은 들뢰즈와 가타리가 나무로 칭하는 것에 이항 대립적으로 제시된다. 나무는 선형적 혹은 위계적 관계를 대표한다. 나무는 들뢰즈와 가타리의 •분열분석 프로젝트의 세 가지 주요 목표를 칭하는 약어처럼 쓰인다. 그 세 가지 목표는 ① 구조주의 언어학, ② 루이 •알튀세르의 •마르크스주의 혹은 규정적 역사론, ③ •정신분석이다.

리좀은 다중성을 일종의 실체로 사유하려는 들뢰즈와 가타리의 비유다. 방정식에서 독특한 것의 힘이나 성격을 감산할 때 리좀적인 것 혹은 다중성에 도달할 수 있다(들뢰즈와 가타리는 리좀을 표현하려고 n-1이라는 •수학소를 쓴다). 이게 무슨 뜻인지 보여주려고 두 사람이 쓴 표준적 예는 대중 개념이다. 대중을 구성하는 다양한 개인이 자신들을 개인으로 생각하지 않고 전체적 실체 자체의 일부라고 생각할 때, 그리하여 자신들의 •욕망이 아니라 전체적 실체가 그들에게 규정하는 대로 움직이고 행동할 때 대중이 존재하게 된다. 들뢰즈와 가타리에게 리좀은 군중과 동의어다. 그러나 들뢰즈와 가타리는 리좀 혹은 나무의 순수 형식은 실제로는 존재하지 않음을 분명히 했다. 이 두 형식은 모든 과정에 정도 차이가 있을 뿐 존재하는 경향으로 보는 것이 가장 적합하다.

들뢰즈와 가타리는 리좀의 작동을 규정하는 여섯 개 핵심 원리를 제시했다. ① 연결: 리좀의 어느 지점이든 다른 무엇과 연결될 수 있다. 이 연결을 위해 규정된 경로는 없다. ② 이질성: 리좀은 *구조주의 언어학이 그렇게 하듯이 단순히 *기표를 *기의와 연결하지 않는다. 기호적 연쇄 고리 전체를 권력 체제, 구체적인 역사적 정황과 연결한다. ③ 다중성: 리좀은 언제나 그것이 될 수 있는 가장 온전한 상태에 있다. 그 어떤 것도 *결핍하지 않으므로 그것에 덧씌울 목적으로 동원될 보충적 차원이나 숨겨진 차원이 없다. ④ 의미화의 단절: 리좀은 어떤 지점에서 단절될 수 있다. 하지만 그것은 다른 어디선가 언제나 다시 시작할 것이다(아이디어는 변신할 수 있다는 뜻이다. 예를 들어, 우리가 파시즘적 요소를 가진 무엇과 결별할 때, 그것이 다른 외양을 하고 복귀하지 않을 거라는 보장이 없다는 뜻이다). ⑤ 지도학: 리좀은 지도로 그려질 수 있지만, 그것의 흔적은 좇거나 모사(이 뜻으로 들뢰즈가 쓰는 프랑스어 단어는 'calqué'이다)할 수 없다. 들뢰즈와 가타리에게 지도는 *수행을 뜻하고, 흔적 좇기는 *능력을 뜻한다. ⑥ 데칼코마니아: 리좀은 흔적 추적을 자신의 일부로 흡수할 수 있다. 기존의 사고 프로그램을 리좀 자신의 이질적 과정에 접속하고, 그로써 그 사고 프로그램의 기능을 변화할 수 있다는 뜻이다. (바꿔 말하면, 정신분석의 통찰을 출발 지점으로 쓸 수 있으므로 정신분석을 전면 거부할 필요가 없다.)

+ 더 읽을거리

키스 안셀 피어슨, 《싹트는 생명: 들뢰즈의 차이와 반복》, 이정우 옮김, 산해, 2005.
I. Buchanan, *Deleuzism: A Metacommentary*, 2000.

리처, 조지 Ritzer, George (1940~)

*맥도날드화 테제로 가장 유명한 미국의 사회학자. 리처는 뉴욕에서 태어나

고 자랐으며, 그의 부모는 그 자신의 표현을 빌리면 '하류층의 상층부'에 속한 유대인이다. 그의 아버지는 택시기사였고 어머니는 비서였다. 리처는 뉴욕 시립대학교에서 심리학 학사 학위를 받았고, 미시건 대학교에서 MBA 학위를 받았다. 포드사의 인사부에서 1968년까지 일했다. 그리고 같은 해에 코넬 대학교에서 조직행동 박사 학위를 받았다. 툴레인 대학교와 캔자스 대학교에서 가르쳤고, 1974년 메릴랜드 대학교 사회학과 정교수가 된 이래 이 학교에서 재직한다. 리처는 다작하는 학자이지만, 그에게 국제적 관심이 쏟아지게 하고 그를 학계의 슈퍼스타가 되게 한 것은 《사회의 맥도날드화》(*The McDonaldization of Society*, 1993)에서 처음 제시한, 전 세계가 서서히 맥도날드의 거울 이미지로 변하고 있다는 비관적 주장이다. 그는 장 •보드리야르가 '소비사회'라 부른 것에 비판적이지만, 그가 통탄하는 변화의 원인을 •후기 자본주의에서 찾지는 않는다. 그 대신에 그는 소비가 일종의 성격적 결함처럼 보이게 한다.

리처즈, 아이버 암스트롱 Richards, Ivor Armstrong (1893~1979)

•실제비평을 선도한 영국의 문학비평가. 체셔 지방 샌드바흐 태생이다. 테리 •이글턴이 《문학이론 입문》(*Literary Theory: An Introduction*, 1983)의 1장 〈영문학 연구의 발흥〉(The Rise of English)(놀랍게도 리처즈에게 우호적인 글이다)에서 쓴 표현을 빌리면, 리처즈의 부모는 '시골의 프티 부르주아지'였다. 리처즈가 그의 세대 전까지는 대학 교육에서 배제된 사회계급 출신이라는 뜻이다. 그는 브리스틀의 클리프튼 대학교에 이어 케임브리지 대학교에서 공부했다. 그는 케임브리지에서 1922년에서 1929년까지 영문학과 도덕철학을 가르쳤고, 1929년 베이징에서 펠로십을 받아 1년 동안 방문했다. 1931년에는 하버드에서 제안한 방문 교수직을 수락했다. 하버드 교수직은 종신으로 변경되었고 그는 학자로서 남은 삶을 미국에서 보냈다.

1920년대 초 케임브리지에서 리처즈가 강의를 시작했을 때, 영문학은 하나의 학문 분야로 존재하지 않았고 영문학 연구는 의심의 대상이었다. 그러나 그로부터 10년 안에 영문학은 대학의 중요한 한 부분이 되었으며 이후 영문학의 중요성은 점점 강화되었다. 이와 같은 상황 변화에 리처즈는 제자인 프랭크 레이먼드 •리비스와 함께 핵심적 역할을 했다. 이 변화가 가능했던 것은, 리처즈와 리비스가 문학 연구가 단지 취향의 문제, 다시 말해 독자가 어떤 작품을 좋아하는가 혹은 좋아하지 않는가 하는 문제에서 도덕 교육과 판단의 문제, 다시 말해 한 텍스트가 우리에게 삶을 어떻게 꾸릴지에 중요한 무엇을 가르칠 수 있는가 하는 문제가 되게 한 덕분이었다. 이글턴의 표현에 따르면, 이들 덕분에 영문학은 인간 존재와 관련한 근본적 질문이 선명하게 부각될 수 있는 일종의 장이 되었다. 그 질문은 '꼼꼼히 읽기'라 불리게 된 과정을 거쳐 집중적으로 검토된다. 문학은 종교가 멈춘 지점에서 재개하고 혼돈의 와중에 도덕적 질서를 제공한다. 무엇이 좋은 문학으로 여겨질 수 있으며 좋은 문학은 왜 중요한지 많은 글을 썼는데도, 리처즈는 후대의 모방을 받을 만한 미학을 수립하지는 않았다. 그는 특히 시를 시인의 영혼을 들여다볼 수 있는 투명한 창으로 여겼다. 그러나 그의 시 평론을 보면, 그의 방식대로 시를 읽으려면 그 자신이 되어야 한다. 이글턴이 지적했듯이, 리처즈와 리비스의 진정한 성취는 그들이 창조한 방법에 있는 것이 아니라(그것은 이미 낡은 것이 되었다) 문학을 학문적 탐구의 대상이 되게 한 데 있다. 리처즈의 중요한 저서로는 C. K. 오그던과 공저한 《의미의 의미》(*The Meaning of Meaning*, 1923)와 《문학비평의 원리》(*The Principles of Literary Criticism*, 1924), 《실제비평》(*Practical Criticism*, 1929)이 있다. 흥미롭게도 리처즈의 작업은 그의 본국인 영국보다 미국에서 더 영향력을 행사했으며, 미국에서 그는 •신비평의 아버지 중 한 사람으로 여겨진다.

+ 더 읽을거리

J. Russo, *I. A. Richards: His Life and Work*, 1989.
J. Schiller, *I. A. Richards's Theory of Literature*, 1969.

리쾨르, 폴 Ricœur, Paul (1913~2005)

프랑스의 종교철학자이자 해석학자. 발랑스 태생인 리쾨르는 아버지가 제1차 세계대전 중 마른 전투에서 전사하고 어머니는 그가 태어나고 얼마 되지 않아 사망해 두 살에 고아가 되면서 독실한 개신교 신자였던 조부모 밑에서 자랐다. 그는 명문 고등사범 입학시험에서 낙방한 후 렌 대학교에서 공부했다. 1935년 졸업한 리쾨르는 소르본의 박사과정에서 공부하려고 파리로 이사했다. 소르본에서 그는 매주 가브리엘 마르셀의 집에서 열린 학회에 참여했고, 마르셀의 영향으로 *실존주의 철학과 신학에 입문했다. 그는 좌파 기독교 저널《정신》(*Esprit*)을 창간한 에마뉘엘 무니에와도 공동 작업을 했다.

리쾨르는 제2차 세계대전이 일어나자 학업을 중단했다. 그는 1939년 보병대에 징집되어 바로 전투에 투입되었다. 그가 속한 부대는 1940년 독일군에 포로로 잡혔고 그는 전쟁이 끝날 때까지 수용소에 있었다. 수용소 생활이 아주 힘든 것은 아니어서 그에게는 책을 읽고 생각할 시간이 주어졌고, 수용소에는 그가 대화를 나눌 다른 지식인들도 꽤 있었다(실제로 비시정부는 수용소를 인증 학위 기관으로 인정했다). 수용소에서 그는 에드문트 *후설의《관념 I》(*Ideen 1*) 번역에 착수했는데, 이 번역은 이후 그의 부논문으로 제출되었다. 그는 미켈 뒤프렌과 공동으로 독일 실존주의자 카를 *야스퍼스 연구에 착수했고, 연구 결과는 전후《카를 야스퍼스와 존재철학》(*Karl Jaspers et la philosophie de l'existence*, 1947)이라는 제목으로 출간되었다.

전쟁이 끝난 뒤 리쾨르는 세브놀 대학교에서 가르쳤고 1948년에는 장 이폴리트 후임으로 스트라스부르 대학교 철학사학과 학과장으로 부임했다. 1950년에 그는 주논문《의지의 철학: 자발적인 것과 비자발적인 것》(*Philosophie de la volonté: Le Volontaire et l'involuntaire*)》을 제출하는데, 이것이 이후 그의 3부작 중 첫 번째 저술이 된다. 그는 1956년 소르본 대학교로 옮겨 10년 재직한 후 고위 행정직을 제안받아 당시 이른바 실험 대학이라 불린 낭테르의 신설 대학으로 옮겼다. 이 대학에서 교수직을 맡았던 이들로 알랭 *바디우, 질 *들뢰즈, 미셸 *푸코가 있다. 그러나 이는 그에게 실망스러운 경험으로 끝났다. *68년 5월 동안 학생들은 그가 세상과 닿아 있지 않다며 그를 공격했다. 이것은 1950년대 그의 경험과는 완전히 대조적인 것이었다. 당시 그는 알제리에서 프랑스가 벌인 전쟁을 노골적으로 비판하면서 학생들의 지지를 얻었고, 그들의 도움 덕분에 수감을 피할 수 있었다. 프랑스 대학에서 보내는 삶에 환멸을 느낀 그는 프랑스를 떠났다. 처음에는 벨기에로 갔다가 다시 미국 시카고 대학교로 가서 거기에 정착했다.

리쾨르의 유명한 저술로는 프로이트 비판서인 《프로이트와 철학: 해석에 대하여》(*De l'interprétation. Essai sur Freud*, 1965 / *Freud and Philosophy: An Essay on Interpretation*, 1970), 은유 연구인 《은유의 삶》(*La métaphore vive*, 1975 / *The Rule of Metaphor*, 1977), 서사에 대한 방대한 3부작 《시간과 서사》(*Temps et Récit*, 1983~1985 / *Time and Narrative*, 1984~1988)가 있다. 리쾨르의 작업은 항상 중요하다고 인정받았는데도 학계의 유행이 되지는 못했다. 하지만 이 점이 그의 작업에서 무엇이 중요한지 보여준다. 그는 •실존주의나 •구조주의 등 유행을 이끌었던 사조에 완전히 포섭된 적이 없으며, 그의 작업은 언제나 강력한 대안적 관점을 제시했다.

+ 더 읽을거리

프랑수아 도스, 《폴 리쾨르: 삶의 의미들》, 이봉지 외 옮김, 동문선, 2005.
D. Kaplan, *Ricœur's Critical Theory*, 2003.
R. Kearney, *On Paul Ricœur: The Owl of Minerva*, 2004.
칼 심스, 《(해석의 영혼) 폴 리쾨르》, 김창환 옮김, 앨피, 2009.

라캉, 자크 Lacan, Jacques (1901~1981)

프랑스의 정신분석학자이자 •파리프로이트학파 창설자. 이론의 여지 없이 지그문트 •프로이트 이후 가장 영향력 있는 정신분석학자로서 라캉은 •정신분석과 •기호학을 결합해 인문·사회과학의 거의 전 분야에 심대한 영향을 미친 강력한 종합 이론을 생산했다. 특히 영화학에서는 라캉의 이론이 교리에 가까울 정도다. 슬라보예 •지젝을 포함해 후예들의 지치지 않는 노력 덕분에 오늘날에도 그의 저작은 큰 영향력을 행사하고 있다.

라캉의 부친은 부유한 상인이었다. 라캉은 천주교도로 성장했고 미래의 프랑스 대통령 샤를 드골이 다닌 학교에서 공부했다. 대학에서는 의학과 정신의학을 공부했지만 예술에도 관심이 많았다. 대학생일 때 •초현실주의자 앙드레 •브르통과 필리프 수포를 만났고 파리의 유명한 서점인 'Shakespeare and Co.'에서 제임스 조이스가 《율리시스》(*Ulysses*, 1922)를 읽는 자리에도 있었다. 프리드리히 •니체를 독일어 원서로 읽었으며, 1923년 22세라는 민감한 나이에 프로이트 이론을 접하게 된다.

프로이트가 그의 관심을 장악하는 중심이 되기까지는 몇 년이 더 필요했다. 라캉은 스페인의 초현실주의자 살바도르 달리의 도발적 에세이 〈썩은 당나귀〉(L'Âne pourri)를 읽으면서 정신과 언어의 관계에 대한 새로운 사유의 가능성을 보게 되었고, 그의 관심의 초점은 •히스테리에서 •정신병으로 옮겨갔다. 달리는 편집증적 망상이 인지에 일어난 오류가 아니며, 현실을 창조적으로 해석한 것이라고 보았다. 편집증적 망상에는 그것만의 독특한 논리가 있다. 달리는 이와 같은 논지를 그가 •비평적 편집증이라 명명한 하나의 방법으로 발전시켰고, 라캉은 임상적 언어로 편집증의 재사유를 시도했다. 이와 같은 노력의 최초 결실이 1932년 〈망상/편집증 정신병과 그것의 성격과 관계〉(De la psychose paranoïaque dans ses rapports avec la personnalité)라는 제목으로 발표된 그의 박사 학위 논문이다. 이 논문에서 라캉은 기성의 제도화된 정신의학계의 반발을 우려해 초현실주의에서 얻은 영감은 언급을 용의주도하게 회피했지만, 논문의 탁월함을 처음 알아본 쪽은 정신의학계가 아니라 초현실주의자들이었다.

이후 4년 동안 라캉은 정신분석가로 수련하면서 폴란드 출신의 유대인 정신분석의 루돌프 뢰벤슈타인에게서 정신분석을 받았다. 이 시기에 그는 거의 글을 쓰지 않았다. 1936년에 러시아 출신 철학자 알렉상드르 *코제브의 세미나에 참석했다. 코제브는 역시 러시아 출신인 알렉상드르 *코이레와 함께 한 세대의 프랑스 학자 모두에게 G. W. F. *헤겔의 사상을 전파한 인물이다. 코제브의 세미나 이후 라캉은 생각하는 '나'와 원하는 '나'의 차이를 인식했다. 그리고 이것이 정신분석을 욕망의 철학으로 혁신하는 기반이 되었다. 이 혁신과 관련한 최초의 주요 진술은 1936년 마리엔바트에서 열린 국제정신분석학회에서 등장했다. 이 학회에서 라캉은 *거울 단계를 다룬 그의 최초 논문을 발표했다. 그의 발표는 끝나기도 전에 학회 의장인 어니스트 존스의 저지로 중단되었다. 이처럼 출발은 순조롭지 않았지만, 이 논문 발표와 함께 그는 중요한 정신분석가로 세계 무대에 등장하게 되었다. 거울 단계에서, 아이의 자아의식은 *오인을 기반으로 생겨난다. 아이는 거울 속 자기 이미지를 보고 '저건 나다!'라고 말한다. 하지만 거울 이미지는 아이를 반영한 것일 뿐이다. 아이는 오인을 하면서 자아를 향한 상상적 지배를 획득한다. 프랑스의 마르크스주의자 루이 *알튀세르는 라캉의 이와 같은 통찰을 전유해 *이데올로기 개념을 재사유하기도 했다.

제2차 세계대전 동안 라캉은 군 소속 정신과 의사로 일했으며, 전문적인 글은 전혀 쓰지 않았다. 멜라니 *클라인, 마이클 *벌린트, 도널드 우즈 *위니컷 등과 편지를 주고받으며 정신의학계와 관계를 유지하지만, 점점 더 이들과 괴리를 느끼게 된다. 전쟁이 끝난 후, 라캉은 이론적 문제만이 아니라 국제정신분석학회가 정하는 60분 길이의 분석 세션을 짧게는 10분으로 단축하는 등 논란을 불러온 관행을 중지하지 않겠다는 결정을 함으로써 동료 정신의학자들과 깊이 불화했고, 결국 정신분석학계에서 외면당한다. 1964년 그는 자신만의 학회를 설립했다. 그것이 파리프로이트학파다. 학회 설립과 함께 라캉은 프랑스와 해외의 정신분석학 단체들과 결정적으로 결별했다. 파리프로이트 학파 회원들의 명단은 프랑스 이론계의 인명록처럼 읽히는데, 미셸 드 *세르토, 펠릭스 *가타리, 뤼스 *이리가레 등의 이름이 거기 포함되어 있다. 타계하기 직전 라캉은 파리프로이트학파를 스스로 해산했다.

라캉 생전에 출판된 글들의 양은 상대적으로 적다. 그는 자신의 이론에 직설적이거나 충실한 해설은 남기지 않았다. 그는 자신의 이론을 학회에서의 논문 발표와 자신이 주최했던 주간 세미나에서 소요학파적 방식으로 발전시켰다. 1966년, 그가 학회에서 발표했던 논문들의 선집이《에크리》(*Écrits*)라는 제목으로 출간되었는데, 분량이 900쪽에 달했다. 그 육중함에도《에크리》는 출간 2주 만에 5,000부가 팔렸다. 이처럼 난해한 책으로는 유례가 없는 일이었다. 그러나 라캉의 사상이 전파된 주요 경로는 그의 사위 자크 알랭 밀레가 편집해 간헐적으로 출간한 세미나 원고다. 라캉이 실제로 진행했던 세미나의 필사이기도 하지만 편집자 재량에 따라 통제된 이 책들은 지적 자극뿐 아니라 좌절도 안겨주었다. 풍부한 아이디어가 담겨 있지만 그 아이디어들의 설명은 파악하기 어려웠다. 라캉의 글은 난해하기로 악명 높아서 전문가가 쓴 안내서와 함께 접근하는 것이 최선일 것이다.

라캉 정신분석의 특징은 *결핍이라는 개념을 강조하는 데 있다. 라캉에 따르면, 무엇을 갖는다고 해서 그것을 갖고 싶은 마음이 해소되는 것은 아니다. 욕망은 가지기와 원하기 사이의 간극이라 할 수 있다. 우리가 원하는 것을 가졌을 때에도, 우리는 만족하는 것이 아니라 그것을 더 가지기를 원한다. 그러니 이론적으로 볼 때 우리는 결코 우리가 원하는 것을 갖지 못한다. 이런 의미에서 욕망을 충족시키기는 불가능하다.

라캉은 탁월한 개념 발명가였다. 그가 내놓은 개념 중 다수가 *비평이론의 표준 어휘 목록에 포함되었다. *부유하는 기표, *상상계, *팔루스, *오브제(프티) 아, *상징계, *실재계 등의 어휘를 예로 들 수 있다. 그가 남긴 가장 유명한 진술은 프로이트로 귀환하자는 구호일 것이다. 이 말로 그가 뜻한 것은 두 가지다. 첫째, 당연한 것이지만 우리는 프로이트 추종자들을 읽을 것이 아니라 프로이트 자신의 텍스트를, 그것도 가능하면 독일어로 직접 읽어야 한다. 둘째, 이것은 첫째보다 더 중요한데, 우리는 분석적 상황, 다시 말해 분석자와 *피분석자의 관계에 집중해야 한다. 정신분석이 최초로 형태를 갖추는 것은 분석자와 피분석자의 관계에서다(→ 정신분석; 기호학; 구조주의).

+ 더 읽을거리

E. Grosz, *Jacques Lacan: A Feminist Introduction*, 1990.
숀 호머, 《라캉 읽기》, 김서영 옮김, 은행나무, 2006.
엘리자베트 루디네스코, 《자크 라캉 1: 라캉과 그의 시대》, 《자크 라캉 2: 삶과 사유의 기록》, 양녕자 옮김, 새물결, 2000.
셰리 터클, 《라캉과 정신분석 혁명》, 여인석 옮김, 민음사, 1995.
슬라보예 지젝, 《삐딱하게 보기: 대중문화를 통한 라캉의 이해》, 김소연·유재희 옮김, 시각과언어, 1995.

ㄹ

마르쿠제, 허버트 Marcuse, Herbert (1898~1979)

독일의 문화비평가. *프랑크푸르트학파의 매우 영향력 있는 성원 중 한 사람이다. 마르쿠제는 말년에 《일차원적 인간》(*One Dimensional Man*, 1964)의 출간과 함께 지성계의 슈퍼스타, 특히 반체제 운동에 가담한 학생 사이에서 유명 인사가 되었다. 《일차원적 인간》은 베이비붐 세대에게 그들의 안락한 삶이 감추고 있는 자본주의 체제의 억압을 말했는데, 100만 부가 넘게 팔렸다.

마르쿠제는 베를린의 부유한 가문에서 태어났다. 그의 부모는 동화한 유대인이었다. 제1차 세계대전 동안 군대에 있었지만, 실제 전장에 나가지는 않았다. 전쟁이 끝난 후 그는 참전용사협회에 참여했다가 곧 탈퇴했다. 그는 정치에 환멸을 느끼면서 학업에 열중하기로 했다. 독일 문학에서 예술가 소설을 다룬 박사 학위 논문을 프라이부르크 대학교에서 썼다. 다음 6년 동안 그는 책 판매업과 출판업에서 일했다. 그러다 《존재와 시간》(*Sein und Zeit*, 1927)을 읽고 나서, 마르틴 *하이데거의 지도로 교수자격 논문을 쓰겠다고 결심했다. 그러나 두 사람 사이의 정치적 견해 차이 때문에 그의 결심은 계획대로 진행되지 않았다. 마르쿠제는 1932년 〈헤겔의 존재론과 역사성 이론의 토대〉(Hegels Ontologie und die Grundlegung einer Theorie der Geschichtlichkeit /

Hegel's Ontology and the Foundations of a Theory of Historicity)라는 제목으로 논문을 끝냈지만 교수자격은 얻지 못했다.

마르쿠제는 직업도 없고 학계에서도 미래가 불확실한 상태였는데, 몇몇 사람의 전언을 들은 에드문트 •후설이 그를 사회조사연구소 소장이었던 막스 •호르크하이머에게 추천했다. 그래서 마르쿠제에게 일자리가 주어졌는데, 처음에는 사서직이었다. 이 시기에 마르쿠제는 처음으로 카를 •마르크스를 읽었는데, 마르크스에게서(특히 이른바 '청년 마르크스'라 불리는《경제학 철학 수고》(*Economic and Philosophical Manuscripts*, 1844)에서) 하이데거뿐 아니라 G. W. F. •헤겔과 빌헬름 •딜타이도 능가하는 유물론적 존재론을 발견했다. 마르쿠제는 하이데거의 견해를 배격하고 현재를 혁명을 수단으로 해서만 교정할 수 있는 비인간적 형태의 존재로 보는 철학을 발전시켰다. 1933년 나치가 집권하자 마르쿠제는 독일을 떠나지 않을 수 없었다. 처음에는 사회조사연구소와 함께 스위스로 갔다가 미국으로 갔다. 그리고 남은 삶을 미국에서 보내게 된다.

전쟁 동안 연구소가 재정적 어려움을 겪으면서 마르쿠제는 연구소 밖에서도 일자리를 찾아야 했다. 그가 1942년부터 1950년까지 그리 많은 글을 쓰지 못한 이유가 여기에 있다. 하지만 1941년에는《이성과 혁명》(*Reason and Revolution*)을 낼 수 있었다. 이 책에서는 헤겔을 좌파 사상가로 다시 읽는 작업을 했다. 다음의 책은 전쟁 이후 10년이 넘은 뒤에야 나온《에로스와 문명》(*Eros and Civilization*, 1955)이다. 아마도 그의 가장 중요한 저서일 이 책에서 마르쿠제는 마르크스와 지그문트 •프로이트를 융합했다. 이와 같은 이론적 융합은 비판이론이 1930년대부터 시도해왔던 것이다. 프로이트-마르크스주의라고도 불리게 될 비판이론의 분석 방법은 오늘까지도 인문학과 사회과학 연구에서 영향력을 행사한다. 프랑크푸르트학파 동료인 에리히 •프롬과는 대조적으로,《에로스와 문명》은 문명이 •본능의 포기에 기대지 않으며, 본능에서 필요한 에너지를 구한다고 논했다. 마르쿠제는 파편화하는 •모더니티의 힘을 겨냥해 통합하는 힘으로써 에로스를 내세웠다.

그의 다음 책《소비에트 마르크스주의》(*Soviet Marxism*, 1958)와《일차원적 인간》은 억압 문제에 더 집중했다. 이 책들은 테오도어 •아도르노와 호르크하이머가 했던 문화 산업 비판의 확장으로 읽을 수 있다. 1965년, 로버트 볼프, 배링턴 무어와 공저한 책《순수관용비판》(*Critique of Pure Tolerance*)에 실려 큰 관심을 끌었던 논문에서 마르쿠제는 *억압적 관용이라는 유명한 개념을 처음 썼다. 이 개념과 함께 마르쿠제는 특정 국가가 특정 관습을 허용한다고 해서 그와 관련한 진정한 자유가 지배적이라고 생각하는 잘못을 범해서는 안 되며 또한 국가의 억압적 요소에 관용적 태도를 취해서는 안 된다고 말하고자 했다. 그는 연대의 표시로 이 논문을 그가 재직 중이던 브랜다이스 대학교 학생들에게 헌정했다. 1960년대와 1970년대에 마르쿠제는 미국과 유럽의 학생 저항 운동을 향해, 그리고 그들을 위해 적극적으로 발언했다.

마르쿠제는 위르겐 *하버마스의 초청으로 막스 플랑크 연구소에서 연설하려고 베를린을 방문하던 중 뇌졸중으로 사망했다.

+ 더 읽을거리

D. Held, 《비판이론서설》, 백승균 옮김, 계명대학교 출판부, 1988.
마틴 제이, 《변증법적 상상력》, 황재우 옮김, 돌베개, 1979.
R. Wigghershaus, *The Frankfurt School*, 1994.

+ 참고

허버트 마르쿠제, 《일차원적 인간》, 차인석 옮김, 삼성출판사, 1990.
허버트 마르쿠제, 《이성과 혁명》, 김현일 옮김, 중원문화, 2008.
허버트 마르쿠제, 《에로스와 문명》, 김인환 옮김, 나남, 1989.

마르크스, 카를 Marx, Karl →205페이지를 보라.

마르크스주의 Marxism

카를 *마르크스의 저작에서 촉발된 정치 담론, 혁명적 *사회운동. 가장 기초적 차원에서 정의한다면, 마르크스주의는 경제, 더 정확히 말하면 생산양식이 모든 인간의 삶의 조건을 결정한다는 관점에서 출발한 역사과학이다. 마르크스주의의 기본 신념은 사회 모든 성원의 필요를 사회가 충족해야 한다는 것이며, 그렇게 볼 때 여기에는 유토피아적 차원이 있다. 자본주의 생산양식에서는 이 신념이 실현되지 못한다. 생산수단의 소유자와 생존하려면 노동력을 팔아야 하는 노동자 사이에 갈등이 있기 때문이다. 이 둘 사이의 관계를 마르크스는 계급투쟁이라는 이름으로 불렀는데 그것은 그가 보기에는 근본적으로 적대적인 것이었다. 마르크스는 노동자들이 불평등을 자각하고, 그 불평등이 생산양식 자체를 바꾸지 않는 한 시정되지 않을 것을 알게 된다면, 그들은 저항 속에 힘을 합쳐 자본주의를 타도하고 그것을 사회주의로 교체할 것이라고 보았다. 마지막 사항에 대해서 역사는 마르크스가 틀렸다고 증명했다. 혁명적 사회운동으로서 마르크스주의는 1864년 제1인터내셔널의 조직과 함께 시작해 어떤 면에서 1989년 베를린 장벽이 붕괴되면서 끝났다. 두 연도 사이에는 물론 인터내셔널이 세 번 있었고 러시아, 중국, 한국, 쿠바에서 상당히 성공적인 혁명이 있었다. 정치 담론으로서 마르크스주의는 다양한 역사를 겪었다. 1917년 러시아혁명의 여파를 겪으면서 정치 이념으로서 마르크스주의에는 중대한 단절이 있었다. 서유럽의 마르크스주의 학자들은 러시아에서 일어나는 사건들에서 단절되었다고 느꼈지만, 동시에 그들 나라에서 혁명이 일어나지 못했음에 패배감을 느끼기도 했다. *서구 마르크스주의라 불리는 새로운 형태의 마르크스주의가 이 시점에 부상했고, 소련에서 득세했던 더욱 실천적 형태의 마르크스주의와 별개로 발전을 시작했다(→비평이론).

+ 더 읽을거리

D. 맥렐런, 《마르크스주의 논쟁사》, 안택원 옮김, 인간사랑, 1986.

○ 웹 링크

- 마르크스주의에 관한 방대한 자료와 정보를 주제, 저자, 역사별로 검색할 수 있다.
- 마르크스주의에 대한 개관을 제공하는 사회주의당 웹사이트.

마르크스주의 비평 Marxist Criticism

*마르크스주의 이론을 문화 텍스트의 해석에 적용하는 문화비평 형식. 카를 *마르크스나 그의 협력자였던 프리드리히 *엥겔스가 문화비평의 구체적 형식을 발전시킨 것은 아니므로, 마르크스주의 비평은 그들이 남긴 글들에서 외삽되었다. 마르크스주의가 단 하나 있는 것이 아니듯, 마르크스주의 비평도 단 하나 있는 것이 아니다. 마르크스주의 비평이 보이는 다기한 변종 사이에 어떤 공통 특징이 없다는 뜻은 아니다. 하지만 이들 사이의 차이를 놓

고 마르크스주의 비평 내부에서 상당한 논의가 있었던 것 또한 사실이다. 마르크스주의 비평을 하나로 묶는 공통점을 살펴보면, ① 어떤 예술적 대상도 그 안에서 그것이 생산된 사회적·문화적·역사적 조건과 무관하게 고립되어 고려될 수 없다, ② 예술적 대상이 그에 기대어 평가되는 모든 범주가 그들 자신, 그것들을 낳은 사회적·문화적·역사적 조건과 고립되어 평가될 수 없다(다시 말해, 그 범주들 역시 사회적·문화적·역사적 구성물이다), ③ 모든 예술 생산은 잉여 가치 생산이라는 관점에서 이해될 수 있고 그렇게 이해되어야만 하는 상품이다, ④ 예술은 계급투쟁의 상징적 형식이 진행되는 장이다. 마르크스주의 비평 내에서 주된 차이 영역은, 비평이 규범 처방적이냐 아니냐와 관련된다. 다시 말해, 예술이 어떠해야 하는지 결정하는 것이 마르크스주의 비평이 할 일인가? 그렇다고 보는 견해 안에서 강력한 움직임이 있어왔다. 가장 널리 알려진 것은 물론 *사회주의 리얼리즘이다. 이것이 죄르지 *루카치 같은 비평가들이 강력하게 옹호한 견해다. 그러나 예술에 대한 처방에 반대하는 강력한 움직임도 있어왔으며, 최근에는 예술이 어떠해야 하는지를 처방하는 것이 가능하지도 바람직하지도 않다는 데에 전반적인 합의가 있다. 하지만 예술의 본령에 대한 처방이 마르크스주의 비평의 임무가 아니라면, 무엇이 그들의 임무인가? *정신분석의 경우와 마찬가지로, 이 질문에 대한 답은 두 방향을 향한다. 우선 그 대상의 본질(다시 말해, 무엇이 예술을 예술이게 하는가, 왜 그것이 예술을 예술이게 하는가)을 이해하려는 시도가 있다. 그와 함께, 특정한 예술 대상을 향한 주체의 반응을 이해하려는 시도가 있다. 두 경우 모두, 중요한 개념적 도구는 *이데올로기다. 마르크스주의 비평에 중요하게 기여한 비평가와 그들의 저작을 꼽으면 다음과 같다. 테리 *이글턴의 《마르크스주의와 문학비평》(*Marxism and Literary Criticism*, 1976)은 막대한 영향을 미쳤다. 프레드릭 *제임슨의 《마르크스주의와 형식》(*Marxism and Form*, 1971), 특히 《정치적 무의식》(*The Political Unconscious*, 1981)은 폭넓은 스펙트럼의 접근법에서 비평적 방법론을 취합하고 종합한 가장 정교한 시도에 속한다. 루카치의 경우, 이론적 여정이 순탄치 않았지만 《역사와 계급의식》(*History and Class Consciousness*, 1923)은 지금까지 연구 대상이 되고 있으며, 많은 면에서 마르크스주의 문학비평을 정초한 텍스트로 꼽힌다. 피에르 •마슈레의 《문학생산 이론》(*Pour une théorie de la production littéraire*, 1966 / *A Theory of Literary Production*, 1978)은 루이 •알튀세르의 저작들을 문학에 적용한 결정적 사례다. 레이먼드 •윌리엄스 또한 이 분야에 지대한 영향을 미쳤는데, 특히 •문화 연구라는 신생 분야의 이론적 기반에 크게 기여했다.

+ 참고
테리 이글턴, 《문학비평: 반영이론과 생산이론》, 이경덕 옮김, 까치, 1986.

마리네티, 필리포 토마소 Marinetti, Filippo Tommaso (1876~1944)

•미래주의의 창시자로 가장 널리 알려져 있는 이탈리아의 작가. 1909년 프랑스 일간지 《르 피가로》(*Le Figaro*) 1면에 그의 짧고 도발적인 글 〈미래주의 선언〉(Manifeste du futurisme)이 실리면서 단번에 국제적으로 유명한 인물이 되었다. 이 글은 폭력, 잔인성, 불의로 예술을 찬미했다. 미술관과 도서관을 파괴하라고 요청했으며, 문화적 위생의 한 형태로 보아야 한다며 전쟁을 미화했다. 그는 베니토 무솔리니의 파시즘 정권을 열렬하게(관념적이기는 했지만) 지지했는데, 그 때문에 명성이 더럽혀졌다. 비록 성공하지는 못했지만, 그는 미래주의를 이탈리아 파시즘의 공식 예술로 만들고자 했다. 오늘날 마리네티는 속도의 예언자로 널리 알려져 있다. 폴 •비릴리오가 그를 그렇게 이해하는 대표적 인물이다.

+ 더 읽을거리
C. Poggi, *Inventing Futurism: The Art and Politics of Artificial Optimism*, 2009.

마술적 리얼리즘 magical realism

리얼리즘적 글쓰기와 환상적이며 불가능한 사건을 통합하는 문학 스타일. 환상적이며 불가능한 사건이 완벽하게 평범하며 일상적인 사건처럼 제시된다. 이 용어는 쿠바 작가 알레호 카르펜티에르가 《이 세계의 왕국》(*El Reino de este Mundo*, 1949 / *The Kingdom of This World*, 1957)의 프롤로그에서 썼던 '불가사의한 리얼리티(lo real maravilloso, marvellous reality)'라는 말의 오역에서 비롯했다. 이 말로 카르펜티에르는 아이티를 방문하는 동안 만났던 사람들의 삶을 묘사하고자 했다. 마술적 리얼리즘은 마술적인 것이 비정상적 차원에 속하는 것이 아니라 *일상생활의 일부인 현실이라고 보여주는 것을 목적으로 한다. 따라서 마술적 리얼리즘은 환상성(츠베탕 *토도로프의 정의에 따를 때) 혹은 판타지 소설과 혼동되어서는 안 된다. 단지 리얼리즘의 한계를 넘어서는 것이 그것의 목적이 아니기 때문이다. 마술적 리얼리즘의 유명한 사례인, 가브리엘 가르시아 마르케스의 《백년의 고독》(*Cien años de soledad*, 1967 / *One Hundred Years of Solitude*, 1970), 살만 루슈디의 《한밤의 아이들》(*Midnight's Children*, 1981)에서 명백히 알 수 있듯이, 불가사의한 요소를 소설에 끌어들이는 일에는 분명히 정치적 목적이 있다. 그리고 정치적 목적이 마술적 리얼리즘을 단순한 환상성과 다르게 한다. 마르케스와 루슈디는 물론이고, 미하일 불가코프, 앤절라 카터, 귄터 그라스 등의 작품들도 예가 되는 탁월한 마술적 리얼리즘 문학에서, 마술적 리얼리즘의 장치(러시아 형식주의자들은 그것을 '장치'라고 했을 것이다)는 작가로 하여금 신념, 기억, 상상력을 역사적 힘으로 보며 비판할 수 있게 한다.

+ 더 읽을거리

M. Bowers, *Magic(al) Realism*, 2004.
《마술적 사실주의》, 우석균 옮김, 한국문화사, 2001.

+ 참고

가브리엘 가르시아 마르케스, 《백년의 고독》, 조구호 옮김, 민음사, 2000.
살만 루슈디, 《한밤의 아이들》, 김진준 옮김, 문학동네, 2011.

마슈레, 피에르 Macherey, Pierre (1938~)

프랑스의 문학이론가. 프랑슈콩테 지역의 벨포르에서 태어났다. 1958년부터 1963년까지 고등사범학교를 다녔고, 그곳에서 루이 *알튀세르를 만났다. 알튀세르와 그는 몇 년간 긴밀한 협력 관계를 맺는다. 1961년 조르주 *캉길렘의 지도를 받아 바뤼흐 스피노자를 다룬 논문으로 석사 학위를 받았다. 스피노자는 그가 평생 관심을 기울인 철학자다. 1962~1963년에 마슈레는 에티엔 *발리바르, 미셸 *페쇠, 자크 *랑시에르 등 동료 학생들과 함께 당시에는 신선한 비평 방법론이었던 •구조주의를 알튀세르의 지도를 받으며 1년 간 공부했다. 이 그룹은 구조주의 다음에는 카를 •마르크스의 《자본론》(*Das Kapital*)을 함께 읽었다. 그 결과물이 이들 여러 저자가 공저한 두꺼운 책 《자본론 읽기》(*Lire le capital*, 1968)다. 이 책의 일부가 1970년 《*Reading Capital*》이라는 제목으로 영역되었다. 이어지는 몇 년 동안 이 그룹의 성원들이 개인적·정치적·이론적 차이를 이유로 불화하면서 마슈레와 랑시에르가 쓴 글들이 이 책에서 빠지게 된다. 1966년 마슈레는 《문학생산이론을 위하여》(*Pour une théorie de la production littéraire* / *A Theory of Literary Production*, 1978)를 출간했다. 이것이 많은 독자에게(여하튼 문학 연구 내부에서는) 그의 가장 중요한 저작일 뿐 아니라 텍스트 분석에서 알튀세르적 접근의 가장 유의미한 사례로 꼽힌다. 이후 작업에서 마슈레는 스피노자에 집중했고, 《에티카》에 대한 5권 분량의 해설서를 1998년 완성했다.

+ 더 읽을거리

캐서린 벨지, 《비평적 실천: 포스트구조주의 문학이론의 이해와 적용》, 정형철 옮김, 신아사, 2003.

+ 참고

피에르 마슈레, 《자본론을 읽는다》, 김진엽 옮김, 두레, 1991.
피에르 마슈레, 《문학생산이론을 위하여》, 배영달 옮김, 백의, 1994.

만들어진 전통 invented tradition

만들어진 전통은 모든 면에서 실제 전통과 거의 같다. 이는 (실제이든 혹은 상상이든) 과거로부터 도출된 이미지와 상징을 만들어진 전통이 반복한다는 점에서 그렇다. 하지만 사실상 만들어진 전통은 그 근원이 상대적으로 최근의 것이며 인위적으로 창출된 것이다. 영국의 역사학자 에릭 •홉스봄이 테렌스 레인저와 함께 편집한 에세이 선집 《전통의 발명》(*The Invention of Tradition*, 1983)에서 이와 같은 현상을 설명했다. 이 책에 수록된 만들어진 전통의 가장 눈에 띄는 예는 스코틀랜드의 타탄 문양이다. 스코틀랜드 에든버러의 로열 마일 구역에서 관광객이 구입하는 화사한 체크무늬 직물은 예부터 전해오는 전통이 아니라 실제로는 19세기 초의 발명품이다. 홉스봄의 논점은 이와 같은 허구를 조롱하는 것이 아니라, 과거와 연속성을 인지하는 일의 이데올로기적 중요성을 강조하는 데 있다.

+ 참고

에릭 홉스봄, 《만들어진 전통》, 박지향·장문석 옮김, 휴머니스트, 2004.

매클루언, 허버트 마셜 McLuhan, Herbert Marshall (1911~1980)

캐나다의 미디어 이론가. 당대 영향력이 큰 지식인 중 한 사람이다. 에드먼턴에서 태어났고 위니펙에서 성장했다. 매니토바 대학교에서 영문학 학사와 석사 학위를 받았고, 케임브리지 대학교로 유학해 영문학 박사 학위를 받았다. 영국에 도착하고 나서야 그는 케임브리지 대학교가 캐나다 대학 학위를 인정하지 않는다는 사실을 알았고, 처음부터 다시 학위를 해야 했다. 케임브리지에 있는 동안 그는 아이버 암스트롱 *리처즈와 프랭크 레이먼드 *리비스의 지도를 받으며 공부했다. 1937년 북미 대륙으로 돌아왔으며, 여전히 케임브리지의 박사과정에 등록해 있으면서 세인트 루이스 대학교에서 가르쳤다. 박사 학위 논문은 1943년 통과되었는데, 논문은 1951년 《기계적 신부: 산업 시대 인간의 민담》(*The Mechanical Bride: Folklore of Industrial Man*)이라는 제목으로 출간되었다. 현대 문화에서 *수사학의 변천을 추적하는 것이 논문의 내용이다. 1944년 그는 고국 캐나다로 돌아와 이후 학자로서 삶의 거의 대부분을 캐나다에서 보냈다. 1950년대 초부터 매클루언은 점점 더 커뮤니케이션과 미디어 쪽으로 관심을 쏟으며, 소비자 사회라는 이름으로 불리게 될 현상의 기원을 추적했다. 학자로서 그가 명성을 얻은 것은 1960년대에 들어서였다. 1960년대에 출간된 일련의 저서와 함께 그는 학계의 슈퍼스타가 되었다. 《구텐베르크 은하계: 활자인간의 형성》(*The Gutenberg Galaxy: The Making of Typographic Man*)이 1962년에, 《미디어의 이해: 인간의 확장》(*Understanding Media: The Extensions of Man*)이 1964년에, 《미디어가 메시지다: 효과의 목록》(*The Medium is the Message: An Inventory of Effects*)이 1967년에, 《지구촌에서 전쟁과 평화》(*War and Peace in the Global Village*)가 1968년에 출간되었다. 매클루언의 저작들은 내용을 넘어 형식을 보았다. 매클루언은 새로운 미디어 테크놀로지는 단순히 낡고 친숙한 형식을 유통시키는 새로운 방식이기만 한 것이 아니라는 것을 누구보다 먼저 알아보았다. 새로운 미디어 테크놀로지는 세계를 생각하고 세계 안에 존재하는 전혀 새로운 방식이다. 그의 '지구촌' 개념은 지구화/세계화 과정의 결과로 등장한 세계를 지칭하는 용어로 널리 채택되었다. 인터넷이 일상생활의 한 부분이 되기 수십 년 전에 죽었는데도, 매클루언은 인터넷과 그것이 불러올 사회변화의 중요한 예언자 중 한 사람으로 여겨진다. 그의 저작은 문화 연구, 특히 문화 연구의 초기 발전 과정에 지대한 영향을 미쳤다.

+ 더 읽을거리

T. Gordon, *Marshall McLuhan: Escape into Understanding: A Biography*, 1997.
필립 마샹드, 《(미디어 시대의 예언자) 마셜 맥루언》, 권희정 옮김, 소피아, 2006.

+ 참고

허버트 마셜 매클루언, 《구텐베르크 은하계: 활자인간의 형성》, 임상원 옮김, 커뮤니케이션북스, 2001.
허버트 마셜 매클루언, 《미디어의 이해: 인간의 확장》, 김상호 옮김, 커뮤니케이션북스, 2011.

ㅁ

맥도날드화 McDonaldization

패스트푸드 체인 거대 기업인 맥도날드가 수립한 경영 방식에 기업뿐 아니라 기관도 순응하게 되는 과정. 미국의 사회학자 조지 리처가 베스트셀러가 된 그의 책 《사회의 맥도날드화》(*The McDonaldization of Society*, 1993)에서 처음 이와 같은 논제를 제시했다. 리처는 막스 베버의 이론을 포스트모던 시대에 적용하면서 맥도날드화는 합리적 체계의 한 유형으로 네 가지 특징이 있다고 말했다. ① 효율성(맥도날드에서 파는 음식은 당신을 순식간에 배부르게 한다), ② 계산 가능성(양이 질로 변할 수 있다), ③ 예측 가능성(보스턴에서 베이징까지, 맥도날드에서 파는 음식은 똑같다), ④ 비인간적 테크놀로지를 통한 통제(공급이 수요를 결정한다)가 그것이다. 리처는 합리적 체계가 생산적 우위에 있는데도 거기에는 의도와 달리 유발되는 피해가 수없이 많다고 지적했다. 예를 들면, 맥도날드의 메뉴는 대규모 감자 농장과 육우용 목장이 생겨나게 하고, 맥도날드의 저렴한 가격은 이들 농장 운영이 소비자 건강에 해로운 방식으로 행해질 수밖에 없게 한다. 리처는 다소 향수에 잠겨, 그가 보기에 '전근대적' 사업 방식인 소규모 자영 식품점과 자영 여인숙이 맥도날드화를 피한 사례라고 말했다. 하지만 이는 순진한 견해다. 자영 식품점과 여인숙도 고도로 맥도날드화한 공급 체인과 서비스 규제에 따를 수밖에 없다는 점을 간과했기 때문이다. 리처가 제시하는 일화적 증거는 설득력이 있지만, 그럼에도 리처는 기업이나 관료제뿐 아니라 사회 전반이 맥도날드화한다는 것은 상세히 논의하지 않았다. 종합하면, 그의 책은 사회 변화를 향한 우울하고 인상주의적인 한탄으로 그쳤다.

+ **참고**

조지 리처, 《맥도날드 그리고 맥도날드화》, 김종덕 옮김, 시유시, 2004.

메를로 퐁티, 모리스 Merleau-Ponty, Maurice (1908~1961)

프랑스의 철학자. 20세기의 주요 현상학자로, 에드문트 *후설 사상의 중요한 해설자 중 한 사람이다. 스위스의 언어학자 페르디낭 드 *소쉬르 저작의 중요성을 처음 알아본 이들 중 한 사람으로 *현상학과 구조주의를 잇는 고리를 제공했다고 평가된다. 무엇보다도 메를로 퐁티는 *육체(몸)의 철학자로 알려져 있다.

메를로 퐁티는 로슈포르 쉬르메르에서 태어났으며 샤랑트 마리팀 지역에서 성장했다. 장송드사이 중학교에 다닌 후 프랑스의 다른 지식인들이 거친 비슷한 경로를 따라 루이 르그랑 중학교와 고등사범학교에서 수학했다. 시몬 드 *보부아르와 장 폴 *사르트르가 고등사범 시절 그의 급우였다. 1930년 고등사범을 졸업하고 보부아르, 클로드 *레비스트로스와 함께 모교인 장송드사이 중학교에서 교편을 잡았다. 1935년 고등사범의 초청에 따라 고등사범으로 자리를 옮겼고, 1939년 제2차 세계대전이 일어날 때까지 고등사범에서 근무했다. 이 시기에 그는 문학 박사 학위를 준비하면서 지각에 대한 아이디어를 발전시켰다. 그는 알렉상드르 *코제브의 강의도 수강했다. 전쟁 동안 메를로 퐁티는 잠시 보병대 소속으로 참전하기도 했고, 프랑스가 항복한 이후에는 적극적인 레지스탕스 성원이 되었다.

전쟁이 끝난 후 메를로 퐁티는 학자로서 삶을 본격적으로 시작했다. 부논문 〈행동의 구조〉(La structure du comportement / The structure of behavior)는 이미

1938년에 제출한 뒤였고(1942년 출간), 이어《지각의 현상학》(*Phénoménologie de la perception / The Phenomenology of Perception*, 1962)을 1945년 제출했다. 그는 이 논문의 탁월함을 인정받아 소르본 대학교 아동심리학과 교육학 학과장직을 맡게 된다. 주논문을 위한 그의 연구 일부는 벨기에에 있는 후설 문서보관소에서 수행되었다. 그는 후설 문서보관소를 방문한 최초의 프랑스인으로 파리에 후설 문서보관소를 수립하는 데 결정적 역할을 했다. 1946년, 메를로 퐁티는 사르트르, 보부아르와 함께《현대》(*Les Temps modernes*)를 창간하고 1952년까지 정치 문제 편집장으로 일했다. 1952년, 그는 북한의 남한 침공을 지지하는 편집진과 의견이 대립되면서 편집장직을 사임했다. 같은 해 그는 사상 최연소 나이에 콜레주 드 프랑스의 철학과 학과장으로 임명되었다.

메를로 퐁티가 일생에 걸쳐 관심을 기울인 주제는 삶의 세계였다. 그는 과학적 설명을 지나친 단순화로 보고 거부했으며, 사실주의적 설명을 제시하려는 그들의 시도에서 과학자들은 관념론적 모델에 의존한다고 지적했다. 메를로 퐁티는 거의 모든 이원론을 거부했다. 의식과 •무의식을 나누는 지그문트 •프로이트처럼 인간 정신을 부분으로 나누는 경향, 주체와 객체의 엄밀한 구분을 따르는 이분법을 거부했다. 메를로 퐁티는 존재의 연속성 관점에서 이 문제를 사유했는데, 예를 들어 그가 정립한 살(flesh/*chair*)과 키아스마(chiasm, 염색체 교차) 개념은 존재의, 분화되었지만 고립된 것은 아닌 요소의 상호 연결을 설명했다. 이 점에서 그는 분명히 앙리 •베르그송의 영향을 받았다. 메를로 퐁티는 이른 나이에 갑자기 죽었고, 작업 중이던 많은 원고가 미완 상태로 남겨졌다. 성실한 편집자들 덕분에 미완이었던 책 두 권이 세상의 빛을 볼 수 있었다.《보이는 것과 보이지 않는 것》(*Le Visible et l'invisible*, 1964 / *The Visible and the Invisible*, 1968),《세계의 산문》(*La Prose du Monde*, 1969 / *The Prose of the World*, 1973)이 출간되었고, 콜레주 드 프랑스에서 했던 강연 원고의 선집도 출간되었다.

+ 더 읽을거리

T. Baldwin, *Reading Merleau-Ponty*, 2007.

T. Carman, *Merleau-Ponty*, 2008.

T. Carman and M. Hansen, (eds.) *The Cambridge Companion to Merleau-Ponty*, 2004.

L. Hass, *Merleau-Ponty's Philosophy*, 2008.

+ 참고

모리스 메를로-퐁티, 《행동의 구조》, 김웅권 옮김, 동문선, 2008.
모리스 메를로-퐁티, 《지각의 현상학》, 류의근 옮김, 문학과지성사, 2002.

메시아주의 messianism

신성한 구원자가 지상에 강림해 진정한 믿음을 지닌 이들을 '구원'할 것이라는 믿음. 이 개념이 *비평이론에서 중요해진 것은 독일의 철학자 발터 *벤야민의 저작을 통해서다. 벤야민은 〈역사철학 테제〉(Theses on the Philosophy of History)라는 그의 후기 에세이(한나 *아렌트가 편집한 그의 에세이 선집 《계시들》(*Illuminations*)에 실려 있다)에서 혁명적 단절의 순간을 메시아 강림 순간과 비교했다. 메시아주의는 이후 정치철학에서 역사가 한 순간에서 다음 순간으로 쉼 없이 진행하는 연속체가 아니라 일련의 단절이라고 보는 견해를 이야기할 때 자주 쓰이는 말이 되었다. 벤야민을 다룬 자크 *데리다의 작업은 거의 전적으로 벤야민 저작에서 보이는 메시아주의에 집중했다.

+ 참고

발터 벤야민, 《발터 벤야민의 문예 이론》, 반성완 옮김, 민음사, 1992.

메츠, 크리스티앙 Metz, Christian (1931~1993)

프랑스의 영화 이론가. 메츠는 영화 연구에 *구조주의와 *정신분석을 도입했으며 그 과정에서 영화 이론이 출범하는 데 기여했다. 메츠는 영화가 무슨 의미인지 묻는 대신 영화가 어떻게 의미를 생산하는지 알고자 하면서 학계가 영화를 사유하고 쓰는 방식에 혁명을 불러왔다. 남부 프랑스의 베지에 태생인 메츠는 고등사범에서 고전문학을 공부했으며 소르본에서 일반언어학으로 박사 학위를 받았다. 평생 영화광이었던 메츠는 페르디낭 드 *소쉬르의 언어 이론(클로드 *레비스트로스와 롤랑 *바르트의 저술 덕분에 당시 상당히 유행한)을 영화에 도입해 서사 영화의 보편 문법을 추출하고자 했다. 달리 표현하면, 영화는 어떻게 화면(이미지)의 연속으로 이야기를 하는가? 1970년대 영화 분석에 구조주의적 접근을 접목하는 방식이 관중 대신 영화 텍스트에 특권적 지위를 부여하는 것임을 자각하면서 메츠는 *정신분석, 특히 자크 *라캉의 정신분석(이미 •구조주의의 영향을 받은)의 통찰을 영화 연구에 적극 통합해 관객이 영화를 수용하는 방식을 면밀히 검토하는 작업을 시작했다. 메츠는 영화가 꿈이나 환상의 등가물이라는 가설을 제시했다. 그렇게 볼 때 지그문트 •프로이트의 •꿈작업 이론이 바로 영화에 적용될 수 있다. 이와 같은 메츠의 시도는 상당한 영향력을 행사했다. 메츠의 중요한 저술로는《영화의 의미 작용에 관한 에세이》(*Essai sur la signification au cinéma*, 1968 / *Film Language: A Semiotics of the Cinema*, 1980)와《상상적 기표: 영화 · 정신분석 · 기호학》(*Le Significant imaginaire. Psychanalyse et cinéma*, 1977 / *The Imaginary Signifier: Psychoanalysis and the Cinema*, 1982)이 있다.

+ 참고
크리스티앙 메츠,《영화의 의미 작용에 관한 에세이》, 이수진 옮김, 문학과지성사, 2011.
크리스티앙 메츠,《상상적 기표: 영화 · 정신분석 · 기호학》, 이수진 옮김, 문학과지성사, 2009.

메타논평 metacommentary

미국의 문화비평가 프레드릭 •제임슨의 용어. 경쟁하는 해석 방법의 비교 분석을 가리킨다. 제임슨은 메타논평이, 증상과 증상의 기저에 자리하는 억압된 사고의 관계에 관한 프로이트의 모델(이 모델에서 •리비도 이론은 제외하고)과 그리 다르지 않다고 말했다. 삶 경험은 검열 대상이며 검열을 거치며 왜곡되는 산물이 텍스트의 내용이다. 특정한 역사적 맥락에서 적합하지 않은 아이디어와 생각, 구절 등이 있게 마련인데 검열을 피하려면 이것들은 왜곡되어야 한다. 꿈의 분석과 관련한 프로이트의 기본 아이디어가 이것이다. 꿈이 우리 •무의식의 왜곡된 이미지인 이유는 검열을 피하기 위해서다. 이렇게 볼 때 텍스트를 이해한다는 것은 검열 과정을 이해하는 것이며, 검열 과정을 이해하는 것은 텍스트의 원래 맥락을 재구성함으로써 성취할 수 있다고 제임슨은 말했다. 이때 왜 특정 텍스트가 그런 방식으로 왜곡되었는지 설명되어야 한다. 간단한 예로, 많은 논의 대상이 된 할리우드의 헤이스 코드(Hays Code)를 들 수 있다. 성행위가 명시적으로 묘사될 수 없기 때문에 성행위를 대신할 시각적 은유가 필요했다. 키스가 끝나면 침대에 누워 담배를 피우는 장면이 성행위가 있었음을 가리키는 할리우드의 보편적 상징이 되었다. 후기 저작에서 제임슨은 분석적 접근법을 설명할 때 메타논평보다 *변증법적 비평이라는 용어를 썼다(→코드 전환).

+ 더 읽을거리

프레드릭 제임슨, 《변증법적 문학이론의 전개》, 여홍상·김영희 옮김, 창작과비평사, 1984.

메타서사 metanarrative →거대 서사

메타언어 metalanguage

언어에 대한 언어. 이러한 의미에서 실상 언어학 전체, 문학비평 전체가 메타언어에 속한다. 두 분야 모두 언어 사용을 이해하고 쓰기 위해 언어를 사용하기 때문이다. 이처럼 단순하게 이해할 때 이 개념이 제기하는 어려움은 없다. 그렇지만 이와 같은 이해를 문자 그대로 받아들이면, 자크 *데리다가 보여주듯이, 중요한 문제가 하나 제기된다. 언어가 어떻게 그 자신의 바깥에 있을 수 있는가? 언어가 언어의 바깥에 있을 수 있다는 생각은 실상 논리적 오류다.

메타역사 metahistory

철학적 의미에서 역사가 무엇인지 탐구하는 것. 캐나다의 문학비평가 노스럽 *프라이가 이 용어를 처음 썼지만, 이 용어에 온전한 의미를 부여한 것은 미국의 역사학자 헤이든 *화이트다. 프라이에게 메타역사는 단순히 사변적 역사철학을 뜻했다. 그에 반해 화이트에게 메타역사는 역사란 무엇인지, 그리고 역사 관념은 어떻게 변해왔는지를 동시에 검토하는 작업이다. 화이트는 특히 역사가 서사 형식을 띤다는 사실, 따라서 역사와 허구가 공유하는 지점이 제기하는 문제에 관심이 있다. 《메타역사: 19세기 유럽에서 역사적 상상력》(*Metahistory: The Historical Imagination in 19th-Century Europe*, 1973)이 보여주듯이, 역사의 이러한 특징은 일련의 기본적 역사 사실에 부여되는 의미에 큰 영향을 미친다. 프랑스혁명은 불가피했는가? 그렇다면 왜 그와 유사한 혁명이 다른 곳에서는 일어나지 않았는가? 그것은 비극이었는가? 그렇다면 누구의 관점에서 비극인가? 프레드릭 •제임슨의 •메타논평 개념은 •비평이론에 유사하게 접근한다.

메타픽션 metafiction

자신이 픽션/소설인 것에 주의를 환기하고 그에 대해 직접 논평하는 픽션. 가장 흔하게는 '저자'가 작품에 직접 개입하는 형식을 취한다. 메타픽션의 최초 사례이며 동시에 가장 유명한 사례로 로렌스 스턴의 《트리스트럼 섄디》(*Tristram Shandy*, 1760~1767)를 들 수 있다. 《트리스트럼 섄디》에서는 저자 스턴 자신이 자주 끼어들어 자기 이야기를 계속해갈 수 없다고 언급한다. 메타픽션은 픽션을 읽거나 쓰는 것을 탐구하는 형식을 갖기도 한다. 이탈로 •칼비노의 《어느 겨울밤 한 여행자가》(*Se una notte d'inverno un viaggatore*, 1979 / *If on a Winter's Night a Traveller*, 1981)가 이 유형 메타픽션의 유명한 예다. 메타픽션적 장치는 20세기 후반(그 이전보다는)의 소설들에서 더 쉽게 볼 수 있으며 이런 이유에서 흔히 •포스트모더니즘과 연관되곤 한다. 그러나 실상 둘 사이에 직접적인 상호관계는 없다. 영화와 텔레비전에서도 메타픽션적 요소를 찾아볼 수 있다.

+ 더 읽을거리

퍼트리샤 워, 《메타픽션: 포스트모더니즘 문학이론》, 김상구 옮김, 열음사, 1989.

+ 참고

로렌스 스턴, 《트리스트럼 섄디》 1 · 2, 홍경숙 옮김, 문학과지성사, 2001.
이탈로 칼비노, 《어느 겨울밤 한 여행자가》, 이현경 옮김, 민음사, 2014.

메탈렙시스 metalepsis

•수사학에서 이차적 장치. 하나의 •환유가 다른 환유를 지시하는 경우를 가리킨다. '배 천 척을 출정시킨 그 얼굴'이라 표현된 트로이의 헬렌이 유명한 예다. •서사학에서 메탈렙시스는 삽입된 이야기와 그것을 포섭하는 액자서사의 융합을 가리킨다. •포스트모던 •메타픽션에서 예들을 찾아볼 수 있다(→ 칼비노).

명시 내용과 잠재 내용 manifest and latent content

《꿈의 해석》(*Die Traumdeutung*, 1900 / *The Interpretations of Dreams*, 1953)에서 지그문트 •프로이트는 •피분석자나 환자가 기억하는 꿈을 명시 내용이라고 칭했다. 그것이 피분석자와 환자에게 나타난 꿈의 내용이기 때문이다. 그런데 명시 내용은 어떤 진실을 감추고 있고, 그 감추어진 진실을 프로이트는 잠재 내용이라고 했다. 잠재 내용은 꿈사고를 가리킨다. 명시 내용 속에 내재하지만 •꿈작업이 수행하는 변화와 왜곡 때문에 어떤 의도와 목적에서든 비가시적인 것으로 남아 있으며, 그렇기 때문에 잠재 내용이라 불린다. 프로이트에게 꿈의 분석이 드러내고자 하는 것은 잠재 내용이다.

명시와 함축 denotation and connotation

하나의 문화적 대상에 동시에 작동하는 두 가지 상호 연관된 의미 질서. 첫 번째 질서인 명시는 '무엇이 있다'는 것을 진술하기 위해 기능한다. 두 번째 질서인 함축은 개념적으로 그리고 이데올로기적으로 기능한다. 프랑스 문학비평가 롤랑 •바르트는 덴마크 언어학자 루이 •옐름슬레우의 연구를 차용함으로써 명시와 함축의 개념을 완전히 발전된 기호학적 시스템으로 변형했다. 《신화론》(*Mythologies*, 1957 / *Mythologies*, 1970)의 후기에서 그는 《파리 마치》(*Paris March*)라는 잡지 중 한 호를 임의로 골라 그 커버 페이지를 사유함으로써 명시와 함축의 이중 시스템이 어떻게 작동하는가 하는 문제를 확장한 예를 제시한다. 문제의 그 커버 페이지에 실린 이미지는 프랑스 국기에 경례를 하는 군복 입은 흑인 병사다. 명시적 차원에서 이 이미지는 국기에 경례하는 흑인 병사를 의미하거나 단순히 그러한 것으로 읽힐 수 있다. 그러나 같은 이미지가 또 다른 의미 질서 혹은 함축적 의미를 제시하기도 한다. 여기서 바르트가 생각한 함축적 의미는 그 이미지가 식민주의 비판에 대한 답일 수 있다는 것이다(군복을 입은 병사가 국기에 대해 경례하는 것보다 무엇이 더 애국적일 수 있으며 반란을 일으킬 수 있는 경향이 더 적어 보이겠는가?). 그러한 바르트의 분석 안에는 동일한 두 가지 기능이 분명히 작동하고 있다. 프랑스 깃발은 프랑스 국기를 명시하지만 애국주의, 소속감, 동일시 그리고 기타 등등을 함축하고 있다. 문화적 텍스트에 대한 이러한 변증법적 읽기 방식은 특히 1970년대와 1980년대 영화와 미디어 연구에 영향을 미쳤다.

모더니즘 modernism

건축에서 조형 예술, 영화, 문학에 이르기까지 전 예술 분야에서 일어났던 국제적 예술운동. 19세기 말에 시작해 20세기 중반에 완료되었다. 모더니즘은 그것이 거부했던 *리얼리즘과 모더니즘이라는 선례에 따라 가능한 모든 예술적 실험이 이미 수행된 것으로 보이는 상황에서 새롭고 흥미로운 무엇을 찾으라는 과제를 앞에 두었던 *포스트모더니즘 사이에 온다. 또한 그들 사이의 관계는 불분명하지만, 넓은 범위의 여러 예술운동을 그 안에 아우른다. *추상주의, 아방가르드주의, *구성주의, 큐비즘, 다다이즘, *미래주의, *초현실주의, *상황주의 등이 그 예다. 여기 언급된 명칭들은 모더니즘 시기에 융성했던 수많은 예술, 창작 분파의 일부일 뿐이다.

모더니즘을 규정하는 특징을 포착하는 유명한 구호가 둘 있다. 아르투르 랭보의 '절대적으로 현대적이어야 한다!'와 에즈라 파운드의 '새롭게 하라'가 그것이다. 두 구호는 모두 예술가들에게 전통을 폐기하고 모든 매체에 내포된 가능성을 실험하라고 명한다. 그 결과로 무의미 혹은 추악함이 얻어지더라도 상관하지 말아야 한다. 파운드처럼 미국 태생 모더니스트인 거트루드 스타인은 추악함을 목표로 노력하는 것이 예술 작품의 의무라고 생각했다. 아름다움이 과거 전통의 잔재에 불과하므로 그럴 때에만 예술 작품이 진정 새로움을 확보할 수 있기 때문이다.

모더니즘이라는 명칭의 어근이 되는 '모던'은 현재, 당대를 뜻하는 라틴어 'modo'에 기원을 두며, 거의 2,000년간 쓰인 어휘다. 19세기 중반 무렵까지 이 어휘의 용법에는 특기할 점이 없었다. 그런 어휘가 있다는 것 외에 어떤 구체적 특권이나 의미가 부여되지 않았다는 뜻이다. 《단독적 모더니티》(*A Singular Modernity*, 2002)에서 프레드릭 *제임슨은 고전 시대에서 1960년대에 이르기까지 '모던'이라는 용어가 쓰인 14개 다른 용례를 제시했다. 제임슨은 제기해야 할 진정한 질문은 언제 그리고 어떻게 '모던'이 새로움을 향한 요구가 되었는가라고 말했다. 이 질문에 분명한 답은 없다. 세부로 들어가면 뜨거운 논쟁이 벌어지지만 흔히 모더니즘은 *모더니티(사회 영역에서 일어난 변화)에 대한 미학적 보완이라고 이해되며, 미학적 혁신을 향한 모더니즘의 추동은 *현대화(테크놀로지에서 일어난 변화)가 불러온 사회적 삶의 혼란에 뿌리를 두고 있다고 여겨진다. 요약하면, 모더니즘을 꽃피운 것은 일상적 삶의 조건에 일어난 변화였다.

일례로 마셜 버먼의 《견고한 모든 것이 공기 속으로 사라진다》(*All that is Solid Melts into Air*, 1982)에서 강력하고 설득력 있게 제시된 이런 주장에는 특정한 역사적 사실이 담겨 있다. 모더니즘은 도시 미학이었다는 것이다. 모더니즘은 산업화하고 있던 유럽의 대도시 환경에서 가능했던 새로운 삶의 형식과 그것이 불러온 다양한 문제를 찬미하고 또 그것을 고뇌했다. 핵심적 변화는 개인들이 그들의 가족, 고향 마을, 땅과 맺은 관계에서 겪게 된 *소외다. 공장 노동자들이 임금노동자가 되려고 도시로 이주했으며, 그 과정에서 그들이 알았고 당연히 여겼던 모든 것에서 단절되었다.

산업화가 변화의 강력한 동인이었다. 산업화는 도시 구조를 바꾸었으며, 새로운 계급(프롤레타리아트)을 탄생시켰고, 새로운 소비 대상(상품)을 생산했다. 그러나 궁극적으로 가장 폭넓은 변화를 유발한 것은 제1차 세계대전이다. 제1차 세계대전은 빅토리아조의 완고한 전통주의를 말 그대로 학살했고, 삶이 줄 수 있는 것이 무엇이든 그 모두를 누리며 살겠다는 절박성이 새로운 공감을 얻을 수 있게 했다. 성 억압에 대한 지그문트 *프로이트의 이론이 전후 세대에게서 강력한 공명을 받은 것은 정확히 이 이유에서였다. 전후 세대는 그들이 더는 수용 혹은 용인할 수 없는 개인적·사회적·문화적 제약을 자각했다. 이와 같은 사회적 변화 속에서 자신을 모더니스트로 생각한 예술가들이 등장하고 그들의 예술이 모더니즘으로 부상하기 시작했다.

모더니즘은 독자적 기획이 아니다. 역사와 지리에 따라 다양한 모습으로 등장했다. 모든 국가에서 같은 방식으로 동시에 일어난 현상이 아니라는 뜻이다. 모더니즘은 당대의 정치 실험, 즉 공산주의, 파시즘, 나치즘, 사회주의에서 영감을 받았고 동시에 그들에 반발했다. 시인 샤를 보들레르와 아르투르 랭보, 화가 에두아르 마네와 폴 세잔의 도시인 파리가 모더니즘을 주도했다. 파리가 예술가들의 도시였기에 제임스 조이스, 파블로 피카소, 이고르 스트라빈스키 등 국외 예술가가 파리로 모여들었고, 이들 덕분에 파리는 더욱 명성을 얻었다. 한편 모더니즘은 압도적으로 백인 앵글로색슨 남성의 현상이면서 동시에 진정한 국제적 현상이기도 했다. 거의 모든 대륙에서 모더니즘의 이형이 발생했다. 모더니즘의 정점에 놓인 작품들은 여전히 경외의 대상이며 열정적으로 연구되고 있다.

+ 더 읽을거리

M. 칼리니스쿠, 《모더니티의 다섯 얼굴》, 이영욱 외 옮김, 시각과언어, 1993.
A. Compagnon, *The Five Paradoxes of Modernity*, 1994.
P. Childs, *Modernism*, 2000.
F. Jameson, *The Modernist Papers*, 2008.
T. J. Clark, *Farewell to an Idea*, 1999.

+ 참고

마셜 버먼, 《현대성의 경험: 견고한 모든 것은 대기 속에 녹아버린다》, 윤호병·이만식 옮김, 현대미학사, 1994.

모더니티 modernity

새로운 사고방식(예를 들어, 세속화)이 도래하고 새로운 테크놀로지(예를 들어, 증기 엔진)가 대두했던 과정. 달리 말하면 •현대화의 결과이자 반응으로 형성된 문화적·사회적 세계. 역사학과 사회학에서 모더니티는 두 주요한 방식으로 쓰인다. 첫째, 모더니티는 급진적 변화가 있었던 어떤 시기든 가리킬 수 있으며, 이런 의미일 때 고대까지 거슬러서 역사상 여러 번 모더니티 시기가 있었다. 둘째, 모더니티는 역사상 특정한 한 순간을 가리킨다. 이 경우에는 이 순간이 언제여야 하는지에 대한 합의가(첫째 의미의 모더니티 중 하나여야 한다는 점을 제외하면) 없다. 《단독적 모더니티》(*A Singular Modernity*, 2002)에서 프레드릭 •제임슨이 기록했듯이, '모던'이란 어휘는 5세기 이래 늘 쓰였고 최소 열네 번에 걸쳐 역사상 특정 시기를 가리킨 용례가 있다. 첫 번째 의미에서 모더니티는 태도에 일어난 변화를 가리킨다는 점에서 질적 의미를 갖는다고 볼 수 있으며, 그와 대조적으로 두 번째 의미의 모더니티는 사회 성원들의 태도만이 아닌 사회 구성 자체를 가리킨다는 점에서 양적 의미를 갖는다고 볼 수 있다. 그러나 이처럼 확장된 의미에서 진정 모던한 것으로 이해할 수 있는 시기가 언제냐는 문제는 여전히 남으며, 역사학자들은 유럽사에서 두 가지 주요 순간과 관련해 양분되어 있다. 한쪽에서는 '암흑시대'의 종언을, 다른 한쪽에서는 산업혁명의 시작을 모더니티의 시작으로 본다. 여기서 어느 쪽을 선택하느냐는, 태도를 전면화할 것인가 아니면 테크놀로지를 전면화할 것인가(실상 태도 변화가 새로운 테크놀로지 발명에 반드시 선행해야 한다고 볼 수도 있다) 하는 문제에 달려 있다. 그러나 일반적으로 보아 모더니티라는 용어는 빅토리아조 시대 후반, 다시 말해 1870년대에 시작해 전개된 시기를 가리키는 뜻으로 가장 널리 쓰인다. 또 제임슨이 지적하듯이, 모더니티는 *포스트모더니즘의 역투사(back-projection)이기도 하며, 이렇게 볼 때 그것은 '지금'이 시작된 신화적 순간이다(→ 대안적 근대성).

+ 더 읽을거리

아르준 아파두라이, 《고삐 풀린 현대성》, 차원현 외 옮김, 현실문화연구, 2004.

마셜 버먼, 《현대성의 경험: 견고한 모든 것은 대기 속에 녹아버린다》, 윤호병·이만식 옮김, 현대미학사, 1994.

앤서니 기든스, 《포스트 모더니티》, 이윤희·이현희 옮김, 민영사, 1991.

모방 mimicry

탈식민주의 비평 내에서, 식민지 국가에서 일어나는 역설적인 (혹은 이중적인) 상황을 기술하려 쓰이는 용어. 식민 권력이 자신이 장악한 피지배 타자들, 다시 말해 점령 국가 안의 토착 인구가 자신과 똑같이 보이고 똑같이 행동하기를 욕망하는 동시에, 그런 일이 실제 일어났을 때 자신의 우위와 차별성이 희석될까 봐 두려워하는 상황을 설명한다. 호미 *바바의 이론에서 볼 수 있듯이, 모방은 양가적 전략이며 이 전략 속에서 *서발턴 민중은 권력에 대한 자기들의 종속을 표현하면서 동시에 자기들이 수행하는 모방이 모방이기보다는 조롱에 가깝게 보이게 함으로써 그 권력을 전복한다. 이것의 현대적 형태를 오스트레일리아, 영국, 미국 등에서 콜센터 업무를 인도로 수출하는 현상에서 볼 수 있다. 인도가 식민지 국가였던 바로 그 이유에서, 인도에는 위의 국가들의 영어 화자들을 똑같이 흉내낼 수 있는 전화 업무 인력이 있다.

+ 더 읽을거리
호미 바바, 《문화의 위치: 탈식민주의 문화 이론》, 나병철 옮김, 소명출판, 2012.

모순 contradiction

논리적으로 양립할 수 없는 두 전제의 결합. 모순은 사뮈엘 베케트의 경이로운 구절, '나는 계속해서 갈 수 없어. 나는 계속 갈 거야(I can't go on. I will go on)'(미셸 *푸코는 콜레주 드 프랑스의 취임 강연에서 이 구절을 인용했다)에서처럼 전자의 진술이 후자의 진술을 부정할 때 일어난다. 말 그대로 계속해서 갈 수 없다면 갈 수 없는 것은 자명하다. 따라서 이 두 구절을 하나로 조합하는 것은 모순이다. 이런 모순은 구절에 시적 힘을 부여하기도 한다. 카를 *마르크스의 관점에서 모순은 역사의 원동력이다. 마르크스의 이론에서 생산수단의 소유자(즉, 부르주아계급)와 프롤레타리아계급 간의 관계는 그들의 이해관계가 서로 일치하지 않으므로 모순적이다. 부르주아계급의 이해관계에는 높은 임금을 지불하는 것이 없다. 높은 임금으로 말미암아 이익이 줄어들기 때문이다. 그리고 프롤레타리아계급의 이해관계에는 낮은 임금을 수락하는 것이 포함되어 있지 않다. 이것이 마르크스가 말한 *계급투쟁의 기본 형식이다. 마르크스는 언제나 이러한 모순이 실제 조건에서는 대단히 극심해져서 혁명을 일으킬 여지가 있는 불만이 차올라 봉기를 야기하게 되어 노동자들이 부르주아계급을 넘어뜨리고 자본주의를 종식하게 될 것이라고 생각했다. 지금까지 역사는 마르크스가 이 부분을 잘못 생각했다는 것을 보여주고 있다. 결과적으로 후기 마르크스주의라고 알려진 마르크스적 사유의 한 갈래가 생겨났다. 후기 마르크스주의는 모순을 빼고 역사를 재사유하려고 한다.

모스크바 언어학 서클 Moscow Linguistic Circle

로만 *야콥슨이 언어의 시적 기능을 탐구할 목적으로 세운 토론 그룹. 상트페테르부르크에 기반을 두었던 *오포야즈와 함께 *러시아 형식주의의 핵심을 구성했다. 모스크바 언어학 서클의 활동 성원에는 빅토르 *시클롭스키와 유리 티냐노프 같은 핵심 인물이 포함된다. 시클롭스키와 티냐노프는 러시아 형식주의의 이론적 발전에서 중요한 구실을 했다. 모스크바 언어학 서클은 시학과 언어학을 연계·탐구하면서, 둘 중 하나가 부재할 때 그 어느 쪽도 제대로 이해할 수 없음을 보여주었다.

+ 더 읽을거리

토니 베네트, 《형식주의와 마르크스주의: 문예비평적 고찰》, 임철규 옮김, 현상과인식, 1983.
빅토르 얼리치, 《러시아 형식주의: 역사와 이론》, 박거용 옮김, 문학과지성사, 1983.

목적론 teleology

만사에 최종 목적이 있다는 가정이자 그 가정의 연구. 목적을 뜻하는 그리스어 'telos'가 어원이다. 목적론은 인간의 행위에는 목적이 있다는 아이디어를 전제로 하는 철학적 견해다. 이 목적은 때로 신성한 것으로 여겨지며, 이 경우 목적론은 신의 설계와 동일시되고 일종의 운명론이 된다. 목적론과 역사가 동일시되는 세속적 목적론도 있다. 사회적 다윈주의로도 볼 수 있는 이 관점에서, 인간 사회는 언제나 아직은 알 수 없지만 더 고차원적인 어떤 형식을 향해 진화하는 과정에 있다.

몸 body

몸(대개 인간의 몸을 의미한다고 받아들여지지만 꼭 그런 것만은 아니다)에 대한 *비평이론의 관심은 꽤 다양하다. 그리고 몸에 대한 비평이론의 관심은 정신을 몸에서 분리한 것으로 유명한 프랑스 철학자 르네 데카르트까지 거슬러 올라간다. 몸이 할 수 있는 것을 철학이 무시한다고 격렬히 비판한 바뤼흐 스피노자를 제외하고 철학은 몸을 통제할 수 없는 충동과 *본능의 장소로 여겨 불신해왔다. 20세기 초반 *현상학의 도래, 특히 모리스 *메를로 퐁티의 책이 나오면서 이러한 철학적 경향은 변하기 시작했다. 메를로 퐁티는 아마도 순수한 의미에서 몸 철학을 시도한 최초의 철학자일 것이다. 그러나 20세기 후반 몸에 가장 큰 관심을 부여한 것은 여러 형태의 *페미니즘이다. 철학적 차원에서, 시몬 드 *보부아르에서 출발하는 프랑스의 페미니즘 철학자들은 철학이 몸을 홀대하는 것은 성차(sexual difference)라는 문제를 무시한 결과라는 점을 보여주었다. 이런 점에서, 몸은 성차의 거의 본질적 형식의 장소이고, 이 본질적 형식의 성차는 결국 성/*젠더의 이분 구조를 형성하게 된다. 그러나 주디스 *버틀러가 지적했듯이, 문화적인 몸과 자연적인 몸이 구분된다고 생각하는 것은 잘못이다. 마찬가지로 성과 생물학, 젠더와 문화를 상호 연관하는 것 또한 잘못이다. 이런 맥락을 따라 도나 *해러웨이는 두 가지 측면에서 몸의 형식적 한계에 이의를 제기했다. 한편으로 그녀는 동물과 인간 간의 구별이 어떤 식의 절대적 의미에서든 유지되기 어렵다는 것을 보여주었다(우리는 유전적으로 동물과 같을 뿐만 아니라 여러 가지 다른 방식으로 동물에 의존한다). 다른 한편으로, 그녀는 인간의 몸 자체가 기계와 통합해 사이보그가 되어버렸다고 주장했다. 정치적 층위에서 '몸의 정치학'이라는 슬로건을 사용하면서 페미니즘은 매춘, 포르노, 강간, 피임, 낙태 같은 쟁점 그리고 신체적 · 상징적으로 모두 몸과 직접 연관되어 있는 거식증과 식욕이상항진증, 자해 같은 다른 관심사와 정면으로 대면했다. 이런 연구의 방계적 확장으로서 문화 이론은 미디어에 나타나는 몸의 재현물과 이에 부응해 그러한 이미지를 모방하려는 사람들의 시도를 탐구함으로써 몸이 문화적 관심의 대상이나 심지어 공황 상태가 되어버리는 방식을 검토해왔다. 이 지점에서 미셸 *푸코의 연구, 특히 *생명권력과 *규율에 대한 그의 개념이 결정적으로 중대해졌다.

무위의 공동체 inoperative community / *communauté désoeuvrée*

프랑스의 철학자 장 뤽 *낭시가 공표한 공동체 이론. 낭시는 공동체가 의미 있는 일로 생산될 수 있다는 생각을 거부한다. 낭시는 무위(無爲)라는 말로 기능 장애가 있거나 결함이 있어서가 아니라 오히려 그 자체 이외에는 어떤 대상이나 목적을 가지지 않은, 자발적이거나 '무위(unworked, 의미의 정지)'의 방식으로 함께 모이는 경향을 뜻한다고 보았다. 낭시의 주장에 따르면 공동체는 자기 자신을 이루는 구성 요인에 더 고상한 목적을 부여하지 않는다. 종교적이거나 유사 종교적이고 형이상학적인 철학자들이 주장하듯이(낭시는 마르틴 *하이데거를 염두에 두었지만 또한 알랭 *바디우가 될 수도 있다), 공동체는 인간을 동물에서 남성과 여성으로 변환하지 않는다. 함께 모이는 것(coming together)은 개인적 욕망이나 집단의 불안정성이 동기가 되어 유발되는 것이 아니라 분유(sharing)에 대한 열정으로 인간의 상황에 내재한다. 이러한 모델의 공동체는 단연코 현재에 배치되어 있다. 그리고 낭시는 공동체를 잃어버린 목가적 풍경이나 결코 실현될 수 없는 미래의 이상향으로 자리매김하는 공동체 모델(특히 카를 •마르크스에게서 영감을 받은 모델들)을 명백히 거부한다.

+ 더 읽을거리

장-뤽 낭시, 《무위의 공동체》, 박준상 옮김, 인간사랑, 2010.
B. C. Hutchens, *Jean-Luc Nancy and the Future of Philosophy*, 2005.
I. James, *The Fragmentary Demand*, 2006.

무의식 unconscious

주어진 어느 시점에 의식 영역에서 존재하지 않는(혹은 보이지 않는) 사고 과정을 가리키는 형용사. 지그문트 •프로이트가 •정신분석 이론 발전의 초기 단계에서 이 용어를 택했을 때, 《꿈의 해석》(*Die Traumdeutung*, 1900 / *The Interpretation of Dreams*, 1953)에서 보듯이 그는 이 형용사를 정신 기구의 세 작동 체계 중 하나(나머지 둘은 전의식과 의식이다)를 가리키는 명사로 전환했다. 프로이트의 구상에 따르면, 무의식은 역동적이며 동시에 지형학적 구조다. 무의식은 그 안에서 •리비도 에너지와 •카섹시스가 멈춤 없이 가동 중이라는 점에서 역동적(이 둘은 전의식과 의식에 끝없이 압력을 행사하고, 마찬가지로 끝없는 압력과 •억압을 받는다)이다. 또한 그것의 과정과 내용이 특정한 조건에서만 의식에 접근 가능하다는 점에서 지형학적(다시 말해, 정신 기구의 서로 다른 영역이 모종의 벽 같은 것들로 분리되어 있다)이다.

나중에 프로이트는 자신의 이론을 약간 수정하지만, 정신 기구의 세 영역이 지형학적으로 서로 구분된다는 것과 한 영역의 내용은 다른 영역으로 직접 이동할 수 없으며(그가 •꿈작업에 대한 설명에서 상세히 설명하듯이) 왜곡이나 전환 과정을 거쳐야 한다는 아이디어는 고수했다. 프로이트의 유명한 진술대로, 꿈은 무의식으로 이르는 왕도다. 꿈이 무의식의 일차 과정, 즉 *압축, *전치, 상징화(무의식 안에서 *본능이 재현적 형식으로 표현된다는 사실을 가리키는 일반 용어)를 보여주기 때문이다. 하나의 체계로서 무의식에는 ① 상기한 일차 과정이 존재하며, 이에 상응해 *욕망의 유동성이 발현된다, ② 모든 종류의 부정이 부재한다(프로이트에 따르면, 무의식은 'no'라고 말하지 않는다), ③ 현실에 대한 무관심(무엇이든 그리고 모두가 무의식에서는 가능하다), ④ *쾌락원칙에 대한 복종의 네 가지 주요 특징이 있다. *구조주의의 전성기였던 1950년대에 중요한 프로이트 해석자 중 한 사람인 프랑스의 정신분석학자 자크 *라캉은 무의식이 언어처럼 구조화되어 있다는 테제를 내놓았다. 프로이트의 정식화에 따르면, 무의식의 과정은 그것이 언어적 형식으로 표현될 때에만 파악할 수 있다. 그런데 무의식이 언어적 형식으로 표현되려면, 이미 그것은 언어처럼 구조화되어 있다는 것이 라캉 테제의 논리적 근거다. 라캉은 또한 무의식을 *대타자(급진적 *타자성)의 *담론으로 설명하기도 했다. 무의식은 우리가 온전히 목도할 수 없는 무엇이며, 우리가 그것과 접촉하는 한에서만 우리를 변화시킨다. 라캉의 무의식 이론을 특히 질 *들뢰즈와 펠릭스 *가타리는 지나치게 언어학적이라는 이유로 비판했다. 들뢰즈와 가타리는 무의식을 일종의 공장이나 기계로 이해해야 한다고 주장했다.

무정부 상태 anarchy

어떤 주권적 권위의 부재나 비승인으로 발생하는 무법 상태.

문제 틀 problematic

프랑스의 마르크스주의자 루이 *알튀세르의 용어. 자크 마르탱의 저작에서 차용한 이 용어는 특정 *담론이 갖는 이론적 통합성의 원천을 가리킨다. 알튀세르는 이 말을 씀으로써 이른바 전기 마르크스 혹은 헤겔주의자 마르크스와 후기 마르크스, 탈헤겔주의 마르크스를 구분하고자 했다. 현재 이 용어는 알튀세르가 출처라는 언급 없이 *비평이론에서 당혹감을 주며 동시에 생산적인 이론적 출발 지점을 가리키는 말로 널리 쓰인다.

문제화 problematization

이 용어의 가장 영향력 있는 구상과 실천은 미셸 •푸코의 작업에서 찾아볼 수 있다. 보건, 감금, 광기, 섹슈얼리티에 대한 작업에서 푸코는 이것들이 문제화되는 과정을 탐구했다. 다시 말해, 이것들이 국가 차원의 행동을 유발하거나 요구하는 무엇으로 어떻게 탈바꿈하는지 탐구했다. 이런 의미에서, 문제화는 •통치성의 핵심 과정 중 하나가 된다.

문학성 *literaturnost* / literariness

•러시아 형식주의가 깊이 관심을 기울였던 주제. 시적 언어가 일상 언어와 다르게 하는, 쉽게 포착되지 않는 언어의 어떤 성격을 가리킨다. 이 성격은 러시아 형식주의자들이 •낯설게 하기라고 한, 친숙한 무엇을 낯설거나 기이하게 보이도록 하고 그로써 우리가 고양된 지각 상태에 있게 하는 과정에서 체험된다. 아니, 이 과정이 그러한 성격을 생산한다고 할 수 있을 것이다. 바닷가에 사는 사람들이 파도 소리를 더는 듣지 않는 것처럼, 우리는 우리가 말하는 어휘들을 더는 듣지 않는다. 따라서 지각은 단지 수동적 인지에 불과한 무엇으로 시든다. 러시아 형식주의자들은 문학이 친숙한 무엇을 낯설어 보이게 할 수 있는 힘으로, 습관으로 뭉툭해진 지각을 다시 일깨워야 한다고 보았다. 어떻게 그런 일을 할 수 있는지의 예로, 어떤 이야기의 순서를 비틀어 제시하는 경우를 들 수 있다. 영화감독 장 뤼크 고다르와 쿠엔틴 타란티노가 이 작법을 탁월하게 활용했다. 고다르는 "이야기에는 시작과 중반과 끝이 있다. 그러나 반드시 그 순서로 있는 것은 아니다"라는 유명한 말을 남겼다. 영화에서 이야기 순서가 비틀려 제시될 때, 관객은 스스로의 힘으로 올바른 순서를 재구성해야 한다.

문헌학 philology

영어, 프랑스어, 독일어 같은 현대 자연언어들의 '가계도'를 그들의 역사적 기원으로 추적하며 연구하는 언어 발달의 한 이론. 여러 언어에 흩어져 공통으로 존재하는 언어들이 공유하는 조상 기원을 보여주는 것이 문헌학 연구의 핵심 관심사다. 페르디낭 드 *소쉬르는 자신이 탁월한 문헌학자였지만 언어의 역사를 이와 같이 설명하는 데 반대하는 논의와 함께 기호학적 혁명을 시작했다.

문화 culture

적어도 한 가지 공통된 *정체성(민족, *인종, *국민성 같은)을 가지고 있는 한 집단의 사람들이 공유하는 믿음, *실천, 의식, 전통의 체계. 문화의 핵심에는 문화는 *본능이 아니라 의식적 선택의 산물이라는 점에서 자연과 다르다는 의미가 들어 있다. 그러나 도나 *해러웨이 같은 저자들이 보여주었듯이, 자연/문화라는 구분을 유지하기는 어렵다. 광범한 범위의 학제, 특히 *고고학, 인류학, *문화 연구, 역사학, 사회학은 문화에 대한 각 학제만의 의미를 문화에 덧붙이고, 어떤 두 학제에서 문화라는 말이 뜻하는 것이 정확히 같다고 말하는 것은 문제적이라고 생각하면서 문화라는 개념을 사용했다. 여기에 공통된 주제가 있는 것은 분명하다. 그리고 차이점은 범위와 관련되는 경향이 있고 무엇을 문화적이라 간주할 것인가에 한계를 두느냐 마느냐 하는 문제에 달려 있다. 사회과학, 특히 역사학과 사회학에서 문화는 보통 *사회에 대립적인 것으로 간주된다. 그리고 문화가 집단을 뭉치게 만드는 중대한 일이라기보다 소일거리를 가리킨다고 생각될 때는 문화에 더 낮은 지위가 부여된다. 그러나 사회과학 분야 안에서조차 문화라는 용어를 다루는 일반적 추세는 광범위하다. 그래서 세부적 학제의 테두리 안에서조차 문화는 사실상 인간 행동의 모든 면을 포괄할 정도로 확장되어왔다. 그래서 최근에는 존재나 심지어 사회의 가능성을 의심하기 시작하면서 문화가 지배적 용어로서 사회를 추월해버렸다. 그래서 문화는 주어진 집단 안에서 사람들 간의 '강한' 유대보다는 '약한' 유대를 대변하게 되었다. 지금 존재한다고 말할 수 있는 문화 유형은 예컨대, 은행 문화, 직장 문화, 음악 문화, 스포츠 문화 등 헤아릴 수 없이 많다. 19세기 후반 매슈 아널드의 시대부터 바로 20세기 후반까지 인문학에서 문화는 모든 유형의 예술적 생산을 가리켰다. 문화는 개별 작품에서 인지된 상대적인 예술적 강점을 반영하면서 '고급'과 '저급'으로 심화 분류되었다. 1950년대 영국에서 출현한 문화 연구는 그러한 개념의 문화를 변화시키기 시작했다. 이는 문화 연구가 문화를 역사와 사회학에서 바라본 문화 사유방식을 결합하고 사회를 뭉치게 만드는 접착제로 생각했기 때문이다. 문화는 전문적인 예술가의 자의식적 예술 작품부터 상대적으로 진부한 •일상생활의 •습관과 실천에 이르기까지 어떤 형식의 창조적 생산이든 그것을 가리키게 되었다. 이런 의미의 문화가 최근 지배적이다. 문화가 제기하는 주요한 이론적 문제는 '왜 사람들은 주어진 문화를 고수하는가?', '어느 정도까지 사람들의 행동이 주어진 문화에 따라 결정되는가?'와 같은 재생산 문제다.

문화 산업 culture industry

막스 •호르크하이머와 테오도어 •아도르노의 용어로 모든 형식의 예술, 즉 음악, 문학 그리고 시각예술의 상업화와 그에 따라 20세기 전반기에 일어났던 •일상생활의 모든 양상의 변환을 가리킨다. 호르크하이머와 아도르노가 1940년대 로스앤젤레스에서 망명하던 시절에 쓴 에세이 〈문화 산업: 대중기만으로서의 계몽〉(The Culture Industry: Enlightenment as Mass Deception)은 《계몽의 변증법》(*Dialektik der Aufklärung*, 1944 / *Dialectic of Enlightenment*, 1972)에서 제시된 근대에 일어난 삶의 변화를 설명할 때 중심을 이룬다.

'대중문화(두 사람이 처음에 선택한 용어)'나 '대중적인 문화'보다 문화 산업이라는 용어를 두 사람이 선택한 것은 이 개념을 어떻게 이해해야 하는가에 중요한 실마리를 제공해준다. 강조점을 첫 번째 단어 '문화'가 아니라 두 번째 단어 '산업'에 두어야 한다. 호르크하이머와 아도르노가 할리우드를 분석할 때 충격을 받은 것은 생산, 분배, 소비라는 산업 과정이 문화에 적용됨으로써 그들이 알고 있던 것처럼 문화가 완전히 타락해버렸기 때문이다. 사실상 그들이 암시한 것은 산업이 있는 곳에 문화가 존재할 수 없다는 점이다. 이는 뒷날 허버트 •마르쿠제가 설명했듯이 그러한 산업적 조건에서 문화는 거주하는 것이 아니라 수행되기 때문이다.

문화 산업의 두드러진 목적은 자본주의의 목적과 호환될 수 있는 문화 형식을 생산하는 것이다. 문화를 신뢰할 수 있을 정도로 이윤을 회전시키는 수단으로 만들려면 문화 산업은 표준화되어야만 하고 그것의 파괴력은 중립화되어야만 한다. 표준화는 근본적으로 형식 차원에서 일어난다. 즉, 표준화는 호르크하이머와 아도르노가 통렬히 지칭한 내용의 유사-개별화가 명백히 다양하게 위장된 모습으로 나타난다는 사실에서 생긴다. 예를 들어 장르 소설(특히 범죄소설, •로맨스, 서부극)을 다룬 몇몇 형식주의적 연구가 보여주었듯이, 차이는 배경과 등장인물이라는 부수적인 것에 국한되는 경향이 있고 그렇다 하더라도 제약은 있다. 시장 원칙에 전념하느라 문화 산업은 복제를 해서 성공을 반복하고 혁신을 최소화함으로써 실패를 회피하려는 경향을 보인다. 이는 문화 산업이 즐거움을 주고 복잡하면서 흥미를 주는 상품을 만들 수 없다는 것을 의미하는 것이 아니라 문화 산업이 만드는 모든 것이 결국에는 상품이라는 것을 의미한다.

결과적으로 프레드릭 •제임슨이 《후기 마르크스주의》(*Late Marxism,* 1990)에서 설명했듯이, •비평이론은 문화 산업의 제물을 비본래적인(존재론적 의미와 이데올로기적 의미에서 가짜 혹은 기만적인 것을 뜻하는) 것으로 간주한다. 모든 상품처럼 문화 산업의 제물에는 행복과 •쾌락이 이미 존재해서 소비에 쉽게 이용할 수 있다는 것을 공표하기 때문이다. 이와 반대로 본래적 예술은 그러한 위안을 제공하지 않는다. 그 대신 존재의 온전한 부정성을 긍정한다. 문화 산업은 예술이 '목적 없는 합목적성'이며 '목적을 위한 비목적성'을 발생시킨다는 임마누엘 •칸트의 유명한 언명이나 마르쿠제가 언급한 •탈승화(역승화)를 역전한다.

마지막으로, 비록 어떤 관점에서 문화 산업과 창조 산업의 지시물이 같다고 누군가 당당히 말한다 하더라도, 문화 산업이 창조 산업과 같지 않다는 점은 언급할 •가치가 있는 사실이다. 창조 산업은 기술 관료주의적 용어다. 이 용어의 정확한 이데올로기적 목적은 호르크하이머와 아도르노가 만든 신조어에 함축된 부정성을 지우는 것이다. 그리고 이것이 그들 스스로 칭한 •도구적 이성의 분명한 예다. 문화 산업의 논제는 영미권 문화 이론에서 대단히 개별화된 방식으로 문화 상품을 소비하는 소비자들의 힘을 인지하지 못했다는 비판을 받았다.

+ 더 읽을거리

T. Adorno, *The Culture Industry*, 1991.
D. 헬드, 《비판이론서설》, 백승균 옮김, 계명대학교 출판부, 1988.
프레드릭 제임슨, 《후기 마르크스주의》, 김유동 옮김, 한길사, 2000.

문화 연구 Cultural Studies

구체적 텍스트뿐만 아니라 *실천, 사실상 삶의 방식까지 포함할 정도로 대단히 광범하게 이해되는 *문화를 연구하고 분석하려는 학제 간 접근 방식. 이 분야에서 영향력 있는 저서는 로런스 그로스버그, 케리 넬슨, 파울라 트레클러의 매머드급 《문화 연구》(*Cultural Studies*, 1991)처럼 광범위하게 편집된 모음집과 존 피스크의 《대중문화 읽기》(*Reading the Popular*, 1989) 같은 입문서들이다. 이는 문화 연구라고 불리는 작업 자체의 이질적 성질만이 아니라 대단히 현실적 의미에서 문화 연구는 이론상 잠정적이며 아방가르드적이라는 사실을 반영한다(문화 연구가는 광범하게 다양한 영역에서 도출된 새로운 개념에 대한 탐욕스러운 소비자가 되는 경향이 있다).

문화 연구는 1950년대 후반 영국에서 시작되었다. 리처드 *호가트의 《교양의 효용》(*The Uses of Literacy*, 1957)이 문화 연구의 시작을 알리는 첫 텍스트다. 레이먼드 *윌리엄스의 《문화와 사회》(*Culture and Society: 1780~1950*, 1958)가 그에 근접한 두 번째 텍스트로 제시된다. 호가트와 윌리엄스는 모두 *실제비평이라는 프랭크 레이먼드 *리비스의 모델을 거부했다. 리비스의 실제비평은 대체로 문화에 대한 좀 더 광범한 관점을 지지하며 어떤 작품을 '명작'이라는 대단히 엄선한 정전에 포함시키는 것이 적절한지를 검증하는 일에 집중했다. 두 사람 모두 마르크스주의자로서 전통문화와 노동계급 문화의 중요성을 강조하고 사회 변화가 어떻게 그들의 실존을 위협했는지 보여주는 것을 중시했다. 실제비평과는 대조적으로 문화 연구는 문화 텍스트에 대한 '꼼꼼히 읽기'뿐만 아니라 역사와 사회학을 이용했다. 문화 연구는 호가트가 버밍엄 현대문화연구소를 설립한 1964년에 제도(학제)로서 위상을 갖추었다.

대략 그 후 10년간 현대문화연구소는 발전하는 문화 연구 분야에 많은 비중을 두었고, 이 당시 문화 연구 분야의 많은 유명 인사가 버밍엄에 근간을 두었다. 스튜어트 *홀은 연구소장으로서 호가트를 계승했고 (주장하건대) *이론이라고 알려진 프랑스에서 나온 그 당시 상당히 새롭고 급진적인 사유, 예컨대 *구조주의, *기호학, (후에) *후기 구조주의와 더불어 권력에 관한 이론을 수입함으로써 문화 연구가 지금의 체계를 형성하도록 만들었다. 1970년대에 영국은 통화량의 출혈을 멎게 하려고 국제통화기금에 대출을 요구할 정도로 추락하면서 가파른 경기 쇠퇴에 빠지게 되었다. 이러한 경기 하락은 물론 사회적 반향을 확산시켰다. 문화 연구는 이러한 사회적 현상을 기록하면서 최고조에 이르렀다. 하지만 마거릿 대처가 1973년 집권했을 때 뒤이어 나타난 우파로의 심각한 흔들림을 문화 연구가 설명하는 것이 불가능하다는 사실을 발견하게 되었다. 스튜어트 *홀의 걸작《대처리즘의 문화정치》(*Hard Road to Renewal: Thatcherism and the Crisis of the Left*, 1988)는 좌파 동조적(공공연히 마르크스주의자라고 밝히지 않을 때) 문화 연구 부류의 마지막 유언장이다. 1980년대 문화 이론은 날개를 펼치고 그 중심점을 오스트레일리아로 이동시켰다. 적어도 이는 토니 베넷, 존 피스크, 존 하틀리 같은 문화 연구의 많은 개척자가 오스트레일리아로 이주했기 때문만은 아니었다. 문화 연구는 20년에 걸쳐 인문학 분야의 지배적 학제가 될 정도로 오스트레일리아에서 번성했다. 적어도 이는 부분적으로 1980년대와 1990년대에 고등교육 부문에서의 이른바 '개혁' 요구에 문화 연구가 쉽게 적응했기 때문이라 할 수 있다. 이는 문화 연구의 급진적 뿌리, 즉 문화 연구의 용어 목록에서 거의 사라진 불일치와 저항이라는 이전의 결정적 개념을 지불하는 대가로 얻은 것이었다. 그러나 문화 연구는 정부와 협력할 준비가 되어 있고 기꺼이 정부와 손잡고 함께 일할 수 있는 학제가 되었다. 문화 연구는 정부 정책(가장 명백한 권력의 현시로서) 비판에 주로 관심을 둔 학제에서 그런 정책을 수립하는 데 도움을 주고자 하는 학제로 이동했다. 문화 연구의 주요 기관이라 할 수 있는《문화 연구》(*Cultural Studies*) 저널은 오스트레일리아에서《오스트레일리아 문화 연구 저널》(*Australian Journal of Cultural Studies*)로 다시 태어났다.

문화 연구는 또한 현대문화연구소의 몇몇 미국 학생(특히 헤이젤 카비, 마이클 데닝, 로런스 그로스버그)의 노력 덕분에 미국에서 뿌리를 내렸다. 이들은 지적 전염병처럼 문화 연구를 들고 고국으로 돌아왔다. 그러나 오스트레일리아 상황과는 대조적으로 미국에서 문화 연구는 •헤게모니를 장악하지 못했다. 오히려 미국에서의 문화 연구는 지역 연구, 인종 연구, 아프리카계 미국인 연구, 미국학 같은 훨씬 더 큰 분야로 포섭되거나 그런 분야와 병치되는 경향을 보였다. 다른 지역에서 문화 연구의 운명은 평탄하지 못했다. 대부분 유럽, 특히 독일과 프랑스에서 문화 연구는 여전히 무시되지만 그곳에서마저도 거점을 확보했다. 세계적 문화 연구의 확산을 반영하며 1990년대 핀란드에 국제적인 문화 연구 협회가 구성되었다.

50년 이상 존재하는데도 문화 연구는 여전히 구체적 방법론이나 별도 관심 분야가 없다. 문화 연구의 접근법은 요구에 기초하는 경향이 있다. 이는 문화 연구가 즉시 사용할 수 있도록 준비된 사례에 따라 이론을 적용한다는 것을 의미한다. 그리고 말 그대로 문화 연구 영역 바깥에 해당하는 것은 아무것도 없다는 사실을 뜻한다. 문화 연구의 접근법은 문화 연구의 •가치를 폄하하는 비판가와 문화 연구 지지자 모두에게 똑같이 문화 연구의 장점이면서 동시에 약점이 된다.

+ 더 읽을거리

P. Bowman, *Interrogating Cultural Studies: Theory, Politics and Practice*, 2003.
C. Barker, *Cultural Studies: Theory and Practice*, 2007.
J. Hartley, *A Short History of Cultural Studies*, 2002.
J. Lewis, *Cultural Studies: The Basics*, 2002.
그래엄 터너, 《문화연구입문》, 김연종 옮김, 한나래, 1995.

○ 웹 링크

- 논문과 학술적 자료의 포괄적 링크.

문화 유물론 Cultural Materialism

웨일스의 •마르크스주의 문학비평가 레이먼드 •윌리엄스가 1960년대에 사용한 용어. 그는 자신의 연구가 어떻게 세부적 문화 텍스트를 역사의 실질적 사실과 결합시켰는지 서술하려고 이 용어를 사용했다. 1980년대에 이 용어는 역사와 텍스트 간의 관계에 중점을 둔 모든 종류의 문학 연구나 문화적 연구의 명칭으로 널리 사용되었다. 캐서린 벨지, 조너선 돌리모어, 앨런 신필드가 이러한 특수한 추세와 연관된 주요 인사들이다. 종종 특히 문화 이론과의 관계에서 문화 유물론이라는 이름은 '실제' 세계에 해당하는 비평 형식과 그와 반대로 텍스트를 '외부' 세계와는 전혀 연결하지 않고 텍스트 '내부'만 다루는 비평 형식을(*신비평, *실제비평, 그리고 어떤 견해에 따르면 *문화 연구 같은 것들) 구분하려고 논쟁을 불러일으키면서 언급되었다. 문화 유물론은 종종 *신역사주의와 비교된다. 이는 넓은 견지에서 신역사주의의 핵심 인물인 스티븐 *그린블랫이 윌리엄스와 함께 공부했기 때문이다. 그러나 두 사람이 역사와 텍스트의 관계에 접근하는 방식은 꽤 다르다. 문화 유물론은 *문화를 (윌리엄스의 유명한 표현을 사용하면) '삶의 전체적 방식'으로 취급한다. 문화 유물론은 지금까지 사유하고 글로 써온 '가장 훌륭한 것'을 문화로 간주한 매슈 아널드의 노선을 따라 전개된 일련의 가장 좋은 부분을 문화로 생각하지 않는다. 만일 문화가 전체적 삶의 방식이라면 사실상 어떤 것이든 문화적인 것으로 취급될 수 있고 어떤 것이나 문화적인 것으로 취급되어야 한다. 이런 식으로 윌리엄스는 모든 형식의 문화적 생산을 심문하는 일에 헌신하는 조사 연구 영역으로 문화 연구를 창출하는 데 일조했다. 고전 마르크스주의에서 문화는 단지 경제적 토대를 나타내는 것에 불과하다. 그러나 윌리엄스는 노동이 경제적 토대와 문화의 관계를 결정하는 기존의 질서를 반영하면서 동시에 기존의 질서에 이의를 제기하는 것을 용납하고 경제적 토대와 문화의 관계가 직접적이라는 전제를 *문제화함으로써 그와 같은 고전 마르크스주의의 문화에 대한 견해를 반박했다. 윌리엄스는 경제결정론과 기술결정론을 경시하며 안토니오 *그람시의 *헤게모니 개념과의 관계에서만 텍스트가 완전히 이해될 수 있다고 주장하면서 사회적 관계로 강조점을 전환했다. 바꿔 말하면 어떤 텍스트의 측면에서 문화적 재료에 대한 본질적 질문은 '그 텍스트가 지배적 이데올로기에 도전하는가, 지배적 이데올로기를 바꾸는가, 지배적 이데올로기를 거부하는가 아니면 승인하는가'다.

+ 더 읽을거리

J. Brannigan, *New Historicism and Cultural Materialism*, 1998.

C. Colebrook, *New Literary Histories*, 1997.
앤드류 밀너, 《문화유물론의 이론적 전개》, 박거용 옮김, 현대미학사, 2005.
S. Wilson, *Cultural Materialism: Theory and Practice*, 1995.

문화 이동 transcultural

서로 다른 문화 사이에 일어나는 아이디어, 영향, 실천, 믿음의 이동. 서로 다른 문화의 아이디어, 영향, 실천, 믿음이 구체적인 장소, 텍스트, •접촉 지대에서 만날 때 일어나는 융합. 문화 이동이 언제나 상호적이거나 자발적인 것은 아니다. 문화 이동이라 여겨지는 것의 다수가 실상 식민화, 여러 유형의 •디아스포라, 유배의 산물이다. 또 일부는 종속된 문화가 생존하려고 하게 되는 불가피한 타협의 산물이기도 하다. 남미에서 원주민들이 받아들인 가톨릭교를 예로 들 수 있다. 마이클 •타우시그가 《악마와 상품 물신주의》(*The Devil and Commodity Fetishism,* 1983)에서 보여주듯이, 남미 원주민들은 정령주의 신앙을 버리지 않으면서 가톨릭교를 받아들일 수 있었다. 가톨릭교에서 영혼을 강조하며 악마의 존재를 인정하기 때문이다. 남미 원주민들은 자기들의 범신론적 믿음이 가톨릭교의 이런 면들에 스며들게 했다. •세계화의 직접적 결과로 생겨난 문화 이동도 있다. 세계화는 '문화' 자체를 향한 폭넓은 수요를 생산했다. 발리우드와 할리우드를 결합한 〈신부와 편견〉(Bride and Prejudice, 거린더 차다 감독, 2005)을 예로 들 수 있다. 문화 이동의 불평등함은 가수 폴 사이먼이 베스트셀러 앨범 〈그레이스랜드〉를 만들면서 아프리카 음악을 차용한 경우에서 좋은 예를 찾을 수 있다. 그에게 음악적 자원을 빌려준 이들은 그들이 한 기여, 그들이 준 독창적인 아이디어에 대해 어떤 보상도 받지 못했다.

물성 quiddity

'무엇임(whatness)'을 뜻하는 라틴어 '*quidditas*'가 어원으로, 사물에 대하여 그것이 그것이게끔 결정하는 특정한 특질을 가리키는 철학 용어. 물성은 보편지식의 형태이며 •본질과 비교할 만한 개념이다.

물신주의(연물주의) fetishism

명백히 성적인 것이 아닌 것(생물이든 무생물이든 간에)이 성적 *대상의 가치를 부여받는 심리적 과정. 예를 들어 속담에 나오는 구두 물신주의자는 구두를 보면 흥분된다는 것을 발견한다. 지그문트 *프로이트의 읽기에 따르면, 물신주의자는 몸의 성적인 부분들(예를 들어 얼굴, 가슴, 생식기)을 보고 싶어 하는 욕망에서 시작한다. 그러나 두려움과 수치심 때문에 바라보지 못하고 시선을 돌린다. 지속적으로 시선을 돌림으로써 얼굴이 아니라 다른 사람의 발 같은, 그들이 외면하다 보게 되는 것이 실제로 보고 싶어 했던 것을 상기해줄 수 있게 된다. 이러한 물신화 과정은 대체물이 욕망의 실제 대상이 되었을 때 종결된다(→상품 물신주의).

물화 reification

무형의 인간적 특질(생각, 아이디어, *가치 등)이 물리적 대상으로 변화하는 것. 카를 *마르크스에 따르면, 자본주의의 핵심 요소는 정도 차이는 있지만 모두 물화를 수반한다. 예를 들면, 자본주의적 생산은 수백만 명의 삶이 자본주의적 생산과 판매 체제에 종속되게 한다. 이 사실은 마르크스가 *상품 물신주의(사물들의 사회적으로 생산된 가치가 자연적 가치로 오해되는 과정)라 부른 것에 가려질 때가 많다. 물화는 헝가리의 *마르크스주의 문학비평가 죄르지 *루카치에게, 특히 그의 1923년 저서 《역사와 계급의식》(*History and Class Consciousness*)에서 핵심 개념이다. 루카치는 경제적 활동에 주어지는 우위(막스 베버의 경제적 합리주의는 이와 같은 관점을 가리키는 유용한 용어다)는 생산의 사회적 기원을 보이지 않게 하며 체제의 필요에 따라 특권을 부여한다는 점에서 물화의 한 형식이라고 주장했다.

미래주의 Futurism

1900년대 초반 이탈리아에서 발원한 예술운동. 시인 필리포 토마소 *마리네티가 주도한 *아방가르드 운동이라 할 수 있는 미래주의는 기술을 지향하는 미래를 지지하며 예술적 전통과 문화적 전통을 거부했다. 미래주의는 전쟁을 과거의 무게에서 현재를 자유롭게 만드는 해방의 힘이라 찬양하고 속도, 기계, 젊음, 폭력을 존중했다. 또한 미래파의 러시아 유파도 있었는데 이들은 같은 가치를 공유했지만 *구성주의에 급속히 포섭되었다.

미래학 futurology

인구학, 기술, 경제지리학 분야에서 현재 추세로 알려진 것을 토대로 가까운 미래의 세계에서 가능한 일들(그리고 일어날 것이라 추정되는 것)에 관한 연구. 의심할 바 없이 미래학의 가장 잘 알려진 예는 앨빈 토플러의 1970년 베스트셀러 《미래의 충격》(*Future Shock*)이다. 이 책은 1990년대 초반에 일어났던 디지털 혁명을 (어느 정도 정확하게) 예측했다. 한편으로는 사람들이 다가올 변화에 전혀 준비되어 있지 않다고 우려했다. 정부와 기업은 미래학에 가장 많은 관심을 두는 두 이해관계자 집단이다. 흥미롭게도 미셸 드 *세르토의 *일상생활에 대한 연구가 프랑스 정부의 기금을 받았다. 이러한 프랑스 정부의 지원은 그의 연구가 미래학을 다룰 것이라는 생각에서 비롯했다. 그러나 세르토의 연구 팀은 프랑스 정부 생각대로 특별한 미래학 관련 책을 쓸 기회를 도모하지 않았다(이것은 세르토가 캘리포니아의 교수직 때문에 프랑스를 떠났다는 부분적 이유뿐만 아니라 세르토나 그의 동료 연구자들이 미래학이라는 개념이 실제로 의미하는 바를 알고 있다고 확신할 수 없었기 때문이다). 그러나 일상생활 연구로 이루어진 그의 첫 번째 책에는 미래학의 흔적이 남아 있다.

미메시스 mimesis

자연의 모방. 플라톤과 아리스토텔레스 둘 다 미메시스를 탐구하는 중요한 저술을 남겼고, 진실의 전달이라는 점에서 철학과 비교하면 신뢰하기 힘든 미메시스의 고유한 특징에 우려를 표했다. 고전문학에서 미메시스는 디제시스와 대립한다. 디제시스와 달리 미메시스는 저자가 자신의 것이 아닌, 구체적으로 말하면 작중 인물의 목소리로 말하는 것이다. 근래의 비평적 논의에서 미메시스는 *리얼리즘을 가리키는 암호처럼 사용된다. 리얼리즘은 가장 일상적인 의미에서 현실을 그대로 제시하는 시도를 하는 예술 조류를 가리킨다. 1930년대 20세기의 중요한 •마르크스주의 비평가에 속하는 베르톨트 •브레히트와 죄르지 •루카치 사이의 유명한 논쟁은 미메시스의 예술적 가치를 둘러싼 것이었다. 루카치는 귀족/지배계급의 언설에서 이탈해 사회의 진실을 전달하려면 미메시스가 필요하다는 요지로 미메시스를 옹호했다. 그에 반해 브레히트는 현실 모방이 관객의 정신을 둔화하며 이렇게 볼 때 관객에게 필요한 것은 충격(•소외효과라 불리는)이라는 논의로 미메시스에 반대했다. 제2차 세계대전이 끝난 후 전쟁의 충격에 대한 일종의 반응으로, 미메시스는 에리히 •아우어바흐의 대작《미메시스》(*Mimesis*, 1953)에서 보듯이 특히 문학에서 예술적 성취가 도달했던 정점으로 이해되면서 전면화되기도 했다. 이 책에서 아우어바흐는 시초부터 예술의 목표는 현실의 온전한 재현에 있었다고 보여주었다. •비평이론에서 미메시스는 여러 다양한 그룹의 비평가에게, 특히 프랑스의 •정신분석학자 자크 •라캉과 라캉의 아이디어를 발전시킨 후기식민주의 비평가들인 호미 •바바와 마이클 •타우시그에게 중요한 개념이다. 타우시그는 미메시스에서 •저항을 위한 이론의 실마리를 본다. 바바는 •서발턴이 •헤게모니를 가진 •타자, 다시 말해 식민주의 실행 주체(colonial master)를 모방함으로써 관리의 시선(감시)에서 벗어나 정치적 전복에 필요한 조건을 만들어낼 수 있다는 아이디어를 여러 방식으로 변주한다. 같은 맥락에서, 서발턴이 그의 행동거지와 옷에서 식민주의 실행 주체처럼 보이는 한, 식민주의 실행 주체들에게 그들의 타자가 그들 자신처럼 보인다는 점을 인식하지 않을 도리가 없게 한다.

+ 더 읽을거리

M. Potolsky, *Mimesis*, 2006.

+ 참고

에리히 아우어바흐, 《미메시스》, 김우창·유종호 옮김, 민음사, 2012.

민족방법론 ethnomethodology

미국의 사회학자 해럴드 가핑클이 고안해낸 분야로 사회적 •관습을 지배하는 규칙을 발견하는 데 관심을 두는 •민족지학의 한 형식. 하지만 궁극적으로 가핑클이 발견한 것은 그의 스승 탤컷 파슨스의 논제와 반대로 우리가 어떻게 이행해야 하는지 명확히 하려면 참고할 수 있는 (성문화된 혹은 불문화된) 특정 규칙의 모음이 모든 유형의 사회적 관습을 위한 하나의 수단으로 존재한다 하더라도 사회적 관습은 엄격히 말해 규칙 지배적이지 않다는 것이다. 가핑클은 자신의 획기적 텍스트《민족방법론 연구》(*Studies in Ethnomethodology*, 1967)에서 배심원단이 어떻게 작동하는지와 복장 도착자가 '통과'하려면 무엇을 알고 있어야 하는지에 대한 조사를 기술했다. 그리고 그는 배심원과 복장 도착자들이 자신의 임무를 달성하려면 해야 할 필요가 있다고 생각하는 것들에 대해서 이상화된 이야기를 하는 동안 실은 일반적으로 말해 그들이 하고 있는 것을 왜 하는지 그 이유를 그들이 모른다는 것을 보여주었다. 가핑클의 관점에서 이는 정보를 얻으려 면담 주체에게 의존하는 어느 유형의 •민족지학이나 사회과학이 가지고 있는 문제에 해당한다. 만일 자신이 하는 것을 왜 하는지 그 이유를 주체 자신이 모른다면 조사에 대한 그들의 답변과 기타 등은 문화적 관습에 대한 설명으로 신뢰될 수 없다. 이런 문제를 해결하는 가핑클의 방법은 그가 '위반 실험'이라 지칭한 것을 시행하는 일이었다. 그는 사회적 약속에서 의존하는 말하지 않은 규칙을 전면에 내세우려고 학생들에게 수박을 세탁소에 가져다주고 세탁소의 반응을 기록하라고 요청했다.

+ 더 읽을거리

R. Hilbert, *The Classical Roots of Ethnomethodology: Durkheim, Weber and Garfinkel*, 1992.

민족성 ethnicity

흔히 '민족'으로 번역되는 그리스어 'ethnos'에서 유래했다. 민족성은 자체 정의된 부족 집단 사이에서 공유된 믿음, •가치, 경험, 충성, 공통 기원에 대한 주관적 의식을 나타낸다. 민족성은 의미상 •인종에 가깝다. 그러나 인종이라는 용어의 문제적 · 생물학적 차원을 민족성이라는 용어가 가지고 있지 않기 때문에 민족성이 종종 우선 사용된다. 권력의 측면에서 위계적 차이를 나타내려 사용되는 경향이 있는 인종과 대조적으로 민족성은 자기 인식의 문제이고 일반적으로 긍정적 질서다. 민족성은 근본적으로 문화적 특성을 지칭한다. 그러나 민족성이라는 용어는 처음에는 이교도적 '타자들'을 나타내려고 사용되었다. 그래서 민족성이 흔히 단지 소수 그룹 혹은 다른 비헤게모니적 집단들과 관련해 사용될 때에는 그러한 경멸의 의미가 담긴 어원의 흔적을 간직하고 있다(→ 크레올성; 디아스포라; 잡종성; 네그리튀드).

+ 더 읽을거리
W. Sollors, (ed.) *Theories of Ethnicity: A Classical Reader*, 1996.

ㅁ

민족중심주의 ethnocentrism

자신이 속해 있는 민족 집단의 기준에 따라 *타자로 인지된 민족 집단을 해석·평가·판단하는 경향이나 그러한 실천. 민족중심주의는 타자를 판단하는 집단이 타자의 것보다 자기 자신의 것이 일단 '더 우월하다'고 생각하고 규범을 정의할 때 자신의 것을 더 중요하게 여긴다는 것을 내포한다. 유럽의 탐험가들과 식민 지배자들이 토착 민족을 '야만인'과 '미개인'이라 기술한 것은 타자의 관점에 대한 타당성 여부를 인식하지 못한 것이기 때문에 이러한 편견의 좋은 예가 된다.

민족지학 ethnography

특정 민족 집단의 생활 방식을 직접 관찰 혹은 참여 관찰한 인류학적 연구·조사. 관례상 피관찰 집단은 관찰자 자신의 민족 그룹 바깥에 있고 종종 '원시적' 기원이나 '토착적' 기원에 속하지 않는다. 민족지학적 연구·조사의 목적은 피관찰 집단의 행동, 습관, *실천이 관찰자의 것과 어떤 차이가 있는지를 발견하는 것이었다. 이러한 연구·조사의 근본 전제는 '원시적' 타자들이 조만간 서구 관찰자의 것과 동일한 정도의 '문명'으로 '진보'할 것이라고 보는 역사적 궤도에 있으므로 그들의 사회는 서구에 알려진 대로 문명 직전에 나타났기 때문에 '전 역사적인' 것으로 다룰 수 있다고 보았다. 이후 *타자에 대한 그러한 민족지학적 관점은 *탈식민주의 연구에 전복되었다. 탈식민주의 연구는 이런 낡고 재구성되지 않은 다양성의 민족지학은 자신의 편견과 선입견에 가로막혀 있기 때문에 실제적 타자를 결코 참여시킨 적이 없다고 보았다. 민족지학에 들어 있는 듯 보이는 *민족중심주의를 극복할 수 없기 때문에 민족지학이 보았던 모든 것은 스스로 만들어낸 창조물의 환영이 되어버렸다. 이러한 비판은 오늘날 연구하고 있는 민족지학자들에게 중대한 문제를 만들어냈고, 그러한 문제들을 다루려고 민족지학자들이 *비평이론(특히 *이타성 개념)과 흥미롭고 창의적인 방식으로 연계하도록 강제했다. 그 결과 클리퍼드 *거츠, 제임스 클리퍼드, 조지 마커스, 마이클 *타우시그 같은 사람들이 쓴 매혹적인 저서들이 나왔다. 최근에 민족지학자들은 아마도 부분적으로는 전통적 민족지학에 의해 만들어진 인식론적 어려움 때문에 관심을 자신들의 문화 쪽으로 돌렸다. 그런 다음 (다소 역설적이게도) 자신들의 문화가 정말로 자기들 문화가 아닌 듯이 이방인의 것처럼 다루게 된다(예를 들어, 아프리카에서 연구 경력을 시작했지만 후에 파리 연구·조사에 집중한 프랑스 인류학자 마르크 *오제의 연구를 보라). 이런 맥락을 따라 사무실 관료조직과 과학 실험실이 어떻게 기능하는지에 대한 흥미로운 연구들이 있다. 테스 리의《관료들과 피 흘리는 심장》(*Bureaucrats and Bleeding Hearts*, 2008)과 브뤼노 라투르의《행동하는 과학》(*Science in Action*, 1987)을 살펴보라.

+ 더 읽을거리

J. Clifford, *The Predicament of Culture: Twentieth-Century Ethnography, Literature and Art*, 1988.

믿을 수 없는 화자 unreliable narrator

진실을 말한다고 신뢰할 수 없는 화자 혹은 자기 반영적 화자라면 화자 자신이 진실을 안다고 신뢰할 수 없는 화자를 가리키는 미국의 문학이론가 웨인 부스의 용어. 블라디미르 나보코프의《롤리타》(*Lolita*, 1955)의 화자인 험버트 험버트의 경우, 그의 관점은 극단적으로 편향되어 있다. 그는 끝없이 자기 행동을 십대 소녀인 롤리타의 탓으로 돌린다. 그런가 하면 그는 자기 행동의 진정한 본질에 대해 자신을 속이는 것처럼 보이기도 한다. 나보코프 소설의 중요한 극적 관심은 이 두 가지 다른 기만을 구분하고 이해하려는 데서 온다. 화자가 알아야 할 모든 사실을 알고 있지 않은 경우에도 화자는 믿을 수 없는 화자가 된다. 헨리 제임스의 《나사의 회전》(*Turn of the Screw*, 1898)이 이런 화자를 제시한 유명한 예다.

+ 참고

블라디미르 나보코프, 《롤리타》, 김진준 옮김, 문학동네, 2013.
헨리 제임스, 《나사의 회전》, 최경도 옮김, 민음사, 2005.

밀러, J. 힐리스 Miller, J. Hillis (1928~)

미국의 문학비평가. 빅토리아조 문학 전공. *예일학파라 불린 일군의 해체주의 비평가 집단의 성원이었다. 밀러는 버지니아 주 태생으로, 오벌린 대학교를 다녔고 1952년 하버드 대학교에서 〈찰스 디킨스의 6편 소설에서 상징적 이미저리〉(Symbolic Imagery in Six Novels of Charles Dickins)라는 제목의 논문으로 박사 학위를 받았다. 처음 교수로 임용된 곳은 존스 홉킨스 대학교였으며, 이곳에서 20년 재직하는 동안 *제네바학파의 비평가인 조르주 풀레의 영향을 받았다. 풀레는 현상학적 방법으로 의식 비평을 했던 비평가다. 1972년 예일 대학교으로 옮겨 14년 재직하는 동안 폴 드 만, 해럴드 *블룸, 제프리 하트먼 등과 함께 작업하면서 엄격하게 현상학적이었던 이전의 관심에서 떠나 해체로 관심을 옮긴다. 에드문트 *후설에 대한 자크 *데리다의 여러 에세이가 보여주듯이, *현상학과 해체는 완전히 양립 불가인 것이 아니다. 밀러는 해체를 불문과와 비교문학과에서 그보다 더 주류인 영문과로 전파하면서, 해체의 대중화에 핵심적 구실을 했다. 밀러는 예일 대학교를 떠나 해체를 창시한 데리다가 적을 두었던 캘리포니아 어바인 대학교로 옮겼다. 1976년 해마다 주최되는 미국 현대어문학협회의 학회에서 밀러는 〈숙주로서의 비평가〉(The Critic as Host)라는 제목의 논문을 발표했다. 여기서 밀러는 해체가 일종의 기생적 실천으로서 텍스트 내부에 거주하면서 텍스트에서 자양을 취하고 동시에 텍스트를 죽이는 비평 활동이라는 해체에 대한 자기 관점을 탁월하게 제시했다. 그의 발표는 해체를 논박하고자 했던 M. H. 에이브럼스의 시도에 대한 우아하고도 전면적인 논파로 명성을 얻게 되며, 그 과정에서 텍스트의 면밀한 읽기에 관한 한 해체가 그것의 선배 격인 •신비평보다 한 수 위라는 것을 보여주었다. 밀러의 작업은 텍스트 내부의 비결정성 혹은 긴장의 지점을 강조하면서, 이것들이 실상 그들이 말하는 바를 의미하지 않음을, 언제나 그들이 말하는 것 이상을 의미함을 보여주었다.

밀레트, 케이트 Millett, Kate (1934~)

《성 정치학》(*Sexual Politics,* 1970)으로 가장 유명한 미국의 페미니스트 학자이자 활동가. 컬럼비아 대학교 영문과에 박사 학위 논문으로 제출된《성 정치학》은 서구 예술과 문학에 내재하는 성 불평등에 강력한 비판을 제공했다. 데이비드 허버트 로렌스, 헨리 밀러, 노먼 메일러 같은 작가의 작품이 내포하는 •가부장제적 가치를 폭로했다. 메일러는 글쓰기에서 •정치적 올바름을 규탄하는 공격적 에세이로 밀레트를 반격했다. 앞에 언급한 작가들과 대조적으로, 장 주네 같은 작가들은 성 정치에 대한 더 섬세한 이해를 보여준다고 밀레트는 주장했다.《성 정치학》은 발간 즉시 일대 사건이 되었다. 밀레트는《타임》(*Time*)의 표지 인물이 되었고 •페미니즘에 등장한 신인 스타로 부상했다. 양성애자라는 사실이 알려지면서 더는 '언론의 연인'이 아니게 되지만, 그럼에도 그녀의 책은 •제2세대 페미니즘의 전위적 텍스트로 군림했다. 전미여성연합 위원회에서 활동했는데도, 밀레트는 페미니즘의 대변인 역할을 자임하지는 않았다. 이 점에서 그녀는《성 정치학》과 같은 해에 출간되었으며 그 역시 페미니즘의 획기적 진전으로 여겨지면서 베스트셀러가 된《여성, 거세당하다》(*The Female Eunuch,* 1970)의 저자 저메인 •그리어와 다르다. 밀레트는 계속해서 글을 썼고 페미니즘 논쟁에 기여했지만, 뉴욕주 북부에 예술가들이 거주하며 창작할 수 있는 공간을 개척하는 일에 더 주력했다.

+ 참고

케이트 밀레트, 《성 정치학》, 김전유경 옮김, 이후, 2009.
저메인 그리어, 《여성, 거세당하다》, 이미선 옮김, 텍스트, 2012.

마르크스, 카를 Marx, Karl (1818~1883)

독일의 유대인 경제학자이자 사회이론가. 역사상 가장 큰 영향력을 행사한 사상가 중 한 사람으로 꼽힌다. 마르크스는 라인란트의 트리어에서 태어났다. 당시 트리어는 프랑스령에서 프러시아령으로 바뀐 직후였다. 프러시아는 프랑스보다 유대인에게 훨씬 덜 관용적이었고, 마르크스의 부친은 변호사로 계속 일하려고 기독교로 개종했다. 그의 부친은 마르크스가 자신을 따라 법조계에 몸담기를 원했지만 그런 바람은 실현되지 않았다. 마르크스는 본 대학교와 베를린 대학교에서 법학을 공부하긴 했지만 변호사가 되지는 않았다. 본 대학교에서 베를린 대학교로 학교를 옮긴 것은 그렇게 해서라도 아들의 학업 적성을 향상해보겠다는 아버지의 희망 때문이었다. 하지만 본 대학교 재학 중에는 결투와 도박 때문에 공부할 시간을 찾지 못했다면, 베를린 대학교 재학 중에는 사상의 세계에 매혹되어 그러지 못했다. 특히 마르크스는 G. W. F. •헤겔의 사상에 빠져들었다. 학업 집중을 방해한 두 가지 중 마르크스의 삶에 지속적인 영향을 남긴 것은 후자다.

마르크스는 학계에 있기를 원했다. 예나 대학교에서 박사 학위를 받았지만 당시 프러시아의 정치적 상황에서는 대학 교수직을 얻는 일이 불가능했다. 이에 따라 마르크스는 저널리즘 쪽으로 관심을 돌렸다. 콜로뉴에 있는 자유주의적 신문《라인 신문》(*Rheinische Zeitung*)의 편집장이 되었을 때 그의 나이는 24세였다. 이 신문의 사무실에서 그는 1842년 미래의 협력자 프리드리히 •엥겔스를 만났다. 마르크스는 이 신문의 편집장이라는 지위를 이용해서 군주국을 공개적으로 비판하는데, 그에 대한 보복으로 그의 논설이 검열을 받고 신문은 폐간되었다. 마르크스의 이른바 '초기 저작들'(《유대인 문제에 관하여》(*On the Jewish Question*, 1843), 《헤겔 법철학 비판》(*A Contribution to the Critique of Hegel's 'Philosophy of Right'*, 1843~1844), 《경제학 철학 수고》(*Economic and Philosophical Manuscripts*, 1844))이 이 시절에 쓰였다. 《라인 신문》의 폐간과 함께 마르크스는 1843년 파리로 옮겼다. 글을 쓰고 생각하는 데 필요한 자유를 찾아서였다.

마르크스는 학계에서 전문 학자로 살겠다는 생각을 버리고 나서 자본주의경제의 '과학'을 수립하는 데 헌신했다. 그의 수입원은 빚에다 후원자가 보내는 기금, 유산 그리고 얼마 되지 않는 인세가 다였다. 나중에 마르크스는 아내와 가족이 궁핍한 삶을 견뎌야 했던 상황이 유일하게 후회되는 일이라고 말했다. 마르크스와 엥겔스는 그들이 협력한 최초의 저서 《신성가족》(*The Holy Family*)을 1845년 출간했다. 실상 이 책의 거의 대부분을 마르크스가 썼는데도 공저로 출간한 것은, 아마도 당시에는 엥겔스가 더 유명한 저자였기 때문일 것이다. 마르크스는 이 책이 받은 비판에 반응하는 글을 썼지만, 그의 생전에는 발표되지 않았다. 이 원고는 나중에 《독일 이데올로기》(*The German Ideology*)라는 제목으로 출간되었다. 프랑스에서 추방된 마르크스는 브뤼셀로 옮겨간 뒤 점점 더 국제적 관점에서 사유하기 시작했다. 그가 다룬 대상은 이전까지 그의 글들이 그랬듯이 더는 전적으로 독일 저자들에 국한되지 않았다. 그의 이전 저작들은 루트비히 포이어바흐, 헤겔, 막스 슈티르너 같은 독일 저자들 비판이 주를 이루었다. 이제 그의 공격 대상은 피에르 조제프 프루동 같은 국제적 명성을 누리던 저자들로 확장되었다. 프루동은 급진적 사상가로 마르크스의 경쟁자였다.

브뤼셀에서 마르크스는 공산주의자연합이라는 이름의 국제적 운동에 가담했다. 공산주의자연합은 런던에서 1847년에 두 차례 회합했다. 이 회합 이후 마르크스와 엥겔스에게는 막 태동하고 있는 운동 방향을 이끌 선언을 준비하라는 임무가 주어졌다. 엥겔스가 최초 원고를 썼고, 이에 기초해서 마르크스가 최종 원고를 완성했다. 그것이 런던에서 1848년에 독일어로 출간되었다. 프랑스어 번역이 곧 뒤를 이었고, 영어 번역은 1850년에 나왔다. 그러나 1848년이 유럽에서 격동의 한 해였는데도(파리에서 일어난 반란이, 다름 아닌 샤를 보들레르와 귀스타브 플로베르에게 큰 타격을 남겼음을 기억하라) 《공산당 선언》(*Manifest der Kommunistischen Partei / The Manifesto of the Communist Party*)은 혁명적 사상이나 실천에 즉각적 영향은 거의 미치지 못했다. 《공산당 선언》에서 마르크스는 부르주아가 봉건적 재산 소유자들과 군국제라는 정체한 보수 세력에 대항해 싸우는 한, 노동자는 부르주아와 함께 싸워야 한다고 도발적으로 촉구했다. 그러나 그는 동시에 노동계급이 결국 부르주아지도 타도해야 할 거라고 예측했다. 흥미롭게도 《공산당 선언》이 채택한 혁명적 프로그램은 그 성격이 대체로 민주주의적이다.

1848년과 1849년 유럽에서 자유주의 혁명이 실패한 탓에 마르크스와 엥겔스는 영국으로 도피해야 했고, 둘 다 영국에서 남은 삶을 보냈다. 엥겔스는 가족이 소유한 회사에서 일자리를 구했다. 맨체스터에 있는 직물 공장에서 생산과 판매를 관리하는 일이었다. 마르크스는 엥겔스의 경제적 지원을 받으면서 엄청난 장서를 보유한 런던의 영국박물관 근처에 살 곳을 구했다. 1857년 개관한 영국박물관은 길이가 도합 40킬로미터가 넘는 서가를 보유했다(박물관은 이후 세인트 판크라스 구역으로 이전한다. 그러나 마르크스가 주로 썼던 책상은 원형대로 보존된 '독서실'에 놓여 있다). 마르크스는 영국의 인도 식민 지배를 포함해 당시의 시사 문제뿐 아니라 역사적 관심까지 아우른 방대한 주제들를 다룬 기사를 영국과 독일의 신문들에 수백 건 보냈다. 1857년부터 1858년 겨울까지 그 대부분이 영국박물관 그의 책상에서 집필된 글들이 그의 사후 《정치경제학 비판 요강》(*Grundrisse der Kritik der politischen Ökonomie(Rohentwurf)*, 1939 / *Grundrisse: Foundations of the Critique of Political Economy(Rough Draft)*, 1973)으로 출간되었다. 마르크스가 헤겔의 영향을 완전히 벗어던지면서 그의 대작 《자본론》(*Das Kapital*)으로 이어지는 과정을 시작하는 것을 이 책에서 볼 수 있다.

1860년대에 마르크스는 《자본론》을 계속 집필하지만 완성하지는 못했으며, 집필된 원고는 간헐적으로만 출간되었다. 1권이 1867년에 나오는데, 마르크스가 생전에 출간된 《자본론》 원고로는 이것이 유일하다. 2권과 3권이 마르크스 사후 엥겔스가 편집해 각각 1884년과 1894년에 출간되었다. 4권은 《잉여가치론》(*Theories of Surplus Value*)이라는 별도 제목으로 카를 *카우츠키가 출간했다.

마르크스의 저작은 《정치경제학 비판 요강》에서 시작해 점점 더 자본주의 체제의 경제적 메커니즘을 정확히 이해하는 미세한 분석에 집중했다. 그는 자본주의가 가능케 하는 생산력의 막대한 증가에 감탄했지만, 동시에 자본주의 체제가 그것이 거둔 번영을 분배할 때 본질적으로 불평등하고 착취에

ㅁ

기초할 수밖에 없다는 것을 알아보았다. 더욱 중요하게, 마르크스는 자본주의의 생산 논리가 하나의 위기에서 다른 위기로 옮겨갈 수밖에 없는 것이라고 이해했다. 자본주의의 전제 자체, 다시 말해 끝없는 이윤 추구가 근본적으로 불안정을 낳기 때문이다.

1870년대 들어 마르크스의 건강이 계속 악화되었기 때문에 그의 작업 속도가 더뎌질 수밖에 없었다. 마르크스는 언제나 꼼꼼하게 많은 글을 썼지만, 이제는 작업하던 글을 끝내지도 못했다. 다행히 마르크스의 지적 유산을 관리할 사람으로 엥겔스가 있었다. •비판이론에 마르크스가 미친 영향은 고르지 않기는 하지만 막대하다. 실상 비판이론 구성 자체에 그의 유산이 스며 있다. 특히 프랑크푸르트학파가 내놓았던, 경제와 정치가 현실 세계에 주는 영향을 고려하는 최초의 이론적 정식화에서 그것을 볼 수 있다. 그의 저작은 문학비평에도 중요한 영향을 남겼다. 베르톨트 •브레히트 같은 예술가, 죄르지 •루카치, 피에르 •마슈레, 테리 •이글턴, 프레드릭 •제임슨 같은 학자들의 저작에서 마르크스의 영향을 볼 수 있다. 마르크스의 사상을 계승한 역사학자로 페리 •앤더슨과 에릭 •홉스봄을 꼽을 수 있으며, 장 폴 •사르트르, 자크 •데리다, 질 •들뢰즈 같은 철학자들은 마르크스가 정치사상에 남긴 기여가 그들에게 영향을 준 핵심 자산이라고 밝혔다. 위대한 사상가라면 누구나 그러듯이, 마르크스 또한 그의 사상과 경쟁하는 다른 사상의 조류가 일어나게 했다. 그중 일부(루이 •알튀세르 추종자들을 생각할 수 있다)는 그들만의 방식으로 깊은 영향을 남겼고 마르크스 사상의 막강한 적수가 되기도 했다. 학계 바깥에서, 마르크스의 저작은 세계 어느 곳에서든 억압받는 이들을 위한 강력한 지적·이데올로기적 무기가 되었다.

+ 더 읽을거리

에티엔 발리바르, 《마르크스의 철학, 마르크스의 정치》, 윤소영 옮김, 문화과학사, 1995.
피터 오스본, 《How to read 마르크스》, 고병권·조원광 옮김, 웅진지식하우스, 2007.
P. Singer, *Marx: A Very Short Introduction*, 2000.
프랜시스 윈, 《마르크스 평전》, 정영목 옮김, 푸른숲, 2001.

+ 참고

카를 마르크스, 《칼 맑스 프리드리히 엥겔스 저작 선집》(1~6), 최인호 외 옮김, 박종철출판사, 1997.

바네겜, 라울 Vaneigem, Raoul (1934~)

벨기에 출신의 아나키스트 철학자로, 기 •드보르와 함께 •상황주의의 핵심 이론가 중 한 사람이다. 벨기에 레신에서 태어났으며, 파리로 오기 전에 브뤼셀 자유대학교에서 공부했다. 1960년에 그는 자신이 쓴 습작 시들을 앙리 •르페브르에게 보냈고, 르페브르는 이것들을 자기 학생이었던 드보르에게 보여주었다. 이렇게 해서 두 사람 사이에 미래의 협력 관계가 싹텄다. 바네겜의 가장 유명한 저서인 《젊은 세대를 위한 인생 사용법》(*Traité de savoir-vivre á l'usage des jeunes générations*, 1967 / *The Revolution of Everyday Life*, 1983)은 •68년 5월 학생 저항 시위가 촉발되기 바로 전에 출간되었는데, 당시 학생들이 벽에 썼던 낙서 속 구호들 다수의 출전이 이 책이었다. 다작을 하며 《상황주의 인터내셔널》(*Internationale Situationniste*)의 핵심 기고자이기도 했던 바네겜은 더욱 논쟁적인 글을 쓸 때는 필명을 사용했다. 상황주의 견해와 일치하면서 동시에 빌헬름 •라이히의 영향도 보여주는 바네겜의 테제는 창조적이며 시적인 활동만이 자본주의 세계의 •일상생활을 장악한 비진정성으로부터 우리를 구원할 수 있다는 것이었다. 이 주제는 그의 더 최근의 저술들, 예를 들어 《자유정신의 운동》(*Le Mouvement du libre-esprit*, 1986 / *The Movement of the Free Spirit*,

1994)에서도 이어지고 있다.

+ 참고
라울 바네겜, 《일상생활의 혁명》, 주형일 옮김, 이후, 2006.

바디우, 알랭 Badiou, Alain (1937~)

프랑스의 *마르크스주의 철학자, 소설가, 극작가. 바디우는 모로코의 라바트에서 태어나 툴루즈에서 고등학교를 마친 후 명문 국립고등사범학교에서 학부 공부를 하려고 파리로 이주했다. 그는 파리 고등사범학교에서 루이 *알튀세르와 가까이 지내며 공부했지만 알튀세르주의자로 알려진 엄선된 제자 그룹의 일원이 되지는 않았다. 군대 의무복무를 마친 바디우는 처음에는 랭스에 있는 고등학교에서, 그다음에는 대학교에서 가르쳤다. 그리고 1968년 그는 미셸 *푸코의 요청을 받아 뱅센에 있는 파리 8대학교 철학과에 합류했다. 당시 그의 동료 중에는 엘렌 *식수, 질 *들뢰즈와 장 프랑수아 *리오타르가 있었다. 뱅센에서 30년을 보낸 바디우는 1998년 그곳을 떠나 모교인 파리 고등사범학교로 돌아왔다.

바디우는 대단한 독창성과 다양성을 지닌 준엄하고 타협하지 않는 사상가다. 그의 걸작 《존재와 사건》(*L'Ětre et l'événement*, 1988 / *Being and Event*, 2005)은 '존재론은 수학'이라는 확신을 전제하고 있다. 이는 존재에 대한 그의 개념이 비재현적이지만 체계적(schematic)임을 뜻한다. 이 책은 바디우가 '사건의 장소'라 칭한 것, 즉 정치적 *프락시스가 발전할 수 있는 장소를 검증해보려는 관점에서 상황의 구조를 제시한다. 바디우의 철학은 일차적으로 사건에 관심을 둔다. 그에게 사건이란 역사의 연속물에 생긴 균열의 순간, 즉 더는 돌이킬 수 없는 순간 이후 사물의 조건에 생긴 변화를 말한다. 바디우의 관점에서 보면 대단히 극소수 사건만이 이 조건을 충족한다. 그리고 바로 그 이유 때문에 역사는 살펴볼 수 있는 개념적 모델이 부족했던 몇 가지 사건을 간과해버리고 말았다. 《세기》(*Le Siècle*, 2005 / *The Century*, 2007)에서는 이러한 개념의 철학이 어떻게 역사와 관련해 작동하는지를 보여주는 독자 친화적인 예를 찾아볼 수 있다.

프락시스에 관한 바디우의 모델은 공제적(subtractive)이라고 보통 설명되는데, 이는 국가 권력과 국가 형성 과정에서 정치적 행동이 자신을 공제하기만 하면 작동할 수 있다는 전제에서 프락시스가 작동하기 때문이다. 슬라보예 *지젝은 자칭 자신의 정치적 성명서인 《잃어버린 명분을 옹호하며》(*In Defense of Lost Causes*, 2008)에서 바디우의 실천 모델을 채택했다. 학자로서 경력을 쌓아가는 내내 바디우는 능동적으로 정치에 관여했다. *68년 5월에 사건들이 일어나는 동안 그는 대단히 강경한 마오주의 단체들의 일원이었다. 가장 최근에는 그가 창립을 도와준 '정치조직'이라는 정치화 단체에 참여하고 있다. 바디우의 철학은 그 강력한 정치적 짜임 때문에 오늘날 점차 널리 읽히고 있는데, 이는 이 시대의 휘발성과 바디우 사상의 명료성을 나타내는 척도이기도 하다.

ㅂ

+ 더 읽을거리

제이슨 바커, 《알랭 바디우: 비판적 입문》, 염인수 옮김, 이후, 2009.
O. Feltham, *Alan Badiou: Live Theory*, 2008.
P. Hallward, *Badiou: A Subject to Truth*, 2003.

바르트, 롤랑 Barthes, Roland (1915~1980)

프랑스의 문학비평가이자 문화비평가. *구조주의와 *후기 구조주의 두 가지 흐름에서 뛰어난 주요 인물이다. 학자로서 바르트의 경력은 초기에는 천천히 진행되었으나 세상을 떠날 무렵에 그는 세계에서 영향력이 큰 지식인 중 하나였다.

프랑스 북서부 셰르부르에서, 아버지는 해군 사관이고 어머니는 주부였던 초라한 가정에서 태어난 바르트는 스페인 국경 근처인 바욘에서 성장했다. 그의 어린 시절에는 특별한 사건이 없었다. 나중에 바르트는 성인이 된 후 그 시간을 기나긴 극렬한 권태가 방점으로 찍혔던 시절이었다고 회상했다. 1924년 바르트는 파리로 이사했고 14세까지는 룩셈부르크 가든 뒤편 6번구에 있는 몽테뉴 중등학교에 다닌 다음 소르본 근처에 있는 루이 르그랑 고등학교에 다녔다. 1934년 바르트는 결핵을 앓았는데, 그 때문에 파리를 떠나

산속 요양원으로 거처를 옮겨야 했다. 그리고 그로부터 10년 동안 그의 학업 활동은 완전히 중지되었다. 결핵 때문에 군복무를 면제받은 바르트는 (잠시 요양원에서 나와서) 처음에는 비아리츠, 그다음에는 파리에 있는 중등학교에서 교편을 잡고 학생들을 가르치면서 제2차 세계대전 기간을 보냈다.

전쟁 후 바르트는 모리스 나도에게서 유력한 지하 출판물인 《콩바》(*Combat*)의 문화면에 원고를 기고해달라는 부탁을 받았다. 레지스탕스가 창간한 《콩바》는 당시 알베르 카뮈와 장 폴 *사르트르를 포함한 눈부신 작가들이 팀을 이루어 편집을 담당했다. 바르트가 《콩바》에 제출한 에세이들은 작가의 윤리적·정치적 책임을 다루었는데, 이것이 바르트의 첫 번째 책 《0도의 글쓰기》(*Le Degré zéro de l'écriture*, 1953 / *Writing Degree Zero*, 1967)가 되었다. 비록 이 책에서는 사르트르가 옹호했던 정치적 참여 형식의 글쓰기(*littérature engagé*, 참여문학)를 바르트가 지지하기는 했지만, 그가 직접적으로 정치적 투쟁에 가담한 적은 거의 없었다. 실제로 바르트는 1960년 알제리전쟁에 대응해 불복종 권리를 선언하는 〈121인 성명서〉(Manifesto of the 121)에 자신의 이름을 올리는 것을 거절해 친구인 나도와 소원해졌다. 또한 *68년 5월에도 바르트는 학생들의 항거로 이루어진 일련의 사건과 거리를 유지했다. 마찬가지로 1971년 그는 *감옥정보그룹이나 동성애혁명조직전선에도 합류하지 않았다.

조금도 과장하지 않고, 바르트가 학자로서 이력을 쌓아가는 과정을 말한다면 그의 길은 파란만장했다. 1960년 프랑스 고등연구원의 제6부에서 (45세라는 늦은 나이에) 대학에서는 처음으로 교편을 잡기 전, 그는 수십 년간 프랑스 외무부에서 일했다. 바르트가 처음 파견된 곳은 루마니아에 있는 프랑스 문화원이었는데, 그는 이곳에서 대중문화를 강연했다. 이 강의를 하면서 그는 후일 《신화론》(*Mythologies*, 1957 / *Mythologies*, 1972)에서 완벽해지게 될 스타일을 발전시켰다. 1949년 루마니아 정부 당국이 프랑스 문화원을 추방하겠다는 결정을 내리자 바르트는 이집트의 알렉산드리아로 재배정되었다. 여기서 그는 페르디낭 드 *소쉬르의 저서를 소개해준 기호학자 알지르다스 쥘리앵 *그레마스와 만나서 많은 자유로운 시간을 보냈다. 1950년 그는 여전히 대학에서 교편을 잡지 못한 채 다시 파리로 돌아왔다. 외무부에서 하는 일이 참을 수 없이 지루하다고 생각한 바르트는 파리로 돌아온 지 얼마 되지 않아 그 일을 그만두었다. 그 대신에 그는 정년이 보장되지 않는 일련의 연구 보조직과 문화와 관련된 기사 쓰기를 병행하면서 빠듯하게 생계를 유지해나갔다.

1953년 다시 나도의 청탁에 따라 바르트는 새롭게 창간된 문화 잡지《문학 소식》(*Les Lettres nouvelles*)에 월간 칼럼을 쓰기 시작했다. 이 에세이들은 비평적 시각을 통해 진부한 *일상생활의 세부 사항을 들여다보았는데, 비누 거품에서부터 스트립쇼와 파스타 광고에 이르는 모든 것을 다루었다. 이 에세이들은 한데 모여져 1957년《신화론》이라는 책으로 출판되었고, 즉각적인 센세이션을 불러일으켰다. 또한 이 시기에 바르트는 저널《민중극》(*Théâtre populaire*)에 리뷰를 기고했다. 파리에서 정기적으로 제작되었던 베르톨트 *브레히트의 베를리너 앙상블 작품이 특히 바르트에게 깊은 인상을 남겼다. 프레드릭 *제임슨에 따르면,《신화론》에서 바르트에게 미친 브레히트의 영향력을 쉽게 찾아낼 수 있다. 제임슨은《신화론》을 *소격 효과가 작동하는 심오한 사례라고 보았다. 이 책에서 대두한 *신화 개념은 *문화 연구의 발전에 중대한 영향을 미쳤다.

1958년 바르트는 클로드 *레비스트로스에게 유행에 관해 쓴 자신의 박사 학위 논문을 심사해달라고 부탁했다. 그러나 레비스트로스는 바르트에게 블라디미르 *프로프의《민담의 형태학》(*Morfologija skázki*, 1928 / *Morphology of the Folktale*, 1958)을 읽어야 한다는 귀중한 충고를 하지 않은 것은 아니지만 바르트의 부탁을 거절했다. 결국 바르트는 언어학자 앙드레 마르티네를 논문 지도교수로 찾았으나 실질적으로 박사 학위를 마치는 일을 끝까지 도모하지는 못했다. 그러나 바르트가 제안한 유행 프로젝트는 완성되어《유행의 체계》(*Système de la mode*, 1967 / *The Fashion System*, 1985)라는 책으로 출판되었다. 1963년 그는 현란한 스타일의 소설가이자 새로 창간된 저널《텔켈》(*Tel Quel*)의 편집자 필리프 *솔레르와 만나게 된다. 그리고 1970년대 초반 바르트의 명성은 당시《텔켈》이 채택했던 명백히 마오주의적인 경향에도《텔켈》과 불가분한 관계를 맺고 있다.

1976년 바르트는 미셸 •푸코의 부추김으로 명문 콜레주 드 프랑스에 있는 문학기호론의 학과장으로 선출되었다. 이는 바르트와 같은 비정통적 학계 족보를 가진 사람에게는 믿을 수 없는 성과였다. 그의 마지막 책《카메라 루시다》(*La Chambre Claire*, 1980 / *Camera Lucida*, 1982)는 1977년 세상을 떠난 그의 어머니를 애도하려고 썼는데, 그가 전 생애 관심을 둔 주제인 사진에 대한 명상을 담고 있다. 이즈음 그의 명성은 최고조에 이르렀다. 이는 앞서 출판된, 매력적인 반자서전적 책《사랑의 단상》(*Fragments d'un discourse amoureux*, 1977 / *A Lover's Discourse*, 1979)이 베스트셀러가 된 덕분이었다. 그래서 그는 《플레이보이》(*Playboy*) 잡지와 인터뷰를 하기도 했다. 그런 다음 갑자기 비극이 일어났다. 1980년 2월 25일 바르트는 길을 건너다가 배달차에 치여 급히 병원으로 이송되었다. 당시 의사들은 그가 심각한 부상을 당했다고 생각하지 않았지만, 그는 결코 건강을 회복하지 못했고 몇 주 후인 3월 26일 세상을 떠났다(→독자적 텍스트와 작가적 텍스트; 작품과 텍스트).

+ 더 읽을거리

R. Bensmaïa, *The Barthes Effect: The Essay as Reflective Text*, 1987.
J. Calvert, *Roland Barthes: A Biography*, 1994.
J. Culler, *Barthes*, 1983.
F. Jameson, *Brecht and Method*, 1998.
A. Lavers, *Roland Barthes: Structuralism and After*, 1982.
M. Moriarty, *Roland Barthes*, 1991.
A. Stafford, *Roland Barthes, Phenomenon and Myth: An Intellectual Biography*, 1998.

바바, 호미 Bhabha, Homi (1949~)

인도 태생이지만 미국에 근거를 둔 문학비평가이자 이론가인 바바는 에드워드 •사이드와 가야트리 •스피박과 더불어 눈에 띄는 탈식민주의 이론가 세 사람 중 한 사람이다. 파시(8세기에 페르시아에서 이주해온 인도의 소수 그룹)의 후손인 바바는 뭄바이에서 태어나고 자랐다. 그는 뭄바이 대학교에서 학사 학위를 받은 다음 옥스퍼드 대학교에 가서 V. S. 나이폴에 대한 논문으로 박사 학위를 받았다. 그 후 그는 미국으로 자리를 옮기기 전 10년 동안 서식스 대학교에서 가르쳤다. 미국에서 그는 2001년 하버드 대학교에 합류하겠다는 결정에서 정점을 찍은 후 일련의 명망 있는 요직을 맡고 있다. 바바는 결코 다작을 하는 저자는 아니다. 지금까지 그는 단 하나의 모노그래프《문화의 위치》(*The Location of Culture*, 1994)만 출판했다(비록 몇 가지가 조만간 그 모습을 더 드러낼 단계에 있다고들 하지만). 이 책은 그 이전에 발표된 여러 글을 모아 놓은 것이다. 상대적으로 빈약한 생산력에도 바바의 책은 놀라울 정도로 광범한 충격을 주었다. 비록 글이 어렵기로 유명하지만, *탈구조주의 이론, *탈근대적 감성, 탈식민주의적 주제를 조합한 바바의 글은 현재의 비평적 관심사를 강력히 반향하고 있다. 여러 다양한 문학적 텍스트와 예술적 텍스트에 대한 심문을 거쳐 검증된 바바의 기본적 논점은 문화가 더는 단일성을 보증하는 표현으로 개념화될 수 없고 오히려 *잡종성 측면에서 생각되어야 한다는 것이다. *세계화의 힘과 과정에 따라 민족, 사상, 자본, 상품의 이동이 가능해진 덕분에 문화적으로 '우리'는 결코 전적으로 어느 한 장소에 속해 있거나 그곳에 머물러 있지 않다. 자아와 장소에 대한 우리의 의식은 태생적으로 결코 완전히 지역적이거나 '토착적'이지 않은 요인의 조합으로 만들어진 산물이다. 한 가지 예를 들어보면, 오늘날 미국에서 소매로 팔리는 모든 장난감과 의류의 3분의 2 이상이 중국에서 제조된다. 하지만 이런 장난감과 의류는 한눈에 알아볼 수 있을 정도로 모양이나 디자인 측면에서 중국이 제조한 것으로 식별되지 않는다. 바바에게 이러한 잡종성은 양가적이다. 이는 *정체성을 결정하고 재현을 통제하려는 권력의 능력에 언제나 한계가 있다는 것을 의미한다. 그래서 바바는 에드워드 사이드의 *오리엔탈리즘이 권력의 효과를 단독적이고 변경할 수 없는 것으로 그렸다는 점, 그리고 *흉내내기(모방)를 통해 권력의 효과에서 기대될 수 있는 것을 변화시킬 포스트모던 주체의 능력을 고려하지 않았다는 점을 비판했다.

+ 더 읽을거리

E. Byrne, *Homi K. Bhabha*, 2009.
데이비드 허다트, 《호미 바바의 탈식민적 정체성》, 조만성 옮김, 앨피, 2011.

바슐라르, 가스통 Bachelard, Gaston (1884~1962)

프랑스의 과학철학자. 프랑스의 샹파뉴 지역에 있는 바르쉬르오브에서 태어난 바슐라르는 학자로서의 삶을 다소 늦은 나이에 시작했다. 그는 대학 공부를 시작하기 전 수년간 우체국에서 근무했고, 제1차 세계대전에 참전해 (무공훈장을 받을 정도로) 공훈을 세웠다. 제1차 세계대전이 끝난 후 비로소 바슐라르는 대학에서 교직을 얻었다. 그의 첫 직장은 바르쉬르오브의 한 중학교였으며 여기서 그는 물리학과 화학 담당 교사로 일했다. 1919년부터 1930년까지 그곳에 재직하면서 바슐라르는 과학철학에 점점 더 많은 관심을 두게 되었다. 그리고 마침내 그가 이름을 떨치게 된 것은 1940년 소르본 대학교 과학철학 교수가 된 후 과학철학 분야에서였다. 바슐라르의 연구 작업은 사유에는 두 가지 유형, 즉 시적 사유와 과학적 사유가 있다는 확신을 반영하면서 두 가지 주요한 궤적을 그리고 있다. 지성사에서 바슐라르는 과학의 불연속성을 강조한 최초의 사상가였다. 그의 관점에 따르면, 지식은 부분적 이해에서 전체적 이해로 나아가는 논리적·직선적 단계를 따라 진보하지 않는다. 오히려 과학은 최종적 이해를 달성할 때까지 어떤 오해에서 또 다른 오해로 고르지 않게 나아간다. 이런 관점에서 보면, 특수한 현상을 이해할 때 그 이전에 시도했던 것들은 어떻게 그것이 마지막 순간에 지식에 도달할 수 있었는지에 대한 신뢰할 수 있는 지침으로 쓰일 수 없다. 바슐라르는 과거의 무지와 현재의 이해 사이에 놓인 간극의 특징을 설명하려고 *'인식론적 단절'이라는 개념을 도입했다. 이 개념은 폭넓게 영향을 미치면서 (의학 설명에서) 조르주 *캉길렘과 (병원, 감옥, 광기의 역사에 관한 설명에서) 미셸 *푸코가 심화 발전시켰다. 이 개념은 루이 *알튀세르에게도 막대한 영향을 미쳤는데, 알튀세르는 G. W. F. *헤겔과 루트비히 포이어바흐로부터 카를 *마르크스가 단절했다는 주장을 펼치기 위해 이 개념을 사용했다. 바슐라르의 저서가 보여주는 다른 궤적은 카를 *융의 영향을 강력히 반영하며 시적 이미지에 집중했다는 것이다. 바슐라르에게 시적 이미지는 은유와 같지 않다. 오히려 그것은 미래를 향해 열려 있다. 공기, 물, 불, *공간과 같은 기본 주제를 다룬 일련의 연구서에서 바슐라르는 몽상이나 백일몽에 대한 설득력 있는 설명을 내놓았다. 그는 백일몽과 몽상을 통해 우리가 상상력의 더 깊은 수면과 접촉할 수 있다고 주장했다. 이러한 연구 중에서 가장 잘 알려진 책이《공간의 시학》(*La Poétique de l'espace*, 1958 / *The Poetics of Space*, 1964)이다. 이 책은 1964년 영어판으로 번역되면서 전 세계적 베스트셀러가 되었다. 이 시리즈의 다른 책으로는《불의 정신분석》(*La psychanalyse du feu*, 1938 / *The Psychoanalysis of Fire*, 1977),《물과 꿈》(*L'eau et les rêves*, 1942 / *Water and Dreams: An Essay on the Imagination of Matter*, 1994),《몽상의 시학》(*La poétique de la rêverie*, 1960 / *The Poetics of Reverie: Childhood, Language, and the Cosmos*, 1992)이 있다.

+ 더 읽을거리

도미니크 르쿠르,《맑스주의와 프랑스 인식론》, 박기순 옮김, 중원문화, 2012.
M. McAllester, *Gaston Bachelard: Subversive Humanist*, 1991.
M. Tiles, *Bachelard: Science and Objectivity*, 1984.

바우만, 지그문트 Bauman, Zygmunt (1925~2017)

영국에 기반을 둔 폴란드 태생의 사회학자. 바우만은 폴란드의 포즈나뉴에서 태어났지만 어린 시절 가족과 함께 독일의 침략을 피하려 러시아로 이주했다. 그는 폴란드군과 함께 싸워 소령으로 진급했지만 1953년 유대인이라는 이유로 파면당했다. 이후 그는 대학으로 선회했으나 대학 안에서도 반유대주의자들의 박해를 받은 탓에 결국 폴란드를 떠나기로 결심했다. 그는 텔아비브와 캔버라에서 짧게 체류한 후 영국으로 이주했다. 다작하는 저자인 바우만은 광범하게 다양한 주제를 다루지만 주로 •근대성, •탈근대성, 홀로코스트 같은 쟁점에 초점을 맞춘 50권 이상의 책을 썼다. 그의 주요 저서에는《근대성과 홀로코스트》(*Modernity and the Holocaust*, 1991),《낭비된 삶: 근대성과 그 추방자》(*Wasted Lives: Modernity and its Outcasts*, 2003),《탈근대성과 그 불만족》(*Postmodernity and its Discontents*, 1997),《세계화: 인간의 결과물》(*Globalization: The Human Consequences*, 1998)이 있다.

저술 제목들의 짧은 목록이 보여주듯이, 바우만의 연구는 주로 '무엇이 근대성을 구성하는가', '근대성의 효과는 무엇인가', '근대성 이후 무엇이 나타나는가'와 같은 세 가지 질문에 집중되어 있다. 그는 '고체(solid)' 근대성이라고 규정한 것에서부터 '액체(liquid)' 근대성이라고 칭한 현재 상황에 이르기까지 근대성의 움직임을 지도화했다. *액체 근대성은 가정, 지역, 국가라는 강력한 사회적 유대가 자본의 *탈영토화 효과에 따라 해체된 현재 상황을 말한다. 바우만은 장 *보드리야르처럼 소비와 소비주의가 경제와 사회적 삶의 주요한 조직 원리로서 일(노동)의 자리를 추월해버렸다고 주장했다. 그 결과 사회적 결속은 바우만이 '휴대품 보관소' 집단이라 부른 것으로 축소되어버렸다. '휴대품 보관소' 집단은 반전시위 같은 특별한 쟁점을 중심으로 함께 모였다가 그 사건이 종결되면 흩어져버리는 집단을 말한다. 그의 관점에 따르면 이러한 결속력의 상실은 *후기 자본주의가 개인에게 부여한 프리미엄으로 더 악화되었다. 다소 비판적으로, 그러나 훌륭한 증거를 근거 삼아 바우만은 근대성이 해방의 약속을 이행하지 않았다고 주장했다. 바우만은 홀로코스트와 근대성을 동등하게 생각하는데, 이는 불가능한 일을 시도한다는 점에서 격렬한 논쟁을 불러일으키고 있다.

+ 더 읽을거리

P. Beilharz, *Zygmunt Bauman: Dialectic of Modernity,* 2000.
T. Blackshaw, *Zygmunt Bauman,* 2005.
D. Smith, *Zygmunt Bauman: Prophet of Postmodernity,* 2000.
K. Tester, *The Social Thought of Zygmunt Bauman,* 2004.

바이스, 페터 Weiss, Peter (1916~1982)

독일의 작가, 예술가, 활동가. 베를린 근교에서 헝가리계 유대인 아버지와 기독교 신자인 어머니 사이에서 태어났다. 바이스는 유년기를 브레멘과 베를린에서 보냈고, 이후 런던으로 가서 사진을 공부했다. 런던 다음에는 프라하로 갔으며, 여기서 1938년 독일이 주데텐 지방을 합병하기 전까지 살았다. 그는 나치를 피해 처음에는 스위스로, 다음에는 스웨덴으로 도피했으며, 스웨덴에서 남은 일생을 보냈다. 1940년대와 1950년대에 바이스는 스웨덴어와 독일어로 예술을 가르치고, 실험 영화들을 만들고, 산문과 극 작품들을 썼다. 그가 쓴 최초의 희곡《탑》(*Der Turm / The Tower*)이 1950년 초연되었다. 그러나 그가 세계 관중의 호응을 얻은 것은 1964년 베를린에서 초연한 〈마라/사드〉(Marat/Sade)에 이르러서다. 국제적 명성이 있는 감독 피터 브룩이 이듬해 뉴욕에서 〈마라/사드〉를 무대에 올렸고, 이와 함께 혁신적이며 대단히 정치적인 극작가로서 바이스의 명성이 시작되었다. 사드 백작이 수감되었던 샤랑통 정신병원을 무대로 하는 이 작품은, 사드 백작을 감독으로 하여 장 폴 마라(프랑스혁명의 주요 인물)의 암살을 연극 무대에 올리려는 수감자들의 시도를 그렸다. 앙토냉 •아르토와 베르톨트 •브레히트의 영향이 드러나는 이 작품은 바로 고전이 되었고 역시 브룩 감독이 성공적으로 영화화했다. 그러나 많은 이에게 바이스의 진정한 걸작은 3부작 역사소설《저항의 미학》(*Die Ästhetik des Widerstands*, 1975~1981 / *The Aesthetics of Resistance*, 2005)이다. 이 소설은 토마스 만의 •알레고리 소설《파우스트 박사》(*Doktor Faustus*, 1947 / *Doctor Faustus*, 1948)와 비슷하지만 그보다 더 명백히 정치적인 내용을 다루면서 나치즘의 부상을 탐구했다. 바이스는 소설에서 스페인 내전에 대한 관심도 드러냈다.

ㅂ

+ 더 읽을거리

R. Cohen, *Understanding Peter Weiss*, 1993.
F. Jameson, *The Modernist Papers*, 2008.

+ 참고

페터 바이스, 《마라 사드》, 최병준 옮김, 예니, 2004(1964).
토마스 만, 《파우스트 박사 2》, 김해생 옮김, 필맥, 2007.

바쟁, 앙드레 Bazin, André (1918~1958)

프랑스의 영화비평가. •작가 이론의 핵심 기관으로서 가장 영향력 있는 잡지인《카이에 뒤 시네마》(*Cahiers de cinéma*)의 공동 창간자이자 편집자. 바쟁 사후 출판된 것으로 4권이 1질로 되어 있는《영화란 무엇인가》(*Qu'est-ce que le cinema?*, 1958~1962 / *What is Cinema?*, 1967~1971)에 담겨 있는 그의 에세이들은 젊은 •누벨바그 감독들에게 주요한 영향을 미쳤다. 바쟁은 영화를 특별한 종류의 예술 형식으로 보고 그에 관한 글쓰기를 한 초기 비평가 중 한 사람이었다. 비록 그의 사상 중 일부는 구식이 되어버렸다 해도, 영화 연구 영역의 토대를 만든 사람으로서 신뢰를 받을 만하다. 바쟁은 영화에서 무엇이 가능할 수 있는지를 결정하려고 지속적으로 노력했다. 그는 몽타주의 가능성을 높이 본 첫 번째 비평가다. 또한 그는 영화를 구분하고 분류하는 데 탁월했고, 언제나 새로운 영화를 수용하려고 새 장르를 발명할 준비가 되어 있었다. 바쟁이 남긴 유명한 어록에는 '영화는 현실의 예술'이라는 말이 있다. 이는 영화의 소재가 현실이라는 이유에서가 아니라 영화가 창조하는 미학적 공간이 영화에 대한 우리 믿음을 장악하는 하나의 현실이기 때문이다. 우리는 우리가 보는 것이 사실이거나 진실이라고 믿지 않음에도 영화를 제작하는 데 사용된 기계적 녹화 장치의 객관성을 믿기에 스크린에서 보는 것을 믿는다.

+ 더 읽을거리
D. Andrew, *The Major Film Theories*, 1976.

바타유, 조르주 Bataille, Georges (1897~1962)

프랑스의 종교사학자, 철학자, 소설가. 바타유는 경력 중 많은 시간을 사서로 근무했다. 바타유의 다양한 저서가 충분한 증거가 되듯이, 사서라는 직업 덕분에 그는 비서(秘書)와 신비로운 물건으로 구성된 방대한 컬렉션에 접근할 수 있었을 뿐만 아니라 그런 책과 물건을 샅샅이 훑어볼 자유로운 시간을 많이 누릴 수 있었다. 사서는 사람보다는 책을 더 선호하는 반사회적 유형이라고 생각하는 사서에 대한 전형적 이미지와는 정반대로 바타유는 대단한 기획자였다. 그는 (로제 카유아와 미셸 레리와 함께) 사회학연구회와 그곳에서 펴낸 잡지 《도큐망》(*Documents*)의 창단 멤버 중 한 사람이었고, 잡지 《아세팔》(*Acéphale*)과 이와 관련된 비밀 모임의 공동 발기인이었다. 그리고 그는 《크리티크》(*Critique*)의 창간 편집자였다. 바타유는 초현실주의자들과 교류하기도 했고, 반파시즘의 한 분파 단체인 콩트르 아타크(contre-Attaque)를 설립하는 데도 도움을 주었다.

바타유는 프랑스의 오베르뉴 지방에 있는 비용에서 태어났다. 처음에 그는 사제가 되고 싶어 했으나 십대 후반 그 계획을 포기하고, 책과 원고를 가지고 연구하는 것에 초점을 맞추며 중세사, 특히 종교사를 공부했다. 바타유는 파리에 있는 국립도서관에서 첫 직장을 잡아 20년 이상 재직했다. 그런 다음 결핵으로 요양하면서 7개월 병가를 보낸 후, 카르팡트라와 오를레앙에 있는 도서관에서 근무했다. 독일군이 파리를 점령한 후, 독일의 유대인 작가이자 철학자인 발터 •벤야민이 1940년 파리에서 도망칠 때 자기 원고를 바타유에게 맡겼는데, 이는 적절한 선택이었다.

바타유의 이름은 다른 것을 생각해볼 여지 없이 위반이라는 개념과 결부된다. 바타유는 자신의 전 생애를 위반의 실제적 존재론, 위반의 존재론의 명백한 필요성에 관한 인류학적 연구에 바쳤다고 할 수 있다. 바타유는 어떤 체계가 아무리 위반을 엄정하게 배제한다고 해도, 그 모든 체계에는 위반이 내재한다고 보았다. 위반을 연구하는 바타유의 방식은 두 가지 형식을 취했다. 첫 번째 형식은 아마도 가장 잘 알려진 것일 텐데, 반은 에세이, 반은 논문으로 된 그의 소설이다. 미시마 유키오, 수전 •손택과 롤랑 •바르트는 인쇄물 형식으로 바타유의 관능적 소설《눈의 이야기》(*Histoire de l'oeil*, 1928 / *Story of The Eye*, 1967)와《마담 에드와르다》(*Madame Edwarda*, 1941)에 감탄을 표했다. 바타유의 이러한 소설들은 실험소설에 관한 어떤 흐름의 중요 부분이 되었다(앙드레 •브르통은 바타유를 '배설물'의 작가라고 공격했는데, 바타유의 소설들이 실험소설의 중요 부분이 되었다는 점을 고려할 때 이런 공격이 바타유의 명성에 흠집을 내지는 않았다). 두 번째 형식은 사회적 삶에 미치는 위반의 중심성에 대한 그의 철학적이고 역사적인 설명이다. 이런 주제로 가장 잘 알려진 저서는《저주받은 몫》(*La Part maudite*, 1949 / *The Accursed Share*, 1988)이다.

모든 '제한 경제'는 언제나 그것이 담을 수 있는 것 이상을 생산하고, 이 공인되지 않은 과잉에 모든 제한 경제가 분열되어 있다는 것이 바타유 위반 이론의 핵심이다. 여기서 제한 경제는 닫혀 있다고 추정되는 어떤 체계 혹은 자족적 관념이나 개념을 나타내는 바타유의 용어다. 그러므로 순결과 같은 개념은 순결이 육욕의 부정이라는 것을 인정하는 한에서만 의미가 있게 된다. 다시 말해 순결하다는 것이 성관계를 하지 않기로 정한 것을 뜻한다는 사실은 실제로 성관계를 하겠다는 생각이 표면상 결코 동떨어진 것이 아님을 나타낸다. 이와 같은 이유로 위반의 •쾌락은 우선 부과되는 그와 같은 제한에

ㅂ

의존한다(이것이 바로 미셸 *푸코와 질 *들뢰즈 같은 이론가들이 권력이 생산적이라고 말할 때 뜻하는 것이다).

철학의 바깥에서 바타유가 가장 지속적으로 영향을 미친 영역은 미술사 부문으로, 주로 근대와 현대 미술에 관심을 두고 있는 저널《옥토버》(*October*)를 중심으로 활동하는 그룹에 특히 영향을 미쳤다.

+ 더 읽을거리

F. Botting and S. Wilson, *Bataille*, 2001.

M. Surya, *Georges Bataille, la mort à l'oeuvre*, 1992 / *Georges Bataille: An Intellectual Biography*, 2002.

바티모, 잔니 Vattimo, Gianni (1936~)

이탈리아의 철학자. 토리노에서 태어났으며, 토리노 대학교에서 철학을 공부했고, 1959년 졸업했다. 졸업 후 바티모는 저명한 해석학자인 카를 뢰비트와 한스 게오르크 *가다머를 지도교수로 박사과정을 마치기 위해 하이델베르크로 갔다. 1964년 토리노로 돌아와 모교 토리노 대학교에서 자리를 잡은 뒤 줄곧 이 학교에 재직했다. 1999년, 바티모는 이탈리아 공산당 소속으로 유럽 정당에 선출되었다. 그는 2004년 이탈리아 공산당에서 탈퇴하면서 의원직도 사임했다. 이후 그는 저널리스트로 일하지만 유럽 정치에서도 여전히 활동 중이다. 동성애자라는 사실을 공개하기는 했지만, 바티모는 퀴어 이론가는 아니다. 그는 가톨릭 신자이며, 그의 저술 중 몇몇은(여기에는 자크 *데리다와 공저한《종교》(*Religion*, 1998)도 있다) 종교와 신학적 문제를 다뤘다. 바티모는 *약한 사유 혹은 약한 *존재론으로 널리 알려져 있다. 언어와 현실 사이에 강한 연결 고리는 없으며 따라서 단지 해석만 있을 뿐이라고 보는 관점이다. 이런 조건에서 철학의 임무는 더 좋고 더 엄격한 해석을 내놓는 것이다. 따라서 바티모가 보기에 오늘 철학을 한다는 것은 실상 *해석학을 한다는 것이다. 이 점에서 바티모는 *포스트모던 철학자에 속한다고 볼 수 있다. 포스트모던 철학자로서 바티모는 장 프랑수아 *리오타르보다는 리처드 *로티 쪽에 가깝다. 바티모의 유명한 저서로는《근대성의 종말: 탈근대 문화의 허무주의와 해석학》(*La fine della modernità*, 1985 / *The End of Modernity: Nihilism and Hermeneutics in Post-modern Culture*, 1991), 《투명한 사회》(*La società trasparente*, 1989 / *The Transparent Society*, 1994)가 있다.

+ 참고
잔니 바티모, 《근대성의 종말: 탈근대 문화의 허무주의와 해석학》, 박상진 옮김, 경성대학교 출판부, 2003.

바흐친, 미하일 Bakhtin, Mikhail (1895~1975)

러시아의 언어학자이자 문학비평가. 바흐친은 자신의 일생에서 상당한 시간에 걸쳐 두 번 세계대전과 혁명이라는 어려운 상황을 겪으면서도 저술 활동을 한 비범한 저자다. 그리고 20세기의 저명한 문학이론가 중 한 사람이다. 타고난 반체계적 사상가이지만 대단히 엄중한 사상가이기도 한 바흐친의 •카니발성, •시공성, •대화주의, •이어성과 •다성성 같은 개념은 현대 미학의 거의 모든 영역, 특히 영화와 문학에 엄청난 반향을 불러일으켰다. 그는 종종 러시아 형식주의자들과 연관되기도 하지만 사실상 그의 저서는 목적과 야심의 측면에서 언제나 그들과 구분된다.

바흐친은 오룔에서 소유한 토지는 없지만 귀족인 가문에서 태어났다. 그의 아버지는 중간급 은행원이었는데, 바흐친이 성장할 무렵 그는 가족을 데리고 오룔에서 빌니우스로, 그리고 마침내 오데사로 이사했다. 바흐친은 오데사에서 대학 공부를 시작했으나 곧 상트페테르부르크 대학교로 옮겼다. 그곳에서 다시 바흐친은 네벨로 옮겼고 네벨에서 2년간 학생들을 가르쳤다. 네벨은 첫 번째 '바흐친 모임'의 일원이 함께 모인 곳이었다. 이 모임의 일원 중 볼로쉬노프가 있었는데, 볼로쉬노프 이름으로 바흐친이 자신의 유명한 책 중 하나인 《마르크스주의와 언어철학》(*Marxism and the Philosophy of Language*, 1973)을 출판했다고 전해진다. 바흐친은 두 번째 책 《프로이트주의》(*Freudianism*, 1927) 역시 볼로쉬노프의 이름으로 출판했고, 마찬가지로 또 다른 책 《문학 연구의 형식적 방법》(*The Formal Method in Literary Scholarship*, 1928)도 또 다른 절친한 동료 메드베데프의 이름으로 출판했다. 이런 책들의 위상에 대한 의견은 분분하고 왜 바흐친이 그렇게 다른 사람 이름으로 책을 출판하기로 결정했는지도 알려진 바가 없다. 1920년에 바흐친은 엘 리시츠키, 말레비치, 마르크 샤갈 같은 위대한 모더니즘 예술가들이 혁명을 피해 도피한 비테브스크로 옮겼다.

1924년 즈음에 바흐친은 레닌그라드라는 이름으로 새롭게 개명한 상트페테르부르크로 다시 돌아왔다. 마침내 그는 그때까지도 친구들과 그를 존경하는 사람들로 이루어진 폐쇄적 그룹에서만 유포된 자신의 책 중 일부를 출판하기 시작했다. 그러나 그의 생애 내내 반복했던 어떤 패턴에 따라 그가 출판을 시도했던 원고 중 많은 것이 금지당하거나 분실되었다. 그런 원고 중 일부는 살아남아 10여 년 후 출판되기도 했지만 많은 원고가 완전히 사라져 버리고 말았다. 이와 관련된 유명한 일화가 하나 있는데, 제2차 세계대전 동안 종이 공급이 부족했기 때문에 골초였던 바흐친이 자기가 피울 담배를 만들려고 완성된 책의 원고를 사용했다고 한다. 대화주의와 이어성, 다성성 같은 개념을 소개한 바흐친의 첫 번째 중요한 책인《도스토옙스키 시학의 문제들》(*Problems of Dostoevsky's Poetics*, 1984)은 1929년까지도 출판되지 않았다.

1940년 바흐친은 박사 학위 논문을 제출했지만, 전쟁 때문에 1946년까지 심사를 받지 못했다. 이 논문은 학계를 분열시켰고 그는 박사 학위를 인정받지 못했다. 그러나 결국 1965년 이 논문은 출판되었고, 1968년 영어판《라블레와 그의 세계》(*Rabelais and his World*)로 번역되었다. 라블레 시대에 관한 엄격한 문헌학적 연구를 할 것이라는 예상과 달리 바흐친의 논문은 광범하게 역사와 사회학을 아우르고 라블레를 자신의 문화적 문맥에 위치시키려는 시도를 했다. 이런 이유로 바흐친은 라블레 산문의 상스러움, 적어도 작가로서 경력을 만들어보겠다는 관점에서 본다면 신중하게 선택했을지도 모르는 라블레의 관심사들을 회피하거나 은근히 무시하지 않았다. 그럼에도 바흐친의 친구들은 바흐친을 위해 교수 임용 허가를 어렵게 받아내주었다. 그래서 바흐친은 건강이 좋지 않아서 1969년 어쩔 수 없이 은퇴할 때까지 수십 년간 대학에서 가르칠 수 있었다.

바흐친은 1920년대 초반부터 러시아에서는 잘 알려져 있었지만 1970년대까지도 서방에는 거의 알려지지 않았다. 그러나 (프랑스어와 독일어뿐만 아니라) 영어 번역판이 나오자마자 즉각적으로 그의 책은 문학사에서 하나의 위대한 목소리가 되었다. 바흐친의 저서는 소설에 관한 몇 되지 않는 독창적 이론 중 하나를 제공하고 있다.

+더 읽을거리

K. Clark and M. Holquist, *Mikhail Bakhtin*, 1984.
M. Holquist, *Dialogism*, 2002.
D. Lodge, *After Bakhtin*, 1990.
P. Stallybrass and A. White, *The Politics and Poetics of Transgression*, 1986.
R. Stam, *Subversive Pleasures: Bakhtin, Cultural Criticism and Film*, 1989.

반복 강박 compulsion to repeat / *Wiederholungszwang*

•정신분석에서 사용하는 대단히 복잡한 개념으로 적어도 두 가지 의미를 가지고 있다. 첫째, 가장 약한 의미에서, 반복 강박은 많은 사람이 •일상생활에서 고수하는 수많은 의식과 일상을 가리키는데, 이것은 중단되면 가벼운 불안에서 심각한 불안까지 초래할 수 있다. 둘째, 가장 강력한 의미에서, 반복 강박은 무의식적 사고의 고집스러운 지속과 •억압의 가장 단호한 형식조차 회피할 수 있는 무의식적 사고 능력을 가리킨다. 슬라보예 •지젝은 반복 강박의 특징을 설명하려고 종종 영화에 등장하는 좀비 이미지를 적절히 사용했다. 반복 강박은 일종의 강박으로서 의식적 사고의 통제 바깥에 있고 프로이트 관점에서는 •죽음 충동의 질서에 속하므로 영화 속 좀비 이미지와 잘 들어맞는다. 프로이트는 반복 강박을 동요된 •무의식이 보이는 징후로 취급했다. 무의식이 이제까지 처리할 수 없었던 외상(trauma)으로 동요가 초래된다. 그래서 무의식은 할 수 있을 때까지 반복해서 동요를 줄인다. '통속(대중) 심리학적' 개념의 '종결'에 관해서 이야기된 많은 것은 정확히 이러한 현상, 즉 우리가 외상적 기억에 대한 반복 강박을 끝내려고 종결을 욕망한다는 점에 쏠려 있다.

반작용형성 reaction-formation / *Reaktionsbildung*

*억압된 소망의 정반대인 심리 태도를 가리키는 *정신분석 용어. 외향적이며 노출증 경향이 있는 사람이 수줍음 많고 내향적인 사람처럼 행동하는 경우를 예로 들 수 있다. *카섹시스에 반대되는 심리 활동으로서 반작용형성은, 통상적인 *무의식의 경로와 대등하거나 아니면 그보다 강력한 *욕망의 의식적 출구가 된다. 반작용형성은 강박적 성격을 갖게 될 때 혹은 실제적 결과가 그 자체로 바람직하지 않을 때(쑥스러움이 많은 사람이 갑자기 지나치게 노출증적으로 변하는 경우를 예로 들 수 있다)에만 병리적이거나 징후적인 것으로 간주된다.

반정신의학 anti-psychiatry

1960년대와 1970년대에 런던에서 활동했던 정신과 의사들과 심리 치료가들로 이루어진 대단히 정치적인 집단. 이들은 정신 질환의 (그 당시) 표준적 치료법(예컨대, 전기 경련 치료, 뇌엽전리술, 항정신병 약물)뿐만 아니라 광기에 대한 전통적 정의를 거부했다. 반정신의학자는 광기를 사회적 구성물 혹은 좀 더 강력히 말해, 사회가 특정인들에게 부과하는 압력의 효과로 간주했다. 이들은 정신병을 사람들이 사회화의 억압적 결과를 표현하고자 함으로써 나타나는 주술적 여정이라고 보았다. 이 용어 자체는 남아프리카의 정신과 의사 데이비드 *쿠퍼가 만들었다. 쿠퍼는 로널드 데이비드 *랭을 비롯한 다른 사람들과 협력해 킹슬리홀을 설립했다. 킹슬리홀은 1965년 런던 동부에서 시작된 정신 치료 공동체에서의 실험을 말한다. 킹슬리홀의 환자 중 한 사람이었던 메리 반스와 그녀를 담당했던 정신과 의사 조지프 버크의 협동 작업으로 쓰인《메리 반스: 광기를 통과하는 여정을 다룬 두 가지 이야기》(*Mary Barnes: Two Accounts of a Journey through Madness*, 1971)는 실제로 반정신의학이 의미했던 것을 예리하지만 전적으로 반정신의학을 치켜세우지 않는 통찰을 제시했다. 사실상 이 책은 많은 비평가가 반정신의학의 비윤리적 실천이라고 본 것을 드러냄으로써 반정신의학 운동에 많은 손상을 입혔다. 프랑스의 철학자 미셸 *푸코가 종종 반정신의학과 연관된다. 그러나 그의 첫 번째 책《광기의 역사》(*Folie et Déraison: Historie de la Folie à l'âge classique*, 1961. 이 책의 영문판은 축약된 형식의 《광기와 문명》(*Madness and Civilization*, 1965)과 완결판 형식의 《광기의 역사》(*History of Madness*, 2006)가 있다)가 특히 랭과 쿠퍼에게 강력한 영향을 미쳤다고 하더라도, 푸코는 자신을 반정신의학의 한 부분이라고는 생각하지 않았다. 이와 마찬가지로, 반정신분석학자인 펠릭스 •가타리는 반정신의학의 원리에 영향을 받았다. 그러나 가타리의 관점에서 반정신의학은 정신분열증 환자의 고통을 줄이려고 아무것도 하지 않았기 때문에 궁극적으로 그는 반정신의학 운동을 실패한 실험이라고 생각하고 거부했다.

+ 더 읽을거리
Z. Kotowicz, *R. D. Laing and the Paths of Anti-psychiatry*, 1997.

반토대주의 anti-foundationalism

•토대주의를 거부하는 철학적 견해. 반토대주의는 철학의 토대를 수립해야 할 필요성을 거부한다. 반토대주의 철학자들은 그들의 견해가 기초로 삼을 절대적 토대를 주장할 수 없기 때문에 종종 니힐리스트들 혹은 도덕적 상대주의자들이라는 비난을 받는다. 또한 이런 측면은 그들이 절대적 토대들 대신에 사용될 수 있는 진리 같은 형이상학적 범주를 거부함으로써 악화된다. 그러나 반토대주의가 이러한 비난에 민감한 것이 사실이지만 그것이 반토대주의적 견해가 공허한 것이라는 사실을 의미하지는 않는다. 저명한 반토대주의 철학자로는 리처드 •로티와 스탠리 •피시가 있다.

발리바르, 에티엔 Balibar, Étienne (1942~)

프랑스의 •마르크스주의 철학자이자 사회이론가. 부르고뉴에서 태어난 발리바르는 국립고등사범학교에서 공부했다. 그는 그곳에서 스승이 된 루이 •알튀세르와 만났다. 발리바르는 알튀세르의 제자와 동료로 이루어진 엄선된 그룹의 일원이라 할 수 있는 '알튀세르주의자'로 명망이 높았다. '알튀세르주의자' 중에는 피에르 •마슈레, 미셸 •페쇠, 니코스 •풀란차스, 자크 •랑시에르가 있었는데, 이들은 마르크스주의에 대한 알튀세르의 구조주의적 재해석을 진전하려고 함께 연구했다. 발리바르는 알튀세르, 마슈레, 랑시에르와 공동 작업으로 카를 •마르크스가 쓴 《자본론》의 몇 가지 핵심 부분을 꼼꼼히 읽어낸 《자본론 읽기》(*Lire le capital*, 1968)를 썼다(이 책의 일부가 1970년 영어판 《자본론 읽기》(*Reading Capital*)로 번역되었다). 비록 발리바르가 기여한 부분과 알튀세르의 것이 이 책에 함께 섞여 있기는 하지만(마슈레와 랑시에르가 기여한 부분은 후속판에서 삭제되었고 영어판에는 포함되지도 않았기 때문에 그들은 발리바르보다 훨씬 더 형편없는 대우를 받았다), 이 책은 사회적 구성에 대한 일반론으로 •사적 유물론을 수립하면서 사적 유물론의 기본 원칙을 설계했다는 측면에서 그 의의를 찾을 수 있다. 1970년대 마르크스주의가 소연방에 있는 강제 노동 수용소의 실태 폭로 때문에 점차 심각한 공격을 받게 되었을 때, 발리바르는 마르크스주의를 완전히 버리지는 않았지만 20년 넘게 당원으로 있었던 공산당을 탈퇴했다. 1980년대와 1990년대 발리바르는 여전히 마르크스주의의 틀 안에서 연구하면서도 알튀세르의 그늘 바깥에서 좀 더 '실용적인' 문제, 즉 글로벌 자본주의의 비호 아래 이루어진 국가의 변형이 제기하는 문제와 인종차별주의 같은 지속적인 문제로 관심을 돌렸다. 이매뉴얼 •월러스틴과 함께 쓴 《인종, 국가, 계급》(*Race, nation, classe: les identités ambiguës*, 1988 / *Race, Nation, Class: Ambiguous Identities*, 1991)에서 발리바르는 탈식민의 시대에도 인종차별적 현상이 영속화되고 있음을 설명하기 위해 •신인종차별주의라는 개념을 제안했다. 좀 더 최근에 그는 유럽연합의 대두와 발전에 따른 문제로 방향을 돌리고, 그런 문제에 관한 사유를 담은 《우리, 유럽의 시민인가》(*Nous citoyens d'Europe? Les frontiers, l'État, le people*, 2001 / *We, the People of Europe? Reflections on Transnational Citizenship*, 2004)와 《유럽, 헌법, 경계》(*Europe, Constitution, Frontière*, 2005)를 펴냈다.

+ 더 읽을거리

N. Hewlet, *Badiou, Balibar, Rancière: Re-thinking Emancipation*, 2007.
J. Lezra, (ed.) *Depositions: Althusser, Balibar, Macherey and the Labor of Reading*, 1996.

발린트, 마이클 Balint, Michael (1896~1970)

헝가리의 정신분석가. 부다페스트에서 유대계 내과 의사의 아들로 태어난 발린트는 처음에는 의학을 공부했으나 대학에 다니는 동안 지그문트 •프로이트의 책에 관심을 갖게 되었고 (당시 프로이트의 절친한 친구였던) 산도르 페렌치의 강의를 수강하기 시작했다. 1920년 발린트는 생화학과 박사 학위를 준비하려고 베를린으로 옮겼다. 그러나 그는 •정신분석에 대한 관심은 계속 유지했다. 1924년 발린트는 헝가리로 돌아왔다. 그러나 당시 헝가리의 정치적 상황 때문에 그는 어쩔 수 없이 다시 그곳을 떠나 영국으로 갔고 여생을 영국에서 보냈다. 그는 영국에 머무르면서 멜라니 •클라인의 연구에 영향을 받았다. 그래서 일반적으로 그는 클라인과 같은 •대상관계 이론가로 간주된다. 영국에서 발린트는 정신분석에 대한 관심을 심화할 수 있었으며 결국에는 결혼 문제를 다루는 전업 개업의가 될 정도로 그것을 발전시켰다. 중요한 저서로 《일차적 사랑과 정신분석학적 기술》(*Primary Love and Psycho-analytic Technique,* 1956)과 《기본적 오류》(*Basic Fault,* 1967)가 있다.

+ 더 읽을거리

A. Elder et al., *Michael Balint: Object Relations, Pure and Applied,* 1996.

+ 참고

마이클 발린트, 《기본적 오류: 퇴행의 치료적 측면들》, 이귀행 · 전현태 옮김, 하나의학사, 2011.

방향 전환 ***détournement*** **/ turnaround or reversal**

상황주의자들이 생각해낸 것으로 예술 작품을 창조적으로 망가뜨림으로써 변환시키는 예술적 실천을 가리킨다. •상황주의의 핵심 이론가인 기 •드보르와 질 월만은 〈방향 전환을 위한 사용자 가이드〉(A User's Guide to Détournement, 1956)에서 방향 전환은 두 가지 목적을 가지고 있다고 주장했다. 한편으로 방향 전환은 예술적 생산의 이데올로기적 조건, 즉 모든 예술 작품은 궁극적으로 상품이라는 사실을 부정해야만 한다. 그러나 다른 한편으로 방향 전환은 이러한 예술적 생산의 이데올로기적 조건을 부정하고 정치적으로 교육적인 것을 생산해야만 한다. 방향 전환은 두 가지 주된 방식,

즉 이전에 불명확한 모호성을 드러내면서 현존하는 예술 작품에 세부 사항을 첨가하거나 예술 작품의 범위를 완전히 절개하고 새롭고 놀랄 만한 방식으로 그것을 다시 조합하는 방식으로 부정을 달성한다. 그러나 이러한 실천을 방해하는 적은 순수한 의미의 새로움이다. 그리고 부정의 부정을 생산할 때 그런 새로움이 생기지 않도록 경계해야 한다. 상황주의자들은 인간성에 대한 문학적이고 예술적인 유산은 그들이 칭한 당파적 선동 목적, 즉 급진 정치를 홍보하기 위해 이용되어야 한다는 태도를 취한다. 드보르와 월만의 주장에 따르면 방향 전환은 저렴하지만 강력하다는 장점이 있다. 이 점 때문에 방향 전환은 그들이 이름 붙인 중국식 이해의 벽을 돌파하려는 누구나 사용할 수 있는 무기가 된다. 마르셀 뒤샹이 〈모나리자〉에 수염을 붙인 것은 이러한 목표와 일치한다고 간주되지만 너무 시시하다. 마찬가지로 베르톨트 •브레히트가 윌리엄 셰익스피어의 고전극을 재공연한 것은 결정적 원형으로 여겨지지만 또한 그것은 지나치게 보수적이라고 여겨진다. 저주받은 시인 로트레아몽(파리에 기반을 둔 우루과이 작가 이시도르 뒤카스의 필명)은 일반적으로 중요한 선구자로 간주된다. 드보르와 다른 사람들은 로트레아몽의 《말도로르의 노래》(*Les Chants de Maldoror,* 1868)를 확장된 의미에서 방향 전환의 완벽한 예로 인용한다. 실천으로서 방향 전환을 주장한 주요 주창자는 덴마크의 화가 아스게르 요른이다. 그는 드보르와 더불어 상황주의 운동의 창립자 중 한 사람이다(→ 인지적 지도; 표류; 탈영토화; 산책자).

+ 더 읽을거리

K. Knabb, (ed.) *Situationist International Anthology*, 2007.
S. Plant, *The Most Radical Gesture: The Situationist International and After*, 1992.

백인성 whiteness

유럽의 백인이 피부색을 정치적 표지로 사용하며 그들 자신의 피부색에 다른 피부색들에 맞서 특권을 부여하는 담론을 구축하고 유지해온 방식을 분석하기 위한 논쟁적 명칭. •인종이라는 용어가 몇 세기 동안 있었는데도, 이 용어가 백인에게는 거의 적용되지 않았다(마치 유색인만 인종 범주에 따라 구분될 수 있다는 것처럼)는 점을 감안할 때 이 용어는 논쟁적이다. 또한 명백한 점은, 유색 인종이라는 개념 자체가 백인이 표준이며, 그 표준에 따라 피부색이 측정되고 판단되어야 한다고 암시한다는 것이다. 그러나 같은 논리로, 피부색에 따라 인종화된 타자들이 있기 때문에 백인성이 의미가 있다. 백인성의 비판적 분석은 피부색에 관한 어떤 논의에서든 백인성이 '자연스러운', '규범적인' 혹은 '주어진' 용어가 되게 하는 일의 허위를 폭로하고자 한다. 백인성 연구는 •탈식민주의 연구의 하위 분야다.

+ 더 읽을거리

R. Dyer, *White: Essays on Race and Culture*, 1997.
S. Garner, *Whiteness: An Introduction*, 2007.
G. Hage, *White Nation: Fantasies of White Supremacy in a Multicultural Society*, 1997.
R. Mohanram, *Imperial White: Race, Diaspora, and the British Empire*, 2007.
R. Young, *White Mythologies: Writing History and the West*, 1990.

버틀러, 주디스 Butler, Judith (1956~)

미국의 페미니스트 철학자, 젠더 이론가인 버틀러는 오하이오주 클리블랜드에서 태어났다. 1984년 버틀러는 예일 대학교 철학과에서 박사 학위를 마쳤다. 예일에 재학할 당시 그녀는 폴 드 만과 자크 •데리다가 개최한 세미나를 수강했는데 이것이 흥미로운 방식으로 그녀에게 영향을 미쳤다. 버틀러는 프린스턴, 코넬, 존스 홉킨스에서 객원교수를 지낸 후 캘리포니아 버클리 대학교에서 종신 교수직을 얻었다. 그녀는 세계에서 가장 널리 읽히고 가장 영향력 있는 젠더 이론가라 할 수 있다.

버틀러의 박사 학위 논문을 출판한 《욕망의 주체들》(*Subjects of Desire: Hegelian Reflections in Twentieth-Century France*, 1987)은 대단히 까다로운 책이다. 이 책은 차후 쓸 책들이 완성해야 할 확실한 프로젝트, 즉 •젠더 같은 사회적 구성물이 어떻게 존재하게 되는가, 특히 어떻게 그러한 구조물이 역사적이라기보다는 자연스럽게 발생한 것으로 보이게 되었는가와 같은 문제를 이해하려는 시도를 계획하고 있다. 버틀러가 지적했듯이, 우리가 동일시하고 싶은 젠더를 선택할 수는 있지만 현재 어떤 젠더도 취하지 않기로 결정하는 것은 불가능하다. 사회는 우리가 원하든 원치 않든 간에 우리에게 젠더를 취하라고 강제한다. 버틀러의 후속작들 《젠더 트러블: 페미니즘과 정체성의 전복》(*Gender Trouble: Feminism and the Subversion of Identity*, 1990)과 《의미를 체현하는 육체: '섹스'에 대한 담론의 한계에 대해서》(*Bodies that Matter: On the Discursive Limits of 'Sex'*, 1993)는 (버틀러가 존 랭쇼 •오스틴의 •수행사 개념에서 차용한) •수행성이라는 개념의 견지에서 젠더의 문제적 상황을 이론화한다.

《젠더 트러블》에서 버틀러는 일반적 지식과는 다르게 (일반적으로 생물학적 '사실'이라고 전제하는) 성(sex)과 젠더(gender) 모두 문화적으로 구성된 용어이고 성과 젠더 간의 이항관계가 서로 보강하고 있다고 주장했다. 이러한 이항관계를 거부하고 성이 전적으로 젠더와 똑같은 문화적 구성물이라는 것을 보여줌으로써 버틀러는 두 용어를 진정으로 비판하는 길을 열어놓았다. 뒤이어 나타난 버틀러의 주장에 따르면, 성과 젠더는 수행성 측면에서 이해될 수 있다. 버틀러는 그 적절한 예로 드래그 퀸(Drag Queen, 여장을 좋아하는 남성 동성애자)을 이용해 성과 젠더는 젠더와 성 역할에 대한 헤아릴 수 없이 많은 퍼포먼스에서 야기되는 코드화된 구성물이라고 주장했다. 그러나 버틀러의 많은 독자가 궁극적으로 젠더는 단순히 선택 문제라는 점을 그녀가 말하고 있다고 오해했기 때문에 드래그 퀸은 버틀러에게는 유감스러운 선택의 예가 되어버렸다. 《의미를 체현하는 육체》는 젠더가 규정되는 다양한 담론의 방식에 지극히 엄격한 설명을 첨부하며 그러한 시각을 수정했다.

젠더 이론에 대한 연구의 바깥에서 버틀러는 자신의 •정체성을 반시온주의 유대인으로 규정했다. 그래서 그녀는 이스라엘 정치에 대한 준엄한 비판가이기도 하다. 그녀의 후기 책들, 특히 《혐오 발언: 너와 나를 격분시키는 말 그리고 수행성의 정치학》(*Excitable Speech: A Politics of the Performative*, 1997), 《불확실한 삶: 애도와 폭력의 권력들》(*Precarious Life: The Powers of Mourning and Violence*, 2004), 《전쟁의 틀: 삶은 언제 슬퍼할 수 있는가》(*Frames of War: When is Life Grievable*, 2009)는 수행성의 개념을 현대 정치학으로 확장했다. 반면 엠마누엘 •레비나스 비판을 기본에 둔 《윤리적 폭력 비판》(*Giving an Account of Oneself*, 2005)은 우리 시대의 세계를 위한 윤리학을 제안했다.

+ 더 읽을거리

S. Chambers and T. Carver, *Judith Butler and Political Theory*, 2007.
G. Jagger, *Judith Butler: Sexual Politics, Social Change and the Power of the Performative*, 2008.
V. Kirby, *Judith Butler: Live Theory*, 2006.
사라 살리, 《주디스 버틀러의 철학과 우울》, 김정경 옮김, 앨피, 2002.

+ 참고

주디스 버틀러, 《윤리적 폭력 비판》, 양효실 옮김, 인간사랑, 2013.

베르그송, 앙리 Bergson, Henri (1859~1941)

주로 의식의 작용, 특히 시간에 대한 의식의 작용에 관심을 둔 프랑스의 과학철학자. 베르그송은 자신이 생존했던 시기에 유명하고 영향력이 있었던 저술가 중 한 사람으로서 1928년 노벨 문학상을 수상했다. 또한 베르그송은 윌리엄 제임스(베르그송이 임마누엘 •칸트처럼 철학에서 또 다른 코페르니쿠스적 전환을 유도했다고 주장했음), 피에르 자네와 장 피아제 같은 심리학자뿐만 아니라 마르셀 프루스트, 폴 발레리와 샤를 페기 같은 다양한 작가가 자신들에게 중요한 영향을 미친 인물로 인정했던 철학자다. 프랑스에서 그의 저서는 •실존주의의 발흥으로 인기를 잃었다가 질 •들뢰즈 덕분에 다시 소생되었다. 들뢰즈는 특히 영화에 대한 자신의 책에서 다른 사람들이 베르그송의 약점이라고 인식했던 것을 강점으로 만들었다.

베르그송은 파리에서 유대인 부모 슬하에서 태어났다. 그는 고등사범학교에서 공부했는데, 그의 동기생으로는 장 조레(1914년 암살당한 반전운동가이며 사회주의 지도자)와 에밀 •뒤르켐이 있었다. 1889년 그는 오늘날까지도 지속적으로 연구되고 있는 책인 《시간과 자유의지》(*Essai sur les données immédiates de la conscience*, 1889 / *Time and Free Will: An Essay on the Immediate Data of Consciousness*, 1919)라는 논문으로 박사 학위를 받았다. 그 뒤 10년간 베르그송은 명망 있는 앙리 4세 고등학교를 포함한 여러 고등학교에서 가르쳤다. 1900년에 그는 콜레주 드 프랑스의 철학과 학과장을 제의받았고, 그로부터 1921년 은퇴할 때까지 그곳에 재직했다. 심각한 천식으로 고통을 겪었던 베르그송은 1914년 교직을 단념해야만 했다. 그러나 미국을 전쟁에 합류하도록 설득하

ㅂ

려고 1917년 그가 대미 외교 임무에 가담하게 되었을 때 천식이 그의 길을 막는 걸림돌이 되지는 않았다. 전쟁 이후 베르그송은 국제적 지식인의 협력을 도모하기 위한 국제연맹의 한 분과에서 의장을 맡기도 했다.

베르그송의 가장 영향력 있고 널리 알려진 개념적 발명은 엘랑비탈(*élan vital*, 생명의 약동)이라는 개념이다. 아이러니하게도, 이 개념은 베르그송이 이룬 업적의 의의를 설명하려고 베르그송을 지지하는 사람들이 많이 사용하는데, 그를 비방하는 사람들도 그의 업적을 조롱하려고 많이 사용한다. 이런 점에서 이른바 베르그송의 *생기론은 양날의 칼과 같다. 엘랑비탈에 관한 가장 솔직한 사유 방식은 그것이 진화에 대한 기계적 설명이 가지고 있는 틈을 에워싸고 과학적 이론이 설명할 수 없는 진화론적 변화의 양상에 이름을 부여한다는 점이다. 따라서 엘랑비탈은 분화 혹은 다윈의 용어를 사용해 말한다면 적응을 만드는 가상적인 힘, 즉 장애물에 반응하고 창의적이지만 '생각되지 않은' 해결책을 발전시킬 수 있는 창조적 힘이라고 볼 수 있다. 그렇다면 종의 발전은 이러한 흐름의 창조적 에너지의 지체 혹은 안정화라는 측면에서, 그리고 진화의 문제만큼이나 많은 퇴축(involutions)의 문제로 생각할 수 있다. 베르그송의 이러한 사상은 후에 복잡계 이론가들의 관심을 사로잡았다.

+ 더 읽을거리

질 들뢰즈, 《베르그송주의》, 김재인 옮김, 문학과지성사, 1996.
S. Guerlac, *Thinking in Time: An Introduction to Henri Bergson*, 2006.
J. Mullarkey, *Bergson and Philosophy*, 1999.

베블런, 소스타인 Veblen, Thorstein (1857~1929)

노르웨이계 미국인 사회학자이며 문화 이론의 선구자. 그의 가장 유명한 저서 《유한계급론》(*The Theory of the Leisure Class*, 1899)은 부유층의 기행에 가까운 소비 습관을 잘 요약한 '과시 소비'라는 구절을 유행시켰다. 베블런은 위스콘신에서 태어났다. 그의 부유한 부모는 노르웨이에서 미국에 온 지 얼마 안 된 이민자였으며, 집에서는 노르웨이어를 썼다. 그는 미네소타의 칼턴 칼리지에서 경제학으로 학사 학위를 받았다. 대학원 과정으로 처음에는 존스 홉킨스 대학교에서 미국 *실용주의의 창시자인 찰스 샌더스 *퍼스의 지도 학생으로 공부했다. 이어 예일 대학교로 옮겼고, 여기서 1884년 박사 학위를 받았다. 1891년 그는 당시 신생 대학이었던 시카고 대학교에 경제학 교수로 부임했고, 1906년까지 이 대학에서 가르치다가 스탠퍼드 대학교로 옮겼다. 스탠퍼드 대학교에서 오래 있지는 않았으며, 1911년 미주리 대학교로 옮겼다. 1919년 그는 뉴욕으로 이사했고, 《더 다이얼》(*The Dial*) 편집장직을 맡았다. 당시는 T. S. 엘리엇, 윌리엄 버틀러 예이츠, 에즈라 파운드 등 대담한 *모더니즘 작가들의 작품을 싣던 이 잡지의 전성기였다. 이 시기에 그는 찰스 비어드, 제임스 하비 로빈슨, 존 듀이와 힘을 합쳐 뉴욕시에 사회연구학교를 설립했다. 베블런의 작업이 지금도 사회학 입문 과목들에서 필독으로 꼽힌다면, 그것은 《유한계급론》 덕분이다. 《유한계급론》은 20세기 초 부의 사회적 사용을 날카롭게 풍자하면서 동시에 예리하게 분석했다. 베블런을 매혹한 건(역겹게 하기도 했지만), 이른바 '황금시대'의 갑부들이 단지 그들에게 그럴 여유가 있다고 보여주려고 흥청망청 돈을 무용한 목적으로 써대는 세태였다. 베블런은 부유층이 특정한 유행을 선택하는 방식(자기들이 한 계급에 속한다는 것을 확인하려고 서로 모방하면서)을 분석하기도 했다.

+ 더 읽을거리

J. Diggins, *Thorstein Veblen*, 1999.

+ 참고

소스타인 베블런, 《유한계급론》, 김성균 옮김, 우물이있는집, 2012.

베텔하임, 브루노 Bettelheim, Bruno (1903~1990)

빈에서 태어나 미국에 근거를 둔 정신분석가로 자폐증 연구로 잘 알려져 있다(그의 연구는 논쟁의 여지가 없지 않다). 베텔하임은 빈 대학에서 철학과 (강박 심리학의 요소를 포함한) 미술사를 공부했다. 베텔하임의 학업은 처음에는 아버지의 죽음과 그로 말미암은 가족 사업의 인수 필요성 때문에, 그리고 두 번째에는 1938년 나치 독일의 오스트리아 합병(*Anschluss*) 때문에 두 번 중단되었다. 베텔하임이 세속화된 유대 가정에서 양육되었다고 하더라도 그는 유대 혈통 때문에 나치에 다하우와 부헨발트에 있는 강제수용소에 수감되었다. 1939년 4월 그는 운 좋게도 11개월 만에 사면되었고 난민 신분으로 미국에 갈 수 있었다. 그는 이런 경험을 기록한 감동적인 베스트셀러 회고록《잘 알고 있는 마음》(*The Informed Heart*, 1960)을 썼다. 이 책에서 그는 *정신분석을 이용해 수용소 경비관과 수감자의 행동을 이해하고자 했다. 베텔하임은 시카고 대학교 심리학과 교수로 임명되면서 마침내 시카고에 정착했다. 그는 소니아 섕크먼 향정신학교 교장이기도 했는데, 이 학교 교장으로서 업적을 남겼다. 정신적으로 장애가 있는 아이들을 위한 치료 시설로 설립된 소니아 섕크먼 향정신학교의 실제적 환경에서 그는 자기 이론을 발전시킬 수 있었다. 1967년 그는 모두 이 시설에서 살고 있던 자폐 아동들의 사례 연구 시리즈인《텅 빈 요새: 유아 자폐증과 자아의 탄생》(*The Empty Fortress: Infantile Autism and the Birth of the Self*)을 출판했다. 이 책은 대단히 잘 팔렸고 아주 많은 영향을 미친 텍스트가 되었다. 자폐증을 비난하는 것은 좋지 않은 양육이라는 것이 이 책의 중심 논점이었는데(이것이 잘못된 것임이 입증되었는데도), 불행히도 이 논점은 자폐 아동을 양육하려고 분투하는 부모들에게는 끔찍한 영향을 미쳤다. 질 *들뢰즈와 펠릭스 *가타리는 이 책이 아이들이 겪는 심리적 문제를 *오이디푸스 콤플렉스를 적절히 다루지 못한 아이들의 실패로 환원하지 않았다는 점을 칭찬했다. 동화의 정신분석적 읽기를 보여주는《옛이야기의 매력》(*The Uses of the Enchantment*, 1976)은 아마도 가장 지속적으로 중요하게 생각되는 베텔하임의 책이라 할 만하다. 흥미롭게도, 베텔하임은 백설공주와 신데렐라 같은 동화를 각색하면서 디즈니가 원작의 폭력적인 부분을 삭제했다는 것에 대단히 비판적이었다. 베텔하임은 그러한 폭력에 노출되지 않으면 아이들은 삶의 실체를 학습하지 못하게 되고 성장하면서 불가피하게 직면해야만 하는 상실이라는 외상에 심리적으로 자신을 준비할 기회를 얻지 못하게 된다고 주장했다. 그의 이론 중 일부, 특히 자폐증의 기원에 관한 이론은 현재 인정받지 못하는 반면 다른 것에 대한 그의 통찰 중 많은 것이 변함없이 설득력이 있기 때문에 베텔하임이 남긴 유산에 대한 평가는 균일하지 않다.

+ 더 읽을거리

D. Fisher, *Bettelheim: Living and Dying*, 2008.

+ 참고

브르노 베텔하임, 《옛이야기의 매력》, 김옥순 옮김, 시공주니어, 1998.

벡, 울리히 Beck, Ulrich (1944~2015)

•위험사회라는 개념을 발전시킨 것으로 유명한 독일의 사회학자. 벡은 지금은 스웁스크로 알려져 있으며 폴란드에 속해 있는 슈톨프에서 태어났다. 그 당시 슈톨프는 독일의 지배를 받고 있었다. 그는 뮌헨 대학교에서 학사와 박사 학위를 위해 공부했고, 그 후 그곳에서 첫 교편을 잡았다. 1979년 벡은 뮌스터 대학교로 옮기고, 1981년 다시 밤베르크 대학교로 옮겼는데, 그곳에서 10년간 재직했다. 그런 다음 그는 다시 뮌헨 대학교로 돌아왔고, 런던 정경대 교수를 겸직했다. 벡은 《위험사회》(*Risikogesellschaft: Auf dem Weg in eine andere Moderne*, 1986 / *Risk Society: Towards a New Modernity*, 1992)를 출판하면서 처음으로 국제적인 주목을 받았다. 체르노빌의 재앙 이후 바로 등장한 《위험사회》는 기술의 정밀화 때문에 취약해진 사회에 관한 매력적인 이론을 제시했다. 벡의 논점은 •일상생활에 영향을 미치는 결정이 그가 기업과 관료정치의 하위 정치적 영역이라고 칭한 것, 즉 민주주의가 존재하지 않는다면 삶의 질을 위협하는 어떤 사실에 따라 점차 더 많이 이루어지고 있다는 것이다. 예컨대, 다른 장소가 아니라 어떤 한 장소에 도로를 놓겠다는 결정은 관료정치적 결정이다. 이런 결정은 그 결정으로 영향을 받는 사람들에게서 최소한의 조언을 요구한다. 《세계화란 무엇인가》(*Was ist Globalisierung*, 1997 / *What is Globalization*, 2000)와 《코즈모폴리턴적 비전》(*Der kosmopolitische Blick oder: Krieg ist Frieden*, 2004 / *The Cosmopolitan Vision*, 2006)과 같은 최근 책에서 벡은 이 논지를 지구 전체 상황으로 확장하고 자신의 이론에 시대적 차원과 지구적 차원을 부여했다. 벡은 현재 상황을 '첫 번째 근대'와 나란히 앉아 있는 '두 번째 근대'(이 용어는 벡이 탈근대라는 용어를 의도적으로 거부했음을 나타낸다)라고 서술하면서, 자본의 확장과 영토의 경계 완화라는 쌍두마차에서 새로운 •코즈모폴리터니즘을 위한 잠재성이 보일 수 있다고 주장했다. 그러나 그가 세심하게 지적

했듯이, 이러한 형식의 코즈모폴리터니즘은 그가 《위험사회》에서 기술했던 탈정치화의 영향에서 자유롭지 못하다. 이러한 형식의 코즈모폴리터니즘 역시 사회 자체가 이행되는 것을 보고 싶어 하지 않는 변화를 기업과 관료정치가 사회에 부과할 수 있다는 사실과 대면해야만 하기 때문이다.

벤베니스트, 에밀 Benveniste, Émile (1902~1976)

프랑스의 언어학자. 일반적으로 벤베니스트는 *구조주의의 중요한 선구자 중 한 사람으로 간주된다. 그는 당시에는 프랑스의 통치를 받고 있던 시리아 북부의 알레포에서 태어났다. 세파르디 유대인이었던 그의 가족은 벤베니스트가 랍비 학교에 다닐 수 있도록 그를 마르세유로 보냈다. 하지만 그곳의 학자 중 한 사람이 벤베니스트의 재능을 알아보고 벤베니스트에게 랍비 학교에 다니는 대신 소르본 대학교에 가서 앙투안 메이예(페르디낭 드 *소쉬르의 이전 제자) 밑에서 인도-유럽 언어 형식을 공부하라고 제안했다. 이러한 인맥은 벤베니스트에게는 뜻밖의 행운이 되었고 이를 계기로 그는 재능을 꽃피웠다. 벤베니스트의 초기 책은 대단히 전문적이어서, 닫힌 언어학계 밖에서는 거의 알려지지 않았다. 그러나 그의 책은 35세라는 상대적으로 젊은 나이에 그를 콜레주 드 프랑스의 학장으로 승진시킬 정도로 충분히 탁월한 것이었다. 비록 그가 학자로서의 경력 대부분을 그늘 속에 가려진 채 연구하며 지냈다고 할지라도, 1966년 《일반언어학의 문제들》(*Problèmes de linguistique générale*, 1966 / *Problems in General Lingusitics*, 1971)을 출판하면서 그는 급속히 집중 조명을 받게 된다. 파리의 구조주의를 대변하는 두 중진인 클로드 *레비스트로스와 자크 *라캉은 벤베니스트를 그들의 프로젝트 발전에 중요한 협력자로 인정하고 그에게 관심 영역을 확대하고 오로지 (어쨌든 그를 무시했던) 언어학자들만을 위해 글을 쓰는 일을 중단하라고 권했다. 프랑스의 사상이 프리드리히 *니체와 마르틴 *하이데거의 저서에 지배되던 그 당시 벤베니스트는 *분석철학에서 도출된 사상을 기꺼이 포용했고 주체라는 *문제 틀에 관심을 두었다는 점에서 그와 같은 세대의 다른 언어학자들과 구별된다. 벤베니스트는 벌이 자기가 본 것을 벌집에 알리는 동안에는 자신을 대신해 알리는 일을 할 중개인을 이용할 수 없기 때문에 벌은 언어를 가지고 있지 않다고 주장함으로써 언어는 기호 시스템이라는 생각과 마침내 결별하게 된다. 벤베니스트에게 언어는 간접화법(reported speech, 질 *들뢰즈의 문학이론에서 중심 개념)의 가능성이 있을 때만 발생한다. 이와 같은 이유로, 만일 언어가 순전히 기호 시스템이 아니라면, 신호 표시의 기본 요건을 초월하는 차원, 다시 말해, 종종 시적인 것이라고 언급되는 차원이 언어에 있어야만 한다. 벤베니스트는 이러한 언어의 차원을 파악하려고 *진술(*énoncé*/statement)과 발화(*énonciation*/utterance) 혹은 좀 더 단순하게 표현하면, 말해진 것과 말해지는 방식을 구분했다. 이러한 진술과 발화의 구분은 결국 라캉의 *정신분석 재정립에서 중요함이 드러나는 논리적 역설을 창출한다. 즉, 진술의 '주체(I)'와 발화의 '주체(I)'는 동일하지 않아서 사실상 '주체'는 언제나 *'타자'라는 역설을 만들어낸다.

벤야민, 발터 Benjamin, Walter (1892~1940)

독일의 문화비평가이자 문필가. 벤야민은 새로운 기술이 미학에 미친 영향에 관한 설명으로 널리 알려졌다. 베를린의 품위 있고 꽤 부유한 유대인 상인 가정에서 태어난 벤야민은 당시 베를린 도시경계의 밖에 있던 샤를로텐부르크와 그뤼네발트에서 성장했다. 그의 가족은 유대인이기는 했지만 유대의 관습을 엄격히 따르지는 않았다. 벤야민은 말년에 *메시아주의에 관심을 두었지만 그것을 유대교나 시오니즘에 대한 호감으로 발전시키지는 않았다. 그러나 이런 벤야민의 성향은 이스라엘로 복귀하게 하려고 벤야민을 설득하려 했던 게르숌 숄렘 같은 친구들에게는 고민거리였다.

그의 인생의 많은 부분처럼 벤야민의 학부 경력은 소요학파처럼 이곳저곳을 순회하는 것이었다. 그는 프라이부르크의 알베르트 루트비히 대학교에서 2년간 *문헌학(어원학) 학사 과정을 했다(그의 동료 학생 중에는 마르틴 *하이데거가 있었다). 그러나 그는 프라이부르크라는 도시를 자기가 마음에 들어 하지 않는다는 사실을 알게 된 후 베를린으로 돌아와 왕립 프리드리히 빌헬름 대학교에서 학업을 계속했다(이곳에서 그는 게오르크 *짐멜의 강의들을 수강했다). 1914년 전쟁이 일어났을 때 고도근시 때문에 군복무를 면제받은 벤야민은 다시 뮌헨으로 옮겼고 그곳에서 철학 학위를 마쳤다. 뮌헨에서 그는 하인리히 •뵐플린과 함께 공부했다(비록 뵐플린의 세미나들이 억압적이라는 사실을 발견하게 되었을지라도). 그리고 그곳에서 그는 위대한 독일 시인 라이너 마리아 릴케를 만났다.

1916년 벤야민은 스위스로 와서 베른 대학교에서 학위를 마쳤다. 그리고 그곳에서 에른스트 •블로흐를 만났다. 벤야민은 다시 독일로 돌아왔지만 그의 경력은 순탄히 박사 학위를 취득한 후 교수 임명의 선결 조건이 되는 대학교수 자격시험으로 이어지지 못했다. 사실, 그의 논문 《독일 비애극의 기원》(*Ursprung des deutschen Trauerspiels*, 1928 / *The Origin of German Tragic Drama*, 1977)은 바로크 시대(즉, 16세기) 초반 독일에서 유행했던 독일 비애극(Trauerspiel)이라는 드라마 유형을 알레고리적 용어로 설명하려고 했다. 이 논문의 핵심은 독일 비애극이 비극과는 다른 질서에 속해 있다는 것이다. 일반적으로 비교되는 비극과 달리 독일 비애극은 신화가 아니라 역사에 뿌리박혀 있다는 것이 벤야민의 논점이었다. 벤야민에게는 불행히도, 프랑크푸르트 대학교 논문 심사위원들은 이러한 벤야민의 주장을 납득하지 못했다. 그래서 1925년 그의 논문은 통과되지 못했고, 이 때문에 사실상 대학에서 경력을 시작할 기회를 망치게 되었다.

부득이하게 벤야민은 자신을 부양하는 수단으로 프리랜서 글쓰기를 택했다. 그리고 비록 그가 학술적 주제에 관한 사유를 결코 중단한 것은 아니었지만, 엄격한 의미에서 또 다른 학술적 책은 결코 다시 쓰지 않았다. 대부분 그는 《프랑크푸르트 신문》(*Frankfurter Zeitung*)(지그프리트 •크라카우어의 청탁을 받음)과 《문학세계》(*Literarische Zeitung*)(후고 폰 호프만슈탈의 청탁을 받음)에서 책 서평과 연극 리뷰를 썼다. 벤야민은 프랑크푸르트에서 생활하고 일하면서 •프랑크푸르트학파의 핵심 멤버들과 주변적이었지만 의미 있는 관계를 유지했다. 벤야민은 특히 테오도어 •아도르노와 장기간에 걸쳐 중요한 서신 왕래를 했다. 이 시기에 벤야민은 모스크바를 여행하고 그곳에서의 경험을 기록하며 대단히 공감 가는 일기를 썼다.

《일방통행로》(*Einbahnstrasse*, 1928 / *One-Way Street*, 1978)는 벤야민의 새로운 스타일이 드러나는 대표적인 책이다. 이 책은 비애극에 관한 책과 같은 해에 출판되었는데 여행 소품문과 일선 관찰문을 모은 매력적인 책이다. 1929년 그는 또한 라디오를 위한 글쓰기를 시작했다. 그리고 같은 해에, 그보다 앞서 몇 년 전 카프리에서 벤야민과 만났던 아샤 라시스가 벤야민에게 베르톨트 *브레히트를 소개해주었다. 브레히트는 벤야민에게 중대한 영향을 미치게 되는데, 벤야민은 후일 브레히트에 관한 일련의 에세이를 쓰기도 했다. 이 글들은 함께 묶여 벤야민 사후에 《브레히트 이해하기》(*Versuche über Brecht*, 1966 / *Understanding Brecht*, 1973)라는 책으로 출판되었다. 또한 벤야민은 그 당시 장기간 번역 프로젝트에도 참여했다. 그는 마르셀 프루스트의 걸작 《잃어버린 시간을 찾아서》(*Á la recherche du temps perdu*)의 독일어판을 만드는 작은 팀의 일원이었다.

그다음 10년간 벤야민은 자신의 인생에서 어마어마한 혼란에도 대단히 생산적인 시간을 보냈다. 그는 19세기의 파리 이미지와 인용으로 구성된 방대한 편집이라 할 수 있는 《아케이드 프로젝트》(*Das Passagen-Werk*, 1982 / *The Arcades Project*, 1999)를 쓰는 작업에 착수했지만 당시에는 그것을 완성하지는 못했다(《아케이드 프로젝트》는 벤야민 사후에 출판되었다). 또한 그는 이 프로젝트 서문에 쓸 계획이었던 샤를 보들레르에 대한 일련의 에세이를 썼다. 이 글들은 보들레르의 *산책자에 대한 사유를 19세기의 사회학적 아이콘으로 발전시켰다. 1936년 그는 아마도 자신의 가장 유명한 에세이라 할 수 있는 〈기술복제시대의 예술〉(Das Kunstwerk im Zeitalter seiner technischen Reproduzierbarkeit, 1936 / The Work of Art in the Age of Mechanical Reproduction, 1968)을 출판했다. 이 글에서 그는 근대의 예술은 이전 시대의 *아우라를 결핍하고 있다는 주장을 펼쳤다.

독일에서 파시즘의 봉기로 유대인인 벤야민의 삶은 심각한 어려움에 처하게 된다. 그래서 애석하게도 그가 궁극적으로 너무 늦게 행동한 셈이 되기는 했지만, 그는 *프랑크푸르트학파의 많은 동료처럼 어쩔 수 없이 망명을 떠났다. 1933년 벤야민은 독일을 떠났지만 프랑스가 완전히 함락된 1940년 무렵까지 유럽을 벗어나지 못했다. 그는 가까스로 포르부라는 국경도시까지 갔다. 그러나 그곳에서 벤야민은 모르핀 과용으로 사망했다. 그가 모르핀을 과용한 것이 우연인지 아니면 의도적인지는 알려져 있지 않다. 벤야민 사후, 특히 영어권 세계에서 그의 명성은 한나 •아렌트가 편집하고 서문을 쓴 《조망(계시)》(*Illuminations*, 1968)으로 확보되었다. 벤야민의 명성은 테리 •이글턴의 짧은 책 《발터 벤야민 또는 혁명적 비평을 향하여》(*Walter Benjamin: or, Towards a Revolutionary Criticism*, 1981)로 더 한층 강화되었다. 이글턴은 자신의 반대자들이 벤야민에게 도달하기 전에 자기가 먼저 그렇게 하려고 이 책을 썼다고 고백했다. 이글턴은 역사를 '결에 거슬러' 읽는 벤야민의 독법을 •포스트모더니티의 시대에 비평이론을 행하는 전략으로 강조했다.

+ 더 읽을거리

M. Brodersen, *Spinne im eigen Netz. Walter Benjamin—Leben und Werk*, 1990 / 영역본: *Walter Benjamin: A Biography*, 1996.
수전 벅모스, 《발터 벤야민과 아케이드 프로젝트》, 김정아 옮김, 문학동네, 2004.
테리 이글턴, 《발터 벤야민 또는 혁명적 비평을 향하여》, 김정아 옮김, 이앤비플러스, 2012.
프레드릭 제임슨, 《맑스주의와 형식》, 여홍상 · 김영희 옮김, 창비, 2014.
마틴 제이, 《변증법적 상상력》, 황재우 옮김, 돌베개, 1981.
E. Leslie, *Walter Benjamin*, 2007.

벨, 대니얼 Bell, Daniel (1919~2011)

1950년대와 1960년대에 크게 영향을 미친 미국의 사회학자. 벨은 서구 사회가 •후기 산업주의 시대이면서 동시에 탈이데올로기 시대에 접어들었다는 주장으로 잘 알려지게 되었다.

벨은 뉴욕의 가난한 가정에서 성장했다. 그의 아버지는 그가 아기였을 때 세상을 떠났고, 어머니는 의류 공장에서 일했다. 벨은 뉴욕 시립대학교에서 고대사를 공부했고 1939년 졸업했다. 졸업 후 20년간 그는 노동과 산업 문제를 보도하는 기자로 일하면서 시카고 대학교와 컬럼비아 대학교에서 시간강사를 하기도 했다. 1958년 벨은 컬럼비아 대학교 사회학과에서 전임 교수가 되면서 학계를 향해 결정적 행보를 시작했다. 이미 기자로서도 출중했던 그는 '뉴욕 지식인들(대체로 좌파였지만 열렬한 반공산주의자였다)'이라는 집단의 일원이었는데, 벨의 스타성은 《이데올로기의 끝》(*The End of Ideology*, 1960) 출판을 하면서 한층 더 높아졌다. 외견상 시대정신을 포착하면서, 벨은 기술적 해결안과 사실상 테크노크라시 해결안이 어떻게 사회를 조직하는 것이 최선의 방법인가 하는 문제가 이데올로기적 해결안을 대체해버렸다고 주장했다. 1964년 그는 이 책의 저력에 힘입어 대통령기술자문위원회에 위촉되었다. 이 위원회의 역량 아래에, 즉 정책 자문자로서 그는 자신의 이론적 결론을 실천적 제안으로 바꿈으로써 가장 큰 영향력을 발휘할 수 있었다. 1969년 그는 하버드 대학교로 옮겼고 남은 교편 생활을 그곳에서 했다.

1970년대에는 많은 사람에게 1970년대 10년 전체를 요약해서 제시해주고 후일 *포스트모더니즘이라 알려지게 될 것의 발흥을 전조했던 《후기 산업사회의 도래》(*The Coming of Post-industrial Society*, 1973)와 《자본주의의 문화적 모순》(*The Cultural Contradictions of Capitalism*, 1976)이 출판되었다. 이 책들은 모두 서구, 특히 북아메리카의 경제와 사회의 구성에 급격한 변화가 있다고 주장했다. 첫 번째 책 《후기 산업사회의 도래》에서 벨은 미국 경제가 제조업에서 멀어지며 서비스 산업 혹은 오늘날에는 정보 경제라 일컬어지는 산업으로 이동하는 추세에 주목했다. 그리고 두 번째 책 《자본주의의 문화적 모순》에서는 대규모 노동력이 더는 통합의 준비된 원천으로서 기능하지 않을 것이기 때문에 경제 구성에서 그러한 변화가 사회적 결집에 도전을 제기할 것이라고 주장했다. 이 두 책은 상당한 논쟁을 거쳤는데, 특히 좌파의 폭넓은 반박에 직면한다. 그럼에도 이 책들은 많은 사람이 여전히 후기 산업사회라 부르는 현시대의 탄생에 대한 영향력 있는 증거들이다.

+ 더 읽을거리

M. Waters, *Daniel Bell*, 1996.

변증법 dialectic

대화에 참여하는 두 사람의 생각에 기반을 둔 논쟁 방법. 대화 중인 두 사람은 각자 상대방이 반대하는 명제를 공표하고 그것을 수단으로 최종적 진리에 도달한다. 이 단어는 고대 그리스 철학에서 기원한다. 때때로 이 단어의 발명은 제논에게서 비롯되었다고 하기도 한다. 그러나 질문을 하는 과정에 따라 진리를 획득하는 수단으로서 이것을 대중화한 이들은 소크라테스와 플라톤이다. 독일 계몽주의 철학자 임마누엘 *칸트는 이 방법이 환영 이외의 어떤 것도 생산하지 못하므로 무익하다고 거부했다. 그러나 현대 *비평이론에서 변증법과 가장 자주 연관되는 이름은 G. W. F. *헤겔과 카를 *마르크스다. 이 두 사람은 각각 변증법이라는 개념을 재발명한 공로자로 인정된다. 헤겔의 변증법 개념에서 중심 생각은 모순의 항구적 현존이다. 헤겔이 지적했듯이 한 가지 동일한 것이 되기 위해서 어떤 것은 다른 것이 되어서는 안 되기 때문에 동일성은 자신의 반대, 즉 차이를 포함하고 있다. 이러한 논쟁에 관한 헤겔의 가장 유명한 실증은《정신현상학》(*Phänomenologie des Geistes*, 1807 / *Phenomenology of Spirit*, 1977)에 등장하는 주인과 노예 사이의 관계를 다룬 글에서 이루어진다. 이 글에서 헤겔은 주인은 노예를 지배해야 할 필요성을 의식하기 때문에 노예 상태에 예속되고 따라서 온전히 자기 자신이 되지 못한다고 주장한 것으로 유명하다. 헤겔에게 역사는 그가 부정이라고 지칭했던 과정에 따라 매개된 채 추상에서 구체로 나아가는 항구적 진보다. 진정한 주인이 되려면 주인은 노예 상태로 예속된 자기 자신의 부분을 부정해야만 한다. 그러나 그렇게 자신의 노예화된 부분을 부정할 때 주인은 전체가 되지 못한다. 오히려 그는 다른 방식으로 단순히 결핍된 상태가 된다. 따라서 부정 자체가 부정되어야만 한다. 헤겔은 이 과정을 독일어로 과거에 있던 것의 대체와 능가, 상쇄를 뜻하는 지양(*Aufhebung*)이라 불렀다. 일반적으로 '*Aufhebung*'은 영어로는 'sublation'으로 번역되는데, 이는 충분히 만족스러운 번역어가 아니다. 마르크스는 헤겔이 모든 것을 잘못된 방향으로 끌고 갔다고 생각했다. 그래서 마르크스는 헤겔을 다시 제자리에 세우려고 변증법에 관한 자기만의 버전인 *변증법적 유물론을 기술했다. 마르크스의 불만은 헤겔이 실제 세계를 단순히 관념의 현상적 형식으로 취급했다는 점이었다. 반면에 마르크스는 관념을 발생시키는 것이 실제 세계라고 보았다. 그러나 헤겔처럼 마르크스는 중요한 구실을 모순에 부여했다. 모순은 *계급투쟁의 경험적 형식에서 역사의 추동력이 된다. 마르크스는 자본주의가 인간의 역사에서 일어났던 최선이면서 동시에 최악의 것이라는 점을, 그리고 자본주의의 이중성을 포착함으로써만 자본주의는 진실로 이해될 수 있다는 점을 보여주고자 했다. 마르크스의 관점에서 볼 때, 자본주의는 규모가 막대한 생산력을 창출해서 궁핍이 결국 정복되도록 했지만 소수가 다수를 괴물같이 착취하는 것을 대가로 치르면서 그것을 이루어냈다. 마르크스는 자신의 변증법적 방법을 '부르주아계급에 대한 스캔들'이라고 생각했다. 부르주아계급의 현 상황 인식이 또한 부르주아계급의 필연적 파괴의 예언이라는 관점이 마르크스의 변증법적 방법에 함축되어 있기 때문이다. •변증법적 비평을 발전시킬 때 프레드릭 •제임슨은 이런 의미의 스캔들은 보존해야 한다고 주장했다.

+ 더 읽을거리
F. Jameson, *Valences of the Dialectic*, 2009.

변증법적 비평 dialectical criticism

문학 분석과 문화 분석에 대한 접근법을 나타내는 프레드릭 •제임슨의 용어. 이 접근법의 본질적 원리는 《마르크스주의와 형식》(*Marxism and Form,* 1971)에서 구체적으로 계획된 다음 《정치적 무의식》(*The Political Unconscious,* 1981)에서 더 정교해졌다(제임슨은 변증법적 비평이 그가 거부하는 '한 가지 방법을 일괄적으로 적용하는' 태도를 암시하는 그런 방법이 아니라고 주장한다). 카를 •마르크스의 •변증법에 대한 개념에서처럼 제임슨은 우리가 처음에 생각했던 것만큼 •타자가 동일자와 차이가 나지 않는다는 설명에서 나오는 예상치 못한 현시의 스캔들을 변증법적 비평이 추구해야만 한다고 주장했다. 변증법적 비평은 추상적인 것에서 구체적인 것으로, 불완전하게 이해되는 것에서 구체적으로 이해되는 것으로 나아가야 한다. 그런 방향에서 변증법적 비평은 존재의 참된 역사적 본성의 포괄적 이해를 뜻한다. 이 점에서 변증법적 비평은 어쨌든 틀림없이 영감이 되었던 베르톨트 •브레히트의 •소격 효과 개념과 비교될 수 있다. 궁극적으로 변증법적 비평은 그것을 생산해낸 역사적 조건, 특히 •이데올로기 조건을 재구성함으로써 어떤 주어진 텍스트에서나 •계급투쟁의 모호한 효과를 드러내 보이려고 분발해야 한다. 제임슨의 필생의 연구는 변증법적 비평의 융통성과 유용성을 증명하려는 놀랄 만하게 길고 다양한 연작 시리즈라고 볼 수 있다(→ 메타논평; 코드 전환).

변증법적 유물론 dialectical materialism

이 용어를 카를 •마르크스 자신이 사용한 것은 아니지만 •마르크스주의 철학에 부여된 공식적 명칭. 제2인터내셔널 시대부터 계속해서 통용되는 변증법적 유물론은 소련의 공식적 •이데올로기였다. 소련에서는 (이시오프 스탈린의 감독 아래에) 마르크스와 그의 추종자들이 쓴 방대한 분량의 저서가 적당히 부여된 디아마트(*Diamat*)라는 이름으로 통한 일련의 법률로 코드화되고 변형되었다. 비록 스탈린이 실제로 직접 책을 썼는지는 여러 의심스러운 구석이 있다고들 하지만 스탈린은 자신이 직접 쓴 책《변증법적 유물론과 사적 유물론》(*Dialectical and Historical Materialism,* 1938)으로 이 작업에 기여했다. 변증법적 유물론은 G. W. F. •헤겔의 변증법적 접근과 루트비히 포이어바흐(이른바 '젊은 헤겔주의자들' 중 한 사람)의 철학적 유물론을 결합했다. 정신에 관한 헤겔의 변증법을 세속적 버전으로 만들려고 시도했던 포이어바흐의 뒤를 이어 마르크스는 헤겔의 관념론을 거부했다. 그렇게 하면서 마르크스는 헤겔을 다시 제자리에 일으켜 세웠다고 주장했다. 그리고 그는 정신보다는 물질을 우선시했다. 세계에 대한 우리의 지각과 별도로 세계가 존재한다는 관점과 세계가 유일한 현실일 때 세계는 이상적인 것, 상상된 것, 영적인 것보다 우위에 있다는 관점이 변증법적 유물론의 핵심이다. 게다가 프리드리히 •엥겔스가 주장했듯이 세계는 세계 자체의 내적 모순에 따라 운용되는 끊임없는 혁명적 변화를 특징으로 한다. 엥겔스는 헤겔과 마찬가지로 고전 철학의 자료들에서 도출된 세 가지 법으로 자신의 관점을 코드화했다. 첫째, 세계는 갈등이면서 동시에 통합 상태에 있는 대립 항으로 구성된다(예컨대, 밤과 낮). 둘째, 양적 변화는 질적 '도약'을 발생시킨다(예컨대, 끓는 물은 온도가 100도(이것은 양)를 지날 때 증기(질로서 물의 변화)로 변한다). 셋째, 변화는 부정의 과정이다(예컨대, 씨앗은 식물에서 싹튼다. 그리고 그렇게 싹이 나면서 씨앗은 씨앗으로서 이전 존재를 부정한다. 그리고 결국 씨앗은 식물이 됨으로써 부정의 상태를 부정한다. 기타 등등). 유물론적 변증법은 •마르크스주의의 안과 밖에서 지나치게 교조적이고 접근법에서 다소 계획적이라는 비난을 받았다. 위르겐 •하버마스는 유물론적 변증법을 일종의 과학주의라고, 바꿔 말하면 철학을 과학으로 오인했다고 비판했다. 한편, 루이 •알튀세르는 유물론적 변증법을 극찬하는데, 이는 그가 유물론적 변증법이 철학을 과학으로 변환했다고 보았기 때문이다.

보드리야르, 장 Baudrillard, Jean (1929~2007)

프랑스의 문화비평가이자 기호학자. 랭스에서 태어난 보드리야르는 어린 시절부터 가지고 있었던 독일어와 독일 문화에 대한 관심을 발전시켰다. 그는 1956년부터 1966년까지 중등학교에서 독일어를 가르쳤고, 파리 10 낭테르 대학교에서 대학 교육을 받으면서 독일 작가 베르톨트 •브레히트와 페터 •바이스의 희곡을 번역했다. 보드리야르는 1966년 박사 학위 논문을 완성했다. 그리고 이 논문이 2년 후《사물의 체계》(*Le système des objets*, 1968 / *The System of Objects*, 1996)라는 책으로 출판되었다.《소비의 사회》(*La Société de consummation*, 1970 / *The Consumer Society*, 1998),《기호의 정치경제학 비판》(*Pour une critique de l'economie politique du signe*, 1972 / *For a Critique of the Political Economy of the Sign*, 1981),《생산의 거울》(*Le Miroir de la production*, 1973 / *The Mirror of Production*, 1975) 이 뒤이어 출판되었다. 이 세 권은 보드리야르를 20세기 후반의 중요한 사상가 중 한 명으로 자리매김했을 뿐 아니라 나중에 •포스트모더니즘이라고 알려지게 될 •후기 자본주의 시대의 사회 상태를 전 세계적 차원으로 재평가할 수 있도록 도움을 주었다.

보드리야르 자신은 포스트모더니즘이라는 용어를 거부했지만 그의 책은 언제나 (그러나 불공평하게) 포스트모더니즘이라는 개념과 연관된다. 그의 글쓰기의 주요한 추진력이 포스트모더니즘의 반토대주의적 충동과 같기 때문이다. 또한 보드리야르는 포스트 마르크스주의자로 설명되기도 하는데, 이는 그의 책이 카를 •마르크스에 대한 꽤 많은 강력한 비판을 담고 있음에도 그것이 반마르크스주의적이거나 우파적이지는 않기 때문이다. 최근의 비평가들은 어떤 특수한 주의를 제기하기보다는 사고를 도발하는 것이 언제나 그의 목표였다고 주장하면서, 그가 정치학에 대한 논쟁을 회피하기 위한 수단으로서 *상황주의와 알프레드 *자리의 *파타피직스에 빚을 졌다고 지적했다. 모든 점을 감안할 때, 그러한 각각의 비판이 부분적으로 옳기에 그러한 분류 중 어느 것 하나를 선택해야 할 필요는 없다.

보드리야르의 첫 저술에서 모양을 갖추고 그의 생애 내내 유지된 이론은 조르주 *바타유의 성스러운 것에 관한 이론과 지그문트 *프로이트의 *정신분석을 결합하고, 그것을 동시대적 *상황에 적용한 것이다. 보드리야르가 실재라고 지칭한 것은 사실상 바타유가 성스러운 것이라고 한 것과 같다. 실재는 의미를 지탱하는 궁극적인 닻이고 의미의 지지대로 쓰인다. 세속화는 효율적으로 이러한 의미의 참조점을 파괴하고, 그 결과 의미는 정박하지 않고 '자유롭게 부유하게' 된다. 현대사회는 이를 보상하려고 미디어 같은 헤아릴 수 없이 많은 성스러운 것의 시뮬라크라를 구성해왔다. 시뮬라크라는 피상적이고 대단히 인공적인 방식으로 의미의 토대를 만들려는 목적에 봉사한다. 그러나 물론 서구 사회가 마법을 걸어 만들어낸 실재의 여러 *시뮬라시옹은 실재가 사라져버린 모든 의도와 목적에도 완전히 성스러운 것을 대체할 수 없다. 때때로 그가 더는 실재는 존재하지 않는다고 주장했다고 이야기되는데, 이는 그의 논점과는 다르다. 오히려 그의 주장은 실재가 존재하지 않는다는 것이 아니라 실재의 의미를 보증할 것이 아무것도 없다는 것이다.

보드리야르의 저서에서 특히 흥미로운 부분은 우리가 어떻게 실재의 상실과 대적하느냐다. 보드리야르는 상징적 의미로 이루어진 정교한 시스템을 발전시키는데, 이 상징적 의미 체계로 서구 사회가 상품에 가지고 있는 명백한 중독을 설명했다. 그는 보수적 문화비평가들, 예컨대 앨런 *블룸이 《미국정신의 종결》(*The Closing of the American Mind*, 1987)에서 했던 것처럼, 크리스토퍼 래시가 《나르시시즘의 문화》(*The Culture of Narcissism*, 1979)에서 했던 것처럼 서구 사회의 상품 중독을 *민족성의 퇴화라고 비난하는 대신 소비는 새로운 형식의 성스러운 것이라고 주장했다. 그러나 신성화된 상품은 그것의 *가치가 더는 내재적인 것이 아니라 믿음의 기능처럼 상품에 첨부된 것이기 때문에 또한 비물질화된 상품이다. 따라서 상품이라는 대상에 대한 우리의 열망은,

상징적으로 말하면, 그것의 현실적 소유보다 더 중요하다. 실제로 우리는 상품을 아무리 소유한다 해도 반드시 어떤 실망에 이르게 된다. 그리고 보드리야르는 바로 그 역설이 서구의 문화를 추동한다고 주장했다.

1970년대와 1980년대에 보드리야르는 세계를 두루 여행했다. 그런 다음 그는 그러한 역설의 다양하고 구체적 모습을 세세하게 그리고 종종 우스꽝스러울 정도로 세부적으로 관찰한, 아포리즘적이며 비가(悲歌)적인 책을 몇 권 썼다. 예를 들어 《멋진 추억들》(*Cool Memories I~V,* 1987~2007), 《아메리카》(*America,* 1988), 《악의 투명성》(*The Transparency of Evil,* 1993) 같은 책에서 보드리야르는 그러한 역설을 '불가능한 교환(impossible exchange)'이라고 칭했다.

관습에 얽매이지 않은 견해를 피력할 뿐 아니라 언제나 기꺼이 논쟁을 즐겼던 보드리야르는 1991년 유엔안전보장이사회가 이미 무력 사용을 공인했는데도 걸프전은 일어나지 않을 것이라는 의견을 표명하면서 제대로 악명을 얻었다. 그런 다음, 침공이 이미 개시된 후 그는 전쟁이 실제로 일어났는지 물었다. 그리고 마침내 적대적 행위가 끝나고 난 후에도 걸프전이 실제로 일어났는지 의문을 제기했다. 이런 질문들을 담은 그의 에세이들은 처음에는 프랑스 잡지 《리베라시옹》(*Libération*)에 일련의 기사로 실렸고, 그 후 곧 《걸프전쟁은 일어나지 않았다》(*La Guerre du Golfe n'a pas eu lieu*, 1991 / *The Gulf War did not take Place*, 1995)라는 책으로 출판되었는데, 많은 사람에게 그러한 그의 글들은 포스트모던적 우매함의 정점으로 보였다. 전 세계가 CNN에서 생중계한 걸프전을 볼 수 있었다는 사실을 고려할 때, 보드리야르의 걸프전에 대한 문제 제기는 상식을 무시하는 것 같았고, 그의 그러한 문제 제기는 적지 않은 회의적 비평가들을 도발해서 그를 괴짜로 폄하하도록 만들었다(예컨대, 크리스토퍼 노리스의 《무비판적 이론: 포스트모더니즘, 지식인 그리고 걸프전》(*Uncritical Theory: Postmodernism, Intellectuals and the Gulf War,* 1992)). 그러나 《걸프전쟁은 일어나지 않았다》는 진리의 겉모습에 문제 제기를 했다는 측면에서 다른 사람들이 보드리야르의 책에서 긍정적으로 평가하는 많은 부분과 일치한다. 보드리야르는 미국이 쿠웨이트와 이라크에 지상 공격 병력을 보냈다는 사실을 인정하지 않았지만, 병력이 훨씬 더 약한 적과 비교해 압도적인 병력을

ㅂ

사용하는 것이 전쟁이 될 수 있는지 의문을 제기했다(→소비사회; 시뮬라시옹; 상징적 교환).

+ 더 읽을거리

R. Butler, *Jean Baudrillard*, 1999.
M. Gane, *Baudrillard's Bestiary*, 1991.
G. Genosko, *Baudrillard and Signs*, 1998.
P. Hegarty, *Jean Baudrillard: Live Theory*, 2004.
D. Kellner, *Jean Baudrillard*, 1989.

◎ 웹 링크

- 장 보드리야르의 전기와 그의 저술에 대한 온라인 정보에 연결.

보부아르, 시몬 드 Beauvoir, Simone de (1908~1986)

프랑스의 페미니스트 철학자이자 작가. 그녀의 기념비적 텍스트인《제2의 성》(*Le Deuxième Sexe*, 1949 / *The Second Sex*, 1952)은 20세기 •페미니스트 이론의 토대를 이루는 텍스트 중 하나다. 여성은 태어나는 것이 아니라 만들어진다는 것이 이 텍스트의 핵심 논제다. 간단히 말해, 이 논점은 •생물학적 결정론을 거부하고, 오늘날에도 페미니즘 이론에 유용한 정보를 지속적으로 제공한다. 그렇지만 장 폴 •사르트르에게서 차용한 보부아르의 실존주의적 접근이 유행에 뒤떨어졌기 때문에, 보부아르 자체는 무시되는 경향이 있다.

보부아르는 파리의 한 중산층 가정에서, 하지만 가세가 기울어가는 부모 밑에서 태어났다. 그녀의 어린 시절은 체면을 지켜야 한다는 걱정과 그런 겉치레에서 자유로워지고 싶은 열망으로 얼룩져 있었다. 그녀는 가톨릭 계통의 훌륭한 여학교에 다닌 후 명망 있는 고등사범학교에 입학했다. 그리고 그곳에서 그녀는 평생 관계를 유지했던 사르트르와 가까운 친구가 된 모리스 •메를로 퐁티를 만났다. 1923년 보부아르는 고등사범학교를 졸업하고(당시 그녀는 이 학교의 철학과에서 졸업하게 된 겨우 아홉 번째 프랑스 여성이었다), 프랑스 시골 지역에 있는 중등학교에서 철학을 가르쳤다.

보부아르는 철학의 테두리 안에서 교육을 받았고 철학 분야에서 뛰어났지만 근본적으로 자기 자신을 철학자로 생각하지 않았다. 오히려 그녀가 쓰고 싶어 했던 것은 소설이었는데, 아쉽게도 첫 소설은 성공하지 못했다. 그녀는 좀 더 자서전적 접근을 채택하고 나서야 비로소 성공 가도에 접어들게 된다. 그리고 격동의 20세기 중반에 여성이 처한 어려운 상황을 잘 포착한《순종적인 딸의 회상》(*Mémoires d'une jeune fille rangée*, 1958 / *Memoirs of a Dutiful Daughter*, 1987)으로 그녀는 자기 세대를 대표하는 중요한 연대기 작가 중 한 사람이 된다.

보부아르는 생애 내내 활동적이고 (사르트르로 말미암아 유명해진 표현을 사용하면) '참여적인' 지식인이었다. 그녀는 창간 후 강력한 반헤게모니적 관점을 제시하면서 프랑스에서 중요한 지성인들의 기관지 중 하나가 된 저널《현대》(*Les Temps modernes*)에서 편집위원으로 활약했다. 보부아르가 그녀의 시대를 대표하는 가장 핵심적 지식인이라고 널리 인정되었지만, 페미니스트 이론가들은 그녀의 책을 수용할 때 보부아르 자신이 •페미니즘에 대해 일체감을 가지지 않았다는 점 때문에 혹은 보부아르의 책이 사르트르의 책을 단지 복사한 것일 뿐이라는 의심 때문에 언제나 양가적 반응을 보였다. 그러나 토릴 모이의 책《시몬 드 보부아르: 지식인 여성의 탄생》(*Simone de Beauvoir: The Making of an Intellectual Woman*, 1994)은 이런 평가를 전복하는 데 많은 도움을 주었다.

+ 더 읽을거리

D. Bair, *Simone de Beauvoir: A Biography*, 1990.
H. Rowley, *Tête-à-Tête: Simone de Beauvoir and Jean-Paul Sartre*, 2005.

복잡계(복잡성) 이론 complexity theory

두 가지 핵심 •문제 틀, 즉 ① 명백히 연결되어 있지 않은 것의 상호 연관성(예를 들어, 베이징에서 날개를 펄럭이는 나비가 런던의 날씨에 어떤 영향을 미치는가), ② 변화의 대두라는 문제 틀에 놓인 광범한 과학적 연구를 나타내는 일반적 용어. 이러한 문맥에서 복잡성은 복잡한 상태를 의미하지 않는다. 복잡한 시스템이 실은 상대적으로 단순할 수 있기 때문이다. 오히려 복잡성은 공기의 청정도 같은 특별한 현상이 주된 바람, 중공업의 위치 그리고 기타 등등이 포함될 수 있는 다양한 범위의 다른 인자로부터 고립된 상태에서는 생각될 수 없다는 것을 의미한다. 이런 분야에서 이루어지는 연구는 특별한 시스템에서 결정적 원인 인자가 무엇인지를 확인하고 돌발적이거나 단지 배경 잡음에 불과한 것을 분리해내고자 한다. *비평이론에서, 복잡계 이론은 문화적·사회적 문제를 관여시키기 위해서 활용된다. 예를 들어, 마누엘 데란다는 도시의 형성을 분석하려고 이 개념을 사용했다(→비선형 체계).

본능 instinct

몸속에 '하드웨어로 장착된' 어떤 방식으로 행동하라는 내적 강박. *정신분석에 따르면, 본능은 의식과 *무의식 체계의 층위와는 다른 층위, 즉 순수하게 생물학적이거나 생리학적이라고 생각될 수 있는 층위에서 작동한다. 본능은 첫째, 생물학적 출처(이 출처가 무엇인가에 관한 의견은 분분하지만 보통 유전학적이라고 추정된다), 둘째 생물학적 출처로부터 에너지의 공급(예를 들어, *리비도), 셋째 달성되었을 때 만족이나 에너지의 방출을 발생하는 세부적 목적(예를 들어, *카섹시스), 넷째 *대상, 즉 구체적 목적을 달성하는 수단, 이렇게 네 가지 특색을 가지고 있다. 부분적으로는 본능 연구이기도 한 *동물행동학에서는 섹스, 싸움, 육아, 수면, 영역권, 몸단장, 이렇게 여섯 가지 기본적 본능이 있다고 상정한다. 이러한 전제의 핵심은 사유 영역 바깥에 있는 몸(육체)의 일부에서 본능이 기원하므로 본능은 멈춰질 수 없다는 것이다. 다시 말해, 본능은 우리가 쉽게 무시할 수 없는 행동에 대한 충동이다. 이와 같은 이유로, 육아와 몸단장 같은 몇몇 본능은 학습된 행동일지도 모르고 전혀 본능적인 것이 아닐 수도 있다. 같은 맥락에서 어떤 종들을 재생산하기 위한 필수적 본능이라 할 수 있는 섹스 같은 명백히 자명한 본능조차 결코 간단하지 않다. 지그문트 *프로이트의 관점에서 본능은 사회적으로 용인될 수 있는 실천으로 본능의 방향을 돌리거나 본능을 어떤 다른 방식으로 처리함으로써 의식과 *무의식이 모두 타협해야만 하는 어떤 것이다. 프로이트는 본능이 사회적으로 받아들여질 수 있도록 하는 후자의 경로에 관해 네 가지 가능성, 즉 자신의 반대편으로 반전(예를 들어, 능동적 요구가 수동적 수용으로 전환된다), 자기 자신과 대적하기(예를 들어, 자신을 대상으로 만든다), *억압과 *승화가 있다고 제안했다. 프로이트는 언제나 본능(*Instinkt*)과 충동(*Trieb*)의 차이를 구분했다. 그러나 오히려 이러한 구분은 영어판 번역에서 쓸모없이 지워져버렸다. 제임스 스트레이치가 '*Instinkt*'와 '*Trieb*'을 모두 'drive'로 번역했기 때문이다. 그러나 이 둘의 차이는 결정적이다. 그리고 자크 •라캉의 학문적 이력은 본능보다는 충동을 강조함으로써 만들어진다고 말할 수 있다. 사실상 라캉은 본능의 존재를 거의 일종의 신화라고 거부했다.

본래성 authenticity

•실존주의 철학에서 삶의 이상적 양태라고 간주하는 것을 기술하려고 사용하는 용어. 본래성은 높은 수준의 자기 인식, 자기 지시, 자기 반영을 특징으로 한다. 다시 말해, 본래적 삶을 영위할 수 있는 사람은 그가 무엇을 하는지 그리고 그가 왜 그것을 하는지를 언제나 온전히 알고 있다. 이런 수준의 자기 이해를 달성한다는 것은 사실상 이유를 충분히 알지 못한 채 우리가 행동하도록 강제하는 •무의식의 힘을 극복했음을 의미한다. 그러므로 본래성을 다루는 이론가는 대부분 이러한 자기 인식에 도달하는 것을 하나의 프로젝트, 즉 우리가 달성하고자 열망하는 것 혹은 우리가 지향하는 것으로 취급한다. 철학에서 장 폴 •사르트르와 마르틴 •하이데거가 그런 문제적 본래성에 관해 폭넓게 글을 쓴 반면, 테오도어 •아도르노는 본래성을 모호하다고 공격했다. 철학의 바깥에서 본래성은 문학 연구와 •문화 연구 두 분야 모두의 관심사였다. 문학 연구에서(예컨대, 프랭크 레이먼드 •리비스와 레이먼드 •윌리엄스) 본래성은 산업화 이전의 삶을 가리키는 반면, 문화 연구에서 본래성은 '독립적'이거나 반상업적인 예술적 생산이나 문화적 생산의 동의어로 사용된다(예컨대 '그런지(grunge)' 음악과 도그미(Dogme) 영화는 서로 다른 시대에 본래적이라고 주장되어왔다).

+ 더 읽을거리
C. Taylor, *The Ethics of Authenticity*, 1992.

ㅂ

본질 essence

어떤 특정 사물을 있는 그대로 그것이 되도록 만드는 독특한 자질이나 속성. 다른 말로 표현한다면, 본질은 어떤 특별한 사물이 그러한 것이 되기 위해서 있어야만 하는 독특한 자질이나 특성을 의미한다. 본질을 현대적 양식으로 말하면 유전자 배열이다. 유전자 배열은 어떤 특정한 종류의 유기체가 그 유기체가 되려면 어떤 유전물질이 있어야만 하는가와 정확히 일치한다. 이런 의미에서 유전자 표식은 본질을 나타내는 과학적 등가물이다(→본질주의).

본질주의 essentialism

어떤 특정 사물이 가지고 있을 수 있는 두 가지 유형의 자질을 그 사물에 본질적인 것과 단지 우연적인 것으로 구분함으로써 존재의 본성, 즉 •존재론을 결정하는 철학의 한 유형. 때때로 전자, 즉 그 사물에 본질적인 것을 •본질이라 칭한다. 현대 •비평이론에서 이런 방식의 사고를 보여주는 가장 일반적 형식은 젠더 연구에서 찾아볼 수 있다. 젠더 연구에서 어떤 사상가들은 성차를 남성과 여성의 근본적 차이라고 주장한다. 그리고 이를 확장해 성차가 행동의 일반적 원인이라고 주장한다(긍정적 의미와 부정적 의미, 두 가지 의미에서 •성차별주의는 다른 •젠더에 반대해 한 젠더가 가지게 되는 편견이다. 반면 •페미니즘은 이와 비슷하게 다른 젠더에 대항해 한 젠더가 취하는 행동이다). 그러나 주디스 •버틀러는 •수행성을 구성하는 '우연적 사건'에 더 많은 초점을 둔 젠더 개념을 제시함으로써 본질주의자의 견해에 도전했다. 이와 같은 맥락에서 도나 •해러웨이는 우선 절대적 의미에서 남성과 여성을 구분하는 것이 가능하다는 근본적 전제에 도전함으로써 젠더에 대한 본질주의자의 관점에 이의를 제기했다.

봉합 suture

비슷한 것과 비슷하지 않은 것이 바느질로 이어 붙이듯이 접합되는 방식을 가리키는 •정신분석 용어. 정신분석에 이어 영화 연구에서도 쓰인다. 프랑스의 정신분석학자 자크 •라캉이 의식과 •무의식의 관계를 설명하는 데 이 용어를 썼다. 그러나 장 피에르 우다르가 1977년《스크린》에 쓴 에세이를 필두로, 영화 연구에서 이 용어에 큰 관심을 갖기 시작했다. 우다르는 스크린에서 일어나는 일들에 관객을 '봉합'하고 그로써 관객이 언어가 아니라 이미지로 구성된 서사를 이해할 수 있도록 하는 여러 테크닉을 영화가 사용한다고 말했다. 이 테크닉 중 가장 널리 알려진 것은 텔레비전의 인터뷰 그리고 영화가 제시하는 어떤 감정적 조우를 표현할 때 쓰는 '숏/리버스 숏'이다. 먼저 우리는 말하는 사람의 얼굴을 보고, 다음에 듣는 사람의 얼굴을 본다. 이렇게 해서 우리는 듣는 사람이 말하는 사람에게 어떻게 반응하는지 본다. 이와 같은 관점 변화가 관객에게, 그들이 실상 (지금은 스크린 바깥에 있는) 말하는 사람의 자리에 있다고 느끼게 하고, 그로써 스크린 바깥의 그들 위치가 영화에서 일어나는 일이 구성하는 더 큰 전체의 일부처럼 보이게 함으로써 스크린 안에서 일어나는 일 속으로 그들을 봉합한다. 이 용어는 최근에는 그리 쓰이지 않지만, 영화와 관객의 관계에 대한 논의를 촉발하는 데서 여전히 중요한 구실을 한다.

ㅂ

봉합 지점 quilting point / *point de capiton*

자크 •라캉의 용어로, 의미화 사슬상에서 기표가 기의에 일시적일지라도 결합되는 지점들을 뜻한다. 봉제 용어에서 차용한 이 용어는 원래 단추를 달아야 할 지점들을 가리킨다. '정상적' •주체에게는 일련의 봉합 지점들이 필요하다. 봉합 지점의 부재는 실상 •정신병의 징후다. 봉합 지점이 없다면 주체는 •일상생활을 영위할 수 없게 된다. 그가 마주치게 되는 모든 •기호(가장 일상적인 것에서부터 가장 고차원적인 것에 이르기까지)의 의미를 끝없이 의문시할 것이기 때문이다.

뵐플린, 하인리히 Wölfflin, Heinrich (1864~1945)

스위스의 미술사학자. 현대의 미술 비평에도 영향을 미치고 있는 '예술의 원리' 개념으로 유명하다. 그는 미술사가 개인 예술가들의 전기나 작품의 관점에서가 아니라, 스타일 변화와 새로운 형식의 부상 관점에서 연구되어야 한다고 보았다. 뵐플린은 바젤 대학교에서 위대한 미술사학자 야코프 부르크하르트 밑에서 예술과 예술사를 공부했으며, 베를린 대학교에서 철학을, 뮌헨 대학교에서 예술사를 공부했다. 그의 아버지가 뮌헨 대학교 교수였다. 그의 박사 학위 논문 〈건축 심리학을 위한 서설〉(Prolegomena zu einer Psychologie der Architektur, 1886)은 당시 신생 학문이던 심리학을 건축에 적용했고, 예술작품이 갖는 효과와 함께 그것의 정서까지도 이해하고자 하는, 이후 그의 저술에서 보게 될 방향을 정립했다. 뵐플린은 1886년 학위를 받고 나서 이탈리아로 2년간 유학 겸 여행을 떠났고, 여기서 돌아와 《르네상스와 바로크》(*Renaissance und Barock,* 1888)를 썼다. 프리드리히 •니체의 《비극의 탄생》((*Die Geburt der Tragödie,* 1870~1871)에서 영감을 얻은 이 책은 예술 스타일로서 바로크를 복원하고자 하는 탁월한 시도를 했다. 그는 바젤, 베를린, 뮌헨 대학교에서 가르쳤다. 그의 유명한 저서로는 《고전주의 예술》(*Die Klassische Kunst,* 1898 / *Classic Art: An Introduction to the Italian Renaissance*, 1948), 《미술사의 기초 개념》(*Kunstgeschichtliche Grundbegriffe*, 1915 / *Principles of Art History: The Problem of the Development of Style in Later Art,* 1929)가 있다.

+ 참고

하인리히 뵐플린, 《르네상스의 미술》, 안인희 옮김, 휴머니스트, 2002.

하인리히 뵐플린, 《미술사의 기초 개념: 근세미술에 있어서의 양식발전의 문제》, 박지형 옮김, 시공사, 1994.

부르디외, 피에르 Bourdieu, Pierre (1930~2002)

프랑스 태생의 문화인류학자, 사회학자, 대중적 지식인. 부르디외는 프랑스 남서부의 베아른에서 하급 공무원의 아들로 태어났다. 그는 저명한 파리 고등사범학교에서 철학 교수자격증을 획득했는데, 이곳에서 그는 자크 •데리다와 제라르 •주네트 같은 장차 유명 인사가 될 친구들을 만났다. 그런 다음 부르디외는 1956년 군에 소집되기 전까지 지방의 한 고등학교에서 1년간 가르쳤고, 군복무를 마친 후 알제리에서 2년을 보냈다. 그는 조르주 •캉길렘의 지도 아래 박사 학위 논문을 쓰는 작업에 착수했지만, 프랑스의 또 다른 저명한 사회인류학자 클로드 *레비스트로스처럼 끝내 학위 논문을 마치지 못했다. 알제리는 부르디외의 삶을 전환시킨 곳이다. 그는 군복무에 따른 의무기간을 마친 후 프랑스로 돌아오기보다는 알제리 대학교에서 가르치면서 별도로 2년을 더 그곳에 머물렀다. 1960년 프랑스로 돌아온 부르디외는 처음에는 소르본 대학교에서 레몽 아롱의 조교로, 그다음에는 릴 대학교에서 강사로 가르쳤다. 1964년 마침내 그는 파리 사회과학고등연구원에서 교수직을 얻었고, 그곳에서 콜레주 드 프랑스의 교수로 승격될 때까지 20년간 재직했다.

전문성의 관점에서 말한다면, 인류학과 사회학 분야에서 경력을 쌓아가기 위해 부르디외가 자신이 받은 철학적 훈련에 등을 돌렸다고는 하지만 그의 저서는 충분한 근거를 갖춘 개념의 중요성에 대한 예리한 의식을 드러낸다. 그의 저서가 국제적 관심을 불러일으켰던 것은 정확히 그의 개념적 발명품들 때문이다. 부르디외 저서의 핵심에는 세 가지 개념, 즉 *실천, *아비투스, *장(field)이 있는데, 이 개념은 한데 합쳐져서 그가 혼자서 아주 초창기에 착안했다가 자신의 여생 동안 점차 세련되게 적용한 기본적인 방법론적 장치를 구성한다. 그의 이론적 모델을 구체적으로 개괄하려는 첫 시도는 알제리 카빌리아에서의 현장 연구를 발판으로 한《실천 이론의 개요》(*Esquisse d'une théorie de la pratique*, 1972 / *Outline of a Theory of Practice*, 1977)에서 찾아볼 수 있다. 상습적으로 자신의 글을 수정하는(종종 부르디외 저서의 영어 번역서들은 프랑스어 원본이라고 추정되는 글들과 극적으로 다르다) 부르디외는 자신의 방법론에 대한 두 번째, 훨씬 엄밀한 버전을 10년 후《실천의 의미》(*Le Sens pratique*, 1980 / *The Logic of Practice*, 1990)에서 생산해냈다. 이 책의 프랑스어 제목에 표시되어 있듯이(영어 번역서에서는 그것이 신기하게도 사라져버렸다), 부르디외의 연구는 그가 '실천 감각(practical sense)'이라고 지칭한 것 혹은 주관적 이해와 객관적 구조들의 조작이라 한 것이 무엇인지를 검증하고 그것을 분명하게 규명하는 데 초점을 맞추었다.

부르디외 자신이 종종 이용하는 유추를 빌려 설명하면 실천 감각은 '게임하는 방법'을 터득하는 것에 해당한다. 예컨대, *예술 세계와 학술 세계에 대한 그의 분석을 담은《예술의 규칙》(*Les Règles de l'art*, 1992 / *The Rules of Art*, 1996)과《호모 아카데미쿠스》(*Homo Academicus*, 1984 / *Homo Academicus*, 1988)는 후원 제도의 중요성을 입증했다. 부르디외는 많은 경우 후원이 실제적인 재능보다 훨씬 중요하다고 주장했다. 평범한 재능을 지닌 사람들이 후원의 가능성을 이용하는 데 능숙해짐으로써 각각의 장(field)에서 두각을 나타내게 되는 경우가 정말로 있을 수 있기 때문이다. 그렇다면, '장'이라는 용어로 부르디외는 구체적인 상업적 · 전문적 · 사회적 환경으로 이루어진 상대적으로 닫힌 시스템과 그런 시스템의 내부 규칙, 예를 들어 가장 가치 있는 작품은 가치를 창조해내겠다는 의도 없이 생산된 작품이라고 보는 학계와 예술계의 역설을 의미한다. 단언컨대 그의 가장 잘 알려진 저서라 할 수 있는《구별 짓기: 판단력에 대한 사회적 비판》(*La Distinction: critique sociale du jugement*, 1979 / *Distinction: A Social Critique of the Judgement of Taste*, 1984)에서 부르디외가 입증했듯이, 가치는 가격을 할당하는 것과 같은 결코 단순한 문제가 아니라 언제나 문화적 차원과 역사적 차원에서 고려되어야만 하는 것이다.

30개 이상의 단일 주제 논문을 쓸 정도로 다작한 저자인 부르디외는 때 이른 죽음을 맞이하기 직전까지 기탄없이 썼다. 말년에 그는 지식인으로서 좀 더 공적인 일을 맡을 수 있는 시간을 보냈고 사회적 문제를 더욱 직접적으로 다루었다. 이러한 측면을 보여주는 전형적인 사례가 거대한 공동 프로젝트《세계의 비참》(*La misère du monde*, 1993 / *The Weight of the World*, 1999)이다. 이 프로젝트에서 부르디외와 공동 연구자들로 이루어진 일군의 팀은 사회적으로 억압된 사람들의 목소리를 기록하고 그들을 그런 끔직한 상황에 처하게 만든 경제적 시스템에 저항하는 발언을 했다.

+ 더 읽을거리

피에르 부르디외,《자기분석에 대한 초고》, 유난희 옮김, 동문선, 2008.
B. Fowler, *Pierre Bourdieu and Cultural Theory*, 1997.
M. Grenfell, *Pierre Bourdieu: Key Concepts*, 2008.
J. Lane, *Pierre Bourdieu: A Critical Introduction*, 2000.
R. Jenkins, *Pierre Bourdieu*, 1992.
L. Wacquant, *Pierre Bourdieu and Democratic Politics*, 2004.

부분 대상 part-object →대상

부유하는 기표 floating signifier

구체적인 기의가 없는 기표(→기호). 부유하는 기표는 또한 '텅 빈 기표'라고 도 한다. 이는 의미를 방출하는 기표가 아니라 흡수하는 기표다. 예를 들어 프레드릭 *제임슨은 영화 〈죠스〉 시리즈에서 상어가 텅 빈 기표라고 설명했다. 상어는 자신이 특정한 의미 자체를 가지고 있지 않다는 것을 암시하면서 복수적 해석, 심지어 모순적 해석이 가능하지만 관객이 부과하고 싶어 하는 의미를 흡수하기 위한 매개물로서 일차적 기능을 수행하기 때문이다.

부재 원인 absent cause →구조적 인과성

부정 변증법 negative dialectics

테오도어 *아도르노의 대표적 저술로 평가되는 《부정 변증법》(*Negative Dialektik*, 1966 / *Negative Dialectics*, 1973)에서 개진된 변증법적 사유의 새로운 한 형식. 아도르노가 비동일성 사유라고 한 사유 양식으로 서양철학 전체를 급진화한다는 명시적 목표 아래 쓴 책으로, 《부정 변증법》은 하나의 구체적 개념을 제시한다기보다 철학을 내재적이며 자기반영적으로 비판하려는 어떤 대담한 프로그램을 제시한다. 이 프로그램은 두 가지 다른 문제의 해결(완전한 해결은 아니지만)에 대한 시도로 이해할 수 있다. 첫째, 만약 개념이 그것이 가리키는 대상과 동일하지 않다면, 어떤 의미에서 개념은 대상을 정의하는 임무에 부적합하다. 둘째, 우리가 개념의 부적합성을 알고 있을 때, 그럼에도 개념을 제외하면 대상을 이해하고 정의할 어떤 자원도 철학에 없음을 받아들일 때, 우리는 우리가 부적합함을 알고 있는 수단을 동원해 어떻게 적합한 형식의 철학을 창조할지 알아내야 한다. 그 정의상 개념은 대상과 동일할 수 없다. 따라서 이 문제는 부실한 개념의 문제, 다시 말해 더 나은 개념을 만들면 해결될 문제가 아니다. 또한 이 문제는, 개념과 대상 둘 다 시간이 흐르면서 변한다는 점에서 더욱 어려운 문제가 된다. 모든 개념에는 역사가 있으

며, 모든 개념은 역사 속에 자리한다. 이 문제에 대한 아도르노의 해결은 철학 비판 속에 개념 비판을 융합하는 것이었다. 이것이 개념의 부적합성이라는 근본적 문제 속에서 작업(그 문제의 해소가 아니라)하는 것이기 때문에 그것은 '부정' 변증법이 된다. 다시 말하면, 이것은 어떤 초월적 혹은 선험적 기반이나 원리에서 시작하거나 그 원리에 도달하고자 하지 않으며 끝없이 운동하는 사유 형식이다. 부정 변증법은 개념, 대상, 관념, 물질세계 사이의 접점을 다루라고 철학에 요청한다.

+ 더 읽을거리

D. Held, *Introduction to Critical Theory*, 1980.
S. Jarvis, *Adorno: A Critical Introduction*, 1998.

+ 참고

테오도어 아도르노, 《부정변증법》, 홍승용 옮김, 한길사, 1999.

부조리극 Theatre of the Absurd

유럽에서 베르톨트 *브레히트의 *서사극에 대한 반발로 1950년대에 부상했던 반정치적 형식의 극. 알프레드 *자리의 *파타피직스, 프란츠 카프카의 암울한 작품들, *다다, *초현실주의의 영향을 받은 부조리극은 그 전망에서 니힐리즘적이다. 이 점에서 부조리극은 *부조리주의의 유아론적 세계관과 만난다. 부조리극의 특징으로, 언어를 비의미 혹은 무의미의 지점까지 밀고 가는 기발한 말장난을 들 수 있다. 이를 통해 부조리극은 언어가 언어 사용자를 배반하는 능력을 폭로한다. 부조리극 장르에 자신이 속한다고 밝힌 감독이나 작가는 없다. 이 용어는 흔히 사뮈엘 베케트, 외젠 이오네스코, 장 주네, 해럴드 핀터 같은 작가와 감독에게 적용된다.

+ 더 읽을거리

마틴 에슬린, 《부조리극》, 김미혜 옮김, 한길사, 2005.

부조리주의 Absurdism

연극 비평가 마틴 에슬린이 1961년 자신의 책 《부조리극》(*The Theatre of the*

Absurd)에서 제2차 세계대전 이후 20년에 걸쳐 창작된 광범위한 작품을 포괄하려고 만든 용어. 부조리주의에는《시시포스의 신화》(*Le Mythe de Sisyphe*, 1942 / *The Myth of Sisyphus*, 2005)에 나타난 알베르트 카뮈의 철학적 견지, 즉 삶은 내재적으로 부조리하다는 것을 극화한 작품들이 포함된다. 에슬린은 사뮈엘 베케트, 외젠 이오네스코, 장 주네, 아서 아다모프, 여기에 해럴드 핀터까지 덧붙여 이들을 그가 부조리라는 말로 의미하려 한 것을 형상화하는 부조리주의 작가들이라고 했다. 이러한 작가들의 작품들은 매우 광범하고 다양한데, 공통적으로 불가능한 상황과 말장난을 만들어내고, 겉보기에는 임의적으로 터지는 듯한 폭력과 그에 따른 만연되었지만 한마디로 정의내릴 수 없는 위협감을 다룬다. •부조리극은 다다주의자들과 초현실주의자들의 작품과 밀접히 연관되어 있다. 또한 알프레드 •자리의 •파타피직스 개념과 앙토냉 •아르토의 •잔혹극은 부조리극 출현에 선구적 역할을 했다. 비록 부조리극이라는 용어가 본래 연극적 형태의 생산물을 기술하려고 구상되기는 했지만 이 용어는 성질이 같은 광범한 텍스트를 포괄할 정도로 대단히 일반적으로 사용된다. 연극 작품 이외에 체코 작가 프란츠 카프카의 작품도 폴란드 작가 비톨트 곰브로비치의 작품과 마찬가지로 '부조리주의적' 작품이라 할 수 있다. 그러나 부조리주의가 단지 문학적인 혹은 '고급 예술' 현상인 것만은 아니다. 오늘날 우리는 부조리주의가 뜻하는 바를 〈심슨 가족〉이나 〈사우스 파크〉(South Park)가 계속해서 보여준다고 할 수 있다. "그게 사실이니까 웃기는 거지(It's funny because it's true)"라는 호머 심슨의 명언은 부조리주의자의 정신을 극명히 드러낸다.

분배적 정의 distributive justice

사회적으로 상품과 자원을 공정히 배분하는 것. 이 분야 연구는 무엇이 제한된 자원을 분배하는 '공정한' 방식이 될지 결정하려고 노력한다. 예를 들어, 미국 같은 부유한 나라들이 과테말라 같은 아주 가난한 나라들보다 지구의 자원을 엄청나게 많이 사용하는 것은 명백히 불공평하다. 그러나 과테말라의 자원 사용에 따라 미국의 자원 배분을 축소하는 것도 똑같이 불평등할 것이다. 이로써 생활수준이 재앙에 가깝게 추락할 것이기 때문이다. 이러한 불평등한 상황에서 사회적으로 공정한 자원 분배가 달성될 수 있도록 하려면 향후 진행시킬 가장 좋은 방법은 무엇인가? 이것이 분배적 정의가 묻는 핵심 문제다(→ 롤스).

+ 더 읽을거리

새뮤얼 플레이쉐커, 《분배적 정의의 소사》, 강준호 옮김, 서광사, 2007.

분석철학 analytic philosophy

대륙철학, •형이상학, (•비평이론을 포함한) 모든 후기 칸트주의 사상과 대립한다는 공통점이 있는 서로 다른 다양한 사유를 나타내는 포괄적 용어. 20세기로 전환될 무렵 버트런드 러셀, 앨프리드 노스 화이트헤드, G. E. 무어의 저서와 함께 영국에서 분석철학이 기원했고 그 철학적 실천이 영미권역 국가들에 국한되어 있기 때문에 종종 영미 철학으로도 통하는 분석철학은 일차적으로 논리에 관심을 둔다. 그리고 •수사학을 통해 오도하고 잘못된 방향으로 나아갈 수 있는 언어의 능력을 의심한다. 분석철학의 목적은 언어의 작용에서 논리적 핵을 발견하고 애매함을 만드는 언어의 힘을 제거하는 것이다. 분석철학은 모든 진술문을 명제 형식으로 전환함으로써 그 목적을 달성하려 한다. 명제가 불가능하다는 것을 증명하는 지점에서 분석철학은 불명확한 사고와 거짓을 감지한다(→ 경험주의; 논리실증주의).

분열분석 schizoanalysis

•정신분석 재설계 프로젝트를 위한 질 •들뢰즈와 펠릭스 •가타리의 용어. 이들은 ① 정신분석을 •신경증이 아니라 •정신병/•분열증을 중심으로 재양극화하고(정신분석의 중심에 신경증이 아니라 분열증을 두고), ② 정신분석과 •마르크스주의 사이에 진정한 공동의 지점을 찾아내어 정신분석과 마르크스주의를 연계함으로써 이와 같은 프로젝트를 수행하고자 한다. 이 용어는 들뢰즈와 가타리의 최초 공저인 《앙티 오이디푸스》(*L'Anti-Oedipe*, 1972 / *Anti-Oedipus*, 1977)에서 처음 등장했고, 그들의 이후 저서들인 《카프카: 소수적인 문학을

위하여》(*Kafka: Pour une littérature mineure*, 1975 / *Kafka: Towards a Minor Literature*, 1986), 《천 개의 고원》(*Mille Plateaux*, 1980 / *A Thousand Plateaus*, 1987) 등에서 다시 등장하지만, 흥미롭게도 그들의 마지막 공저인 《철학이란 무엇인가》(*Qu'est-ce que la philosophie?*, 1991 / *What is Philosophy?*, 1994)에서는 등장하지 않는다. 《앙티 오이디푸스》에서 들뢰즈와 가타리는 분열분석의 프로젝트에 하나는 부정적이며 둘은 긍정적인 세 가지 과제가 있다고 말했다. 부정적 과제는 그들이 보기에 제대로 되지 않는 정신분석의 면모를 밀어두는 것이다. 이것은 *이드, *에고, *초자아의 개념을 단순히 폐기하는 간단한 작업이 아니다. 신경증을 다루는 한 정신분석은 완벽하게 작동하지만 문제는 신경증이 이차적 문제라는 점, 다시 말해(프로이트의 견해에 반해) *무의식의 작동에 그 어떤 근본적인 것도 말해주지 못한다는 데 있다고 들뢰즈와 가타리는 생각했다. 들뢰즈와 가타리는 무의식이 그 핵심에서 분열증적이지만 과정에서는 기계와 비슷하다고(이것을 그들은 *욕망 생산이라 부른다) 보고, 또한 날마다 작동하면서 *무의식은 *욕망하는 기계를 생산하고 욕망하는 기계는 서로 결합해 *주체라 알려진 집합체를 생산한다고 주장했다. 두 가지 긍정적 과제는 다음과 같다. 첫째, 주체에게서 그들의 욕망하는 기계의 본성, 구성, 기능을 발견하라. 둘째, 욕망의 정신적 투자를 관심/흥미의 정신적 투자에서 분리하라. 이 세 과제는 다음 네 테제를 근거로 한다. ① 모든 무의식의 *리비도 투자는 사회적(개인적이 아니라)이라서 역사적 장과 연관이 있다. ② 무의식의 리비도 투자에는 두 유형(욕망과 흥미/관심)이 있다. ③ 비가족적(혹은 정신병적) 무의식의 리비도 투자는 가족적(혹은 신경증적) 투자보다 우위에 있다. ④ 욕망의 무의식적 리비도 투자에는 두 가지 방식(편집증적인 것과 유토피아적인 것)이 있다. 분열분석은 완료된 프로젝트로 간주될 수 없다. 분열분석은 시대 변화에 발맞추어 적응하고 변화해야 한다.

+ 더 읽을거리

I. Buchanan, *Deleuze and Guattari's Anti-Oedipus*, 2008.

+ 참고

질 들뢰즈 · 펠릭스 가타리, 《앙띠 오이디푸스》, 최명관 옮김, 민음사, 2000.
질 들뢰즈 · 펠릭스 가타리, 《카프카: 소수적인 문학을 위하여》, 이진경 옮김, 동문선, 2001.

질 들뢰즈 · 펠릭스 가타리, 《천 개의 고원: 자본주의와 분열증》, 김재인 옮김, 새물결, 2001.
질 들뢰즈 · 펠릭스 가타리, 《철학이란 무엇인가》, 이정임 외 옮김, 현대미학사, 1995.

불안 anxiety / *angst*

*정신분석에서, ① 증가된 자극(구체적으로 성적 자극)의 양이나, ② 과잉 흥분을 '훈습(working-through)'하거나 방출하는 과정이 부재하거나 불충분할 때 정신적 혹은 심리적으로 나타나거나 그에 따른 증상. 불안이 언제나 어떤 생각(즉, 어떤 특별한 이미지 혹은 사고)에 얽매여 존재한다는 점을 고려한다면 불안은 관념적이다. 그러나 또 다른 억압된 생각을 나타내는 기호 혹은 대체물로서 불안이라는 관념을 판독하거나 해독하기는 불가능하다. 불안은 *히스테리와는 다르다. 히스테리는 신경에 작용하는 긴장이 정신보다는 물리적 대상을 향해 굴절되기 때문에 불안과 아주 유사한 방식으로 나타난다. 불안과 히스테리가 나타나는 방식은 결코 상호 배타적이지 않다. 또한 그 두 가지가 함께 일어나는 것이 종종 관찰되기도 한다. *실존주의, 특히 덴마크의 신학자 쇠렌 키르케고르의 저서에서 불안은 명확한 목표물이 없는 혹은 대상이 없는 두려움, 자유로 도발되는 두려움과도 같은 것이다. 다시 말해, 자유롭게 하고 싶은 것을 하는 것이 우리가 하고 싶은 것 혹은 우리가 정말로 해야 하는 것을 알지 못하는 불안을 만들어낸다는 것이다. 자유로 생기는 불안이라는 이 주제는 마르틴 *하이데거와 장 폴 *사르트르의 사유에서 더 발전된다.

브레히트, 베르톨트 Brecht, Bertolt (1898~1956)

독일의 *마르크스주의 극작가, 소설가, 시인, 이론가. 20세기의 매우 영향력 있는 작가 중 한 사람이며, 단언컨대 그의 시대를 대변하는 가장 중요한 극작가다. 브레히트의 작품은 볼프강 하우크가 말한 '분산된 통일성'을 보여준다. 이는 브레히트의 작품이 인상 깊을 정도로 다양한 장르와 스타일에 걸쳐 있지만 그 중심에는 일관된 정치적 신념이 있다는 것을 말한다.

브레히트는 독일 남부의 아우크스부르크에서 태어났다. 그의 아버지는 제지 공장의 상무이사로 견실한 중산층이었다. 브레히트는 연극을 공부하려고 1917년 뮌헨 대학교에 입학했지만 군대에 징집되는 것을 피하고자 의학 과정에도 등록했다. 결국 브레히트가 군대에 징집되기는 했는데, 아우크스부르크의 한 성병 전문 병원에 잡역병으로 배치되었다는 점에서 그가 친 선수는 부분적으로 성공한 셈이다. 전쟁이 끝난 후 브레히트는 극작가로서 이력을 쌓기 시작했고, 예상보다 이른 성공이 그런 시도에 대한 보답으로 찾아왔다. 브레히트의 첫 희곡《발》(*Baal*, 1918)은 명망 있는 클라이스트상을 받았다. 1927년 그는 독일에서 가장 중요한 실험극 단체로 널리 주목받던 에르빈 피스카토르 극단에 가입했다. 브레이트는 후일 연출 분야의 여러 실험에서 피스카토르에게서 많은 것을 차용했다.

존 게이의《거지의 오페라》(*The Beggar's Opera*, 1728)를 각색한《서푼짜리 오페라》(*Die Dreigroschenoper*, 1928 / *The Threepenny Opera*, 1933)로 브레히트는 상당한 부와 진정한 명성을 얻었다. 그는 이 작품에서 작곡가 쿠르트 바일과 같이 작업했다.《서푼짜리 오페라》는 20세기의 매우 대중적인 뮤지컬연극 작품 중 하나로 1만 회 이상 공연되었다. 그리고 이 작품에 나오는 〈맥의 나이프〉(Mack the Knife) 같은 많은 노래는 엘라 피츠제럴드와 니나 시몬 같은 가수가 부르면서 재즈와 카바레 대표곡이 되기도 했다. 2년 후 브레히트와 바일은 독일에 밀물처럼 밀려오는 파시즘의 성장을 강력히 비판한《마하고니시의 흥망성쇠》(*Aufstieg und Fall der Stadt Mahagonny*, 1930 / *Rise and Fall of the City of Mahagonny*, 1974)를 공동 창작했다.

1933년 나치가 집권하면서, 브레히트는 반나치즘적 태도 때문에 독일을 떠나지 않으면 안 되었다. 그는 먼저 덴마크로 도피했는데, 그곳에서 발터 *벤야민을 만났다. 그런 다음 스웨덴으로 갔다가 많은 그의 동료, 특히 *프랑크푸르트학파처럼 미국으로 갔다. 브레히트는 로스앤젤레스에서 도피를 끝냈다. 그는 로스앤젤레스를 보고 절묘한 표현을 했는데, 로스앤젤레스라는 한 도시에 신이 천국과 지옥 모두를 둠으로써 *공간을 절약했다고 말했다. 브레히트는 영어를 말할 수 없었는데도 할리우드에서 일했다. 그리고《어머니의 용기와 그녀의 아이들》(*Mutter Courage und ihre Kinder*, 1939 / *Mother Cour-*

ㅂ

age and her Children, 1941), 《갈릴레오의 삶》(*Leben des Galilei*, 1943 / *Life of Galileo*, 1947), 《착한 사람》(Der gute Mensch von Sezuan, 1943 / *The Good Person of Szechuan*, 1948)과 같은 대단히 정치적인 희곡을 계속해서 집필했다. 적어도 그의 연극만을 놓고 볼 때 브레히트에게 정치는 두 가지 의미가 있다. 한편으로 지식 습득의 •쾌락(뿐만 아니라 고통)이 있고, 다른 한편으로 어떤 '올바른' 결정도 내릴 수 없는 불가능한 상황에서 느껴지는 고통이 있다.

1947년까지 브레히트는 미국에서 체류했다. 1947년 브레히트는 공산주의자와 연루된 것을 해명하려고 미국 의회의 반미활동조사위원회 앞으로 소환당하게 된다. 그 결과 빠른 속도로 할리우드의 블랙리스트에 그의 이름이 올라가게 되었고, 이를 계기로 사실상 그가 미국에서 일하는 것이 불가능해졌다. 브레히트는 유럽으로 돌아와 처음에는 스위스로 갔다가 그다음에는 동독으로 갔다. 동독의 공산당 정부는 브레히트에게 브레히트만의 극단, 즉 조만간 세계적으로 유명해질 베를리너 앙상블과 브레히트 자신의 극장인 시프바우어담 극장을 주었다. 베를리너 앙상블은 현재도 브레히트의 작품들을 계속해서 공연하고 있고, 시프바우어담 극장은 〈서푼짜리 오페라〉가 초연되었던 곳이다. 말년에 브레히트는 상대적으로 작품을 거의 쓰지 않고 대신 자신의 희곡을 연출하는 일에 집중했다. 그는 파리를 포함한 유럽 여러 나라의 수도에서 순회공연을 했는데, 그 당시 청년이었던 롤랑 •바르트는 브레히트의 파리 공연을 보고 브레히트에게 매혹되었다.

브레히트는 연극을 정치적 논쟁의 수단으로 만들려고 애썼다. 이런 점에서 단순히 예술을 위한 예술이나 선동과 선전이 아닌 미학을 창출하겠다는 도전에 강력하게 대응했기 때문에 •비평이론에서 대단히 중요하다(브레히트는 20세기의 다른 어떤 예술가들보다 더 강력히 반응했다). 브레히트라는 이름은 •서사극과 동의어로 통한다. 서사극은 공연을 좀 더 지적으로 만들기 위한 목적으로 수년에 걸쳐 그가 고안한 연출 방법이다. 브레히트의 유명한 말에 따르면, 연극은 복싱에 열광하는 팬이 경기를 관람하는 것처럼 거리를 두고 사심 없는 판단력으로 관람해야만 한다. 이러한 •소격 효과를 달성하려고 브레히트는 관객이 무대에서 벌어지는 일에 '자연스럽게' 느끼는 감정 이입을 방해하려 여러 것을 연출했다. 이러한 소격 효과는 기술적으로 여러 방법, 즉 배우가 자신이 맡은 역을 깨고 나와 자신의 캐릭터를 논평하도록 지시를 받는다거나, 그 밖에 서스펜스를 줄이려고 미리 사건을 서술하는 삽입 자막들을 천장에서 떨어뜨리는 것과 같은 방법으로 달성되었다.

+ 더 읽을거리

F. Jameson, *Brecht and Method*, 1998.
P. Thompson and G. Sacks, *The Cambridge Companion to Brecht*, 2006.
J. Willett, *Brecht in Context: Comparative Approaches*, 1998.

브로델, 페르낭 Braudel, Fernand (1902~1985)

•아날학파의 주요 인물로 가장 널리 알려진 프랑스의 역사학자. 1949년 콜레주 드 프랑스의 교수로 승격하면서부터 세상을 떠날 때까지 그는 프랑스에서 영향력이 큰 역사가 중 한 사람이었다.

프랑스의 시골에서 태어난 브로델은 의사가 되고 싶었지만 아버지 바람에 맞춰 역사를 공부했다. 그는 졸업하자마자 1923년부터 1932년까지 대략 10년간 알제리에 있는 고등학교에서 역사를 가르쳤다. 그런 다음 프랑스로 돌아와 한 고등학교에서 교편을 잡았는데, 그곳에서 후일 저널《아날》(*Annales*)의 공동 창간자가 될 뤼시앵 페브르를 만났다. 1934년 그는 인류학자 클로드 •레비스트로스와 함께 상파울루 대학교를 설립하는 일을 도와달라는 초청을 받고 브라질로 갔다. 브로델은 1939년 제2차 세계대전이 일어날 때까지 브라질에 머무르다가, 전쟁이 터지자 육군에 입대하려고 프랑스로 돌아왔다. 1940년 그는 독일군에 체포되어 남은 전쟁 기간을 포로수용소에서 보냈다.

브로델은 박사 논문의 초고인《펠리프 2세 시대의 지중해와 지중해 세계》(*La Méditerranée et le Monde Méditerranée à l'époque de Philippe II*, 1949 / *The Mediterranean and the Mediterranean World in the Age of Philip II*, 1996)를 기억력을 동원해 포로수용소에서 썼다. 브로델의 명성은 이 책으로 자리를 잡게 된다. 스페인의 펠리페 2세 연구로 시작해 60만 개 이상 어휘로 된 묵직한 이 책은 이내 16세

기 후반 지중해의 삶과 문화의 사실상 모든 양상을 밀도 있으면서도 경이롭게 설명했다. 중요한 것은 이 책에서 브로델이 세 단계로 된 역사 모델을 개괄했다는 점이다. 이 모델은 후일 아날학파를 대변하는 특징이 된다. 브로델이 •장기 지속 혹은 '지리-사학(geo-history)'이라고 명명한 첫 번째 단계는 실질적으로 인지 불가능한 수준의 인간과 물리적 환경의 상호작용을 가리킨다. 두 번째 단계가 정치 구조와 경제의 작동 문제를 편입하는, 부족에서 국가에까지 이르는 사회적 집단의 형성을 가리키는 반면, 세 번째 단계는 개인들의 삶을 가리킨다.

따라서 브로델은 역사적 시간을 지리학적이며 동시에 사회적이고 개별적인 것으로 재정의했다(이런 의미에서 그는 마누엘 데란다가 최근 저서에서 인정했듯이 역사에 대한 복잡성 모델을 발전시킨 선구자였다). 이러한 역사 모델은 브로델의 훌륭한 차기 작업이라 할 세 권으로 된 《문명과 자본주의》(*Civilisation matérielle et capitalisme*, 1967~1979 / *Civilization and Capitalism*, 1981~1983)에서 좀 더 명료해진다. 이 책은 이매뉴얼 •월러스틴, 특히 그의 •세계체제이론 개념에 주된 영향을 받았다. 브로델의 역사 접근 방식은 역설을 수반한다. 예컨대, 그는 펠리페 2세 같은 개인을 역사적 문맥에 자리매김하려고 많은 공을 들여서 결국 사회와 지리학의 더 깊은 심층적·역사적 패턴과 개인을 비교할 때 개인이 상대적으로 중요하지 않다는 사실을 입증했다. 그 지역의 어떤 '전체 역사(total history)'를 기술하고자 했던 열망에도 불구하고, 브로델은 사회적 가치, 태도와 믿음을 상대적으로 무시했다는 비난을 받았다. 그러나 삶의 구체적인 세부 사항, 예를 들어 토양의 성질과 기후까지도 철저히 기술하고자 했던 그의 고집은 역사와 •문화 연구에 지속적인 충격을 안겨주었다.

+ 더 읽을거리

P. Burke, *The French Historical Revolution: The Annales School 1929~1989*, 1990.

브르통, 앙드레 Breton, André (1896~1966)

•초현실주의의 창시자 중 한 명으로 잘 알려진 프랑스의 작가이자 시인. 브르통은 《초현실주의 성명서》(*Surrealist Manifest*, 1924)의 저자로 초현실주의 운

동의 주요한 이론가 중 한 사람이다. 거침없는 태도와 초현실주의 원칙을 따르는 접근법 때문에 그는 '초현실주의의 교황'으로 알려졌다(그는 종종 사물이 어떻게 존재하는가에 대한 자신의 비전에 동의하지 않는다는 이유로 사람들을 초현실주의 운동에서 '파문'했다).

브르통은 노르망디의 부유하지 않은 한 가정에서 태어났다. 그는 파리에서 의학과 정신의학을 공부했다. 그러나 제1차 세계대전으로 학업을 중단해야 했기에 수련 과정을 마치지 못했다. 그는 전쟁 동안 낭트의 한 병원에서 '전쟁신경증'을 겪는 병사들을 위한 신경 병동에서 근무했다. 그곳에서 그는 *정신의 창조적 측면을 밝히려고 *정신분석의 잠재성을 연구하기 시작했다. 그의 환자 중에는 자크 바셰라는 괴상한 젊은 작가가 있었는데, 훗날 브르통은 그를 알프레드 *자리의 영적 아들이라고 기술하면서 중요한 영향력을 행사한 인물로 인정했다.

전쟁이 끝난 후 브르통은 파리로 돌아와서 다다이즘을 표방한 몇몇 예술가, 작가와 관계를 맺었다. 1919년 그는 루이 아라공, 필리프 수포와 잡지 《문학》(*Littérature*)을 공동 창간했다. 브르통과 수포는 자신들이 이름 붙인 자동 글쓰기라는 방법에 특히 관심을 두었다. 자동 글쓰기는 지그문트 *프로이트의 *자유연상 개념에서 영감을 받았는데, 브르통과 수포는 *무의식의 작업으로 가는 창구를 자동 글쓰기가 제공할 것이라 생각했다. 두 사람은 함께 이 방법을 활용해 《자기장》(*Les Champs magnétiques*, 1920 / *The Magnetic Fields*, 1985)을 출판했다. 전통적 글쓰기 기준으로는 거의 이해 불가능한 이 소설은 반동적이기보다는 능동적이었기 때문에 *다다에서 벗어나려는 움직임의 신호탄이 되었다. 이 책의 대단한 영향력은 곧 증명되어 앙드레 마송 같은 시각예술가들과 에드가르 바레즈 같은 음악가들을 포함한 많은 예술가가 이 기교를 가지고 실험하기 시작했다.

1924년 브르통은 초현실주의를 위한 세 개 성명서 중 첫 번째를 출판했다. 이 성명서는 초현실주의 운동을 예술에서의 혁명이라고 정의하는 데 일조했다. 브르통은 1927년 공산당에 가입했다가 1933년 퇴출당했다. 그러나 공산당에 대한 그의 동조는 *마르크스주의에서 도출된 것이 결코 아니었다.

하지만 그의 작품은 •변증법을 계속해서 모색했다. 1938년 브르통은 멕시코 여행을 떠났는데, 표면적인 이유는 멕시코 국립자치대학교에서 열린 초현실주의 학회에 참가하기 위한 것이었다. 그곳에서 그는 추방당한 레온 트로츠키뿐만 아니라 훌륭한 사회주의 예술가인 디에고 리베라와 프리다 칼로를 만나게 되었고, 그들과 함께 이번에는 혁명적 예술을 위한 또 다른 성명서를 썼다.

제2차 세계대전이 일어나자 브르통은 프랑스로 돌아와서 한 번 더 의무대로 자원해 복무했다. 그러나 프랑스가 항복한 이후 비시정부는 브르통의 글들을 금지했고 그를 프랑스 정부의 적이라고 선언했다. 브르통은 프랑스를 떠나 마르티니크로 갔고 그곳에서 에메 •세제르와 만났다. 1946년 브르통은 프랑스로 다시 돌아왔다. 그는 프랑스의 알제리 개입을 노골적으로 비판했으며, 알제리전쟁에 항거하려고 작성된 〈121 성명서〉(Manifesto of the 121)에 서명한 사람 중 하나였다. 전쟁 후에도 초현실주의는 지속했지만 영향력은 쇠퇴했다. 프랑스에서는 •상황주의, 미국에서는 •추상주의가 초현실주의를 계승했다.

+ 더 읽을거리

M. Gale, *Dada and Surrealism*, 1997.
D. Hopkins, *Dada and Surrealism: A Very Short Introduction*, 2004.
H. Richter, *Dada: Art and Anti-Art*, 1964.

브리콜라주 *bricolage*

프랑스어로 '땜질하기', '임시변통하다', 그리고 심지어 '디아이와이(DIY)'를 뜻한다. 브리콜라주에 참여하는 사람을 브리콜뢰르(*bricoleur*)라고 하는데, 이는 '재주꾼'이나 '무엇이든 잘하는 사람'이라는 말과 같다. 이 말은 프랑스의 인류학자 클로드 •레비스트로스가 《야만의 정신》(*La Pensée sauvage*, 1962 / *The Savage Mind*, 1966)에서 '원시적인' 신화 사상과 서구 학문을 비교하면서부터 •비평이론의 용어로 통용되기 시작했다. 이 책에서 레비스트로스는 원시적 신화 사상이 일종의 브리콜라주라고 주장했다. 원시적 신화 사상은 존재하는 재료로 작업해야 한다는 제약을 받고 있어서 사용할 준비가 되어 있는 것들의 조합으로 만들어진 우연성의 결과물일 뿐이기 때문이다. 레비스트로스에게 엔지니어는 서구 학문을 의인화한 전문 직업이다. 브리콜뢰르는 그런 의미의 엔지니어와는 대조적으로 프로젝트를 계획하거나 만들 수 없다. 왜냐하면 프로젝트를 계획하거나 만드는 일은 필수적인 도구와 재료가 요구하는 것만큼 획득될 수 있고 꼭 사용할 준비가 되어 있을 필요가 없기 때문이다. 질 *들뢰즈와 펠릭스 *가타리는《앙티 오이디푸스》(*L'Anti-Oedipe*, 1972 / *Anti-Oedipus*, 1977)에서 정신분열증적 생산물을 브리콜라주로 설명했다.

블랑쇼, 모리스 Blanchot, Maurice (1907~2003)

프랑스의 철학자이자 작가. 블랑쇼는 20세기 프랑스 지성사에서 중요한 인물이지만 그의 실물을 일부러 찾아내기는 좀처럼 쉽지 않다. 아마도 이 점은 그가 의도한 것일 수도 있다. 문학작품과 철학작품이 심리학적 설명이나 사회학적 설명으로 환원될 수 없다는 태도를 일관성 있게 유지한 블랑쇼는 말년에는 그의 습관대로 완전히 은둔하며 지냈다. 이런 방식의 삶과 비슷하게 그의 산문 스타일 역시 수수께끼 같다. 예컨대, 자기 소설에서 그는 텍스트 이해를 조정하려고 독자가 의지하는 장소와 인물을 나타내는 표지들을 습관적으로 지웠다. 그리고 말 그대로 말할 수 없는 것(그가 몰두한 핵심적인 것 중에는 죽음, 침묵과 고독이 있고, 다른 것에는 우정, 작품, 공간이 있다)과 관련된 그의 철학은 그런 말할 수 없는 것을 향해 다가가려는 몸짓으로만 드러나는 것을 말하려는 끊임없는 시도를 했다.

블랑쇼는 버건디의 손에루아르 지역에 있는 켕에서 태어났다. 그는 스트라스부르 대학교에서 독문학과 철학을 공부하면서 학부 과정을 마쳤다. 그곳에서 그는 평생 친구가 된 엠마누엘 *레비나스를 만났다. 학부 시절 블랑쇼는 극단적 극우 단체인 악시옹 프랑세즈에서 활발히 활동했다. 그는 어쩌면 전기적 측면에서 자신이 이후에 보인 과묵함을 설명하면서,《주르날 드 데바》(*Journal de Débats*, 토론 신문),《리액시옹》(*Réaction*, 반동),《르 랑파르》(*Le Rempart*, 성벽),《콩바》(*Combat*, 교전)와《랭쉬르제》(*L'Insurgé*, 반란자) 같은 우파

ㅂ

의 출판물에 글을 썼다. 그러나 1940년 프랑스가 패배한 다음 블랑쇼는 비시정부와 협력하기를 거부했다. 그리고 그는 거의 완전히 공적인 삶에서 물러났다가 *68년 5월이 되어서야 비로소 다시 공적 삶에 모습을 드러냈다. 일반적으로 블랑쇼가 지식인(대부분 좌파 출신) 121명이 서명하고, 알제리전쟁에 대한 항의로 불복종의 권리를 선포한 그 유명한 선언문 〈121인 성명서〉(Manifesto of the 121)를 작성했다고 본다.

많은 다른 철학자 중에서 질 *들뢰즈, 폴 드 만, 자크 *데리다, 미셸 *푸코는 모두 블랑쇼가 말할 수 있는 것과 말할 수 없는 것 사이의 틈(블랑쇼는 이것을 바깥(the Outside)이라고 지칭했다)을 명확히 표현하려고 했다는 것에 대해서, 특히 예술에 속해 있는 그 틈이 무엇인지 본질을 규명하려 시도했다는 것에 대해서 그에게 경의를 표했다. 블랑쇼는 친구인 조르주 *바타유처럼 문학과 철학 두 가지 길을 통해 이러한 바깥을 사유하는 프로젝트를 추구했다. 《토마, 알 수 없는 자》(*Thomas l'Obscur*, 1941 / *Thomas the Obscure*, 1973)와 《죽음의 선고》(*L'Arrêt de mort*, 1948 / *The Death Sentence*, 1978) 같은 블랑쇼의 소설들은 어느 모로 보나 바타유의 소설만큼 실험적인데, 다만 적대적 국면이 조금 적을 뿐이다. 블랑쇼의 잘 알려진 철학적 저서로는 《문학의 공간》(*L'Espace littéraire*, 1955 / *The Space of Literature*, 1982)과 《무한한 대화》(*L'Entretien infini*, 1969 / *The Infinite Conversation*, 1993)가 있다.

+ 더 읽을거리

G. Bruns, *Maurice Blanchot: The Refusal of Philosophy*, 2005.
울리히 하세·윌리엄 라지, 《모리스 블랑쇼: 침묵에 다가가기》, 최영석 옮김, 앨피, 2008.
K. Hart, *The Dark Gaze: Maurice Blanchot and the Sacred*, 2004.
L. Hill, *Blanchot: Extreme Contemporary*, 1997.

블랙스플로이테이션 blaxploitation (흑인 착취에서 만들어진 신조어)

아프리카계 미국인 관객의 관심을 끌려는 의도로 1970년대 미국에서 제작된 할리우드 영화의 하위 장르. 〈스위트 스위트백의 배다스 송〉(Sweet Sweetback's Baadassss Song, 멜빈 반 피블즈 감독, 1971), 〈샤프트〉(Shaft, 고든 크스 시니어 감독, 1971)와 〈슈퍼플라이〉(Superfly, 고든 파크스 주니어 감독, 1972)의 성공을 계기로 블랙스플로이테이션의 미학은 이런 영화의 대담한 줄거리와 길거리 사정에 밝은 주인공을 모방하고 할리우드 영화가 재현하는 흑인의 전형에 도전하는 새로운 유형의 영화를 만들어냈다. 일반적으로 블랙스플로이테이션의 줄거리는 누군가를 백인의 시스템에 동정하도록 회유하는 흑인 남녀를 중심으로 돌아간다. 그렇게 하면서, 블랙스플로이테이션 영화는 흑인 배우에게 희생자나 하인 역할을 맡기는 경향을 보였던 할리우드 영화에서는 보지 못한 방식으로 흑인 배우를 서사적 사건의 전방에 내세운다. 1970년대 후반 시장이 포화 상태가 되고 블랙스플로이테이션 영화가 소진해버리기 전까지 호러 영화와 서부극의 혼성 모방물을 포함한 대략 40편의 영화가 이러한 블랙스플로이테이션 영화의 틀로 제작되었다. 쿠엔틴 타란티노의 〈재키 브라운〉(Jackie Brown, 1998)은 블랙스플로이테이션 장르에 대한 오마주다. 이 장르의 훌륭한 스타 중 한 사람인 팜 그리어가 주인공으로 나온다.

블로흐, 에른스트 Bloch, Ernst (1885~1977)

독일의 •마르크스주의 철학자, 사회비평가, 유토피아주의자. 블로흐는 루트비히스하펜이라는 공업 도시에서 태어났다. 그의 아버지는 재산이 많지 않은 동화된 유대인이었으며 철도 공무원으로 일했다. 블로흐는 베를린 대학교로 결정적 행보를 옮기기 전에는 뮌헨과 뷔르츠부르크에서 철학을 공부했다. 블로흐에게 베를린 대학교로 옮긴 것이 결정적인 이유는 그곳에서 그가 게오르크 •짐멜에게 지도받게 되었기 때문이다(짐멜과 블로흐의 우정은 짐멜이 제1차 세계대전에 대한 독일의 참전을 지지하는 발언을 했을 때 끝나버렸다). 베를린에서 블로흐는 마르크스주의 문학비평가 죄르지 •루카치를 만나 그와 돈독한 친구가 되었다. 나중에 블로흐는 •표현주의를 지지했던 자신과 달리 표현주의를 지지하지 않은 루카치와 공개적으로 의견 충돌을 빚기도 했다.

제1차 세계대전이 일어난 후 블로흐는 (군복무에 부적합하다는 판정을 받은 후) 베를린을 떠나 처음에는 그뤼네발트로 갔다가 그다음에 스위스로 갔다. 그리고 그곳에서 문화비평가 발터 •벤야민과 우정을 나누기 시작했다. 전쟁이 끝난 후 블로흐는 베를린으로 돌아왔고 격동의 바이마르공화국 시절 그곳에 거주하던 지식인들, 예를 들어 테오도어 *아도르노, 베르톨트 *브레히트, 한스 아이슬러, 오토 클렘페러 같은 지식인으로 이루어진 대규모 모임의 일원이 되었다. 1933년 블로흐는 (나치가 이행한 새로운 인종법에 따른 박해를 피하려) 다시 스위스로 갔다. 그 후 미국으로 가서 전쟁이 끝나기를 기다렸다. 흥미롭게도 분명치 않은 이유로, 그리고 같은 모임에 있던 다른 많은 독일 망명자와 달리, 블로흐는 막스 *호르크하이머의 사회조사연구소에서 일자리를 얻지 못했다. 그래서 그는 웨이트리스로 일하던 부인의 지원을 받아 근근이 생활할 수밖에 없었다. 전쟁이 끝난 후 블로흐는 분단된 독일로 다시 돌아왔고 처음에는 사회주의를 택한 동독에 거주했다. 그러나 사회주의 당국과 관계가 나빠진 후 서독으로 이주했고 남은 생을 튀빙겐에서 보냈다. 미국에 체류하는 동안 블로흐는 자신의 대표작 《희망의 원칙》(*Das Prinzip Hoffnung*, 1959)을 쓰기 시작했는데, 이 책을 그곳에서 전부 완성하지는 못했다. 이 책은 세 권으로 된 대작으로 1986년 영어판(《*The Principle of Hope*》)으로 출판되었다. 그리고 이 책 덕분에 블로흐는 유명해졌다. 사실상 그 시대의 문화적 형식을 모두 수용한 방대한 책이라 할 수 있는 《희망의 원칙》의 논점은 모든 역사적 시대는 그 자신의 지평, 즉 블로흐가 지칭한 '아직 의식하지 못한 유토피아 정신(혹은 변화에 대한 바람)'이 흘러 넘어가는 경계를 포함하고 있다는 것이다. 따라서 역사상 가장 암울한 순간에도 '선현(Vor-Schien)'(미리 나타남 혹은 앞에서 빛이 반짝임)의 요인, 즉 변화가 임박해 있음을 가리키는 징후를 담고 있다고들 한다. 블로흐 저서의 영어판 번역은 설명할 수 없을 정도로 느리게 출판되었는데, 이로써 영어권 세계에서는 블로흐의 사상에 대한 평가가 지체되었다. 그러나 오늘날 사람들은 블로흐가 *유토피아에 대한 20세기의 중요한 이론가 중 한 사람이라는 사실에 일반적으로 동의한다. 그는 유토피아 개념을 성취될 수 없는 꿈과 연관하는 힘없는 아이디어에서 일상생활의 물질적 현실과 연결된 강력한 개념으로 변형시켰다.

+ 더 읽을거리

프레드릭 제임슨, 《맑스주의와 형식》, 여홍상 · 김영희 옮김, 창비, 2014.

블룸, 앨런 Bloom, Allan (1930~1992)

미국의 문화비평가이자 철학자. 블룸은 인디애나폴리스에서 태어났지만, 십대 시절 가족 모두와 함께 시카고로 이주했다. 장학금을 받아 시카고 대학교에서 정치학과 철학을 공부했다. 그리고 그곳에서 스승이자 그에게 핵심적 영향을 미친 레오 *스트라우스를 만났다. 1955년 박사 학위를 마치고 3년 후 유럽에 가서 처음에는 파리에서 알렉상드르 *코제브와 함께 공부한 다음 독일에 머무르다 시카고 대학교로 다시 돌아와 성인 교육 교과목들을 가르쳤다. 그 뒤 그는 코넬 대학교, 예일 대학교, 텔아비브 대학교와 토론토 대학교에서 가르쳤다. 블룸은 코넬에 있는 동안 텔루라이드 하우스의 교수진으로 있었다. 당시 텔루라이드 하우스의 학생 기숙자 중에는 폴 울포위츠(나중에 울포위츠는 도널드 럼스펠드 밑에서 국방부 차관을 지내고 세계은행 총재를 지내다 불미스럽게 물러나게 된다)와 프랜시스 *후쿠야마가 있었다. 블룸은 미국에서 '고유한' 미국식 교육이 퇴조한 것을 한탄한《미국 정신의 종결》(*The Closing of the American Mind*, 1987)이 엄청나게 팔리면서 국제적 명사의 반열로 급부상했다. 프리드리히 *니체를 대단히 많이 의존한 이 책의 중심 논제는 시민 권리 운동 같은 1960년대에 출현한 사회적 운동이 도덕적 타락의 징후라는 것이다. 이 책의 성공은 논란의 여지가 없지 않았다. 그리고 이 책은 마사 누스바움, 데이비드 리프, 알렉산더 네하마스, 벤자민 바버의 준엄한 반격에 불을 지폈다. 그럼에도《미국 정신의 종결》은 과거에도, 지금도 계속해서 우파가 옹호하고 있고, 이른바 '문화 전쟁'의 아이콘으로 남아 있다. 블룸은 다른 책을 몇 권 썼는데, 어느 책도 이 책만큼 널리 수용되지 않았다. 그의 친구인 소설가 솔 벨로는 실화 소설《라벨스타인》(*Ravelstein*, 2000)에서 블룸을 불멸화했고 블룸이 동성애자라고 밝혔다.

블룸, 해럴드 Bloom, Harold (1930~)

*영향에 대한 불안이라는 개념으로 잘 알려진 유대계 미국인 문학이론가이자 문학비평가. 블룸은 뉴욕에서 태어나 남부 브롱크스에서 성장했다. 1947년 코넬 대학교에 입학해 낭만주의 연구의 대가였던 M. H. 에이브럼스

의 지도를 받았고, 블룸 역시 낭만주의를 자기 연구 주제로 삼았다. 1952년 코넬 대학교를 졸업하고 케임브리지 대학교의 펨브로크 칼리지에서 1년을 보낸 후 박사과정을 하려고 예일 대학교로 진학했다. 1955년 박사 학위를 마치자마자 바로 예일 대학교에 임용된 후 내내 그곳에 재직했다. 블룸은 믿을 수 없을 정도로 많은 책을 쓴 다작 저술가이자 편집자다. 겉보기에는 이 세상 모든 언어로 된 문학적 중요성이 있는 모든 책을 읽은 것처럼 보일 정도로 그의 영역은 엄청나게 폭넓다. 블룸이 한 연구의 핵심은 모든 작가는 그들의 문학적 선례자들과 일종의 창조적인 오이디푸스적 투쟁을 한다는 것이다. 블룸의 이러한 논점은 짧지만 대단히 영향력 있는 책인《영향에 대한 불안》(*The Anxiety of Influence*, 1973)에 자세히 설명되어 있다. 블룸은 시의 역사가 곧 시적 영향력의 역사라고 주장했다. 시적 영향력이 강한 시인들은 그들의 상상력의 목소리를 내기 위한 시적 공간을 열려고 그들의 선배 시인들을 창조적으로 오독한다. 한편, 시적 영향력이 약한 시인들은 더 훌륭한 작품을 쓰겠다는 용기와 재능 모두를 상실한 채 (그들의 선배 시인들을) 이상화하고 모방한다. 블룸은 오스카 와일드가 그러한 약한 시인들의 실패한 모습을 보여주었다고 말했다. 와일드의 시는 모든 것을 사뮈엘 테일러 콜리지에게 빚지고 있기 때문이다. 블룸이 시적 영향력이 강한 시인이라고 한 시인들은 그들의 선배 시인들을 먹어 소화하거나, 좀 더 좋게 말한다면, •승화한다(이러한 규칙에서 예외적 인물은 자신과 필적할 만한 선배 작가나 후배 작가가 없었던 윌리엄 셰익스피어뿐이다). 블룸은 일레인 쇼월터 같은 •페미니즘 학자들에게서 문학사를 거의 전적으로 남성적 시각으로만 해석한다는 비난을 받았다. 그러나 그는 비난을 받은 것과 맞먹을 정도로 샌드라 길버트, 수전 구바, 카밀 팔리어 같은 페미니즘 비평가들에게 영감을 주기도 했다. 사실상 블룸이 쓴 모든 것의 중심에는 영감과 영향력에 대한 그의 이론이 놓여 있다. 문학을 대하는 엘리트주의자식 관점 혹은 올림포스 신 같은 관점의 대변자인 블룸은 자신이 생각하는 문학에서 무엇이 좋은가 혹은 나쁜가를 진술하는 데 결코 주저하지 않았다. 대담하게도 그는 자신의 베스트셀러인《서구의 정전》(*The Western Cannon: The Books and the School of the Ages*, 1994)에서 필독해야 할 서구 문학의 최종적 도서 목록을 제안했다.

+ 더 읽을거리

G. Allen, *Harold Bloom: Poetics of Conflict*, 1994.
P. De Bolla, *Harold Bloom: Toward Historical Rhetorics*, 1988.
R. Sellars and G. Allen, (eds.) *The Salt Companion to Harold Bloom*, 2007.

BWO →기관 없는 신체

비릴리오, 폴 Virilio, Paul (1932~)

프랑스의 건축이론가. 속도와 전쟁에 대한 에세이들로 유명한 비릴리오는 장 *보드리야르와 함께 *포스트모던 시대 테크놀로지의 영향에 가장 도발적이고 통념에 어긋나는 통찰을 내놓는 에세이스트로 꼽힌다.

비릴리오는 1932년 파리에서 태어나 브리타니의 북부 해변 지역에서 성장했다. 독일군이 침략했을 때, 그의 고향 마을은 맹공격을 받았고 이후 오랫동안 독일군의 주둔을 견뎌야 했다. 고향 마을이 독일군의 군항으로 쓰이는 바람에 연합군의 폭격도 받았다. 나중에 비릴리오는 전쟁이 자신이 다닌 대학이라고 자주 말하게 된다. 그가 택한 연구 주제를 보면 이 말의 진실을 알 수 있다.

비릴리오를 학계로 인도한 길에는 우회로가 많았다. 처음 그는 스테인드글라스 작업을 전공으로 미술학교에서 공부했다. 그러다 위대한 프랑스 화가 앙리 마티스와 교회 복원 작업을 같이했다. 1950년 그는 가톨릭교로 개종했다. 그는 프랑스가 독립전쟁을 벌이던 알제리와 전쟁할 무렵에 병역의무를 이행해야 했고, 알제리로 파병되었다. 병역의무를 마친 뒤 철학을 공부하기 위해 소르본에 등록했다. 그가 여기서 만난 선생 중에는 모리스 *메를로퐁티가 있었는데, 메를로 퐁티는 그에게 *현상학에 대한 관심을 자극했다.

1958년 비릴리오는 독일군이 프랑스의 해변(비릴리오의 고향 마을과 가까웠던)에 연합군의 진격을 막아낼 목적으로 지은 요새 '대서양벽'에 대한 현상학적 분석을 수행했다. 요새는 1만 5,000개가 넘는 콘크리트 벙커로 지어졌지만, 연합군의 우월한 전쟁 무기 앞에서 제구실을 하지 못했다. 연합군은 특히 공군 부대를 활용해 대서양벽을 무력화했다. 나중에 《벙커 고고학》(*Bunker archéologie*, 1975 / *Bunker Archeology*, 1994)으로 출판되는 이 저서에서, 비릴리오는 현대 전쟁에서 속도의 중요성, 전장의 풍경을 보는 여러 방식을 논의했다. 그의 개념 '존재하는 전함대'(질 •들뢰즈와 펠릭스 •가타리는 그들의 •전쟁 기계에 대한 설명에서 비릴리오의 이 개념을 차용한다)를 통한 이론화가 보여주듯이, 어떤 장소를 통제하려고 그 장소를 계속 점령할 필요는 없다. 현대 전쟁에서는 빠르게 움직일 수 있다는 것만으로 있을지 모를 공격을 충분히 막아낼 수 있다.

몇몇 저서의 주제인 '속도'는 비릴리오에게 중요한 관심사였다. 1977년 그는 《속도와 정치》(*Vitesse et Politique* / *Speed and Politics*, 1986)를 펴냈다. 이것이 영어로 번역된 그의 최초 저서이며, 이 책과 함께 그는 영어권 독자들을 처음으로 만날 수 있었다. 속도 외의 여러 많은 주제를 썼는데도, 비릴리오는 흔히 속도(혹은 그 자신의 용어를 빌리면 '드로몰로지(dromology)')의 이론가로 알려져 있다. 비릴리오는 속도에 대해 양가적이다. 미래주의자들과 달리, 비릴리오는 속도가 본원적으로 해방적이라고 보지 않았다. 실상 그의 다수 저작이, 속도는 전적으로 억압적 힘일 수 있음을 보여주었다. 후기의 저작에서, 비릴리오는 속도와 디지털 테크놀로지, 특히 감시 테크놀로지의 발전을 연결하고, 영화 자체가 일종의 무기라고 주장했다. 이 점에서 그의 가장 도발적 주장은 무엇보다 《전쟁과 영화》(*Guerre et cinéma*, 1984 / *War and Cinema*, 1989)에서 아돌프 히틀러는 제2차 세계대전을 일종의 영화로 구상했다고 제시한 것이다.

디지털 기술은 의사소통의 수준 면에서 현대 세계를 완전히 변화시켰고, 그 변화의 종착지는 일종의 타성 상태라고 비릴리오는 말했다. 이제 우리는 전에 우리가 그랬듯이 의사소통을 목적으로 먼 거리를 움직일 필요가 없다. 그의 짧은 저서 《극지의 타성》(*L'inertie polaire*, 1990 / *Polar Inertia*, 1999)의 주제가 되기도 한 이 타성 상태는 역설적이게도 지역성 상실이라는 결과를 낳았다. 더는 움직일 필요가 없지만, 그럼에도 우리는 의사소통의 광대한 네트워크 위의 마디점이다. 세계의 한 지역에서 발생한 바이러스가 대단히 짧은 시간 안에 온 세계를 감염시키거나, 최소한 온 세계를 감염 위험에 빠뜨릴 수 있다.

비릴리오는 도발적인 작가다. 하지만 그는 이론가나 사학자이기보다는 에세이스트에 가깝다. 그의 주장은 대개 독자의 생각을 자극하지만, 그럼에도 그의 시야는 협소하고 주장에는 근거가 빠져 있을 때가 많다.

+ 더 읽을거리

이안 제임스, 《속도의 사상가 폴 비릴리오》, 홍영경 옮김, 앨피, 2013.

S. Redhead, *Paul Virilio: Theorist for an Accelerated Culture*, 2004.

+ 참고

폴 비릴리오, 《속도와 정치: 공간의 정치학에서 시간의 정치학으로》, 이재원 옮김, 그린비, 2004.

폴 비릴리오, 《전쟁과 영화: 지각의 병참학》, 권혜원 옮김, 한나래, 2004.

비물질적 노동 immaterial labor

문화적 생산품, 커뮤니케이션, 정보나 지식 같은 비물질적 상품을 생산하는 노동의 유형을 나타내는 마르크스주의자의 개념. 이른바 창의적 산업이나 '지식 경제'와 연관된 생산물의 종류가 비물질적 노동의 결과다. 마이클 *하트와 안토니오 *네그리는 두 종류의 비물질적 노동, 즉 ① 우리가 전문적인 서비스와 경영과 연관시키는 부류의 문제 해결적 혹은 분석적 노동과 ② 우리가 서비스 부문과 연관시키는 부류의 정서적 노동으로 세분화했다. 서비스 부문이 정서적 노동과 연관되는 까닭은 직원들 스스로 내보이고 다른 사람들 속에서 분명히 나타나는 *정동이 그들 노동의 일차적 형식이기 때문이다(바꾸어 말하면, 웨이터의 미소는 그들 직업의 일부다).

비선형 체계 non-linear system

투입과 산출이 비례적으로 작동하지 않는 복잡한 상황을 가리키는 수학 개념. 예를 들어, 최근 우리 모두가 자각하게 되었듯이, 지구 전체 기온에서 일어나는 작은 변화가 여러 지구 시스템(인공의 것이든 자연의 것이든)에 막대한 변화를 초래할 수 있다. 더 단순하게 말하면, 비선형 체계는 인과관계가 간접적으로 보이는 체계다. 기후 변화는 그와 비슷하게 비선형 과정인 근대화의 간접적이며 의도되지 않은 결과다. 그러나 이것이 기후 변화를 충분히 설명하지 못한다. 지구상의 모든 사람이 *모더니티에 관심을 보여온 것은 아니기 때문이다. 따라서 기후 변화의 진정한 원인을 찾고 싶다면, 우리는 왜 한 집단은 산업화의 길을 추구했으며 다른 집단은 그러지 않았는지 물어야 한다(→ 복잡계 이론).

비장소 non-place

마르크 •오제의 용어. 버스 정류장, 기차역, 공항처럼 아무리 화려하고 정교하다 해도, 어디를 가나 비슷해서 장소 감각을 전해주지 못하는 장소들을 말한다. 거트루드 스타인이 오클랜드에 했던 유명한 말처럼(캘리포니아 오클랜드를 가리켜 스타인은 'There is no there in a non-place'라고 말했다), 비장소에는 '거기'가 없다. 우리와 맺는 관계가 있으며 역사적이고, 우리 •정체성과 관련이 있다고 생각하게 되는 장소와는 완전히 대조적으로, 비장소는 이름 없고 얼굴 없는 다중의 마찰 없는 통과를 위해 설계된다. 오제에 따르면, 비장소의 역설은 자신의 실제 배경과 상관없이 누구든 거기서 집처럼 편안하게 느낄 수 있다는 데 있다. 이것은 비장소가 모두에게 똑같이 소외를 일으키는 장소이기 때문이다. 문화적으로 낯선 나라에서 여행할 때, 우리에게 가장 친숙해서 집처럼 느껴지는 장소는 그 나라가 가진, 세계 어딜 가도 비슷한 비장소들이다. 이런 맥락에서 이 장소들은 보편적인 것 같아 보인다. 비장소들은(미셸 •푸코가 •파놉티콘을 기계로 생각했던 바로 그 의미에서) 기계의 일종으로 생각할 수 있다. 이 기계의 주요 기능은 인간의 상호작용을 대체하고 개선하는 데 있다. 따라서 자동 회전문은 차장이 있을 때보다 출입을 더 빠르게 하며, ATM은 은행에 가는 것보다 더 편리하고, 신용카드는 현금을 쓸 때보다 더 편리하다. 조지 •리처의 •맥도날드화 주장만큼 광범하지는 않지만, 그와 공명하는 바 있는 오제의 논의는 지구적 범위에서 비장소가 압도적으로 등장하는 것이 그가 •초근대성이라 부르는 것의 한 지표이며, 비장소 체험은 초근대성의 한 규정적 특징이라는 것이다. 비장소는 초근대성이라는 시대적 변화의 원인은 아니다. 오제 자신은 그 원인을 지목하지 않지만, 그것은 •후기 자본주의다.

+ 더 읽을거리

M. Augé, *Non-Lieux, Introduction à une anthropologie de la surmodernité*, 1992 / *Non-*

Places: Introduction to an Anthropology of Supermodernity, 1995.
I. Buchanan, "Non-Places: Space in the Age of Supermodernity" in R. Barcan and I. Buchanan, (eds.) *Imagining Australian Space*, 1999.

비체 abject

역겨움이나 공포, 혐오, 거부감을 불러일으킴으로써 자아를 불안하게 하는 어떤 것. 비체는 심리 영역에 속해 있으므로 동화될 수 없는 주체나 대상의 과잉적 차원이다. 과잉적 차원의 비체는 주체의 바깥 혹은 주체 너머에 있으면서 동시에 주체의 내부, 그리고 주체에 속해 있기도 하다. 우리 자신의 몸에 있는 유동 물질은 대부분 우리에게 혐오감을 준다. 그러나 이러한 혐오감의 강도는 정확히 그것이 우리에게서 나온다는 사실에서 비롯한다. 그래서 인간의 대변과 개의 대변이 실제로 차이가 없는데도 우리에게는 인간의 대변이 개의 대변보다 더 혐오스럽다. 그러므로 비체는 사물이나 존재 혹은 어떤 상황의 내재적 자질이 아니다. 오히려 비체는 우리가 보이는 특이한 유형의 반응, 즉 우리가 우리에게 혐오감을 주는 것에 끌리게 되는 이상한 힘이다. 불가리아의 언어학자이며 정신분석가로 파리에 토대를 둔 줄리아 *크리스테바에 따르면, 이는 우리가 자궁에서 분리되는 순간, 즉 피투성이로 있으면서 아프고, 심리적 외상을 주면서 동시에 해방감을 주며, 그와 동시에 아름다운 순간을 비체가 심리적으로 상기해주기 때문이다. 이런 이유 때문에 또한 비체는 남성적인 것보다 여성적인 것과 더 많이 연관되는 경향이 있다. 이런 분명한 이유 때문에 비체 개념은 특히 영화 연구에서 중요해졌는데, 영화 연구에서 비체는 피가 낭자한 공포 영화와 끈적끈적한 공상과학 영화의 매력을 설명하기 위해 사용된다(→코라).

+ 더 읽을거리
바바라 크리드, 《여성괴물, 억압과 위반 사이: 영화, 페미니즘, 정신분석학》, 손희정 옮김, 여이연, 2008.
J. Kristeva, *Powers of Horror: An Essay on Abjection*, 1982.

비트겐슈타인, 루트비히 Wittgenstein, Ludwig (1889~1951)

오스트리아 태생의 철학자. 20세기의 중요한 철학자 중 한 사람으로 여겨진다. •분석철학(특히 논리실증주의라 알려져 있는 분파)과 대륙철학 사이의 흔히 메울 수 없는 간극이라 여겨지는 차이를 극복한 것이 이와 같은 평가의 적지 않은 이유다. 이 점에서 그의 •언어 게임 개념은 대단히 중요한 역할을 했다. 비트겐슈타인의 작업은 의미의 이론에 많은 관심을 기울인다. 기인이었던 비트겐슈타인의 삶은 테리 •이글턴이 각본을 쓰고 데릭 저먼이 감독한 〈비트겐슈타인〉(1993)으로 영화화되기도 했으며 가상 소설 몇 권의 주제가 되었다. 전기 작가들 또한 그의 삶에 큰 흥미를 느꼈다. 레이 몽크의 탁월한 전기는 비트겐슈타인을 고통에 시달린 천재로 제시했다. 그런가 하면 킴벌리 코니시의 환상적 전기는 그가 이른바 케임브리지 5인과 연계된 소비에트의 스파이였다고 주장했다.

비트겐슈타인은 빈에서 동화한 유대인 가족에서 태어났다. 그의 형제들은 모두 로마가톨릭으로 세례받았다. 비트겐슈타인의 아버지는 유럽의 거부 중 하나였다. 그는 철강 산업으로 부를 일구었고 꽤 젊은 나이에 부동산으로 재산을 확고히 했으며 회사 일에 적극 관여하는 일을 그만두고 은퇴해 예술에 몰두했다. 그는 클림트에게 그림을, 로댕에게 조각을, 말러와 브람스에게 음악을 주문했다. 비트겐슈타인의 형제들은 모두 예술적 재능이 있었다. 그의 형인 폴은 국제적 명성이 있는 피아니스트였는데, 제1차 세계대전에서 팔 하나를 잃고 난 뒤에도 콘서트에서 연주했다. 이런 가정에서 루트비히는 자신이 실패자라고 느꼈다. 그의 가족이 행복하지 않았던 것도 분명해 보인다. 그의 형제 중 셋이 자살했고, 루트비히를 포함해 모두가 우울증을 앓았다.

철학은 비트겐슈타인이 대학에 입학하고 난 다음에야 그 존재를 알았던 무엇이었다. 처음 그는 공학, 특히 항공학에 관심이 있었는데 이것이 그가 처음에는 베를린 대학교에서 그리고 이어 맨체스터 대학교에서 선택한 전공이었다. 맨체스터에서 그는 앨프리드 노스 화이트헤드, 버트런드 러셀, 고틀로프 •프레게가 수학의 기초를 적은 저술들을 읽기 시작했다. 그는 프레게를 찾아가 만났는데, 프레게는 그에게 러셀과 함께 공부하라고 권했다. 이 조언에 따라 1911년 비트겐슈타인은 케임브리지로 가서 러셀을 만나며, 그의 지성에 즉각 깊은 인상을 받은 러셀은 그의 작업을 격려한다. 그러나 비트겐슈타인은 글을 쓰고 생각하려면 고독이 필요했다. 1913년 그는 노르웨이에서 세상과 동떨어진 오두막을 구해 살면서 후에《논리철학논고》(*Tractatus Logico-Philosophicus*, 1921)가 될 책의 원고를 쓰기 시작했다. 제1차 세계대전이 일어나면서 원고 작업은 중단되었고 비트겐슈타인은 오스트리아로 귀국해 군에 자원입대했다. 그는 러시아와 이탈리아 전선에서 포병으로 복무했고 무공훈장을 몇 개 받았다.

1918년 늦여름, 전선을 떠나 휴가를 보내던 비트겐슈타인은 가장 친한 친구가 공습 중에 사망했다는 비보를 접했다. 자살을 생각할 만큼 비탄에 잠긴 비트겐슈타인은 숙부 폴의 집으로 들어가서《논리철학논고》의 원고를 끝냈다. 이 책은 20세기 철학에서 중요한 저서 중 하나라는 명성을 나중에 얻게 되지만, 처음에는 관심을 보이는 출판사를 찾기조차 어려웠다. 러셀의 도움이 없었다면 출판되지 못했을 것이다.

비트겐슈타인이 생각할 때《논리철학논고》는 그가 관심을 두었던 철학의 기본 문제를 모두 해결했다. 그래서 그는 철학자로서 더는 작업을 할 이유가 없다고 결정했다. 그는 철학자 대신 초등학교 교사가 되기로 했다. 그는 또한 가족 유산이라는 부담을 내려놓으려고 그가 받은 적지 않은 유산을 형제들에게 준 다음 오스트리아로 귀국했다. 충분히 예상할 수 있는 일이겠지만, 비트겐슈타인은 어린아이들을 가르치는 일에 그리 적성이 없었고 1926년 사직해야 했다. 교사로서 실패자라는 생각에 지지부진한 시간을 보내던 비트겐슈타인은 잠시 수도원에서 정원사로 일하면서 수사가 되겠다는 생각을 품기도 했다. 그의 누이가 새로 지을 자기 집 설계를 그에게 부탁하면서 그는 정신과 영혼이 빠져 있던 게으름에서 깨어났다. 그는 반색하며 이 제안을 받아들였고 대단히 엄격한 아름다움을 간직한 집을 설계했다. 그의 다른 누이는 이 집을 보고 인간이 아니라 신이 살기에 적합한 집이라고 말했다. 비트겐슈타인은 창문의 문고리 디자인에 이르기까지 집의 모든 세부에 꼼꼼하게 신경 썼다. 원형이 보존되어 있는 이 집은 현재 문화 센터로 쓰이고 있다.

•빈 서클을 주도한 모리츠 슐리크가 이 집과 관련한 작업이 끝나갈 무렵 비트겐슈타인을 만나《논리철학논고》를 숭배하는 슐리크와 그의 동료들이 그

ㅂ

를 주기적으로 만날 수 있도록 설득했다. 이들과 모임에서 비트겐슈타인은 자주 불만을 느꼈고, 철학과 관련해 그가 내놓아야 할 무엇이 더 있다고, 더 중요하게는《논리철학논고》에 수정이 필요한 몇 가지 심각한 오류가 있다고 생각하게 되었다. 그리하여 1929년 그는 케임브리지로 돌아왔다. 비트겐슈타인의 케임브리지 귀환을 두고 존 메이너드 케인스가 아내에게 보내는 편지에 썼던 문장("신이 도착했어. 5시 15분 열차로 오는 그를 만났어")이 유명하다.

러셀의 제안에 따라《논리철학논고》는 비트겐슈타인이 케임브리지에서 강의하는 데 필요한 자격을 얻을 수 있도록 박사 학위 논문으로 제출되었다(당시 비트겐슈타인에게는 심지어 학사 학위도 없었다). 러시아, 노르웨이, 아일랜드에서 꽤 길게 보낸 안식년과 제2차 세계대전 동안 뉴캐슬과 런던에서 군의병으로 일한 몇 년을 포함해서 비트겐슈타인은 1947년까지 케임브리지에서 일했다. 1947년 그는 글쓰기에 집중하려고 사직했다. 그는 숨 막히게 느껴지는 케임브리지의 분위기에서는 글을 쓸 수 없었다. 이어지는 3년 동안, 암으로 타계하기 전까지 그는 여행하고 글을 쓰는 떠돌이의 삶을 살았다. 그의 생전에 출간된 저서는《논리철학논고》뿐이지만, 그는 수백 쪽에 이르는 유고를 남겼고 유고는 이후 여러 책으로 정리되어 출간되었다. 그중 가장 중요한 책은 당연히《철학적 탐구》(*Philosophische Untersuchungen*, 1953 / *Philosophical Investigations*, 1953)다.

철학자로서 비트겐슈타인의 삶은 일반적으로 둘로 나누어 본다. 전반은《논리철학논고》의 추상적 형식주의의 시기다.《논리철학논고》는 의미란 문맥을 토대로 구성되어야 한다는 이유에서, 그 자신이 가질 의미까지도 거부하는 책이다. 후반은《철학적 탐구》(흔히 PI로 약칭되는)의 시기다.《철학적 탐구》는《논리철학논고》에서 거의 정반대 견해로 전환하면서, 의미는 문맥을 다룰 때에만 가능하다고 주장하고 문맥을 다루는 작업을 위해 언어 게임의 개념을 도입한 책이다.

+ 더 읽을거리

A. C. Grayling, *Wittgenstein: A Very Short Introduction*, 2001.
레이 몽크, 《비트겐슈타인 평전: 천재의 의무》, 남기창 옮김, 필로소픽, 2012.
레이 몽크, 《How to read 비트겐슈타인》, 김병화 옮김, 웅진지식하우스, 2007.

+ 참고

루트비히 비트겐슈타인, 《논리-철학 논고》, 이영철 옮김, 책세상, 2006.
루트비히 비트겐슈타인, 《철학적 탐구》, 이영철 옮김, 책세상, 2006.

비평이론 critical theory

1. 1937년 막스 *호르크하이머가 *프랑크푸르트학파의 연구 작업을 기술하려고 만들어낸 용어. 학문(사회학 같은 사회과학 혹은 인문학을 포함)을 지배하는 이론에 대한 전통적 개념, 즉 경험적으로 확증될 수 있는 추상적(즉 몰역사적, 비주관적, 비사회적) 전제의 시스템을 이론이라고 정의내린 전통적 관점과 반대로 비평이론은 정반대 관점, 즉 이론은 역사적이고 주관적이며 사회의 한 부분이라는 관점을 유지한다. 이런 점에서 비평이론은 대단히 반성적 기획이다. 다시 말해, 비평이론은 어떤 것이 무엇을 의미하는지 혹은 그것이 어떻게 작동하는지를 질문하는 것에 결코 만족하지 않고, 우선 그러한 질문을 제기할 때 먼저 무엇이 문제가 되는지를 질문해야 한다.

실제로 비평이론은 자기 반성성을 한 발짝 더 앞으로 이동시키고 조사 연구 대상이 이론에 따라 만들어진 인공물인지 아닌지를 묻는다. 인간과 동물의 관계에 관한 책을 쓴 도나 *해러웨이 같은 비평이론가들의 최근 저술은 이런 관심사가 정당화되는 정도를 보여준다. 비평이론가들에게 '정신 독립적인' 개념, 다시 말해 개념을 구체화하거나 적용할 때 어떤 방식으로도 이론가들의 주관성을 관여하지 않는 개념을 도출할 수 있다는 생각은 환상에 지나지 않으며 이데올로기적이다. 개념을 만든 생산자에게서 개념을 분리하려는 시도는 호르크하이머가 가차 없이 지칭한 *도구적 이성을 발생시킨다. 그러므로 궁극적으로 비평이론은 이론의 주체나 대상이 가지는 어떤 존재론적 지위도 당연한 것으로 받아들일 수 없다는 점을 인정한 상태에서 알 수 있는 것에 관심을 둔다.

그러므로 '비판적'이라는 말은 임마누엘 *칸트의 연구 작업에서처럼 '분석적인'의 반대를 의미한다고 이해되어야 한다. '비판적'은 개념의 범위가 개념의 이해보다 언제나, 필연적으로 더 큰 개념의 집합을 가리킨다. 예를 들어, 우리는 우주 같은 총체성을 지닌 방대한 것을 보거나 소유하거나 적절히 사유할 수 없다. 하지만 우주라는 개념이 없다면 우리는 우리 자신을 시간과 공간 속에 자리매김할 수 없을 것이다. 이와 똑같은 것을 국가와 •사회, •공동체, 정치 그리고 기타 등등과 같은 개념에도 말할 수 있다. 이런 모든 것은 어느 것도 엄격히 과학적인 의미에서 실증할 수 없지만 세계의 상태를 사유하는 데 필수적이다.

일반적으로 비평이론은 경제 발전과 정신적 삶 그리고 •문화 이 세 영역 사이에서 일어나는 연결, 중첩, 교차, 간섭을 연구한다. 카를 •마르크스에서 부분적으로 도출되었지만 또한 에밀 •뒤르켐과 막스 베버에게서 영감을 받은 비평이론이 출발하는 전제는 19세기를 거치는 동안 전체로서 세계는 중요한 변화를 겪었고 •근대(모더니티)라는 새로운 시대의 역사에 진입했다는 것이다. 근대의 태동은 세 가지 결과를 수반한다. 첫째, 전통은 현재나 미래를 사유하는 안내자로 이용될 수 없다. 둘째, 사회는 반자동적인 하위체계(예컨대 시장, 다양한 전문 직업, 산업)로 쪼개져서 '전체'를 말하는 방식을 찾기 어렵게 만들지만, 그것을 불가피하게 했다. 셋째, 진리, 선, 미는 윤리학과 철학, 미학에 새로운 도전을 제시하면서 와해되어버렸다.

그러한 조건에서 비평이론은 왜 (인간 사회의 시각에서) 인간 사회가 계몽에 대한 약속에 부응하지 못했고 지금 상태, 즉 불평등하고 불공평하며 대체로 무신경한 사회가 되었는가 하는 문제에 관심을 두고 있다. 제1차 세계대전과 제2차 세계대전의 야만성을 목격한 증인들이 바로 제1세대 비평이론가들이기 때문에 그들이 제시한 전망의 암울함이 어쩌면 용서될 수 있다.

2. 오늘날 이 용어는, 아주 느슨하게 말한다면, 인문학과 사회과학에서 만들어지는 이론화가 본래 프랑크푸르트학파의 전망과 정치적으로 일맥상통하지 않을 때조차도 그런 모든 형식의 이론화를 가리키는 데 사용된다. 이런 이론화 때문에 이 용어에 있는 어떤 의미가 공동화되어버렸고 비평이론의 정치적·방법론적 관심사가 눈에 보이지 않게 되어버렸다.

+ 더 읽을거리

S. Bronner, *Of Critical Theory and its Theorists*, 1994.
D. Couzens Hoy and T. McCarthy, *Critical Theory*, 1994.
P. Dews, *Logics of Disintegration*, 1987.

D. Frisby, *Fragments of Modernity*, 1985.
D. 헬드, 《비판이론서설》, 백승균 옮김, 계명대학교 출판부, 1988.
F. Rush, (ed.) *The Cambridge Companion to Critical Theory*, 2004.
P. Stirk, *Critical Theory, Politics and Society*, 2000.

○ 웹 링크

- 프랑크푸르트학파의 사상에 토대를 둔 자료, 비평이론적인 현대 저자 다수, 현대 저자 다수가 비평이론에 관해서 쓴 자료가 있을 뿐만 아니라 다른 웹사이트와 링크도 되어 있다.

빈학파 Vienna Circle / *der Wiener Kreis*

1920년대와 1930년대에 빈에서 함께 모인 일군의 철학자, 수학자, 과학자의 모임. 이들의 작업이 •논리실증주의로 알려지게 된다. 모임을 시작하고 주도한 사람은 1922년 빈 대학교에 이론물리학과 학과장으로 부임한 베를린의 물리학자 모리츠 슐리크다. 루돌프 카르납, 쿠르트 괴델, 오토 노이라트, 한스 한 같은 저명한 학자들이 학파의 성원이었다. 빈학파는 슐리크가 1936년 반유대주의 믿음을 갖고 있던 제자에게 빈 대학교 건물 계단에서 살해되면서 해산했다. 실상 슐리크는 유대인이 아니었지만, 다른 멤버 중 다수가 유대인이었고 이들은 1938년 3월 나치 독일과 합병이 선포되기 전에 대개 미국으로 도피했다. 빈학파는 그들의 과학적 세계관의 핵심 신조를 천명하는 선언문을 내놓았다. 그 신조는 첫째, 지식은 경험에서만 온다(이는 실상 •형이상학의 전적인 거부를 뜻했다). 둘째, 세계는 논리적 분석을 적용할 때만 알 수 있으며, 따라서 세계에 대한 진술은 경험적 현실을 가리키는 소박한 진술로 축소될 수 있는 종류와 논리적 오류와 혼란 때문에 그럴 수 없는 진술로 나뉜다. 빈학파의 궁극적 목표는 하나의 통합된 과학이었지만 결코 완전히 실현되지는 못했다.

사라짐 aphanisis

지그문트 *프로이트의 전기 작가였던 어니스트 존스가 성적 욕망의 상실을 기술하려고 그리스어로 사라짐을 의미하는 이 용어를 차용했다. 존스는 거세에 대한 프로이트 이론이 충분히 전개되지 않았다고 생각했다. 그는 *오이디푸스 콤플렉스 해결의 동인은 거세 불안이 아니라 욕망 자체의 상실이라는 더 큰 불안이라고 주장했다. 그는 이런 주장을 통해 소년과 소녀의 성적 발달에서 페니스의 부재나 현존이 중심을 이루지 않는 다른 공통분모를 찾으려고 애썼다. 자크 *라캉도 정확히 존스와 같은 방식은 아니지만 이 용어를 사용했다. 라캉에게 사라짐은 주체성의 상실을 의미한다. 라캉의 주장에 따르면 *신경증 환자는 욕망을 상실하는 것을 두려워하지 않는다. 도리어 신경증 환자는 정확히 욕망의 상실을 성취하고 싶어 한다. 이런 후자의 관점에서 사라짐은 방어기제다.

사르트르, 장 폴 Sartre, Jean-Paul →372페이지를 보라.

사이드, 에드워드 Said, Edward (1935~2003)

미국에서 활동한 팔레스타인 출신 문학비평가, 이론가. •탈식민주의 연구를 시작한 주요 인물 중 하나다. 사이드는 탁월한 피아니스트이기도 했으며, 음악에 관한 방대한 글을 남겼다. 학계 바깥에서 사이드는 1977년에서 1991년까지 팔레스타인 국가의회 회원이었다. 이 때문에 미국 연방수사국(FBI)은 사이드 파일까지 두고 그를 감시했다.

사이드는 예루살렘 태생이며, 그가 태어난 당시 예루살렘은 팔레스타인 영국 위임통치 식민지에 속했다. 견실한 중산층이었던 그의 가족이 당시 실제로 살았던 곳은 카이로다. 그의 아버지는 미국 시민권이 있는 사업가였으며 어머니는 나사렛 기독교도였다. 주로 거주했던 도시는 카이로지만, 사이드 가족은 예루살렘 서부 지역 탈비야에도 1947년까지 집을 갖고 있었으며, 사이드는 '두 세계 사이에' 살았다. 1948년 아랍-이스라엘 전쟁 후 탈비야는 이스라엘 영토가 된다.

1951년 사이드는 미국에 있는 기숙학교로 보내졌다. 그는 프린스턴에서 학사 학위와 석사 학위를 받았고, 하버드에서 조지프 콘래드를 다룬 논문으로 박사 학위를 받았다. 그의 논문은 1966년 《조지프 콘래드와 자서전의 픽션》(*Joseph Conrad and the Fiction of Autobiography*)이라는 제목으로 출간되었다. 박사 학위를 끝내기 1년 전부터 그는 컬럼비아 대학교에서 영문학과 비교문학을 가르치게 되며, 이후 평생 이 대학교에 재직했다. 그에게 이론적 영감을 준 주요 사상가로 테오도어 •아도르노(특히 음악과 관련해서), 안토니오 •그람시, 미셸 •푸코를 들 수 있다.

두 번째 저서인 《시작들: 의도와 방법》(*Beginnings: Intention and Method*, 1975)을 계기로 사이드는 폴 드 만, J. 힐리스 •밀러, 가야트리 •스피박 등이 포함된 문학비평가들의 새로운 물결의 일부가 되었고, 이들은 '꼼꼼히 읽기'라는 확립된 비평 실천을 넘어(그렇다고 그걸 폐기한 것은 아니지만) •이론의 실천자들이 되었다. 여러 면에서 이 책은 사이드에게 이행을 뜻한 책이다. 세 번째 저서인 《오리엔탈리즘: 서구의 오리엔트 이해》(*Orientalism: Western Conceptions of the Orient*, 1978)에 와서야 사이드는 자신의 진정한 주제를 찾게 되며, 그와 함께 탈식민주의 이론의 창시자 중 한 사람이라는 국제적 명성을 얻는다. 사이드가 제시하는 *오리엔탈리즘은 이 개념의 전통적 의미와는 거의 전적으로 반대의 뜻을 지닌다.

엄밀한 의미에서 오리엔탈리즘은 오리엔트(거칠게 말하면 북아프리카, 터키, 중동, 파키스탄, 아프가니스탄, 인도의 북쪽 지방을 포함하는) 연구 혹은 매혹을 뜻한다. 사이드는 오리엔탈리즘의 오리엔트 연구가 이 지역을 단일하고 차별화되지 않은 하나의 지역으로 구상하고 이해한다고 주장했다. 더 문제적인 것은 이와 같은 오리엔트 이해가 전적으로 환상적이라는 점이다. 사이드가 지적하듯이, 유명한 오리엔트 연구자들 다수가 오리엔트에 실제로 가본 적도 없으며 가보았다 해도 그들의 예상과 편견을 그대로 간직한 채 도착했고 돌아왔다. 사이드는 이 주장의 근거로 귀스타브 플로베르가 쓴 이집트 여행 회고록에서 몇몇 화려한 문단을 인용한다. 놀라운 일은 아니지만, 사이드의 주장을 비판하는 이들(어니스트 *겔너, 버나드 루이스, 아이자즈 아마드 등을 꼽을 수 있다)도 있으며, 이에 기본적으로 동의하는 이들 사이에서도 의견 차가 있다. 그렇기는 하지만 문화와 권력의 관계에 대한 하나의 사유 방식으로서 사이드의 주장은 막대한 영향력을 미쳤다.《문화와 제국주의》(*Culture and Imperialism,* 1993)는《오리엔탈리즘》의 속편으로 읽을 수 있고, 전작의 주장을 문학에, 전작에서 사이드가 고려하지 않았던 저술들에 적용했다.

《오리엔탈리즘》 출간 이후 사이드는 팔레스타인 정치에 적극적으로 참여했고, 팔레스타인 사람들이 놓인 상황에 대한 일련의 글과 책을 썼으며, 그들을 그 상황에 놓이게 한 정치를 규탄했다.《팔레스타인이라는 문제》(*The Question of Palestine*, 1979),《이슬람의 보도와 은폐: 미디어와 전문가들은 우리가 세계를 보는 방식을 어떻게 결정하는가》(*Covering Islam: How the Media and Experts Determine how We See the Rest of the World,* 1981), 여러 글을 모은《희생자를 탓하기: 미심쩍은 학술 연구와 팔레스타인 문제》(*Blaming the Victims: Spurious Scholarship and the Palestinian Question,* 1988) 등이 이런 예다. 사이드는 두 국가 해결책을 지지했고, 1991년 오슬로협약이 체결되기 전에 이 해결책이 선택되지 않을 것이 분명해졌을 때 팔레스타인민족평의회(PNC)에서 사임했다. 1991년 이후 사이드가 쓴 팔레스타인 관련 저서로 《박탈의 정치》(*The Politics of Dispossession*, 1994), 《평화와 불만》(*Peace and Its Discontents*, 1996), 《오슬로에서 이라크까지 그리고 로드맵》(*From Oslo to Iraq and the Road Map*, 2003)이 있다.

1993년, 사이드는 BBC 라디오에서 주최하는 명예로운 '리스(Reith) 강연'에서 문학비평가, 문화비평가, 정치 활동가로서 자기 삶을 반추하고 사색하는 일련의 강의를 했고, 강의 내용이 《망명자의 초상》(*Representations of the Exile*, 1994)으로 출판되었다. 그는 이 주제를 놀랍고도 감동적인 회고록 《내가 있을 곳에 있지 못하고》(*Out of Place*, 1999)에서 한층 더 탐색했다. 회고록은 67세라는 이른 나이에 그의 생명을 앗아갈 백혈병 치료를 받는 동안 쓰였다. 주어진 시간이 많지 않음을 자각하면서, 사이드는 이 시기에 단행본 분량으로 묶일 여러 인터뷰를 수락했다. 이 인터뷰들은 그의 삶과 작업에 탁월한 통찰을 제공했다. 그는 또한 그가 지녔던 또 다른 열정, 즉 음악에도 시간을 바쳤다. 《네이션》(*The Nation*)에 칼럼을 썼고(이 칼럼들의 선집이 《한계의 음악》(*Music at the Limits*, 2007)이다), 웰렉 도서관에서 주최하는 강연을 했다(이 강연은 《음악의 사유》(*Musical Elaborations*, 1991)라는 제목으로 출판된다). 그는 다니엘 바렌보임과 함께 웨스트이스턴 디반 워크숍(West-Eastern Divan Workshop)을 창설했다. 미완의 유고인 사이드의 마지막 저서 제목은 적절하게도, 《말년의 양식에 관하여: 결을 거슬러 올라가는 음악과 문학》(*On Late Style: Music and Literature against the Grain*, 2006)이다. '말년의 스타일'은 예술가가 자신의 창작 인생이 이제 끝났음을, 자신의 명성은 확고하며 편안하게 자신에게 실험을 허락할 수 있음을 알 때 발전하게 되는 미학을 가리키는 사이드의 용어다.

+ 더 읽을거리

빌 애슈크로프트, 《다시 에드워드 사이드를 위하여》, 윤영실 옮김, 앨피, 2005.

H. Bhabha and W. J. T. Mitchell, (eds.) *Edward Said: Continuing the Conversation*, 2005.

A. Hussein, *Edward Said: Criticism and Society*, 2004.

바트 무어-길버트, 《탈식민주의! 저항에서 유희로》, 이경원 옮김, 한길사, 2001.

I. Warraq, *Defending the West: A Critique of Edward Said's Orientalism*, 2007.

+ 참고

에드워드 사이드, 《오리엔탈리즘》, 박홍규 옮김, 교보문고, 2007.

에드워드 사이드, 《문화와 제국주의》, 박홍규 옮김, 문예출판사, 2005.

에드워드 사이드, 《에드워드 사이드 자서전》, 김석희 옮김, 살림, 2001.
에드워드 사이드, 《에드워드 사이드의 음악은 사회적이다》, 박홍규 외 옮김, 이다미디어, 2008.
에드워드 사이드, 《말년의 양식에 관하여》, 장호연 옮김, 마티, 2008.

사적 유물론 historical materialism

카를 •마르크스의 방안에 따라, 역사 발전은 특정 인간 주체들의 •욕망이나 행동에 따라 결정되는 것이 아니라 물질적 존재의 객관적 사실에 따라 형성된다는 견해를 취하는 •마르크스주의의 한 갈래. 역사는 인간이 자신의 특별한 필요에 적합하도록 주어진 자연 환경을 바꾸려는 시도에 따라 전개된다. 이는 기후가 좀 더 온화한 적도 지역보다 환경으로부터 방어해야 할 필요가 있는 더 추운 기후에서 기술이 왜 더 빠른 속도로 발전했는지를 부분적으로 설명한다. 인간은 필요를 충족하려고 함께 일해야 하고 자신에게 필요한 특정 상품뿐만 아니라 •사회 자체도 생산해야만 한다. 그러나 그렇게 하면서 이해관계가 서로 다른 그룹 사이에 분열이 생긴다. 이런 분열의 결과가 사회적 적대(social antagonism)다. 처음에는 장인들, 농민들 혹은 상인들이었던 이런 그룹이 •계급으로 진화한다. 계급에는 세 가지 기본적 유형, 즉 지주, 부르주아(즉, 제조업자와 상인), 노동자가 있다. 마르크스에 따르면 각 계급 간의 이익이 일치하지 않는 한에서 계급 간의 관계는 변증법적이다. 이런 •변증법을 통한 이행을 가리켜 •계급투쟁이라고 한다.

+ 더 읽을거리
페리 앤더슨, 《역사유물론의 궤적》, 김필호·배익준 옮김, 새길, 1994.

사피어-워프 가설 Sapir-Whorf Hypothesis

언어능력이 인지능력을 결정한다고 보는, 지금은 설득력을 잃은 언어 이론. 미국의 언어학자 에드워드 사피어와 그의 제자 벤저민 워프가 미국 원주민의 언어 연구를 바탕으로 개발한 이론이다. 이 이론은 언어의 고유한 복잡성(그 언어가 무엇을 말할 수 있는가)이 그 언어를 사용하는 화자들이 가질 수 있는 지식의 한계를 결정한다고 보았다. 나아가 각 언어는 다른 세계관을 가지므로 한 언어의 화자들이 다른 언어의 화자들을 온전히 이해하는 일은 불가능하다고 보았다. 실상 사피어-워프 가설은 *문화 연구와 *탈식민주의 연구에서 널리 받아들인 문화적 상대주의를 절대화했다.

사회 society

여러 집단의 사람들이 고수하는 믿음, *실천, 규칙, 전통의 복잡한 합을 가리키는 추상적 용어. 사회는 언제나 하나의 개인보다 크다보니 흔히 개인의 반대 혹은 개인을 제약하며 개인이 *욕망을 실현하지 못하게 막는 것이라는 부정형으로 정의되기도 한다. 동시에 사회는 개인에게 지지를 제공하는 제도, 기구, 관계의 앙상블을 분류하는 더 긍정적인 의미로 쓰이기도 한다. 사회는 *문화와 대조될 때가 많다. 이런 경우 흔히 사회는 형식에, 문화는 내용에 대응한다. 사회는 조직되어 있고 조직하는 무엇이지만, 문화는 그렇지 않다. 달리 말하면, 사회는 명령형으로 말하고, 문화는 심문형으로 말한다.

ㅅ

사회구성체 social formation

루이 *알튀세르 같은 구조주의적 *마르크스주의 학자들이 사용하는 용어. 서로 다른 유형의 *사회를 그 사회의 운영과 구조, 더 구체적으로 말하면 그 사회의 *생산양식에 따라 구분하는 용어다.

사회생물학 sociobiology

진화 과정에서 우위를 갖지 못한다면 특정 행동이 존재하지도 지속하지도 않을 거라는 아이디어를 전제로 하는 인간과 동물 행동의 연구. 따라서 행동은 자연선택의 관점에서 이해된다. 사회생물학은 네덜란드의 *생태학자 니콜라스 틴버겐이 제시한 분석의 네 가지 범주를 활용한다. ① 특정 행동의 기능을 진화적 의미에서 분석한다. ② 이 행동이 어떻게 진화했는지 묻는다. ③ 이 행동이 개체 발전에 어떻게 기여하는지 구체적으로 파악한다. ④ 관련 기제(해부학, 호르몬 등)를 결정한다. 사회생물학자에게 부모 대부분이 느끼는 자녀를 보호해주어야겠다는 감정은, 인류라는 종이 자신을 유지하는 데 필요한 행동으로 논리적으로 설명될 수 있다(어려서부터 스스로 살아갈 수 있는 다른 종의 동물들보다 인간의 아이들은 상대적으로 약하고 위험에 취약하다). 마찬가지로, 인간의 아이가 다른 동물들보다 오랫동안 갖게 되는 무방비 상태 역시 어떤 우위로 이해될 수 있다. 양육 기간이 길어질수록 부모가 자식에게 전수할 수 있는 배움의 수위가 높아지기 때문이다. 사회생물학의 중요한 옹호자로 에드워드 O. 윌슨을 꼽을 수 있다. 그의 베스트셀러《사회생물학: 새로운 종합》(*Sociobiology: The New Synthesis*, 1975)은 사회생물학이라는 개념에 세계의 관심이 집중되게 했다. 사회생물학이라는 학문과 사회생물학의 정치적 함의는 스티븐 제이 굴드와 스티븐 로즈 같은 과학 저술가들의 비판을 받았다. 그러나 스티븐 핑커처럼 옹호하는 저자들도 있다.

사회운동 social movement

공유하는 정치 목표 아래 모인 사람들을 가리키는 현대 용어. 1850년 혁명 이후 프랑스의 정치 역사를 다룬 책에서 독일의 사회학자 로렌츠 폰 슈타인이 쓴 것이 이 용어의 시초다. 슈타인은 카를 *마르크스와 프리드리히 *엥겔스의《공산당 선언》(*Communist Manifesto*)에서 이 개념을 착안했다. 그리고 찰스 틸리가 사회운동에 관한 권위 있는 역사서인《사회운동의 역사 1768~2004》(*Social Movements 1768-2004*, 2004)에서 사회운동이 세 가지 상이한 요소의 종합으로 부상했다고 주장했다. ① 정부 기관을 상대로, 그들이 어떤 행동을 하지 못하게 하기. 예를 들어 자연 보호 구역을 통과하는 철도 건설 막기, 혹은 어떤 행동을 취하도록 압박하기. 예를 들어 보건 영역의 재정 지원 확대를 목적으로 하는 공적 캠페인. ② 특별한 목적이 있는 연합체 구성. 예를 들어, 철야 농성, 집회, 행진, 청원 운동, 언론 출연 등. ③ Worthiness(가치), Unity(단결), Numbers(세력), Commitment(의지)의 줄임말인 WUNG의 공적 표현. 예를 들어 청원 서명, 행진 참여, 배지 착용 등을 함으로써 연대 의사 표명하기 등. 사회운동은 이 모든 *전술을 더 지속적이고 집중된 방식으로 동원한다. 이 용어는 1990년대 말 이른바 반세계화 운동이 출현하면서 일상 언어의 한 부분이 되었다. 반세계화 운동은 세계무역기구 결성에 대한 반응으로 일어났다(→융합 그룹).

사회주의 리얼리즘 socialist realism

1934년에서 연방이 붕괴된 해인 1991년까지 소비에트연방에서 예술과 문학에 강제되던 공식적 스타일. 이시오프 스탈린 집권기에는 모든 예술 작품에 수위가 높은 검열이 존재했다. 미리 정해진 스타일을 따르지 않는 예술가는 수감되거나 시베리아 유형에 처해질 수 있었다. 스탈린 사후 검열 수위는 극적으로 낮아졌지만, 예술가가 국가 의견에 신경 쓰지 않고 창작할 수 있게 된 것은 '글라스노스트(glasnost)'가 도래한 다음의 일이다. 사회주의 리얼리즘은 소비에트연방이 단지 새로운 국가의 출발이 아니라 새 종류의 국가의 출발이며, 예술은 연방이 추구하는 이데올로기적 지향에 복무하고 또한 연방의 인간 재창조 프로그램(나중에 중국인이 '문화혁명'이라 부를)에 기여해야 한다는 발상에서 비롯했다. 다시 말하면, 예술은 이른바 '연방의 새로운 인간'을 정의하고 창조하는 데 도움이 되어야 했다. 이와 같은 목적을 실현하려고 예술은 사회주의를 창조하기까지 인류가 겪은 역사적 투쟁을 묘사하고 찬양해야 했다. 나아가 예술의 소재와 구성 방식이 프롤레타리아트의 삶과 연관되며 그들에게 이해 가능한 것이어야 했다. 그러려면 프롤레타리아트에게 친숙한 일상적 삶의 면면에 초점을 두어야 했고, 재현에서는 사실주의적이어야 했다. 무엇보다 중요하게, 예술은 국가의 목표를 지지해야 했다. 1948년 소비에트 정부의 고위 관료였던 안드레이 즈다노프가 이와 같은 독트린을 명시화했고, 그 결과로 사회주의 리얼리즘은 때로 *즈다노프주의로 불리기도 한다. 혁명 이전 예술은 그것이 부르주아 체제(소비에트 체제가 옹호, 장려하는 가치와 대립하는 가치를 지닌)에서 생산되었다는 이유에서 불신의 대상이었다. 1917년 혁명 이전에 등장했던 예술 스타일은 장려되지 않았다. 특히 추상예술에서 보는 종류의 비재현적 형식들은 프롤레타리아트가 이해하기에는 지나치게 어려운 것으로 여겨졌다. 서구에서 사회주의 리얼리즘은 예술을 프로그램화한다는 이유로 경멸된다. 서구의 비평가들은 예술적 영감이라는 것이 지시에 따라 의지로 불러오거나 규칙에 맞게 작동하게끔 조작할 수 있는 것이 아니라고 말한다. 이런 지적이 어느 정도 맞지만, 사회주의 리얼리즘은 그럼에도 노동계급의 *일상생활을 찬미하는 여러 걸작을 생산했다. 사회주의 리얼리즘은 소비에트연방의 공식 예술이었지만, 그렇다고 해서 연방과 그 위성국가들에서만 실천된 것은 아니다. 세계 곳곳의 저자들(예를 들어 루이 아라공, 요하네스 베허, 야로슬라프 하셰크, 파블로 네루다 등)이 사회주의 리얼리즘의 발전에 기여했다. 비평이론에서 사회주의 리얼리즘의 주요 이론가는 *마르크스주의 문학이론가인 죄르지 *루카치다.

사회주의인가 야만인가 Socialism or Barbarism / *Socialisme ou Barbarie*

이 제목으로 발행한 기관지 때문에 이 명칭으로 불리게 된 정치 집단. 그들의 기관지는 40호까지 발행되었다. 국제 트로츠키 공산당의 이탈자 그룹(코르넬리우스 *카스토리아디스, 기 *드보르, 클로드 르포르, 장 프랑수아 *리오타르 등이 속했다)이 티토의 스탈린 체제 결별에 대한 반응으로 결성한 '사회주의인가 야만인가' 그룹은 그들의 전망에서 근본적으로 마르크스주의적이었지만 역설적으로 거의 20년에 이르는 활동 기간에 마르크스주의의 주요 원칙을 거의 모두 거부했다. 이 그룹의 명칭은 로자 룩셈부르크가 썼던 문장에서 가져온 것으로, *제3세계에서 전쟁이 불가피하며, 전쟁 이후 사회주의냐 야만이냐의 양자택일을 해야 할 것이고 그 순간을 위해 준비해야 한다는 신념을 반영한다. 이 그룹은 내부 갈등이 극에 달해 그룹 유지가 불가능해지면서 1965년 해산했다. 활동하는 동안 그룹의 성원 수는 100명을 넘은 적이 없지만, 그룹이 행사했던 영향력은 이 숫자가 짐작하게 하는 것보다 훨씬 컸다. 이 그룹의 두 주요 이론가는 카스토리아디스와 르포르인데, 두 사람 모두 가명(각각 피에르 숄리에, 클로드 몽탈)으로 글을 썼다. 이 그룹은 스탈린 체제에 반대하는 태도를 견지하면서 모든 형태의 관료주의를 거부하고 노동자가 주도하는 평의회를 지지했다. 이 그룹은 *68년 5월 사건의 중심에 있었던 비양쿠르 소재 르노 자동차 공장을 포함해 여러 공장에서 시위를 선동했다. 그러나 이 그룹의 성원 중 실제 블루칼라 노동자는 얼마 되지 않았다. 이 그룹의 전성기는 이시오프 스탈린이 죽고 나서 1950년대 초의 몇 년간이다. 당시 한국전쟁과 알제리전쟁이 이 그룹의 목표에 새로운 추진력을 제공했다. 흥미롭게도, 카스토리아디스가 68년 5월 이후 이 그룹을 되살리려 했지만 성공하지 못했다. 활동하던 당시 상당한 영향력을 행사했음에도 이 그룹은 점점 잊혀갔다. 무엇보다도, 그룹이 제시했던 경제적 전망이 실현되지 않았기 때문이다.

사회주의 페미니즘 socialist feminism

•페미니즘 안에서의 •계급에 대한 인식 부족과 좌파 내의 •젠더에 대한 인식 부족에 맞서려고 •급진적 페미니즘과 •마르크스주의를 종합했던 페미니즘. 사회주의 페미니즘은 •가부장제가 여성 억압의 유일하며 보편적 원천이라는 급진적 페미니즘의 핵심 주장을 거부한다. 동시에 현재 •상황을 이해하는 유일한 결정 요소가 •계급과 •계급투쟁이라는 마르크스주의의 주장도 거부한다. 사회주의 페미니즘은 계급과 젠더가 억압 체계를 상호 강화한다고 본다(사회주의 페미니즘의 비판자들은 •인종도 고려해야 한다고 나중에 말하게 된다). 이 점은 '여자들의 일'이라는 표현에서 분명히 볼 수 있다. 이 표현은 오직 여자만이 할 수 있고 해야 하는 유형의 노동을 가리키며 동시에 그런 일에 적용되는 저임금을 정당화한다. 따라서 사회주의 페미니즘은 《제2의 성》(*Le Deuxième Sexe*, 1949 / *The Second Sex*, 1952)에서 시몬 드 •보부아르의 핵심 주장(사적 유물론이 예측한 사회주의로 이행하는 것이 그 자체로 여성을 남성의 종속에서 해방할 것이다)에 동의하지 않는다.

+ 더 읽을거리

J. Mitchell, *Women: The Longest Revolution*, 1984.

사회학 연구회 College of Sociology / *Collège de Sociologie*

•빈학파처럼 지식인들이 아이디어를 공유하고 인문학에서 연구·조사를 변화시키려고 창립한 비공식적 집단. 이 연구 모임은 •초현실주의에서 떠나온 세 망명자 조르주 •바타유, 미셸 레리, 로제 카유아가 1937년 파리에서 창립했다. 다른 참여자로는 피에르 •클로소프스키, 알렉상드르 •코제브, 장 폴랑, 장 발이 있다. 이 모임은 2주 간격으로 만나 다양한 범위의 주제를 놓고 토론했다. 하지만 인간 사회의 근본적 본성을 파악하려고 노력한다는 공통 목

적이 있었다. 이 모임 사람들은 서구 사회의 전사(前史)로 들어가는 창문이라고 여겼던 토착 문화에 각별한 관심을 기울였다. 그들은 성스러운 것의 존재와 경험 그리고 성스러운 것의 보완, 축제적인 것에 매료되었고 그러한 것들을 설명하고 싶어 했다. 이 모임은 제2차 세계대전이 일어나면서 1939년 해체되었다.

+ 더 읽을거리

D. Hollier, *The College of Sociology*, 1988.

산책자 *flâneur*

•근대성(모더니티)을 표상하는 심리 사회적 유형. 본래 번역 불가능한 이 용어는 독일의 문화비평가 발터 •벤야민이 비평이론 용어로 도입했다. 벤야민은 미완된 저서로 그의 사후 출판된 《아케이드 프로젝트》(*The Arcades Project*, 1999)에서 이 용어를 사용했다. 프랑스의 시인이자 비평가인 샤를 보들레르의 에세이 〈화가의 근대적 삶〉(Peintre de la vie moderne, 1863 / The Painter of Modern Life, 1964)에서 '산책자(flâneur)'라는 용어를 차용한 후, 벤야민은 나중에 •소비사회라 불리게 될, 즉 생산보다는 소비의 실천이 압도적인 사회의 출현을 이론화하려고 이 용어를 사용했다. '산책자'는 가장 빈곤한 계급에도 가장 부유한 계급에도 속하지 않은 채 스펙터클이나 •판타스마고리아(phantasmagoria)로서 도시와 부르주아계급의 이미지를 소비하면서 도시와 부르주아계급 주변에 존재한다. •문화 연구는 특히 쇼핑몰 같은 공간처럼 그 자체를 목적으로 건축된 환경을 소비하는 경험을 이론화하려고 '산책자' 개념을 이용했다. 벤야민 사후 출판된 《샤를 보들레르: 고급 자본주의 시대의 서정시인》(*Charles Baudelaire, Ein Lyriker im Zeitalter des Hochkapitalismus*, 1969 / *Charles Baudelaire: A Lyric Poet in the Era of High Capitalism*, 1973)은 여전히 '산책자'에 관한 가장 영향력 있는 책이다. 그러나 존 피스크의 《대중문화와 일상생활》(*Popular Culture and Everyday Life*, 1988)과 앤 프리드버그의 《윈도쇼핑》(*Window Shopping*, 1985)에서 중요하고도 좀 더 현대적인 적용을 찾아볼 수 있다(→ 일상생활; 실천; 스펙터클의 사회; 공간).

+ **더 읽을거리**
수전 벅-모스, 《발터 벤야민과 아케이드 프로젝트》, 김정아 옮김, 문학동네, 2004.
K. Tester, *The Flâneur*, 1994.

삶세계 lifeworld / *Lebenswelt*

인간의 어떤 의식이든, 심지어 그렇다는 사실을 자각하지 못하더라도 필연적으로 그 안에 잠기게 되는 삶의 맥락. 인간 의식의 배경을 가리키는 말이지만, 그렇다고 해서 이것을 고정된 무엇이라고 이해해서는 안 된다. 그게 아니라 그 안으로 인간 의식이 감싸이게 되는, 끊임없이 변화하고 움직이는 어떤 지평이라고 이해할 수 있다. 에드문트 •후설은 후기 저작인 《유럽 학문의 위기와 선험적 현상학》(*Die Krisis der europäischen Wissenschaften und die transzendentale Phänomenologie: Eine Einleitung in die phänomenologische Philosophie*, 1936 / *The Crisis of European Sciences and Transcendental Phenomenology: An Introduction to Phenomenological Philosophy*, 1970)에서 이 개념을 도입했다. 후설 이후 여러 철학자 중에서도 특히 모리스 •메를로 퐁티와 알프레드 슈츠가 •현상학 영역에서 이 개념을 더욱 발전시켰다. 비평이론에서 삶세계는 위르겐 •하버마스의 사상에서 핵심적이다. 하버마스는 언어적 의식의 최소 수준으로서 •의사소통 행위에 대한 이론에 이 개념을 융합했다. 덜 기술적인 의미로 쓰일 때, 삶세계 개념은 •일상생활 연구에서 인간이 속한 환경을 가리키곤 한다.

+ **참고**
에드문트 후설, 《유럽 학문의 위기와 선험적 현상학》, 이종훈 옮김, 한길사, 1997.

상고르, 레오폴 Senghor, Léopold (1906~2001)

세네갈의 시인이자 정치인. 20세기 아프리카에서 중요한 지식인 중 한 사람으로 인정받는 상고르는 세네갈이 프랑스에서 독립한 후, 세네갈의 초대 대통령이 되었다. 대통령으로 당선되기 전에는 친구인 에메 •세제르가 그랬듯이(그는 같은 시기 마르티니크의 국회의원이었다) 프랑스 국회에서 세네갈을 대표한 의원이었다. 상고르는 파리에서 유학하던 시절 세제르를 만났다. 두 사람은 프랑스령 기아나 출신인 레옹 다마와 함께 문학잡지 《흑인 학생》

(*L'Étudiant Noir*)을 창간했다. 이 잡지는 흑인 작가들에게 비평적 관심을 보낸 최초의 정기간행물 중 하나다. 상고르의 이름과 가장 긴밀히 연결될 용어인 •네그리튀드가 최초로 쓰인 것이 이 잡지의 3호였다. 세제르가 처음 쓰기는 했지만 상고르도 바로 쓰기 시작한 네그리튀드는 나중에 동성애자 인권 운동가들이 효과적으로 썼던 전략의 초기 예라 할 만하다. 부정적이거나 경멸적인 용어를 택해 그것을 긍정적 의미를 지닌 용어로 탈바꿈시키는 것이다. 1948년 상고르는 프랑스어권에서 쓰인 시를 모은 선집을 편집·출간했다. 《새로운 흑인 그리고 마다가스카르 시 선집》(*Anthologie de la nouvelle poésie nègre et malgache, Anthology of New Black and Malagasy Poetry*)에 지금은 유명해진 장 폴 •사르트르의 에세이 〈흑인 오르페〉가 최초로 실렸다.

상대주의 relativism

철학에서, 모든 종류의 가치 판단(예를 들어, 윤리, 도덕, 진실과 관련한)이 판단하는 사람의 관점에 따라 상대적이라고 보는 견해. 달리 말하면, 상대주의는 사물을 보는 특정 주체의 관점이 객관적으로도 타당함을 보장해줄 어떤 절대적 근거나 참조 지점이 있다고 보지 않는다. 종교적이지 않고 완고한 실재론자도 아닌 사람이 있다면, 그에게 모종의 상대주의는 불가피하다. 철학자가 상대주의를 견지한다면, 여러 난점이 생겨날 수 있다. 이것이 그 철학자를 향한 일종의 비난(그 내용에서 정확하거나 정당하진 않더라도)이 되기 쉽기 때문이다. 절대적 근거의 타당성과 가능성에 도전한다는 바로 그 이유에서 •포스트모더니즘이 책임을 추궁당한 경우가 많다. 몰정치성, 몰역사성, 비윤리성 등이 포스트모더니즘이 받았던 비난의 내용이다. 이 모두(정치, 역사, 윤리 등)에, 그것들이 제대로 기능하려면 분명한 토대가 있어야 한다고 포스트모더니즘 비판자들은 말한다. 장 프랑수아 •리오타르가 보여주듯이, 상대주의의 문제는 그것이 유대인 학살이 일어났음을 부정하는 이들 같은 역사적 수정주의자들에게, 그들의 견해가 다른 견해만큼 타당하다고 말할 수 있게 한다는 데 있다. 부분적으로만 성공적이었던 리오타르의 해결책은 그가 진리-체제라 부른 것에 집중하는 것이다. 알랭 •바디우는 장 폴 •사르트르의 프로젝트 개념을 재가공하는 방법으로 같은 문제에 조금 다른 해결책을 제시한다. 바디우의 프로젝트는 정치적 신념(다시 말해, 강도의 면에서 종교적 믿음과 같은 수준의 믿음)을 유도하는 것이다(→반토대주의).

상부구조 superstructure →하부와 상부구조

상상계 imaginary / *imaginaire*

가스통 •바슐라르, 자크 •라캉, 장 폴 •사르트르가 (각자 다른 방식으로) 사용한 개념으로 이미지의 유혹에 민감한 정신의 과정 혹은 심리적 기제를 나타낸다. 라캉에게 상상계는 아이가 상징계적 질서로 유입되기 이전의 정신 상태나 사고방식이다. 그가 •거울 단계라고 지칭한 과정을 거쳐 아이는 상징 질서로 들어가게 된다. 아이는 거울에 비친 자기 자신을 본다. 그리고 아이는 자기가 바라보는 거울에 반사된 이미지를 자신의 진짜 자아로 •오인한다. 이런 의미에서 본다면, '주체(나)'는 이미지다. 그리고 상상계의 산물이다. 상상계는 '유치한' 정신 상태가 아니다. 오히려 상상계는 •실재의 한계를 알지 못하므로 대단히 창의적인 정신 상태라 할 수 있다. 하지만 상상계는 혼란스러울 수 있다. 상상계에 갇혀 있는 것과 유사한 형태로 정신병이 경험되기 때문이다.

상상의 공동체 imagined community

베네딕트 •앤더슨의 국가에 대한 정의. 앤더슨은 《상상의 공동체》(*Imagined Communities*, 1983)에서 국가는 본질적으로 범위에 한계가 있고 현실적으로 주권을 가지고 있는, 상상의 정치적 공동체라고 주장했다. 심지어 가장 작은 나라의 실제 모습조차 단 한 사람이 알 수 있는 영역을 초월하기 때문에 국가는 상상된다. 예컨대 한 국가의 경제, 지리, 역사, 기타 등 모든 것을 알 수 없는 것처럼 우리는 어떤 국가의 모든 사람을 알 수 없다. 그러나 앤더슨이 조심스럽게 지적한 것처럼(어니스트 •겔너와는 대조적으로) 상상으로 만들어진다는 것은 거짓이나 허구화된다는 것이 아니다. 오히려 그것은 추상적 사유의 비자의식적 실행이다.

상상의 공동체는 크기와 관계없이 인류 자체와 같은 시공을 차지하고 있다고 결코 간주되지 않으므로 제한적이다. 세계 지배의 야심을 품은 나치즘과 같은 극단적 이데올로기조차 그러한 것을 상상하지 않는다. 사실상 조르조 *아감벤이 주장하듯이, 그와 같은 이데올로기는 예외의 일반화에 전제를 두는 경향이 있다. 상상의 공동체의 경계는 유한하지만 신축성이 있고 침투 가능하다. 상상의 공동체는 주권적이다. 상상의 공동체의 합법성이 왕정처럼 신권에서 나오지 않기 때문이다. 즉, 국가는 자기 자신의 권위가 되고 자기 자신의 이름으로 창건되며 국가가 시민으로 간주하는 자신의 국민을 발명한다. 국가는 계급, 피부색 혹은 인종과 관계없이 모든 시민을 함께 결합하는 깊이 있는 수평적 동료 관계를 암시하므로 공동체로 간주될 수 있다. 앤더슨에 따르면, 이런 유형의 동료 관계를 정의하는 결정적 특색은 국가 지지자들이 이런 공동체를 위해 기꺼이 죽겠다고 나서는 자세다.

상상의 공동체로서 국가는 계몽주의 시대가 출현한 이후 세속화에 대한 반응이자 결과로서 존재하게 되었다. 그것은 세계를 이해하는 차원에서 나타난 심오한 변화의 산물이다. 앤더슨은 이런 변화를 성스러운 시간에서 그가 발터 *벤야민에게서 차용한 개념인 '동질적인 텅 빈 시간'으로의 전환이라고 명시했다. 성스러운 시간에서 현재와 미래는 동시에 발생한다. 발생하는 모든 것이 신에 따라 정해지기 때문에 사건은 언제나 존재해온 어떤 것이면서 동시에 존재하도록 의도된 것이다. 그와 같은 개념의 시간에서는 '그 사이에(mean while)', 즉 사건 없는 사건의 가능성은 없다. '그사이에'는 전조가 가득 차 있는 시간의 양태라기보다는 의미가 텅 비어 있는 시간의 양태다. 그러나 세속화는 텅 빈 시간, 즉 운명과 실행보다는 시간적 우연의 일치와 관계된 달력, 시계, 시장의 시간에 중요성을 부여한다. 이런 양태의 시간은 오로지 시간성만 공유하고 있는 사건들을 다룬 뉴스를 연속적으로 배치한 신문에서 완벽히 구현된다.

처음에는 성서의 기계적 생산, 그다음에는 신문의 배포로 좀 더 강력해진 인쇄 문화의 수립은 국가에 대한 생각이 정치적 규준이 되려면 필요한 문화적 조건을 만들어내는 데 가장 중요한 원인 요소가 되었다. 앤더슨에 따르면 인쇄는 세 가지 효과를 만들어냈다. 첫째, 인쇄는 성스러운 언어(유럽에서는 라틴어)보다는 아래에 있고 지방 토착어보다는 위에 있는 통일된 교환 수단을 창출하면서 지방의 개인어(idiolect)와 방언에도 영향을 미쳤다. 둘째, 인쇄는 언어가 이전에 가지지 못했던 고정성을 언어에 부여했고 변화의 비율을 낮추어 과거와 현재 간의 연속성을 훨씬 더 크게 만들었다. 셋째, 인쇄는 성문화된 형식과 가장 가까운 개인어에 특권을 부여함으로써 권력을 가진 언어들을 만들어냈다. 모든 형식의 인쇄 문화, 특히 신문과 소설에 대한 앤더슨의 강조는 광범위한 서로 다른 학제에서 연구하는 학자들에게는 대단히 고무적이었다(→ 탈식민주의 연구).

+ 참고

베네딕트 앤더슨, 《상상의 공동체: 민족주의의 기원과 전파에 대한 성찰》, 윤형숙 옮김, 나남, 2004.

상징 symbol

1. 찰스 샌더스 *퍼스의 *기호학 모델에서 *재현체의 한 구체적 유형. 퍼스는 상징을 *도상, 지표와 대조했다. 퍼스에게 상징은 관습적인 것이다. 상징과 상징의 대상의 관계가 외부적 법칙에 따라 관장되기 때문이다. 예를 들어, '주다'라는 말은 그것이 가리키는 행위와 단지 관습적 연관만 있다.

2. 스위스의 분석심리학자 카를 *융은 말로 정식화할 수 없는 어떤 직관적 아이디어를 표현하는 데 상징이라는 개념을 사용했다. 이런 성격 때문에, 상징은 치료 과정에서 하나의 방해물(더 말해야 할 무엇이 있는데 그것을 표현할 언어가 없는 것처럼 느껴지는 순간)이 될 때가 많다. 이런 때 상징은 의식적 질문에 대한 *무의식의 답이라 할 수 있다. 말로 표현될 수 없는 무엇을 표현하려고 상징이 개입하는 것이다. 상징의 내용(예를 들어 사랑의 상징으로서 장미)은 고정된 것으로 여겨져서는 안 된다. 상징의 내용은 특정한 아이디어의 요건이나 요구에 따라 변한다. 그 과정에서, 그것은 기성의 이미저리를 참조하고 가공한다. 상징은 상상력을 사로잡으며 우리로 하여금 대안적 관점에 주의를 기울이게 한다. 우리의 심리적 현실의 표상으로서 상징은 모호하고 수수께끼 같고 은유적이다.

3. 문학 연구와 미학에서, 상징은 관습적 이미지 혹은 *전의(예를 들어, 사랑을 표시하려고 장미 모티프를 쓰는 것, 희생을 표시하려고 십자가를 쓰는 것)다. 이 방향의 미학을 했던 중요한 이름들로 에른스트 카시러와 노스럽 *프라이를 꼽을 수 있다.

상징계 symbolic / *symbolique*

자크 *라캉에 따르면, 인간 존재를 구성하는 세 가지 '계'(다른 둘은 *상상계와 *실재계) 중 하나. 라캉은 이 개념을 프랑스의 인류학자 클로드 *레비스트로스의 작업에서 차용했으며, 레비스트로스 자신은 그의 모델을 스위스의 언어학자 페르디낭 드 *소쉬르의 작업에서 빌려왔다. 레비스트로스는 *기표가 기의와 맺는 관계는 자의적이며, 표상과 그것의 의미 사이에는 실상 아무 필연적 연결 고리도 없다는 소쉬르의 아이디어를 가져와서, 이 원리를 모든 문화 연상에 확장 적용하고, 우리가 이해해야 하는 것은 모든 현상에 그것의 구체적 의미를 부여하는 상징적 체계라고 말했다. 라캉은 레비스트로스의 이 논의를 원용하면서 라캉 자신의 두 가지 중요한 통찰을 추가했는데, 첫째, 하나의 체계로서 *무의식은 언어처럼 구조화되어 있다. 둘째, *주체는 상징계 안으로 태어나며 상징계를 사용하는 방법을 배워야 하고 이 경험은 *소외를 낳는다는 것이다. 라캉에게 *에고의 성숙은 아이가 상징 질서 속으로 편입될 때 일어난다. 라캉은 *정신병을 이와 같은 상징 질서 속으로 편입하는 과정이 실패하고 주체가 상상계의 환영 세계에 좌초해 있을 때 빠지게 되는 상태라고 본다.

상징적 교환 symbolic exchange

아무런 본원적 *가치도 갖지 않는 사물과 행동을 오직 상징적 이유로 교환했던 자본주의 이전 시대의 교환 모델에 관한 장 *보드리야르의 이론. 이 점에서 상징적 교환은 *수행과 비슷하다. 교환 대상의 실체가 아니라 교환이라는 사실이 사회적으로 의미가 있기 때문이다. 이른바 '원시'사회에서, 교환은 수신자에게 보답을 강제하지 않는, 다시 말해 그에게 빚을 유발하지 않는 방식으로 일어나야 했다. 따라서 완벽한 선물은 '무가치'하거나 순수히 상징적이어야 했다. 만일 선물이 그 자체로 상징성을 갖거나 유용하다면, 상징적 교환은 일어나지 않으며 자본주의의 두 동인(교환가치와 사용가치)이 발생한다.

상징적 폭력 symbolic violence

지배계급이 그들의 *이데올로기를 피지배계급에게 강제하는 과정을 가리키는 피에르 *부르디외의 용어. 달리 말하면, 상징적 폭력은 실현된 후 *헤게모니가 취하는 형식을 이론화한다. 지배계급은 자신이 자연적으로 정당해 보이게끔 함으로써 피지배계급에 자신의 계급 이익을 정당화한다.

상품 commodity

생산자가 개인적 소비나 사용보다는 교환이나 판매를 목적으로 제작한 대상 혹은 과정. 상품은 카를 *마르크스의 핵심 개념이다. 마르크스는 상품이 아주 다른 두 가지 유형의 *가치, 즉 사용가치(인간의 특별한 필요를 충족)와 교환가치(상품이 무엇으로 교환될 수 있는가)로 이루어진 이중적 성격을 가진다고 정의했다. 가치는 어떤 특정 물품을 생산하는 데 얼마나 많은 노동력이 들어가느냐에 따라 측정된다. 이런 의미에서 상품은 대단히 많은 것이 축적된 것으로 보일 수도 있고 마르크스의 표현대로 '죽은' 노동력이라고 생각될 수도 있다. 마르크스주의적 관점으로 본다면 모든 것 중에서 가장 중요한 상품은 노동력 자체다. 노동자는 생산수단의 소유자에게 노동력을 판다. 노동력은 가치를 창출할 수 있는 능력이기 때문이다. 때때로 *근대성(모더니티)이라고 지칭되는 개념은 사실상 서구 국가들이 상품 제조를 중심으로 한 경제로 변모하는 역사적 전환을 가리킨다.

상품 물신주의 commodity fetishism

상품 가치가 내재적이고 상품 제작에 들어가는 노동력 투자를 그에 상응해 평가하지 못한다고 보는 잘못된 관점. 카를 *마르크스는 인류학에서 물신 개념을 차용해 이 용어를 만들어냈다. 인류학에서 물신은 그것을 숭배하는 사람들이 초자연적 힘을 가지고 있다고 믿는 성스러운 대상이나 상징적 대상을 가리킨다. 예를 들어, 오스트레일리아의 한 토착 문화에서는 '주술사'가 어떤 사람을 향해 뼈를 겨누면 그 사람에게 죽음을 초래할 수 있다고 믿는다. 이 경우에 뼈가 물신이 된다. 이와 동일한 의미에서, (애덤 스미스가《국부론》(*The Wealth of Nations*, 1776)에서 제시한 유명한 예를 사용해본다면) 다이아몬드가 아무런 혹은 전혀 소용이 없다는 사실에도 불구하고 상품에 대한 우리의 믿음이 신선한 물보다 다이아몬드를 우위에 두고 평가하는 가치의 불명확한 위계 서열을 만들어내기 때문에 상품은 물신이 된다. 주술사의 뼈에서와 마찬가지로 상품을 믿는 사람들은 그들이 왜 상품을 믿어야 하는가 혹은 어떻게 상품이 현재 누리는 지위를 점유하게 되었는가와 같은 것을 명확히 알지 못한다. 다이아몬드는 희귀하기 때문에 귀중할 수도 있지만 그것만으로는 왜 사회가 다이아몬드를 지극히 귀하게 여기기로 했는지를 설명하지 못한다. 그뿐만 아니라 마음을 빼앗길 수 있는 희귀한 물품들이 존재하기도 한다. 그러나 마음을 빼앗긴 만큼 희귀성 자체가 왜 중요해져야 하는지 설명할 수 있는 본질적 이유가 없다.

상품 물신주의는 사회적 관계의 관점에서도 이해될 수 있다. 어떤 상품의 소비자나 생산자도 상품과 필연적인 혹은 충분한 관계를 맺지 못한다. 상품의 물신화는 *소외로부터 우리를 보호해준다. 지그문트 *프로이트는 *물신 혹은 연물(戀物)이라는 용어를 마르크스보다 나중에 사용하는데, 프로이트 또한 인류학에서 이 용어를 차용했다. 슬라보예 *지젝 같은 프로이트-마르크스주의 이론가들은 물신의 정신분석적 정의와 마르크스 자신의 정의를 결합해 상품 이론을 만들어냈다. 이 이론은 무엇인가를 기만하는 물신의 특이한 능력을 설명하려고 *판타지 개념을 사용했다. 상품 물신주의는 *마르크스주의 이론과 이른바 후기 마르크스주의 이론에서 중요한 개념이다. 예컨대, 상품 물신주의는 죄르지 *루카치의 저작에서, 특히 *물화리는 개념에서 중심을 이룬다. 그리고 상품의 최종 형식은 이미지라는 주장을 펼친 것으로 유명한 기 *드보르의 작업에서도 상품 물신주의는 중심적이다. 또한 장 *보드리야르의 *소비사회 이론에서도 중심을 이룬다.

상호텍스트성 intertextuality

이 개념을 창안한 공은 보통 줄리아 *크리스테바에게 돌려진다. 그러나 롤랑 *바르트와 로만 *야콥슨의 저작에서도 이 개념을 찾아볼 수 있다. 미하일 *바흐친의 *대화주의, 지그문트 *프로이트의 *꿈작업 개념을 융합하는 개념으로, 상호텍스트성은 의미와 의미 생산에 이론을 제공한다. 이 이론은 텍스트(*후기 구조주의 이론이 말하는 넓은 의미에서의 텍스트)가 기존 텍스트와의 끝없는 상호작용과 공존 상태에서 구성된다고 본다. 달리 말하면 독창적이고 완결된 혹은 독자적 텍스트는 없다. 모든 텍스트는 불완전성 혹은 다른 텍스트들과 상호 의존성의 상태에서 존재한다. 크리스테바에 따르면, 이것은 단지 언어적 사실만이 아니라 텍스트를 텍스트이게 하는 전제 조건이다. 모든 작가는 작가이기 전에 독자이므로 그들의 작품은 그들이 독서를 해서 소화한 텍스트 자원에서 창조된다. 마찬가지로, 독자들도 작가처럼 그들이 읽는 텍스트를 전에 읽었던 모든 텍스트와 연계하면서 이해한다. 따라서 의미는 언제나 '사이에(in between)' 있다.

상황 situation

《존재와 무》(*L'Être et le Néaant*, 1943)에서 처음 쓰인 장 폴 *사르트르의 용어. 모든 주체가 놓여 있는 실존적 환경을 가리킨다. 상황이란 복잡한 여러 정황의 합이며, 주체가 행동할지 행동하지 않을지 선택해야 하는 가능성의 조건을 구성한다. *문화 연구는 이 용어의 실존주의적 차원은 폐기하면서 이 용어를 채택했고, 세계의 다른 지역들에 사는 사람들의 기회와 도전을 구분할 때 *계급, *젠더, *인종, *섹슈얼리티 등 다른 요인도 고려하면서 이 용어를 쓴다.

상황주의 Situationism

1957년 출범했으며 규모는 작지만 영향력이 크고 대단히 정치적이었던 예술운동. 이전에 존재했던 두 *아방가르드 집단에 속했던 이들이 주도했다. 상징주의 바우하우스(Imaginist Bauhaus) 운동(*코브라에도 참여했던 아스게르 요른이 이끌었다)과 문자주의 인터내셔널(Lettrist International, 젊은 기 •드보르에게 영향을 미친 이시도르 이수가 1946년 시작한 단체)이 그것이다. 상황주의 운동은 파란만장했던 15년의 활동을 접고 1972년 해체했다. 상황주의 그룹의 기관지이며 상황주의 운동의 이념을 전파하는 수단이었던《상황주의 인터내셔널》(*Internationale Situationniste*)은 1958년에 창간호를 냈고 1969년에 12호이자 마지막 호를 발행했다. 이 잡지는 오랫동안 절판되었으며 이제 그 전체를 영어 번역으로 인터넷에서 볼 수 있다.

이 그룹의 명칭, 이들 활동의 기저에 있는 철학은 장 폴 •사르트르의 •상황 개념에서 연원한다. 이들은 사르트르의 상황을, 변화란 가장 일상적 · 근본적 차원에서 일어날 때 진정 급진적일 수 있다는 •일상생활 비판에서 앙리 •르페브르의 경고에 대한 답으로 읽는다. 예술을 통해 새롭고 놀라운 상황을 창조하는 것이 상황주의 그룹이 일상생활에 내재한 보수적 정통성에 도전하고 •소외(카를 •마르크스가 썼던 의미에서)에 맞서는 수단이었다. 예술은 사회적인 것 가운데서 가능한 무엇을 예고하며 미리 실현한다는 것이 상황주의의 핵심 테제다. 명백히 •초현실주의에 빚진 이 아이디어는 1960년대 내내 다양한 활동가 그룹에게, 특히 •68년 5월의 사건에 참여했던 이른바 '68세대'에게 매력적인 것이었다. 지금도 이 아이디어는 모든 유형의 저항 운동에 영향력을 행사한다. 애드버스터스(adbusters, 미국 뉴욕 쥬코티 공원을 중심으로 벌어진 월가시위를 주도한 단체)와 문화훼방자들(culturejammers, 주로 광고에서 보이는 문화적 이미지들을 풍자하고 전복해 기존의 이미지들을 파괴하는 문화적 행위를 하는 사람들)이 그 좋은 예다.

이들은 정통적 마르크스주의자였지만, 그럼에도 국가가 주도하는 공산주의 혹은 스탈린주의(전자의 다른 이름인)를 옹호하지 않았고, 이들과 좌파의 관계는 언제나 갈등에 찬 것이었다. 이것이 상황주의 그룹에서 내분과 축출이 잦았던 이유이기도 하다. 이들의 일상생활 비판의 기저에는 드보르가《스펙터클의 사회》(*La Société du spectacle*, 1967 / *Society of Spectacle*, 1970)에서 개진했던 •스펙터클 개념이 있다. 스펙터클이 정신을 마비시키는 이미지로 허위적 통합성을 제공하며, 자본주의사회는 스펙터클을 통해 일상생활의 파편화를 보상한다는 것이 드보르의 테제다. 소외된 노동자들은 스펙터클의 이미지를 자기들도 모르게 소비하며 그것을 실제 삶으로 받아들인다. 이와 같은 이데올로기적 잠에서 사람들을 깨워내고 그들에게 진정한 삶을 시작할 수 있도록 하는 것이 상황주의의 세 가지 주요 실천(*표류, *방향 전환, *심리지리학) 혹은 방법의 목표였다.

상황주의와 연계되는 다른 주요 이론가로 벨기에 출신의 학자 라울 *바네겜이 있다. 그의 저서《젊은 세대를 위한 인생 사용법》(*Traité de savoir-vivre á l'usage des jeunes générations*, 1967 / *The Revolution of Everyday Life*, 1983)은 젊은 세대에게 주는, 20세기 후반에 대한 일종의 사용자 가이드(프랑스어 원제를 말 그대로 번역했다면 제목부터가 이런 뜻이다)로 읽을 수 있다. 빌헬름 *라이히, 허버트 *마르쿠제의 영향을 받은 바네겜의 테제는 자본주의는 사람들의 욕망을 박탈해서가 아니라 그들의 욕망을 충족함으로써, 적어도 그렇게 보이게 함으로써 사람들을 비참하게 만든다는 것이다. 따라서 풍요야말로 그 무엇보다 더 사람들을 정치적으로 무력하게 한다. 바네겜이 보기에 문제는, 이런 사회가 의식적 긍정이 아니라 수동성, *원한 혹은 페터 *슬로터다이크가 *냉소적 이성이라 한 것에 의존한다는 데 있다.

상황주의자들이 개탄하고 *표류와 *방향 전환으로 혁신하기를 희망했던 20세기 말 존재의 스펙터클 혹은 모조 *하이퍼리얼리티는 우리가 그 속에서 살도록 저주받았다고 장 *보드리야르가 주장하는 *시뮬라크럼의 우주다. 보드리야르는 드보르를 포함해 다른 상황주의자들의 진정성을 향한 노스탤지어를 나무라겠지만, 그럼에도 보드리야르 자신의 작업이, 특히 후기 작업들이 그와 똑같은 갈망을 내비쳤다. 중요한 것은, 상황주의자들이 언제나 미래에 희망을 거는 유토피아주의자였고, 그들의 실천은 모종의 신화적 과거로 복귀하는 것이 아니라 미래의 도래를 앞당기는 것을 목표로 했다는 점이다.

+ 더 읽을거리

M. Gardiner, *Critiques of Everyday Life*, 2000.

K. Knabb, (ed.) *Situationist International Anthology*, 2007.

S. Plant, *The Most Radical Gesture: The Situationist International and After*, 1992.

ㅅ

피터 웰렌, 《순수주의의 종언: 20세기 문화와 예술에 대한 새로운 시각》, 송평인 옮김, 시각과언어, 1998.

P. Wollen et al., *On the Passage of a Few People through a Rather Brief Moment in Time*, 1991.

웹 링크

- 상황주의자들이 출간했던 저술들의 종합적 아카이브.
- 주요 상황주의자 사상가들의 아카이브와 서지.

생기론 vitalism

철학에서, 어떤 형태의 생명이든 전적으로 화학적 관점에서 혹은 물리적 관점에서 설명될 수 없다는 견해. 생기론은 생명에는 '영혼'이라거나 앙리 *베르그송의 용어로 '엘랑비탈(*élan vital*)' 같은 모종의 '더 높은' 혹은 '다른' 차원이 존재한다고 가정한다. 적어도 고대 이집트인 이래 생기론적 원칙은 의학 사상의 핵심에 있었지만, 20세기 후반에 들어와 이들은 설득력을 거의 잃었다. 과학자들은 이제 생명에 대한 화학적 그리고 물리적 설명이 충분하다고 보며, 그를 넘어서는 설명은 불필요한 추상, 아니면 그보다 더 나쁜 진실의 호도라고 믿는다.

생명권력 biopower

개인(주체로서의 인간 혹은 시민으로서의 인간)보다는 집단(종으로서의 인간 혹은 생산능력으로서의 인간)을 중심으로 돌아가는 정치권력의 한 형식. 생명권력은 미셸 *푸코의 후기 저술의 많은 부분에서 구심점을 이룬다. 푸코가 구상한 생명권력은 다른 것과는 다른 새로운 형식의 정치적 합리성을 가리킨다. 푸코 자신의 도식화에 따르면, 전통적으로 서구의 정치사상은 무엇이 정의롭고 선한 삶을 구성하는가 하는 문제와 어떻게 인간(이 문제적 기간, 즉 아리스토텔레스 시대부터 초기 르네상스 때까지 여성들은 정치에서 배제되었다)은 정의롭고 선한 삶을 고수하도록 설득되는가 하는 두 가지 문제에 주로 관심을 기울였다. 기술로서의 정치학은 좀 더 고귀한 목표, 즉 신의 목적에 봉사해야 한다고 생각되었다. 그 후, 1500년대 초반부터 영적으로는 이전보다 고귀하지 않으면서 정치적으로 더 계산적인 사고방식이 출현했는데, 보편적으로 니콜로 마키아벨리가 이런 사고방식을 대변했다고 본다. 이제 정치사상은 시민의 자유와 덕목을 무시하면서 군주의 권력을 획득하고 유지, 확장하는 실질적 측면에 초점을 맞추었다. 마키아벨리와 동시에 시작해서 좀 나중에 부각되는 권력에 대한 또 다른 사유 형식을 실제로 정부를 운영하는 이름 없는 관료들과 정책 입안자들이 형성하기 시작했다. 이들은 국가 권력 이외의 다른 것에는 중심을 두지 않았다. 따라서 이들은 국가의 인구를 하나의 자원으로 보고 국민에 대한 지식을 계발했다. 즉, 한편으로 이들은 종으로서 인간을 배우고 인간의 생물학적 비밀을 알고 싶어 했다. 그리고 다른 한편으로 이들은 인간의 몸을 훈련함으로써 기계로서 인간의 능력을 계발하고자 했다. 이런 새로운 종류의 사고방식이 삶의 모든 양상, 비록 그것이 추상적인 모습을 한다 하더라도 지극히 극미한 부분까지 관여했으므로 푸코는 이 새로운 종류의 정치적 합리성을 생명권력이라고 칭했다. 생명권력은 실존적 의미에서가 아니라 통계학적 의미에서 국민의 건강에 관심을 두었다. 다시 말해, 생명권력은 누가 죽고 사느냐가 아니라 국민이 어떻게 살고 죽느냐는 문제에 신경 썼다. 푸코는 역사상 처음으로 생물학적 실존이 정치적 실존에 반영되었고, 그 결과 인간이 정치적 문제에 인간이라는 종의 실존 자체에 내기를 거는 일이 일어나게 되었다고 주장했다. 조르조 *아감벤의 *헐벗은 삶에 대한 이론은 마이클 *하트와 안토니오 *네그리의 *제국과 *다중이라는 개념이 그랬듯이 생명권력에 관한 푸코의 논점에서 기원했다.

+ 더 읽을거리

H. Dreyfus and P. Rainbow, *Michel Foucault: Beyond Structuralism and Hermeneutics*, 1983.

미셸 푸코, 《성의 역사》, 이규현 옮김, 나남출판, 2013.

마이클 하트·안토니오 네그리, 《제국》, 윤수종 옮김, 이학사, 2001.

생물학적 결정론 biological determinism

생물학, 구체적으로는 본능이 남성과 여성의 관계를 형성하고, 특히 남성, 여성 각각의 사회적 역할을 정의한다고 보는 개념으로 현재는 대체로 신뢰되지 않는다. 전형적으로, 이러한 생물학적 결정론의 견지는 아이를 낳는 성이 여성이기 때문에 자연적으로 남성보다 여성이 더 잘 아이를 '보살피고' 집에 머무르며 아이를 양육하고 싶어 하는 성향도 더 강하다고 본다. 이러한 관점을 더 확장하면 생물학은 하나의 운명 자체가 된다. 예컨대, 여성은 아이를 낳을 운명에 놓여 있고 그러한 여성의 운명이 그들의 삶을 이룬다고 생각하게 된다. 당연히 페미니스트들은 이러한 생물학적 결정론 관점을 거부하고, 그 대신 남성과 여성은 전통적인 젠더(성차) 역할을 정상적인 것으로 받아들이도록 문화적으로 길들여진다는 주장을 펼친다. 생물학적 결정론에 대한 최초의 일관된 공격은 메리 울스턴크래프트의 《여성의 권리 옹호》(*A Vindication of the Rights of Women*, 1792)에서 비롯했다.

생산양식 mode of production

카를 •마르크스의 개념. 마르크스는 생산력과 생산관계가 조직되는 다양한 방식에 따라 역사의 단계를 구별하려고 이 개념을 썼다. 생산력은 사회가 가동할 수 있는 도구, 기계, 에너지원을 말하며 생산관계는 생산력의 소유 그리고 이용과 관련한 사회적 규칙의 연결 조직이다. 생산력과 생산관계의 이와 같은 구분은 마르크스가 제시한 •하부와 상부구조의 구분에 명확히 대응한다. 마르크스의 테제는 한 사회의 경제 구성이(다시 말해, 한 사회에서 가용한 생산력과 그 생산력의 분배가) 사회적 삶의 다른 모든 면을 구성하는 토대가 된다는 것이다. 탁월한 •마르크스주의 고고학자 V. 고든 차일드는 한 사회에 예술가와 사제가 존재하려면, 생산하지 않는 사회 성원의 삶을 지탱하기에 충분한 잉여 식량이 먼저 생산되어야 한다고 지적했다. 사회가 더 많은 잉여가치를 생산할수록 그 사회는 필요보다 욕망에 집중할 역량을 갖추게 된다. 따라서 마르크스에게 서로 다른 생산양식을 구분하는 핵심 기준은 잉여가치의 총량, 그리고 누가 그 잉여가치의 수혜자가 되느냐다. 마르크스에 따르면 역사상 네 가지 생산양식이 존재했다. 아시아적, 고대, 봉건, 부르주아 생산양식이 그것이다. 그는 부르주아 생산양식에 이어 다섯 번째, 다시 말해 공산주의 생산양식이 도래할 것이라고 예측했다. 마르크스는 또한 선사시대의 세 생산양식도 언급했다. 각각 석기시대, 청동기시대, 석기시대의 생산양식이다. 현대 •비평이론에서, 루이 •알튀세르가 생산양식의 개념을 활용했고, 에르네스트 만델이 이론적으로 확장했다. 그러나 이 개념이 가장 널리 논의의 기반이 된 사례는 프레드릭 •제임슨의 •포스트모더니즘 연구일 것이다.

생정치 biopolitics →생명권력

생태 비평 ecocriticism

이 용어를 최초로 사용한 사람은 1978년 윌리엄 루커트였던 것으로 보인다. 그가 이 용어를 사용한 목적은 생태학적 용어와 개념들이 문학 연구에 쓸모 있게 적용될 수 있다는 주장을 펼치기 위해서였다. 그것이 이 용어의 지배적 의미는 아니다. 생태 비평은 문학과 자연환경 간의 관계 연구를 나타내는 일반적 용어로 좀 더 느슨하게 해석되는 경향이 있다. 비록 많은 비평가(예컨대, 리오 마르크스와 레이먼드 •윌리엄스)가 문학에서 환경의 중요성을 감안해왔다 할지라도 생태 비평은 1980년대 후반과 1990년대 초반에 이르러서야 문학 연구와 •문화 연구의 하위 범주로 인정받게 되었다. 이런 현상에 대해서는 1980년대 후반과 1990년대 초반이 되어서야 비로소 환경 자체가 많은 사람에게 광범하고 아마도 급박한 관심사가 되었기 때문이라는 설명이 가능하다. 생태 비평은 (인간 중심적 관점이 아니라) 지구 중심의 관점에서 문학을 읽는 하나의 실천으로 정의된다. 또한 생태 비평에는 운동가적 차원이 있다. 적어도 생태 비평가들이 문학에서 자연의 중심적 성격을 토론하고자 하는 이유는 일부분 좀 더 일반적 차원에서 환경에 대한 관심과 실제로 행동의 필요성에 자각을 불러일으키기 위한 것이다. 따라서 많은 생태 비평가가 환경정의 운동에서 활동한다는 점은 그리 놀라운 일이 아니다. 환경정의 운동은 환경 악화라는 짐의 불균등한 분배, 즉 일반적으로 말해서 불평등한 분배의 문제에 관심을 기울인다(예컨대, 훨씬 가난한 나라들이 더 부유한 나라들보다 더 많이 오염되는 경향이 있다)(→생태 제국주의).

+ 더 읽을거리

L. Buell, *The Environmental Imagination*, 1995.

G. Garrard, *Ecocriticism*, 2004.
C. Glotfelty and H. Fromm, (eds.) *The Ecocriticism Reader: Landmarks in Ecology*, 1995.
L. Marx, *The Machine in the Garden: Technology and the Pastoral Ideal in America*, 1964.
D. Philips, *The Truth of Ecology: Nature, Culture, and Literature in America*, 2003.
레이먼드 윌리엄스, 《시골과 도시》, 이현석 옮김, 나남, 2013.

생태 제국주의 ecological imperialism

앨프리드 크로즈비가 1986년에 자신의 책《생태 제국주의: 900~1900년까지 유럽의 생물학적 확장》(*Ecological Imperialism: The Biological Expansion of Europe, 900-1900*)에서 고안한 이론. 이 책에서 크로즈비는 식민지화가 문화적·정치적 독재의 한 형식이었을 뿐 아니라 환경적 테러리즘의 한 형식이었다는 주장을 제기했다. 실제로, 크로즈비는 생태학적 차원이 사실상 일차적인 것이었다는 주장을 펼친다. 그가 이런 생각을 제시한 이유는 어느 곳에 정착하든지 간에 식민주의자들은 그 지역에 존재하는 식물군과 동물군을 잠식하고 궁극적으로 그것들을 굶어 죽게 만드는 침습성 해충과 잡초뿐만 아니라 (사람, 식물, 동물 모두의) 지역 인구를 황폐화하는 질병을 함께 가져왔다는 자명한 사실 때문이다. 오스트레일리아와 남아프리카 같은 건조한 지역에서 활용된 유럽 방식의 농경법은 대재앙과 같은 영향을 환경에 미쳤다. 크로즈비의 연구는 *탈식민주의 연구에서 식민주의의 역사를 이해하는 데 환경의 역할과 중요성에 높은 관심을 불러일으켰다.

생태페미니즘 ecofeminism

가부장 사회에서 여성의 우위를 지지하는 사회적 정신 상태와 산업자본주의에 의한 자연의 지배와 붕괴 사이에 어떤 모종의 관계가 있다고 주장하는 철학적인 그리고 정치적인 견해. 프랑스의 페미니스트이며 과학소설 작가인 프랑수아 도본이《페미니즘 혹은 죽음》(*Le Féminisme ou la mort*, 1974)에서 이 용어를 만들었다. 이 책은 페미니스트적인 태도가 만연한 미래를 그렸는데, 생태의 죽음을 향해 나아가는 무자비해 보이는 흐름으로부터 그러한 페미니스트적 태도가 지구를 구원한다는 내용을 담고 있다. 생태페미니즘은 산업적인, 가치 추가적 생산성이 존재하는 생산성의 유일한 형식은 결코 아니라는 견해를 취하고 패권적 형식은 환경적으로 유지될 수 없는 것이라고 주장함으로써 '생산성'의 의미에 도전한다. 오직 한 가지 형식만을 유지하는 생태페미니즘은 없다. 그러나 모든 생태페미니즘 형식의 핵심에는 남성과 여성의 힘이 불균형한 원인을 다루는 것이 환경적 재앙을 피하는 데 필수적이라는 믿음, 즉 지구를 구할 효과적 절차는 오로지 깊이 자리 잡은 사회적 태도와 문화적 태도를 바꿈으로써만 만들어질 수 있다는 믿음이 있다. 생태페미니즘의 다양한 분파 간의 의견 충돌은 여성과 자연 사이의 관계가 권력의 기원인가 아니면 억압의 기원인가 하는 문제를 두고 일어나는 경향이 있다. 연구의 실질적 부문은 대부분 주요 언어권에서 그러한 문제의식을 가지고 발전해왔다.

+ 더 읽을거리

G. Gaard and P. Murphy, *Ecofeminist Literary Criticism: Theory, Interpretation, Pedagogy*, 1998.
반다나 시바, 《에코페미니즘》, 손덕수 옮김, 창작과비평사, 2000.
K. Warren and N. Erkal, *Ecofeminism: Women, Culture, Nature*, 1997.

서구 마르크스주의 Western Marxism

1917년 러시아혁명 이후 •마르크스주의의 발전 과정에서 일어났던 하나의 심대한 변화를 설명하는 일반 범주. 러시아 학자들은 공산당의 공식 강령을 그대로 수용하고 러시아 내에서 혁명의 성공을 보장하는 데 그들의 에너지를 쏟아야 했다. 그런가 하면, 서구의 학자들은 자기들이 러시아 내의 사정과 단절되어 있고, 러시아에서 일어난 사건들이 그들 나라에서는 일어나지 못했다는 사실에 당혹감을 느꼈다. 마르크스주의 이론에 따르면, 사회주의 혁명은 농업 국가이며 여전히 봉건적이었던 러시아가 아니라 서구의 대규모 산업화된 국가에서 일어나야 했으므로, 서구에서 혁명의 실패는 더욱 당혹스러운 일이었다. 이 실패라는 사실 앞에서 사회주의혁명의 불가피성에 대한 카를 •마르크스의 신념은 폐기되어야 했는데, 이는 다시 말해, 예상된 혁명이 왜 서구에서는 일어나지 못했느냐로 마르크스주의가 사유의 초점을 옮겨야 했음을 뜻했다. 제2차 세계대전이 끝날 무렵이 되자, 서구의 마르크스주의는 거의 학계가 독점한 배타적 영역이 되어 있었다. 안토니오 *그람시와 죄르지 *루카치 같은 인물들은 정부에서 활동했던 반면, 발터 *벤야민, 특히 테오도어 *아도르노와 막스 *호르크하이머 같은 인물들은 엄격하게 학문적인 마르크스주의자였다. 서구 마르크스주의는 또한 경제적 문제보다 문화적 문제에 집중하기 시작했고, 이런 이유에서 문화적 마르크스주의로 불리기도 했다. 현재 서구 마르크스주의의 주요 기관은 영국의 저널 《뉴 레프트 리뷰》(*New Left Review*)다. 이 잡지에 기고하는 이들 중 다수(페리 *앤더슨, 테리 *이글턴, 프레드릭 *제임슨 등)가 서구 마르크스주의를 주도하는 인물들이다.

서발턴 subaltern

이탈리아의 마르크스주의자 안토니오 *그람시가 제안한 용어. 감옥에서 저술을 검열당해야 했던 그람시는 다른 힘 있는 계급의 *헤게모니에 종속된 모든 계급의 사람(특히 농부와 노동자)을 가리키는 말로 이 용어를 사용했다. 일군의 탈식민주의 학자들이 이 용어를 채택했고, 현재 *탈식민주의 연구의 한 하위 분야로 서발턴 연구가 존재한다. 서발턴 연구는 동남아시아 역사학자 라나지트 구하가 시작했고, 이후 호미 *바바, 가야트리 *스피박, 파르타 차터지, 디페시 차크라바티 같은 학자들을 포함하게 된다. 서발턴 연구의 목적은 그람시의 원칙에 따라 동남아시아 지역(주로 인도와 인도의 이웃 국가들)의 여러 환경 속에서 어떻게 서발턴 계급이 형성되는지 검토하는 데 있다. 모종의 저항역사(counter-history)를 구축하고 '공식적' 역사(국가, 지배계급에만 관심을 갖는)의 불균형을 폭로하기 위해서다. 스피박의 유명한 에세이 〈서발턴은 말할 수 있는가?〉(Can the Subaltern Speak? 이후 《포스트식민 이성 비판》(*A Critique of Postcolonial Reason*, 1999)에 실린다)는 서발턴 연구의 핵심 전제를 *문제화한다. 이질적인 그룹의 사람들이 서발턴으로 묶일 때, 그들이 함께 말할 수 있게 하는 단일성을 가질 수 있다는 전제다. 이에 대한 스피박의 답은 단호한 부정이다. 이 용어는 라틴아메리카 연구에서도(약간 다른 방향을 갖게 되었지만) 쓰인다. 서발턴은 또한 정치적 변화를 가져오려면 극복해야 하는 종속과 노예근성을 가리키기도 한다.

+ 더 읽을거리

D. Chakrabarty and H. Bhaba, (eds.) *Habitations of Modernity: Essays in the Wake of Subaltern Studies*, 2002.
R. Guha and G. Spivak, (eds.) *Selected Subaltern Studies*, 1988.
W. Mignolo, *Local Histories/Global Designs: Coloniality, Subaltern Knowledges, and Border Thinking*, 2000.

서사극 Epic Theatre

에르빈 피스카토르가 20세기 초반 독일에서 발전시킨 대단히 정치적이고 •마르크스주의 경향이 짙은 연극 형식. 더 잘 알려진 서사극의 제창자는 피스카토르와 한때 공동 작업을 한 베르톨트 •브레히트다. 사실상 블라디미르 마야콥스키와 프세볼로드 메이에르홀트를 포함한 많은 다른 걸출한 지지자들이 있었다는 사실에도 불구하고 브레히트의 이름은 실질적으로 서사극과 동의어로 통한다. 이것은 분명히 서사극에 대한 브레히트의 포괄적 저술 때문이 아니라 그의 명성 때문이다. 서사극의 전형적 특징은 일부러 반사실주의적이고 반자연주의적으로 접근하는 데 있다. 서사극은 관객에게 그들이 보는 것은 인위적으로 만들어졌고 고안되었으며 평가되어야 하고 판단되어야 한다는 것을 끊임없이 상기함으로써 연극이 관객을 때로는 몽롱하게 휘감는 '마법'을 깨뜨리는 것을 목표로 삼는다. 브레히트는 볼거리가 많거나 멜로드라마적인 연극을 거부했다. 그는 사람들이 생각하도록 만드는 연극을 좋아했다. 예를 들어 배우들은 (연극의) 등장인물이 되었다가 빠져나온다. 그리고 그들은 아마도 혐오감을 드러내면서 등장인물이 무엇을 하는지 논평한다. 대화와 서사가 연속성과 일시성으로 혼란스러워져서 등장인물들이 "난 막 30년전쟁에 나가" 같은 것들을 말한다. 그리고 무성영화에서 사용하는 것처럼 삽입 자막들이 무대에서 일어나는 일에 대한 반대 의견을 만들어내려 사용된다. 브레히트는 종종 연극은 무슨 일이 일어났는지 목격하도록 그리고 사건이 어떻게 평가되어야 하는지 스스로 판단하도록 부탁받은 관객이 있는 자동차 충돌 사고 같아야 한다고 말했다(→잔혹극; 부조리극).

서사시 epic

영웅의 행동과 사람됨 그리고 종종 어떤 특정 공동체를 창건하거나 구하려는 그들의 노력을 칭송하는 긴 이야기로 된 시. 서사시는 문학에서 대단히 오래된 형식이다. 실제로 가장 오래되었다고 알려져 있는 문자로 쓰인 텍스트는 그 기원이 기원전 3000년 이전인 《길가메시 서사시》(*The Epic of Gilgamesh*)다. 다른 잘 알려진 서사시로는 호메로스가 트로이 전쟁에 대해 쓴 시 《일리아드》(*The Iliad*)와 《오디세이》(*The Odyssey*)가 있다. 이 시들은 대략 기원전 800년에 쓰였다고 한다. 그리고 약간 더 늦게 쓰인 인도 작품 《마하바라타》(*Mahābhārata*)와 서기 800년에 쓰인 앵글로 색슨족의 《베어울프》(*Beowulf*)가 있다. 서사시를 정의하는 주요한 특징으로 웅장한 규모와 의미상 개인의 운명이 모든 세계의 운명이 되어버리는 것을 꼽을 수 있다. 근본적으로 현대 문학에서 서사시는 운문이라기보다는 산문 형태로 된 서사시적 형식을 고수하는 판타지 장르다. J. R. R. 톨킨의 작품은 이러한 현대 서사시의 특성을 전형적으로 보여준다.

서사학 narratology

서사의 구조, 기능, 효과 연구. •러시아 형식주의에서 시작하고 •구조주의에서 고도로 전문적인 분야가 되었다. 무엇보다 서사학은 러시아 형식주의가 발전시킨 •파불라와 수제라는 핵심적 구분에서 주된 통찰을 얻는다. 파불라와 수제는 한 이야기에서 실제로 일어나는 사건과 상상력이 동원되어 이 사건들이 묘사되는 방식을 구분한다. 이 점에서, 블라디미르 •프로프의 러시아 민담의 형식 구조 혹은 형태론 분석(수백 개 전통 민담을 비교하면서, 그것을 31개 기본 서사 기능과 일곱 가지 인물 유형으로 분류한)은 기원적 연구가 되었다. 내용보다 형식을 강조함으로써, 서사학은 전혀 다른 주제를 다루는 것처럼 보이는 이야기들의 유사성을 보여줄 수 있다. 밀스 & 분의 로맨스와 제인 오스틴 소설의 구조적 유사성을 보여주는 대중소설 연구가 이것의 좋은 예다. 프로프 이후 중요한 서사학 이론가로는 클로드 •레비스트로스, 롤랑 •바르트, 알지르다스 쥘리앵 •그레마스, 제라르 •주네트 등이 있다.

+ 더 읽을거리
미케 발, 《서사란 무엇인가》, 한용환·강덕화 옮김, 문예출판사, 1999.

설, 존 로저스 Searle, John Rogers (1932~)

•화행 이론 작업으로 가장 유명하며, 정신철학 저술로도 명성을 얻은 미국의 분석철학자. 콜로라도에서 태어난 설은 위스콘신 대학교에서 철학 학사 학위를 받았고 이어 로즈 장학생으로 옥스퍼드에서 철학 박사 학위를 받았다. 캘리포니아 버클리 대학교에서 교수직을 맡아 미국으로 돌아오기 전에 그는 잠시 옥스퍼드에서 강사로 일했다. 미국으로 돌아와서는 줄곧 버클리 대학교에서 재직했다. 설의 명성을 확고하게 한 것은 존 랭쇼 오스틴의 《말로 일을 수행하는 법》(*How to Do Things with Words*, 1962)에 담긴 아이디어를 확장한 연구였다. 오스틴은 이 책에서, 문장이 사실을 진술하고 진실을 표현하며 동시에 행위를 수행할 수도 있다고 주장했다. 《발화 행위: 언어철학에 관한 에세이》(*Speech Acts: An Essay in the Philosophy of Language*, 1969)에서 설은 발화 행위 중에서도 행위가 발화 내에 간접적으로 포함되는 유형들을 탐구했다. 여기에는 다섯 가지 종류가 있다. ① 단언 행위(옳은가 그른가의 판단). ② 지시 행위(행위의 지시). ③ 약속 행위(행동의 약속). ④ 표현 행위(화자의 심리적 상태를 드러내는 행위). ⑤ 선언 행위(어떤 일이 일어나게 하는 행위). 그의 이 연구는 인공지능 발전에 도움을 주었다. 설은 프랑스 철학자 자크 •데리다와 대중의 관심을 끈 논쟁을 벌이게 되면서 폐쇄적 분석철학계를 벗어나 유명해진다. 논쟁은 데리다가 《철학의 여백》(*Marges de la philosophie*, 1962 / *Margins of Philosophy*, 1982)에서 오스틴의 이론에 짧은 비판을 쓰면서 촉발되었다. 설은 오스틴을 옹호하는 날카로운 반박문을 썼고, 데리다는 책 한 권 분량의 재반박으로 이에 응했다.

성좌 constellation

발터 •벤야민은 《독일 비애극의 원천》(*Ursprung des deutschen Trauerspiels*, 1928 / *The Origin of German Tragic Drama*, 1977)에 덧붙인 〈인식비판론적 서

ㅅ

문〉(Epistemo-Critical Prologue)에서 관념과 대상의 관계는 성좌와 별의 관계와 같다는 의견을 제시한 것으로 유명하다. 다시 말해, 관념이 세계에 더는 현존하지 않는 것과 같이 성좌는 사실상 하늘에 존재하지 않는다는 것이다. 그러나 성좌처럼 관념은 우리가 대상들 간의 관계를 인지할 수 있도록 해준다. 또한 이것은 관념이 개념과 동일하지 않고 개념의 법칙으로 해석될 수도 없다는 것을 의미한다. 관념은 현상에 대한 지식을 발생시키지 않는다. 그리고 현상은 관념의 유효성을 측정하는 데 이용될 수 없다. 이는 성좌가 순전히 주관적이거나 우리 머릿속에 있는 모든 것이라는 뜻이 아니다. 밤하늘에 떠 있는 별은 우리가 별을 어떻게 보느냐와는 관계없이 그곳에 존재한다. 그리고 우리의 머리 위에 별이 어떻게 배치되어 있는가 하는 질문 속의 그 무엇이 우리가 별을 통해 구성하는 이미지들을 제시한다. 그러나 그렇기는 해도 우리가 성좌에 사용하는 이름들은 역사와 전통, 신화에 파묻히게 된다. 따라서 성좌는 본질적으로 주관적인 동시에 객관적이다. 그러나 성좌는 어떤 체계가 아니다. 이 점을 벤야민은 성좌의 진정한 의의로 본다. 그는 마치 철학이 담론적이기보다는 수학적이거나 과학적이기라도 한 것처럼 철학을 체계적이라고 간주하는 관념을 거부한다. 벤야민은 19세기 파리의 아케이드를 설명하면서 성좌에 대한 생각을 좀 더 발전시켰다. 테오도어 *아도르노는 성좌를 차용해서 그것을 모델로 변형시킨 후 *부정 변증법에 대한 설명에 적용한다. 성좌 개념은 개별적 생각에게 자율성을 부여하는 관념 간의 관계를 그릴 수 있도록 해주지만 그렇게 함으로써 개별적 생각을 고립된 *아노미 상태에 빠뜨리지 않는다.

+ 더 읽을거리

프레드릭 제임슨, 《후기 마르크스주의》, 김유동 옮김, 한길사, 2000.

성차별주의 sexism

한 사람이 그가 어떤 다른 자질을 가졌든 그의 성 때문에 열등하다는 가정. 성차별주의는 사람을 *대상의 위치로 격하시킨다. 페미니즘 이론은 여성의 위치를 격하하거나 여성을 배제하는 정치적·문화적 실천이나 저술을 분류할 때 성차별주의라는 용어를 사용한다.

세계체제이론 world-system theory

은행, 국제 교역, 지정학적 연합, 기술 진보 같은 대규모 사회체제의 발전에 초점을 두는 인류 역사의 설명. 세계체제이론은 1970년대에 사미르 아민, 안드레 군더 프랑크, 이매뉴얼 *월러스틴 같은 *마르크스주의 경제학자와 역사학자들의 작업에서 부상했다. *아날 역사학파의 영향을 받은 세계체제이론은 엄격하게 *장기 지속의 관점을 취한다. 무엇이든 특정 유형의 체제가 발생하는 시점부터 이해하는 것이다. 따라서 세계체제이론은 *세계화 논의를 불신한다. 세계체제이론은 자본주의 같은 경제체제가 시초부터 세계적인 것이었다고 보기 때문이다. 세계체제이론은 지리학적 관점에서 엄격하게 국제적인가 하면 *종속이론이 강조하는 지정학적 불평등에 대해 유의한다.

+ 더 읽을거리

C. Chase-Dunn, *Global Formation*, 1998.

T. Shannon, *Introduction to the World-Systems Perspective*, 1996.

세계화 globalization

문화적 생산물의 전 세계적 확산, 국제적인 제조업과 무역의 간소화, 세계 금융시장의 표준화, 전 세계 어느 곳에서나 동시에 실시간으로 콘텐츠를 전송할 수 있는 새로운 미디어 기술의 보급이 연관된 복잡한 과정. 세계화를 지구촌의 '축소'라는 관점에서 종종 서술하기도 하지만 사실상 현실은 정반대다. 세계화는 규모와 영역에서 한때 국가적이거나 기껏해야 지역적이었던 과정과 기업들이 거대하게 확장한 결과물이다.

세계화는 상당히 많은 이견이 제기되는 용어다. 우선, 실제로 세계화가 존재한다는 것에 관한 합의가 없다. 둘째, 세계화가 존재한다는 합의가 이루어진 측에서는 언제 그것이 시작되었는지에 대해 논쟁이 상당히 있다. 셋째, 세계화의 존재와 기원이 합의된 곳에서는 이러한 세계화가 어떤 새로운 것을 구성하는지 합의를 이루지 못하고 있다. 어떤 단독 학제가 세계화를 '소유'하지 않고 한꺼번에 여러 학제가 동시에 세계화를 발명했다고도 말할 수 있다는 사실이 문제를 복잡하게 만들고 있다. 그래서 경제학자, 역사학자, 사회학자가 세계화를 말할 때 그들이 염두에 두는 것이 정확히 같은 것이라고 받아들일 수 없다. 따라서 아마도 세계화가 좋은 일인지, 나쁜 일인지에 대한 합의가 거의 없다는 점은 놀랄 일이 아니다. 이는 마치 좌파나 우파에 대한 합의된 견해가 없는 것과 같다.

세계화는 존재하는가? 세계화의 증거는 압도적인 것 같아 보인다. 지구촌 거의 모든 구석까지 비즈니스가 미치는 포드, 코카콜라, 마이크로소프트사 같은 다국적 기업은 말할 것도 없고 세계은행, 국제통화기금, 세계무역기구, 국제형사재판소, 국제연합 같은 기관 단체가 있다는 점은 세계화의 존재를 긍정하는 주목하지 않을 수 없는 쟁점이다. 그러나 미국의 인류학자 제임스 클리퍼드처럼 세계화를 전혀 의식하지 못하는 지구촌의 빈곤한 나라에 거주하는 사람이 수억 명 존재한다고 반대 주장을 펼치는 사람들이 있다. 세계화가 존재하기 위해서 세계화는 우리가 의식해야 하거나 직접적으로 참여해야 하는 모종의 현상이어야 한다는 엄격한 시각으로 세계화를 이해한다면 이러한 관점은 유효하다. 그러나 울리히 *벡과 그 이외의 *위험 사회 이론가들은 그러한 관점은 세계화의 경우에 해당하지 않는다는 것을 보여주었다. 예를 들어, 기후 변화는 사람들이 인식하든 인식하지 않든 간에 인간의 행동으로 야기된 현상으로 지구상의 모든 사람에게 영향을 미치는 세계적인 현상이다.

세계화가 존재한다고, 세계화가 하나의 현실이라는 데 동의할 정도로 충분한 과정과 전 세계적 규모와 범위의 기업들이 있다고 상정한다면, 세계화는 언제 시작됐는가? 이 질문은 일종의 *시기화 가설과 관련되어 있다. 그리고 이런 시기화 가설에 대한 답변은 무엇이 *패러다임 전환, 즉 모든 것이 달라지는 순간에 해당하는지를 우리가 지적할 수 있느냐는 문제에 달려 있다. 무엇보다도 안드레 군더 프랑크와 이매뉴얼 *월러스틴 같은 *종속이론과 *세계체제이론 학자들은 우리가 오늘날 세계화라고 알고 있는 것은 다른 말로 표현한다면 단순히 국제무역일 뿐이고 그것은 고대부터 지금까지 계속되고 있는 것일 뿐이라고 주장했다. 이런 관점에서, 세계화는 과거 2,000년 동안 진행되어온, 특별히 새로운 것이 없는 가장 최근의 가장 광범위한 과정의 단계일 뿐이다.

반론이 있다. 우리는 20세기 후반 국제무역규정, 사업 관행, 기술적 진보, 지정학적 제휴와 *문화 일반에서 엄청난 지각 변동을 목도하게 된다. 그리고 이를 계기로 우리는 과거(즉, 제2차 세계대전 이전)와는 급진적으로 다른 어떤 일이 오늘날 일어나고 있다는 견해를 어쩔 수 없이 수용하게 된다. 이런 변화를 명확히 보여주는 두 가지 지표는 금융시장과 미디어다. 미디어가 금융시장에 대해 거의 강박적으로 보도한 것은 의심할 여지 없이 금융시장을 가시화하기 위해서였다. 그러나 금융시장의 순전히 전 세계적인 위력은 이른바 2007~2009년 신용 규제에서 충분히 명백해졌다. CNN이나 BBC 같은 주요 뉴스 서비스를 시청하는 사람이라면 누구나 세계화가 하나의 사실이라는 인상을 갖지 않을 수 없다. 거의 모든 것이 전 세계에 미치는 충격의 측면에서(혹은 대안적으로 전 세계적인 것이 지역에 영향을 미치는 충격의 차원에서) 보도되기 때문이다.

문화적 용어로 표현한다면 세계화는 두 가지 방식으로 그 모습을 드러낸다. 이 두 가지 방식은 첫째 본래 단일 문화나 단독 국가와 연관된 생산물의 전 지구적 확산(예를 들어, 초밥, 햄버거, 프렌치프라이, 커피, 초콜릿 등을 세계 어느 곳에서나 사실상 먹을 수 있다), 둘째 지역적인 취향의 전 지구적 붕괴 혹은 다른 말로 표현한다면 취향의 전 지구적 *코즈모폴리터니즘(예를 들어, 초밥은 기호에 맞도록 맛이 변화했기 때문에 어느 곳에서든 먹을 수 있게 되었다)이다. 미국의 사회학자 조지 *리처는 *맥도날드화로 세계화의 특성을 설명하려 했다. 그러나 이것은 세계화를 단순화한 것에 지나지 않는다. 맥도날드화라는 말은 세계화가 어떤 한 곳, 즉 미국에서 바이러스처럼 확산된다는 것을 전제하기 때문이다. 반면 사실상 세계화는 *복잡계 이론 같은 어떤 특별한 것만이 적절히 이론화할 수 있는 종류의 동시적으로 발생하는 변화의 산물이다.

+ 더 읽을거리

F. Jameson and M. Miyoshi, *The Cultures of Globalization*, 1998.

A. MacGillivray, A *Brief History of Globalisation: The Untold Story of Our Incredible Shrinking Planet*, 2006.
M. Steger, *Globalization: A Very Short Introduction*, 2003.

세르, 미셸 Serres, Michel (1930~)

프랑스의 과학철학자. 프랑스 남서부 아쟁 지방에서 태어난 세르는 해군대학과 고등사범에서 수학했다. 1955년 교수자격시험을 통과한 후 프랑스 해군에서 병역의무를 이행했다. 1968년에 독일 철학자 고트프리트 라이프니츠의 수학 저술들에 대한 논문으로 박사 학위를 취득했다. 1960년대에 그는 클레르몽 페랑과 뱅센에서 가르쳤고, 소르본 대학에서 교수직을 수락한 이후 줄곧 소르본 대학교에서 재직했다. *구조주의의 최변방에서 작업하면서, 세르의 연구는 수학과 신화의 공통 지점, 내용이 모두 빠져나간 순수 형식으로 구성된 지식을 모색했다. 그의 견해는 시, 신화, 철학, 과학이 모두 체계이며 그 점에서 서로 비교 가능하다는 것이다. 따라서 그의 관심은 각 유형의 체계에 핵심적인 것(여기에는 체계가 고의적으로 배제하는 것들, 예를 들어 무질서, 소음, 혼잡 등도 포함된다)이 무엇인지 발견하는 데 있다. 이와 같은 분석을 그는 상징 분석이라 했다.

세르토, 미셸 드 Certeau, Michel de (1925~1986)

프랑스의 종교사학자이자 문화비평가. 그는 특히 *역사기술학 비판과 자신의 경력에서 중반기에 수행했던 *일상생활의 *실천(특별히 일상생활의 공간적 차원) 분석으로 잘 알려져 있다. 세르토가 초기와 후기에 썼던 저서는 특히 영어권 국가들에는 잘 알려진 것이 거의 없다. 그렇다고 해서 그의 초기 저서와 그 이후의 저서가 덜 중요하거나 의미가 없는 것은 아니다.

세르토는 리옹 대학교와 그르노블 대학교에서 철학과 고전학을 공부한 후 25세에 예수회에 들어갔다. 1956년 가톨릭 사제로 임명된 후 계속해서 1960년 소르본 대학교에서 종교사 박사 학위를 마쳤다. 초창기 세르토의 주요한 이론적 관심은 왜 우리에게 역사가 먼저 필요한가 하는 문제였다. 세르토는 역사의 이데올로기적 의미를 탐구하기보다는 역사가 어떤 구체적인 문화적 욕구를 이행하는가 하는 질문을 던졌다. 지그문트 •프로이트의 •꿈작업 개념을 자신의 모델로 차용한 세르토는 역사를 대부분 서구인이 죽음의 면전에서 느끼는 불안을 완화하는 일종의 기계로 보아야 한다고 주장했다. 꿈작업의 방식으로 과거를 말함으로써 역사는 피할 수 없는 죽음의 유령을 추도의 구조 속에서 불러낸다. 이 추도의 구조가 우리는 결국 영원히 살 것이라는 생각을 하게 만든다. 다시 말해, 역사는 과거의 순진하거나 솔직한 기록이 아니라 현재를 구조화하는 데 빠질 수 없는 필수 요소다. 이 시기의 주요 글들은 나중에 《역사에 대한 글쓰기》(*L'écriture de l'histoire*, 1975 / *The Writing of History*, 1988)에 수록되었다.

•68년 5월 파리의 거리에서는 학생과 블루칼라(노동자)의 발작적인 시위가 터져 나왔다. 나중에 세르토는 (종종 그런 시위들이 완곡하게 불리는 대로) '5월의 사건들'에 대한 개인적 경험을 '산산이 부서지는 것 같다'라고 묘사했다. 세르토는 파업과 거리 시위가 있던 몇 주 동안 대체 무슨 일이 있었는지 이론화하려고 하면서 5월의 사건들이 벌어지는 동안 비록 법은 우세했을지라도 권위가 축소되었다고 주장하며 법과 •권위를 구분했다. 그는 권위가 상실될 때 법은 자기 뜻대로 노골적으로 폭력만 실행한다고 주장했다. 1968년 5월에 관한 세르토의 글은 당시 파리의 거리에서 일어난 일에 대한 즉각적 반응으로 쓴 것이었다. 이 글은 처음에는 예수회에서 발행하는 월간 잡지 《에튀드》(*Études*)에 발표되었다가 나중에 《말의 포착》(*La prise de parole*, 1968 / *The Capture of Speech and Other Political Writings*, 1997) 같은 팸플릿 양식으로 인쇄되었다. 이것을 기점으로 세르토의 경력에 방향 변화가 시작된다. 다시 말해, 세르토는 역사 문제에서 멀어지면서 좀 더 동시대적 쟁점으로 이동하게 된다.

이런 새로운 방향 변화를 이끈 것은 특히 문화 이론 분야에서 세르토를 가장 잘 알려지게 한 책, 즉 일상생활에 대한 글들로 이루어진 《일상생활의 발명 I》(*L'Invention du quotidien 1. arts de faire*, 1980 / *The Practice of Everyday Life*, 1984)과 《일상생활의 발명 II》(*L'Invention du quotidien 2. habiter, cuisiner*, 1980 / *The Practice of Everyday Life Volume 2: Living and Cooking*, 1998)였다. 《일상생활의 발명 II》는 그의 연구 동료들이었던 피에르 마욜과 루스 지아르와 공동 작업으로 쓰

였다. 이 시리즈의 세 번째 권은 •미래학에 관한 책으로 계획되었으나 완성되지는 못했다. 세르토는 일상생활을 그가 이름 붙인 •전략과 전술이라는 두 실천 간의 균형으로 볼 수 있다고 생각했다. 전자는 미셸 •푸코가 •규율이라고 이론화했던 일련의 실천을 가리키고, 후자에는 일종의 반규율이나 •저항이 해당된다.

세르토의 후기 경력은 기원으로 회귀 혹은 원의 종결에 비유할 수 있다. 이는 세르토가 샌디에이고 캘리포니아 주립대학교에서 가르치면서 거의 10년간 해외에서 체류한 후 프랑스로 돌아와 학자로서 자기 경력의 출발점이 되었던 주제, 즉 17세기 프랑스 신비주의를 다시 논의했기 때문이다. 그는 세상을 떠나기 바로 직전에 두 권으로 된 책《신비의 우화》(*La Fable Mystique*, 1982, 1986)를 완성했다. 이들 중 첫 번째 권《신비의 우화 I》(*Mystic Fable Volume One: The Sixteenth and Seventeenth Centuries*)》이 1992년 영어로 번역되었는데, 이 책에서 그는 •기호학을 이용해 더는 신비주의적 의미의 신을 알지 못하는 시대에 신이라는 말을 부활하려는 신비주의의 기획이 단순히 유지될 수 없었기 때문에 신비주의 담론이 소진되었다고 주장했다. 신비주의는 대담한 언어학적 실험으로 신의 본질적인 신비를 종종 환기할 수 있었지만 그것을 지속적인 현존으로 전환할 수는 없었다.

믿음의 인류학 혹은 그가 •타자학이라고 칭한 개념을 다룬 미완의 프로젝트는 두 번째, 세 번째 시기와 중첩되어 있다. 이 미완의 프로젝트가 어쩌면 그의 네 번째 시기가 될 수도 있었지만 그의 때 이른 죽음 때문에 갑자기 중단되었다. 이 프로젝트에서 세르토는 에세이를 세 편 얻었는데, 이 글들은 현대 인류학의 세 선구자(몽테뉴, 레리와 라피토)와 그들의 신세계와의 만남을 다루었다(→ 실천들; 일상생활; 산책자; 68년 5월; 스펙터클의 사회; 공간).

+ 더 읽을거리

J. Ahearne, *Michel de Certeau: Interpretation and its Other*, 1995.

I. Buchanan, *Michel de Certeau: Cultural Theorist*, 2000.

B. Highmore, *Michel de Certeau*, 2006.

세제르, 에메 Césaire, Aimé (1913~2008)

프랑스어권 시인이자 행동주의자. 세제르는 •네그리튀드 운동의 배후에 있는 핵심 사상가 중 한 사람이다. 마르티니크섬에서 태어난 세제르는 1931년 장학금을 받아 파리로 갔다. 그는 파리에서 레오폴 •상고르, 레옹 다마와 함께 저널《흑인 학생》(*L'Étudiant Noir*)을 창간했다. 1939년 그는 학생들을 가르치려고 마르티니크섬으로 다시 돌아왔다. 그가 가르친 학생 중에는 프란츠 •파농이 있는데, 파농은 나중에 일련의 강력한 반식민주의적 책들을 집필했다. 세제르는 제2차 세계대전 중 일부 기간을 마르티니크에서 보냈으며 스스로 •초현실주의의 교황이라고 지칭한 앙드레 •브르통과도 가까운 사이였다. 1945년 세제르는 공산당 당원으로서 포르드 프랑스에서 시장에 선출되었다. 이듬해 그는 프랑스가 다양한 식민지를 위해 정한 세분화법의 초안을 작성하는 데 도움을 주었다. 이것 때문에 그는 후일 독립을 찬성하는 사상가들과 운동가들에게 비판을 받았다. 같은 맥락에서 그는 대다수 마르티니크인에게 모국어인 크레올어가 아니라 언제나 프랑스어로 글을 쓴다는 사실 때문에 •크레올성을 추구하는 문학 작가들에게 심각한 비판을 받았다. 1953년 이시오프 스탈린이 죽은 뒤 세제르는 공산주의, 특히 공산주의의 스탈린주의식 변형에 환멸을 느꼈다. 그는 •탈식민주의 연구의 시금석이 된 텍스트《식민주의 담론》(*Discours sur le colonialisme*, 1955 / *Discourse on Colonialism*, 2001)에서 스탈린주의를 맹렬히 비판했다. 1956년 소련이 헝가리를 침공한 후 세제르는 공산당에서 나왔지만 2001년까지 정치 분야에서 활약했다. 그는 흑인 혁명 지도자들인 투생 루베르튀르(1791년 아이티에서 노예 봉기를 이끌었다)와 파트리스 루뭄바(1960년 새롭게 식민지에서 자치 독립한 콩고의 첫 수상이 되었다)에 대한 호소력 있는 전기를 썼다. 특히, 루뭄바 전기는 희곡 형식으로 쓰였다는 점이 이채롭다. 또한 세제르는 칼리반의 역할을 강조하는 윌리엄 셰익스피어의《태풍》(*Tempest*)을 각색한 작품도 썼다. 아마도 세제르는 장엄한 초현실주의 시집《귀향 수첩》(*Cahier d'un retour au pays natal*, 1939 / *Notebook of a Return to My Native Land*, 2001)으로 언제나 길이 기억될 것이다. 이 시는 네그리튀드 운동의 시적 성명서 구실을 했다. 그의 명예를 기리고 정치가이자 시

ㅅ

인으로서 그가 고국에 기여한 바를 기념하고자 마르티니크 정부는 그의 이름을 따서 주요 공항의 이름을 붙였다.

소격 효과 alienation-effect

독일어 '*Verfremdung*'을 옮긴 말. 영어로는 소외 효과(estrangement-effect)라는 용어가 더 선호된다.

소격 효과 estrangement-effect / *Verfremdung-seffekt*

(종종 *소외 효과라고도 번역되는) 베르톨트 *브레히트의 용어. 이것은 예술 작품에서 자연스러워 보였던 것이 갑자기 역사적인 것처럼 보이는 순간, 다시 말해 세월이 흘러도 변함없고 영원하다고 생각되던 것이 의도적으로 시간의 영향을 받아 변화된 것으로 보이는 순간을 의미한다. 소격 효과는 사물들이 언제나 '이런 식'으로 존재해왔고, 그것을 변화시키기 위해서 행할 수 있는 것이 아무것도 없다는 마비된 의미를 전복하는 것이 목적이기 때문에 정치적이다. 브레히트가 소격 효과를 이행하는 주요 수단은 관객이 연극을 보고 있고 무대 위의 사건에 *봉합(*정신분석학적 영화이론가들이 이렇게 칭함)되고 있다는 것을 망각하는 습관적 편안함을 허용하지 않는 방식으로 연극을 무대에 올리는 것이었다. 그래서 브레히트는 배우가 자신이 연기하는 등장인물이 '되는 것'을 막았고 그리고 그것을 이용하여 관객의 공감을 이끌어내지 못하게 했다. 그는 배우들이 그들 자신과 등장인물 사이에 '거리'감을 만들어내서 관객이 자신이 보고 있는 것이 무엇인지 혼동하게 되는 것을 더 선호했다(브레히트는 연극 관람의 이상적인 태도는 복싱 경기를 평가하는 스포츠팬의 태도와 같다는 유명한 말을 남겼다). 프랑스의 문화비평가 롤랑 *바르트는 *후기 자본주의 시대의 현대 생활에서 '자연스러운' 것처럼 보이는 모든 것에 대한 맹렬한 공격을 담은《신화론》(*Mythologies*, 1957 / *Mythologies*, 1972)에서 브레히트와 같은 원리를 전개했다(→ 인지적 소외; 낯설게 하기).

+ 더 읽을거리

F. Jameson, *Brecht and Method*, 1998.

소망 충족 wish-fulfilment / *Wunscherfüllung*

지그문트 •프로이트의 꿈 해석 이론에서 핵심 전제. 모든 꿈은 소망의 상징적 충족이라고 프로이트는 상정한다. 그는 후에 이 테제를 •징후의 해석까지 확장했다. •정신분석에서 꿈 해석은 특정한 꿈의 기저에 있는 소망(언제나 명백하지는 않은)을 알아내는 것을 목적으로 한다. 프랑스의 정신분석학자 자크 •라캉은 초기 세미나에서 프로이트의 테제에 놀라운 옹호를 제시한다. 그는 청중에게 최근 죽은 친구에 대한 꿈이 어떻게 소망 충족에 기원을 둘 수 있겠느냐고 물었다. 친구의 죽음을 우리가 소망할 리는 없다는 점을 감안할 때, 이런 꿈의 의미는 소망 충족과는 정반대 방향을 가리키는 것 같다. 그러나 이 꿈은 친구를 잊지 않고자 하는 소망을 충족한다고 라캉은 말했다. 질 •들뢰즈와 펠릭스 •가타리는 꿈, 특히 분열증 환자의 망상증은 이 테제의 예외에 속한다고 주장했다.

ㅅ

소비사회 consumer society / *la société de consummation*

프랑스의 문화비평가 장 •보드리야르가 소비(즉, 물적재를 구매하는 것)를 사회적으로 •가치 있는 활동으로 취급하는 사회적 트렌드의 특색을 설명하려고 채택한 용어. 보드리야르의 논점은 제2차 세계대전이 끝난 후 호황 경제기에 소비가 생산과 분리되었다는 것이다. 즉, 이전의 경제 모델들이 생산을 유일한 성장 동력으로 주목한 것에 반해 1950년대와 1960년대의 경제 모델 만들기는 소비에 더 비중을 두기 시작했다는 것이다. 아마도 이런 현상의 가장 중요한 징후는 사람들이 나중에야 살 수 있는 여력을 가질 수 있는 물건들을 지금 살 수 있도록 만드는 저금리 신용을 상대적으로 쉽게 획득함으로써 생겨난 새로운 이용 가능성이다. 소비사회는 또한 사고방식의 변화, 즉 '저축을 먼저 한 다음 구매하라'는 사고방식에서 '지금 구매하고 나중에 갚자'는 태도로 전환을 만들어낸다. 보드리야르에 따르면 이런 사고방식의 변화는 대상의 막대한 증식의 목적이 더는 필요에 따라 정당화되지 못하고 대신에 오로지 결핍의 충족을 위해서만 이루어진다는 데 있다(→ 포스트모더니즘).

소쉬르, 페르디낭 드 Saussure, Ferdinand de (1857~1913)

스위스의 언어학자. *기호학의 창시자 중 한 사람이며 *구조주의의 발전에 중대한 영향을 미쳤다. 제네바 태생의 소쉬르는 라이프치히, 베를린, 제네바에서 공부했다. 파리에서 몇 년간 가르쳤고, 제네바 대학교에서 언어학과 학과장으로 취임했다. 생전에 그는 책을 단 한 권 출판했다. 1878년에 나온 인도유럽 언어들의 모음 체계에 대한 방대한 연구가 그것이다. 그의 사후 그의 제자들이 1906~1911년 사이의 강의록을 취합해서 《일반언어학 강의》(*Cours de linguistique générale*, 1916 / *Course in General Linguistics*, 1959)라는 제목으로 출간했는데, 그의 명성은 여기서 비롯했다. 때로 소쉬르와 그의 제자들은 *제네바학파라는 이름으로 불린다. 문헌학자로 훈련받았지만, 소쉬르는 특정 어휘의 어원이 그들의 실제 기원도, 현재 의미도 설명하지 못한다고 생각했다. 이와 같은 관찰에서 두 가지 핵심 가설이 나오게 된다. 첫째, 특정 소리와 특정 어휘 그리고 그것의 의미 결합은 자의적이다(우리가 박쥐라 부르는 대상을 가리키는 어휘가 박쥐일 필요가 없으며 박쥐라는 소리를 지닐 필요도 없다). 둘째, 이와 같은 자의적 선택은 보편적인, 다시 말해 모든 언어에 공통되는 의미 생산 체계의 지배를 받는다. 쓰이는 언어(파롤)와 그것의 사용 규칙(랑그)의 구분이 이른바 구조주의 혁명 전체의 바탕에 있다. 이 *랑그/파롤 구분을 한 단계 더 밀면서, 소쉬르는 말해지는 어휘가 두 요소로 구성되는 *기호(*기표와 기의)로 여겨져야 한다고 말했다. 그가 썼던 유명한 구절에 따르면, 기호는 종이 한 장의 양면과 같은 것이다. 기표는 실제의 음성/소리다. 예를 들어 기표로서 'bat'는 다른 소리들과 구분되어야 하고 반복 가능한 것이어야 한다. 그런가 하면 기의는 우리가 소리와 자의적으로 연관 짓는 개념이다(언어들에 표면적으로 같은 소리이지만 다른 개념과 결부되는 어휘들이 있음을 기억해야 한다). 여기서 강조해야 할 사항은, 소쉬르에게 기표가 세계에 존재하는 사물(*지시대상)을 가리키지 않는다는 점이다. 구조주의는 인류학의 클로드 *레비스트로스와 *정신분석의 자크 *라캉 같은 사람들이 수행한, 인간이 구축한 비언어 체계(친족 관계, *무의식, 영화 등) 또한 '언어처럼' 구조화되어 있다는 직관적 도약에서 탄생했다.

+ 더 읽을거리
조너선 컬러, 《소쉬르》, 이종인 옮김, 시공사, 1998.

+ 참고
페르디낭 드 소쉬르, 《일반언어학 강의》, 최승언 옮김, 민음사, 2006.

소외 alienation / *Entfremdung*

카를 •마르크스는 노동 생산물, 노동과정, 노동 이유 그리고 이들에서 노동자를 분리하는(즉, 소외시키는) •근대의 경제적 조건과 사회적 조건의 변화를 설명하려고 이 용어를 사용했다. 자동차 제조 공장에서 일하는 공장 노동자는 최종 생산품인 자동차의 작은 일부분만 책임진다. 그래서 그가 담당한 작은 부분은 완성된 생산품에서 보이지 않을 수도 있다. 노동자들은 일의 흐름을 통제하지 못하고 생산 라인의 요구에 맞게 자신을 적응해야만 한다(헨리 포드는 화장실에 가는 짧은 틈도 허용하지 않은 것으로 유명하다!). 게다가 이 모든 것이 글로벌 시장에 달려 있기 때문에 실상 어떤 일거리가 있는지는 완전히 노동자의 통제권 밖에 있다. 이런 관점에서 본다면 한 공장에서 일하는 노동자들은 다른 공장에서 일하는 노동자들이 일하지 못하게 될 때 이익을 얻게 된다. 자신의 필요에 따라 작물을 많거나 적게 심고 돌보고 수확하는 일을 책임지는 시골 농부와 이러한 노동자를 비교해보라. 마르크스는 G. W. F. •헤겔의 정신(*Geist*/spirit) 개념을 다시 읽음으로써 이 개념을 사후 출판된 《경제철학 수고》(*Economic and Philosophical Manuscripts*, 1844)에서 발전시켰다.

소자, 에드워드 Soja, Edward (1940~2015)

미국의 •마르크스주의 지리학자. 소자는 케냐의 도시계획을 다룬 논문으로 시러큐스 대학교에서 박사 학위를 받았다. 그의 초기 저술들은 아프리카에 관한 것이다. 그러나 그는 《포스트모던 지리학: 비판적 사회이론에서 공간의 재부상》(*Postmodern Geographies: The Reassertion of Space in Critical Social Theory*, 1989)에서 시작한 로스앤젤레스에 관한 후기 저술들로 명성을 얻었다. 《포스트모던 지리학》은 데이비드 •하비의 작업과 함께 지리학자들이 주목해야 할 새로운 •문제 틀로 •포스트모더니즘을 소개한 저작이다. 소자는 앙리 •르페브르의 작업을 원용하면서 《포스트모던 지리학》의 문제의식을 확장해 역시 로스앤젤레스에 관한 책 두 권을 출간했다. 《제3의 공간: 실제의 그리고 상상된 공간으로의 여행》(*Thirdspace: Journeys to Real-and-Imagined Places*, 1996)과 《포스트메트로폴리스: 도시와 지역의 비판적 연구》(*Postmetropolis: Critical Studies of Cities and Regions*, 2000)가 그것이다. 소자의 작업은 지리학 연구에 상상력을 도입하는 방식에 개성이 있다. 그는 로스앤젤레스처럼 모든 유형의 이미지 생산에 의식적으로 투자하는 도시의 경우, 상상력을 고려하지 않는다면 제대로 이해할 수 없다는 점을 설득력 있게 보여주었다.

+ 참고

에드워드 소자, 《공간과 비판사회이론》, 이무용 외 옮김, 시각과언어, 1997.

손택, 수전 Sontag, Susan (1933~2004)

미국의 문학·문화비평가. 뉴욕에서 태어났으나 투산과 로스앤젤레스에서 성장한 손택은 시카고 대학교에서 학사 학위를 받았다. 하버드, 옥스퍼드, 소르본에서 대학원 과정 공부를 했지만 학위를 받지는 않았다. 컬럼비아 대학교에서 잠시 강의하기도 했지만, 사실 생애 전반에 걸쳐 글쓰기로 생계를 해결했다. 손택의 에세이 〈캠프에 관한 단상〉(Notes on Camp, 1964)은 《뉴욕 리뷰 오브 북스》(*The New York Review of Books*)에 처음 실렸고, 나중에 비평가로서 그녀의 출발을 알리는 중요한 선집 《해석에 반대한다》(*Against Interpretation*, 1966)에 다시 실렸다. 이 글은 선풍을 일으켰고, 손택은 문학계 스타가 되었으며 지식인 역할을 하게 되었다. 많은 이에게 손택의 이 글은 1960년대의 감수성을 규정한 글로 여겨진다. 이와 비슷하게, 《해석에 반대한다》라는 제목이 된 에세이도 당시 빠르게 *포스트모더니즘으로 경도되던 문학비평의 *시대정신에 강력하게 공명했다. 손택의 글은 예술이 말할 수 없는 것, 예술의 침묵을 예술이 성취할 수 있는 최고 형식으로 찬미했다. 또한 예술은 무엇보다 하나의 경험으로 여겨져야 하며, 그 경험은 해석 너머에 있다고 주장했다. 이런 이유에서 손택은 발터 *벤야민, 롤랑 *바르트, 앙토냉 *아르토 등 일군의 유럽 작가를 옹호했고, 이들의 작업이 영어권 독자들의 주목을 받을 수 있게 했다. 바르트처럼 손택도 시각 이미지, 특히 사진에 관심이 많았다. 그의 단행본 길이의 에세이《사진에 관하여》(*On Photography*, 1977)는 지금까지도 미디어 연구에서 시금석 같은 저술이다. 1970년대에 손택은 유방암 진단을 받았다. 질병, 특히 암을 둘러싼 신화와 은유가 사회가 환자를 보는 시각에 어떤 영향을 미치는지 추적하면서 손택은 질병의 문화적 구성을 다룬 역작을 두 권 썼다.《은유로서 질병》(*Illness as Metaphor*, 1978)과《에이즈와 에이즈의 은유》(*AIDS and Its Metaphors*, 1988)가 그것이다. 질병과 사진에 대한 관심을 결합해 9·11과 그 뒤를 이어 미국 사회를 휩쓸었던 전쟁 열풍에 대한 반응으로 쓴 감동적인 책이《타인의 고통》(*Regarding the Pain of Others*, 2003)이다. 말년에 그녀는 유명인들의 사진을 주로 찍었던 사진가 애니 리버비츠와 함께 살았다. 리버비츠는 손택의 병, 심지어 그의 죽음까지도 사진으로 기록했다. 손택은 2004년 초, 25만 명 이상의 목숨을 앗아간 대규모 인도양 쓰나미 직후 세상을 떠났다. 쓰나미는, 그게 아니었다면 일간지들의 일면에 실렸을 그녀가 타계했다는 소식이 뒤로 밀리게 했지만, 동시에 이미지의 위력에 대한 손택의 테제를 입증하기도 했다. 손택은 파리의 몽파르나스 묘지에 묻혔다.

솔레르, 필리프 Sollers, Philippe (1936~)

프랑스의 작가이자 편집자. 보르도에서 공장을 운영하는 중산층 부모에게서 태어났고, 예수회 생트주네비에브 학교를 다녔지만 퇴학당했다. 그는 알제리로 징집되지 않으려고 정신분열증을 가장했다. 솔레르라는 필명(본명은 주아요)은 1950년대 초에 택한 것이다. 그의 데뷔 소설이자 그 자신이 나중에 혹평하게 되는《이상한 고독》(*Une curieuse solitude*)은 1958년 출간되었다. 이 소설은 루이 아라공과 프랑수아 모리아크에게서 대단한 호평을 받았다. 이에 솔레르는 작가로서 그의 삶이 크렘린과 바티칸 둘 다의 지지를 받으며 출발했다고 농담하기도 했다. 솔레르는 알랭 로브 그리예와 클로드 시몽이 선도했던 *누보로망(신소설) 스타일을 실험하기도 했지만, 나중에 누보로망은 지나치게 관학적(官學的)이라고 비판했다. 제임스 조이스 작품의 열렬한 애호자였던 솔레르는 스티븐 히스와 함께《피네건의 경야》(*Finnegans Wake*,

1939)를 프랑스어로 번역했다. 조이스의 이 작품이 양차 세계대전 사이에 생산된 가장 막강한 반파시즘 작품이라는 솔레르의 선언은 유명하다. 솔레르 자신의 작업에서도, 의미를 생산하는 언어의 놀라운 능력에 대한 비슷한 관심이 있다. 그는 1960년 잡지 *《텔켈》(*Tel Quel*)을 창간했는데, 이는 곧《현대》(*Les Temps moderne*)를 대신해 당대의 지성을 주도하는 잡지로 자리 잡았다. 잡지가 발행되는 20년이 넘는 동안《텔켈》은 롤랑 *바르트, 자크 *데리다, 미셸 *푸코, 줄리아 *크리스테바 등의 저술을 실으면서 새롭고 혁신적인 사유와 글쓰기에 대한 국제적 기준을 제시했다.《텔켈》에 글을 실었던 저자 중 다수, 그중에서도 특히 바르트와 데리다가 솔레르의 작업에 대한 탁월한 논문을 씀으로써 그들이 받았던 칭송에 보답했다. 솔레르는 1960년대에 열렬한 마오주의자였기에 바르트, 크리스테바와 함께 중국으로 문화혁명을 직접 보는 탐문 여행을 떠났다.《텔켈》은 1980년대 초에 폐간되었다. 폐간의 부분적 이유는 마오주의에 어떻게 반응할 것인가를 두고 편집진 사이에 의견이 일치하지 않았기 때문이다. 1983년에 솔레르는 새로운 잡지《무한》(*L'infini*)을 창간했다. 이 잡지 역시《텔켈》이 그랬듯이 *비평이론과 창작 분야에서 첨단 작품을 소개한다.

수사학 rhetoric

설득을 목적으로 하는 언술과 글쓰기의 예술. 최소한 기원전 4세기부터 학문적 연구의 대상이었다. 아테네와 로마 모두에서 수사학은 논리학, 문법과 함께 고전 교양의 핵심 요소였고, 사법적 수사학, 심의적 수사학, 과시적 수사학이라는 세 범주로 나뉘었다. 고전 학자들은 수사학적 능력이 정치와 철학 둘 다에서 올바른 행동에 필수적이라고 보았다. 따라서 아리스토텔레스 같은 당시 뛰어난 학자들이 수사학을 다루는 글들을 썼다. 그러나 시간이 지나면서, 특히 낭만주의 시대에 이르러 수사학은 진실보다 설득력을 강조한다는 점에서 의심의 대상이 되었다. 특히 정치 영역에서 쓰이는 경우, 수사학은 공허하고 내용 없는 담론을 가리키는 은어 같은 표현이 되었다. 문학 연구에서 수사학은 스타일의 하위 범주로 여겨진다.

수용미학 Reception Aesthetics / *Rezeptionsästhetik*

문학사는 텍스트 생산과 독자의 텍스트 수용 사이의 변증법적 관계로만 온전히 이해될 수 있다는 이론을 가리키는 독일 문학이론가 한스 로베르트 •야우스의 용어. 야우스는 작품의 미학적 가치를 결정하는 것은 독자이고, 시간의 흐름 속에 축적되는 독자의 반응이 작품의 미학을 구성한다고 주장했다. 야우스는 특히 독자가 작가에게 주는 영향 그리고 독자와 작가 사이에 말없이 존재하는 상호작용(그로써 역사가 미학으로 변하는)에 관심이 있었다. •러시아 형식주의와 한스 게오르크 •가다머 같은 현상학적 비평가들에게 영향을 받은 야우스는 문학에서의 현재 상태를 가리키는 말로 '기대 지평'이라는 용어를 사용했다. 야우스는 독자들이 가장 우호적으로 반응하는 작품은 그것의 새로움으로(새로움에 대한 야우스의 정의는 •낯설게 하기와 아주 비슷하다) 현 상황에 도전하며 그로써 새로운 기대 지평을 창조하는 작품이라고 보았다. •마술적 리얼리즘의 급속한 변천이 이에 대한 탁월한 최근 사례를 제공한다. 가브리엘 가르시아 마르케스의 《백년의 고독》(*Cien años de soledad*, 1967 / *One Hundred Years of Solitude*, 1970)이 살만 루슈디가 《한밤의 아이들》(*Midnight's Children*, 1981)을 쓸 가능성을 열었고, 루슈디의 작품은 이후 이러한 유형의 문학을 향한 대중적 취향이 형성되게 했다(→독자 반응 비평; 수용 이론).

+ 더 읽을거리
R. 홀럽, 《수용이론》, 최상규 옮김, 삼지원, 1985.

수용 이론 Reception Theory / *Wirkungstheorie*

독일의 문학이론가 볼프강 •이저의 용어. 독자가 수행하는 텍스트 구축에 대한 이저의 이론을 가리킨다. 수용 이론을 출발시킨 이저의 저서 《읽기 행위》(*Der Akt des Lesens: Theorie ästhetischer Wirkung*, 1976 / *The Act of Reading*, 1978)에서 지적하듯이, 수용 이론은 읽기 행위 자체의 실제적 과정을 이해하는 데 관심이 있다. 이 점에서 존재하는 텍스트들이 어떻게 읽히며 독자들은 거기 어떻게 반응하는지에 관심을 갖는 한스 로베르트 •야우스의 •수용미학과 대조된다. 텍스트는 읽히기 전까지는 실상 존재하지 않는다는, 다시 말해 읽기의 순간

속에서만 존재한다는 게 수용 이론의 존재론적 가정이다. 수용 이론은 •현상학의 개념적 자원을 끌어오고 변용하면서 이와 같은 생산적 순간을 이해하고 설명하고자 한다. 수용 이론의 핵심 질문은 이것이다. 어떻게, 어떤 조건에서 하나의 텍스트는 독자에게 의미를 갖는가? 이 질문에 이저는 독자로서 우리는 우리가 읽는 것에 기초해 수동적으로 이미지를 종합한다고 대답했다. 다시 말하면, 독자는 고의적·의도적·의식적 행위로서 이미지를 형성하는 것이 아니라, 독자의 정신에 떠오르는 대로 이미지를 형성한다. 새로운 정보가 주어지기 때문에 우리는 끝없이 이 이미지를 변형·조정한다. 그렇게 하면서, 우리는 우리 생각과 기억을 배경으로 밀어내야 하고 우리가 읽는 것이 전경을 차지하도록 한다. 이 과정은 우리 자신의 생각을 소외시키는 효과가 있으며, 그로써 우리 생각을 새로운 관점에서 볼 수 있게 한다. 이저에 따르면, 이것이 읽기가 도덕적·윤리적 의미에서 독자를 '교화'한다는 말의 뜻이다. 다음과 같은 주의 사항을 덧붙인다. 독일어 'Wirkungstheorie'는 독자반응 이론으로 번역될 때가 있는데(실상 이저 자신이 'Wirkung'의 가장 적절한 영어 역어는 '반응(response)'이라고 말하기도 했다) 수용 이론과 독자 반응 이론 사이에 유사점이 있기는 하지만 둘은 같지 않다(→독자 반응 비평; 수용미학).

+ 더 읽을거리

R. 홀럽, 《수용이론》, 최상규 옮김, 삼지원, 1985.

수정주의 revisionism

기존 견해를 수정하고자 하는 학문적 태도를 가리키며 긍정적 함의, 부정적 함의 어느 쪽으로든 쓰일 수 있는 일반 용어. •마르크스주의에서 수정주의는 카를 •마르크스 사상의 핵심 강령(예를 들어, 사회주의로 이행하는 데 혁명이 필요하다는 그의 이론)에서 이탈하는 경향 전반을 경멸하는 의미로 쓰인다. 또한 공산주의 국가들 사이에 논쟁이 있을 때 공산당 지도자들이 정치적 비난의 의도를 담아 쓰는 일반 용어이기도 하다. 예를 들어, 마오쩌둥은 니키타 흐루쇼프가 펼친 탈스탈린 정책을 놓고 그를 수정주의자라 비난했고, 알바니아 공산당 서기장 엔버 호자는 마오주의자들이 미국과 국교를 정상화하자 그들을 수정주의자라고 비난했다. 역사학에서 수정주의는 주요 역사적 사건, 예를 들어 인종 학살 같은 사건이 실제로 일어나지 않았다고 주장하는 역사학자들을 가리킬 때 주로 쓰인다. 나치의 유대인 학살을 부정하는 이들이 하나의 예지만, 이들 말고도 예가 많다. 그러나 긍정적 의미일 때도 있어서 특정 국가의 역사와 관련해 편견과 예외주의를 전복하고자 하는 역사학자들도 수정주의자라 불린다. 이렇게 쓰일 때 수정주의라는 용어는 중요한 목적을 수행한다. 북미와 남미 그리고 오스트레일리아처럼 예전 식민지였던 국가들에서 수정주의 역사학자들은 원주민들에 대한 흔한 오해에 도전하는 데 중요한 구실을 했다.

수학소 matheme

프랑스의 정신분석학자 자크 •라캉의 용어. 그의 사상과 강의에서 •공리처럼 쓰이는 방정식, 그래프, 도식, 상징을 가리킨다. 알랭 •바디우의 저작에서도 비슷한 표기들을 볼 수 있다. 바디우 또한 수학 방정식을 일종의 •존재론으로 대했다. 라캉과 바디우는 수학소를 언어보다 선호했다. 특정한 문제 혹은 개념을 표현할 때 언어는 부정확하다고 여기기 때문이다.

수행사 performative

행위를 수행하는 발화에 영국의 철학자 존 랭쇼 •오스틴이 붙인 용어. 예를 들어, "이제 두 사람이 부부가 되었음을 선언합니다"라는 문장은, 그 말을 발화하는 사람에게 그러한 권한이 주어졌다는 조건에서, 두 사람이 결혼으로 하나가 되게 하는 행위를 수행한다. 수행사는 반드시 이처럼 직접적일 필요는 없다. 만약 누군가 "여기 좀 답답하네"라고 말하고 우리가 그에 반응해 창문을 연다면, 여기서 그 말은 수행사로서 효과가 있다.

수행성 performativity

미국의 철학자 주디스 •버틀러는 존 랭쇼 •오스틴의 •수행사 개념을 차용해 《젠더 트러블》(*Gender Trouble: Feminism and the Subversion of Identity*, 1990)에서 •젠

더를 다시 정의했다. 젠더는 여기서 존재 상태 혹은 육체 조건이 아니라 사회가 수행을 강제하는 어떤 행동이 된다. 그녀는 여장 남자 혹은 크로스 드레싱을 예로 들었다(《젠더 트러블》 이후 저서들에서 그녀는 자신의 예가 자주 오해되었다고 밝혔다). 여장 남자는 젠더를 모방하며, 그러한 모방으로 젠더 자체의 모방적 구조를 드러낸다. 젠더는 이미 그리고 항상 하나의 수행이기 때문에 모방될 수 있다. 이렇게 볼 때, 젠더에는 본질 혹은 본연의 속성이나 *정체성이 없다. 그의 많은 독자가 오해했던 건 젠더의 수행성이 우리가 원한다면 젠더를 수행하지 않기를 택할 수 있다는 뜻이 되는 것은 아니라는 점이다.《의미를 체현하는 육체》(*Bodies that Matter*, 1993)에서 버틀러가 해명하듯이, 젠더의 어떤 면을 수행하고자 하는지 결정할 수 있는 것은 사실이지만, 아예 젠더 정체성이라는 것 자체를 갖지 않기를 택할 수는 없다. 사회가 끝없이 젠더를 우리에게 부여하기 때문이다.

+ 참고

주디스 버틀러, 《젠더 트러블: 페미니즘과 정체성의 전복》, 조현준 옮김, 문학동네, 2008.
주디스 버틀러, 《의미를 체현하는 육체》, 김윤상 옮김, 인간사랑, 2003.

숭고 sublime

개념이나 대상 혹은 경험에서, 숨이 멎을 것 같고 독특하며 비교 대상이 없고 말로 표현하기 힘든 어떤 성격을 가리키는 말이다. 17~18세기 여행자들의 기록에서 보듯이, 알프스산이 이런 의미에서 숭고하다. 하늘과 땅이 서로 만나는 듯한, 정상에서 보게 되는 광경(카스퍼 다비드 프리드리히의 유명한 그림 〈안개 바다 위의 방랑자〉(Wanderer above the Sea of Fog)가 한 예다)을 예상하게 하지 못한다. 고대 그리스의 수사학자 롱기누스가《숭고에 대하여》(*On the Sublime*)를 쓴 1세기 이래, 서구 미학은 숭고 개념에 관심을 가져왔다. 그러나 숭고가 철학적 관심을 받는 주제가 된 것은 에드먼드 버크가《숭고와 아름다움 이념의 기원에 대한 철학적 탐구》(*A Philosophical Inquiry into the Origin of Our Ideas of the Sublime and Beautiful*, 1756)를 쓰면서다. 잘 만들어지고 우리에게 즐거움을 주는 것으로서 아름다움과 추하고 무서우며 동시에 우리 욕망을 자극하는 것으로서 숭고에 대한 버크의 대조는 지금도 이 주제의 사유에 영향을 주고 있다. 실상 아름다움과 숭고에 대한 버크의 구분은 우리가 단순히 *쾌락(아름다움)으로 인지하는 것과 진정 우리를 움직이고 감동시키는 것(숭고)을 구분한 것이다. 독일 철학자 임마누엘 *칸트는 버크의 구분을 차용해 이성의 힘과 대조하면서 상상력과 감각의 한계를 논의했다. *포스트모던 시기로 오면, 프랑스의 철학자 장 프랑수아 *리오타르가 정치적 예술이 해야 하는 바를 설명하면서 숭고 개념을 활용했다. 리오타르에게 숭고는 말할 수 없는 것을 말하고자 하는, *쟁론에 내재하는 불의를 전면으로 부각하고 표현하고자 하는 필연적으로 실패할 수밖에 없는 시도에 있다. 베를린의 유대인 박물관 별관 건물의 설계에서 다니엘 리베스킨트가 표현하고자 했던 것이 이런 종류의 숭고다.

+ 더 읽을거리

P. Shaw, *Sublime*, 2005.

+ 참고

디오니시우스 롱기누스, 《롱기누스의 숭고미 이론》, 김명복 옮김, 연세대학교 출판부, 2002.
에드먼드 버크, 《숭고와 아름다움의 이념의 기원에 대한 철학적 탐구》, 김동훈 옮김, 마티, 2006.

ㅅ

스케이프스 -scapes

아르준 *아파두라이가 *세계화의 문화 경제라 부른 현상을 설명하면서 영어 단어 'landscape'에서 채택한 접미사. 《고삐 풀린 현대성》(*Modernity at Large*, 1996)에서 아파두라이는 다섯 가지의 서로 다른 '-scapes'가 있으며, 이것들이 함께 문화적 관점에서 우리가 이해하는 현재에 속하는 '상상된 세계'(베네딕트 *앤더슨의 *상상의 공동체를 변용한 그의 개념이다)를 구성한다고 말했다. 그것들은 다음과 같다. ① ethnoscapes(사람들의 공간 이동성: 관광객들, 노동자들, 이민자들, 난민들), ② mediascapes(글로벌 미디어 그리고 이들이 집단적으로 창조하는 세계의 재현), ③ technoscapes(제조업의 공간 이동성), ④ financescapes(지구적 자본 흐름), ⑤ ideoscapes(아이디어들의 흐름과 그들 사이의 견인력/작용). 이들 서로 다른 '-scapes' 사이에서 일어나는 이행 혹은 운동을 사유하면서 아파두라이는 질 •들뢰즈와 펠릭스 •가타리의 •탈영토화 개념을 차용했다.

스타니슬랍스키, 콘스탄틴 세르게예비치 Stanislavsky, Konstantin Sergeyevich (1863~1938)

이른바 '메소드 연기'의 아버지로 널리 알려진 러시아의 연극 연출가. 메소드 연기의 신봉자였던 할리우드의 배우로는 말런 브랜도, 제임스 딘, 폴 뉴먼을 꼽을 수 있다. 대단히 부유한 집안에서 태어난 스타니슬랍스키는 특권적인 환경에서 성장했다. 그의 이와 같은 배경을 감안한다면 믿기 힘든 일이지만, 스타니슬랍스키는 1917년 혁명은 물론 이어졌던 이시오프 스탈린의 숙청 광풍에서도 살아남았다. 그의 가족은 그가 연기를 직업으로 삼는 일에 반대(연기는 하층계급이 하는 일이라는 생각에서)했지만, 부유한 덕에 그들 가족을 위한 전용 극장을 갖고 있었고 스타니슬랍스키는 여기서 실험을 할 수 있었다. 그는 가족의 재산으로 모스크바 문학협회를 설립했고, 이어(이것이 더 중요한 점이다) 모스크바 예술극단을 설립했다. 그가 국제적으로 영향력을 갖게 된 것은 모스크바 예술극단과 함께했던 유럽과 미국 방문 공연 덕분이었다. 모스크바 예술극단에서는 러시아 문학의 대표 작가들, 예를 들어 이사크 바벨, 미하일 불가코프, 안톤 체호프, 막심 고리키 등의 작품을 상연했다. 그러나 스타니슬랍스키는 무엇보다 연기 방법론에 기여한 것으로 명성을 얻었다. 그의 저작 중 몇몇은 영어 번역으로 읽을 수 있다. 《배우 수업》(*An Actor Prepares,* 1936), 《성격 구축》(*Building a Character, Creating a Role,* 1961), 자서전 《나의 예술 인생》(*My Life in Art,* 1925)이 그것이다. 스타니슬랍스키의 '메소드'('시스템'이라 불리기도 한다) 연기는 배우로 하여금 그들이 맡은 배역을 실제로 '살게끔' 가르친다. 그들 자신의 기억과 경험을 되살리면서, 아니면 그들의 배역이 살고 있는 상상된 세계에 '거주'함으로써 그렇게 할 수 있다. 스타니슬랍스키는 자신의 배우들에게, 연극적인 연습과 게임을 하도록 지시했던 것으로 유명하다. 연습과 게임은 배우가 자신의 자아에서 분리되어 자신이 연기하는 배역이 될 수 있도록 고안된 것이었다. 베르톨트 •브레히트는 이와 같은 자연주의 스타일을 단호히 거부했지만, 스타니슬랍스키의 연기 방법론은 현대 영화에서 표준 양식으로 자리를 굳혔다. 20세기 연극 이론가 중 그보다 더 영향력이 컸던 사람은 없을 것이다.

+ 더 읽을거리

J. Benedetti, *Stanislavski: An Introduction*, 1982.
J. Benedetti, *Stanislavski: His Life and Art*, 1998.

+ 참고

콘스탄틴 스타니슬랍스키, 《배우 수업》, 신겸수 옮김, 예니, 2014.
콘스탄틴 스타니슬랍스키, 《성격 구축》, 이대영 옮김, 예니, 2014.
콘스탄틴 스타니슬랍스키, 《나의 예술 인생》, 강량원 옮김, 책숲, 2012.

스트라우스, 레오 Strauss, Leo (1899~1973)

독일 태생의 유대계 미국인 정치철학자. 흔히 신보수주의 사상의 아버지로 여겨진다. 스트라우스는 함부르크 대학교에서 에른스트 카시러의 지도로 1921년 박사 학위를 받았다. 그는 프라이부르크 대학교에서도 공부했는데, 여기서 그를 가르친 선생 중에는 에드문트 *후설과 마르틴 *하이데거가 있다. 스트라우스는 독일의 시온주의 운동에 적극적이었고 프란츠 로젠츠바이크나 게르숌 숄렘 같은 시온주의의 핵심 인물과 지적으로 교유했다. 그는 1932년 록펠러 장학금을 받고 미국으로 떠나며, 이후 나치가 집권하면서 장학금 수령 기간이 끝난 뒤에도 독일로 돌아가지 않았다. 그 대신 파리로 갔다가 이어 케임브리지로 옮겼고, 1937년에는 다시 미국으로 옮겼다. 몇 년 동안 여러 대학교에서 단기 계약직으로 생계가 불안정한 생활을 하다가 마침내 시카고 대학교에서 종신 재직권 교수로 임용되었다. 스트라우스가 명성을 얻은 것은 시카고 대학교에 재직하는 동안 펴낸 저술들 덕분이다. 이 책들은 플라톤에서 프리드리히 *니체에 이르기까지 철학사를 다시 읽기도 했고 하나의 일관된 정치 독트린을 제시하기도 했다. 그의 영향력을 확고하게 한 것은 이 중 후자(실상 전자의 작업과 무관하지 않고 그로부터 힘을 얻는)다. 페리 *앤더슨이 《스펙트럼》(*Spectrum*, 2005)에서 했던 날카로운 비판에 따르면, 스트라우스의 중요한 주제는 정의로운 질서는 자연권 요구에 기초해야 하며 자연이란 본원적으로 불평등하다는 것이다. 최선의 정치 체제는 인간

ㅅ

의 불평등을 감안하는 것이며 또한 선택된 엘리트가 주도해야 한다. 스트라우스의 사상이 신보수주의자들에게 매력적인 이유를 알아보기는 어렵지 않다. 스트라우스는 자신이 남긴 책이나 아이디어보다는 제자들의 명단으로 기억될 때가 많다. 앨런 *블룸, 조지 W. 부시 행정부의 요직에 있었던 폴 울포위츠, 수전 *손택이 그에게서 배웠다. 또한 그는 프랜시스 *후쿠야마가 자신에게 영향을 미친 중요한 인물로 언급하는 사상가이기도 하다.

+ 참고

페리 앤더슨, 《현대 사상의 스펙트럼》, 안효상 외 옮김, 길, 2011.

스티글러, 베르나르 Stiegler, Bernard (1952~)

프랑스의 철학자. 철학자가 되기 전에 스티글러는 이색적인 삶을 살았다. 예를 들어, 그는 1978년에서 1983년까지 무장 강도 혐의로 교도소에 수감된 이력이 있다. 자서전 《실행》(*Passer à l'acte*, 2003 / *Acting Out*, 2009)에서 그가 들려주듯이, 그는 수감되어 있는 동안 철학에 관심을 두게 되었다. 그는 1992년 사회과학고등연구소에서 박사 학위를 받았다. 이후 그의 이력은 순탄하게 풀렸다. 현재 그는 조르주 퐁피두 센터 문화개발부를 지휘하면서 동시에 사회과학고등연구소에서 강의하고 있다. 믿기 어려울 만큼 다작인 스티글러는 책을 많이 썼는데, 그중 유명한 것들로 《테크닉과 시간》(*La Technique et le temps*, 3부작, 1994~2001), 《상징적 비참》(*De la misère symbolique*, 2부작, 2004~2005), 《에코그라피: 텔레비전에 관하여》(*Échographies de la télévision*, 자크 데리다 공저, 1996) 등을 꼽을 수 있다. 스티글러는 무엇보다 *테크닉스 개념으로 유명하다. 이 개념은 새로운 테크놀로지의 *존재론에 대한 철학적 탐구에서 핵심 용어가 되었다.

+ 참고

자크 데리다 · 베르나르 스티글러, 《에코그라피: 텔레비전에 관하여》, 진태원 외 옮김, 민음사, 2014.

스펙터클 spectacle → 스펙터클의 사회

스펙터클의 사회 society of the spectacle

프랑스의 *마르크스주의 비평가이자 활동가인 기 *드보르가 *소외 과정이 정점에 달했던 20세기 후반을 가리키는 적절한 용어로 제안한 *시대정신 혹은 *시기의 명칭. 이전의 마르크스주의자들의 경우, 상품화 과정에서 사회적 *존재론에 일어난 존재에서 소유로의 이행에 관심이 있었던 데 반해, 드보르는 사태는 이보다 더 진행되었다고, 이제 소유를 표상이 대신한다고 말했다. 드보르가 지적하고자 하는 것은 수전 *손택으로 하여금 우리가 이미지 다이어트라도 해야 치유할 수 있을 거라 생각하게 했던 이미지 과잉 문제보다 더 차원 높은 것이다. 《스펙터클의 사회》(*La société du spectacle*, 1967 / *Society of the Spectacle*, 1970)에서 드보르의 유명한 지적을 빌리면, 이미지는 상품의 최종 형태다. 달리 말하면, *후기 자본주의 시대에 사회를 추동하는 힘은 사물을 생산하는 데 혹은 심지어 사물을 소유하는 데 있지 않다. 그것은 사물이 어떻게 보이는지 혹은 더 정확히 말하면, 사물이 우리를 우리 자신에게 어떻게 보이게 하는지에 있다. 드보르에게 이것은 단순히 허영심 문제가 아니라는 점이 중요하다. 신의 자리에 스펙터클이 들어선 사회에서, 이미지 신봉은 우리가 감당해야 할 저주 같은 것이다. 스펙터클은 파편화되고 소외된 우리 삶이 실상 온전하며 진실하고 진정하다는 환영을 제공한다. 시장에 의해 모든 믿음이 가치를 잃은 상황에서 우리는 스펙터클을 신앙 대상으로 삼는다. 스펙터클은 시장이 자기 충족적임을, 어떤 목적을 위한 수단이 아니라 그 자체로 목적이 되었음을 증명한다(→소비사회).

+ 더 읽을거리

A. Jappe, *Guy Debord*, 1999.

스피박, 가야트리 Spivak, Gayatri (1942~)

인도 태생의 탈식민주의, *후기 구조주의, *마르크스주의 문학비평가이자 이론가. 스피박은 인도가 영제국의 식민지이던 때, 콜카타의 중산층 부모에게서 태어났다. 스피박은 코넬 대학교에서 대학원에 다니려고 돈을 빌려 미국으로 왔고, 비교문학을 전공했다. 코넬이 그녀에게 장학금을 제안한 유일한 학교였다. 스피박은 폴 드 만의 지도 아래 윌리엄 버틀러 예이츠에 대한 박사 논문을 썼다. 그녀의 첫 직장은 아이오와 대학교였다. 이 대학교에 임용된 때는 1965년으로, 1967년 박사 학위 논문이 통과되기 만 2년 전의 일이다.

박사 논문이 통과되던 무렵 스피박은 자크 •데리다가 쓴 한 책에 관한 논의를 읽게 된다. 데리다는 그전까지 스피박이 들어본 적도 없는 이름이었지만, 데리다의 책은 스피박에게 깊은 인상을 남겼고 그녀는 그 책의 번역에 착수했다. 그것이 《그라마톨로지》(*De la grammatologie*, 1967 / *Of Grammatology*, 1974)다. 데리다 번역은 그녀의 삶을 완전히 바꾸었다. •해체가 지적 유행의 최첨단에 있던 그 순간, 스피박은 갑자기 스포트라이트를 받게 된다. 작업에서 해체적 아이디어와 모티프를 쓰기는 했지만, 스피박은 데리다주의자는 아니다. 다양한 관심을 보이는 그녀의 작업은 몇 가지 핵심 문제 틀에 집중했다. 그녀의 주저 《포스트식민 이성 비판》(*A Critique of Postcolonial Reason,* 1999)에서 그녀가 포스트식민 이성이라 부르는 것의 기저에 자리하는 •주인성, •정체성, 주체성이 그 문제 틀이다.

이 세 주제가 스피박의 가장 유명한 저작인 1988년 에세이 〈서발턴은 말할 수 있는가?〉(Can the Subaltern Speak? 이후 《포스트식민 이성 비판》에 실린다)에서 놀라운 효과와 함께 개진되었다. 이 글은 순장 관습(남편이 죽으면 아내를 따라 불태워 죽이는 관습)에 대한 강력한 성찰과 이론화를 제시했다. •서발턴은 말할 수 있는가 하는 착잡한 질문에 대한 스피박의 답은 사실 간명하다. 서발턴은 그가 서발턴인 한 말할 수 없다는 것이다. 그 정의상 서발턴은 정치적으로 들리지 않는 자이며, 세상 질서에 대한 그들의 관점을 말할 수 없고, 말한다 한들 그들 목소리가 들릴 거라 기대할 수 없다. 스피박이 그녀의 용어로 •전략적 본질주의의 견해를 취할 필요가 때로 있다고 주장하는 것이 이와 같은 맥락에서다. 전략적 본질주의는 서발턴에게 발화자로서 음성을 찾아줄 수단이 된다. 후기 저작들에서 스피박은 이 글이 상당히 자전적이었다고 인정했다. 또한 그녀는 질 •들뢰즈와 미셸 •푸코에 대한 자신의 이전 태도를 수정했고, 그들의 작업에 대한 공격 지점을 잘못 잡은 경우가 많았던 비판적 태도를 누그러뜨렸다.

공격이 필요할 때 몸을 사리지 않는 스피박은 프랑스 *페미니즘에 대해서도 가혹한 비판 글을 썼다. 특히 그녀의 공격 대상은 줄리아 *크리스테바와 그녀가 비유럽 타자들에게 보인 안이한 태도였다. 스피박은 크리스테바의 작업을 서구의 동양 전유라는 유구한 전통 속에 자리매김했다. 스피박이 보기에 프랑스 페미니즘에서 이 점과 관련해 예외는 엘렌 *식수였다. 그녀의 특권적 지위, 그에 따른 지구적 자본주의 체제와의 필연적 공모 관계를 의식하고 조심하면서, 스피박은 자신의 지위를 이용해 인도에 토착 원주민 여성들의 문자 해독력을 높이는 운동을 할 재단을 설립했다. 스피박은 인도 소설가 마하스웨타 데비의 작품들을 번역하기도 했다.

+ 더 읽을거리

바트 무어-길버트, 《탈식민주의! 저항에서 유희로》, 이경원 옮김, 한길사, 2001.
M. Sanders, *Gayatri Chakravorsy Spivak: Live Theory*, 2006.

+ 참고

자크 데리다, 《그라마톨로지》, 김성도 옮김, 민음사, 2010.
가야트리 스피박, 《포스트식민 이성 비판》, 태혜숙 외 옮김, 갈무리, 2005.

슬로터다이크, 페터 Sloterdijk, Peter (1947~)

독일의 문화비평가이자 철학자. 카를스루에에서 태어났고 뮌헨 대학교에서 철학을 공부했다. 박사 학위는 1975년 함부르크 대학교에서 받았다. 그는《냉소적 이성 비판》(*Kritik der zynischen Vernunft*, 1983 / *The Critique of Cynical Reason*, 1987)을 출판하면서 명성을 얻었다. 이 책은 뜻밖의 베스트셀러가 되어 몇 달 동안 4만 부가 넘게 팔렸다. 학술 서적으로 이 정도 판매 부수는 초유라 할 만하다. 바이마르 독일에 대한 500쪽이 넘는 논의 아래에 묻혀 있는 슬로터다이크의 테제는 이해 혹은 *계몽이 사회적 행동을 촉발할 수 있는 시대는 끝났다는 것이다. 이 도발적인 주장은 여러 사회 변화 프로젝트의 실패에 낙심했던 학자, 사회 비평가, 활동가에게 공감을 얻었다.《냉소적 이성 비판》 이후 슬로터다이크는 다양한 주제로 많은 글을 발표했다. 그중 주목할 저작은《장》(*Sphären*, Spheres, 1998~2004) 3부작이다. 이 책들에서 슬로터다이크는 인간이 지구에 존재하는 모든 다른 존재와 공존하려면 필요한 모종의 통합된 장 이론을 제시했다. 2002년 슬로터다이크는 독일의 문화 현황을 다룬 텔레비전 프로그램 〈철학 사중주〉(*Das Philosophische Quartett*)의 공동 진행자가 되었다.

승화 sublimation

성 본능을 비성적 추구로 전환해 충족하기. 지그문트 •프로이트는 어떻게 인간의 모든 활동이 •리비도에 추동되며, 그 본성이 명백히 성적이지는 않은 수많은 활동이 있는지 설명하려고 이 개념을 제안했다. 실상 프로이트 이론에 따르면, 문명 자체가 성 본능의 지속적 승화 과정이다. 승화에 대한 프로이트의 중요한 예는 예술이다. 예술은 예술가가 지닌 리비도 에너지가 승화된 결과라고 프로이트는 말했다. 프로이트가 적절하게 설명하지 못하는 것은 승화 과정이 일어나는 기제다. 이런 이유에서, 프로이트가 승화 개념을 자주 언급함에도, 현재 •정신분석에서는 이 개념을 회의적으로 본다. 자크 •라캉의 작업에서 승화 개념은 상당히 변형되었다.

시각애호증 scopophilia

보는 행위에서 느끼는 쾌감을 설명하려고 지그문트 •프로이트가 창안한 •정신분석 개념으로 흔히 관음증이라 알려져 있다. 명백한 이유에서 이 개념은 영화 연구에서, 특히 페미니스트 학자들이 영화가 예술 매체로서 갖는 대중성을 설명할 때 자주 쓴다. 이 개념을 탐색하는 가장 유명한 연구는 무엇보다 로라 멀비의 1975년 에세이 〈시각적 쾌락과 서사 영화〉(Visual Pleasure and Narrative Cinema)다. 멀비는 영화를 보는 행위를 자크 •라캉이 •거울 단계라 부른 발달 단계와 유용하게 비교할 수 있다고 논했다. 영화를 볼 때 우리가 하게 되는 '도피' 체험이, 아직 •에고가 형성되지 않은 아이의 •상상계를 연상시키며, 그런가 하면 스크린의 영웅적 인물들은 우리가 동일시할 수 있는 •자아 이상의 많은 예를 제공하기 때문이다. 그러나 인지는 젠더화된다(다시 말해, 남자와 여자는 대상을 다르게 본다. 혹은 더 정확히 말하면, 대상이 그걸 보는 남자와 여자를 다른 위치에 놓는다)는 것이 그녀의 주장이기도 하다. 남자들은 그들의 •판타지가 스크린에 •투사된 것을 보며, 여자들은 남자들의 환상 속 성적 대상으로 묘사된 자신들을 본다. 멀비는 여자들의 응시 대상이 남자의 육체라 해도 사정이 바뀌지 않는다고 말한다. 그럴 때에도 여자들은 여전히 남성적 이성애라는 환상의 •공간에 거주하기 때문이다.

+ 더 읽을거리

T. De Lauretis, *Alice Doesn't: Feminism, Semiotics, Cinema*, 1984.

시공성 chronotope

글자 그대로 '시간과 •공간'을 의미한다. 시공성은 시간과 공간, 두 차원의 본질적 내적 연결을 나타낼 뿐 아니라 서사에서 시간의 경과와 사건의 위치에 대한 저자의 특별한 태도를 함축한다. 이 개념의 창안자이며 러시아의 언어학자, 문학비평가인 미하일 •바흐친에 따르면 시공성은 문학을 이루는 형식적 구성 범주다. 이는 시공성이 모든 문학작품의 특성이라는 것을 의미한다. 바꾸어 말하면 시공적 차원이 없는 문학은 있을 수 없다. 그러나 시공적 차원은 문학작품마다 대단히 다양하다. 바흐친은 시공성의 형식적 다양성이 문학 장르를 세분하는 데 사용된다고 생각했다. 《대화적 상상력》(*The Dialogic Imagination*, 1981)에서 다양한 시공성 유형의 발전에 관한 포괄적인 역사적 설명은 시공성 개념의 생생한 사례를 제공한다. 그가 보여주듯이, 고전 그리스 서사들에서 영웅은 종종 모험을 한 후 또 모험을 하고 전혀 늙지도 않으면서 고향에서 멀리 떨어져 몇 년을 보낸다. 그리고 그가 고향에 돌아왔을 때 그의 젊은 신부는 그녀가 과거에 젊었던 만큼 여전히 젊다. 생물학적 시간의 구성물에서 출발하는 것이 이런 유형의 이야기를 전하는 데는 필수적이다. 그리고 이런 이야기의 특이한 효과는 분명히 이러한 생물학적 시간을 기점으로 시작된 출발에 의존한다. 시공성은 서사의 표면적 특색이 되는 지속이나 배경과 혼동되어서는 안 된다(→ 카니발성; 이어성; 다성성).

+ 더 읽을거리

K. Clark and M. Holquist, *Mikhail Bakhtin*, 1984.

M. Holquist, *Dialogism*, 2002.

D. Lodge, *After Bakhtin*, 1990.

시기화 가설 periodizing hypothesis

역사의 특정 시대를 하나의 '시대'로 규정하고 설명하려는 시도. *포스트모더니즘이 한 예가 된다. 여기서 두 가지 사항이 가정된다. 첫째, 역사의 한순간과 다른 순간 사이에(단지 정도 차이가 아니라) 종류의 차이가 존재한다는 점, 둘째, 역사의 특정 시기에 통합성을 주는 무엇이 존재한다는 점이다. 최근 역사를 예로 들면, 1960년대가 가장 널리 논의된 시기의 사례로 꼽힐 수 있다. 일부 역사학자들에 따르면, 1960년대는 이른바 베이비붐 세대의 '청년 문화'가 지배적인 시기였으며 그 점에서 1950년대와 확연히 다르다. 정부에 대한 신뢰에서 반체제적이며 저항적인 쪽으로 *감정 구조가 이행했다는 점이 1960년대에 통합성을 부여한다. 현재, 시기화 가설이 가장 널리 논의되는 예라면 *세계화 개념일 것이다. 그렇기는 하지만, 우리 시대의 통합적 특징이 세계화라는 가설을 국제 교역은 언제나 존재했다는 점을 근거로 거부하는 이들도 있다.

+ 더 읽을거리

F. Jameson, "Periodizing the 60s" in *The Ideologies of Theory*, 2008.

시네마베리테(영화의 진실) *cinema-vérité* / film-truth

(본래 이 용어를 1940년에 만들어낸) 러시아의 영화감독 지가 베르토프에 따르면, 이 용어는 배우들도, 영화 세트장도, 스크립트도, 연기도 없는 다큐멘터리 스타일의 영화 제작을 가리킨다. 시네마베리테의 목적은 영화로 *일상생활의 현실을 포착하는 것이다. 카메라는 주체들이 자기 생각을 스스로 말하게 하고 그것을 기록하는 순진한 녹화 장치처럼 행동한다. 따라서 시네마베리테는 편집과 연출을 (불가피한 것인데도) 현실 왜곡으로 취급한다. 그리고 편집과 연출 같은 영화 제작의 전형적 요소가 의도적으로 최소화된다. 이른바 '리얼리티 텔레비전 프로그램'이 단순히 화려한 버전의 시네마베리테인 것 같아 보일 수도 있다. 그러나 사실상 리얼리티 프로그램은 객관성에 거의 관심을 두지 않은 채 고도로 연출되고 주의 깊게 편집된 프로그램이다. 다큐멘터리 영화 중에서 마이클 앱티드의 주목할 만한 〈업〉(Up) 시리

즈가 그 좋은 예다. 이 다큐멘터리 영화는 1963년 14세 아이들과 짧은 인터뷰 시리즈로 시작했고 그로부터 7년마다 그들을 추적했다. 그래서 영국의 단면을 대표하는 변화하는 인생들에 대한 깜짝 놀랄 만한 42년간의 기록을 만들어냈다.

시대정신 ***Zeitgeist***

'시대의 정신'을 가리키는 독일어 어휘. 사회적 · 문화적 · 지적 유행을 가리킬 때 쓰이며, 사람들의 행동과 결정에 영향을 미치는 모종의 초인간적 '힘'이 작용함을 암시할 때가 많다. 그 힘에 대한 경험적 기록을 남기기는 어렵지만, 그 비슷한 무엇이 실제로 존재한다는 것은 모든 역사적 시기에 예외 없이 있었던 다양한 유행이 증명한다. 왜 사람들이 모두 함께 특정 시기에 무엇인가를 하고 다른 무엇인가는 하지 않았는지는 '시대정신'의 관점에서 설명될 때가 많다.

시뮬라시옹 simulation

원본과 모사의 관계에 관한 미학적 · 문화적 · 철학적 문제를 가리키는 일반용어. 19세기 후반 문화 상품의 대량생산에 대한 글을 쓰면서 발터 *벤야민은 시뮬라시옹이라는 문제의 의미에 관심을 불러일으킨 최초 이론가 중 한 사람이 되었다. 그의 *아우라 개념은 모사의 대량생산이 원본의 상징적 힘을 훼손한다는 테제를 명료하게 제시하려고 구상되었다. 그로부터 수십 년 뒤, 움베르토 *에코가 특히 미국에서 현대 혹은 *포스트모던한 삶의 *하이퍼리얼리티(에코의 표현을 빌리면)에 대한 글에서 근본적으로 벤야민과 같은 결론에 도달했다. 유럽의 아이콘들을 복제(가장 탁월한 예는 라스베이거스다)하는 미국의 열정에 매혹된 에코는 시뮬라시옹이 진본보다 더 진짜 같은 무엇을 생산하는 시도이고, 그 시도로 진본의 부재 혹은 불가능성을 보상한다고 말했다. 시뮬라시옹에 대한 관심으로 가장 유명한 장 *보드리야르에게 시뮬라시옹은 기원이나 현실성이 없는 진본(이것을 그는 하이퍼리얼이라 했다)의 모델, 그것에 따른 생산이다. 《시뮬라크라와 시뮬라시옹》(*Simulacres et simulation*,

1981 / *Simulacra and Simulation*, 1994)에서 그가 설명하듯이, 이 경우 사물의 일반 질서가 역전된다. 모사는 더는 진본을 따르지 않는다. 그 대신에 모사가 진본을 선행한다. 여기서 더 나아가, 시뮬라시옹은 진본과 모사, 진실과 거짓, 상상과 현실 등의 구분을 붕괴시킨다. 보드리야르에 따르면 모든 층위에서 시뮬라시옹으로 정의되는 *포스트모더니즘이 충격적일 수 있는 이유가 여기에 있다. 이 과정에 대한 예로 그는 라스코의 동굴에 있는 유명한 동굴벽화를 들었다. 동굴의 벽화들이 그토록 오래된 데다 쉽게 훼손되기 때문에 들여다보는 아주 작은 구멍이 있기는 하지만, 동굴은 방문자들이 들어올 수 없게 차단되었다. 하지만 그 동굴들을 가까이서 보고자 하는 관광객들의 욕망을 충족하려고 실제 크기 모형을 동굴 근처에 세웠다. 보드리야르는 이렇게 해서 복제품이 진본을 인공적인 것이 되게 한다고 말했다. 라스코 동굴 방문자들이 그들의 기억 속에 담아 가져가는 것은 '진본'이 아니다. 이와 같은 논의의 연장에서 영화, 텔레비전, 특히 인터넷이 훨씬 큰 규모에서 같은 기능을 수행하는 것을 알아보기는 어렵지 않다.

시뮬라크럼 simulacrum

플라톤 시대부터 존재했지만, 오늘날과 같은 의미를 획득하게 된 것은 20세기에 이르러서다. 이 개념과 연관되는 중요한 이름은 장 *보드리야르와 질 *들뢰즈다.

보드리야르는 *시뮬라시옹과 시뮬라크럼을 대체 가능한 용어로 쓰는 경향이 있고, 시뮬라크럼이라는 개념적 렌즈를 통해 현재라는 새로운 역사를 본다는 것 외에 시뮬라크럼의 새로운 이론은 제공하지 않았다. 보드리야르에게 시뮬라크럼은 본질적으로 모사의 모사다. 다시 말해, 그 자체가 진본이 아닌 것의 모사이므로 시뮬라크럼은 전적으로 타락한 형식이다. 일부 *포스트모더니즘 해설에서 보듯이, 시뮬라크럼의 개념을 끝까지 밀면, 아이디어나 사물의 단독적 원천이나 기원이 될 수 있는 무엇에 대한 가능성이 부정된다. 이와 같은 관점에서 독창적인 아이디어나 대상으로 여겨지는 것들은 실상 신기루다. 영화관에서 보게 되는 배면 영사와 같은 지위에 속하는 시각적 환영이라는 것이다. 다르게 표현하면, 시뮬라크럼은 언제나 하나의 효과이지 결코 원인이 아니다.

이와 대조적으로, 들뢰즈는 시뮬라크럼의 개념을 시뮬라시옹에 반하는 의미로 사용하며, 이에 따라 •재현의 •내재적 이론을 제시했다. 들뢰즈는 시뮬라크럼에 대해 글을 많이 쓰지는 않았다. 이 개념을 직접 다룬 글은《감각의 논리》(*Logique du Sens*, 1969 / *Logic of Sense*, 1990)에 부록으로 실린 에세이(플라톤과 루크레티우스에 관한) 두 편이 전부다. 그럼에도 그의 기여는 결정적이었다. 모사 혹은 시뮬라시옹은 유사성이 있는 이미지(그 정의상 모사는 모사 대상과 비슷하다)이고, 시뮬라크럼은 유사성이 없는 이미지다(교리문답에 따르면, 인간은 신의 이미지를 본떠 창조된다. 하지만 그의 죄로 말미암은 전락 이후 인간은 더는 신과 닮아 있지 않다). 시뮬라크럼은 단지 타락한 모사가 아니어서 그것만의 긍정적 힘이 있고, 그 힘이 진본과 모사의 관계에 끼어든다고 들뢰즈는 주장했다. 들뢰즈가 든 예는 팝 아트다. 팝 아트는 모사의 경계를 시뮬라크럼, 다시 말해 유사성이 없는 이미지가 될 때까지 확장했다. 앤디 워홀의 유명한 〈캠벨 수프〉 프린트가 그 예다.

시민 citizen

법률적으로 규정된 권리와 책임이 있는 인간 •주체 혹은 대행자. 시민권이라는 지위는 (민족)국가(nation)와 (법률적 개념의) 국가(state)에서 부여한다. 그리고 시민권은 권리라기보다는 정치적 특권이다. 시민권은 여러 가지 다른 방식으로 부여되는데, 시민권이 가장 흔하게 부여되는 방식은 생득권에 따르는 것이다. 즉, 만일 어떤 특정 국가에서 태어났다면 그 나라의 시민권을 가지게 된다. 그러나 이민이 증가되는 시대에 생득권에 따른 시민권은 특히 유럽에서 꾸준히 철회되고 있다. 시민권은 한 국가에서 어떤 방식으로 행동하고 한 국가의 법과 영토를 존중하며 국가에서 요구하는 의무를 수행해야 할 의무를 담고 있다. 만일 이러한 의무를 이행하지 못할 경우 시민권이 철회될 수 있다. 우리가 시민이 된 덕분에 국가는 어떤 방식으로 우리를 대우하라는 요구를 받는다는 점에서 국가에 대한 그러한 의무는 보통 상호적이라고 간주된다. 그러나 조르조 •아감벤의 저서가 보여주듯이, 국가는 예외 규칙을 만들 권리, 즉 자기가 보증하기로 한 바로 그 권리를 부정할 권리를 보유하고 있다.

+ 더 읽을거리
R. Bellamy, *Citizenship: A Very Short Introduction*, 2008.

시민사회 civil society

국가조직이나 국가행정의 사적 혹은 비정부기구적 차원. 시민사회는 일반적으로 정치사회와 비교된다. 정치사회는 국가의 강제적·정부적 차원을 가리킨다. 그러나 시민사회와 정치사회는 인위적으로 분리된다. 마르크스주의 정치이론가 안토니오 •그람시가 주장하듯이, 국가가 강제적 기구와 합의적 기구 모두를 절충하는 이중적 시스템이라는 것이 우리 현실이다. 시민사회의 기준이 되는 요인으로는 노동조합, 노동자생활협동조합, 상호협력단체를 꼽는다. 시민사회 개념은 장구하고 다양한 역사가 있고 이 주제와 관련된 문헌이 엄청나게 많다. 이 주제는 두 가지 핵심 쟁점, 즉 정확히 무엇이 시민사회를 구성하는가(즉, 시민사회의 일부분을 형성하는 기관과 형성하지 않는 기관을 구분하는 선을 어디에 그릴 것인가)와 시민사회가 무엇을 할 수 있는가(즉, 시민사회가 정말로 진보적이고 비폭력적인 변화를 위한 공론장인가)로 나뉜다.

+ 더 읽을거리
마이클 에드워즈, 《시민사회》, 서유경 옮김, 동아시아, 2005.

시클롭스키, 빅토르 Shklovsky, Viktor (1893~1984)

러시아의 문학이론가. •모스크바 언어학 서클과 함께 •러시아 형식주의를 출범시킨 그룹인 •오포야즈 설립자. 시클롭스키는 상트페테르부르크에서 태어나 상트페테르부르크 대학교에서 공부한 후 입대했다. 그는 제1차 세계대전에 참전했고, 참전 경험을 회고록《감상적 여정: 회고록, 1917~1922》(*Sentimental'noe puteshestvie, vospominaniia*, 1923 / *A Sentimental Journey: Memoirs, 1917-1922*, 1970)에 썼다. 로렌스 스턴, 막심 고리키, 레프 톨스토이 등에 대한 연구 논문 외에도 반자전적인 여러 작품을 포함해 글을 많이 썼다. 그가 창안한 •낯설게 하기 개념으로 가장 유명하며, 이 개념은 러시아 형식주의자들의 저작 다수에서 핵심이 되었다. 낯설게 하기는 신조어로 낯설어 보이게 하기와 밀쳐두기라는 두 행위를 암시한다. 시클롭스키의 가장 유명한 저작이자 낯설게 하기에 가장 탁월한 설명을 제공하는 저작은《산문의 이론》(*O teorii prozy*, 1929 / *Theory of Prose*, 1990)이다. 이 책의 일부가, 특히 이 책에서 가장 중요한 에세이인 〈장치로서 예술〉이 1970년대에 번역되어 널리 연구되었다.

+ 더 읽을거리

토니 베네트, 《형식주의와 마르크스주의: 문예비평적 고찰》, 임철규 옮김, 현상과인식, 1983.
빅토르 얼리치, 《러시아 형식주의: 역사와 이론》, 박거용 옮김, 문학과지성사, 1983.

시학 poetics

단지 시에 국한되는 것이 아니라 모든 문학 장르에서 작품의 형식적 구축 연구. 시학의 바탕에는 언어의 시적·문학적 사용을 비시적·일상적 사용과 구분되게 하는 무엇이 있으며 그것을 설명할 수 있다는 전제가 있다. 시학의 한 선구로 볼 수 있는 •러시아 형식주의와는 대조적으로, 시학의 주요 연구 주제는 무엇이 문학적이며 무엇이 문학적이지 않은지 밝히는 데 있지 않다. 그보다 시학의 관심사는 특정한 문학작품의 효과, 통합성에 있다. 시학은 •구조주의 문학 이론의 동의어로 여겨질 때가 많다.

식수, 엘렌 Cixous, Hélène (1937~)

프랑스의 페미니스트 철학자, 극작가, 소설가. 식수는 •여성적 글쓰기라는 개념으로 잘 알려져 있다. 식수는 알제리의 오랑주에서 태어났다. 그녀의 아버지는 세파르디계 유대인이다. 식수는 알제리에서 대학 입학 수준 단계까지 공부했지만 1955년 알제리전쟁 중 알제리를 떠났고 보르도 대학교에서 영문학 학사 학위를 마쳤다. 식수는 파리에서 직업을 구하기 전 몇 년 동안 보르도 대학교에서 영어를 가르쳤다. 그런 다음 파리의 소르본에서, 그다음에는 낭테르에서 영어를 가르쳤다. 1968년 식수는 제임스 조이스를 다룬 논문으로 박사 학위를 받았다. 그녀는 이 학위로 프랑스에서 최연소 문학박사가 되었다. 같은 해에 그녀는 교육부로부터 뱅센이 있는 한 실험 대학교(현재 파리 8대학교)에 예술학부를 설립하는 일을 도와달라는 초청을 받았다. 그 당시 미셸 *푸코도 비슷한 직책을 제안받았다. 식수와 푸코는 몇몇 특출한 학자를 뽑으려 면밀히 협조했고 그 결과 상상할 수 있는 유명한 학자가 많이 있는 학부 중 하나를 만들어냈다. 1974년 식수는 여성학 분야에서 유럽 최초의 박사 학위 프로그램을 설립했다. 그리고 그것을 폐지하려는 몇몇 수위 높은 시도가 있었지만 그녀는 그 프로그램을 힘들게 지켜냈다.

식수의 관점에서 언어는 남성의 경제학이라는 덫에 빠져 있다. 그러나 그 속에는 실험적 글쓰기로 달성할 수 있는 여성의 경제학의 가능성이 존재한다. 식수가 의미한 이 실험적 글쓰기가 바로 여성적 글쓰기다. 여성적 글쓰기는 *타자의 공간에 관한 글쓰기이자 타자의 공간에서 하는 글쓰기, 즉 다른 양식의 글쓰기다(식수는 이 타자의 공간을 *실재와 *몸의 공간이라고 정의했다). 식수는 여성적 글쓰기가 무엇인가에 관한 특별한 이론을 제시하지 않았다. 식수의 관점에서 사실상 여성적 글쓰기는 정확히 이론화할 수 없는 것, 코드화할 수 없는 것, 거의 말할 수 없지만 완전히 말할 수 없지는 않은 것이었다. 오히려 여성적 글쓰기는 하나의 실천 혹은 실험이다.

식수는 프랑스에서 극작가와 소설가로도 유명하다. 그녀의 작품은 대단히 현학적이어서 사실상 거의 번역할 수 없는 말장난을 담고 있다. 따라서 식수의 작품들은 국제적 호응을 얻는 데 한계가 있다. 식수의 친구인 자크 *데리다는 그녀를 '시인-철학자'라고 적절히 표현했다. 이는 식수가 시인이며 사상가라는 것, 그녀의 사유와 시는 따로 분리할 수 없다는 것, 그녀의 사유가 시에서 일어나고 그녀의 시는 사유로 형태를 갖춘다는 것을 의미한다. 카트린 클레망과 함께 쓴 《새롭게 태어난 여성》(*La Jeune née*, 1975 / *The Newly Born Woman*, 1986)은 시와 철학이 서로 다르지 않다는 장르적 *양가성을 가장 잘 예시했다. 식수의 가장 유명하고 잘 알려진 희곡은 《도라의 초상》(*Portrait de Dora*, 1976 / *Portrait of Dora*, 1983)이라 할 만하다. 이 작품은 지그문트 *프로이트의 유명한 사례 연구를 도라라는 환자 자신의 관점에서 탐구한다. 식수는 종종 아리안 므느슈킨의 즉흥적인 태양극단(*Théâtre du Soleil*)과 함께 공동 작업을 하기도 한다. 식수의 1969년 소설 《안》(*Dedans, Inside*)은 메디치 문학상을 수상했다.

+ 더 읽을거리

V. Andermatt Conley, *Hèléne Cixous: Writing the Feminine*, 1984.
I. Blyth and S. Sellers, *Hèléne Cixous: Live Theory*, 2004.
J. Dobson, *Hèléne Cixous and the Theatre: The Scenes of Writing*, 2002.
S. Sellers, *Hèléne Cixous: Authorship, Autobiography and Love*, 1996.
M. Schiach, *Hèléne Cixous: A Politics of Writing*, 1991.

신경증 neurosis

'신경' 질환, 다시 말해 유기적 원인이 없는 심리적 질환의 일반 명칭. 1777년 스코틀랜드의 의사 윌리엄 컬런이 처음 사용했다. 19세기에 이르면, 여러 증상의 위장 질환에서 심장의 불규칙한 박동에 이르기까지 다양한 장애를 가리키는 용어로 널리 쓰이게 된다. 그러나 현재는 *히스테리 논문에서 지그문트 *프로이트가 제시한 개념에 따르는 편이다. 프로이트는 1890년대에 이 용어를 쓰기 시작했고, 곧 이 말은 *정신병과 달리 *구술 치료로 개선할 수 있는 심리적 병리 증상의 중요한 예로 *정신분석 발전에 핵심 개념이 되었다. 프로이트가 이해하기에, 신경증은 환자의 *무의식에 존재하는 심리적 갈등의 외부적·상징적 표현이다. 신경증은 반복 강박, *물신주의 등 다양한 증상으로 드러난다. 프로이트에 따르면, 우리는 무의식적 갈등에 대한 방어로 혹은 그것의 타협으로 신경증 증세를 갖게 된다. 프로이트는 또한 의식적 삶에서 환자는 자신의 신경증에서 만족감을 얻는 것 같으며(프로이트는 이를 질병의 이차적 이득이라고 했다) 치료 과정에서 자신을 '치유'하는 일에 상당한 저항을 보일 때가 많다고 보았다.

신구조주의 neostructuralism

보통 *후기 구조주의로 불리는 사조에 대한 만프레트 *프랑크의 용어. 프랑크는 후기 구조주의라는 명칭으로 불리는 일군의 저술을 *구조주의와 독립적으로 생각하거나 이해할 수 없기 때문에 후기 구조주의라는 명칭은 부적절하다고 지적했다. 그의 관점에 따르면, 후기 구조주의는 새로운 수단을 이용한 구조주의 프로젝트의 연장이므로 신구조주의로 보는 것이 더 정확하다. 그 추종자들은 전 세계에 있지만, 신구조주의는 자신의 추진력을 *68년 5월의 사건에서 끌어오는, 근본적으로 프랑스의 운동이라고 프랑크는 말했다. 자크 *데리다, 질 *들뢰즈, 미셸 *푸코, 줄리아 *크리스테바, 장 프랑수아 *리오타르 등 사상가들의 꽤 상이한 저술들을 묶는 공통 고리가 지배, 체계 등 형이상학적 개념에 대한 반감이라는 프랑크의 지적은 날카롭다. 프랑크는 주체의 죽음을 초도덕적으로 찬미하는 신구조주의에 우려를 표했다.

+ 더 읽을거리
M. Frank, *Was ist Neostrukturalismus?*, 1984 / *What is Neostructuralism?*, 1989.

신비평 New Criticism

1930년대에서 1940년대에 미국 남부에서 발전해 1960년대 *구조주의가 나타나기 전까지 미국의 대학에서 문학을 읽고 생각하는 방식을 주도했던 문학 분석 방식. 신비평은 문학예술 작품을 독자적이며 자기 충족적인 대상으로 보며, 문학작품을 그 자체로 접근하는 것만이 그것을 합당하게 이해하는 길이라고 본다. 문학작품의 언어 사용 특별성, 그것에 세심한 주의를 기울이는 일, 보통 '꼼꼼히 읽기'라 불리는 과정이 독자에게 텍스트에 대해 알아야 할 모든 것을 알려줄 것이다. 신비평가들은 모든 텍스트가 독자적(문학적이라 여겨질 만큼 충분히 높은 기준을 충족한다는 한에서)이며, 텍스트의 의미는 독특하고 또한 그 자신의 언어가 아닌 다른 말로는 표현할 수 없는 것으로 본다. 이러한 이유에서 신비평가들은 언어 사용과 관련해 '난해함'에 *가치를 부여했고, '탁월한' 문학적 대상을 정의하는 시도에서 '난해함'을 핵심 요소로 삼음으로써 실상 문학 언어는 난해해야 한다고 고집했다. 이와 같은 경향 때문에 이후 그들은 엘리트주의라는 비판을 받았다. 신비평가들의 '난해함'은 그 핵심이(이후 구조주의자들이 쓴 명칭을 빌려온다면) 다의성, 다시 말해 언어에 있을 수 있는 여러 의미에 있다. 그들 이전의 *러시아 형식주의자들처럼 그리고 러시아 형식주의자들이 보여주었던 것과 비슷한 글쓰기의 기술적 측면에 대한 열정을 바탕으로 신비평가들은 순수하게 형식적인 면에서, 다시 말해 순수하게 언어 사용을 기준으로 문학을 비문학과 구분하고자 했다.

신비평가들은 아이버 암스트롱 •리처즈가 케임브리지 학부생들을 대상으로 했던 유명한 실험에서 영감을 얻었다. 이 실험에서 리처즈는 학생들에게 시를 나누어주고 분석하게 했다. 시의 제목이나 시인 이름은 알려주지 않았다. 학생들이 제출한 시 분석은, 그들이 문학적 감수성에서나 아니면 문학 분석의 기술에서나 부족하다는 것을 보여주었다. 리처즈는 이 실험 결과를《실제비평: 문학적 판단 연구》(*Practical Criticism: A Study of Literary Judgment*, 1929)에 정리했는데, 이것이 신비평가들의 공감을 얻었다. 신비평가들 역시 문학 교육 방법이 바뀌어야 한다고, 이전 방법보다 더욱 엄격한 방법이 필요하다고 생각했기 때문이다. 북미 대학들에서 신비평이 행사했던 막대한 영향력(1980년대까지도 강고했던)은 문학을 어떻게 가르칠 것인가 하는 문제에 신비평이 기울였던 진지한 관심 덕분이었다. •실제비평은 케임브리지의 프랭크 레이먼드 •리비스를 중심에 두었다고 할 수 있는 데 반해 신비평에는 핵심 인물이 여럿 있었다. 존 크로 랜섬, 앨런 테이트, 클렌스 브룩스, R. P. 블랙머, W. K. 윔샛, 먼로 비어즐리 등이 그에 속한다.

+ 더 읽을거리

테리 이글턴, 《문학이론입문》, 김명환 옮김, 창작과비평사, 1986.

신식민주의 neo-colonialism

식민주의적 제도·기관(특히 통치 모델과 스타일), 관습과 사고가 •탈식민화 이후에도 지속하거나 부활하는 사태. 가나의 독립 운동가 콰메 은크루마가《신식민주의: 제국주의의 최후 단계》(*Neo-Colonialism: The Last Stage of Imperialism*, 1965)에서 제안한 용어다. 이 책에서 그는 고국인 가나 같은 국가가 그들을 지배했던 식민 권력으로부터 독립을 성취했는데도 그들의 경제, 정치 상황이 •세계화라 알려진 구조적 조건에서 여전히 외부 권력에 따라 정의되고 형성된다고 말했다. 이는 특히 자원이 풍부한 나이지리아 같은 나라의 상황을 잘 설명한다. 나이지리아는 대량 산유국이지만 제조업 기반은 미비해 나이지리아의 국부는 세계시장에 의존한다. 마이클 *하트나 안토니오 *네그리 같은 *제국의 이론가들은 이와 같은 신식민주의 상황을, 권력이 *공간 혹은 영토를 통해서가 아니라 시간적으로(금융과 인력의 유동을 이용해) 자신을 행사하는 새로운 세계 질서에서 핵심적이라고 본다.

신역사주의 New Historicism

미국에서 1970년대 말 1980년대 초에 시작된 문학·문화비평 운동. 처음에는 대체로 르네상스와 셰익스피어 연구에 한정되어 있었지만 *탈식민주의 연구 같은 여러 다른 주제 분야로도 확장되었다. 스티븐 *그린블랫의《르네상스 시대의 자기 생산》(*Renaissance Self-Fashioning*, 1980)이 이 운동을 출범시킨 텍스트로 흔히 여겨지지만, 신역사주의라는 용어 자체의 기원은《영국 르네상스에서 형식의 힘》(*The Power of Forms in the English Renaissance*, 1982)이다. 신역사주의와 가장 긴밀하게 결부되는 이름은 물론 그린블랫이지만, 캐서린 갤러거, 제프리 냅, 루이스 몬트로스, 스티븐 오겔, 월터 벤 마이클스 등도 비슷한 작업을 했다. 신역사주의는 적어도 *정신분석 비평처럼 엄격하게 다듬어진 구체적 방법론은 없으며 많은 점에서 반이론적 경향을 보인다. 실제 읽기 방식에서 보면, 신역사주의적 읽기는 *신비평과 *실제비평 둘 다 옹호하고 실천했던 '꼼꼼히 읽기'의 모델과 그리 다르지 않다. 신역사주의가 이들과 달라지는 지점은, 문학 텍스트가 텍스트 바깥의 세상에 대해 무엇인가 말해줄 수 있다는 신념에 있다. 신비평이나 실제비평은 이런 신념을 명시적으로 금했다. 그러나 신역사주의와 자주 비교되는 *사적 유물론과 달리(그린블랫이 케임브리지에서 레이먼드 *윌리엄스에게 수학했다는 사실이 이와 같은 비교의 작지 않은 이유이기도 하다) 신역사주의는 문화 텍스트의 해석으로 우리가 역사를 더 잘 이해할 수 있다고 본다. *문화 유물론은 그 반대가 맞다고 주장할 것이다. 신역사주의 반대자들, 가령 프레드릭 *제임슨은 문화 텍스트가 역사의 증상이라고 주장했다. 그에 반해, 신역사주의 견지에서 문화 텍스트는 역사의 실행자다. 다시 말해, 역사는 문화 텍스트를 수단으로 해서 만들어진다. 이와 같은 관점은 역사 자체가 어떤 (텍스트적) 수행, 재현, •상징적 교환으로 구성된다는 아이디어에 기대고 있다. 신역사주의는 미셸 •푸코, 특히 권력과 •주체성에 대한 그의 후기 저작들, 클리퍼드 •거츠와 그의 '조밀한 묘사' 개념에 자주 기댄다.

+ 더 읽을거리

J. Brannigan, *New Historicism and Cultural Materialism*, 1998.
C. Colebrook, *New Literary Histories*, 1997.
A. Veeser, (ed.) *The New Historicism*, 1989.

신인종주의 neo-racism

에티엔 •발리바르가 '인종 없는 인종주의'라 부른 1970년대에 부상한 인종주의의 한 주도적 형태를 가리키는 용어. 과거 인종주의는 생물학적 유전으로서 •인종 개념을 전제로 했으나 탈식민 시대인 지금은 '문화적 차이'에 초점을 두는 경향이 있다. 이 유형의 인종주의는 이민, 동화, 다문화주의 논의에서 수면 위로 부상하며, 어조에는 존중이 담길지라도 그 의도는 항상 이데올로기적으로나 실천적으로 인종적 분리의 축을 보전하는 데 있다. 이민이 '문화적' 어려움(예를 들어, 문화적 차이의 상실이든 전통의 약화이든 그 형태야 어찌 되었든)을 초래할 것이냐의 문제 자체가, 발리바르에 따르면 형식상 신인종주의적이다. 큰 영향력을 행사했던 새뮤얼 P. 헌팅턴의 《문명의 충돌》(*The Clash of Civilizations and the Remaking of the World Order*, 1998)은 인종적 특징의 보편성과 불변성에 대한 고집에서, 신인종주의의 대단히 세련된 한 예를 제공했다.

+ 더 읽을거리

Ê. Balibar and I. Wallerstein, *Race, nation, classe: les identités ambiguës*, 1988 / *Race, Nation, Class: Ambiguous Identities*, 1991.

+ 참고

새뮤얼 P. 헌팅턴, 《문명의 충돌》, 이희재 옮김, 김영사, 1997.

신철학자들 New Philosophers / *nouveaux philosophes*

러시아의 반체제 작가 알렉산드르 솔제니친이 소련에 존재했던 굴라크를

ㅅ

고발하는 글들을 출간한 이후, 마오주의 노선을 채택했던 전력을 뒤로하고 1970년대 초 공식적으로 •마르크스주의와 결별한 일군의 젊은 프랑스 철학자들. 앙드레 글룩스만, 알랭 핀켈크라우트, 베르나르 앙리 레비, 기 라르드로 등으로, 구심력은 약했던 그룹에 속하는 철학자들이다. 이들은 서양철학이, 특히 마르크스주의·헤겔주의 전통에 속하는 철학이 결과적으로 굴라크를 정당화했다며 이를 거부하고, 그 대신 예전 철학 체계의 전체화 목표를 추구하지 않는 신철학을 수용해야 한다고 주장했다. 전체성을 향한 전쟁을 벌이는 것이 우리의 윤리적 의무라는 장 프랑수아 •리오타르의 말(•쟁론/디페랑드에 관한 그의 책에서 한 말이다)은, 리오타르 자신이 이 그룹의 성원은 아니지만, 이들이 추구한 사유가 다다른 하나의 정점을 보여주었다. 신철학자들은 미셸 •푸코를 자기들 그룹의 일원으로 여겼고 푸코는 이들의 태도에 우호적인 인터뷰를 이들과 몇 번 하기도 했지만, 푸코가 신철학자들의 전면적 좌파 진영 거부를 불편해했던 것은 분명하다. 푸코의 친구 질 •들뢰즈는 이들에게 전혀 우호적이지 않았는데, 신철학자들이 새롭지도 않은 데다 철학자도 아니며 반지성주의적 언론과 영합해 대중을 현혹할 뿐인 가짜라고 혹평했다.

신태그마 syntagm

언어학과 •기호학에서 •패러다임 요소 사이의 가능한(다시 말해, 의미 있는) 조합을 이론화하는 데 쓰이는 개념. 신태그마는 문장이나 구절의 심층 구조다. 이 구조는 구체적 요소가 바뀐다 해도 여전히 바뀌지 않고 남아 있다. 예를 들어, "소년은 가게로 갔다"는 문장과 "소녀는 가게로 갔다"는 문장 사이에 신태그마 차원에서는 아무 차이도 없다. 둘 다 "한 사람이 어딘가에 갔다"는 구조이기 때문이다. 신태그마는 의사소통의 수평적 축이며, 패러다임은 수직적 축이다.

신화 myth

1. 스위스의 정신의학자 카를 •융은 신화의 비교 연구를 정신병 환자들의 꿈과 환상을 이해하고 해석하는 데 이용할 수 있다고 제안했다. 융에게 신화는

인간 •심리(psyche)의 내부적 작용에 대한 은유 혹은 극화다. 이것을 그는 •원형이라고 했다. 원형은 융의 심리 이론에서 정신이 선조에게서 계승하는 영역으로, 달리 말하면 우리 정신이 •집단 무의식과 연결되는 고리다. 신화는 우리에게 원형에 자유가 무제한 주어질 때의 위험을 보여주며, 이 점에서 잠재적으로 치유적인 힘을 갖는다. 따라서 신화는 전 의식적 영혼, 아직 의식에 길들여지지 않은 순수 원형의 영혼 구조를 드러내는 것으로 접근하고 이해할 수 있다. 융은 •무의식의 행동이 신화의 구조를 닮는다고 보았다. 따라서 치료 과정에서 신화적 요소가 나타나면, 그 요소에는 중요한 의미가 부여된다. 캐나다의 문학비평가 노스럽 •프라이는《비평의 해부》(*Anatomy of Criticism*, 1957)에서 융의 이론을 차용해 문학을 본질적으로 신화적인 것으로 보는 그만의 강력한 분석을 개진했다.

2. 프랑스의 인류학자 클로드 •레비스트로스는 유명한 논문 〈신화의 구조 연구〉(The Structural Study of Myth, 1955)에서 신화 연구를 혁신했다. 이 논문은 어찌 보면 순진한 질문을 제기했다. 만일 신화 내용이 우연에 기댄다면, 만일 그 무엇이든 신화에 융합될 수 있다면(수 세기에 걸쳐 창조된 세계의 광대한 신화들이 품은 믿기 힘든 풍요함이 그렇게 보게 하듯이), 어떻게 우리는 신화들에 있는 형식의 유사성을 설명할 수 있을까? 스위스의 언어학자 페르디낭 드 •소쉬르의 통찰을 끌어와 레비스트로스가 내놓는 이 질문에 대한 답에 구조주의적 접근의 요체가 담겨 있다. 소쉬르는 유사한 음이 각기 다른 언어들에서 반복적으로 등장하지만 이들에는 다른 의미가 있음을 관찰했고, 발화 언어의 경우 음 조합(다시 말해, 형식)이 중요하며, 구체적 음 자체(다시 말해, 내용)는 중요하지 않다고 주장했다. 신화에 적용될 때, 이 논리는 융의 관점과 완전히 반대되는 관점으로 귀결한다. 신화의 요소들(영웅이 대면하게 되는 도전, 그에게 주어지는 특별한 힘 등등)은 그것들이 다른 요소들과 맺는 관계의 망 속에서만 의미가 있게 되며 그들 자체로는 중요하지 않은 것이 된다. 요소들이 결합하는 구체적 방식은 신화마다 다르겠지만, 결합을 생산하는 방식은 레비스트로스에 따르면, 신화 고유의 것이며 보편적이다. 신화에는 다음과 같은 구성적 특징이 있다. 첫째, 그것들은 시간을 초월하거나, 아니면 역사적인

동시에 몰역사적이다. 예를 들면, 베네딕트 *앤더슨은 *상상의 공동체를 설명하면서, 국가들이 역사상 상대적으로 최근의 발명에 불과하지만, 언제나 거기 있었던 무엇으로, 영원한 무엇으로 자신을 제시해왔다고 말했다. 둘째, 신화는 한 언어에서 다른 언어로, 한 매체에서 다른 매체로, 일관성이나 중요성을 상실하지 않으면서 번역될 수 있다는 점에서 시의 대척점에 위치한다. 이 점에서 '진정한' 혹은 '독창적인' 신화의 형식 같은 것은 없다. 신화는 그것의 모든 변주를 합한 총체다. 셋째, 신화는 그것에 고유한 효과가 있다. 신화는 수행적이다. 신화가 이야기를 들려준다는 자체가 메시지다.《가시적인 것의 인장》(*Signatures of the Visible*, 1992)에서 프레드릭 *제임슨은 이 세 번째 아이디어를 받아들여, 현대의 할리우드 영화들이 진정한 문제의 상징적 해결책이며, 영화가 오늘의 사회에서 그토록 중요한 위치를 차지하는 이유가 여기에 있다는 논의를 전개했다.

3. 베르톨트 *브레히트의 *소격 효과 개념에서 영감을 받은 프랑스의 문학비평가 롤랑 *바르트는 '자연스러움(달리 말하면, 매일 아침 해가 어김없이 뜨듯이, 역사적 결정을 거치지 않고 자연적으로 발생하는 것처럼 보이는 현상)'의 비판으로서 신화 개념을 발전시켰다. 문화 저널인《신문학》(*Les Lettres nouvelles*)에 처음 실렸고 이후《신화론》(*Mythologies*, 1957 / *Mythologies*, 1972)이라는 제목으로 묶인 일련의 짧은 에세이들에서, 바르트는 광범하게 '진실'로 받아들여져 '당연하다고 여겨지는' 것들에 대한 일종의 암호로 신화라는 용어를 썼다. 이로써 바르트는 '진실'로 통하는 것이 실상 꼼꼼한 이데올로기적 무대 관리의 결과라는 것을 보여주고자 했다.《신화론》의 후기로 널리 읽힌 에세이 〈현대의 신화〉(Myth Today)에서 바르트가 말하듯이, 신화의 핵심 원리는 역사를 자연으로 탈바꿈하는 것이다. 같은 에세이에서, 바르트는 신화 이론을 다음과 같이 종합하고자 했다. 신화는 발화(언어 사용 혹은 의사소통의 부호화된 형식을 뜻한다)의 한 특별한 유형이다. 신화는 대상, 아이디어, 개념이 아니며, 의미 생산의 한 형식이다. 다시 말해, 신화는 사물이 아니라 과정이다. 모두가 신화인 것은 아니지만(모두가 역사에 종속되기 때문에) 무엇이든 신화로 만들어질 수 있다. 신화는 이미 가공된 재료로 구축된다. 즉, 신화는 기존의 상징과 아

이콘을 사용하는 제2의 체계 혹은 메타 체계다. 신화는 보편적이지 않으며, 구체성 속에서 접근해야 한다. 신화는 여러 다양한 형식으로 나타난다. 에세이 말미에서 바르트는 일곱 가지 흔히 보는 신화 유형의 목록을 제시했다. 이 모두는 거의 모든 신문에서 쉽게 찾아볼 수 있는 것들이다.

+ 참고

노스럽 프라이, 《비평의 해부》, 임철규 옮김, 한길사, 1982.
롤랑 바르트, 《신화론》, 정현 옮김, 현대미학사, 1995.

신화 비평 myth criticism

문학으로서 신화, 신화로서 문학 연구. 전자의 경우, 신화는 그것이 지닌 구체적인 문학적 장점 그리고 이후 문학 텍스트(오이디푸스 신화에 바탕을 둔 소포클레스의 3부작이 그 한 예가 될 것이다)에 대한 역사적 선구의 사례로 읽힌다. 둘 중 더 큰 영향력을 행사했던 후자의 경우, 문학 텍스트를 신화의 창조적 재가공으로 읽는다. 적지 않은 저명한 학자가 이 분야에서 작업했다. 미르체아 엘리아데, 레슬리 피들러, 노스럽 *프라이, 르네 지라르, 카를 *융, G. 윌슨 나이트, 폴 *리쾨르 등이 그중 주목할 만한 학자다.

신화 시학 mythopoeic

신화처럼 구성되고 신화 같은 외양과 느낌을 주지만, 실제로는 전통에 따라 계승된 이야기가 아니라 현대의 창작물인 문학 형식. 이 용어는 이 장르의 위대한 작가인 《반지의 제왕》(*The Lord of the Rings*, 1954~1955)의 J. R. R. 톨킨이 만들었다. 신화 창조의 텍스트 다수가 톨킨의 작품과 비슷하게 판타지이지만 모두가 그런 것은 아니다. 리처드 슬로킨이 그의 명저 《폭력을 통한 재생》(*Regeneration through Violence*, 1974)에서 보여주듯이, 한 국가의 역사와 관련된 진지한 문학작품 또한 신화 창조의 텍스트로 분류될 수 있다. 영화 〈람보〉 시리즈도 하나의 예다. 〈람보〉 시리즈를 전체로 보면, 이 영화는 미국 역사의 표준 서술에 맞서는 강력한 저항서사를 제시한다. 람보의 우주에서 월남전은 미국 병사들은 승리를 거두었으나 미국 정치인들은 패배한 전쟁이다.

실어증 aphasia

말을 할 수 없거나 언어를 이해할 수 없는 혹은 두 가지 모두를 나타내는 언어장애. 언어의 완전한 상실과 그 단계에 이를 때까지의 심각성 정도에 따라 장애는 다양하게 나타날 수 있다. 마찬가지로 실어증은 문자 언어의 이해에도 영향을 미칠 수 있다. 지그문트 *프로이트, 특히 로만 *야콥슨은 실어증에 많은 관심을 두었다. 두 사람 모두 실어증이 좀 더 일반적으로 언어를 이해하는 열쇠가 된다고 생각했다.

실용주의 pragmatism

미국의 철학자 찰스 샌더스 *퍼스와 윌리엄 제임스가 시작한 철학의 한 분야. 제임스가 실용주의라는 용어를 고안한 것으로 여겨지지만, 제임스 자신은 그것이 퍼스에게서 왔다고 말했다. 실용주의의 특징은 사물의 본성이 아닌 작동 원리에 관심을 두고 사고의 실행 방식으로서 신념(우리가 그것을 증명할 길이 없을 때라도)을 전면화한 데에 있다. 실용주의는 인간이, 아니 모든 유기체가 그들의 환경에 정신적으로 적응하는 방식 그리고 개념을 정교화해 환경과 실천에 우호적인 관계를 창조하는 방식에 관심을 둔다(→구성주의).

실재계 real / *réel*

프랑스의 정신분석학자 자크 *라캉이 제시한 인간 존재를 구축하는 세 가지 '계' 중 하나. 다른 둘은 *상상계와 *상징계다. 실재계는 *재현에 전적으로 저항한다. 이런 의미에서 실재계는 스스로를 위해 상상하지 못한다(만약 우리가 그것을 상상할 수 있다면, 그것을 재현할 수도 있을 테니까). 그렇기 때문에 실재계를 상징계 속으로 통합하는 것은 불가능하다. 그러니 역설적이게도, 실재계는 실상 실재에 적대적이다. 따라서 실재계와 우리의 만남은 언제나 외상을 남긴다.

실제비평 Practical Criticism

저자의 의도나 역사적 맥락 같은 외부적 요인을 무시하면서, 텍스트 자체에만 집중하는 문학 분석의 한 형식. 용어의 기원은 아이버 암스트롱 •리처즈가 케임브리지의 문학 전공 학생들을 대상으로 했던 실험에 있다. 리처즈는 학생들에게 그가 고른 시를 몇 편 나누어주고 논평하도록 했다. 시의 제목은 알려주지 않았고, 누구 작품인지도 말해주지 않았다. 실험의 의도는, 학생들이 자기 앞에 놓인 텍스트 자체만을 놓고 텍스트를 판단하게 하는 데 있었다. 리처즈가 보기에 학생들이 제출한 논평은 형편없었다. 리처즈는 텍스트 읽기의 예술과 관련해 더 실제적인 교육이 필요하다는 결론을 내렸다. 리처즈의 실험 결과는(리처즈는 심리학을 공부한 배경이 있다)《실제비평: 문학적 판단의 연구》(*Practical Criticism: A Study of Literary Judgment*, 1929)라는 적절한 제목의 책에 정리되었다. 이 책은 문학 연구에서 일종의 교과서가 되었으며 막대한 영향력을 행사했다. 그러나 '꼼꼼히 읽기'라는 방법을 보편화한 것은 그의 제자 프랭크 레이먼드 •리비스와 그가 창간해 발행했던 저널《검토》(*Scrutiny*)였다. '꼼꼼히 읽기'는 영어권에서 문학 텍스트를 읽는 기본 방법이 되었다. 1960년대에 •구조주의와 •후기 구조주의의 위력에 눌려 영향력이 시든 뒤에도, 꼼꼼히 읽기는 1980년대에 들어서서도 한동안 고교와 대학에서 건재했다. •신비평이 장악했던 미국은 예외로 꼽을 수 있다. 신비평은 실제비평이 미국에서 자생한 변종이라 볼 수 있는데, 그 역시 텍스트 자체에 집중하는 것을 비평 과제로 삼았다.

실제비평이 부상하던 당시 영국 문학계의 실세였던 블룸스버리그룹 저자들의 인상주의적 글쓰기(테리 •이글턴이 '내용 없는 미문'이라 불렀던)에 반대하고, 텍스트 읽기라는 작업에 진정한 엄격성을 부여한 것이 실제비평의 강점이다. 학생들은 문학 관습과 테크닉(예를 들어 •은유의 역할)의 효과를 더 명확히 이해하도록 교육받았고, 특정 텍스트의 상대적 가치에 대한 판단을 자유롭게 선언할 수 있도록 허락받았다. 실제비평, 특히 그것을 주도한 리비스는 심화 연구를 할 •가치가 있는 '위대한 텍스트들'의 정전에 무엇이 속하고 무엇이 속하지 않는지 결정하는 일에 강박적으로 매달렸다. 이로써 문학 연구는 표준화된 텍스트를 갖게 되었고, 더 중요하게는 학교에서 치러지는 표준화된 시험을 갖게 되었다. 이 점이 실제비평의 막대한 영향력을 설명하지만,

이로 말미암아 텍스트에 대한 표준화된 반응이 생겨나고, 또한 특정한 반응만이(다시 말해, 교사의 반응만이) 타당하다고 여기는 태도가 생겨났다. 저자의 배경과 독자의 배경 모두를 무시하고 '진리'와 같은 '보편 요소'에만 관심이 있었기 때문에, 실제비평은 의식적으로 한 텍스트가 생산할 수 있는 의미의 범위를 축소했다. 의미의 다양성을 찬미하는 다른 비평 방법이 유행하게 되면서 실제비평이 결국 종말을 고하게 된 것은 다른 무엇보다 여기에 이유가 있다. 또한 실제비평은, 특히 *젠더, *인종, 섹슈얼리티 문제와 관련해 정체성 정치의 의미를 무시한다는 점에서 정치적 관점에서도 공격을 받았다. 텍스트들이 생산할 수 있는 다양한 읽기의 가능성은 독자 반응 비평가들이 탐구했다.

+ 더 읽을거리

P. McCallum, *Literature and Method: Towards a Critique of I. A. Richards, T. S. Eliot, and F. R. Leavis*, 1983.

실제적인 것과 잠재적인 것 actual and virtual

프랑스 철학자 질 *들뢰즈가 제안한 양태의 구분. 그는 철학에서 좀 더 일반적으로 사용되는 현실 가능이라는 문제적 구분을 대체하려고 이 구분을 제안했다. 들뢰즈에 따르면, 가능태는 현실에 있는 모든 것이 가능해야 한다는 것을 전제하기 때문에(이런 관점은 개념적 발명물을 존재론적으로 더 작은 범주의 비현실적인 것이나 불가능한 것에 놓기 때문에 많은 개념적 발명물을 배제한다), 그리고 그러한 가능한 것이 왜 이미 존재하지 않는지를 설명할 수 없기 때문에 그릇된 개념이다. 들뢰즈에게 실제적인 것과 잠재적인 것은 모두 완전히 현실적인 것이다. 전자는 구체적인 존재가 있지만 후자는 구체적인 존재가 없다. 그러나 그렇다고 해서 잠재적인 것이 현실적이지 않은 것은 아니다. 우리는 아이디어(혹은 관념)의 존재를 생각해봄으로써 이러한 차이의 중요성을 쉽게 파악할 수 있다. 예를 들어, 아이디어는 오로지 우리 머릿속이나 종이에만 존재할 수 있다. 그러나 아이디어의 효과는 완전히 현실적이고 실제적일 수 있다. 초기에 이러한 구분은 *존재론 분야의 전문가들만 흥미로워하는 신비스러운 차이로 취급되었다. 그러나 컴퓨터게임, 특히 인터넷 도래 이후 이러한 구분은 스크린에서 보이거나 경험되는 것이 비록 실제적이지는 않지만 그럼에도 여전히 현실적이라는 것을 인정하기 때문에 대단히 중요해지고 있다.

실존주의 existentialism

19세기 후반에 대두해서 20세기 중반 무렵 두드러졌던 철학의 한 양식. 실존주의는 신이 부재한 상태에서 어쩔 수 없이 삶의 무의미함과 씨름해야 했던 근대 •주체의 당혹스러운 조건을 전경에 두었다. 이것은 반드시 실존주의가 일종의 세속 철학이라는 의미가 아니다. 하지만 광범위하게 말해서, 실존주의를 세속 철학이라 할 수 있기도 한데, 신의 부재가 인간이 신을 버렸다거나 신이 인간을 버렸다는 것을 의미한다고 이해될 수 있기 때문이다(다시 말해, 신은 여전히 존재한다. 다만 신은 인간사에 자신을 관여시키지 않는다). 이른바 실존주의의 '아버지들'이라고 하는 두 사람, 쇠렌 키르케고르와 프리드리히 •니체는 그러한 태도에서 출발해 진리의 •형이상학과 그에 따른 자유를 논의했다. 그러므로 •본래성이 신앙을 대체하고 열망해야 할 정의로운 것의 새로운 조건이 된다. 신에게 진실해야 하는 대신에 오히려 우리 자신에게 진실해야만 한다. 그러나 이것은 두 가지 이유 때문에 어렵다. 첫째, 자신을 알고 있는 자아라는 것은 명백히 논리적으로 불가능하다. 둘째, 우리가 어떻게 행동해야 하는지에 대한 앎의 문제다. 20세기 초반에 •현상학은 주체가 어떻게 자신의 세계를 이해하는가 하는 문제와 대면했다. 그리고 비록 현상학이 어떻게 우리가 행동해야 하는가 하는 형이상학적 문제에 대단히 많은 관심을 두지 않았다고 할지라도 현상학은 실존주의에 중대한 영향을 미쳤다. 현상학은 (임마누엘 •칸트에게서 기원한) •통각에 대한 설명을 제공함으로써 첫 번째 문제를 해결한다. 두 번째 문제, 즉 우리가 어떻게 행동해야 하는가 하는 문제가 실존주의에서 가장 중요한 이론가인 장 폴 •사르트르를 사로잡았다. 그래서 이 문제에 효과적으로 대답하는 것이 사르트르 일생의 작업이 되었다. 사르트르는 자신의 짧은 책 《실존주의와 인본주의》(*L'existentialisme est un humanisme*, 1946 / *Existentialism and Humanism*, 1948)에서 실존주의(사르트르는 1920년대 중반 처음으로 이 용어를 사용했던 가브리엘 마르셀에게서 차용했다)라는 용어를 대중화했다. 이 책은 사르트르의 이전 책《존재와 무》(*L'Être et le Néant*, 1943 / *Being and Nothingness*, 1958)를 요약하고 단순화했다. 많은 사람에게 이 책은 주체에 대한 결정적 저술이 된다. 또한 사르트르의 소설들, 특히《구토》(*La Nausée*, 1938 / *Nausea*, 1959)는 실존주의에 중요한 기여를 했다. 이 소설들이 실존의 잔인한 사실과 대면한 주체의 상황을 극화했기 때문이다. 실존주의라는 이름표는 또한 마르틴 *하이데거와 카를 *야스퍼스의 저술에도 적용되지만 둘 중 어느 누구도 이 용어를 스스로 용납하지 않았다.

+ 더 읽을거리

S. Earnshaw, *Existentialism: A Guide for the Perplexed*, 2006.
T. Flynn, *Existentialism: A Very Short Introduction*, 2006.

○ 웹 링크

- 실존주의를 기본적으로 소개.

실증주의 positivism

19세기 프랑스 철학자 오귀스트 콩트에 따르면, 인간 지식이 다다를 수 있는 세 번째의 그리고 가장 고차원적 상태. 콩트에 따르면, 인간은 사회적 존재로서 세 단계를 거친다. 신학적 단계, 형이상학적 단계, 실증주의적 단계가 그것이다. 첫 번째, 사회적 삶의 원시적 상태가 신학적 단계이며, 이 단계에서 인간은 이교도적 *물신주의에서 유일신 신앙으로 나아간다. 두 번째, 이보다 더 진보한 상태는 형이상학적 단계다. 이 단계가 형이상학적인 건, 인간이 초자연적인 것에서 등을 돌리지만 그럼에도 '자연'과 같은 세속적 권위를 모색하기 때문이다. 마지막 단계가 실증주의다. 이 단계에서 인간은 과학을 이용해 왜 무엇이 거기 있느냐는 질문 대신에 그 무엇은 어떻게 작동하는지 질문한다. 실증주의의 목표는 과학적 분석과 관찰의 힘으로 알려진 우주를 관장하는 불변의 보편 법칙을 발견하는 데 있다.

실천 practices

사람들이 •일상생활에서 행하는 일들을 가리키는 •문화 연구 용어. 데이트, 쇼핑, 산책, 텔레비전 시청 등의 일상적 활동이 실천의 예로 간주된다. 요즘은 널리 쓰이지 않는 경향이지만, 이 용어가 부상하게 했던 두 가지 추동 원인은 여전히 유의미하다. 첫째, 이 용어는 문화의 어떤 면이든(그게 얼마나 진부한가와 상관없이) 의미 있으며 따라서 비평적 관심의 대상이 될 •가치가 있다는 견해를 옹호한다. 둘째, 이 용어는 심리학과 •정신분석의 핵심 축이 되는, 사람들이 어떤 행동을 '왜' 하는지 알 수 있다는 가정에 대한 암묵적 비판 혹은 거부로 기능한다. 이렇게 볼 때, 이 용어의 의의는 문화 연구의 경험주의적 선회를 시사한 데 있다고 볼 수 있다. 경험주의적 문화 연구의 기본 태도는 다음과 같다. 우리는 사람들이 무엇을 하는지 안다. 그들의 행동이 관찰·기록될 수 있기 때문이다. 하지만 우리는 그들이 왜 그것을 하는지는 알 수 없다. 그들의 의도와 목적이 가시적이지 않기 때문이다. 이와 같은 경험주의적 선회의 배경에는 •마르크스주의에 대한 완고한 거부가 있다. 마르크스주의는 우리가 무엇을 하는 이유를 •이데올로기 관점에서 설명할 수 있으며 설명해야 한다고 본다. •문화 연구에서 실천이 중요한 용어가 된 데에는, 피에르 •부르디외와 미셸 드 •세르토의 공이 컸다. 두 사람이 이 용어를 사용하는 데는 공통점이 있다. 상당한 영향력을 행사한 연구서로 루스 지아르와 피에르 마이욜이 공동 연구자로 참여한《일상생활의 실천》(*L'invention du quotidian*, 1980 / *The Practice of Everyday Life*, 1984)에서 세르토는 실천이 일상생활의 텍스트이고, •기호학의 자원들을 활용해 실천을 해독할 수 있다는 가설을 제시했다. 더 나아가 그는 가령 산책 같은 활동의 문법을 작성할 수 있을 것이라고 제안했고, •전략과 전술 같은 개념을 실천을 해독하는 데 필요한 분석적 용어로 도입했다. 존 피스크는 특히《대중문화의 이해》(*Understanding Popular Culture*, 1989)를 포함해 여러 저서에서 이와 같은 아이디어를 대중화했고, 존 프로는《문화 연구와 문화의 가치》(*Cultural Studies and Cultural Value*, 1995)에서 이들에 대한 종합적 비판을 제공했다. 부르디외에게 실천은 방법지(savoir faire/know how)의 한 부분으로서 그 기원은 정신이 아니라 육체에 있다.

+ 더 읽을거리

B. Highmore, *Everyday Life and Cultural Theory*, 2002.

실천적 타상태 practico-inert

《변증법적 이성비판》(*Critique de la Raison Dialectique*, 1960 / *Critique of Dialectical Reason*, 1976)에서 장 폴 •사르트르의 용어. •프락시스(의도적이며 목표 지향적인 인간 행위)의 정형화하고 고착화한 결과물을 뜻한다. 그렇기 때문에 실천적 타상태는 프락시스의 작업 대상이 된다. 예를 들면, 기후 변화는 수백 년에 걸친 인간 활동의 산물인데, 그 인간 활동은 최근까지 인류의 복지에 기여하는 활동으로 여겨졌고, 일부에서는 지금도 그렇게 여기고 있다. 산업화는 •사회의 일부 계층에는 물질적 기준에서 삶의 표준을 향상했다는 점에서만이 아니라 노동력을 절약하며 삶을 구제하는 새로운 테크놀로지와 함께 삶의 질을 향상했다는 점에서 진정한 보상을 인류에게 주었다. 그러나 지금 다름 아닌 바로 산업화가 지구적 범위에서 파국의 위험성을 가져왔음이 분명해졌다. 사르트르는 지역화된 예로 중국의 산림 파괴를 들었다. 중국의 산림 파괴와 관련해 사르트르가 말하듯이, 인류는 인류 최악의 적이 인류를 파멸하고 싶었다면 했을 일을 스스로 해왔다. 지금 프락시스를 가장 다급하게 요청하는 것은 다름 아니라 과거의 프락시스가 낳은 결과다.

+ 참고

장-폴 사르트르, 《변증법적 이성비판 1~3》, 박정자 외 옮김, 나남출판, 2009.

심리 / 정신 / 프시케 psyche

숨결과 영혼을 뜻하는 그리스어. 에로스가 사랑했던 처녀의 이름이기도 하다. 스위스의 분석심리학자 카를 •융이 의식과 •무의식을 아우르는 정신 과정의 총체성을 가리키는 용어로 사용했다. 융의 심리 개념에는 •콤플렉스처럼, 자체 작동하는 요소들도 포함된다는 점이 중요하다. 따라서 심리는 균질적인 것도, 하나로 통합된 것도 아니다. 심리는 또한 변화가 가능하다.

심리적 현실 psychic reality

그것이 실제로 현실적이냐와 상관없이 현실적인 것으로 느껴지는 모든 것. 심리적 현실은 그것을 체험하는 이에게 현실적인 것으로 느껴지며, 그렇게 느끼는 이는 이것이 현실이 아닐 수도 있다는 생각은 하지 못한다. 카를 *융은 이 용어를 사용해 하나의 실제 사건을 두 사람이 아주 다르게 체험할 수도 있다는 사실을 설명했다. 이 용어는 또한 왜 한 사람이 두 가지 아주 다른 무엇을(예를 들어, 폴터가이스트(즉 물건을 던지며 시끄러운 소리를 내는 유령)와 거미) 근본적으로 같은 방식으로 이해할 수 있는지 설명한다. 융의 이론에서 심리적 현실은 한편으로는 감각적 자료로 체험되는 물질세계, 다른 한편으로는 사고와 인지로 체험되는 정신세계를 잇는 중간 단계에 속한다.

심성 mentality / *mentalité*

역사의 한 시기에 속하는 *집단 무의식을 가리키는 용어. 카를 *융의 집단 무의식 개념보다는 에밀 *뒤르켐의 집단의식 개념에서 착안·발전되었다. 프랑스의 아날학파 역사학자들이 어떻게 외부의 강압 없이도 한 인구 집단 전체가 비슷한 방식으로 행동하고 사고하는지 설명하려고 도입한 개념이다. 이 개념은 혁명에 앞서 국민성에 일어나는 어떤 자발적 변화를 설명하는 데 특히 유용하다. 세속화 같은 *장기 지속에 속하는 과정의 논의에서도 유용하게 쓰인다.

사르트르, 장 폴 Sartre, Jean-Paul (1905~1980)

•실존주의를 대표하는 철학자로 널리 알려진 프랑스의 •마르크스주의 철학자. 사르트르는 그의 세대에서 영향력이 매우 컸던 지식인 중 한 사람이다. 그의 희곡, 소설, 철학 저서들이 인정받아 1964년 노벨상 수상자로 결정되지만, 수상을 거부했다. 작가는 자신을 하나의 기관이 되게 해서는 안 된다는 이유에서였다.

사르트르는 프랑스의 도르도뉴 지방 티비에에서 중산층 부모에게서 태어났다. 그의 아버지는 해군 장교였는데, 그가 15개월일 때 사망했다. 어머니는 부모와 함께 살려고 파리로 돌아왔고, 이후 사르트르를 양육한 이들은 그의 외조부모였다. 사르트르는 그의 자서전《말》(*Les Mots*, 1963 / *The Words*, 1964)에서 유년기를 책이 가득했던 하나의 낙원으로 깊은 애정을 담아 회고했다. 그의 외조부 샤를 슈바이처는 노벨상을 받은 의사 선교사 알베르트 슈바이처의 친척으로 독일어 교사이면서 문화비평서들의 저자이기도 했다.

사르트르는 명문 앙리 4세 중학교와 루이 르그랑 중학교에서 공부한 뒤 고등사범에 입학했다. 그의 입학 동기들 명단은 화려하다. 레몽 아롱, 시몬 드 •보부아르, 조르주 •캉길렘, 다니엘 라가슈, 폴 니장 등이 그 명단에서 보이는 이름들이다. 고등사범에서 사르트르는 심리학과 철학사, 사회학과 물리학을 공부했다. 교수자격시험에서 처음에는 탈락했다. 전설에 따르면, 시험관이 기대했던 내용이 아니라 사르트르 자신의 생각을 제시했기 때문이었다. 그러나 두 번째 시험에서는 통과했는데, 그의 성적은 그해 프랑스에서 최고 점수였다(보부아르가 2등이었다).

전설은 또한 그가 실존주의로 나아가기 전 •현상학에 관심을 두게 된 계기가 친구 아롱이 베를린에서 1년 공부하고 돌아와 그에게 현상학이란 '맥주 한 잔을 놓고도 철학을 할 수 있게 하는 것'이라고 말했을 때라고 전한다. 여기서 영감을 받은 사르트르는 펍에서 집으로 돌아가는 길에 서점에 들러 에드문트 •후설에 관한 엠마누엘 •레비나스의 책을 구입했다. 1933년 병역을 마친 사르트르는 독일에 가서 공부하는데, 여기서 마르틴 •하이데거를 처음으로 읽었다. 나치즘의 발흥을 감지하지 못했을 리 없지만, 당시 그에게 나치즘은 별다른 인상을 남기지 않았다. 프랑스로 돌아온 그는 르 아브르, 랑, 뇌이에서 교사로 일했다.

사르트르가 쓴 첫 소설이며 아마도 그의 가장 유명한 소설인 《구토》(*La Nausée*)는 1938년 출간되었다. 이 소설은 비평가들의 호평을 받았지만, 즉각 상업적 성공을 거두지는 못했고, 사르트르는 자신이 실패자로 끝날지 모른다고 남몰래 걱정했다. 제2차 세계대전이 일어나자 그는 바로 징집되었고 1940년 독일군에 포로로 잡혔다. 다행히 그는 프랑스와 독일 사이에 정전협정이 체결되면서 풀려났다. 그가 죽은 뒤 출간된 이 시기의 노트들 《전쟁의 기록: 1939년 11월에서 1940년 3월까지》(*Les Carnets de la Drôle de Guerre: Novembre 1939-Mars 1940*, 1983 / *War Diaries: Notebooks from Phoney War November 1939-March 1940*, 1984)가 분명히 보여주듯이 군에 있는 동안, 특히 수용소에 있는 동안 그는 자유라는 문제에 집중했다. 이것이 남은 일생 동안 사르트르 사상의 핵심 주제가 될 것이었다.

전쟁으로 사르트르는 작가로서 힘을 얻은 듯했다. 1940년에서 1945년까지는 그에게 대단히 생산적인 시기였다. 그는 희곡을 쓰기 시작했는데, 희곡을 독일 주둔군을 비판할 기회로 또한 실존주의 개념을 탐색할 기회로 삼았다. 그의 가장 유명한 문장, "지옥은 타인이다"는 이 시기에 쓴 《닫힌 방》(*Huis Clos*, 1944 / *No Exit*, 1990)에 등장한다. 그는 또한 《자유의 길》(*Chemins de la liberté*, 1945 / *The Roads to Freedom*, 1990)이라는 제목으로 전쟁 3부작이 되는 소설을 쓴다. 그러나 만약 사르트르가 전쟁 이후 프랑스에서 가장 중요한 지식인으로 부상하고 이어지는 몇 년 동안 세계에서 중요하고 유명한 지식인 중 한 사람이 되었다면, 그것은 《존재와 무》(*L'Être et le Néant*, 1943 / *Being and Nothingness*, 1958) 덕분일 것이다. 자유는 견딜 수 없는 짐 같은 것이라는 이 책의 논의는 당시 시대 분위기와 완벽하게 공명했다. 이 책이 베스트셀러가 되면서 사르트르는 경제적으로 자립할 수 있었고 대학 교수직으로 생계를 확보하지 않고 글만 쓸 수 있는 자유를 얻게 된다.

《존재와 무》는 세계의 독자들에게 •자기기만이라는 개념을 소개했다. 사르트르는 이 개념을 통해 의식이라는 정신분석적 개념에 반대한다. 제목이 말

ㅅ

해주듯이, 이 책은 존재(의식의 대상)와 무(의식 그 자체, 존재를 갖지 않는) 사이에 변증법적 대립의 관계를 구축한다. 대상을 이해할 때, 의식은 자기 자신을 향한 존재를 가지며, 대상은 자기 내적 존재만을 갖는다. 이 구분이 사르트르에게 중요한데, 세계 자체의 순수 사실보다 우리가 세계를 '어떻게' 생각하느냐가 중요하다는 것이 사르트르의 논지이기 때문이다. 이 점은 다른 사람에게 보인다는 것(달리 말해, 그들의 •응시 아래에 놓인다는 것)이 무슨 의미냐의 질문을 감안하면 문제적인 것이 된다. 이 상황에서 우리는 무엇인가에 대한 의식이면서 동시에 어떤 의식의 대상이 된다. 우리 자신을 향한 존재는 이와 같은 상황에서 어떤 의미에서 타락하게 되며, 사르트르가 •타자를 위한 존재라는 암울한 이름으로 부른 상태로 빠지게 된다. 사르트르는《존재와 무》후속 저술이며 출간이 오래 지연된《변증법적 이성비판》(*Critique de la Raison Dialectique*, 1960 / *Critique of Dialectical Reason*, 1976)에서 이 •문제 틀을 더 발전시켰다.

1947년 사르트르가 시몬 드 •보부아르, 모리스 •메를로 퐁티와 함께 창간한 저널《현대》(*Les temps moderne*)에 발표된 일련의 논설이자 이후《문학이란 무엇인가》(*Qu'est-ce que la ittérature*)라는 제목으로 묶이게 될 글들에서 사르트르는 참여문학의 개념을 소개했다. 적어도 이후 10년 동안 글쓰기의 의미는 사르트르의 참여문학 개념으로 규정될 것이었다. 이 개념이 미친 영향은 아마도 롤랑 •바르트가 그것의 다소 교조적인 구조를 넘어서려는 시도를 했던《글쓰기의 영도》(*Le Degré Zéro de L'Écriture*, 1953 / *Writing Degree Zero*, 1967)에서 가장 분명히 볼 수 있다. 사르트르는 문학이 문학 자체를 목적으로 한다는 '순수문학'의 미학을 거부했고, 작가에게는 자유라는 보편 가치를 탐구하고 탐문할 책임이 있다고 말했다. 이후 사르트르가 긴 지면을 바쳐 탐구했던 작가들이, 특히 3,000쪽에 달하는《집안의 백치》(*L'idiot de la famille*, 1971~1972 / *The Family Idiot*, 1993)의 주제인 귀스타브 플로베르 외에도 장 주네, 스테판 말라르메가 이런 문학을 추구하지는 않았다는 것은 •아이러니다.

프레드릭 •제임슨이 말했듯이 1950년대가 사르트르의 연대였다면, 1960년대는 •구조주의의 연대였으며, 이 동안 사르트르라는 개인은 정치적 활동가이자 양심의 목소리로 여전히 대중의 요청을 받았지만 그의 사상의 영향력은 기울었다. 그는 프란츠 *파농 같은 *제3세계 저자들을 옹호했다. 파농의《대지의 저주받은 사람들》(*Les Damnés de la terre*, 1961 / *The Wretched of the Earth*, 1965)의 유명한 서문에서 사르트르는 "(지구에) 20억이 살고 있다. 그중 5억이 사람이며, 15억은 원주민이다. 5억이 말을 지배하고, 15억은 그 지배의 대상이 된다"는 도발적인 선언을 했다. 우리에게 사르트르의 유산은 구체적인 저술들의 목록이기보다(현재 사르트르 사상의 추종자는 실상 거의 없다) '참여하는 지식인'이자 작가로서 어떤 태도일 것이다. 이것이 그의 이후 세대, 그중에서도 질 *들뢰즈와 미셸 *푸코가 그에게 품었던 생각이다. 들뢰즈는 사르트르가 '상쾌한 한 자락의 공기'였다고 말했다.

+ 더 읽을거리

H. Barnes, *Sartre*, 1974.
로버트 베르나스코니, 《How to read 사르트르》, 변광배 옮김, 웅진지식하우스, 2008.
G. Cox, *Sartre: A Guide for the Perplexed*, 2006.
N. Levy, *Sartre*, 2002.
F. Jameson, *Sartre: The Origins of a Style*, 1961.

ㅅ

+ 참고

장-폴 사르트르, 《말》, 정명환 옮김, 민음사, 2005.
장-폴 사르트르, 《구토》, 방곤 옮김, 문예출판사, 1999.
장-폴 사르트르, 《닫힌 방 · 악마와 선한 신》, 지영래 옮김, 민음사, 2013.
장-폴 사르트르, 《자유의 길》, 최석기 옮김, 고려원, 1991~1996.
장-폴 사르트르, 《존재와 무》, 손우성 옮김, 삼성출판사, 1982.
장-폴 사르트르, 《변증법적 이성비판》, 박정자 외 옮김, 나남, 2009.
장-폴 사르트르, 《문학이란 무엇인가》, 정명환 옮김, 민음사, 1998.
롤랑 바르트, 《글쓰기의 영도》, 김웅권 옮김, 동문선, 2007.
프란츠 파농, 《대지의 저주받은 사람들》, 남경태 옮김, 그린비, 2010.

○ 웹 링크

• 장 폴 사르트르에 관한 전기적 · 서지적 정보와 온라인 자료들을 볼 수 있음.

ㅇ

아감벤, 조르조 Agamben, Giorgio (1942~)

*호모 사케르라는 개념으로 잘 알려진 이탈리아 철학자. 로마 대학교에서 공부했고 시몬 베유의 정치사상에 관한 논문으로 박사 학위를 마쳤다. 1966년과 1968년에 그는 마르틴 *하이데거의 헤라클레이토스와 G. W. F. *헤겔에 대한 세미나에 참가했다. 아감벤은 당시 이탈리아에서 걸출한 지식인들이었던 피에로 파올로 파솔리니와 이탈로 *칼비노 두 사람과 가까운 친구였다(파솔리니는 아감벤에게 자신의 영화 중 한 편에 등장하는 단역을 주기도 했다). 아감벤은 발터 *벤야민의 저서에 대한 열정이 대단해서 프랑스 국립 도서관의 기록보관소에서 그에 관해 광범위한 리서치를 했으며 그곳에서 벤야민의 몇 가지 중요한 원고를 발견하기도 했다. 또한 벤야민의 모든 저서의 이탈리아판 번역서를 편집하기도 했다. 아감벤의 저술이 카를 슈미트와 미셸 *푸코에 집중된 것은 좀 더 최근이라 할 수 있다. 대단히 박식한 어원학자인 아감벤은 고전 철학의 관점에 비추어 동시대의 책들을 읽는다. 아마도 아감벤의 이러한 어원 연구 중에서 가장 잘 알려진 것이 근대유럽언어에서는 '비오스(*bios*)'와 '조에(*zoē*)'의 차이가 존재하지 않는다는 발견일 것이다. 고전 철학은 정치적 삶(bios), 즉 선한 것과 고유한 것이라는 두 개념에 따라 규정된 삶의 방식

과 생명 자체(zoē)라는 단순한 사실, 즉 인간과 동물이 공유하는 것으로서 삶을 구별하기 위해 '비오스'와 '조에'를 사용한다. 푸코의 뒤를 이어 아감벤은 이러한 '비오스'와 '조에'의 구분이 붕괴됨으로써 그 효과로 *벌거벗은 삶의 정치학 혹은 *생정치가 만들어졌다는 것을 보여준다. 아감벤은 이러한 전개가 혼란스럽다는 것을 발견한다. 그리고 그는 이것을 파시즘의 기원으로 간주한다. 생정치가 사람이 아니라 몸을 규정할 때 사회적인 것 이전에 생물학적인 것을 놓는 정치를 가능하게 만들기 때문이다. 이것을 출발점으로 삼아 아감벤의 후기 저술은 민주주의 헌법들에 있는 역설을 따라갔다. 민주주의 헌법들은 민주주의를 '구원'하려고 생정치를 허용한다. 그로 말미암아 역설적으로 민주주의 자체가 전투적인 법의 선포에 흔들릴 수 있게 된다. 아감벤은 이것을 '예외 상태(state of exception)'라고 했다. 그의 저서는 광범하게 다양한 사회적 기제가 가지고 있는 특질을 포괄하려고 이러한 역설적 배제 과정을 추적했다.

+ 더 읽을거리

M. Calacrco and S. Decaroli, *On Agamben: Sovereignty and Life*, 2007.
L. De la Durantaye, *Giorgio Agamben: A Critical Introduction*, 2009.
C. Mills, *The Philosophy of Agamben*, 2008.

○ 웹 링크

• 참고 도서와 더 읽을거리가 있는 조르조 아감벤의 저술 전반에 걸친 포괄적 개요.

아날학파 *Annales* School

1929년 처음 발행된《사회경제사연보》(*Annales d'histoire économique et sociale*)라는 잡지와 연관된 프랑스 역사가들로 엉성하게 조직된 그룹. 각각 16세기 전문가와 중세 연구자인 뤼시앵 페브르와 마르크 블로크가 창간한《사회경제사연보》는 *역사기술학의 초점을 서사에서 분석으로 바꾸고 그와 더불어 후일 '총체적 역사'라 불리게 될 것을 만들어가려고 다른 학제(지리학과 사회학, 심리학, 인류학, 언어학, 경제학)와 협업 *공간을 마련하고 인간의 전반적 활동에 관심을 기울이는 새로운 역사를 조성하고자 했다.《사회경제사연보》는 좀 더 광범위한 접근을 하려고 역사 혹은 실제적 역사(histoire évenementielle/

factual history)에 대한 경험적 접근을 편협하게 시도하지 않았다. 페르낭 *브로델은 이 광범위한 접근 방식을 세 가지 층위로 된 모델로 체계화했다. 일반적으로 이 모델은 세 가지 층위 중 첫 번째인 *장기 지속으로 알려지게 되었다. 장기 지속은 물리적 환경과 인간의 눈으로는 거의 지각할 수 없는 시간 척도와 인간의 상호작용을 가리킨다. 아날학파는 역사적 '문제'에 말을 걸었다. 예를 들어, 페브르의 《16세기 불신앙 문제: 라블레의 종교》(*Le problème de l'incroyance au 16e siècle: la religion de Rabelais*, 1942 / *The Problem of Unbelief in the Sixteenth Century*, 1983)는 왜 16세기에는 '불신앙'이 불가능했는지 설명하려고 시도했다. 아날학파는 규모가 작게 반항적으로 시작했는데, 또다시 작은 반항적 당파들로 나뉠 정도로 커지면서 빠르게 프랑스 학계에서 주도적 위치로 올라섰다. 그래서 아날학파의 역사를 세대의 관점으로 다루는 것이 통상적 관례다. 아날학파의 첫 세대는 블로크와 페브르였다. 그러나 제2차 세계대전 동안 레지스탕스에서 활동했던 블로크가 1944년 게슈타포에게 처형당하자 아날학파를 계속해서 움직이게 하는 과업은 페브르에게 남겨졌다. 두 번째 세대는 페브르의 제자인 브로델이라는 대단히 뛰어난 인물이 지배했고, 세 번째 세대는 브로델의 제자들인 자크 르 고프, 에마뉘엘 르 루아 라뒤리, 마르크 페로가 이끌었다. 미셸 드 *세르토, 미셸 *푸코, 앙리 *르페브르 같은 역사학자들은 결코 아날학파의 일원은 아니었지만 아날학파의 역사에 대한 접근 방식에 영향을 받았다.

+ 더 읽을거리

P. Burke, *The French Historical Revolution: The Annales School 1929~1989*, 1990.

아노미 anomie

사회적 규범, 규정 혹은 법의 부재를 말한다. 아노미와 *무정부 상태를 혼동해서는 안 되는데, 아노미는 어떤 일의 세부적 사태라기보다는 실존적 조건이다. 아노미는 잘 정돈된 규범이나 규정, 법이 적법성을 상실하고 사태가 어떻게 정돈되어야 하는지와 같은 대안적 비전으로 대체되지 않으면 아주 잘 정돈된 사회 안에서도 나타날 수 있다. 그리스어로 법을 의미하는 '노모스

(nomos)'에서 유래한 이 용어는 프랑스 철학자 장 마리 귀요가 처음 사용했지만, 이 용어의 가장 잘 알려진 정식화는 프랑스 사회학자 에밀 •뒤르켐이 해냈다. 뒤르켐은 자신의 책 《자살론》(*Suicide*, 1897)에서 공적 담론(정부가 진실이라고 선언하는 것)과 그러한 •수사학이 거짓임을 나타내는 토대의 증거 불일치 때문에 사람들이 절망하고 미래가 없다고 느끼기 시작하는 상황을 사회적 변화, 특히 고용 전망과 관련된 변화가 가져오는 상황을 서술하려고 아노미를 사용했다.

아도르노, 테오도어 Adorno, Theodor →479페이지를 보라.

아렌트, 한나 Arendt, Hannah (1906~1975)

'악은 궁극적으로 평범하다'는 논제로 잘 알려진 유대계 독일인 정치철학자. 하노버에서 태어난 아렌트는 (임마누엘 •칸트의 출생지인) 쾨니히스베르크에서 자랐고, 마르부르크에서 마르틴 •하이데거의 지도 아래 철학을 공부했다. 그녀는 하이데거와 연인 관계였던 것으로도 유명하다. 하이데거와 결별한 아렌트는 하이델베르크로 이주했고 카를 •야스퍼스의 지도 아래 박사 학위를 마쳤다. 1933년 독일에서 도망친 다음 처음에는 파리로 갔는데, 그곳에서 발터 •벤야민과 만났다. 그 후 미국으로 갔다가 전쟁이 끝난 후 독일로 돌아왔지만 곧 다시 미국으로 돌아갔다. 1959년 아렌트는 프린스턴 대학교에서 정교수로 임명된 첫 여성 교수가 되었다. 아렌트의 명성은 《전체주의의 기원》(*The Origins of Totalitarianism*, 1951)과 함께 확립되었다. 이 책에서 그녀는 나치즘과 스탈린주의를 역사적 문맥에 자리매김하고 대량 학살을 초래하는 정치적 시스템이 어떻게 •공적 영역에서 호응을 얻을 수 있는지 보여주고자 했다. 아렌트의 특별한 관심사는 국가가 없는 사람들의 운명을 극명히 드러내는 일이었다. 그녀의 심중에 있던 국가가 없는 사람들은 국가로부터 시민권을 회수당한 채 독일에서 살고 있는 유대인과 같은 사람들이었다. 그뿐만 아니라 국가가 파괴되었거나 봉쇄되었다고 여기기 때문에 자신의 국가로 돌아갈 수 없다는 것을 발견한 난민이 또한 그녀의 염두에 있었다. 이탈리아 철학자 조르조 *아감벤은 *호모 사케르 분석에서 국가가 없는 사람들에 관한 아렌트의 연구를 발전시켰다. 아마도 가장 영향력 있는 책이라 할 만한《인간의 조건》(*The Human Condition*, 1958)에서 아렌트는 정치적 행동, 특히 권리의 수립을 검토함으로써 전작에서 제기된 문제를 지속해서 탐구했다. 예루살렘에서 있었던 아이히만 전범 재판들을 1963년《뉴요커》에 보도하면서 아렌트는 대중적인 악평을 들었다(후일 그녀는 이 기사들을《예루살렘의 아이히만》(*Eichmann in Jerusalem*)이라는 책으로 출판했다). 아이히만은 유대인 수백만 명을 죽음의 수용소로 이송했던 기차들의 외부 공급책 마련, 경로 지정, 일정표 정하기 같은 홀로코스트의 물류적 측면에 상당한 부분을 책임지고 있었다. 아이히만이 지극히 평범한 관료주의적 과정을 거쳐 괴물 같은 행동을 영속시킨 지극히 평범한 사람이었다는 관찰에서 아렌트는 '악의 평범성'이라는 어구의 영감을 받았다. 그녀는 이 책에 뒤이어《혁명론》(*On Revolution*, 1963)과《폭력의 세기》(*On Violence*, 1970)를 출판했다.

+ 더 읽을거리
사이먼 스위프트,《스토리텔링 한나 아렌트》, 이부순 옮김, 앨피, 2008.

아르토, 앙토냉 Artaud, Antonin (1896~1948)

프랑스의 시인이자 극작가. *잔혹극에 대한 아르토의 개념은 20세기 실험극에 막대한 영향을 미쳤다. 아르토는 정신적 질환과 육체적 질병 때문에 어린 시절 많은 시간을 병원에서 보냈다. 이런 경험이 그의 인생에서 어떤 흐름을 정해버렸고, 그것이 그의 여생 동안 지속되었다. 1916년 아르토는 군대에 징집되었지만 의학적 근거를 토대로 곧 제대 조치되었다. 당시 알려진 대로 병에 대한 남은 치료법 중 하나가 시행되는 동안 그는 요양원에서 정신 이완제인 아편틴크(laudanum)를 처방받게 되는데, 이로 말미암아 아편중독자가 되어버렸다.

아르토는 결코 제대로 된 이력을 쌓지 못했다. 그는 겉보기에는 닥치는 대로 이 일에서 또 다른 일을 찾아 헤맸지만 분명히 현실 인식에 대한 도전이라는 변함없는 목적을 가지고 있었다. 27세 때《신프랑스 평론》(*La Nouvelle*

Revue Française)에 시를 보냈는데, 당시 편집장이었던 자크 리비에르는 아르토의 시들을 거부했다. 그렇지만 리비에르는 아르토와 서신 왕래를 할 정도로 아르토의 시들에 흥미를 느꼈다. 결국 두 사람 사이에 오고 간 서신들이 아르토의 첫 번째 주요 저서가 되었다. 또한, 그는 제르멘 뒬라크와 칼 드레이어가 감독한 영화 몇 편에서 작은 배역을 얻으면서 몇몇 무성영화에서 배우로서 일을 고를 수 있었다.

아르토 역시 그 당시에 있었던 *초현실주의 운동에 관여했지만, 초현실주의 운동에서 퇴출된 로제 비트라크와 그가 이전에 연합하지 않았는데도 이른바 초현실주의의 교황이라 불리는 앙드레 *브르통에 의해 초현실주의 운동에서 퇴출당하게 되었다. 1926년부터 1928년까지 비트라크와 아르토는 *파타피직스의 창시자 이름을 붙인 알프레드 *자리 극장을 함께 운영했다. 그들은 비트라크, 클로델, 스트린드베리의 작품을 연출해서 대단한 비평적인 성공을 거두었다. 그러나 앙드레 지드와 폴 발레리를 포함한 그 당시 선도적 지식인들이 제작에 참여했는데도 이 모험은 상업적으로 실패했고 어쩔 수 없이 접게 되었다.

1931년 아르토는 파리에서 열린 식민지박람회에서 발리의 춤 공연을 관람했다. 비록 그가 이 춤을 완전히 이해한 것은 아니었지만 이를 계기로 연극이 할 수 있는 것과 연극이 어떤 것이 되어야 하는가에 대한 생각이 완전히 바뀌게 되었다. 발리의 춤이 아르토에게 미친 영향력은 같은 해에 《신프랑스 평론》에 발표된 〈잔혹극에 대한 첫 번째 성명서〉(First Manifesto for a Theatre of Cruelty)라는 글에서 선명하게 드러난다. 1935년에 아르토는 멕시코를 여행했는데, 그곳에서 타라휴마라 부족민과 만나면서 자신을 변화시키는 두 번째 경험을 했다. 1937년 아르토는 프랑스로 돌아와 1938년에 이러한 만남의 흔적을 담은 중요한 저서라 할 만한 《잔혹 연극론》(*The Theatre and its Double*)을 출판했다. 이 책은 20세기에 큰 영향력을 미친 연극 성명서 중 하나가 되었다.

아르토는 여생의 마지막 10년을 정신병원에서 보냈다. 하지만 그는 계속해서 다수의 작품을 썼고 그의 책 중 가장 도전적인 몇 권을 이 시기에 써냈다. 아르토가 정신분열증 환자였을 개연성은 꽤 높다고 할 수 있다. 그래서 연극계 바깥에서 특히 미셸 •푸코와 질 •들뢰즈는 아르토의 책에는 '광기'의 진정성 있는 목소리가 담겨 있다고 칭송했고, 그의 책을 연구하기도 했다.

+ 더 읽을거리
M. Esslin, *Antonin Artaud*, 1976.

아방가르드 Avant-garde

본진에 앞서 공격하는 병사 집단을 지칭하는 군사 용어인데, 예술의 관습에 도전하고 시대에 앞서 있는 어떤 형식의 예술에 대한 은유로 사용된다. 처음에 아방가르드는 19세기 후반 프랑스에서 유행했다. 아방가르드는 종종 •모더니즘의 동의어로 사용되기도 한다. 그러나 아방가르드와 모더니즘을 동일하게 보는 것이 일정 부분 옳다 하더라도, 아방가르드가 특정 시기나 스타일을 함축하고 있지 않다는 측면에서 볼 때 그것은 오해의 소지가 있다. 하지만 좀 더 일반적으로 말하면, •비평이론에서 아방가르드는 새로움의 문제를 나타내는 암호처럼 사용된다. 새로움은 •포스트모더니즘의 시대에 특히 예민하게 고려되는 문제다. 이는 모든 가능한 형식의 예술적 실험이 포스트모더니즘의 시대에 시도되었다고 생각하기 때문이다. 따라서 아방가르드 개념은 무엇을 전적으로 새롭다고 간주해야 하는가와 같은 자신의 가능성 문제를 담고 있기 때문에 예술적으로 혹은 역사적으로 문제적일 뿐만 아니라 존재론적으로도 문제적이다. 이런 이유 때문에 아방가르드 관련 책들은 •프락시스보다는 이론에 초점을 맞추는 경향이 있다.

+ 더 읽을거리
페터 뷔르거, 《아방가르드의 이론》, 최성만 옮김, 지만지, 2009.
마테이 칼리니스쿠, 《모더니티의 다섯 얼굴: 모더니티/아방가르드/데카당스/키치/포스트모더니즘》, 이영욱 옮김, 시각과언어, 1994.
레나토 포지올리, 《아방가르드 예술론》, 박상진 옮김, 문예출판사, 1999.

아비투스 habitus

실천(즉, 실제적이며 실용적 경험의 결과로서)으로 이루어지고 언제나 실천적 상황과 문제를 지향하는 세계에 대해 후천적으로 습득된 성향이나 구조화하려는 성향. 프랑스의 사회학자 피에르 •부르디외가 문화적 행동은 주관적이면서 동시에 객관적이라는 것을 이론화하려고 이 개념을 발전시켰다. 아비투스는 음식에 대한 취향이나 아름다움에 대한 정의에서처럼 '자연스러워' 보이지만 실은 '학습된' 문화적 행동의 양상을 가리킨다. 아비투스는 '방법지/수완(savoir faire/know-how)' 혹은 좀 더 정확히 말해서 게임하는 법에 대한 이해로 나타난다. 부르디외가 지적했듯이 스포츠에서 게임의 규칙은 단지 가능성의 조건만 만들어낸다. 그러나 게임의 규칙은 어떻게 게임이 실제로 행해질지 결정하지도 않고 사실상 우리가 그 게임에서 어떻게 잘해야 성공할지 결정하지 않는다. 이것을 안다는 것, 즉 게임에서 성공하는 법을 안다는 것은 부르디외가 아비투스를 지칭할 때 마음속에 염두에 두던 실용 지식이다. 결정적으로 아비투스는 부르디외가 •실천이라고 정의 내린, 즉 주체가 내면화했던 장(필드)의 요구에 맞춰 순응하는 것 이외의 것은 생각하지 않고, 의도나 특별한 목적 없이 수행되는 행동의 장소다. 부르디외는 아비투스를 구현된 역사, 즉 '제2의 본성'으로 변화된 과거의 교훈이라고 했다. 그리고 비록 역사처럼 망각된다고 하더라도 아비투스는 우리가 지금 하는 모든 것 속에 그 존재가 항구적으로 남아 있다고 말했다.

+ 더 읽을거리

P. Bourdieu, *Le sens pratique*, 1980 / *The Logic of Practice*, 1990.

아우라 aura

예술 작품에 있는 본질적으로 재생산될 수 없는 측면, 즉 시간과 공간에서 예술 작품의 기원적 현존을 의미한다. 사실상, 아우라는 원본과 그것의 복사본을 분리하고, 어떤 특별한 산맥이나 다른 자연의 경이를 보는 관점에서는 구체성과도 비교될 수 있는 독특성이다. 그러나 이런 의미의 독특성 이상으로 아우라는 기술력과 관계없이 복사될 수 없는 것이다. 발터 •벤야민은 그의 가장 유명한 글이라고 할 수 있는 〈기술 복제 시대의 예술〉(Das Kunstwerk im Zeitalter seiner technischen Reproduzierbarkeit, 1936 / The Work of Art in the Age of

Mechanical Reproduction, 1968)에서 지각의 본성 자체가 역사 과정에서 변화에 종속되어 있다는 더 확장된 논제를 설명하려고 이 용어를 사용했다. 새로운 형식의 예술 작품, 특히 영화가 19세기 말 등장했는데, 이 새로운 형식의 예술 작품은 더는 원본의 재생산물이라고 설명될 수 없는 것이었다. 이런 문맥에서 원본은 이미 언제나 복사본이다. 벤야민이 설명하고자 했던 것은 그림과 영화의 이러한 차이다. 그리고 그는 그림의 아우라는 영화에서 더는 발견될 수 없는 것이 되었으므로 아우라에 대한 바로 그 생각 자체가 쇠락했다고 주장했다. 비록 이 용어를 움베르토 *에코가 사용하지는 않았지만, 에코는 정확히 이러한 벤야민의 아우라에 대한 주장을 바탕으로 *포스트모더니티 혹은 그가 *극사실성이라 지칭하는 것을 설명했다.

아우어바흐, 에리히 Auerbach, Erich (1892~1957)

독일의 문학비평가이자 문헌학자. 일반적으로 아우어바흐는 에른스트 로베르트 쿠르티우스, 레오 슈피처와 더불어 20세기 *문헌학의 훌륭한 주창자 중 한 사람으로 간주된다. 그는 서구 문학의 *사실주의에 대한 권위 있는 조망을 담은《미메시스》(*Mimesis,* 1946)로 잘 알려져 있다. 그는 유럽 문학 연구에 필요한 문헌을 갖춘 도서관이 없었던 이스탄불에서 망명 생활을 하는 동안 이 책을 썼다는 일화로도 유명하다. 아우어바흐는 법학으로 첫 번째 학위를 받았지만 문학 분야에서 계속 경력을 쌓아가겠다는 결정을 내리고 1921년 로맨스 문학에 대한 박사 논문을 완성했다. 1929년 그는 마르부르크 대학교 문헌학 교수로 임명되었고, 같은 해에 이탈리아 시인 단테에 대한 연구서인 첫 번째 책《단테: 세속적 세계의 시인》(*Dante als Dichter der iridischen Welt,* 1929 / *Dante: Poet of the Secular World,* 2007)을 출판했다. 1935년 그는 유대인이었기 때문에 어쩔 수 없이 교수직을 사임했고, 1936년 안전을 위해 독일을 떠났다. 그는 이스탄불로 이동해 그곳에서 1947년까지 체류했다. 그런 다음 미국으로 가서 펜실베이니아 주립대학교, 프린스턴 대학교, 예일 대학교에서 교수직을 역임했다. 아우어바흐는 본래 중세학자였다. 그래서 그의 연구가 가장 영향력을 미친 분야는 중세 연구였다. 그는 문학이론가가 아니었기 때문에

•구조주의 도래 이후 그의 연구는 상대적으로 도외시되었다.

+ 더 읽을거리
E. Said, *The World, the Text, and the Critic*, 1983.

아이러니 Irony

수사법의 한 종류. 진술의 표면적 의미와 그것의 실제 의도 사이에 고의적이며 명백한 차이 혹은 •모순이 있는 경우를 가리킨다. 말의 실제 의미와 그 말의 표면적 의미가 반대일 때가 아이러니의 대표적인 예다. 가령, 비가 내리는데 "오늘 날씨가 참 좋군요"라고 말하는 사람이 있다면, 아이러니다. 이런 의미의 아이러니는 풍자와 유사하다. 하지만 풍자와 비교하면 아이러니는 더 복잡한 형식을 가질 때가 많고, 그 의도가 유머가 아닐 때가 많다. 예를 들어, 로미오가 줄리엣이 죽었다고 생각하면서 자살할 때도 아이러니가 있다. 문학이론에서는 최소한 다섯 가지 유형(혹은 •전의)의 아이러니를 구분한다. ① 언어적 아이러니. 가장 단순한 형태의 아이러니: 진술과 의도 사이에 간극이 존재할 때(풍자와 유사). ② 구조적 아이러니: 더 복잡하고 확장된 형태의 아이러니. 인물의 세계관과 그가 속하는 세계 사이에 부조화가 존재할 때(사드의 《쥐스틴》(*Justine, or Good Conduct Well Chastised*, 1791)이 한 예인데, 실상 여기에는 이중의 아이러니가 있다. 사드의 여주인공은 순진해서 그녀에게 닥쳐오는 세상의 불의와 잔혹함에 끝없이 놀란다는 아이러니, 그리고 사드는 그러한 자신의 여주인공에게 동정심이 없다는 아이러니). ③ 극적 아이러니: 텔레비전 시트콤에서 줄곧 보게 되는 아이러니. 관객이 무대 위의 인물들보다 정보를 더 많이 갖고 있는 상황에서 발생한다(팬터마임은 극적 아이러니를 적극 활용한다. 관객은 주인공 바로 뒤에 괴물이 숨어 있음을 아는 데서 큰 즐거움을 느낀다. 주인공 자신은 그 사실을 알지 못한다). ④ 비극적 아이러니: 극적 아이러니의 한 유형. 관객은 인물에게 닥칠 운명의 결과가 인물이 생각하는 그것이 아님을 안다(예로 아서 밀러의 《세일즈맨의 죽음》(*Death of a Salesman*, 1949)을 들 수 있다). ⑤ 우주적 아이러니: 극적 아이러니의 한 유형. 인물들이 최선을 다해도 운명은 언제나 그들의 꿈을 파괴한다(예로 토마스 하디의 《이름 없는 주드》(*Jude the Obscure*, 1895)를 들 수 있다).

ㅇ

+ 더 읽을거리

C. Colebrook, *Irony,* 2003.

+ 참고

아서 밀러, 《세일즈맨의 죽음》, 오화섭 옮김, 범우사, 1993. 이 외 여러 국역본이 있다.
토마스 하디, 《이름 없는 주드》, 정종화 옮김, 민음사, 2007. 이 외 여러 국역본이 있다.

ISA → 이데올로기적 국가장치

아카이브 archive

프랑스의 역사학자 미셸 •푸코가 말한 고고학적 분석의 일반적 지평 혹은 틀. 아카이브는 역사상 특수한 순간이나 시기에 대해서 알려질 수 있는 것의 한계를 나타내는 포괄적 용어다. 아카이브는 그 자체로 •담론의 실천을 구성한다. 푸코에게 담론의 실천은 언어, 경제학, 역사, 사회의 익명 규칙을 뜻한다. 이들은 합쳐져서 문화가 기능할 수 있도록 한다. 그러나 아카이브는 본성상 결코 온전히 검토될 수 없다. 실제로 푸코는 우리 자신의 시대에 대한 아카이브는 알려질 수 없다고 상당히 단정적으로 말했다. 그러므로 아카이브에 대한 우리 지식과 그것을 서술할 수 있는 능력은 기껏해야 파편적일 수밖에 없다. 자크 •데리다는 《아카이브 열병》(*Mal d'archive: une impression freudienne,* 1995 / *Archive Fever: A Freudian Impression,* 1998)에서 우리의 개인사라는 아카이브가 인식 가능한지 그 한계를 연구했다.

+ 더 읽을거리

J. Bernauer, *Michel Foucault's Force of Flight,* 1990.

아파두라이, 아르준 Appadurai, Arjun (1949~)

인도 태생으로 미국에 토대를 둔 인류학자. 탈식민주의의 중요한 이론 잡지인 《대중 문화》(*Public Culture*)의 공동 발행자. 뭄바이에서 태어났고 그곳에서 교육을 받다가 1967년 미국으로 이주해서 브랜다이스 대학에서 석사 학위를 마쳤고 시카고 대학교에서 박사 학위를 받았다. 현재 뉴욕의 뉴 스쿨에서 가르치고 있다. 1988년 그는 《사물의 사회적 삶: 문화적 관점에서의 상품들》(*The Social Life of Things: Commodities in Cultural Perspective*)이라는 제목의 에세이 선집을 편집했다. 이 책은 왜 어떤 한 종류의 물건이 어떤 때는 중요한 *가치를 지니다가 다른 때에는 중요하지 않은가와 같이 어떤 곳에서는 가치가 있는데 다른 곳에서는 가치가 없는지 물으면서 취향의 탄생, 취향의 규정, 취향의 다양성을 (전 세계적 단위로) 도표화한다. 이 선집에 덧붙인 아파두라이의 서문은 문화인류학 분야의 이정표가 된다. 적어도 *비평이론의 관점에서 그의 가장 중요한 책이라 할 만한 것은《고삐 풀린 현대성》(*Modernity at Large: Cultural Dimensions of Globalization*, 1996)이다. 이 책은 전 세계의 문화적 흐름 혹은 풍경을 모두 종합해 현대의 사회적 *상상계와 절충하면서 전 세계의 문화적 흐름을 다섯 부분으로 나눈 이론을 제시했다. 그의 가장 최근 책《소수에 대한 두려움: 분노의 지리학》((*Fear of Small Numbers: An Essay on the Geography of Anger*, 2006)은 *정동, 특히 분노에 집중했다.

+ 참고

아르준 아파두라이, 《고삐 풀린 현대성》, 차원현 옮김, 현실문화연구, 2004.
아르준 아파두라이, 《소수에 대한 두려움》, 장희권 옮김, 에코리브르, 2011.

아포리아 aporia

고전 철학에서 아포리아는 공리(axiom) 그리고/혹은 명제의 조합이 (각각 그 자체로는 진리이지만) 양립할 수 없는 당혹스러운 지점을 뜻한다. 현대 윤리학은 끊임없이 아포리아적 국면과 대면한다. 가령, 낙태의 경우 '생명에 대한 권리'와 '선택할 자유'라는 개념 때문에 제기되는 난제를 생각해보라. 각자 자신의 처지에서 사람은 대부분 모든 사람은 생명에 대한 권리와 어떻게 삶을 살지를 선택할 자유에 대한 권리가 있다는 개념을 지지할 것이다. 낙태의 경우 이러한 권리의 적절한 배분을 정확하게 결정하기 어렵다. 이와 같은 당혹스러운 쟁점과 마주한 여러 논평가는 아포리아의 두 번째 의미에 자신들이 의지하고 있다는 것을 알게 된다. 아포리아의 두 번째 의미는 수사학에서는 비유법을 가리킨다. 가령, 어떤 화자는 '나는 이 두 가지 권리 중에서 어떤 걸 선택할지 정말로 모르겠지만, 그럼에도 선택하기 위해 노력할 거야'라는 말로 자기 의심을 표현한다. 자크 •데리다의 저서에서 아포리아는 중요 관심사다. 즉, 어떤 텍스트, 사실상 어떤 진술문이든지 간에 그것이 다수 아포리아로 이루어져 있다는 것을 드러내는 것이 •해체의 기본적 지점이다.

안잘두아, 글로리아 Anzaldúa, Gloria (1942~2004)

멕시코계 미국인, 급진적 레즈비언 문화비평가, 작가. 텍사스 남부의 리오 그란데 계곡에서 태어난 안잘두아는 팬 아메리카 대학교에서 학사 학위를, 텍사스 주립대학교(오스틴 소재)에서 석사 학위를 받았다. 안잘두아는 피부색과 •계급을 페미니즘 이론의 맹점이라고 보고 이를 비판한 초창기 비평가다. 체리 모라가와 공동 편집한 《급진적 유색 여성들의 글쓰기》(*This Bridge Called My Back: Writings by Radical Women of Color*, 1981)와 같은 공동 저서에서 그녀는 •페미니즘 이론의 맹점이 함축하는 바에 대한 의식을 높이려 애썼다. 그녀의 가장 유명한 책 《경계지대들/경계선에서: 새로운 메스티자》(*Borderlands/La Frontera: The New Mestiza*, 1987)는 일상생활을 형성하는 이분법(예컨대 흑/백, 남성/여성, 그 외의 이분법) 그리고 다양성에 대한 강력한 찬사에 대한 시적인 공격을 담고 있다. 안잘두아는 '메스티자(mestiza, 여성 메스티조)'라고 지칭한 삶의 비전을 옹호했다. '메스티자'는 '섞여 있다'는 뜻이지만, 생물학에서 이데올로기까지 모든 실존 영역에 그 의미를 확장함으로써 이분법 논리를 거부한 것으로 이해되어야 한다.

알레고리 allegory

숨은 의미를 제시하기 위해 겉으로 드러난 모습이 고안된 예술 작품의 형식. 알레고리는 보통 상징을 매개로 이루어진다. 예를 들어, C. S. 루이스의 《나니아 연대기》(*The Chronicles of Narnia*)나 톨킨의 '반지 3부작'의 독자들은 텍스트의 표면 너머에 있는 더 심오한 의미나 의의를 가리키는 많은 이미지의 공세에 놓이게 된다. 나니아의 경우, 대왕사자 아슬란 같은 자기희생적 캐릭터들은 그리스도를 나타내는 인물이 될 수밖에 없고, 호빗족은 '중간 영국(middle England)'이라는 신화적 장소에 대한 의인화로 생각할 수밖에 없다.

대개 알레고리는 성경과 같은 선재하는 텍스트를 창의적으로 다시 쓰거나 상상한 것들이다. 그러나 프레드릭 •제임슨이 《정치적 무의식》(*The Political Unconscious*, 1981)에서 보여주었듯이 역사 자체가 알레고리를 구성하는 선행 텍스트로 이용될 수 있다. 제임슨은 후기 저서에서 민족(국가) 자체를 선재하는 텍스트로 사용하는 예술 작품을 설명하려고 •민족(국가) 알레고리라는 개념을 발전시켰다. 알레고리는 노스럽 •프라이와 발터 •벤야민의 저술에서도 중요하다. 프라이와 벤야민은 알레고리의 다층적 모델을 창안했다.

+ 더 읽을거리

M. Warner, *Monuments and Maidens: The Allegory of the Female Form*, 1996.

RSA →억압적 국가장치

알튀세르, 루이 Althusser, Louis (1918~1990)

프랑스의 •마르크스주의 철학자이자 20세기 영향력 있는 사상가 중 한 사람. 알튀세르의 작업은 마르크스주의, •구조주의, •정신분석에서 얻은 통찰을 융합해, 특히 •이데올로기의 기능에 초점을 맞춰 현대자본주의사회에 대한 강력한 비판을 만들어냈다. 그의 목표는 마르크스주의의 혁명적 차원을 소생해 이 세상에서 실제적이고 실용적인 변화를 만드는 이론을 구축하는 것이었다.

알튀세르는 알제리 비르망드레이스에서 태어났지만 프랑스에서 성장했다. 그의 집안은 가톨릭을 믿는 중산층이었다. 1939년 알튀세르는 파리의 명문 교육기관인 국립고등사범학교 입학 시험에 통과했다. 그러나 곧 군대에 징집되었고, 즉시 전쟁에 동원되었다가 독일군에 잡혀 슐레스비히 홀슈타인에 있는 포로수용소에서 5년을 보냈다. 전쟁이 끝난 후 그는 국립고등사범학교에서 다시 학업을 시작했고, 1948년 대학 강사가 될 수 있는 자격을 얻는 교수자격시험을 통과했다. 1975년 알튀세르는 피카르디 대학교에서 국가박사를 받았다. 알튀세르의 신체적·정신적 건강 상태는 언제나 상당히 불안정했다. 그래서 그는 수차례 병원에 입원하기도 했고 심지어 전기충격요법도 받았다.

알튀세르의 학자로서 이력은 통상적 관례에서 벗어나 있다. 알튀세르는 명성이 자자했지만 대학에서 지위 있는 교수직을 맡지 못했다. 그는 일생 국립고등사범학교에서 강사로 근무했다. 그곳에서 그의 수업을 들었던 많은 학생 중에는 미셸 *푸코와 자크 *데리다 같은 미래의 대가가 포함되어 있었다. 알튀세르는 다작을 한 야심 있는 저자였지만(그의 목표는 다름 아닌 카를 *마르크스에 대한 완결된 재해석이었다), 자신의 이론에 대한 총체적 설명을 생산하지는 못했다. 알튀세르의 출판물들은 다양한 철학적 · 정치적 논쟁에 대한 일련의 파편적 중재안들(글 몇 편은 제자들과 합작해 쓰였다), 그리고 종종 그를 폄하하는 사람들이 썼던 글 몇 편만큼이나 신랄하게 쓴 많은 자기비판이나 자아비판으로 이루어져 있다. 또한 알튀세르는 이제 충분한 평가가 내려져야만 하는, 책으로 묶을 수 있을 정도의 많은 원고를 포함하는 상당수 미출간 저작을 남겼다. 그의 중요한 저서들이라 할 수 있는《마르크스를 위하여》(*Pour Marx*, 1965 / *For Marx*, 1969)와《자본론 읽기》(*Lire le capital*, 1968 / *Reading Capital*, 1970),《레닌과 철학》(*Lenin and Philosophy*, 1971)은 꾸준히 읽히고 연구되고 있다.

알튀세르의 저술에 가장 공격적인 논평을 담은《영국의 마르크스주의 내의 논쟁》(*Arguments within English Marxism*, 1980)에서, 페리 *앤더슨은 알튀세르 사상이 1956년 니키타 흐루쇼프의 이시오프 스탈린 비난에 부응하며 쏟아져나온 중소 논쟁에 대한 반응으로 형성되었다고 주장했다. 앤더슨이 이러한 주장을 할 수 있는 직접적 계기를 마련해준 것은 에드워드 파머 *톰슨의 책《이론의 빈곤》(*Poverty of Theory*, 1978)이다. 그러나 톰슨과는 반대로 앤더슨은 알튀세르가 흐루쇼프의 반스탈린주의적 태도에 공감했지만 그의 개혁주의 의제들에는 공감하지 않았다고 주장했다. 이는 알튀세르가 흐루쇼프의 개혁주의 의제들이 마르크스의 혁명 정신을 배반한 것이라 생각했기 때문이다. 그 대신에 알튀세르는 스탈린에 대한 '좌파 비판'을 요청했다. 이는 사실상 마르크스에 대한 스탈린주의자식 재해석이 이루어지기 이전으로, 마르크스 사상에 대한 이해를 되돌리려고 했음을 의미한다. 알튀세르는 마르크스에 대한 이러한 방식의 재해석을 지지하려고 '마르크스로의 귀환'이라는 슬로건을 이용했다. 같은 시기에 그의 친구 자크 *라캉은 '프로이트로의 귀환'을 요청했다. 이러한 행보 때문에 생애 대부분 프랑스 공산당의 충실한 당원이었던 알튀세르는 프랑스 공산당의 미움을 받게 된다. 마르크스에 대한 그의 견해가 당 자체보다 더 높은 어떤 권위를 전제했기 때문이다.

많은 사람에게 알튀세르와 알튀세르주의를 정확히 담고 있다는 공감을 주지만 엄정한 책이기도 한《알튀세르: 이론의 우회》(*Althusser: The Detour of Theory*, 1987)에서 그레고리 엘리엇은 알튀세르가 반대하는 것, 다시 말해 그가 반헤겔주의, 반역사주의, 반인본주의였다는 점을 고려할 때 그의 철학적 견해가 가장 잘 정의된다고 주장했다. G. W. F. *헤겔을 다시 일으켜 세웠다고 주장했던 성숙한 마르크스의 견지에서 알튀세르는 헤겔의 열렬한 탐독자였다. 그 결과 그는 여전히 인본주의자이며 역사주의자에 머물러 있었던 초기 마르크스를 거부했다. 알튀세르의 관점에서 성숙한 마르크스는 학문이라는 말이 내포하는 객관적 엄밀성을 부가적으로 함축하는 과학, 즉 *사적 유물론의 창시자였다. 알튀세르의 논의에 따르면, 마르크스는 *사회 발전의 일반적 법칙을 다루는 과학을 수립했다. 그러나 바로 그 이유 때문에 마르크스의 작업은 완결되지 못했고, 마르크스의 프로젝트를 지속하는 것이 현대 마르크스주의의 임무라고 그는 주장했다. 정치적 측면에서 알튀세르는 만일 사회가 과학적으로(즉, 인간이 자연 세계를 이해하는 것과 동일한 방식으로) 이해될 수 있다면 그것이 변화의 프로그램을 이행되도록 만들 수 있다고 보았다. 알튀세르에게 역사는 *주체가 없는 과정이다. 그는 역사를 만드는 것은 (개인이 아니라) 민중이고 계급투쟁이 역사의 원동력이 된다는 견지를 유지했다.

알튀세르는 *구조적 인과성에 관한 아이디어를 헤겔이 아닌 바뤼흐 스피노자에게서 차용했는데, 이러한 그의 선택은 깜짝 놀랄 만한 일이었다. 스피노자를 차용함으로써 알튀세르는 다른 보이지 않는 전능한 힘이 여러 모습으로 현시된 것이 사회와 문화라고 생각하게 되었기 때문이다. 이러한 생각을 하면서 알튀세르는 *하부와 상부구조라는 마르크스의 유명한 공간적 은유를 새롭게 변형했다. 마르크스는 사회를 마지막 심급 순간에 결정 인자가

ㅇ

되는 경제적 하부구조와 종속적이지만 반자동적인 정치적·법적·이데올로기적 상부구조로 구분했는데, 알튀세르는 이 두 층위가 어떻게 상호작용하는지를 설명하려고 새로운 분석 장치를 만들었다. 상호 연관되어 있으나 구별되는 두 시스템, 즉 *억압적 국가장치와 *이데올로기적 국가장치로 구성되어 있는 상부구조는 자본주의적 생산방식에 내재한 사회적 관계의 재생산을 용이하게 함으로써 하부구조가 작동하는 데 필요한 조건을 제공한다. 억압적 국가장치(예를 들어, 경찰, 군대, 법원, 감옥)의 통제는 스스로 권력을 유지하는 데 충분하지 않기 때문에 국가는 이데올로기적 국가장치(예를 들어, 교회, 학교, 가족 매체, 노동조합, 문화 형식) 속에서 그에 대한 *헤게모니를 달성해야만 한다. 알튀세르는 우리의 실존을 이루는 실제적 조건과 우리가 맺고 있는 상상적 관계가 *이데올로기라고 재정의했다. 이 상상적 관계는 알튀세르가 *호명이라고 지칭한 과정에 따라 조성된다.

알튀세르의 제자들과 추종자들은 마르크스 사상의 혁명 정신에 대한 선두적 대변인으로서 알튀세르가 *68년 5월 사건의 선봉에 있을 것이라 기대했지만 그는 병 때문에 68혁명에 충분히 참여하지 못했다. 당시 많은 사람은 이것을 배신이라 간주했다. 그리고 그런 결정적 순간에 이론가로서 그의 평판이 쇠퇴하기 시작했다는 것이 지금은 알튀세르 신화의 한 부분이지만 진실은 그것보다 훨씬 복잡하다. 사실, 영미권역에서 알튀세르의 영향력이 정점을 찍은 시기는 68년 5월 이후 영국의 중요한 영화 연구 잡지 《스크린》(*Screen*)의 배후에 있던 저자들이 그의 사상을 옹호했던 1970년대였다. 같은 맥락에서, 1970년대에 이르러서야 비로소 알튀세르의 사상이 문학 연구에 영향을 미치게 되었는데, 프랑스에서는 피에르 *마슈레, 영국에서는 테리 *이글턴의 개척자적 연구로 그 길이 본격적으로 점화되었다. 오히려 그의 평판이 땅에 떨어진 것은 서로 다른 두 역사적 사건에 그가 보였던 적절하지 못한 반응, 다시 말해 중국 공산당의 문화혁명과 알렉산더 솔제니친의 소련 정치범 수용소 실태 폭로를 신임하지 않은 것 때문이었다.

알튀세르는 생애 대부분을 프랑스 고등사범학교 강사를 위한 레지던스홀에서 살았다. 그리고 1980년 그곳에서 알튀세르가 당시 34세였던 자신의 파트너 헬렌 리트망의 목을 졸라 죽게 한 사건이 일어났다. 이 사건의 정확한 경위는 알려지지 않았는데, 알튀세르가 살인으로 기소되지는 않았다. 심신미약 판정을 받은 알튀세르는 생트안 정신병원에 위탁되었고 그곳에 3년간 머물렀다. 그는 자신에게 생긴 일들을 설명하려고 자서전적 책인《미래는 오래 지속된다》(*L'avenir dure longtemps*, 1992 / *The Future Lasts a Long Time*, 1993)와《사실》(*Les faits*, 1992 / *The Facts*, 1993)을 썼다. 알튀세르는 1990년 72세에 심장 발작으로 세상을 떠났다.

알튀세르가 남긴 유산을 평가하기는 어렵다. 그의 책은 한때 정점에 이르렀던 시절만큼 영향력을 더는 미치지 못하고 있다. 다시 말해, 만일 자신을 알튀세르주의자라고 생각하는 학자들이 남아 있다면 그것은 극소수에 불과하다. 이러한 현상은 부분적으로 알튀세르의 인생에서 일어난 비극적 사건들에 대한 반응이 분명하지만 또한 마르크스주의 사상의 영향력이 전반적으로 시들한 탓도 있다. 그렇더라도 알튀세르의 이전 제자들과 공동 연구자들(예를 들어, 알랭 •바디우, 에티엔 •발리바르, 레지 •드브레, 피에르 •마슈레, 미셸 •페쇠, 니코스 •풀란차스, 심지어 자크 •랑시에르는 다소 준엄한 비평서《알튀세르의 교훈》(*La Leçon d'Althusser*, 1974)에서 자신이 알튀세르와 연결되어 있다는 것을 사실상 부인했다)은 자신의 힘으로 중대한 이론가가 되려 정진했고 각자의 방식으로 마르크스주의를 •문제 틀로 발전시키려는 알튀세르의 프로젝트를 지속하고 있다. 그러므로 이러한 의미에서 본다면, 우리는 알튀세르가 마르크스주의 안에서 논쟁을 활성화함으로써 마르크스주의를 새롭게 만들려 했던 목표를 달성했다고 말할 수 있다.

+ 더 읽을거리

루이 알튀세르, 《미래는 오래 지속된다》, 권은미 옮김, 이매진, 2008.

P. Anderson, *Arguments within English Marxism*, 1980.

F. Boutang, *Louis Althusser: Une Biographie 1: La Formation du myth*, 1992.

앨릭스 캘리니코스, 《바로 읽는 알뛰세》, 이진수 옮김, 백의, 1992.

그레고리 엘리어트, 《알튀세르: 이론의 우회》, 이경숙 옮김, 새길아카데미, 2012.

E. P. Thompson, *The Poverty of Theory and Other Essays*, 1978.

압축 condensation / *Verdichtung*

지그문트 •프로이트가 제시한 •꿈작업 개념의 네 가지 핵심 기제 중 하나. 또한 압축은 •신경증과 •히스테리 증상 형성에도 작용한다는 것이 확인되기도 한다. 프로이트가 《농담과 무의식의 관계》(*Der Witz une seine Beziehung zum Unbewussten*, 1905 / *Jokes and their Relation to the Unconscious*, 1960)에서 보여주었듯이, 압축은 농담의 기능에 필수적이다. 압축은 《꿈의 해석》(*Die Traumdeutung*, 1900 / *The Interpretation of Dreams*, 1953)에서 처음으로 소개되었다. 압축은 세 가지 기본 형식을 취한다. 첫째, 일련의 꿈생각의 요소 혹은 동일한 꿈생각의 무수한 반복이 하나로 압축될 수 있다. 둘째, 그와 반대로 차이가 있고 서로 다른 다양한 꿈생각이 단 하나의 복잡한 이미지로 압축될 가능성이 있다. 셋째, 꿈생각 간의 차이가 모호해져서 상호 연결성의 출현을 강화한다. 꿈작업의 또 다른 핵심 기제 중 하나인 •전치와 마찬가지로, 압축은 우리가 우리 자신에게 만들어내는 •본능의 재현(*Vorstellung*/representation)과 연관된 •정동은 그러한 재현과 독립되어 있다고 전제한다. 이런 방식으로 몇몇 그런 이미지에 대한 •리비도의 충전은 압축되고 그 힘을 조금도 상실하지 않을 수 있다. 모든 꿈은 오로지 한순간만 지속하지만 그럼에도 꿈과 연관된 모든 연상이 세부적으로 파악될 때 명백해지는 것만큼 상당량의 심리적 정보를 담고 있다는 측면에서 모든 꿈은 압축 작업이라 할 수 있다.

액어법 zeugma

말 그대로 뜻은 '얽어매기.' •수사학에서 한 문장 속 하나의 단어가 두 가지 다른 사항을 동시에 가리키는 경우를 말한다. 예를 들면, "아이들은 뛰고 노래하기를 좋아한다"에서 '좋아한다'가 액어법으로 쓰인 단어다.

액체 근대성 liquid modernity

•세계화된 자본주의라는 현재의 역사적 조건을 가리키는 지그문트 •바우만의 용어. 노동과 자본 관계의 만성적 약화, 사회적이며 공동체적인 유대를 소멸시키는 자본의 위력의 폭발로 그 성격을 규정할 수 있다. 바우만이 '신성하

지 않은 삼위일체'라 부르는 불확실성, 불안전성, 위험이 액체 근대성의 특징이다. 현대사회에 만연하는 이 '신성하지 않은 삼위일체'는 바우만의 단호한 표현을 빌리면, 정부가 존재의 주보증인 역에서 실패할 때 등장한다(→모더니티; 포스트모더니즘).

+ 더 읽을거리

지그문트 바우만, 《액체근대》, 이일수 옮김, 강, 2009.
지그문트 바우만, 《(사랑하지 않을 권리) 리퀴드 러브: 현대의 우울과 고통의 원천에 대하여》, 권태우·조형준 옮김, 새물결, 2013.

앤더슨, 베네딕트 Anderson, Benedict (1936~2015)

남동아시아 연구를 전문으로 하는 영국의 *마르크스주의 학자. 앤더슨은 민족주의의 기원을 다룬 획기적인 책 《상상의 공동체》(*Imagined Communities*, 1983)로 저명해졌다. 《뉴 레프트 리뷰》(*New Left Review*)에 원고를 정기적으로 기고한 앤더슨은 《비교의 유령》(*The Spectre of Comparisons*, 1998)과 《세 깃발 아래서》(*Under Three Flags*, 2005)의 저자이기도 하다(→상상의 공동체; 민족; 민족주의).

앤더슨, 페리 Anderson, Perry (1938~)

정치사상사를 전공한 영국의 *마르크스주의 역사학자. 앤더슨과 같은 시대를 살고 있는 테리 *이글턴은 그를 영국에서 가장 훌륭한 지식인이라고 평했다. 스콧 맬컴슨은 앤더슨의 책을 기원전 800년부터 지난주까지를 총망라한 개관서의 걸작이라고 표현했다. (설령 있다 하더라도) 광범한 범위의 세계사와 각 국가의 더 세세한 특정 사항 모두에 대한 비교할 만한 이해력을 보여준 학자들이 거의 없고, 그런 주제에 할애된 (여러 가지 유럽어로 된) 방대한 문헌에 대한 지식을 갖추고 있는 학자도 드물기 때문이다. 앤더슨의 연구는 많은 시간 전략, 즉 마르크스의 유명한 표현을 빌리면 단순히 사회를 이해하기 위해서뿐만 아니라 사회 변화를 시도하기 위한 필요에 관심을 두고 이루어졌는데, 이 점에서 그의 연구는 다른 연구와 구별된다.

앤더슨은 런던에서 태어났다. 하지만 그의 가족은 그가 태어난 직후 상하이로, (일본이 중국을 침략했을 때) 다시 미국으로 이주해서 앤더슨은 전쟁이 끝날 때까지 미국에서 지냈다. 앤더슨은 자신의 일생 중 이 기간의 이야기를 기록했는데 이는《현대사상의 스펙트럼》(*Spectrum: From Right to Left in the World of Ideas*, 2005)에서 찾아볼 수 있다. 전쟁 이후 앤더슨의 가족은 선조의 고향인 아일랜드로 돌아왔고, 앤더슨은 이튼 학교와 옥스퍼드의 우스터 칼리지에서 공부했다. 여기서 앤더슨은 학자로서 자신의 이력에 지대한 영향력을 미치게 될 아이작 도이처과 만나게 된다. 당시 도이처는 마르크스주의의 가공할 만한 지성인이자 레온 트로츠키의 전기 작가였다.

1962년 앤더슨은 지금까지 충분히 설명된 적이 없어 논란의 여지가 있는 상황에서《뉴 레프트 리뷰》(*New Left Review*)의 편집장을 맡게 되었다. 그는 톰 네언, 로빈 블랙번, 줄리엣 미첼, 가레스 스테드먼 존스, 알렉산더 콕번, 피터 울렌 같은 '새로운' 신좌파의 충직한 당원들을 편집위원으로 데려왔다. 앤더슨의 관리 아래《뉴 레프트 리뷰》는 지금과 같은 예술 · 역사 · 정치학 · 문학과 영화에 대한 비판적 글쓰기를 하는 가장 중요한 토론장이 되었다. 이 잡지는 광범위한 국가들의 구체적인 역사적 상황을 세부적으로 탐구하면서 폭넓은 국제 문제에 초점을 맞추었다. 특히 *제3세계의 상황에 초점을 맞추어 제3세계를 주변부에서 급진적 변화가 일어날 수 있는 광대한 지역이라고 인식했다. 또한 루이 *알튀세르, 장 *보드리야르, 자크 *라캉 같은 좌파 편향적 학자들이 만들어낸 새로운 이론을 탐구하고 심문했다. 그러나 질 *들뢰즈, 자크 *데리다, 미셸 *푸코에 대해서는 날카롭게 반문하지 않았다. 1970년에 앤더슨은《뉴 레프트 리뷰》와 함께 시작된 프로젝트를 책으로 확장하기 위해서 (후에 '이면(Verso)'으로 알려진) 신좌파 선집(New Left Books)을 만들었다.

앤더슨은 짧은 에세이를 대단히 많이 썼는데, 그가 쓴 에세이 상당수가 익명이나 다양한 필명으로《뉴 레프트 리뷰》사설로 출판되었다. 앤더슨은 이 사설들을 책으로 재출판하는 것에는 놀랍게도 말을 아꼈다. 실제로 그는 자신이 쓴 유명한 에세이 중 몇 편을 재출판하겠다는 요청을 지속적으로 거절했고, 몇몇 경우에는 자신이 이전에 썼던 글들을 직접 쓰지 않았다고 적극적으로 부인했다.

앤더슨이 주류의 관심을 받게 된 계기는 지금은 네언-앤더슨 논쟁으로 알려진 것의 일부인 영국의 민족 문화를 다룬 그의 에세이들 때문이다. 이 에세이 중 특히 〈현재 위기의 기원〉(Origins of the Present Crisis, 1964)과 〈민족 문화의 구성 요인〉(Components of a National Culture, 1968)은 앤더슨이 가장 타협하지 않았던 시기에 쓰였다. 이후 이 두 글은 《영국의 문제》(*English Questions,* 1992)라는 책으로 재출판되었는데, 이 글들에서 그는 영국을 마치 자신의 모국이 아닌 다른 나라처럼 다루면서 그 주제에 예리한 메스를 들이대 절개해 놓았다.

앤더슨은 자신의 책을 자본주의의 기원에 관한 여러 권으로 기획했으나 완간하지는 못했다. 연작물의 첫 회분은 《고대에서 봉건제도로 이행》(*Passages from Antiquity to Feudalism,* 1974)과 《절대주의 국가의 계보》(*Lineages of the Absolutist State,* 1974)라는 제목으로 출판되었다. 그가 이 프로젝트를 완결할 수 없었던 것을 지적 변심의 징후로 읽을 수 있다. 후기 저작들이 입증하듯이 앤더슨은 어떤 형식의 사회가 필연적으로 다른 형식의 사회에 굴복해야만 하고 사회주의가 필연적으로 자본주의를 계승할 것이라는 마르크스주의의 언명에 대한 믿음을 잃었다. 《서구 마르크스주의 숙고》(*Considerations on Western Marxism,* 1976)와 알튀세르 옹호론을 한 권으로 펴낸 《영국의 마르크스주의에 대한 논쟁》(*Arguments within English Marxism,* 1980), 특히 《사적 유물론의 궤적》(*In the Tracks of Historical Materialism,* 1983)은 모두 논조와 전망에서 확연히 부정적이었다. 이런 책들에서는 사회주의로 급진적으로 이행하는 것이 단지 시간의 문제라는 앤더슨의 확신이 사라져버렸다. 이런 점 때문에 그를 패배주의자라고 기술하는 것은 옳지 않다. 그러나 좌파의 패배는 앤더슨을 무겁게 짓누른 주제였다.

1980년대 초반 앤더슨은 《뉴 레프트 리뷰》 편집장을 사임하고 캘리포니아 주립대학교 역사학과에서 교수로 자리를 잡았다. 그 이후 앤더슨의 저서는 어느 모로 보나 예전과 다름없이 날카로운 탐색을 보여주었으나 논조는 부드러워졌다. 많은 이에게 충격적이게도, 앤더슨은 마이클 오크숏, 레오·스트라우스, 프리드리히 폰 하이에크 같은 우파 이론가들에 대해 공명정대한 글을 쓰기도 했다(《현대 사상의 스펙트럼》에 재출판된 에세이들을 보라). 그러나 앤더슨이 열정을 잃어가고 있다고 걱정하는 사람들은 유럽연합의 역사를 신랄하고 가차 없이 논평한《새로운 옛 세계》(*The New Old World*, 2009)를 읽어보면 분명 안심하게 될 것이다.

+ 더 읽을거리

P. Blackledge, *Perry Anderson: Marxism and the New Left*, 2004.
G. Elliott, *Perry Anderson: The Merciless Laboratory of History*, 1998.
G. Elliott, *Ends in Sight: Marx, Fukuyama, Hobsbawm, Anderson*, 2008.

야스퍼스, 카를 Jaspers, Karl (1883~1969)

독일의 정신의학자, 철학자. 마르틴 *하이데거와 함께 독일 *실존주의의 아버지 중 한 사람으로 여겨진다. 독일 북부의 올덴부르크에서 태어난 야스퍼스는 처음에는 아버지의 길을 따라 법조계에 발을 딛지만 곧 의학으로 진로를 변경했다. 1908년 의학 박사 학위를 취득하고 이어 심리학에서도 교수자격 논문을 제출했다. 잠시 정신과 의사로 일하기도 했지만, 야스퍼스는 직업적 삶을 대부분 학자로 보냈다. 그럼에도 그의 초기 저작들은 그 경향이 임상적이다. 두 권으로 된《일반 정신병리학》(*Allgemeine Psychopathologie, General Psychopathlogy*, 1913)은 진단에 쓰이는 '전기적 방법'에 관한 선구적 저작 중 하나로서, 지금도 중요한 참조점을 제공하는 저작으로 남아 있다. 1920년대 초부터 야스퍼스의 관심은 철학으로 옮겨갔고, 지금 그는 무엇보다 철학자로 알려져 있다. 아내가 유대인이었기 때문에 야스퍼스는 1937년 나치에게 교수직을 박탈당했다. 이 때문에 야스퍼스는 전쟁 시기 어려운 나날을 보냈다. 그러나 전쟁이 끝난 후에는 나치 협력이라는 오명에서 자유로웠던 덕분에(그의 라이벌인 하이데거와 대조되는 지점이다) 그는 독일 대학을 재건하는 작업에서 주도적 역할을 할 수 있었다. 야스퍼스는 독일이 전쟁 중 저지른 범죄에 어떻게 대처할 것이냐는 어려운 문제를 포함해, 독일의 미래라는 주제로 대중 독자를 상대로 많은 글을 썼다. 전후 야스퍼스는 인본주의적 견해를 대변하는 명망가가 되었다. *구조주의 시대를 거치며 인본주의적 시각은 대단히 낡은 것이 되었고, 아마도 그 때문이겠지만 현재 야스퍼스의 저작은 그리 중요하게 여겨지지 않는다.

야우스, 한스 로베르트 Jauss, Hans Robert (1921~1997)

독일의 문학이론가. •수용미학의 창시자로 널리 알려져 있다. 동료였던 볼프강 •이저와 함께 야우스는 영미의 •독자 반응 비평에 큰 영향을 미친 콘스탄츠학파를 수립했다. 야우스는 독일의 괴핑겐 태생으로, 에슬링겐과 가이슬링겐에서 김나지움 과정을 수학했다. 1939년 입대해 나치 친위대 소속으로 러시아 전선에서 복무했다. 전쟁 말기에 체포되어 수감되었기 때문에 1948년까지 대학에서 학업을 재개하지 못했다. 하이델베르크 대학교에서 학사 과정을 마쳤고, 1957년에 같은 대학에서 마르셀 프루스트에 관한 논문으로 박사 학위를 받았다. 1959년에서 1966년 사이에 야우스는 뮌스터와 기센에 있는 학교들에서 가르쳤다. 1966년, 당시 막 설립된 콘스탄츠 대학교에 초빙되어 문학 연구 주제 영역의 수립 과정에 참여했다. 그가 동료들과 함께 했던 이 작업의 결과가 오늘날 콘스탄츠학파라는 이름으로 불리고 있다. 야우스는 1967년 콘스탄츠 대학교 교수 취임식에서 '문학이론을 향한 도전으로서 문학사'라는 제목으로 연설을 했다. 이 연설은 독자와 작가의 상호작용에 관심을 두는 문학사의 한 양식인 수용미학의 출범을 알렸다. 그의 중요한 저작으로 《수용미학을 향하여》(*Toward an Aesthetic of Reception,* 1982), 《미학적 경험과 문학 해석학》(*Aesthetic Experience and Literary Hermeneutics,* 1982)이 있다.

야콥슨, 로만 Jakobson, Roman (1896~1982)

러시아의 언어학자. •러시아 형식주의 그룹(•모스크바 언어학 서클과 •오포야즈)과 •프라하 언어학 서클의 초기 핵심 성원이었고, •구조주의의 창시자 중 한 사람이다. 600편이 넘는 논문을 썼을 만큼 대단히 다작한 야콥슨은 20세기의 저명한 언어학자로 꼽힌다.

모스크바에서 태어난 야콥슨은 모스크바 대학에서 고문헌학을 공부했다. 대학 시절 이미 그는 그 시대의 위대한 시인들, 화가들과 친구였다. 미래파

시인인 벨레미르 흘레브니코프와 블라디미르 마야콥스키, 혁명적 화가 카지미르 말레비치가 그들에 속했다. 1915년, 야콥슨은 모스크바 언어학 서클 창립에 참여했다. 서클의 최초 회합은 야콥슨의 부모 집 거실에서 열렸다. 언어학적 접근으로 시학을 이해한다는 것이 모스크바 언어학 서클의 창립 취지였다. 빅토르 *시클롭스키, 유리 티냐노프 같은 중요한 인물들이 서클 회원이었다. 이 무렵 그는 니콜라이 트루베츠코이를 만나는데, 트루베츠코이는 에드문트 *후설의 *현상학에 대한 관심을 야콥슨과 공유했고, 그와 사이에 싹튼 빠른 우정은 야콥슨의 사상에 큰 영향을 미쳤다. 당시 러시아는 격변과 혼란의 시기를 지나고 있었다. 그런 시대를 배경으로 야콥슨은 1917년 오포야즈 창립에 참여했다. 상트페테르부르크에 적을 둔 오포야즈는 시적 언어 연구를 목적으로 한 단체였는데 현재 우리가 러시아 형식주의라는 이름으로 부르는 운동의 본거지였다.

야콥슨은 1920년 러시아를 떠났다. 러시아에 남았던 그의 동료 중 많은 이가 혁명 이후 집권한 볼셰비키 정권에 숙청되었음을 감안하면 이는 현명한 선택이었다. 처음 그가 간 도시는 프라하다. 여기서 그는 소비에트 적십자단 소속 통역사로, 소비에트 외교관들의 수행원으로 일했다. 전설처럼 전해오는 한 이야기에 따르면, 야콥슨이 러시아어로 쓰인 시의 체코어 번역을 들으면서, 어휘가 쓰인 모양은 흡사하지만 소리는 상당히 달라서 두 언어의 음악성이 서로 다르다는 점을 깨달았을 때 구조주의 언어학이 탄생했다고 한다. 야콥슨은 소리에 관심이 있었다. 그리하여 그의 연구는 *음소(의미를 구성하는 소리의 최소 단위)의 개념에 집중했다. 야콥슨은 페르디낭 드 *소쉬르의 저작을 프라하에서 처음 읽었다. *랑그와 파롤을 구분하는 일의 중요성을 그는 처음부터 알아보았다. 야콥슨은 프라하에서 거의 10년을 보낸 후 *프라하 언어학 서클을 창립했다. 프라하 언어학 서클 또한 시적 언어 탐구가 주목적인 모임이었다. 르네 *웰렉과 얀 무카르조프스키가 초기 회원이었다.

1938년 전 세계의 반대 여론에도 독일은 체코슬로바키아 영토를 상당 부분 제3제국령으로 통합했다. 이로 말미암은 전쟁의 위협 속에 프라하 언어학 서클은 활동을 중단했고 야콥슨은 도피했다. 처음에 덴마크로 갔는데, 여기서 그는 그 세대의 또 다른 출중한 언어학자인 루이 •옐름슬레우와 공동으로 작업했다. 덴마크 다음에는 뉴욕으로 갔다. 그 말고도 많은 유럽인이 망명한 이곳에서 그는 클로드 •레비스트로스를 만났다. 이후 그는 여생을 미국에서 보냈고, 신사회과학연구소, 하버드, MIT 등에 재직했다. 그리 중요하지 않은 주제를 다룬 수많은 분석적 글을 제외하고, •비평이론에서 그가 기여한 것은 시적 언어의 자율성에 관한 것이다. 문제적이지만 놀라운 이 관점은 시적 언어가 일상 언어로 구축되면서도 시적 언어에는 일상 언어와 다른 무엇이 있다고 본다. 야콥슨은 이 차이를 •문학성이라 했다. 이 용어는 •낯설게하기와 함께 러시아 형식주의와 동의어나 마찬가지가 되었다.

야콥슨의 시적 언어 개념은 그가 제시한 소통 모델의 일부에 불과하다. 야콥슨에 따르면, 언어 소통을 구성하는 여섯 가지 기능이 있다. ① •의례적 기능(이 경우 쓰이는 언어는 의미를 전달하지 않는다. 그 대신에 소통 경로가 열려 있게 하는 기능을 담당한다), ② 지시적 기능(이때의 언어는 발화 맥락을 지시한다), ③ 정서적 기능(발화자가 자신의 발화에 갖는 태도), ④ 시적 기능(언어의 자기 목적적 차원, 다시 말해 그 자신 이외의 다른 목적을 갖지 않는 차원을 가리킨다), ⑤ 능동적 기능(발화가 발화 수신자를 향하는 경향), ⑥ 메타언어적 기능(언어 그 자체의 속성에 집중하는 반성적 차원. 가령 "그게 무슨 뜻이지?"라고 말할 때 우리는 이 차원을 환기한다)이 그것이다. 야콥슨은 모든 발화에 이 여섯 가지 기능이 모두 존재하지만 경우에 따라 우위를 점하는 기능이 달라진다고 말했다.

+ 더 읽을거리

토니 베네트, 《형식주의와 마르크스주의: 문예비평적 고찰》, 임철규 옮김, 현상과인식, 1980.
빅토르 얼리치, 《러시아 형식주의: 역사와 이론》, 박거용 옮김, 문학과지성사, 1983.

약한 사유 weak thought / *pensiero debole*

이탈리아 철학자 잔니 •바티모의 작업에 붙여진 명칭이다. 바티모 자신이 이 명칭을 받아들여 썼지만, 자기 작업에서 하고자 했던 일에 그가 직접 붙인 이름은 '약한 존재론'이다. 약한 존재론 개념은 마르틴 •하이데거와 그의 제자 한스 게오르크 •가다머를 읽으면서 바티모가 도출한 것이다. 바티모는 가다머의 주요 저작을 이탈리아어로 번역하기도 했다. 바티모는 하이데거의 사상에서 언어와 현실 사이의 심대한 간극을 보았다. 언어는 최선의 경우 현실을 해석할 수 있을 뿐이며, 결코 사물 그 자체가 될 수 없다. 따라서 그것은 '강한' 존재론이 아니라 '약한' 존재론이다. •포스트모던 시대의 •반토대주의적 전통에 속하는 일군의 다른 철학자들과 대조적으로, 바티모는 이와 같은 사태를 •형이상학의 위기로 보지 않았다. 그가 보기에 여기에는 더 엄격한 해석 과정을 개발하라는 도전이 있다.

약호 code

1. 대단히 유명하고 영향력 있는 에세이 〈텔레비전의 담론: 약호화와 탈약호화〉(The Television Discourse: Encoding and Decoding, 1974)에서 스튜어트 •홀은 텔레비전 프로듀서와 소비자가 텍스트를 제작하고 수용하는 상이하고 어쩌면 대립적일 수도 있는 방식을 보여주려고 약호화라는 개념을 사용했다. 텔레비전 프로듀서는 일방적으로 텍스트를 약호화한다. 그 결과 시청자들이 완전히 다른 방식으로 텍스트를 탈약호화한다는 것을 발견하게 된다(이런 의미에서 탈약호화는 해럴드 •블룸의 창조적 오독이라는 개념과 동등하다). 팬 문화 연구, 특히 팬들이 창의적으로 만들어낸 이른바 슬래시 버전의 텍스트 연구, 즉 〈스타 트랙〉 같은 대중적 프로그램에서 등장인물들을 전유하고 그 인물들을 동성애자나 양성애자로 만들어 새로운 이야기를 쓰는 텍스트 연구는 텔레비전 프로듀서가 약호화한 텍스트를 시청자가 탈약호화하는 것을 입증한다. 홀은 •헤게모니적 관점이 텍스트에 자연스러워 보이는 양식으로 내장되는 방식을 판별하는 것을 특히 흥미 있어 했다.

2. 롤랑 •바르트는 자신의 후기 저서 《S/Z》(*S/Z*, 1970 / *S/Z*, 1974)에서 문학 텍스트에서 발견되는 모든 상이한 기의(→기호)를 다섯 가지 약호에 따라 분류하려고 시도했다. 다섯 가지 약호에는 첫째 해석학적 약호(난제나 수수께끼를 배치, '무슨 일이 있었는가?'나 '무슨 일이 일어나려고 하는가' 같은 기본 형식이 있다), 둘째 의미소적 약호(특정 단어, 어구, 장면이 담고 있을 수 있는 다양한 의미나 •함축), 셋째 상징적 약호(가역성과 변형, 꿈과 판타지, 몸의 논리), 넷째 행동적

(proairetic) 약호(사건의 연속, 장르, 비유법에 관한 약호), 마지막으로 문화적 약호(특별한 텍스트, 예컨대 전형, 속담 그리고 문화가 자신에게 특수성을 부여하는 것들을 해석하는 데 필요한 암묵적 지식의 총합)가 있다. 이 다섯 가지 약호는 상호 배타적이지 않다. 그리고 두 가지 혹은 그 이상의 약호가 한 번에 한 곳에 존재할 수도 있다(그렇지 않은 경우는 사실상 거의 불가능하다).

3. 질 •들뢰즈와 펠릭스 •가타리는 •욕망이 사회적 제도에 포착되고 방향이 변하게 되는 방식을 분석하려고 《앙티 오이디푸스》(*L'Anti-Oedipe*, 1972 / *Anti-Oedipus*, 1977)에서 약호화 개념을 전개했다. 약호화는 개인을 집단에 종속시킨다. 약호화는 실제적이고 잠재적인 두 가지 형식을 모두 취한다. 이런 양식에는 부족민의 문신, 희생제의, 집단 정체성을 눈에 보이게 만드는 기타 등등의 것뿐만 아니라 토템과 신 같은 더 높은 힘에 대한 집단적 믿음이 있다. 들뢰즈와 가타리는 세 가지 상이한 과정, 즉 약호화(믿음의 설치와 감시 활동), 탈약호화(탈세속화나 세속화를 수단으로 특정 약호에서 분리. 홀이 탈약호화라는 용어를 사용했던 것처럼 이 용어는 해석을 의미하지 않는다), 덧코드화(overcoding, 오래된 약호 위에 새로운 약호를 초기입하는 것, 예컨대 부활절 축하는 기독교적 요소와 이교도적 요소를 병합한 것이다)를 구체화했다.

약호화 / 탈약호화 encoding / decoding →약호

양가성 ambivalence

하나의 동일한 •대상을 향해 모순적 감정이나 충동이 공존하는 것을 뜻한다. 지그문트 •프로이트는 저항이라고 알려진 •전이 과정에서 공통적으로 경험된 문제를 설명하려고 오이겐 블로일러의 정신분열증에 대한 획기적인 책 《조발성 치매 혹은 정신분열증 집단》(*Dementia praecox oder der Gruppe der Schizophrenien*, 1911 / *Dementia praecox or the group of schizophrenias*, 1950)에서 이 용어를 차용했다. 여러 가지 사례를 관찰하면서 프로이트는 피분석자가 분석가에게 보이는 애정이 •피분석자가 분석가를 신뢰하지 않고 치료에 적절한 관계를 맺을 수 없는 이유가 되기도 한다는 점에 주목하게 된다. 또한 양가성은 사

디스트적 단계에서처럼 어떤 대상에 대한 *리비도의 집중과 파괴적 경향이 나란히 작동하는 성적 발달 단계에서도 나타난다. 대상관계 이론가, 특히 아동 정신분석가 멜라니 *클라인은 성숙한 *에고의 탄생을 이론화하려고 양가성 개념을 포괄적으로 사용했다. 클라인은 어린아이의 경험이 아이에게 가르치는 것이 양가적이기 때문에 아이가 모든 대상을 양가적으로 인지한다는 이론을 정립했다. 예컨대, 어머니의 가슴이 언제나 아이에게 젖을 만들어 주지 않기 때문에 아이에게 어머니의 가슴은 좋은 대상이기도 하고 나쁜 대상이기도 하다. 어린아이가 이 문제를 어떻게 다루느냐에 따라 어떤 유형의 어른이 될지를 결정하게 된다. *탈식민주의 연구에서 호미 *바바 같은 비평가는 때때로 식민화가 야기하는 물질적 이익(예를 들어, 식민 행정부에서의 일자리)과 국가의 주권 상실에서 비롯되는 압박감 사이에서 분열된 *서발턴의 어려운 상황을 설명하는 데 양가성을 사용했다.

양성성 androgyny

남성(andro-)과 여성(-gyny)을 의미하는 그리스어를 조합해 만든 신조어. 양성성은 두 *젠더에서 나오는 성적 특징이 하나의 몸에 존재함으로써 발생하는 젠더 배정의 측면에서 통일성이나 모호성의 상태를 말한다. 남녀양성소유자(androgyne)는 스위스의 정신분석학자 카를 *융의 이론에서 중심적 위치를 차지한다. 융의 관점에서 양성성은 상호 보완성을 위해서 성적 차이의 불안과 긴장의 해결을 나타내기 때문이다. 융은 문화 속에서 양성성의 자리를 이론화했는데, 그의 이론은 신화 속에 그러한 양성적 인물이 널리 존재한다는 것을 반영했다. 그리고 비록 기독교가 그러한 양성적 인물에 놀라울 정도로 자유롭지만, 융은 그가 본질적인 것이라고 본 양성적 성질을 그리스도에게서 발견했다. 이와 비슷한 이유로 영국의 작가 버지니아 울프도 양성성을 중시했다. 하지만 그녀는 대단히 독립적인 방식으로 그런 결론에 도달했다. 그녀는《자기만의 방》(*A Room of One's Own*, 1929)에서 양성적 의식이 예술가가 되는 필수적 선결 조건이라고 주장했다. 그러나 울프의 관점이 *페미니즘 이론에서 널리 공유되는 것은 아니다.

억압 repression / *Verdrängung*

의식이 •무의식에서 발원하는 달갑지 않은 생각, 충동, 관념에 맞서 스스로를 방어하는 과정을 가리키는 •정신분석 용어. 이것들이 달갑지 않은 이유는 •본능의 표현이라서 의식을 통제하는 기구인 •초자아에 비문명적이고 저속한 것으로 여겨지기 때문이다. 억압은 문을 닫는 행위처럼 일회성 행위가 아니다. 억압은 물의 흐름을 차단하는 댐의 벽이 행사하는 힘에 비교할 만한, 항상 진행 중인 과정이다. 지그문트 •프로이트는 •파라프락시스(흔히 '프로이트적 말실수'로 알려져 있는)를 설명하는 과정에서 억압 개념을 고안했다. 프로이트에 따르면 억압은 두 가지 사실의 증거다. 첫째, 이런 말실수는 의식적 사고 혹은 검토가 접근하지 못하는 정신의 영역(이것이 무의식이다)이 있음을 시사한다. 둘째, 이와 같은 무의식적 과정은 항상 의식적 정신에 침투하려 하고 의식적 정신은 그것들을 막아낸다. 프로이트는 또한 •히스테리와 •신경증의 증상이 억압된 사고의 산물이라고 보았다. 억압된 사고는 •압축이나 •전치 과정을 거치며, 그에 따라 의식이 감당할 수 있는 무엇이 된다(이 과정을 '타협 형성'이라 부르는 것이 어쩌 보면 당연하다). 이처럼 변형되었을 때, 이 생각은 더는 의식이 알아볼 수 있는 것들이 아니다. 이전에 의식은 이것들을 억압했지만, 이제는 이들이 더는 검열 없이 의식을 통과할 수 있게 한다. 그러나 이제 억압은 새로운 형식을 갖게 된다. 가장된 사고의 정체를 드러내며 프로이트가 '억압된 것의 귀환'이라 부른 일이 일어나지 않도록, 이 사고와 그것에서 파생할 연상을 억압해야 하기 때문이다. 프로이트는 이 두 유형의 억압에 대해 첫 번째를 원초적 억압, 두 번째를 본 억압이라 했다.

억압 가설 repression hypothesis

빅토리아 시대가 섹스와 섹슈얼리티에 침묵했다는 인식을 가리키는 미셸 •푸코의 용어. 푸코는 이와 같은 인식이 역사적으로 옳지 않음을 보여주었다. 성에 대한 가장 사소한 암시마저도 두려워 피아노 다리에 커버를 씌워야만 했던(그러지 않는다면 그것이 벗은 인간의 다리를 연상시킬 것이므로) 시대로 알려져 있는 빅토리아 시대는, 바로 이 예가 보여주듯이 실은 성에 강박적으로

ㅇ

집착한 시대였다. 《지식의 의지》(*La Volonté de savoir*, 1976 / *The History of Sexuality: An Introduction*, 1978)에서 푸코가 주장했듯이, 빅토리아 시대에는 억압이라는 가장 아래에서 섹스가 지식의 대상, 나아가 지식을 향한 선동이 되었다.

+ 참고
미셸 푸코, 《성의 역사 1: 지식의 의지》, 이규현 옮김, 나남출판, 2010.

억압적 관용 repressive tolerance

절대적 의미의 자유를 제한하는 사회적 관행과 정부의 관행, 정책, 조치의 수동적 수용. •프랑크푸르트학파의 이론가인 허버트 •마르쿠제가 로버트 볼프, 배링턴 무어와 공저한 《순수관용비판》(*Critique of Pure Tolerance*, 1965)에 같은 제목으로 실었던 에세이에서 제안한 개념이다. 마르쿠제에 따르면 억압적 관용에는 두 가지 주요 형식이 있다. ① 견고히 자리 잡은 태도와 관념에 대한 무사고적 수용. 이것은 심지어 이 태도, 관념이 다른 사람들에게, 아니면 인류의 환경에 해를 끼칠 때에도 일어난다. 기후 변화와 환경 파괴에 대한 고통스러울 만큼 더딘 반응이 후자의 예가 될 수 있다. ② 다른 사람들에게 명백히 공격적인 조치, 정책에 대한 당당한 표현. 2001년 9월 11일과 2005년 7월 7일 이후 미국과 영국에서, 정부가 인신보호영장을 무시하거나 제한하려 했던 시도에 광범한 지지가 있었던 것이 좋은 예다. 진정한 자유에 가해지는 제약에 불관용이 실천될 때만 진정한 관용이 존재할 수 있다고 마르쿠제는 주장했다. 《폭력이란 무엇인가》(*Violence*, 2008)와 《잃어버린 대의를 옹호하며》(*In Defence of Lost Causes*, 2008)에서 슬라보예 •지젝은 이와 같은 노선의 사유를 연장하고 현대화했다.

억압적 국가장치 Repressive State Apparatus (RSA)

프랑스의 •마르크스주의 철학자 루이 •알튀세르의 개념. 현대 정치 담론에서 '경성 권력(hard power)'이라 부르는, 폭력을 수단으로 작동하는 권력 형식을 가리킨다. 억압적 국가장치는 보통 알튀세르가 •이데올로기적 국가장치(이것은 '연성 권력(soft power)'에 속한다)라 부른 현상과 함께 실행된다. 억압적 국가장치에는 군대, 경찰, 사법부, 감옥 체계가 포함된다. 억압적 국가장치는 정신적 · 육체적 강제와 폭력(이것은 잠재적인 것일 수도 있고 실제적인 것일 수도 있다)을 수단으로 실행된다.

+ 더 읽을거리
루이 알튀세르, 《레닌과 철학》, 이진수 옮김, 백의, 1991.

억압적 탈승화 repressive desublimation →탈승화

언리학 glossematics / *Glossematik*

루이 •옐름슬레우가 자신의 언어 이론을 위해 만든 명칭. 그에게 영감을 준 핵심 인물 중 한 사람인 페르디낭 드 •소쉬르처럼 옐름슬레우는 언어가 실제 세계와의 관계에서 자의적이라는 견해를 취했다. 예컨대 이 말은 나무에 대한 그 어떤 것도 그것을 나무라고 불리도록 하는 데 필수적이지 않다는 것을 뜻한다. 이 사실은 서로 다른 언어들이 외형상 같은 대상을 가리키려고 대단히 다양한 다른 단어를 사용한다는 것으로 충분히 입증된다. 이와 같은 이유로 모든 언어가 똑같은 방식으로 사물에 이름을 붙이는 것은 아니다. 이에 대해 옐름슬레우는 상당히 유명한 두 가지 예를 제시한다. 첫 번째 예는 'glas'라는 웨일스어가 영어로는 초록, 파랑, 회색 사이에 공유될 수 있는 색깔의 스펙트럼을 망라한다는 것을 보여주면서 색깔을 나타내는 웨일스어와 영어를 비교한다. 두 번째 예는 개별적으로 그리고 집단적으로 나무를 나타내는 덴마크어, 독일어, 프랑스어 단어들을 비교한다. 그리고 다시 그 세 가지 언어가 나무의 세계를 명명하는 방식에서 상이한 점이 있다는 것을 보여준다. 옐름슬레우의 결론은 소쉬르와 공통점이 많다. 그는 언어는 •기호이고 기호로서 언어는 실제 세계를 지시하는 것이 아니라 오히려 실제 세계에 대한 의미를 표현한다는 결론을 내렸다.

옐름슬레우가 언어들 간의 차이를 비교한 것은 또 다른 좀 더 심오한 목적이 있었다. 언리학으로 옐름슬레우가 달성하려 했던 궁극적 목적은 모든 언어의 공통적인 특성을 추상화하는 것이었다. 그래서 그는 '나는 몰라요'를 뜻

하는 덴마크어 'jeg véd det ikke', 프랑스어 'je ne sais pas', 영어 'I don't know'를 각각 비교했다. 비록 각 언어가 다르게 구조되어 있더라도 모두 한 가지 생각 혹은 '취의(purport)'를 공유한다고 말할 수 있다고 제안했다. 다소 생소한 어휘인 '취의'는 덴마크어 'mening'을 번역한 것이다. 이 단어는 영어로 의미를 뜻하는 'meaning'으로 번역될 수 있을지 모르지만 이 번역어 역시 문제적일 수 있다. 왜냐하면 이 번역어가 옐름슬레우 이론의 독창성을 흐릿하게 지울 수 있기 때문이다. 프랑스어 번역(롤랑 •바르트, 질 •들뢰즈, 알지르다스 쥘리앵 •그레마스, 그리고 다른 사람들이 의존하는 것)은 '*purport*'를 '*sens*'로 옮긴다. 어쩌면 이 프랑스 번역어가 더 좋은 선택이라 할 수 있다. 영어로 그것은 취의가 나타내는 것처럼 직접적 의도를 함축하지 않고 '의미'와 '방향'을 모두 함의하기 때문이다.

마치 어떤 특별한 진술문의 의도가 여러 다른 형상으로 만들어질 수 있는 점토와 같은 것처럼 옐름슬레우에게 과정으로서 취의는 질료와 같다. 그러나 그렇게 말한 후 체계의 관점에서 보았을 때 과정으로서 취의는 독립적으로 존재하지 않는다. 즉, 취의는 형식을 가질 때에 한해서 오직 질료가 될 수 있다. 따라서 질료로서 내용에 덧붙여 마찬가지로 언제나 '내용-형식'이 존재한다. 이 내용-형식은 내용과 독립적이고 내용을 내용-질료로 만든다. 건축물의 모양은 그것을 건축하는 데 사용된 재료들과는 독립적인 모든 의도와 목적을 위한 것이다. 그러나 또한 건축물의 모양이 어떤 것들은 꼭 콘크리트와 강철로 해야 한다는 의미에서 재료에 따른 제약을 받기도 한다. 옐름슬레우는 이 점을 인식하고 표현의 차원을 그의 틀에 첨가했다. 그리고 다시 그 틀 안에서 체계와 과정을 구분함으로써 자신의 체계 안에서 그것을 설명했다. 과정으로서 표현은 특정한 단어들의 지시대상 범위에서 획득된 한계를 가리킨다(그가 지적했듯이 웨일스어 'glas'는 영어로 'blue'의 추정되는 동족어보다 더 넓은 범위의 지시대상을 가지고 있다). 그는 체계로서 같은 소리가 다른 언어권에서 다른 의미로 쓰일 수 있다는 것에 주목했다(영어로 'got'은 독일어로 (신을 뜻하는) 'Gott'와 소리가 같다). 따라서 표현-취의(expression-purport)와 내용-취의(content-purport)는 서로 독립적이라고 보아야 한다.

이탈리아의 언어학자이자 베스트셀러 소설가이기도 한 움베르토 •에코가 옐름슬레우의 이론을 '비잔틴 같은 복잡성'을 가지고 있다고 말한 것은 정당성이 없지 않다. 취의와 언어에 대한 취의의 관계를 설명하려고 옐름슬레우의 네 가지 새로운 용어, 즉 내용의 형식, 표현의 형식, 형식의 내용과 표현의 내용을 엮어내는 방식을 풀어내려고 시도해보면 에코의 말이 무엇을 의미하는지가 분명히 드러난다. 옐름슬레우의 이런 용어들이 사실은 소쉬르의 사유를 뛰어넘으려는 것이었지만 그의 용어들은 소쉬르의 기본적 이분 구조 한 쌍, •기표와 기의를 다시 쓴 것이라고 생각할 수 있다.

언어 놀이 language games

규칙의 체계 혹은 의미의 체제를 내장하는 언어 사용. 언어 놀이는 대개 이미 존재하는 언어를 의식적으로 왜곡하는 형태를 띤다. 아이들이 쓰는 '피그 라틴(Pig Latin)'이 그 예다. 그러나 전적으로 새로운 어휘들로 구성될 때도 있다. 고도로 기술적인 전문용어에서 그 예들을 찾을 수 있다. 빈의 철학자였던 루트비히 •비트겐슈타인은 언어 놀이의 개념을 바탕으로 특정 음가와 대상, 행동의 연계에 존재하는 자의적이며 게임과 유사한 특성이 언어의 기원이라고 설명했다. 프랑스의 철학자 장 프랑수아 •리오타르는 언어 놀이 개념을 빌려 •쟁론이 발생하는 조건을 설명했다. 하나의 언어 놀이에서 불의의 개념(예를 들어 희생자의 개념)이 다른 언어 놀이로(예를 들어 법정의 언어 놀이) 번역될 수 없다면, 이 불의의 개념은 저 법정에서는 들리는 것이 불가능하다. 언어 놀이의 확산, 그에 상응하는 진정한 정치의 불가능성이 리오타르에게는 •포스트모더니즘의 한 특징이다.

언어능력과 수행 competence and performance

미국의 언어학자 노암 •촘스키가 제안한 이분법적 구분. •언어능력이 언어를 말할 수 있는 능력을 가리키는 반면, •수행은 언어 사용 능력이 실제로 발휘되는 사례를 가리킨다. 이러한 구분은 사실상 어떤 종류의 숙련된 행동에도 적용될 수 있다. 언어능력이 획일적으로 분배되어 있을 때조차 수행이 상당히 다양할 수 있다는 사실에서 이러한 구분을 사용하는 것에 대한 관심이 발생한다.

언어 비평 linguistic criticism

텍스트의 언어적 구조에 집중하는 문학비평 양식으로 영국의 언어학자 로저 파울러가 제창했다. 특히 권력이 언어에서 표현되는 방식에 관심을 둔다.

+ 더 읽을거리
R. Fowler, *Linguistic Criticism*, 1986.

언어적 전회 linguistic turn

서양철학에서 일어났으며 언어가 철학적 사유에 극복 불가능한 한계를 제시한다는 견해. 언어가 이러한 한계를 제시하는 것은 언어적 표현을 명제적 형태로 간명화할 절대적 방법이 없기 때문이다. 이 견해를 견지하는 철학자 중 다수가 •분석철학자로 그들의 경력을 시작했는데, 이들은 처음에는 그와 정반대 견해를 증명하려고 했다. 가장 유명한 예가 루트비히 •비트겐슈타인이다. 이 견해의 극단적 형태는 자크 •데리다 사상의 희화인데도 흔히 데리다의 견해로 여겨지는 것으로서, 언어만이 우리에게 있는 모두라는, 세계를 알고 세계에 개입하는 유일한 수단이 언어라는 생각이다. 이와 같은 노선의 사고가 미친 영향은 철학에만 국한되지 않는다. 가령 미국의 역사학자 헤이든 •화이트는 역사적 기록의 형성, 그리고 그를 잇는 역사적 서사의 구축에서 언어의 역할에 관심을 기울였다. 클리퍼드 •거츠는 인류학에서 비슷한 태도를 취했다.

언캐니 uncanny / *unheimlich*

친숙하거나 내 집 같은 것 속에 있는 낯선(좀 더 문자 그대로 옮긴다면, 내 집 같지 않은) 요소. 지그문트 •프로이트는 유명한 에세이 〈언캐니〉(Das Unheimliche, 1919)에서, 친숙한 낯섦은 우리가 우연히 겪는 경험이 갑자기 운명적이며 피할 수 없는 것이라 느껴질 때 드는 감정이라고 말했다. 그가 이탈리아의 작은 마을에서 어느 오후 산보를 하다가 겪었던 일화가 상당히 재미있는 예다. 그는 걷다가 우연히 이 마을 사창가에 발을 들이게 되는데, 서둘러 사창가를 빠져나왔는데도 산보를 계속하면서 두 번 더 같은 구역으로 돌아오게 된다. 이것은 불편한 사실이었고, 프로이트가 보기에 마을 주민들이 눈치챈 사실이었다. 그는 그가 느꼈던 친숙한 낯섦 감정의 기원을 유아심리학에서 찾았다. 여기에는 분명히 *반복 강박이 있기 때문이다. 프로이트는 유년기의 반복 강박이 우리에게 상기시키는 무엇이든, 친숙한 낯섦으로 체험될 것이라고 말했다. 문학에는 친숙한 낯섦의 감정을 자극하는 힘(인물이 이유 없이 행동하거나, 사라진 줄 알았던 인물이 다시 등장하는 상황에서)이 있다. 유령이나 좀비가 후자의 원형이다. 친숙한 낯섦은 새로운 무엇이 아니다. 그것은 언제나 오래된 것이고, 대개는 억압된 것이다. 그리고 그것을 예상할 수 없는 곳에서 복귀한다. 러시아 문학비평가 츠베탕 *토도로프는 《환상성: 문학 장르에 관한 구조적 접근》(*The Fantastic: A Structural Approach to a Literary Genre*, 1970)에서 환상 문학 이론을 개진하면서 이 개념을 활용했다.

ㅇ

얼굴 face / *visage*

엠마누엘 *레비나스의 용어로 *타자의 현존을 의미한다. 얼굴은 실제 인간의 얼굴을 가리키면서 동시에 그것을 가리키지 않기 때문에 모호한 개념이다. 얼굴은 인간의 몸 중에서 표정이 가장 잘 드러나는 부분이라는 점에서 인간의 얼굴을 의미하지만 실제 인간의 표정을 가리키지는 않는다. 레비나스에게 얼굴은 경험이나 지각 대상이 아니다. 오히려 얼굴은 우리를 변화시키지만 지식을 생산하지 않는 에피파니(epiphany)나 계시다. 레비나스는 자아가 무한히 타자적인 것과 맺는 관계의 문제성을 충분히 사유하려고 얼굴이라는 개념을 사용했다. 얼굴은 자아와 타자를 분리하는 것이다. 그래서 얼굴은 타자가 완전히 절멸하지 못하게 한다. 이와 같은 이유로 얼굴은 '나'의 세계에 나타나지만 나는 그것을 해칠 수 없다. 얼굴은 이 세계(나의 세계)의 것이 아니다.

+ 더 읽을거리
콜린 데이비스, 《엠마누엘 레비나스: 타자를 향한 욕망》, 김성호 옮김, 다산글방, 2001.

에고 ego / *Ich*

지그문트 •프로이트의 초기 저서에도 나타나기는 하지만 1920년에 두 번째 •지형학이 정교해지면서 두드러지게 된 •정신분석의 핵심 개념. 에고는 자아의 대리인으로 행동하는 심리적 기제의 일부분이다. 그러나 에고는 단지 심리적 기제의 어떤 한 부분일 뿐이다. 에고는 다른 구성 요소, 즉 •이드, •초자아와 분리되어서는 충분히 이해될 수 없다. 에고는 이드에서 발생하는 •욕망의 내적 충동과 똑같이 강력한 외적 현실의 압박(이러한 압박의 화신이 초자아다) 사이에서 초기 아동기에 일어나는 점진적 차별화 과정의 산물이다. 이와 반대로 자크 •라캉은 에고를 일종의 신기루, 그가 말한 •거울 단계에서 만들어진 판타지의 산물로 취급했다. 에고는 조직되지만 이드는 조직되지 않는다. 에고는 생각(의식)이 집중되는 지점이다. 그리고 더 중요한 점은 에고가 •카섹시스의 중심점이라는 것이다. •쾌락의 수위를 조절하고 쾌락과 불쾌를 결정하는 것이 바로 에고다. 프로이트는 에고가 말 위에 앉아 있는 기수이고, 말은 이드라고 묘사했다. 기수처럼 에고는 자기가 두 다리를 벌리고 앉아 있는 힘(다시 말해, •본능의 에너지)에 의지한다. 에고는 또한 자신을 낙마시킬 힘을 갖고 있는 바로 그와 동일한 힘과 대항하면서 자신을 방어하려 신경을 써야 한다. •불안과 •히스테리 같은 증상은 이드의 압박에 따른 에고의 병리적 반응이다.

에이젠슈테인, 세르게이 Eisenstein, Sergei (1898~1948)

러시아의 선구자적 영화제작자이자 영화이론가. 에이젠슈테인은 (당시에는 제정러시아의 한 부분이었지만 현재 라트비아의 수도인) 리가의 한 중산층 가정에서 태어났다. 1905년에 부모가 별거하면서 어머니를 따라 상트페테르부르크로 이사했다. 에이젠슈테인은 페트로그라드 토목공과대학교에서 건축과 공학을 공부했다. 1917년 3월과 11월 러시아혁명에 참가했고 1918년 적군(Red Army)에 가담했다. 민스크에서 3년간 주둔했는데 이를 계기로 일본 문화와 접촉하게 되었다(특히 예상하지 못한 것의 미학이 있는 가부키 극이 그에게 깊은 인상을 남겼다). 1920년 그는 모스크바로 이주해 당시 모스크바에서 벌어지던 •사실주의와 •구성주의 간의 예술 논쟁에 가담해 후자의 편에 섰다. 에이젠슈테인은 초기에는 디자이너로서 연극 분야에서 일하다가 점차 영화 분야로 진출했다. 영화 분야에서 그는 〈전함 포템킨〉(Battleship Potemkin, 1925), 〈10월〉(October, 1927), 〈폭군 이반〉(Ivan the Terrible, 1944) 같은 영화를 몇 편 만들면서 이름을 떨쳤다. 영화제작자이면서 영화이론가인 에이젠슈테인은 영화에 변증법적 관점을 가지고 있었다. 그에게 영화는 강력한 수사적 장치이기도 하고 우주를 알기 위한 더 차원 높은 수단이기도 했다. 이것이 그를 유명하게 만든 개념, 즉 몽타주라는 개념의 이면에 있는 원리다. 몽타주는 일본의 하이쿠 시에서 영감을 얻었지만 분명히 G. W. F. •헤겔과 카를 •마르크스에게도 빚을 진 개념이다. 몽타주의 효과는 정신이 좀 더 높은 통합된 의미에 도달하도록 강제하는 서로 다른 종류의 •기호가 충돌하면서 달성된다. 몽타주는 한 번에 두 방향에서 작동한다. 몽타주는 관객이 영화 자체에는 현존하지 않는 의미를 통합하도록 압박을 가하면서 또한 관객이 그들 앞에 존재하는 것에 더 많은 관심을 기울이도록 강제한다. 동시대 할리우드 영화제작과 대조적으로 에이젠슈테인은 자신의 영화에서 완전히 사실적인 스타일을 성취하는 데 관심을 기울지 않았다. 이는 그가 현실(사실)은 스스로 말하지 않는다고 생각했기 때문이다. 에이젠슈테인이 쓴 《영화 형식》(*Film Form,* 1949)과 《영화의 의미》(*Film Sense,* 1942)는 실제적으로 영화의 역사에 대해 어떤 연구를 하든지 간에 기준이 될 수 있는 출발점이다.

+ 더 읽을거리

더들리 안드류, 《현대영화이론》, 조희문 옮김, 한길사, 1988.

ㅇ

에코, 움베르토 Eco, Umberto (1932~2016)

이탈리아의 중세학자, 기호학자, 문화논평가, 소설가. 에코는 엄청난 베스트셀러 《장미의 이름》(*Il nome della rosa*, 1980 / *The Name of the Rose,* 1983)을 쓴 작가로서 세계적으로 유명하다. 《장미의 이름》은 숀 코네리와 크리스천 슬레이터 주연의 영화(장 자크 아노 감독, 1987)로 제작되기도 했다. 그러나 이렇게 유명한 작가가 되기 이전에도 에코는 초기에는 중세 미학에 대한 저술로, 그다음에는 *기호학에 대한 공헌으로 이미 학자로서 대단히 주목받았다.

에코는 이탈리아 피에몬테 지역에 있는 알레산드리아라는 북부도시에서 태어났고 그의 아버지는 회계사였다. 하지만 그의 조부는 버려진 아이였다(그런 이유로 '에코'라는 이름은 대충 번역하면 '천국에서 온 선물'이라는 뜻의 '*ex caelis oblatus*'에서 유래한 머리글자다). 에코의 조부는 그가 변호사가 되기를 원했지만 에코는 토리노 대학교에서 중세 문학과 철학을 공부했다. 1954년 에코는 박사 학위를 받고 졸업한 후 이탈리아 국영방송국 이탈리아 라디오 텔레비전에서 문화 편집자로 일했다. 에코는 1956년 첫 번째 책인《토마스 아퀴나스에서 미학적 문제》(*Il problema estetico in San Tommaso*)를 출판하고 뒤이어 토리노 대학교에서 시간강사로 일했다. 1958년부터 1959년까지 그는 의무 군복무를 했지만 군복무를 마친 후 이탈리아 라디오 텔레비전 문화 편집자로 다시 돌아가지 않았다. 그 대신 그는 밀라노에 있는 출판사에 비소설 입수를 담당하는 편집자로 취직했다.

에코의 연구에 처음으로 국제적 이목이 집중된 것은 1959년 〈열린 작품의 시학〉('L'opera in movimento e la coscienza dell'epoca')을 출판하면서부터였다. 이 글에서 에코는 *열린 작품과 닫힌 작품이라는 새로운 *변증법을 제시했다. 에코는 동료 기호학자인 롤랑 *바르트가 제시한 *독자적 텍스트와 작가적 텍스트의 구분을 10년 이상 앞질러 예상하면서 예술 작품은 정도 차이가 있지만 청자를 초대하고 청자가 의미의 생산에 기여하라고 요구하는 가능성의 영역이라고 주장했다. 청자가 생산할 수 있는 의미의 범위를 제한하려고 하는 작품은 '닫힌' 작품(종교적 교리, 정치적 선언문, 교과서, 사용자 설명서가 '닫힌' 작품의 예가 된다)이라 불리고, 청자가 여러 의미를 생산하도록 만드는 작품은 '열린 작품'이라 불린다. 따라서 에코는 독자가 텍스트에 반응해 그들이 좋아하는 어떤 의미든 자유로이 생산한다는 다소 공허한 주장에 동의하지 않았다.

1960년대와 1970년대 초반, 에코는 어떻게 독자들이 실제로 의미를 생산하는가와 텍스트가 그러한 의미 생산에 어떤 역할을 하는가 하는 문제에 몰두했다. 비록 에코가 공식적으로 *독자 반응학파의 일부가 되지는 않았지만, 그의 연구 작업은 많은 수준에서 독자 반응학파와 동일한 부분이 있다. 이러한 면모는 영어로 출판된《독자의 역할: 텍스트의 기호학에 대한 연구》(*The Role of the Reader: Explorations in the Semiotics of Texts*, 1981)라는 1959년부터 1977년까지 쓰인 에세이집에서 가장 잘 드러난다.《독자의 역할》은 장르 연구에서 사실상 정전 위치에 있는 제임스 본드와 슈퍼맨에 대한 에코의 에세이를 담았는데, 이 에세이들은 서사 분석에 대한 *구조주의적 접근의 장점을 보여준다. 에코의 핵심 이론서인《기호학 이론》(*A Theory of Semiotics*, 1976)과《기호학과 언어철학》(*Semiotics and the Philosophy of Language*, 1984)은 영어로 쓰였는데, 역시 이 시기에 나왔다. 에코는 미국의 기호학자 찰스 샌더스 *퍼스의 연구에 광범위하게 집중하면서 무한한 기호 작용에 관한 이론을 발전시키려고 애썼다.

1960년대 초반과 1970년대 캘리포니아와 라스베이거스 관광을 포함한 일련의 미국 여행 후 에코는 이탈리아 신문과 잡지에 에세이를 연재했다. 이 에세이들은 1986년《허상에 대한 믿음》(*Faith in Fakes*)이라는 제목의 미국 판과《극사실 여행》(*Travels in Hyperreality*)이라는 제목의 영국 판으로 번역·편집되어 에세이집 한 권으로 출판되었다. 두 가지 책 제목이 똑같이 잘 어울리고 당연한 귀결이라 생각된다. 이는 *극사실 여행하기가 사실상 허상에 대한 믿음이 있다는 것을 뜻하기 때문이다. 에코가 디즈니랜드와 같은 장소에서 만났던 극사실적 세계에 관해 발견한 대단히 흥미로우면서도 혼란스러운 점은 그러한 장소들이 *실재를 복사할 뿐 아니라 어떤 면에서는 실재를 대체하는 것 같아 보인다는 사실이다. 그것은 마치 비실재적인 것이 실재적인 것보다 더 실재와 같다는 것을 의미한다. 에코는 *포스트모던이라는 용어를 사용하지 않았지만 그가 기술하는 현상은 장 *보드리야르 같은 포스트모던 이론가들의 주요한 관심사다.

《장미의 이름》 출판 이후 에코는 전문적인 기호학 연구를 조금 포기하고 중세학자로서 자신의 뿌리로 되돌아갔다. 그는 소설 몇 권과 저널리즘 관련 글을 모은 책뿐만 아니라 추함, 아름다움과 템플 기사단에 관한 비중 있는 책을 썼다.

+ 더 읽을거리

M. Caesar, *Umberto Eco: Philosophy, Semiotics and the Work of Fiction*, 1999.

에포케 epochē

고전 그리스 철학에서 에포케는 어떤 논쟁의 장점에 대한 결정이 내려지기 전 그 논쟁을 충분히 들을 수 있도록 하려는 판단 유보 혹은 회의주의를 지칭한다. 독일의 현상학자 에드문트 *후설은 세계에 대한 개념적 핵심을 더 명확히 보고 우리의 개인적 지식을 배제하는 방법론적 절차를 기술하려고 이 용어를 사용했다(이 용어가 대개 영어로는 괄호로 묶기를 뜻하는 'bracketing'이라 번역된다 할지라도). 현상에 대한 순수한 지각, 즉 전제와 편견을 제거한 상태를 달성하는 것이 그 목표다.

에피스테메 episteme

프랑스의 역사학자 미셸 *푸코는 어떤 것이 지식이 되는 것을 가능하게 하는 조건의 집합을 명명하려고 이 용어를 사용했다. 문자적으로 에피스테메는 그리스어로 지식을 뜻한다. 푸코에게 에피스테메는 지식의 가능성의 조건이다. 그의 관점에 따르면 역사의 어떤 한 순간에는 오직 하나의 에피스테메가 존재할 수 있다. 그러나 그것이 지식 체계 자체는 아니다. 이런 점에서 에피스테메가 실제로 의미하는 것이 이른바 지식을 생산하려고 결합하는 다수 요인 간의 분산되고 불연속적인 관계를 말한다면, 그것은 질 *들뢰즈와 펠릭스 *가타리의 후기 개념인 *리좀과 여러 면에서 유사하다.

엠프슨, 윌리엄 Empson, William (1906~1984)

자기 세대에서는 위대한 문학비평가 중 한 사람이라는 평가를 종종 받기도 했던 영국의 문학비평가이자 시인. 엠프슨은 '꼼꼼히 읽기'의 예리하고 직관적인 대표적 인물로 *신비평, *실제비평과 자주 결부된다. 그러나 어떤 가족적 유사성에도 엠프슨의 작업은 몇 가지 중요한 방식에서 그러한 학파와는 다르다. 문학을 이해하는 데 엠프슨은 신비평가들과 실제비평가들이 열심히 부정했던 두 가지, 즉 저자의 전기와 역사적 맥락의 중요성을 언제나 강조했는데, 이 점이 가장 중요하게 꼽을 만한 차이라 할 수 있다.

엠프슨은 요크셔의 한 부유한 지식인 가정에서 태어났다. 7세에 그는 장학금을 받아 윈체스터 칼리지에 들어갔다. 스포츠와 단호한 규율을 강조하는 것으로 유명했던 윈체스터 칼리지에서 엠프슨은 뛰어난 학생이었다. 그곳에서 장학금을 받는 데 성공해서 케임브리지에 있는 매그덜린 칼리지에 입학했다. 1929년 대학을 졸업할 때 엠프슨은 수학과 영문학 두 과목에서 최고 득점을 받았다. 영문학 연구에서 아이비 암스트롱 *리처즈가 그의 지도교수였는데, 그는 엠프슨의 천재성을 인정하고 엠프슨이 영문학 연구를 계속하도록 독려했다. 엠프슨이 학부 시절 리처즈에게 제출할 에세이로 자신의 첫 번째 책《7가지 유형의 모호성》(*Seven Types of Ambiguity*, 1930)을 썼다는 전설이 있다. 이 책은 즉각적이고 실질적인 성공을 거두었다. 책이 잘 팔렸을 뿐만 아니라 영국과 미국에서 문학비평의 원로인 T. S. 엘리엇과 존 크로 랜섬이 각각 열렬히 환영했다. 그리고 순식간에 대학생을 위한 필독서가 되어버렸다.

이렇게 성공했는데도 이 무렵 그의 이력은 주춤거렸다. 하인이 그의 방에서 콘돔을 발견했을 뿐 아니라 설상가상으로 젊은 여인이 그의 방에 있는 것을 발견했다. 대학 측은 신속하고 가혹한 반응을 보였다. 엠프슨은 대학에서 퇴출되었을 뿐만 아니라 케임브리지에서 사는 것도 금지당했다. 이 사건으로 그는 그곳에서 석사나 박사 학위를 마치지 못했다. 그는 잠시 런던으로 가서 프리랜서로 글쓰기와 편집을 하며 생계를 꾸렸다. 그런 다음 도쿄에서 3년간 영어를 가르칠 자리를 얻었다. 도쿄에서 엠프슨은 일본 가면극 노(Noh)에 관심을 갖게 되었고 그것에 관한 책을 쓸 정도로 전문가가 되었다. 그런데 슬프게도 1934년 런던으로 돌아오던 길에 그 원고를 잃어버렸다. 그는 3년간 런던에 머물렀고 이 시간에 주요 시집뿐 아니라 자신의 두 번째 주요 저서인《몇 가지 버전의 전원시》(*Some Versions of Pastoral*, 1935)를 완성했다.

1937년 엠프슨은 베이징 대학교에서 제안한 교직을 수락했다. 하지만 그가 중국에 도착할 즈음 일본이 중국을 침략했으므로 사실상 그는 직업을 잃게 되었다. 엠프슨은 2년간 중국에서 머물렀는데, 일본군을 피해 끊임없이 도주하면서 그곳에서 피난와 있던 여러 대학에서 가르치며 근근이 생계를 유지했다. 천재적인 기억력과 소중한 책 몇 권에 의존해서 그는 계속해서 글을 썼고 걸작으로 평가받은《합성어의 구조》(*The Structure of Complex Words*,

ㅇ

1951)를 쓰는 일에 착수했다. 전쟁 후 엠프슨은 짧게 활동하려고 중국에 다시 갔다. 1950년대 초반에 그는 셰필드 대학교에서 제안한 교수직을 수락했고 은퇴할 때까지 그곳에서 재직했다. 엠프슨은 •이론에 맹렬히 저항하는 글쓰기를 했는데, •구조주의, •후기 구조주의, •해체에서 좋은 글쓰기의 규범을 철저히 배반하는 글쓰기 유형을 관찰했다. 엠프슨은 독특한 저술가였다. 비록 그의 저서가 찬사를 많이 받았지만 그를 모방하는 것은 어려운 일이어서 어떤 학파나 많은 추종자를 양산하지 못했다.

+ 더 읽을거리

J. Haffenden, *William Empson*(2 volumes), 2005~2006.
C. Norris and N. Mapp, *William Empson: The Critical Achievement*, 1993.

엠겔스, 프리드리히 Engels, Friedrich (1820~1895)

독일의 사회과학자, 철학자, 19세기 영향력 있는 텍스트 중 하나인《공산당 선언》(*The Communist Manifesto*, 1848)을 카를 •마르크스와 함께 쓴 공동 저자. 엥겔스의 작업이 그보다 더 유명한 공동 저자인 마르크스의 그늘에 가려 상당히 무색해졌지만 •마르크스주의를 만들어낸 사람은 엥겔스였다고 종종 정당화되기도 한다. 엥겔스는 마르크스가 연구를 수행할 수 있도록 결정적인 재정 지원을 했을 뿐 아니라 마르크스의 연구를 진전시키려고 여러 일을 했다.

엥겔스는 독일 북부 라인 지방의 도시인 바르멘, 지금의 부퍼탈에서 태어났다. 직물 제조업자의 큰아들이었던 엥겔스는 비록 자신의 성향은 급진적인 철학과 정치학에 기울어 있었지만 부모의 강요에 따라 어린 나이에 가계의 사업에 참여했다. 그는 철학과 정치학에 대한 열정을 꺼지지 않게 살려두려고 계속 글쓰기를 했다. 1842년 그의 아버지는 엥겔스가 학문을 멀리하게 만들려고 그를 자기 회사의 맨체스터 공장에서 일하도록 떠나보냈다. 맨체스터로 가는 길에 마치 운명이 그렇게 하라고 한 듯이 그는 쾰른에 잠시 들러 기사를 몇 편 기고했던 급진적 간행물《라인 일보》(*Rheinische Zeitung*) 사무실을 방문했다. 그리고 그곳에서 마르크스를 만났다. 두 사람이 만나자마자 친해지지 않았다는 일화는 유명하다. 그럼에도 어떤 강력한 우정의 씨앗이 이 만남에서 뿌려졌다.

그 당시 맨체스터는 직물 제조업의 세계적 중심이었고 자유방임적 자본주의가 얼마나 잔인할 수 있는지를 보여주는 끔찍한 범례 중 하나였다. 엥겔스는 맨체스터에서 산업혁명으로 유발된 *생산양식의 변화 효과를 직시하게 되었다. 엥겔스는 자신이 관찰한 것을 고국 사람들에게 산업화의 위험을 경고하는 이야기로 묶어《1844년 영국 노동계급의 상태》(*Die Lage der arbeitenden Klasse in England,* 1845 / *The Condition of the English Working Class in 1844,* 1887)를 출판했다. 그는 맨체스터에서 일하는 노동자와 그들의 가족이 공업화가 덜 된 도시에 사는 사람들보다 상당히 높은 비율로 질병과 조기 사망의 고통을 겪고 있음을 보여주었다.

엥겔스는 1844년 독일로 돌아왔다. 이때 그는 마르크스를 한 번 더 방문하려고 처음으로 파리에 들렀다. 이때 두 사람의 만남은 잘 성사되었고 그들은 여생 동안 지속하게 될 협력적 파트너 관계를 시작하게 되었다. 엥겔스는 마르크스가 이른바 '젊은 헤겔주의자'들에 대한 공격을 다룬《성스러운 가족》(*Dieheilige Familie,* 1845 / *The Holy Family*)을 끝마치도록 도와주었다. 그 이듬해에 두 사람 모두 정치적인 이유 때문에 어쩔 수 없이 브뤼셀로 이주했다. 그곳에서 그들은 독일공산주의연맹의 접촉을 받았고 그들의 목표를 개괄하는 계획 선언서를 준비해달라는 요청을 받았다. 그 결과 유럽의 역사에서 격동의 시대 중 한 해인 1848년 2월에《공산당 선언서》(*Manifest der Kommunistischen Partei,* 1848 / *The Manifesto of the Communist Party,* 1850)가 출판되었다. 후일 엥겔스는 비록 두 사람의 이름이《공산당 선언서》표지에 있을지라도 실제로《공산당 선언서》는 모두 마르크스의 저술이라고 다소 겸손하게 말했다.

1848년 마르크스와 엥겔스는 독일로 돌아왔다. 그리고 함께 새로운 일간 신문《신라인 일보》(*Neue Rheinische Zeitung*)를 쾰른에서 창간해 편집했다. 그러나 신문은 곧 반정부적 자세를 취했다는 이유로 탄압받았다. 엥겔스는 1848~1849년 혁명에 아우구스트 빌리히의 부관으로 참가했지만 봉기는 이내 진압되었고, 그는 어쩔 수 없이 도주했다. 그는 스위스로 도피했다가 다시 영국으로 갔다. 엥겔스는 여생을 영국에서 보냈다. 비록 그가 맨체스터에 있는 아버지 회사에서 일하는 것을 싫어하기는 했지만 그곳에 취직해서 급여를 받아 자신과 마르크스를 부양하는 데 사용했다. 1870년 그는 직장에서 은퇴한 뒤 마르크스가 살고 있던 런던으로 이사했다.

1870년부터 죽을 때까지 엥겔스는 마르크스의 위대하지만 미완성된《자본론》을 편집하는 일에 전념했다. 또한 그는 시간을 내서 스스로 많은 저술을 하기도 했다. 그중에서 가장 잘 알려진 것은《반뒤링론: 오이겐 뒤링 씨의 과학의 변혁》(*Anti-Dühring: Herr Eugen Dühring's Revolution in Science*, 1878)과《유토피아적 사회주의와 과학적 사회주의》(*Socialism: Utopian and Scientific*, 1880), 《가족, 사유재산 그리고 국가의 기원》(*The Origin of Family, Private Property and the State*, 1884)이다.

+ 더 읽을거리

T. Carver, *Friedrich Engels: His Life and Thought*, 1989.
J. Green, *Engels: A Revolutionary Life*, 2008.

여성 비평 gynocriticism

여성 *페미니스트 문학비평가인 일레인 쇼월터가 여성 작가가 쓴 문학작품에만 초점을 둔 자신의 비평 작업과 같은 비평 작업을 분류하려고 도입한 용어. 여성 비평의 두 가지 목표는 '소실되었거나' '무시된' 여성 작가들을 복권하게 하고, 여성들이 구성하고 있는 텍스트의 의미를 세부적으로 이해하는 것이다. 오늘날 이 용어가 널리 사용되는 것은 아니다. 그러나 여성 비평의 두 가지 중요한 본보기라 할 수 있는 샌드라 길버트와 수전 구바의《다락방의 미친 여자》(*The Madwoman in the Attic*, 1979), 쇼월터의《그들 자신만의 문학》(*A Literature of their Own*, 1977)은 오늘날에도 여전히 읽히고 있다. 비록 여성 비평이라는 용어는 살아 있지 않다 하더라도 여성 비평의 실천은 훨씬 더 오래 살아 있다.

여성성 femininity

여성을 나타내는, 문화적으로 상대적인 관념적 *젠더 *정체성. 여성성은 어떤 역사적 시기에서 그다음 역사적 시기 그리고 한 지리적 장소에서 다른 지리적 장소에 따라 상당히 다양하다. 그래서 •페미니즘은 여성성을 여성이 특수한 사회 안에서 어떻게 행동하고 바라보고 느끼고 생각하는지를 지배하는 하나의 부과된 규칙 체계라고 본다. 일반적으로 여성성은 •남성성의 더 약하고 작은 •타자로 그려진다. 여성성에 대한 이러한 견해는 남근 선망이라는 정신분석적 개념을 명백히 뒷받침한다. 남근 선망은 모든 어린 소녀가 실은 어떤 면에서 소년이 되기를 바란다고 가정하기 때문이다. 존재한다고 가정되는 남근 선망과 같은 규칙과 문화적 전제는 그렇게 내면화되었다가 여성 스스로 어떻게 처신해야 하는지뿐만 아니라 여성이라는 것이 실제로 무엇을 의미하는지를 정의한다. '여성성'을 키워드로 책을 검색해보면 이러한 사실을 쉽게 관찰할 수 있다. 철학과 비평이론적 문맥에서 쓰인 책부터 (심리적인 것과 미용에 대한 다양한 조언이 담긴) 자기계발 안내서, 자서전에 이르기까지 여성성이라는 키워드가 토해낸 방대한 양의 제목은 가히 놀랄 만하다. 남성성에 대해 이와 비슷한 검색을 해보면 그 결과물은 지극히 적고 다양성 같은 것은 찾아보기 어렵다. 시대를 막론하고 여성 작가들은 여성성이 사회가 여성에게 부과한 구성적 요구라는 것을 인식하고 있었다. 그러나 처음으로 이것을 이론화한 사람은 시몬 드 •보부아르다. 보부아르는 여성성이 요구하는 역할 수행에 동의함으로써 사실상 여성은 그들에게 가해진 억압을 인정하게 된다고 주장했다. 여성성에 대한 최근 연구는 주디스 •버틀러, 특히 그녀의 •수행성 개념에 강력한 영향을 받았다(버틀러는 존 랭쇼 •오스틴의 •수행사라는 언어학적 개념에서 수행성 개념을 도출했다). 버틀러는 수행성이라는 개념의 도움을 받아 젠더의 역할이 고정되어 있지 않고 다양해질 수 있는 한 젠더의 역할은 역설적이라고 주장한다. 여성이 하고 싶다면 남성처럼 옷을 입고 행동할 수 있고 그와 반대로 남성이 원한다면 여성처럼 옷을 입고 행동할 수 있다. 하지만 우리는 한 가지 젠더화된 정체성을 갖지 않을 수 없다.

+ 더 읽을거리

주디스 버틀러, 《젠더 트러블》, 조현준 옮김, 문학동네, 2008.

여성적 글쓰기 *écriture feminine* / feminine writing

널리 읽히는 에세이 〈메두사의 웃음〉(Le Rire de la Méduse / The Laugh of Medusa)에서 엘렌 *식수가 가부장적 담론의 남성적 경제학 밖에 있는 어떤 글쓰기의 종류를 기술하려고 이 용어를 만들어냈다. 식수는 정신분석가 자크 *라캉의 용어로 말하면, *상징계가 아니라 *실재에 거주하거나 일어나는 글쓰기 형식을 여성적 글쓰기라고 생각했다. 그러므로 여성적 글쓰기는 정신분석적 용어로 설명하면, 표현할 수 없는 것(the inexpressible)의 표현 형식이고 실험과 유희로만 도달할 수 있다. 흥미롭게도 식수가 이런 효과를 달성할 수 있다고 한 작가들은 윌리엄 셰익스피어, 하인리히 폰 클라이스트, 장 주네 같은 정전을 이룬 작가들이다.

+ 더 읽을거리

V. Andermatt Conley, *Hélène Cixous: Writing the Feminine*, 1984.
I. Blyth and S. Sellers, *Hélène Cixous: Live Theory*, 2004.

역 liminality

그 안에서 개인이 더는 과거의 자신이 아니지만 동시에 아직 미래의 자신도 아니게 되는 이행의 공간 혹은 시기. 역(閾)은 둘 중 어느 것도 아니면서 둘 사이에 끼여 있는(in-between) 것을 가리킨다. 인류학자 아르놀드 방주네프가 그의 고전적 저서 《통과의례》(*The Rites of Passage*, 1908)에서 도입했던 용어로, 방주네프는 어린이가 성인으로 성장하는 과정에서 원시부족이 수행하는 다양한 의식을 가리킬 때 이 용어를 썼다. 빅터 터너가 《의례의 과정: 구조와 반구조》(*The Ritual Process: Structure and Anti-Structure*, 1969)에서 이 개념을 더욱 발전시켰다. 급진적 연극 이론가이며 연극 감독이기도 한 리처드 셰크너가 뉴욕의 퍼포먼스 그룹과 함께 이 개념의 가능성을 탐구했다.

+ 참고

아르놀드 방주네프, 《통과의례: 태어나면서부터 죽은 후까지》, 전경수 옮김, 을유문화사, 1992.
빅터 터너, 《의례의 과정》, 박근원 옮김, 한국심리치료연구소, 2005.

역사기술학 historiography

역사기술, 다시 말해 스타일, 서사 그리고 은유, 기타 등등의 것이 어떻게 역사적 기록을 받아들이고 이해하는가 하는 문제에 영향을 미치는 방식을 연구하는 학문. 또한 역사기술학은 특정 분야의 학술적 역사(예컨대, 오스트레일리아의 역사) 내에서의 논쟁을 가리킬 수도 있다. 핵심은 역사기술학이 실제 사건 혹은 그러한 것으로서 역사를 가리키는 것이 아니라 단지 그러한 사건의 해석과 표현을 가리킨다는 점이다. 따라서 역사기술학은 무엇이 역사로 간주되는지, 특히 어떤 방법이 역사를 신뢰할 만하게 생산하는지를 묻는다. 이 분야의 핵심 인물에는 미셸 드 *세르토, 미셸 *푸코, 헤이든 *화이트가 있다.

역사주의 historicism

과거의 사건은 그 사건이 일어난 시대의 문맥에서 해석되고 판단되어야 한다는 관점. 이는 G. W. F. *헤겔이 주장했듯이 모든 사회가 역사의 산물이기 때문이다. 그래서 예컨대 *신역사주의는 셰익스피어를 적절히 읽으려면 셰익스피어와 동년배의 관점으로 그의 작품을 읽어야 하고 셰익스피어의 최초 관객이 했던 것처럼 그의 작품을 관람해야 한다고 주장했다. 또한 역사주의는 역사가 수요와 공급에 대한 경제학적 법칙과 같은 어떤 변경할 수 없는 법에 따라 펼쳐진다는 관점을 가리키기도 한다. 이런 이유 때문에 모든 *마르크스주의 학자가 역사주의라는 라벨을 수용하는 것은 아니지만(루이 *알튀세르 자신은 이를 완전히 거부했다) 마르크스주의를 역사주의의 한 형식이라고 생각하는 경우가 종종 있다. 칼 *포퍼는 자신에게는 마르크스주의를 나타내는 완곡한 표현이었던 역사주의를 조롱하는 비평을 했다. 포퍼는 역사주의가 발생하는 모든 것을 기술하려고 한다는 점에서 그리고 사건들의 전개에 하나의 서사를 부과하려고 한다는 점에서 역사주의는 전체주의적이라고 (상당히 그릇되게) 주장했다.

역행 대용 cataphora

처음에는 독자에게서 정보를 박탈하고, 그런 다음 독자가 어쩔 수 없이 계속

앞으로 나아가도록 함으로써 두 개 혹은 그 이상의 구나 문장, 아이디어를 연결하는 방식을 말한다. 예를 들어 '그것은 아름다웠다, 저 무지개'라는 문장에서 '그것'은 역행 대용적으로 우리가 무지개를 향해 가도록 기능한다. 이 문장을 '무지개는 아름다웠다'라는 문장과 비교해보라(→ 대용).

연속성 seriality

프랑스의 철학자 장 폴 *사르트르의 용어. 영화관 앞에서 줄을 서서 기다리는 사람들처럼 현재 그들이 하는 일 외에 그 무엇도 공유하지 않는 개인들의 무리를 가리킨다. 집단/공동체와 달리, 무리 속의 개인은 서로에게서 *소외되어 있다. 사르트르의 주저 《변증법적 이성비판》(*Critique de la Raison Dialectique*, 1960 / *Critique of Dialectical Reason*, 1976)에서 핵심 용어인 연속성은 정치에 의해 극복되어야 할 사태에 속한다.

연어 collocation

'깨끗하고 정돈된(clean and tidy)'이나 '아주 깔끔한(neat as pin)'처럼 지역 방언에서 통상적으로 함께 사용되는 말. 통상적인 단어들의 조합을 중지하는 것은 비록 시적인 *낯설게 하기를 달성하는 쉬운 방법이기는 하지만 중요한 방법이다. 예를 들어 "나는 그것을 할 수 없을까 봐 염려스러워요(I'm afraid I can not do that)"라고 말하는 대신에 "나는 그것을 할 수 없을까 봐 겁나요(I'm scared that I can not do that)"라고도 쓸 수 있다. 두 번째 예에서 연어(連語)는 완전히 잘못되었다. 그리고 비원어민 화자가 범할 수 있는 실수의 전형적인 예다. 중요한 점은 이 문맥에서 우리가 왜 'scared' 대신에 'afraid'라고 말해야 하는지를 설명하는 어떤 논리적 이유가 없다는 것이다. 하지만 영어 사용 습관은 전자가 옳고 후자가 틀렸다고 말한다.

열린 작품과 닫힌 작품 open and closed work

이탈리아의 기호학자, 소설가인 움베르토 *에코가 1959년 에세이 〈열린 작품의 시학〉(L'opera in movimento e la coscienza dell' epoca / The poetics of the open work)에서 제안한 이항 대립적 용어. 작품 중에는 독자가 원하는 대로 해석할 수 있게끔 의도된 듯하다는 면에서 미완으로 보이는 작품이 있고, 독자의 반응과 해석을 원하지도 그것들이 필요하지도 않은 듯하다는 면에서 완결되고 난공불락처럼 보이는 작품도 있다. 에코는 전자를 열린 작품, 후자를 닫힌 작품이라 하며, 전자를 자유와 동일시하고 후자를 복종, 항복과 동일시했다. 에코는 모든 텍스트가 어느 정도는 저자와 수용자 간의 상호 생산으로 여겨질 수 있음을 알고 있었다. 그러나 그는 여기서 관건이 텍스트의 세계관, 달리 표현하면 미셸 *푸코가 그보다 나중에 쓴 용어를 빌려 *에피스테메라는 것을 보여주었다. 그의 예는 중세의 *알레고리들이다. 그는 이 텍스트들이 속한 당대에서, 어떤 독자도 여기서 기독교적 주제를 찾지 않으며 읽을 수도 있다는 생각조차 하지 못했을 것임을 보여주었다. 종교의 권위가 사라진 세속 시대인 지금에야 그와 같은 독해가 가능해진 것이다.

영향에 대한 불안 anxiety of influence

시적 영향과 계승에 관한 해럴드 *블룸의 이론. 《영향에 대한 불안》(*The Anxiety of Influence*, 1973)에서 처음으로 구체적 윤곽을 드러냈다가 이후 모든 후속 책에서 핵심을 이루게 된 블룸의 논지는 모든 시인은 자기 자신을 위한 상상력의 *공간을 창조하려고 유사 오이디푸스적 대결을 벌여 그들의 선배 시인들과 대적해야만 한다는 것이다. 강한 시인들은 블룸이 '창조적 오독'이라고 칭한 과정을 거쳐 그들의 선배 시인들을 소화하거나 승화할 수 있다. 다시 말해, 이러한 강력한 시인들은 선배 시인들의 작품 속에서 자기 자신만의 진실을 발견하고 그것을 영감의 원천으로 이용한다. 이와 대조적으로 약한 시인들은 단지 선배 시인들을 이상화하고 모방할 수 있을 뿐이다. 블룸은 《서구의 정전》(*The Western Canon: The Books and the School of the Ages*, 1994)에서 이러한 생각을 모든 형식의 창조적 글쓰기로 확대했다.

예술 세계 art worlds

사회학자 하워드 S. 베커의 개념으로 예술가들이 예술을 생산하려 창조하고 필요로 하는 주위 환경을 뜻한다. 피에르 •부르디외의 목적처럼 베커의 궁극적 목적은 예술이 고립된 천재가 만들어낸 생산물이 아니라 공동체의 협력으로 만들어진 생산물이라는 사실을 보여주는 것이다. 예술 세계는 예술 작품의 생산과 소비에 필수적인 제도와 사람들로 구성되어 있다.

+ 더 읽을거리
H. Becker, *Art Worlds*, 1982.

예일 해체학파 Yale School of Deconstruction

1970년대 자크 •데리다의 작업이 예일 대학교 영문과에 재직 중이던 저명한 문학비평가 네 명(폴 드 만, J. 힐리스 •밀러, 제프리 하트먼, 해럴드 •블룸)에게 수용되고 실험되던 시기를 가리키는 약칭. 이들이 데리다의 작업에서 영감을 얻은 것은 사실이지만, 이들이 보여준 •해체는 데리다의 해체와 거의 닮지 않았다는 점을 지적해야 한다. 프레드릭 •제임슨(당시 예일 대학교에 재직했기 때문에 종종 예일학파에 속하는 것으로 오해되곤 했던)에 따르면, 두 해체에 비슷한 점이 많지만 그 핵심에서는 다르다. 예일학파의 해체는 대단히 유희적이며 현학적인 형식의 세밀히 읽기이고, 철학적인 혹은 정치적인 논점에는 관심이 없을 때가 많다. 데리다의 해체는 정확히 후자(철학적이며 정치적인 논점의 제시)에 관심이 있다.

+ 더 읽을거리
J. Arac et al., (eds.) *The Yale Critics: Deconstruction in America*, 1983.
H. Bloom, (ed.) *Deconstruction and Criticism*, 1979.

옐름슬레우, 루이 Hjelmslev, Louis (1899~1965)

덴마크의 언어학자. 코펜하겐에서 태어난 옐름슬레우는 코펜하겐과 프라하, 파리에서 비교언어학을 연구했다. 1931년 그는 코펜하겐 언어학회를 창립하는 일을 도와주었다. 이 학회는 로만 •야콥슨, 얀 마야콥스키와 니콜라이 트루베츠코이 같은 권위자들이 포함된 뜻이 맞는 언어학자들의 소규모 그룹이 6년 먼저 창립한 •프라하 언어학 서클을 본떠서 (어떤 점에서는 그의 반대로)

만들어졌다.

옐름슬레우의 연구가 언어에 대한 일반 이론을 발전시키는 것을 목표로 언어의 이해에 명확히 집중하기는 하지만 다른 사람들, 특히 롤랑 •바르트, 미셸 드 •세르토, 질 •들뢰즈, 움베르토 •에코, 미셸 •푸코 그리고 알지르다스 쥘리앵 •그레마스에 의해 그의 연구는 광범한 범위의 문화 현상을 분석하기 위해서 확장되었다. 옐름슬레우는 자기가 발전시킨 언어의 일반론을 •언리학이라 했다. 그의 의도는 음성학, 형태론, 통사론, 사전학, 의미론 사이에서 그가 보았던 가짜 구분을 가로지르는 일종의 언어 대수학(algebra)으로 언리학을 만드는 것이었다. 언어 사용 현실에서는 전통적 언어학자들이 제공하는 것보다 훨씬 더 복잡한 체계가 필요하다고 옐름슬레우는 주장했다. 자신의 가장 잘 알려진 책《언어 이론 서설》(*Omkring sprogteoriens grundlæggelse*, 1943 / *Prolegomena to a Theory of Language*, 1969)에서 그는 바로 그런 복잡한 체계를 제공하는 일에 착수했다.

오리엔탈리즘 Orientalism

전통적으로 오리엔트에 대한 여하한 형태의 학술적 탐구 혹은 오리엔트에 대한 매혹을 가리키는 말이었다. 여기서 오리엔트는 현재 중동이라 불리는 지역에 속하는 국가들을 말하지만, 그에 덧붙여 북아프리카, 터키, 파키스탄, 인도의 북부 지역까지 아우르기도 한다. 에드워드 •사이드의《오리엔탈리즘》(*Orientalism: Western Conceptions of the Orient*, 1978)은 수백 년 전 시작해 존중받는 한 학문 분야를 가리키는, 명백히 서구 중심 관점이 담겼지만 그래도 중립적이던 이 용어를 편견과 인종주의를 향한 지탄을 담은 용어로 탈바꿈시켰다. 사이드의 저작은 오리엔탈리즘이라는 용어에서 그것이 가졌던 긍정적 함의와 의미망을 몰아내고, 그 자리에 긴 기소 목록이 들어가게 했다. 용어의 의미와 관련해, 사이드의 오리엔탈리즘만큼 완전한 비판적 역전이 일어난 사례는 거의 없다. 사이드의 근본적 비판은 오리엔트 연구자들(이들이 다는 아니지만 주로 영어, 프랑스어, 독일어로 썼던)이 이해한 오리엔트는 실제 오리엔트(사이드가 보여주듯이, 대단히 복잡한 지역인)와는 아무 관련이 없고 그들 자신의 상상에 따른 허구라는 것이다. 또한 사이드는 오리엔트를 연구한 유명한 학자 중 다수가 실제로 오리엔트를 한 번도 방문한 적이 없으며, 오리엔트를 연구한 다른 학자들의 저작에만 의존했다는 점을 지적했다. 이는 그들이 실제 오리엔트에 관심이 있지는 않았음을 방증한다. 오리엔트 연구자들이 창조한 오리엔트는(그에게 영감을 준 미셸 •푸코를 인용하며 사이드가 보여주듯이) 담론적 산물이며, 동양과 서양의 권력 관계 불균형이 가능하게 한, 수세기에 걸친 신비화, 이국화, 노골적 기만으로 탄생한 환상적 •공간이다. 사이드는 서양이 유지하는 오리엔트에 대한 환상이 실제 힘을 갖는다는 데 문제가 있다고 말했다. 서양이 오리엔트를 후진적이고 계몽되지 않았으며, 비이성적이고 성적으로 일탈적이며, 건강하지 못하고 매력적이지 않다고 이해하는 한, 서양의 정치는 그러한 이해를 충실히 따르게 된다(2003년 바그다드 공습 이후 도널드 럼스펠드가 보여주었던, 이라크 국립미술관 약탈 만행에 대한 냉담한 무관심을 기억하라). 출간 후 30년이 흐르는 동안《오리엔탈리즘》은 •탈식민주의 연구의 주춧돌이 되었다.

+ 더 읽을거리

바트 무어-길버트, 《탈식민주의! 저항에서 유희로》, 이경원 옮김, 한길사, 2001.

오브제 (프티) 아 *objet (petit) a*

자크 •라캉의 •정신분석에서 결코 성취될 수 없는 •욕망의 •대상을 가리키는 용어. 라캉의 저작에서 이 용어는 여러 의미가 있는데, 가장 일관되고 널리 알려진 의미는 욕망이 항구히 결여하는 대상, 결여한다는 그 이유에서 욕망이 생겨나게 하는 대상을 가리킨다. 후기의 정식화에서 라캉은 오브제 아를 •주이상스의 잉여가치로 생각하게 된다. 라캉은 이 용어가 영어에서도 대수학 용어처럼 쓰일 수 있게끔 프랑스어 그대로 쓰여야 한다고 고집했다. 이와 같은 라캉의 고집은 많은 경우 존중된다. 영어로 번역한다면 '대상 (작은) a, object (little) a'로 옮길 수 있을지 모르나, 프랑스어에서 'a'가 •타자(*autre*)를 뜻한다는 점을 감안하면 이는 온전한 번역어가 아니다. 엄밀하게 말하면 영어 번역어는 '대상 (작은) o, object (little) o'가 되어야 한다.

오스트라네니예 *ostranenie* / defamiliarization or estrangement

•문학성을 정의하고 설명하기 위한 •러시아 형식주의의 시도에서 핵심이었던 개념. 이 개념은 •낯설게 하기, 밀어내기라는 두 가지 행위를 암시한다. 이 이중 의미에 충실하게, 이 개념은 작가들이 일상 언어를 시적 언어(러시아 형식주의자들에 따르면, 고양된 인식 상태를 유도하는 언어)로 탈바꿈하려고 사용하는 테크닉을 가리킨다. 러시아 형식주의자들에게 습관은 예술의 적이므로 예술을 생산하려면 작가는 친숙한 것이 기이하거나 다르게 보이게 함으로써 독자가 일상적 인식 패턴의 바깥으로 나갈 수 있게 해야 한다. 이 개념의 주요 이론가인 빅토르 •시클롭스키는 레프 톨스토이의《전쟁과 평화》(*War and Peace*)에서 유명한 한 대목을 예로 들었다. 이 대목에서 톨스토이는 오페라를 "그려 만든 무대 위에 작열하는 불빛 아래서, 움직이고 말하고 노래하는, 괴상한 옷을 입은 남자들과 여자들"이라는 말로 묘사했다.《산문의 이론》(*Theory of Prose*, 1990)에서 시클롭스키에 따르면, 여기서 톨스토이가 하는 일은 사태를 그것이 일어나는 맥락 바깥에서 보는 것이다. 달리 말하면, 톨스토이는 그가 묘사하는 행위에 의미나 일관성을 부여할 무엇, 그것을 보지 않는다. 따라서 그는 자신의 방식으로 그 행위를 낯설게 만든다.《언어의 감옥》(*The Prison-House of Language*, 1972)에서 프레드릭 •제임슨은 낯설게 하기 개념의 세 가지 이점을 말했다. 첫째, 이 개념으로 다름 아닌 문학 이론 자체가 생겨날 수 있다. 문학 이론의 대상(다시 말해, 시적 언어)을 다른 대상과 구분할 길을 제공하기 때문이다. 둘째, 이 개념은 작품 안에서 그리고 작품 사이에 위계를(낯설게 하기 정도에 따라) 세울 수 있게 한다. 셋째, 이 개념은 연속성과 영향보다는 단절과 불일치의 관점에서 문학사를 보게 하는 새로운 길을 제공한다. 그런데 이 개념의 문제는, 이것이 순수하게 텍스트에 제한되지 않으며 심리적이라는 데 있다. 낯설게 하기라는 개념은 작품 자체에 고유한 무엇에서 오는 것이 아니라, 어떤 독특한 글쓰기로 깨어나는 체험을 하는 독자의 죽어 있던 감각을 전제로 하기 때문이다. 또한 명백히 충격 체감의 논리가 여기에 적용될 수 있다. 어제는 충격적이었던 것이 오늘은 너무나 친숙한 것이 될 수 있다. 그러므로 충격의 강도가 점점 세져야만 충격의 효과가 있을 것이다

(많은 논자가 지적했듯, 이것이 현대의 비구상예술이 직면한 문제이기도 하다)(→인지적 소외; 소격 효과).

+ 더 읽을거리

토니 베네트, 《형식주의와 마르크스주의: 문예비평적 고찰》, 임철규 옮김, 현상과인식, 1983.
빅토르 얼리치, 《러시아 형식주의: 역사와 이론》, 박거용 옮김, 문학과지성사, 1983.

오스틴, 존 랭쇼 Austin, John Langshaw (1911~1960)

영국의 언어철학자. •화행 이론과 •수행사라는 개념의 창시자. 오스틴은 랭커스터에서 태어났지만 스코틀랜드의 세인트 앤드루스에서 성장한 후 옥스퍼드의 베일리얼 칼리지에서 수학했다. 제2차 세계대전 동안 그는 M16 소총을 들고 영국군에 복무한 다음 전쟁 후 옥스퍼드 대학교에 교수로 임명되었다. 오스틴은 일생에 걸쳐 논문을 7편 출판했기 때문에 다작과는 대단히 거리가 멀다. 그의 가장 영향력 있는 저서《말로 일을 수행하는 법》(*How to Do Things with Words: The William James Lectures delivered at Harvard University in 1955*, 1962)도 그의 사후에 출판되었다. 오스틴은 당대 널리 수용된 관점, 즉 문장의 주요 기능은 사실(실제적인 것 혹은 상상된 것)을 진술하는 것이라는 생각에 도전함으로써 언어철학 분야에 결정적이고 지속적인 공헌을 남겼다. 그는 문장의 전체 종류에는 단순히 사실을 진술하는 것 이상을 하거나 전혀 사실을 진술하지는 않지만 오히려 행동을 수행하는 것이 있다는 주장을 설득력 있게 펼쳤다. '나는 이 배를 엔터프라이즈라고 명명한다(I name this ship *Enterprise*)'라는 선언문 같은 문장의 유형을 그는 수행적 발화라고 했다. 수행적 발화를 말하는 바로 그 행위가 어떤 상황에서는 어떤 동작을 수행할 수 있기 때문이다. 이와 마찬가지로 우리는 '추워'라고 말하면서 어떤 사람이 창문을 닫거나 난방기 스위치를 누르게 할 수 있다. 그러면 이 발화 역시 수행적 차원을 가지게 된다. 오스틴은 자기 생각을 충분히 전개된 이론으로 발전시키기 전에 세상을 떠났다(그가 이론을 충분히 발전시키는 일에는 취미가 없었던 것 같다). 그래서 그의 생각이 함축하는 모든 것을 연구하는 일은 다른 사람들, 특히 존 •설과(매우 다르면서 훨씬 더 사변적인 방식으로) 주디스 •버틀러와 질 •들뢰즈에게 남겨졌다. 오스틴의 저서를 비판하는 비평가가 없지 않은데, 그중 주목할 만한 두 사람으로는 어니스트 •겔너와 자크 •데리다가 있다. 데리다는《철학의 여백》(*Marges de la philosophie*, 1962 / *Margins of Philosophy*, 1982)에서 오스틴의 이론에 대한 짧은 비평을 썼다. 이것이 곧 설의 반응을 촉발했고, 설의 반응에 철학사에서 가장 볼 만한 장관이 된 데리다의 응수가 불붙었다.

오용 catachresis

단어의 부적절한 사용이나 잘못된 적용을 말한다. 어느 신문의 경제면에서든 많이 사용되는, 예컨대 농업 용어를 잘못 적용한 '당신의 사업을 재배하라(grow your business)'와 같은 표현이 여기에 해당한다. 오용은 어떤 고유한 단어도 존재하지 않는 사물이나 행동에 어떤 말을 적용하는 것을 가리킬 수도 있다. 예를 들어, 우리는 기차와 비행기에 '탑승한다(board)'고 말한다. 그러나 기차와 비행기는 상대적으로 최근 발명품이기 때문에 우리가 어떻게 그 기계 장치에 들어가는지를 기술할 어떤 선행어가 없었다. 그래서 '탑승하다'라는 말은 항해에서 차용된 것이다. 이와 비슷하게 오용은 '진리는 여성이다(truth is a woman)'라는 프리드리히 •니체의 유명한 언명처럼 생각을 도발하는 은유를 창조해내는 수단이 될 수 있다.

오이디푸스 콤플렉스 Oedipus complex

•정신분석의 전체 얼개를 조직하는 핵심적 •신화.《꿈의 해석》(*Die Traumdeutung*, 1900 / *The Interpretation of Dreams*, 1913)에서 지그문트 •프로이트는 그의 임상 경험에 비추어볼 때, •신경증 환자들의 경우 어린 시절 아이로서 부모와 맺었던 관계가 정신적 삶의 주요 결정 요소라고 말했다. 이 아이디어는《꿈의 해석》이 나오기 몇 년 전 프로이트가 자기 분석을 하던 중 떠올랐던 것이다. 그의 친구 플리스에게 보내는 편지에서 말하듯, 어머니를 향한 애정과 아버지를 향한 질투를 분석하면서, 프로이트는 소포클레스의 희곡《오이디푸스 왕》(*Oedipus Rex*, BC 429)을 기억했다. 프로이트가 보기에, 이 작품이 쓰이고 2,500년이 지나서도 우리에게 충격을 주는 것은, 그것의 주제적 관심사가

보편적이기 때문이다. 프로이트는 이와 같은 생각을 개인 주체 차원, 인간 사회 차원이라는 두 층위에서 탐구했다.

소포클레스의 작품이 원전으로 삼은 오이디푸스 신화의 내용은 다음과 같다. 테베의 라이오스왕이 신탁에서 자기 아들이 자신을 죽일 것을 알게 된다. 이 운명을 피하려고 그는 아들의 발을 묶고(이것이 오이디푸스라는 이름의 기원이다. 오이디푸스는 '부어오른 발'이라는 뜻이다) 아내인 왕비 이오카스테에게 아들을 죽이라고 명한다. 차마 자기 손으로 아들을 죽일 수 없었던 이오카스테는 하인을 불러 같은 명령을 내린다. 하인은 숲속에 아기를 버리지만 아기는 양치기에게 발견된다. 양치기는 코린트 출신의 다른 양치기에게 아기를 주었고, 이 양치기는 아기를 고국 땅으로 데려간다. 아기는 폴리보스왕의 왕실에서 성장하게 된다. 성년이 된 오이디푸스는 어머니와 결혼할 것이며 아버지를 죽일 것이라는 신탁을 듣게 된다. 그는 이 운명을 피하려고 코린트 왕실을 떠나는데, 테베로 향하던 길에 (그의 운명이 그렇게 예정했듯이) 그의 생물학적 아버지, 다시 말해 라이오스왕을 만난다. 두 남자 사이에 언쟁이 벌어지고 오이디푸스는 자기 아버지를 죽인다. 그리고 테베를 향해 다시 떠난다. 테베는 스핑크스의 주문에 걸려 있다. 오이디푸스는 스핑크스의 수수께끼를 풀어 테베를 스핑크스의 주문에서 해방시키며, 테베의 왕위와 최근 과부가 된 왕비(다시 말해, 그의 생물학적 모친)와 혼인이라는 보상을 받는다. 이렇게 예언은 실현되지만, 이때까지 관련 인물 중 누구도 그 사실을 아는 사람은 없다. 어떤 일이 일어났는지 마침내 모두 알게 되고 나서, 이오카스테는 목을 매 자살하고 오이디푸스는 자신의 눈을 찔러 실명시키고 유배를 떠난다.

프로이트에 따르면, 이 신화가 모두에게서 강력한 공감을 얻는 것은, 최소한 남자아이의 관점에서 본다면, 이것이 아동 발달의 기본적 이야기를 전해주기 때문이다. *정신분석은 아이는 누구나 이성인 부모에게 애착을 형성하고 동성인 부모에게는 경쟁 관계를 갖게 된다고 보았다. 이 관점에 따르면, 어린 남자아이는 어머니를 사랑하고 아버지의 위치를 찬탈하고자 한다. 이 이야기는 실상 *대상 선택에 관한 것이다. 그러나 한편 이 이야기에는 타협 혹은 프로이트가 *현실원칙이라 부른 것에 대한 교훈도 담겨 있다. 1910년에 프로이트는 남자아이의 이와 같은 갈등에 찬 욕망을 '오이디푸스 콤플렉스'라 부르게 되었으며, 이렇게 해서 이 신화가 그의 사유와 가르침에서 핵심 위치에 놓이게 한다. 오이디푸스 콤플렉스라는 용어는 이후 널리 쓰이게 되었지만, 그것이 언제나 정신분석에 도움이 되지는 않았다. 많은 사람이 이 개념이 부조리하다거나 역겹다고 여겼다. 프로이트 자신은 만일 이 신화가 모든 사람이 품고 있는 내면의 진실을 드러내 보이지 않았다면 이와 같은 반발을 자극하지 않았을 거라는 말로 자기 견해를 옹호했다. 처음 프로이트는 이 욕망이 지극히 현실적인 것이라 생각했지만, 이후 상징적 차원에서 표현될 수도 있다고 생각하게 된다. 애초 프로이트는 오이디푸스 콤플렉스 시기를 5세 이하 아동으로 제한했다. 그러나 이후 오이디푸스 콤플렉스는 사춘기에 이르기까지 해소되지 않는다고 자기 생각을 수정했다.

1972년, 《앙티 오이디푸스》(*L'Anti-Oedipe/Anti-Oedipus*, 1977)라는 대단히 함축적인 제목으로 질 *들뢰즈와 펠릭스 *가타리는 정신분석에서 오이디푸스 콤플렉스의 핵심 위치를 가혹하게 비판한 책을 출간했다.

ㅇ

오인 misrecognition / *méconnaissance*

*주체가 자기라고 오해하는 *정체성을 획득하는 자기 동일시 과정. 자크 *라캉의 *거울 단계 이론에서 나온 개념이다. 이 이론에 따르면, 18개월 이하의 아기는 거울에서 본 이미지를 자신으로 착각한다. 거울 속 이미지가 분명 아기 이미지이기는 하지만, 실제로 아기인 것은 아니다. 그러나 아기는 그 차이를 구분하지 못한다. 따라서 아기의 '나'는 아기의 *상상계의 산물, 다시 말해 환상의 결과다. *마르크스주의 비평가인 루이 *알튀세르는 이 아이디어를 그의 *호명 개념에 적용했다. 호명 개념은, *사회가 끝없이 주체들로 하여금 특정한 정체성(시민, 소비자, 투표자 등)을 택하도록 요구한다고 본다. 그러나 호명되는 과정에서 주체는 자신의 '진정한' 자아에서 *소외된다.

오제, 마르크 Augé, Marc (1935~)

프랑스의 인류학자. 오제는 루이 *알튀세르, 미셸 드 *세르토, 질 *들뢰즈와 미셸 •푸코 같은 사람들을 경우에 따라 스승이나 결정적 영향을 미친 사람 혹은 적대자로 생각할 수 있는, 1960년대 파리에서 교육받은 학자들의 세대에 속한다. 책을 다수 저술한 재치 있고 복잡한 저자인 오제는 자기 자신을 인류학자라고 생각한다. 하지만 그의 평생 과업은 자신이 •초근대성이라고 칭한, 빠르게 변하는 시대에 인류학을 한다는 것이 무엇을 의미하는지를 재발명하는 것이었다.

오제의 경력은 세 단계, 즉 초기(아프리카), 중기(유럽), 후기(전 세계)로 구분될 수 있으며, 이 세 단계는 그의 지리학적 초점과 이론의 발전 단계 변화를 반영한다. 연속적으로 이어진 이 세 단계는 그와 같이 관심과 초점을 점차 확대하지는 못한다. 오히려 복잡화된 전 지구적 전체의 일부로서 지역을 이해하지 않고는 지역을 더는 이해할 수 없다는 확신이 커지면서 그런 확신을 만족할 수 있는 이론적 기제를 발전시킨다.

오제는 서아프리카로 연장된 일련의 현장 답사와 함께 학자로서 삶을 시작했다. 그는 그곳에서 아이보리코스트의 아비장 서부에 있는 대규모 석호 가장자리에 자리 잡은 알라디안 부족을 연구·조사했다. 이러한 노력을 집대성한 거장다운 책이 《해안가의 알라디안 부족》(*Le Rivage alladian: Organisation et évolution des villages alladian*, 1969)이다. 1968년과 1971년 사이에 아리보리코스트로 세 차례 심화 현장 답사를 다녀온 후 연작 《권력과 이데올로기 이론》(*Théorie des pouvoirs et Idéologie: Études des cas en Côte d'Ivoire*, 1975)이 나왔다. 오제는 자신의 연구 대상을 기술하려고 이데올로기-논리(ideo-logic)라는 용어를 만들어냈다. 그는 이것을 사회가 사회 자체에 대해 스스로 만들어내는 재현물의 내적 논리라고 정의했다. 알라디안 부족민에 대한 이 연구 연작물의 세 번째와 네 번째 분량인 《삶의 권력》(*Pouvoirs de vie, Powers of Life*)과 《죽음의 권력》(*Pouvoirs de mort, Powers of Death*)이 1977년 추가되었다.

두 번째 단계 혹은 유럽 단계는 상호 연관된 책 세 권 《룩셈부르크의 정원 횡단하기》(*La Traversée du Luxembourg*, 1985, *Traversing Luxembourg Gardens*), 《대도시 속에서의 민속학자》(*Un ethnologue dans le métro*, 1986 / *In the Metro,* 2002), 《집과 궁전》(*Domaines et Châteaux*, 1989, *Homes and Palaces*)으로 이루어진다. 이 단계

에서 오제는 아프리카 야외 작업 과정에서 발전된 방법을 그가 사는 지역인 파리의 문맥에 적용하는 새로운 접근법으로 채택했다. 오제는 현대 파리 사회의 네 가지 핵심 양상, 즉 ① 의사소통 기술의 확장에 따라 초래된 고독의 강도가 점차 증가하는 역설적 모습, ② 타자가 또한 '나'라는 이상한 인지, ③ *비장소, 즉 장소에 친밀감이 전혀 없는 양가적 *공간, 예를 들어 이러한 공간은 소속감을 전혀 촉발하지 않는다는 점, ④ 망각과 기억의 탈선에 초점을 맞췄다. 이 단계의 연구는 이전의 연구나 이후의 연구에서 행하지 않는 방식으로 인류학자로서 오제 자신의 경험을 강조했다. 오제는 이러한 장소들에 대한 자신만의 인상을 프랑스 문학의 몇몇 위대한 작가가 쓴 것과 비교함으로써 자신의 경험을 강조했다. 이러한 비교가 조명하는 것은 언어와 경험 사이에 존재하는 명백히 극복할 수 없는 간극이다. 그럼에도 그는 인류학이 현대사회 속에서 지속적으로 연관성을 맺게 된다면 자신의 인류학이 이러한 간극을 반드시 좁힐 수 있다고 주장했다.

세 번째 단계 혹은 글로벌 단계는 지금까지 《비장소들》(*Non-Lieux, Introduction à une anthropologie de la surmodernité,* 1992 / *Non-Places: Introduction to an Anthropology of Supermodernity,* 1995), 《타자 의식》(*Le Sens des autres: Actualité de l'anthropologie,* 1994 / *A Sense for the Other: A Timeliness and Relevance of Anthropology,* 1998), 《현대인의 세계를 위한 인류학》(*Pour une anthropologie des mondes contemporains,* 1994 / *An Anthropology for Contemporaneous Worlds,* 1998), 《꿈의 전쟁》(*Le Guerre des rêves: exercises d'ethno-fiction,* 1997 / *The War of Dreams: Exercises in Ethno-fiction,* 1999)을 배출했다. 이 세 번째 단계의 후기 연구서들은 함께 뭉쳐 오제가 첫 번째 단계의 인류학적 현장 연구 과정에서 관찰했던 것과 두 번째 단계의 인류학적 현장 연구 과정에서 관찰했던 것의 차이점에 대한 확장된 고찰을 절충하고 있다. 오제의 이력에서 이 세 번째 단계는 두 가지 목적이 있는데, 한편으로 적당히 전 세계적 방식으로 통용되는 *세계화를 이론화하는 것이고, 다른 한편으로 전체로서 인류학이라는 학제에 활기를 불어넣는 것이다. 이러한 목적에 맞춰 그는 종합적 결과를 '민족-소설'이라고 서술하면서 많은 혁신적 글쓰기 기술을 전개했다(→포스트모더니즘).

+ 더 읽을거리

I. Buchanan, "Non-Places: Space in the Age of Supermodernity" in R. Barcan and I. Buchanan, (eds.) *Imagining Australian Space*, 1999.
J. Frow, *Time and Commodity Culture*, 1997.

오토포이에시스 autopoiesis

자기 창조 혹은 자기 조직화. 이 용어는 진화생물학자인 움베르토 마투라나와 프란시스코 바렐라의 신기원을 이룬 저서 《오토포이에시스와 인지》(*Autopoiesis and Cognition: The Realization of the Living*, 1972)에 도입되었다. 자기 창조적(autopoietic) 시스템은 스스로 생산하는 것인데, 이것은 타자 생산적(allopoietic) 시스템과 비교할 때 가장 잘 이해된다. 타자 생산적 시스템은 공장처럼 재료들을 받아들여 자신 이외의 다른 것들을 생산하려고 그것을 사용하는 것을 말한다.

오포야즈 *Opoyaz*

'*Obschevesto po izucheniyu poeticheskogo yazyka*(Society for the Study of Poetic Language)'의 러시아어 두음문자. *모스크바 언어학 서클과 함께 *러시아 형식주의의 선배 격인 그룹 중 하나였다. 오포야즈는 1916년 러시아의 상트페테르부르크에서 언어학을 전공하는 교수와 학생들이 모여 결성되었다. 주도한 인물은 시인 오시프 브리크, 회원으로는 빅트로 *시클롭스키, 보리스 예이헨바움, 로만 *야콥슨이 있다. 오포야즈는 문학적 테크닉의 메커니즘을 발견하는데, 더 정확하게 말하면 문학 텍스트를 비문학 텍스트와 구별되게 하는 언어의 구체적 특징을 규명하는 데 관심이 있었다. 이따금 출판 사업에 협력하기는 했지만 결코 느슨하게 조직된 토론 그룹 이상인 적이 없었던 오포야즈는 1923년 해산하고 모스크바 언어학 서클과 통합된다. 이 무렵 주요 멤버들은 이미 해외로 도피한 다음이었다.

+ 더 읽을거리

토니 베네트, 《형식주의와 마르크스주의: 문예비평적 고찰》, 임철규 옮김, 현상과인식, 1983.
빅토르 얼리치, 《러시아 형식주의: 역사와 이론》, 박거용 옮김, 문학과지성사, 1983.

왓킨스, 글로리아 Watkins, Gloria →훅스, 벨

왜상 anamorphosis

미술 분야에서, 특히 16세기와 17세기 유럽에서 사용된 장치로 특별한 각도에서 봐야만 보이는 방식으로 이미지를 구성하는 것을 가리킨다. 오늘날 우리가 이 장치를 가장 많이 볼 수 있는 분야는 스포츠 분야다. 예컨대, 경기장 안 광고판에 있는 회사 로고들은 텔레비전에서의 가시성을 높이려고 약간 비스듬한 각도에서 경사지게 그려진다. 프랑스 정신분석가 자크 *라캉은 그림의 전경에 해골 이미지가 은폐되어 있는 홀바인의 〈대사들〉(The Ambassadors, 1533)을 예로 들어 *욕망은 자신이 무엇을 원하는지 인지할 수 없다는 것을 설명했다. 욕망의 *대상, 좀 더 구체적으로 말하면 충동의 대상은 정면에서 똑바로 인지될 수 없다. 슬라보예 *지젝은 *이데올로기 해석에서 이데올로기적 진술이 어떻게 비이데올로기적 진술로 보일 수 있는지 설명하려고 이 개념을 포괄적으로 사용했다.

욕망 desire

임마누엘 *칸트에 따르면 *쾌락의 매개 없이 판단을 실행할 수 있는 이성이 가지고 있는 근본적인 힘 중 하나. *비평이론에서 욕망과 쾌락은 대개 서로 대립적이다. 욕망이 지속적인 흐름으로 취급되는 반면 쾌락은 그런 욕망의 흐름의 정지 혹은 욕망을 종결짓는 중지로 취급된다. 이런 이유로 욕망은 종종 신성한 것으로 범주화되는 반면 쾌락은 세속적인 영역에 놓이게 된다. 욕망에 관한 두 가지 다른 논쟁이 있다. 첫째는 욕망이 인지적인가 혹은 본능적인가, 다른 말로 표현하면 욕망은 '자신의 의지에 따른' 것인가 혹은 '자신도 모르게 나오는' 것인가 하는 문제다. 둘째는 욕망이 자기 동기 부여적인가 아닌가의 문제다. 첫 번째 문제에 대한 일반적 합의는 욕망은 본능에 속한다는 것, 즉 욕망은 '문명화'되기 위해 우리가 경로를 만들고 봉쇄하는 것을 배워야만 하는 우리를 관통하는 힘이라는 것이다. 두 번째 문제에 관해서는 격렬히 대립하는 두 진영이 있다. 한쪽 진영에는 욕망이 *결핍에 의해 유발된

다(즉, 욕망은 획득할 수 없는 •대상을 향해 끊임없이 흐른다)고 주장하는 자크 •라캉이 있다. 다른 진영에는 칸트와 다소 비슷하게 욕망을 자연 자체를 이루는 기본적 힘 중 하나로 취급하는 질 •들뢰즈가 있다.

욕망 생산 desiring-production

질 •들뢰즈와 펠릭스 •가타리가 《앙티 오이디푸스》(*L'Anti-Oedipe*, 1972 / *Anti-Oedipus*, 1977)에서 사용한 용어로 •욕망의 과정을 나타낸다. 들뢰즈와 가타리는 책의 제목에도 불구하고 반정신분석적이지 않다. 그들이 설명했듯이, 그들의 목표는 •정신분석의 주요 개념적 기제를 재편하고 개량함으로써 정신분석을 개조하는 것이었다. 그렇다면 이런 관점에서 욕망 생산은 지그문트 •프로이트의 •이드를 대체함으로써 •본능을 생산적이라고 생각하기 위한 것이라 보인다. 또한 이와 비슷하게 욕망 생산은 •결핍을 욕망의 주된 추동력으로 생각하는 자크 •라캉의 개념을 욕망은 생산적이고 조립하는 힘이라는 개념으로 대체한다. 그러나 들뢰즈와 가타리는 또한 몇몇 마르크스주의적인 생각을 정신분석에 주입하려고 욕망 생산이라는 개념을 사용했다. 그들은 만일 욕망이 현재 상태를 종합하는 힘이 되지 않았다면 •사회는 현재 상태로 기능할 수 없었다고 주장했다. 들뢰즈와 가타리는 임마누엘 •칸트에게서 차용해서 욕망의 합법적 통합과 비합법적 통합의 차이를 구분함으로써 일종의 욕망의 윤리학을 발전시켰다.

+ 더 읽을거리

I. Buchanan, *Deleuze and Guattari's Anti-Oedipus*, 2008.

욕망하는 기계 desiring-machine

질 •들뢰즈와 펠릭스 •가타리에 따르면 •욕망의 실제 기제를 가리킨다. 들뢰즈와 가타리는 아이와 어머니의 젖가슴으로 만들어진 기계를 욕망하는 기계의 예로 제시했다. 부분적으로는 멜라니 •클라인이 제안했던 •대상관계에 관한 지나치게 오이디푸스적인 이론에 대한 반응에서, 그러나 좀 더 직접적으로는 브르노 •베텔하임의 《텅 빈 요새》(*The Empty Fortress: Infantile Autism and the Birth of the Self*, 1967)에 수록된 정신분열증을 앓고 있는 소년 꼬마 조이에 대한 사례 연구에서 이 아이디어가 도출된 것 같아 보인다. 아이들이 어떻게 노는지에 대한 이런 사례 연구들을 살펴본 후 들뢰즈와 가타리는 아이들이 가지고 노는 대상들은 상징적이지 않고(예컨대, 아이들이 가지고 노는 대상들은 •남근을 상징하지 않는다) 기계적이라고 주장했다. 이는 아이들이 단지 욕망 자체를 표현하려는 것이 아니라 어떤 구성적인 것을 형성하려고 욕망을 그 수단에 부여한다는 것을 의미한다. 이런 견지에서 들뢰즈와 가타리는 후에 자신들의 연구 작업을 구성주의적이라고 설명했다. 이 개념은《앙티 오이디푸스》(*L'Anti-Oedipe*, 1972 / *Anti-Oedipus*, 1977)에서 처음으로 나타나지만 흥미롭게도 그 이후 누락된다.《앙티 오이디푸스》의 속편인《천 개의 고원》(*Mille Plateaux*, 1980 / *A Thousand Plateaus*, 1987)에서 그들은 욕망하는 기계 대신 추상 기계와 배치를 말한다. 그러나 그들은 욕망의 기본적 기능이 배치시키는 것과 기계적으로 만드는 것이라는 핵심 아이디어를 유지했다.

+ 더 읽을거리

I. Buchanan, *Deleuze and Guattari's Anti-Oedipus*, 2008.

울리포 OULIPO

레몽 크노와 프랑수아 르 리오네가 소설과 수학 사이의 창조적 상호작용을 탐구하겠다는 목적으로 프랑스에서 설립한 소설가와 수학자의 소그룹. 울리포라는 명칭은 대단히 파타피지컬하게 들리는 '*OUvroir de LIttérature POtentielle*(workshop on potential literature, '가능한 문학을 위한 워크숍')'의 머리글자다. 멤버 다수가 '파타피직스 연구회'와 연관되어 있었음을 감안하면, 이는 우연이 아니다. 실상 울리포는 •파타피직스 연구회의 한 파생물이었다. 울리포라는 그룹 자체는 크게 주목받지 못했지만, 일부 멤버는 유명하다. 유명한 멤버로 레몽 크노, 조르주 페렉, 이탈로 •칼비노를 꼽을 수 있다. 울리포는 페렉이 글쓰기 기계라 부른 것을 만들려고 수학 공식을 활용했다. 예를 들어, 울리포의 작가들은 특정한 철자가 있는 단어들은 쓸 수 없다, 아니면 한 문장에서 앞 단어에 이어지는 단어들은 모두 한 철자 더 긴 단어여야만 한다는 등의 제약을 택하면서 창작했다.

+ 더 읽을거리
W. Motte, (ed.) *Oulipo: A Primer of Potential Literature*, 1998.

원초적 장면 primal scene / *Urszene*

*정신분석에서, 아이가 최초로 목격하는 부모의 성교 장면. 지그문트 *프로이트에 따르면 아이는 이 장면을 세 가지로 해석한다. 첫째, 아이는 이것이 아버지가 행하는 공격 행위라 해석한다. 둘째, 이 장면은 아이를 흥분시키지만 동시에 거세 공포를 자극한다. 셋째, 아이는 이 장면이 항문 성교 장면이라고 가정한다. 프로이트는 처음에 원초적 장면이 실제의 것이라고(아이가 실제로 목격한 다음 그것이 원초적 장면이 된다고) 고집했지만, 나중에 그것이 허구(아이의 상상력에 따른)일 수도 있다고 인정했다.

원한 *ressentiment*

다른 사람이 가진 것을 나도 갖기를 원하기보다(이것도 포함되지만) 그 사람이 그것을 갖지 않기를 원하는 앙심에 차고 치졸한 심리적 상태. 보통은 프랑스어 단어 그대로 쓰지만, 영어 'resentment'로 번역되기도 하는 이 용어는 흔히 독일의 철학자 프리드리히 *니체와 연계된다. 니체는 원한을 노예 도덕으로 규정했다. 니체가 보기에 원한은 기독교와 유대주의 사상의 핵심이다. 그러다보니 실상 서구 사상 전반에서 중심적인 일면이다. 독실한 신앙 속에 살며 그를 통해 타인을 판단하고, 비난할 대상을 선택하고, 책임을 결정하는 위치에 자신을 놓겠다는 욕망으로 보는 것이 이 맥락에서 원한의 더욱 포괄적인 정의가 될 것이다. 니체는 원한 개념을 발명하지 않았다. 프레드릭 *제임슨이 《정치적 무의식》(*The Political Unconscious*, 1981)에서 이 개념에 날카로운 비판을 전개하면서 보여주듯이, 원한은 니체의 생전(다시 말해, 19세기 말)에 *시대정신에 감돌던 용어였다. 제임슨이 원한에, 더 구체적으로는 니체가 이 개념을 사용하는 방식에 거는 싸움은 그것이 당시 이 용어에 실려 있던 이데올로기적 무게를 고려하지 못한다는 데 있다. 제임슨이 보기에, 니체는 지배계급인 부르주아 엘리트가 그들의 특권을 정당화하면서 동시에 그 특권을 가난한 계급에는 부정하는 것을 합리화하려고 이 범주를 채택했음을 보지 못했다. 이 관점에서는 대중이 저항한다면 그것은 그들의 목적이 정당해서가 아니라 그들에게 부자들에 대한 원한이 있기 때문이다.

+ 더 읽을거리
질 들뢰즈, 《니체와 철학》, 이경신 옮김, 민음사, 2001.

원형 archetype

카를 •융의 분석심리학에 따르면 선조에게서 물려받은 •심리 차원. 원형은 우리 영혼의 가장 원시적 측면에서 나오는 사유와 행동 방식을 말한다. 융에게 이는 우리가 가장 먼 선조들과 심리의 차원을 공유한다는 것을 의미한다. 원형에는 대단히 다양한 것이 있는데, 이런 각각의 원형은 공격으로부터 다른 사람을 돌보거나 자신을 보호하는 것 같은 다른 양태의 행동을 가리킨다. 이러한 원형은 함께 합쳐져서 연상, •콤플렉스, 생각 혹은 부정적인 극단적 상태에서는 증상의 형태로 능동적으로 현실화를 추구하는 역동적 전의식 시스템을 형성한다. 원형의 가장 잘 알려진 예는 아니무스(animus)/아니마(anima)라는 이분 구조다. 전자는 여성이 남성에게 가지는 원형적 이미지를, 후자는 남성이 여성에게 가지는 원형적 이미지를 뜻한다. 원형은 •동물행동학에서 본능적 유발기작(innate releasing mechanism)이라고 지칭되는 구조와 비교될 수 있다. 원형과 본능적 유발기작은 행동을 강제하는 강력한 힘이다. 이런 이유 때문에 의식은 이러한 힘을 끌어내고 억제해야만 한다.

월러스틴, 이매뉴얼 Wallerstein, Immanuel (1930~)

•세계체제이론으로 가장 유명한 미국의 역사학자이자 사회학자. 뉴욕에서 태어나고 자란 월러스틴은 학사와 박사 학위를 컬럼비아 대학교에서 받았다. 1959년에서 1971년까지 컬럼비아 대학교에서 재직했고, 캐나다의 맥길 대학교로 옮겨 5년간 재직한 후 빙엄턴 대학교로 옮겼으며 페르낭 브로델 센터 소장을 역임했다. 처음 그의 학문적 관심은 식민 시대 이후 아프리

카의 경제 발전에 있었다. 그러나 1970년대 초부터 그는 아프리카 상황이 지금 *세계화라 알려져 있는 과정과 연계되는 요인을 감안하지 않고는 만족스럽게 설명될 수 없다는 점을 인식하면서, 경제 발전에 대한 더 넓고 더 지구적인 관점을 갖기 시작했다. 그의 대저 《근대세계체제》(*The Modern World System*) 3부작의 1부가 1974년 출판되었고, 2부는 1980년에, 3부는 1989년에 출판되었다. 월러스틴이 제시한 수정된 형태의 *종속이론(사회의 기저를 이루는 경제적 요인이 문화와 이데올로기에 결정적 영향을 미친다는 카를 *마르크스의 확신과 경제 네트워크의 생산에 대한 페르낭 *브로델의 역사적 연구를 원용하는)은 당시 유행이던 세계경제에 대한 세 세계 모델을 향한 날카로운 공격이었다. 경제적으로 그리고 역사적으로 단 하나의 세계가 있을 뿐이며, 이 세계는 대단히 복잡한 관계의 망으로 이루어진다고 그는 주장했다. 그는 이 모델에 중심과 주변의 구분을 추가했고, 중심과 주변 사이에 일어나는 이동이 역사의 진정한 '모터'로 기능한다고 주장했다. 미국의 이라크 침공이 있기 전 해인 2003년 출간된 《미국 패권의 몰락》(*The Decline of American Power*)에서 월러스틴은 '하나의 초강대국'으로서 미국의 지위가 쇠퇴할 거라고 예측했다. 이것은 그의 경제 이론의 함의에 충실한 예측이다. 이 예측이 정확하다고 판명될 거라 말하기는 아직 이르지만, 여기에는 미래가 현재와는 달라야 한다는 유토피아적 신념이 있다.

+ 참고

이매뉴얼 월러스틴, 《근대세계체제 1: 자본주의적 농업과 16세기 유럽 세계경제의 기원》, 나종일 외 옮김, 까치, 2013.

이매뉴얼 월러스틴, 《근대세계체제 2: 중상주의와 유럽 세계경제의 공고화 1600~1750년》, 유재건 외 옮김, 까치, 2013.

이매뉴얼 월러스틴, 《근대세계체제 3: 자본주의 세계경제의 거대한 팽창의 두 번째 시대 1730~1840년대》, 김인중 외 옮김, 까치, 2013.

이매뉴얼 월러스틴, 《미국 패권의 몰락: 혼돈의 세계와 미국》, 한기욱 외 옮김, 창작과비평, 2004.

웰렉, 르네 Wellek, René (1903~1995)

체코계 미국인 문학비평가이자 비교문학자. 빈에서 태어나 자라면서 집에서는 체코어와 독일어를 썼다. 프라하에 있는 찰스 대학교에서 언어학과 문학을 공부했다. 대학을 마친 뒤, 몇몇 장학금 덕택에 미국과 영국에서 더 공부한 웰렉은 영문학에 깊은 관심을 갖게 되며, 1930년 찰스 대학교에서 강사직을 맡았다. 이 대학교에서 5년 재직하는 동안 웰렉은 *프라하 서클에서 주도적 역할을 한다. 현재 유니버시티 칼리지 런던의 일부가 된 학교에서 슬라브 언어와 문학 담당 강사로 채용되면서 프라하를 떠났다. 체코 정부의 지원으로 마련되었던 이 강사직은 나치가 체코를 침공하면서 중단되었다. 웰렉은 유럽에 있기보다 미국으로 가고자 했고, 미국에 있는 연줄 덕택에 아이오와 대학교에서 자리를 구했다. 그는 아이오와 대학교에서 몇 년 있은 뒤 예일 대학교로 옮겼다. 웰렉의 명성은 무엇보다 그가 저술한 방대한 문학, 문학 이론 개관인 《현대비평사》(*History of Modern Criticism*, 1955~1991)와 《문학 이론》(*Theory of Literature*, 1949)에서 온다. 《문학 이론》은 그가 오스틴 워런과 공저한 책이다. 이 책에서 그는 신비평가들이 제시했던 노선을 따라 문학 연구에 체계적으로 접근해야 한다고 강조했다. 말년의 저작들에서 웰렉은 *구조주의와 *후기 구조주의 형태로 등장한 *이론의 비판에 맞서 *신비평을 옹호했다. 지금 '르네 웰렉'이 캘리포니아 어바인 대학교 비평이론연구소에서 주관하는 이론의 전파를 주도한 가장 권위 있는 강연 시리즈의 명칭으로 기억된다는 것은 아이러니라 할 수 있다.

+ 참고

르네 웰렉, 《문학의 이론》, 이경수 옮김, 문예출판사, 1987.

위니컷, 도널드 우즈 Winnicott, Donald Woods (1896~1971)

영국의 정신분석학자. 대상관계 이론학파의 핵심 성원이었고, 아동 *정신분석에서 가장 영향력 있는 이론가다. 위니컷은 영국 플리머스의 안락한 중산층 가정에서 태어났다. 케임브리지에서 기숙학교를 다녔고, 대학 역시 케임브리지로 진학했다. 의학을 공부하겠다는 그의 계획은 1914년 제1차 세계대전이 일어나면서 중단되었다. 그는 케임브리지에서 의학 수련생으로 몇 년 일하다 1917년 군의관으로 영국 해군에 입대했고 곧 의학 수련을 재개했다. 1923년 런던에 있는 패딩턴그린 어린이병원 소아과에 취직해 40년 동안 이

ㅇ

병원에서 일했다. 위니컷은 아동 •정신분석에서 특히 '과도기 대상(대중 담론에서는 아이가 안도감을 느끼려고 갖고 다니는 담요를 가리키는 '안정담요'로 알려져 있는)'에 대한 이론으로 유명하다. 과도기 대상은 아이에게 위니컷이 '나'의 주관 세계, '나 아닌' 객관 세계라 부르는 세계 사이를 움직일 수 있도록 해준다. 나의 세계의 작은 일부를 나 아닌 세계의 낯선 영역으로 가지고 갈 수 있게 하기 때문이다. 위니컷의 아동 발달 이론은 부모(그의 강조는 어머니 쪽에 있다)가 단지 '충분히 좋기만 하면' 된다는 아이디어 위에 구축된다. 부모는 아이에게 안전한 환경을 제공하고 아이의 필요를 충족해주어야 하지만, 아이가 위험을 감수하지 못하게 하고 또한 아이에게 무엇을 하도록 강요함으로써 아이를 숨 막히게 해서는 안 된다. '완벽한' 어머니는 아이를 질식시킨다고 위니컷은 주장했다. 위니컷은 웨일스 출신의 대중적 정신분석학자 애덤 필립스에게 중요한 영향을 미쳤다.

+ 더 읽을거리

R. Rodman, *Winnicott: Life and Work*, 2003.

위티그, 모니크 Wittig, Monique (1935~2003)

프랑스의 •페미니즘 비평가이자 저자. 자신을 급진적 레즈비언이라 불렀다. 위티그는 '여성'의 개념이 이성애적 구성물이라고 주장했다. 레즈비언은 이성애적 개념 우주의 바깥에 있고, 이성애 규범으로 정의되지 않으므로 실상 여자가 아니라고 위티그는 말했다. 이성애 규범에 따르는 •젠더와 섹슈얼리티의 구성은 레즈비언에게는 더는 적용되지 않는다. 위티그의 유명한 저서로는《레즈비언 육체》(*Le Corps Lesbien*, 1973 / *The Lesbian Body*, 1975),《이성애 정신과 다른 에세이들》(*The Straight Mind and Other Essays*, 1992)이 있다. 위티그는 1976년 프랑스를 떠나 미국으로 갔고 이후 영어로 집필했다.

+ 더 읽을거리

N. Shaktini, *On Monique Wittig*, 2005.

위험 사회 risk society / *Risikogesellschaft*

독일 사회학자 울리히 *벡의 용어. 통제 불가인 위험의 확산, 다시 말해 분명하거나 직접적 원인이 없어서 그것을 해결하고 약화할 수단도 찾을 수 없는 위험의 확산으로 정의할 수 있는 현재 상황을 가리킨다. 이런 위험의 가장 유명한 예는 기후 변화다. 현재 상황은 벡의 시각에 따르면, 제2차 세계대전의 여파 속에서 형성된 것이다. 벡은 특히 인간 행위의 결과로 생겨난(혹은 앞으로 생겨날) 새로운 유형의 위험에 관심이 있다. 문제는 세계가 전보다 더 본원적으로 위험한 곳이 되었다는 데 있기보다는(이것이 벡이 제시하는 테제의 한 함의이기는 하지만) 벡의 용어를 빌리면 *공간, 시간, 사회적 면에서 경계의 소멸이 일어났다는 데 있다. 위험은 더는 지역적 혹은 심지어 국가적 경계를 두지 않는다. 그 범위에서 위험은 이제 지구적이다. 위험은 잠복기가 길 수 있다. 특정 위협의 실제 원인이 먼 과거에서 비롯한 것일 수도 있고, 핵물질의 경우 그렇듯이, 수천 년 동안 인류와 함께할 수도 있다. 이와 같은 공간적·시간적 경계의 붕괴와 함께 법적으로 타당한 방식으로 책임 소재를 분명히 하기가 어려워졌다. 그 범위에서 지구적이기는 하지만, 그렇다고 해서 위험이 세계 모든 사람과 모든 지역에 평등하게 영향을 주는 것은 아니다. 예를 들어 2005년 뉴올리언스를 강타했던 허리케인 카트리나가 끼친 피해는 극심했지만, 그것은 미국보다 훨씬 가난한 국가들인 아이티 같은 곳(자연재해에 맞설 자원이 없는)에서 허리케인이 어김없이 가져오는 참상에는 훨씬 못 미치는 것이었다. 카트리나가 끼친 피해는 자연보다는, 인간이 만든 구조의 실패에서 왔다. 허리케인 카트리나의 경우가 명백히 보여주듯이, 위험과 관련해 진정한 문제는 우리가 대면한 유형의 위협에 영향을 미치는 결정, 그리고 이 위협에 대처하려고 우리가 할 수 있는 반응이 '정치 이하'의 영역(근본적으로 책임을 물을 수 없는 관료제와 사업의 영역, 이 결정으로 가장 큰 영향을 받게 될 이들이 아무런 직접적 목소리도 행사할 수 없는 영역)에 속하게 되었다는 점이다.

+ 더 읽을거리

울리히 벡, 《위험사회: 새로운 근대성을 향하여》, 홍성태 옮김, 새물결, 1997.

윌리엄스, 레이먼드 Williams, Raymond (1921~1988)

웨일스의 *마르크스주의 문학 및 문화비평가. 윌리엄스는 *문화 유물론(그의 조어다)을 정교화하면서 *문화 연구와 *신역사주의에 막대한 영향을 미쳤다.

윌리엄스는 웨일스와 영국의 국경에 위치한 작은 철도, 시장 마을 애버게이브니에서 태어났다. 애버게이브니는 웨일스어를 쓰는 지역이 아니지만, 윌리엄스는 자신이 속한 웨일스 전통과 강하게 동일시했고, 나중에 이 주제로 소설도 몇 권 썼다. 그는 케임브리지의 트리니티 칼리지에서 학사 과정을 시작하는데, 대학 시절 공산당에 가입했고 에릭 *홉스봄 같은 이들도 만나지만 1941년 군 입대와 함께 공부를 중단해야 했다. 제2차 세계대전 동안 윌리엄스는 탱크를 지휘하는 전차장 지위로 현역 복무했고, 1946년 케임브리지로 돌아와 학사와 석사 학위를 받았다. 석사 학위 후 그는 옥스퍼드에서 성인 교육 과정의 강사로 채용되었고, 여기서 1961년까지 일했다. 1961년에 그는 케임브리지의 초청을 받아 케임브리지에서 강사로 임용되었다. 1974년 정교수로 승진하고, 1983년 은퇴한다. 케임브리지 재직 시절 그의 제자 중에는 테리 *이글턴과 스티븐 *그린블랫 등 나중에 저명해질 이들이 있었다.

윌리엄스가 처음 쓴 저서들은 희곡과 비평에 관한 것이었다. 희귀한 통찰을 하는 탁월한 비평가로서 그의 명성은 1958년《문화와 사회》(*Culture and Society*)를 출간하면서 높아졌다. 이 책에서 윌리엄스는 1780년에서 1950년 사이에 '문화'라는 말에 일어난 의미 변화를 탐구하는데, 이 변화는 일상생활의 변화한 조건을 기록하고 반영한다고 주장했다. 그는 리비스적 모델의 *실제비평(사회 혹은 윌리엄스의 표현으로 '삶 경험'을 직접 언급하지 않으려 노력하는)과는 거리를 두었다. 이글턴이 윌리엄스를 '좌파 리비스주의자'라고 부른 것은 어쩌면 계산된 모욕이었다.《문화와 사회》이후 윌리엄스가 쓴 책은《기나긴 혁명》(*The Long Revolution*, 1961)인데, 이 책은 사회관계, 문화제도, 주체성 사이의 관계를 자세히 이론화하면서, 어떻게 진보적인 정치적 관념이 생겨나 규범으로 확립되는지 보여준다. 그는 *감정 구조(그의 초기 저작《영화에 쓰는 서문》(*Preface to Film*, 1954)에서 처음 소개되었던) 개념을 확장하고, 이데올로기적 변화가 일어나기 위해 필요한 문화적 분위기를 지배적인, 잔류하는, 부상하는 분위기라는 세 종류로 나누어 설명했다. 이 점은《마르크스주의와 문학》(*Marxism and Literature*, 1977)에서 더 자세히 탐구되었다.

1970년대 초, 윌리엄스는 당시 신생 분야였던 문화 연구의 발전을 이끌 중대한 저서를 몇 권 쓴다.《언론》(*Communications*, 1962),《텔레비전》(*Television*, 1974),《키워드》(*Keywords*, 1976)가 그것이다. 그러나 이 시기에 그가 쓴 가장 영향력이 큰 책은 무엇보다《시골과 도시》(*Country and the City*, 1973)다. 많은 글을 썼으며 적극적으로 활동한 지식인이기도 했던 윌리엄스는 1970년대와 1980년대에 영어권 문학 연구와 문화 연구에 막대한 영향을 미쳤다.

+ 더 읽을거리

J. Higgins, *Raymond Williams*, 1999.
F. Inglis, *Raymond Williams*, 1995.
P. Jones, *Raymond Williams' Sociology of Culture*, 2003.
D. Smith, *Raymond Williams: A Warrior's Tale*, 2008.

+ 참고

레이먼드 윌리엄스, 《문화와 사회: 1780~1950》, 나영균 옮김, 이화여자대학교 출판부, 1988.
레이먼드 윌리엄스, 《기나긴 혁명》, 성은애 옮김, 문학동네, 2007.
레이먼드 윌리엄스, 《마르크스주의와 문학》, 박만준 옮김, 지식을만드는지식, 2012.
레이먼드 윌리엄스, 《키워드》, 김성기 외 옮김, 민음사, 2010.

유기적 지식인 organic intellectual

지식인 혹은 전문 직종(의사, 변호사, 사제 등)의 종사자로서, 통상 지식인이나 전문직 종사자를 배출하지 않는 사회 계급 출신으로 그 지위에 오르게 되었고, 자신의 출신 •계급과 연계성을 유지하는 사람. 달리 말하면, 유기적 지식인은 여피(yuppie)의 반대편에 있는 유형이다. 유기적 지식인은 상층 진입을 도모하지 않으며, 관심사는 자기 자신의 안위가 아니라 출신 계급 전체의 상황을 향한다. 이탈리아의 •마르크스주의 철학자인 안토니오 •그람시가 유명한《옥중 수고》(*Prison Notebooks*)에서 이 개념을 탐구했다.

+ 참고

안토니오 그람시, 《그람시의 옥중수고》, 이상훈 옮김, 거름, 1999.

유명론 nominalism

전체를 아우르는 통합적 관념 혹은 •거대 서사(장 프랑수아 •리오타르가 제시한 유용한 개념을 쓰면)가 부재하는 상황에서 예술, 철학, 사유 자체가 추락해 도달하는 지점. 테오도어 •아도르노는 친구 발터 •벤야민의 파리 아케이드에 대한 저작을 비판하면서 이 개념을 썼다. 그가 보기에 벤야민은 자신이 수집한 •모더니티 파편 사이의 관계에 탄탄한 논의를 제공하지 않았다. •성좌 개념이 벤야민의 이와 같은 문제를 해결하려고 도입되지만, 아도르노가 보기에 벤야민은 이 개념을 충분히 멀리 끌고 가지 않았다. 미학에 대한 후기 저술에서 아도르노는 유명론이, 예술이라는 것의 본질과 존재 자체를 심문하기 시작한 시대에 모든 예술이 직면한 문제라고 보았다. 아도르노에 관한 책에서 프레드릭 •제임슨은 유명론이 철학적 경향이자 역사적 사건이라고 지적했다. 유명론은 구체의 보편 거부인데, 이것이 가능했던 것은 역사적 순간 자체가 자신을 보편의 거부로 규정하기 때문이다. 제임슨은 •포스트모더니즘의 일부 경향(보편 혹은 역사를 폐기하고 구체를 강조하면서 도래했다고 그가 보는)을 설명하면서 유명론 개념을 썼다. 그의 구체적 불만은 •신역사주의로 향한다.

+ 더 읽을거리
프레드릭 제임슨, 《후기 마르크스주의》, 김유동 옮김, 한길사, 2000.

유목주의(노마디즘) nomadology / nomadism

질 •들뢰즈와 펠릭스 •가타리가 《천 개의 고원》(*Mille Plateaux*, 1980 / *A Thousand Plateaus*, 1987)에서 그 개요를 그린 유토피아 프로젝트. '노마드'란 말의 어원은 많은 이가 그럴 거라고 여겼던 바와 달리, 베두인족 같은 실제 유목민족에 대한 낭만화된 이미지에 있지 않다. 그게 아니라 철학의 외부에는 유목민에게만 적합한 황무지가 있을 거라는 임마누엘 •칸트의 폄하적 발언이 기원이다. 유목주의라는 개념의 기원은 《앙티 오이디푸스》(*L'Anti-Oedipe*, 1972 / *Anti-Oedipus*, 1977)에서 들뢰즈와 가타리의 폭군 논의에 있다. 이들의 논의에서 폭군은 국가가 부재하는 원시사회와 이른바 문명화된 제국 사이에 있는 존재다. 폭군이라는 개념에서 중요한 것은, 들뢰즈와 가타리가 그것을 존재의 잠재적 상태, 가상적이며 추정할 수는 있지만 실제적이지는 않은 상태를 가리킨다는 사실이다. 폭군처럼, 노마드 역시 가상의 힘, 들뢰즈와 가타리가 *전쟁 기계라 부르는 것의 힘을 상징한다. 들뢰즈와 가타리는 노마드가 *탈영토화를 향한 경향이라고 주장했다. 이 경향은 정도 문제일 뿐 모든 현상에서 찾아볼 수 있다. 들뢰즈와 가타리의 프로젝트는 이 경향을 찾을 수 있는 모든 지점을 드러내고 그것을 강화할 방법을 찾는 데 있다. 들뢰즈와 가타리는 왕립 과학과 노마드 과학을 구분했다. 들뢰즈와 가타리는 노마드 과학이 창조하는 구조는 붕괴한다고 거리낌 없이 인정했다. 그러나 동시에 두 사람은, 노마드 과학이 왕립 과학과 비교할 때 갖는, 탈주의 창조적 노선을 열 수 있는 힘을 찬미했다.

+ 참고

질 들뢰즈 · 펠릭스 가타리, 《천 개의 고원: 자본주의와 분열증》, 김재인 옮김, 새물결, 2001.
질 들뢰즈 · 펠릭스 가타리, 《앙띠 오이디푸스》, 최명관 옮김, 민음사, 2000.

유사 원인 quasi-cause

스토아철학에 기원을 두는 질 *들뢰즈의 용어로, 둘 혹은 그 이상 (형체 없는) 결과 사이의 관계를 가리킨다. 스토아철학에서는 실체, 다시 말해 물질적 형체를 가진 것들만이 서로 연관이 있는 원인이 될 수 있다. 결과는 원인이 아니며 성질도 아니다. 결과는 속성 혹은 사건이다. 결과는 존재하지 않고, 내재하거나 아니면 간신히 존재한다.

유아론 solipsism

자아만이 존재한다는 극단적 주장. 어떤 확실성과 함께 알 수 있는 것은 자아뿐이라는 시각에서 생겨났다. 이와 같은 관점에서, 자아 외의 다른 의식이 존재함을 인정할 수 있지만, 이 의식을 알 수 없기 때문에 그것의 존재는 가설로 남아야 한다. *포스트모던 철학은 반토대주의적 견해 때문에 유아론이라는 공격을 자주 받는다. 이와 같은 공격은 자크 *데리다와 미셸 *푸코를 포함해 다수 *후기 구조주의 사상가에게도 향한다.

유토피아 utopia

토머스 모어 경이 1516년 쓴 책의 제목이다. 모어는 영국 국왕이 동시에 영국 교회의 수장을 겸하게 하는 수장령(Act of Supremacy)에 선서하지 않아서 헨리 8세에게 참수된다. '좋은 곳'을 뜻하는 그리스어 어휘를 제목으로 쓴 모어의 《유토피아》(*Utopia*)는 독자적으로 존재하는 상상의 섬나라를 그린다. 이 나라를 관장하는 관습과 법률은 모어 시대 영국의 것과는 아주 다르다. 모어 이후 유토피아는 기존의 세계에서 비롯되지만 그보다 나은 세계, 그것을 구축하려는 의도적 시도를 가리키는 말이 되었다. 이 말은 또한 이상주의적이며 불가능하고 비현실적이라는 의미를 갖게 되었다. 이 때문에 최소한 정치 담론에서는 유토피아가 경멸적 어휘일 때가 많다. 하지만 이것은 모어의 의도를 오도하는 것이며 유토피아가 무엇인지 오해하는 것이다. 어떤 최종 결과로서 완벽한 장소가 중요한 것이 아니며, 현재 세계를 그와 다른 세계로 만들려면 무엇이 필요한가 상상하는 과정이 중요하다. 가령, 유토피아는 지구적 평등이라는 이상이 실현된 곳에 존재하는 것이 아니고, 이 꿈을 실현하려면 해결해야 할 실제적 문제에 존재한다. 유토피아는 현 상황의 변화를 도모할 준비가 되어 있으며 '대안은 없다'는 도그마를 거부함을 뜻한다.

+ 더 읽을거리
F. Jameson, *Archaeologies of the Future*, 2004.

+ 참고
토머스 모어, 《유토피아》, 권혁 옮김, 돋을새김, 2015.

유혹 이론 seduction theory

*정신분석이 발전하던 단계에서 지그문트 *프로이트는 처음에는 *신경증은 모두 유년기 성적 학대의 산물이라고 생각했다. 그러나 그는 곧 그의 환자들이 보고하는 내용이 모두 실제 사건을 가리키는 것은 아님을 알았다. 프로이트가 신경증은 성적 학대의 산물이라는 애초 견해를 폐기하고, 무의식의 형성에서 판타지와 *상상계가 하는 역할을 더 면밀하게 사유하기 시작했을 때, 실질적으로 이때가 프로이트 정신분석의 출발이었다. 1984년에 프로이트

문서보관소 소장인 제프리 무사이에프 매슨이《진리를 향한 공격》(*The Assault on Truth*)을 출판했다. 이 책에서 그는 환자 중 다수가 실제로 성적으로 학대받았음을 감추기 위해 프로이트가 유혹 이론을 폐기했다는 논란의 여지가 큰 주장을 했다. 매슨에 따르면 프로이트는 자기 이론이 의혹 대상이 되고 자신의 전문가적 지위가 훼손되는 것을 원하지 않았다. 이 주제에 대한 논란은 분명한 결론이 나지 않은 채 계속되고 있다. 재닛 맬컴의《프로이트 문서보관소》(*In the Freud Archives*, 1984)는 매슨이 문서보관 담당자에서 반정신분석 운동가로 변신하는 과정을 기술했다. 하지만 실망스럽게도 매슨이 제기한 혐의에서 프로이트가 결백하다는 혹은 매슨의 주장에 근거가 없다는 논의는 제공하지 않았다.

68년 5월 May '68

파리의 대학가에서 시작되고 곧 프랑스 사회 전반에 확산된 일련의 거리 시위. 일부 역사학자는 몇 주에 걸쳐 계속된 대량 파업과 시위에 많게는 1천만 명이 참여했다고 추산했다. '5월 사태', '길었던 여름' 등의 별칭으로 불리기도 하는 68년 5월은 하나의 사건이 아니라 공통의 주제 혹은 목적에 따라 서로 연결되는 일련의 사건을 지칭한다. 그 주제 혹은 목적이 무엇이었는지 규정하기는 쉽지 않지만, 본질적으로 그것은 레이먼드 *윌리엄스가 다른 맥락에서 *감정 구조라 한 것의 대전환으로 요약된다. 프랑스 역사상 처음으로, 노동자와 학생(미래의 관리계급으로 노동자의 계급적 적이라 할 수 있는)이 프랑스 사회의 현실, 특히 프랑스 사회가 통치되는 방식을 향한 불만 표출에서 힘을 합쳤다. 노동자들이 대거 파업에 돌입했다. 특히 쓰레기 수거 인력이 파업하면서 파리의 거리마다 쓰레기가 높이 쌓였다. 경찰은 대처할 방법을 찾지 못했고, 평화 시위는 점점 폭력적으로 변했다. 파리의 구시가지에 깔린 포석이 바로 쓸 수 있는 무기가 되었다. 1968년 세계 곳곳에서 일어난 수많은 다른 시위('프라하의 봄'이라 불리는 사건도 1968년에 일어났다) 대신 5월 파리의 시위가 특히 더 *비평이론에 의미 있는 이유는 분명치 않다. 아마도 그 이유는 1968년 5월이 프랑스 이론이 *헤게모니를 장악했을 때 일어났던 데 있는지 모른다. 알랭 바디우, 미셸 드 •세르토, 질 •들뢰즈, 레몽 아롱 등 프랑스의 비평, 문화이론가들이 국가적 상황을 놓고 했던 성찰이, 세계 독자들에게 더 보편적인 의미를 갖는 사유로 전환될 수 있었다. 이들은 저항이 가능한가, 변화가 비폭력적 방식으로 성취될 수 있는가 하는 문제를 제기했다. 흥미롭게도, 프랑스 정치계에서는 대개 68년 5월을 아무것도 아니었던 사건으로 치부하곤 하는데, 그러한 조롱이 실은 그것이 무엇인가 진정 의미심장한 사건이었음을 확인해줄 때가 많다. 그러나 그 의미에 대한 합의는 없다.

+ 더 읽을거리
K. Ross, *May '68 and Its Afterlives*, 2002.

융, 카를 Jung, Carl (1875~1961)

스위스의 정신의학자이자 분석심리학의 창시자. •원형과 •신화에 대한 그의 저작들은, 특히 노스럽 •프라이의 작업을 경유하면서 1950년대와 1960년대 영미 문학비평에 큰 영향을 미쳤다. 이에 비하면 대륙의 문학비평에서 그의 영향력은 크지 않았다. 그러나 프랑스에서 독보적 옹호자를 갖게 되는데, 바로 가스통 •바슐라르다. 같은 맥락에서 질 •들뢰즈를 거론할 수도 있다. 그러나 크리스천 커슬레이크가《들뢰즈와 무의식》(*Deleuze and the Unconscious*, 2007)에서 한 영웅적인 노력에도 들뢰즈와 융 사이의 연관은 거의 알려지지 않았다.

융은 스위스의 케스빌에서 태어났다. 그의 아버지는 시골 구역의 가난한 목사였고, 어머니는 프라이스베르크 지역의 부유한 집안 출신이었다. 융의 이름 카를은 그의 조부 이름이기도 하다. 조부는 저명한 의사로 바젤 대학교 학장이었다. 융의 조부에 대해 독일의 문호 요한 볼프강 폰 괴테의 숨겨진 사생아라는 소문이 돌기도 했다. 융은 바젤 대학교와 취리히 대학교에서 의학을 공부했고, 비술(祕術)의 정신병리학 논문으로 박사 학위를 받았다. 리하르트 폰 크라프트 에빙의 저작들을 읽으면서 그는 정신의학이 자신이 갈 길이라고 확신했다. 정신의학은 당시 의학 분야 중에서 가장 존경받지 못하는 분야였다. 취리히 대학교 부속인 부르크횔츨리 정신병원에서 오이겐 블로일러의 지도 아래 수련의 과정을 시작했다. 블로일러는 정신분열증이라는 용어를 창안한 사람이다. 수련 과정에서 융은 환자인 자비나 슈필라인과 사랑에 빠지게 되었고, 이를 알게 된 블로일러가 그를 해고했다. 슈필라인은 러시아계 유대인으로 정신분석학자가 되는데, 1942년 나치에 살해되었다.

부르크휠츨리 정신병원에서 일하는 동안 융은 지그문트 *프로이트의 저작들을 경탄하며 읽었다. 그를 특히 사로잡은 책은 《꿈의 해석》(*Die Traumdeutung*, 1900)이었다. 이 책의 영어 번역본은 1953년 《The Interpretation of Dreams》라는 제목으로 나온다. 프로이트를 향한 존경의 표현으로, 융은 단어 연상에 대한 자신의 저서 1부를 프로이트에게 보냈다. 프로이트 이론에 대한 경험적 증거를 자신의 책이 제공한다는 믿음에서였다. 몇 달 후 프로이트는 융이 보인 경의에 화답했고, 두 사람 사이에는 이후 6년 동안 지속될 강렬한 우정이 시작된다. 프로이트는 융을 자신의 가장 적합한 후계자로 여겼고, 그를 국제정신분석학회 초대 회장으로 추대했다. 그러나 1912년, 여러 개인적이고 직업적인 이유로 두 사람은 갈라섰고, 남은 생애 출간된 상대의 저작들을 향한 날카로운 공격을 멈추지 않았다. 두 사람 사이의 주요한 이론적 차이는 *리비도, *무의식과 관련된다. 프로이트와 달리 융은 리비도를 일종의 생명력으로 보았고, 프로이트의 이론이 지나치게 환원적이라고 생각했다. 또한 융의 무의식 개념에는 그가 *집단 무의식이라 부른 선대의 인류에게서 계승되는 차원이 내포된다. 둘 사이에 이처럼 중요한 차이가 있지만, 융이 탐구한 가장 중요한 이론은 프로이트의 경우처럼 자신을 분석해 얻은 것이다. 특히 그의 유년 시절의 꿈과 사건 분석이 중요한 역할을 했다.

융의 발달 심리 이론은 자신의 실현을 원하는 자아(자아 실현 과정을 융은 개인화라 불렀다)와 그 역시 현실화를 추구하는 *원형의 영역, 다시 말해 무의식 사이의 근원적 대결을 핵심에 두고 있다. 거의 전적으로 유년기에 집중하며 무의식을 우리가 알 수 없는 *타자로 상정하는 프로이트의 이론과 대조적으로, 융의 이론은 무의식이 항상 우리와 함께하며, 정신 발달 과정에서 벌어지는 자아와 무의식의 대결은 일생 지속된다고 보았다. 개인화 과정은 대단히 복잡하며 결코 단선적이지 않다. 원형과의 대결은 인간 정신 내부에서 몇 가지 다른 유형의 반응으로 이어질 수 있다. 이처럼 상이한 반응이 사람들 사이

ㅇ

에 존재하는 개인차로 이어진다. 융은 심리학적 유형에 따라 사람들을 분류할 수 있다고 주장했다. 그에 따르면 여덟 가지 기본 유형이 있다. 이러한 그의 생각이 경영 이론의 발달 과정에 큰 영향을 미쳤다.

+ 더 읽을거리

디어드리 베어, 《융, 분석심리학의 창시자》, 정영목 옮김, 열린책들, 2008.
A. Stevens, *On Jung*, 1990.
A. Stevens, *Jung*, 1994.
앤터니 스토, 《융》, 이종인 옮김, 시공사, 1999.

+ 참고

지그문트 프로이트, '프로이트 전집'(15권), 열린책들, 1997.

융합 그룹 group-in-fusion / *group-en-fuson*

공통의 목적으로 연합한 일단의 사람을 나타내는 프랑스 철학자 장 폴 *사르트르의 용어. 《변증법적 이성 비판》(*Critique de la Raison Dialectique*, 1960 / *Critique of Dialectical Reason*, 1976)의 중대한 구성 요소인 사르트르의 이론은 대다수 사람이 대부분의 시간에, 다시 말해 사르트르가 *연속성이라고 지칭한 상태에 있는 동안 서로 *소외되어 있다는 것이다. 사르트르는 그들이 *프락시스, 즉 정치적 과정에 관여하겠다는 의지가 부족하다고 주장했다. 융합 그룹은 *사회운동의 진보적 유형과 파시즘적 유형 두 가지 모두를 가리킬 수 있다는 점에서 '순진하거나' '이상적인' 형식은 아니다.

은유 metaphor

한 단어의 의미가 다른 단어로 전치되면서 그 단어의 의미와 융합하는 수사법. 직유와 같은 방식으로 구성되지만, '-와 같은'이나 '-처럼'이라는 비교 어휘가 생략된다. 따라서 은유는 '저 남자는 돼지처럼 행동해' 대신에 '저 남자는 돼지야'라고 말한다. 이렇게 말함으로써, 돼지의 자질(일반적으로 불쾌하게 여겨지는 자질)이 그 남자의 자질로 전치된다. 은유는 몇 개 문단이나 아니면 책 전체 길이로 확장될 수 있다. 예를 들어 조지프 콘래드의 《어둠의 심연》(*Heart of Darkness*, 1902)은 제국주의와 그것의 여파에 대한 확장된 은유로 읽힐 때가 많다.

+ 참고

조지프 콘래드, 《어둠의 심연》, 이석구 옮김, 을유문화사, 2008. 이 외 여러 국역본이 있다.

은폐 기억 screen memory / *Deckerinnerung*

역설적이게도 선명하면서 동시에 무시되는 유년기 기억. 이 기억은 겉보기에 진부해서 기억으로 남을 어떤 이유가 없어 보이는데, •정신분석은 이 점이 이 기억의 심층적 의미에 대한 중요한 단서가 된다고 본다. 지그문트 •프로이트의 이론에서 이 기억은 타협의 형성 혹은 •파라프락시스 같은 징후로 여겨진다. 다시 말해, 이 기억은 모종의 정신적 외상, 흔히 성적 내용의 정신적 외상을 가장하거나 은폐한다.

음성중심주의 phonocentrism

언어의 도상적 차원보다 음성적 · 청각적 차원에 특권을 부여하고, 우선시하는 경향. 자크 •데리다가 •차연 개념에서 보여주듯이, •음소가 언어의 유일한 의미적 단위는 아니다. 음소와 함께, 언어의 문자적 차원(데리다는 이것을 그라마톨로지(grammatologie) 차원이라 했다) 또한 고려해야 한다.

음소 phoneme

기능적인, 다시 말해 의미 있는 소리의 단위. 'bat'와 'cat'의 경우, 'b'와 'c'의 소리가 정상적 발화에서 해당 단어를 들을 때 그 단어의 의미를 결정하거나 변화시킨다. 대조적으로, 만약 두 단어를 'batt'와 'catt'로 철자를 바꾸어 쓰면서 't' 소리를 강조한다 해도 't' 소리는 아무 기능적 차이를 가져오지 않을 것이다.

응시 gaze / *le regard*

•타자에 의해 바라보여진다는(이런 이유 때문에 응시는 때때로 '시선'으로 번역되기도 한다) 실존적 문제를 정립하려고 장 폴 •사르트르와 자크 •라캉이 사용

한 개념. 사르트르와 라캉의 응시는 의미상 미묘한 차이가 있다. 단순하게 표현하면, 응시의 문제적 국면은 이러하다. 만일 관찰하는 주체로서 '나'는 의식을 가지고 있고 '내가' 응시하는 대상이 의식이 없다면, 타자가 나를 응시해서 '나'를 타자의 의식 대상으로 변형시킬 때 그것은 '나'에게 무엇을 의미하는가? 타자의 응시는 '나의' 향자존성(being-for-oneself)을 강등시키고 그것을 향타자성(being-for-others)으로 변형시킨다. 바꾸어 말하면 타자 또한 주체임을 주체가 의식할 수 있게 하는 것이 응시다. 초기 세미나에서 라캉은 사르트르의 저술을 논평하면서 이 문제를 더 비틀어 사실상 '우리'를 응시하는 것이 대상이고 그것의 반대는 성립하지 않는다고 주장했다. 응시는 타자를 바라보는 '나'가 아니라 오히려 나를 바라보는 타자다. 영화이론가 중 특히 크리스티앙 •메츠와 로라 멀비는 영화의 기능 분석 작업에 이 개념을 대단히 효과적으로 사용했다.

+ 더 읽을거리

J. Rose, *Sexuality in the Field of Vision*, 1986.

의도의 오류 intentional fallacy

•신비평의 핵심 아이디어. 〈정서의 오류〉(The Affective Fallacy, 1954)라는 제목의 유명한 글에서 W. K. 윔샛과 먼로 비어즐리는 저자의 의도가 어떤 텍스트의 문학으로서 상대적 •가치를 판단하는 비평적 판단의 유효한 출처가 되지 않는다고 주장했다. 여기서 저자의 의도는 저자가 가지고 있는 비전, 즉 어떤 특별한 작품에서 저자가 성취하고자 시도하는 것을 말한다. 투박하게 표현한다면, 저자가 자신의 시대를 대표하는 위대한 사실주의 소설을 자신이 쓴다고 생각했다는 사실이 그 작품을 위대한 소설로 만드는 데는 충분하지 않다는 점이다. 같은 이유에서 단지 저자가 어떤 위대한 사실주의 소설을 쓰겠다는 의도를 실현하지 못했다고 해서 그것이 그 작품의 다른 잠재적 장점을 무시하는 이유가 되지 않는다. 오히려 우리는 그 소설의 형식적 자질에 집중해야만 한다. 좋은 문학과 나쁜 문학을 구분하려면 이러저러한 형식적 자질만으로도 충분하기 때문이다(→ 정서의 오류).

의례적 기능 phatic function

러시아의 언어학자 로만 •야콥슨이 제시한 언어적 의사소통의 여섯 가지 구성 요소 중 하나. 지시적 기능, 감정적 기능, 시적 기능, 능동적 기능, 메타언어적 기능이 다른 다섯 가지 기능이다. 의례적 기능은 의사소통의 경로 자체를 열어두는 기능을 하는 의사소통의 부분이다. 둘 혹은 그 이상의 발화자들이, 그들의 말이 청취될 뿐 아니라 이해받고 있음을 확인하고자 할 때 쓰는 수단이다. 이런 의미에서 의례적 기능은 의사소통의 한 부분이지만 의미 교환과는 별개다. 다시 말해, 그 자체의 의미는 갖지 않는다. 의례적 기능의 예로, '내 말 듣고 있니?' '내가 무슨 말 하는지 알지?' 같은 흔히 쓰이는 표현을 들 수 있다.

의미 분석 semanalysis

《시적 언어의 혁명》(*The Revolution in Poetic Language*, 1984)에서 •기호학과 •정신분석을 융합한 줄리아 •크리스테바의 시도. 크리스테바의 시도는 텍스트 형성 과정과 해독 과정 둘 다를 동시에 이해하는 방법을 생산하는 데 목적이 있었다. 크리스테바는 헤겔 •변증법의 한계를 넘어서고, 진정 유물론적이면서 동시에 그녀가 •비체라 부른 기호학에서 간과되는 재현 불가의 과잉을 다루는 방법을 제공하고자 했다. •후기 구조주의의 방법론과 아이디어들의 풍성한 종합이기는 했지만, 의미 분석은 여러 면에서 실패한 실험이었고, 크리스테바 자신이 곧 이를 폐기했다. 그녀는 이후 작업에서 이 용어를 아예 쓰지 않았다. 그렇기는 하지만, 의미 분석을 발전시키는 작업에서 •상호텍스트성 개념이 나오게 되었고, 상호텍스트성은 •비평이론의 핵심 개념 중 하나가 되었다.

+ 참고

줄리아 크리스테바, 《시적 언어의 혁명》, 김인환 옮김, 동문선, 2000.

의미장 semantic field

공유하는 참조 지점 때문에 서로 연관성이 있는 일군의 어휘. 예를 들어, '대상', '욕망', '충동', '결여'는 모두 자크 *라캉 *정신분석의 의미장에 속하는 어휘다.

의사소통 행위 communicative action

위르겐 *하버마스에 따르면 인간의 근본적 활동. 하버마스는 철학이 (예를 들어 G. W. F. *헤겔과 임마누엘 *칸트 같은 하버마스 이전의 많은 대륙철학의 관심 분야였던) 의식보다는 언어와 언어적 능력에 초점을 맞추어야 한다고 주장했다. 언어는 그 기원상 의사소통적이고, 언어의 목적은 정보를 중계하고 지시를 전달하는 것이라고 하버마스는 전제했다. 다시 말해, 언어의 기원을 살펴볼 때 언어는 교류적이었고 그 목적은 사회적으로 필요한 목표를 달성하는 것이었다. 의사소통 행위는 사회적인 것의 층위에 해당하는 일대일 상호작용의 영역을 넘어서는 *화용론을 확장하는 것이다.

의식의 흐름 stream of consciousness

자기 검열 혹은 자기반성 없이 정신 속에서 생산되는 감각적 데이터(인지, 사고, 기억, 지각)의 연속적 흐름. 이 개념을 창안한 이는 미국의 심리학자 윌리엄 제임스이지만, 이와 같은 정신 상태의 전달을 목적으로 하는 글쓰기 양식을 가리키는 말로 문학 연구에서 널리 쓰인다. 중요한 예로 제임스 조이스의 《율리시스》(*Ulysses*, 1922), 버지니아 울프의 《등대로》(*To the Lighthouse*, 1927)를 들 수 있다. 이상적으로 볼 때, 이 유형의 글쓰기는 독자에게, 사고가 정신에서 태어나는 바로 그 순간을 목도(마치 다른 사람의 의식 속으로 직접 들어간 것처럼)하게 한다.

의인법 prosopopoeia

다른 사람이나 사물의 관점이 말할 수 있게 하는 수사적 장치. "증거는 스스로 말한다" 혹은 "X가 여기 있다면 그는 분명히 이렇게 말할 것이다" 같은 진술을 예로 들 수 있다.

의존적 자기애 anaclisis

'의존하다' 혹은 '기대다'를 뜻하는 그리스어에서 유래한 이 용어는 *정신분석에서 성 본능과 자기 보존 본능(혹은 삶 충동) 사이의 관계를 명시하는 데 사용된다. 지그문트 *프로이트는 의존적 자기애를 두 가지 방식, 즉 첫 번째는 성욕의 기원을, 두 번째는 *대상 선택을 설명하려고 사용한다. 또한, 그는 성 본능이 삶 본능에 의존한다고 본다. 이는 몸이 성감대와 특별한 *쾌락 혹은 성적 쾌락과 분리되고 성적 쾌락으로 발전하는 *정동을 제공하기 때문이다. 예를 들어, 젖을 먹는 아이는 젖을 빠는 것으로 단순히 배고픔의 충족을 넘는 것 이상의 쾌락을 얻는다. 프로이트는 이것을 잉여 쾌락이라 했다. 이런 정동과 그 대상, 즉 젖가슴은 결과적으로 성적 쾌락의 토대가 된다. 이와 같은 맥락에서, 선택은 최초로 *에고가 선호하게 된 대상에 그 자신을 덧붙임으로써 자기 성애를 넘어선다.

이글턴, 테리 Eagleton, Terry (1943~)

*마르크스주의 문화비평가. 이글턴은 영국 북서부 샐퍼드에서 아일랜드 후손의 노동자계급 가정에서 태어나 드 라 살 칼리지와 케임브리지 대학교에서 교육을 받았다. 케임브리지 대학교에서 이글턴은 레이먼드 *윌리엄스와 만나 그의 영향을 받게 된다. 이글턴은 재치 있고 전투적이며 매우 저돌적인 논평 스타일로 유명하다. 그가 쓴《문학이론 입문》(*Literary Theory: An Introduction*, 1983)은 모든 세대의 영어권 문학 전공 학생에게 이론을 소개하는 데 크게 기여했다. 이글턴은 영국 왕세자가 일단의 옥스퍼드 대학교 학생들에게 이글턴을 '저런 고약한 테리 이글턴'이라고 매도하면서 제대로 악명을 얻었다.

이글턴은 영문학을 공부하려고 1961년 케임브리지 대학교 트리니티 칼리지에 입학했다. 이 시기는 *실제비평의 원조인 프랭크 레이먼드 *리비스의 영향력이 정점에 도달한 때였다. 비록 나중에 이글턴이 실제비평과 리비스를 가차 없이 비판하는 글을 쓰게 된다 할지라도 실제비평의 전투적 어조와 꼼꼼히 읽기에 대한 강조가 그의 글에는 실제비평의 흔적으로 남아 있다. 그러나 이글턴에게 더 많은 개인적 영향력과 지적 영향을 미친 인물들은 도미니크회 신학자 로렌스 브라이트와 허버트 매케이브, 문화비평가 윌리엄스였다. 이글턴은 대학원 과정의 연구 작업에 착수하려고 옮긴 예수 칼리지에서 윌리엄스를 만났다. 이글턴은 윌리엄스의 지도를 받아 박사 논문으로 빅토리아 시대의 비주류 시인이자 작가인 에드워드 카펜터의 작품을 탐구했다.

학생 시절 이글턴은 가톨릭 좌파와 깊이 연루되었다. 그는 급진적 가톨릭 잡지인 《슬랜트》(*Slant*) 창간호 편집자 중 한 사람이었다. 이 잡지는 바티칸 2세의 뒤를 이어 가톨릭교회의 구조에 도전하고, 신좌파의 핵심 관심사를 구성하는 논쟁에 명백히 기독교적 관점을 도입하려고 했다. 이 시기에 이글턴은 이 주제를 다룬 책 《신좌파 교회》(*The New Left Church*, 1967)와 《언어로서 몸》(*The Body as Language*, 1970)을 썼다. 이글턴은 《슬랜트》뿐만 아니라 《뉴 블랙프라이어스》(*New Blackfriars*, 가톨릭의 신학 잡지)에서 글을 출판함으로써 기독교 사상과 사회주의, 더 일반적으로 말하면 종교와 정치학이 공유하는 공통 토대를 입증하려고 노력했다. 그는 근대적 삶에서 소외에 따른 실존적 불안에서 벗어나는 길을 그리스도가 제공했다는 주장을 제시했다.

1969년 이글턴은 케임브리지 대학교를 떠나 옥스퍼드 대학교 교수가 되었다. 그는 30년 동안 그곳에서 재직한 다음 65세가 되었을 때 그에게 의무 정년제를 부과함으로써 추문을 불러일으킨 맨체스터 대학교로 자리를 옮겼다. 1976년 《비평과 이데올로기》(*Criticism and Ideology*)를 출판하면서 이글턴은 국제적인 관심을 받기 시작했고, 영국의 선도적 마르크스주의 비평가 중 한 사람으로서 입지를 세우게 되었다. 이 책에 이어 발터 *벤야민 연구서이자 문학 이론의 개론서인 《마르크스주의와 문학비평》(*Marxism and Literary Criticism*, 1976)이 출판되었다. 그는 또한 《뉴 레프트 리뷰》(*New Left Review*)에 정기적으로 글을 썼다. 이 시기 이글턴의 책은 아일랜드 문학과 역사, *포스트모더니즘이라는 두 가지 주요한 관심사로 구분된다. 두 관심사에 똑같이 솔직했던 이글턴은 《히스클리프와 대기근》(*Heathcliff and the Great Hunger*, 1995)에서는 자신이 아일랜드 문학의 충실한 대변자 중 한 사람임을, 그리고 《포스트모더니즘의 환상》(*The Illusions of Postmodernism*, 1996)에서는 포스트모더니즘에 대한 준엄한 비평가 중 한 사람임을 보여주었다.

옥스퍼드 대학교를 떠난 후 이글턴은《이론 이후》(*After Theory*, 2001)에서 이론 이야기를 매듭짓고《삶의 의미》(*The Meaning of Life*, 2007)라는 책을 쓸 정도로 정신적 문제를 논의하는 쪽으로 급격히 전향했다. 하지만 그가 정치학을 함께 버린 것은 아니었다. 2002년 그는 아마도 그가 쓴 모든 책 중에서 가장 논란이 많은《성스러운 테러》(*Holy Terror*)를 출판했다.《성스러운 테러》는 (용감하게 말하건대) 테러리즘과 국가 테러의 연결을 강조함으로써 9·11사건의 여파에 있는 우익 비평가들을 격앙시켰다. 2006년 리처드 도킨스의 논쟁적인 책《만들어진 신》(*The God Delusion*, 2006)에 대한 이글턴의 리뷰를 오스트레일리아 대주교가 표절했다는 혐의로 고발되면서 이글턴은 국제적 뉴스거리가 되었다. 2007년 그는 많은 나이가 자신의 영혼과 재치를 둔하게 만들지 않았다는 것을 보여주면서 킹즐리 에이미스와 마틴 에이미스의 보수주의를 조롱함으로써 대단히 대중적인 동요를 불러일으켰다.

+ 더 읽을거리

D. Alderson, *Terry Eagleton*, 2004.
J. Smith, *Terry Eagleton: A Critical Introduction*, 2008.

+ 참고

리처드 도킨스,《만들어진 신》, 이한음 옮김, 김영사, 2007.

이데올로기 ideology

특수한 집단의 사람들을 함께 묶고 그들이 취하는 행동을 결정하는 믿음이나 확신 혹은 생각의 집합. 이런 이유로 이데올로기는 종종 특히 미디어에서 경멸적인 말로 쓰이기도 한다. 이것은 마치 오직 어떤 특정한 부류의 사람들만이 이데올로기를 가지고 있다(실은 이데올로기 때문에 '고통을 겪고 있다')고 말하는 것과 같고, 사람들을 스스로 생각할 수 없도록 한다는 의미에서 그러하다. 그러나 프레드릭 *제임슨과 슬라보예 *지젝 같은 논평가들이 주장하듯이 그러한 견해 자체가 이데올로기적이다. 그런 견해, 다시 말해 이른바 비이데올로기적 견해가 사물에 대한 '정상적' 관점이거나 '상식적' 관점이고, 이른바 이데올로기적 견해가 정상적인 것에서 벗어난 것이라는, 암묵적이지만 명백히 뿌리 깊이 유지되고 있는 믿음이기 때문이다. 따라서 비이데올로기적 견해라는 개념은 *신화 혹은 좀 더 좋게 말해 *투사와 같다. 비이데올로기적 견해에 대한 이러한 생각은 결국 이데올로기의 다른 두 가지 특성을 나타낸다. 즉, 이데올로기는 종종 이데올로기를 지지하는 사람에게는 보이지 않는다. 또한 이데올로기는 포함과 배제의 규칙이나 정권을 창출하는 데 이용된다. 비가시적 성질 때문에 이데올로기는 종종 *허위의식과 동등하게 취급된다. 감옥에 수감된 이탈리아의 마르크스주의자 안토니오 *그람시는 검열을 피하려고 이데올로기 자리에 *헤게모니라는 용어를 사용했고 이 용어를 활용해 이데올로기의 비가시성을 설명했다. 그람시는 이데올로기의 역할은 상식, 즉 모든 사람이 그렇다고 알고 있는 것으로 간주하는 것을 정의하고 감시하는 것이라고 주장했다. 이데올로기가 그러한 역할을 할 때 이데올로기는 눈에 보이지 않는다. 그람시에 따르면, 정치학의 임무는 그런 다음 그러한 정황을 전복하는 것, 그러나 이데올로기를 함께 제거하는 것(어떤 경우에도 이는 불가능하다)이 아니라 오히려 새로운 이데올로기, 즉 이해관계를 분명히 알고 있는 이데올로기를 위한 길을 만드는 것이다. 일반적으로 마르크스주의자들은 이데올로기가 이런 방식으로 형성되는 것을 *계급의식이라고 말한다. 이데올로기에 관해서 가장 널리 사용되는 정의는 프랑스의 마르크스주의자 루이 *알튀세르가 제시한 것이다. 알튀세르는 이데올로기를 현실의 조건과 맺은 상상계적 관계라고 생각했다.

이데올로기적 국가장치 Ideological State Apparatus (ISA)

프랑스의 *마르크스주의 철학자 루이 *알튀세르의 개념으로 현대 정치 *담론에서 '유연 권력', 즉 폭력적이고 물리적인 강압에 따르기보다는 이데올로기적 설득에 따라 작동하는 권력 형식을 의미한다. 폭력적이고 물리적인 강압, 즉 '경성 권력'은 *억압적 국가장치라 칭한다. 알튀세르에게 이데올로기는 어떤 형식의 정부 형태, 가장 폭력적이고 억압적인 정부 형태에서도 나타나는 부드러운 운영 방식의 본질적 부분이다. 적어도 전체 인구의 일정 부분의 능동적 지지 없이 정부는 성공을 바랄 수 없기 때문이다. 알튀세르는 권력은 총 한 자루의 총신에서 나올 뿐만 아니라(마오쩌둥이 말한 것으로도 유명하다), 개별 주체의 정신 속에서 확고해져야 한다고 주장했다. 알튀세르는 이러한 주장을 펼치면서 국가와 국가가 자기 자신을 유지하려고 요구하는 기제를 분리했다. 그리고 혁명가들은 권력을 쟁취할 필요가 있을 뿐만 아니라 권력 장치들을 통제할 필요가 있다는 것을 암시했다. 이데올로기적 국가장치는 억압적 국가장치와 다르게 통일되어 있지 않다. 이데올로기적 국가장치는 교회, 학교, 대학, 노동조합, 미디어, 심지어 가정과 같은 대체로 개인적이거나 정부와 무관한 실체의 헐거운 연합체로 구성되어 있다. 각각의 이런 실체는 반자율적이다. 이는 각각의 실체가 각자 자기만의 유효성 영역을 가지고 있고 반드시 어떤 직접적 방식으로 더 높은 권위에 종속될 필요가 없다는 것을 뜻한다. 이런 식의 집단적이지만 독립적인 활동을 함께 설명하려고 알튀세르는 *구조적 인과성 개념을 구축했다. 모든 이데올로기적 국가장치는 그 다양성에도 단 하나의 결과, 즉 생산관계의 재생산에 기여한다(→ 헤게모니).

+ 더 읽을거리
루이 알튀세르, 《레닌과 철학》, 이진수 옮김, 백의, 1997.

이드 id / *das Es*

지그문트 *프로이트의 *지형학에서 *본능이 위치한 심리적 기제의 한 부분. 프로이트 자신이 '이드'라는 용어를 사용한 것은 아니다. 이 용어는 프로이트의 저서 영문 번역자인 제임스 스트레이치가 도입했다. 스트레이치는 심리 기관의 나머지 두 핵심 구성 요소에도 *에고와 *초자아라는 라틴어 용어를 사용했다. 프로이트는 독일 정신과 의사인 게오르크 그로데크에게서 이드 개념을 빌려왔다. 그로데크는 프리드리히 *니체의 《선악의 저편》(*Beyond Good and Evil*, 1886)에서 '나(I)'와 '그것(it)'의 대립으로부터 이드에 대한 생각을 응용했다. 이드는 심리 기관의 다른 부분들이 의존하지만 압도당하지는 않으려면 봉쇄해야만 하는 에너지 저장소다. 이드는 '아니요'를 모른다. 바꾸어 말하면, 이드는 *현실원칙에 제한받지 않는 *쾌락원칙이다.

+ 참고

프리드리히 니체, 《선악의 저편/도덕의 계보》, 니체 전집 14, 김정현 옮김, 책세상, 2012.

이론 theory

롤랑 *바르트, 미셸 *푸코, 자크 *데리다, 질 *들뢰즈 같은 학자들이 내놓은 철학, 문학비평, 사회학의 다학제적 종합을 가리키는 일반 용어. 이론은 본성상 담론의 포용적 양식이어서 완결적인 방식으로 정의하기가 쉽지 않다(이론에 적대적인 이들에게는 결코 그렇지 않은 듯하지만). 이론은 무엇이 아닌지를 말하는 것이 아마도 이론을 정의하는 가장 좋은 방법일 것이다. 우선 이론은 철학이 아니다. 모두를 설명하는 하나의 철학적 체계, 그런 것의 가능성을 이론은 거부하기 때문이다. 이론은 문학비평이 아니다. 구체적 텍스트의 의미에 관심이 있지 않기 때문이다. 이론의 관심은 텍스트가 어떻게 의미를 갖게 되느냐는 일반적 문제에 있다. 이론은 사회학이 아니다. 일반화를 불신하며 인간 행동이 양적으로 측정되고 표현될 수 있다고 보지 않기 때문이다. 그러나 여러 면에서 이론은 이제 낡은 용어가 되었다. 인문학 연구에서 대상과 주체를 구상하는 새로운 방법을 확보한다는 이론의 목적이 충족되면서 이론이라는 말의 날이 무뎌졌기 때문이다. 그런가 하면 여전히 '나는 이론을 하지 않는다'고 말하는 사람들(점점 그 수가 줄기는 하지만)이 있다.

이리가레, 뤼스 Irigaray, Luce (1930~)

정신분석학자, 철학자, 프랑스 페미니스트 이론가. '프랑스 페미니스트'로 총칭되는 일군의 학자 중 한 사람이다. 이리가레를 포함해서 '프랑스 페미니스트' 중에는 사실 프랑스 태생이 아닌 이들도 적지 않다. 엘렌 *식수, 미셸 *르되프, 줄리아 *크리스테바도 프랑스 태생이 아니다. 이리가레는 1970년대 초부터 *페미니즘 이론에 막대한 영향을 미쳤다.

벨기에 태생인 이리가레는 루뱅 대학교에서 1955년에 철학 석사 학위를 취득했다. 1950년대 말까지 브뤼셀의 한 고등학교에서 가르쳤고, 이후 파리에 와서 처음에는 심리학을 공부했다. 1961년 파리 대학교에서 심리학 석사 학위를 취득하고, 이듬해에 심리병리학 과정을 수료했다. 이 시기에 그녀는 자크 •라캉의 세미나에 참석하면서 정신분석학자로 수련했다. 처음 박사 학위는 언어학에서 받았고, 1970~1974년 동안 뱅센 대학교에서 가르쳤다. 두 번째 박사 학위는 논문 〈다른 여자의 검시경〉(Speculum de l'autre femme, 1974)으로 취득했다. 이 논문은 1985년 《다른 여자의 검시경》(*Speculum of the Other Woman*)이라는 제목으로 영역되었다. 라캉과 급진적 결별을 선포한 이 논문 때문에 그녀는 뱅센 대학교에서 면직당했다. 1980년 이후 그녀는 파리의 중앙국립과학연구소에 적을 두었다.

인터뷰에서 이리가레는 사적인 문제에 대한 언급은 극히 삼가는 편이다. 한 인터뷰에서는 자신의 작업이 세 단계로 구분된다고 밝혔다. 1단계는 백인 남성의 이미지로 형성되며 온 세상을 그 렌즈로 보는 서구 주체의 비판에 바쳐진다. 2단계에서 그녀는 구체적으로 여성의 주체성을 표현할 방법과 수단을 모색했다. 지금도 진행 중인 3단계에서 그녀는 지배와 종속에 기대지 않는 양성 관계의 새로운 모델을 사유하기 시작했다.

더 상세하게 살펴보면, 1단계에서 이리가레는 주체가 이해, 구성되는 편협한 방식을 폭로하려고 •해체적 독해 전략을 시도했다. 전적으로 순수한 주체 위치의 창조는 불가능하다(최소한 해체적 관점에서라면)는, 다시 말해 그녀가 그로부터 자유롭고자 하는 •남근중심주의에 오염되지 않은 주체 위치의 창조는 불가능하다는 자각 속에서, 이리가레는 •여성성과 관련해 •전략적 본질주의를 옹호했다.

2단계에서, 이리가레는 해부학을 겨냥하는 수사학적 무기로 육체 형태학을 이용했다. 그녀의 목표는 육체(특히 여성의 육체)를 결여가 아닌 긍정으로 재구성하는 것이다. 그녀가 제안한 유명한 이미지인 두 입술(실제의 입이기도 하고 여성의 음순이기도 하다) 이미지가 이 시기에 등장했다. 이 두 입술 이미지는 단수도 아니며 그렇다고 복수도 아닌 성을 표현한다(《하나이지 않은 성》(*Ce Sexe qui n'en est pas un*, 1977 / *This Sex Which is Not One*, 1985) 참조). 그녀의 이와 같은 이론적 선택은 생물학적 본질주의라는 비판을 받지만, 그녀의 의도가 여성적 •상상계(자크 •라캉이 쓴 의미에서)의 상세한 고찰에 있음을 생각하면 이런 비판은 요점을 놓친다고 할 수 있다. 이리가레의 여성적 상상계에서, 여성은 •팔루스/남근의 약화된 유형(클리토리스)으로도, 팔루스/남근을 완성하는 보완물(버자이너/질)로도 축소되지 않는다.

현재 진행 중인 3단계의 특징은 오이디푸스 전기 주체(지그문트 •프로이트의 유명한 정식화에 따라)의 다형 도착적 육체(polymorphically perverse body)를 능동적으로 가동하는 데 있다. •타자(서구의 주체성을 구성하는 백인 남성 표준을 향해 교란의 힘을 내장하는)의 탐구가 이 가동의 목적이다. 이리가레에게 오이디푸스 전기는 노스탤지어의 대상이 아니라 모든 주체가 지닌 부단한 잠재성으로 이해된다. 또한 오이디푸스 전기는 모녀 관계의 재고를 추동한다(이것은 줄리아 •크리스테바가 해온 작업의 핵심 요소이기도 하다).

이리가레는 엠마누엘 •레비나스의 저작을 원용하면서 성차의 윤리를 구축하는 시도를 했다. 그녀는 언어학에서 했던 수련을 잊지 않으며, 《너에게 사랑한다》(*J'aime à toi*, 1992 / *I love to you*, 1996)에서 윤리학이 제기하는 문제의 뿌리를 언어에서 찾고 여러 언어가 그 안에 내재한 구조를 통해 여성을 종속하는 방식을 보여주었다.

좀 더 근래의 작업, 가령 《민주주의는 두 사람 사이에서 시작한다》(*Democracy Begins between Two*, 2000)에서 이리가레는 이탈리아의 에밀리아 로마냐 지역기회평등위원회와 공동 작업을 하면서 그녀의 윤리적 사유에 실천적 차원을 부여했다. 이리가레는 다작을 했고 문체는 때로 난해하다. 그녀의 작업은 서양철학의 정전에 기반을 두고 사상, 정치, 사랑의 영역에서 여성의 자리와 여성을 위한 자리를 찾는 작업이었다.

+ 더 읽을거리

C. Burke et al., (eds.) *Engaging with Irigaray*, 1994.
T. Chanter, *Ethics of Eros: Irigaray's Rewriting of the Philosophers*, 1995.
E. Grosz, *Sexual Subversions*, 1989.
T. Lorraine, *Irigaray and Deleuze*, 1999.
M. Whitford, *Luce Irigaray: Philosophy in the Feminine*, 1991.

+ 참고

뤼스 이리가레, 《하나이지 않은 성》, 이은민 옮김, 동문선, 2000.

이마고 imago

스위스의 정신분석가 카를 •융의 개념. 아이가 자신과 사회적 환경 사이를 중재하려고 구성해낸 자기 부모에 대한 무의식적 원형을 가리킨다. 이마고는 현실에서 반영될 수 있기도, 없기도 한 무의식적 재현이다. 아이는 포악한 아버지에 대한 이마고를 가지고 있을 수 있지만 실제로 그 아이의 아버지는 오히려 온화할 수 있다. 지그문트 •프로이트는 이 개념을 사용하지 않았다. 이마고에 대한 언급은 자크 •라캉의 초기작에 등장했다. 그러나 라캉은 1950년대에는 이마고 개념을 누락시켰다.

이상적 자아 ideal ego / *Idealich*

•에고의 나르시시즘적이며 자기 자신을 전능하다고 여기는 이상화된 이미지. 비록 지그문트 •프로이트가 •나르시시즘에 관한 책에서 이 개념을 사용했지만 프로이트의 작업에서 이상적 자아는 대체로 중요치 않다. 자크 •라캉을 지지하는 정신분석가들, 특히 슬라보예 •지젝은 이상적 자아와 •자아 이상을 구분하는 것이 유용하다는 사실을 찾아냈다. 그래서 그들은 타자들이 주체에 가지는 이미지와 주체가 자신에게서 보고 싶어 하는 것으로서 주체라는 이분법을 만들어냈다.

이야기와 플롯 story and plot →파불라와 수제

이어성 heteroglossia

러시아의 언어학자이자 문학비평가인 미하일 •바흐친이 착안한 •대화주의의 개념을 확장한 것. 문자적으로 이 용어는 언어의 혼합을 의미한다. 바흐친의 관점에서 문학은 그가 말한 '두 가지 목소리'로 말하려고 노력해야 한다. 이로써 바흐친은 문학이 타자들의 목소리를 병합해야 한다는 것을 의미했다. 그는 저자의 목소리를 완전히 감추는 것이 이러한 유형의 문학을 보여주는 가장 좋은 예라고 생각했다. 바흐친은 또한 그러한 다른 목소리가 모두 같은 유형 혹은 같은 계급 사람들에 속하지 않는다면 서로 다른 목소리의 현

존 자체만으로는 그가 소중히 여겼던 유토피아적 효과를 생산하는 데 충분하지 않다는 사실을 깨달았다. 바흐친에 따르면, 레프 톨스토이의 작품은 특히 이런 문제 때문에 격심한 고통을 겪었다. 톨스토이의 작품에는 거의 전적으로 귀족계급과 귀족계급의 다양한 하인이 거주하기 때문이다. 톨스토이가 대단히 존중한다고 이야기하는 농민조차도 오직 주인의 관점에서만 비추어질 정도다. 이런 관점에서 톨스토이보다 더 훌륭한 작가는 모든 계급의 사람에게 목소리를 부여한 찰스 디킨스와 표도르 도스토옙스키다. 바흐친에 따르면, 모든 계급에게 목소리를 부여하는 일은 단순히 다른 계급을 재현하거나 묘사함으로써(이것이 톨스토이의 실수다) 결코 성취할 수 있는 것이 아니다. 이를 성취하려면 그들의 목소리를 텍스트 자체의 스타일로 병합해야만 한다. 패러디와 코미디(바흐친이 칭한 카니발적인 것의 더 큰 효과)에 사회적으로 종속된 사람들은 단지 묘사되거나 인용될 뿐만 아니라 생명을 되찾을 수 있다. 그들의 계급적 지위에 그들을 감금한 사회적 체계에 대한 그들의 전복적 태도가 패러디와 코미디를 통해 느껴지고 이해될 수 있기 때문이다. 디킨스가 자기와 같은 시대의 다른 작가들보다 빼어난 점은 사회적 사실주의와 풍자를 결합한 것이다(바흐친이 인정한 영국의 다른 작가는 윌리엄 새커리다. 새커리는 다르게 표현하기는 했지만 분명히 디킨스와 이와 같은 속성을 공유하고 있다).

+ 더 읽을거리

K. Clark and M. Holquist, *Mikhail Bakhtin*, 1984.
M. Holquist, *Dialogism*, 2002.
D. Lodge, *After Bakhtin*, 1990.

이저, 볼프강 Iser, Wolfgang (1926~2007)

독일의 문예학자. •수용 이론을 확립한 학자로 널리 알려져 있다. 콘스탄츠 대학교 재직 시절 동료였던 한스 로베르트 •야우스와 함께 •수용미학을 표방한 콘스탄츠학파를 시작했다. 수용미학은 영미의 •독자 반응 비평에 큰 영향을 미친다. 독일의 마리엔베르크 태생인 이저는 라이프치히 대학교와 튀빙겐 대학교에서 문학 전공으로 학부 과정을 수학했고 하이델베르크 대학교에서 영문학 전공으로 박사 학위를 받았다. 논문 주제는 18세기 영국 작가인 헨리 필딩이었다. 그의 매우 중요한 저서로 《내포 독자: 번연에서 베케트까지 산문 소통의 유형》(*Der implizite Leser: Kommunikationsformen des Romans von Bunyan bis Beckett*, 1972 / *The Implied Reader: Patterns of Prose Communication in Prose Fiction from Bunyan to Beckett*, 1974)과 《읽기 행위》(*Der Akt des Lesens: Theorie ästhetischer Wirkung*, 1976 / *The Act of Reading*, 1978)를 꼽을 수 있다. 그가 제시한 •내포 독자의 개념은 문학 연구에서 널리 쓰인다. 작고하기 1년 전 출간된 책《이론을 하는 법》(*How to do Theory*, 2006)의 중간쯤에서, 이저는 그 자신에 대한 대단히 흥미로운 일화를 들려준다. 그에 따르면, 그에게 이론적 탐색은 철학에 대한 관심이 아니라(•현상학에 명백하고 스스로 인정한 빚이 있기는 하지만), 1950년대에 문학 연구가 위기 상황에 있다는 판단에서 시작했다. 문학이 문화유산에 속한다는 것이, 문학 연구를 정당화할 도전받지 않는 이유가 될 수 없었다. 그리고 독자가 정전인 텍스트들 안에서 그를 '교화하는' 의미의 표준적 조합들을 찾아낼 수 있을 거라고 더는 기대할 수 없었다. 이저는 텍스트 안에 어떤 구체적 의미의 조합들이 있고 독자의 역할은 그것을 찾는 데 있다는 관념을 옆으로 밀어두고, 의미라는 것이 어떻게 형성되는지 이해하는 작업을 했다. 그것이 그의 주요 저서들에 담겼다.

이중 의식 double-consciousness

W. E. B. •듀보이스가 자신의 획기적 저서 《흑인의 영혼》(*Souls of Black Folk*, 1903)에서 20세기 초반 미국의 아프리카계 미국인이 처했던 심리적 상황을 기술하려고 만들어낸 개념. 듀보이스는 주류 미국 생활에서 흑인의 배제는 흑인들이 그들 자신을 흑인으로 인식했을 뿐 아니라 비백인으로 의식했다는 것을 의미한다고 주장했다.

이항 대립 binary opposition

서로 대립적이지만 가능성의 조건으로서 함께 묶여 있는 한 쌍의 용어. 이항 대립의 일반적 예로는 남/여, 자연/문화, 뜨거운 것/차가운 것, 동성애/

이성애, 기표/기의 같은 것들이 있다. *구조주의가 의미를 설명하는 기본적 방식은 어떤 것은 그것이 의미하지 않은 것으로 그것이 의미하는 바를 의미하게 된다는 것이다. 따라서 구조주의는 이항 대립에 근거를 두고 있다. *후기 구조주의, 특히 *해체는 이러한 이항 대립의 절대성에 대한 도전으로 발생했다.

인본주의 humanism

인간의 안녕을 강조하거나 그것에 특권을 부여하고 오직 인간만이 이성적 사유를 할 수 있다고 상정하는 모든 철학이나 정치적 자세. 이러한 철학적·정치적 자세를 유지할 때 인본주의는 인간을 추상적 보편물로 취급한다. 즉, 인본주의는 모든 사람이 누구인지 그리고 개인으로서 무엇을 해왔는지에 관계없이 오로지 그들의 인간성 때문에 모든 사람은 동일하게 취급되어야 한다는 역설적 생각을 전제로 삼는다. 1950년대 인본주의는 장 폴 *사르트르 같은 급진적인 비평가들이 지지했다. 사르트르는 민족주의 담론과 인종차별주의 담론을 반박하기 위한 슬로건으로서 인본주의를 사용했다. 1960년대와 1970년대, 특히 *구조주의의 발흥과 더불어 미셸 *푸코 같은 저자들은 인본주의라는 용어를 거부했다. 인간은 오로지 한 가지만을 의미한다는 인본주의의 전제와 인간이 어느 정도까지 역사의 구성물이 되는지를 인본주의가 표명하지 못했기 때문이다. 사실상 이러한 관점과 일관성을 유지하는 *포스트 휴머니즘 운동이 일어났다. 이 운동은 인간을 우선시하는 견지에서 출발하지 않는 세계의 비전을 설명하려고 시도한다.

인식론 epistemology

지식의 기원, 가능성, 구성의 연구 혹은 탐구. 인식론을 이루는 핵심 문제에는 '무엇인가를 안다는 것은 무엇을 의미하는가?'와 '어떤 수단으로 우리는 지식을 습득하는가?'와 같은 것들이 있다. 이러한 의문을 제기하면서 인식론은 또한 의심, 회의론, 진리를 가지고 제기할 수 있는 쟁점을 검토한다. 무엇인가를 안다는 것이 무엇을 의미하는가 하는 문제에는 우리의 지식이 완결될 수 있는가 없는가 하는 문제가 내포되어 있기 때문이다.

인식론적 단절 epistemological break

과학의 비과학적 과거와 과학을 구분하는 파열의 순간. 파열 이후 비과학적 과거는 엄청난 미신으로 보이게 된다. 이런 식으로 본다면 과학의 역사는 발견 과정이라기보다 지식 자체가 제기하는 사고의 장애물을 극복하는 과정이다. 따라서 인식론적 단절은 단순히 새로운 지식의 추가를 수반하는 것이 아니라 지식의 새로운 가능성을 재조직한다. 인식론적 단절은 무엇이 존재하고 있고 무엇이 지식이 될 수 있는가라는 조건을 변화시킨다. 인식론적 단절이라는 개념은 가스통 •바슐라르가 창안했고 조르주 •캉길렘이 더 많이 발전시켰다. 그러나 바슐라르와 캉길렘이 머물러 있었던 순전히 과학적 영역의 바깥에서 인식론적 단절이라는 개념을 수용함으로써 개념의 중요성을 입증하는 데 많은 역할을 한 것은 미셸 •푸코의 연구라 할 만하다. 푸코는 의학의 역사에서뿐만 아니라 감옥, 성, 정신병의 역사에서 인식론적 단절을 기술했다.

인종 race

피부색, 얼굴 모양, 머리카락 색, 신체의 형태학 등 외모 차이를 기준으로 하는 인간에 대한 생물학적 · 생리학적 · 유전학적 분류. 흔히 인종은 우월한 인종과 열등한 인종을 구분하는 이항 대립적 용어로 쓰인다. 역사 전체를 통틀어, 특히 아프리카에서 노예 교역이 시작된 이래, 인종 개념은 서구 정치사상가들의 관심사가 되었다. 이들은 정부가 수행하는 침략과 착취 행위를 정당화, 합법화하는 데 인종 개념을 동원했다. 비평이론에서 인종은 그 개념의 역사에서 교훈을 얻을 수 있는 문제적 개념이다. 인종 개념의 역사는 권력과 •이데올로기가 결합해 •헤게모니를 장악한 쪽이 어떻게 다른 이들에게 부당하고 불평등한 대우를 하기 쉽게 하는지 보여준다. 최근의 •탈식민주의 연구는 인종이 비서구의 정치철학에서도 중요한 문제임을 보여주었다. 식민주의, 우생학, 노예제 등과 연관되기 때문에 인종은 1970년대(•네그리튀드 같은 긍정적 용어들이 적실성을 상실하기 시작했던) 이래 •비평이론에서 긍정적 의미로 사용되지 않았다. 이 점에서 인종 개념은 •민족성 개념으로 교체되었다.

인지적 소외 cognitive estrangement

다코 수빈이 《과학소설의 변신》(*Metamorphoses of Science Fiction*, 1979)에서 러시아 형식주의의 •낯설게 하기 개념과 베르톨트 •브레히트와 밀접히 연관된 •소격 효과라는 개념에서 도출해낸 개념. 수빈의 《과학소설의 변신》은 소설의 다른 형식들과 과학소설 장르를 구분하기 위한 구조주의적 시도를 담았다. 프레드릭 •제임슨이 《미래의 고고학》(*Archaeologies of the Future*, 2005)에서 지적했듯이, •인지적 소외는 과학소설의 이성적인 과학적 차원을 강조하고 판타지 소설과 연관된 공상으로 이루어진 일종의 비약을 엄중히 배제하는 다소 배타적 정의를 담고 있다. 수빈에게 인지적 소외의 핵심은 '노붐(novum, 새로운 사물)'이라 칭한 것이 소설이나 이야기에 현존하는가 하는 점이다. 노붐은 우리가 우리의 세계를 생각하는 또 다른 방식을 상상하도록 만드는 완전히 새로운 장치나 기계를 가리킨다.

인지적 지도 cognitive map

1. 미국의 도시계획 전문가 케빈 린치가 자신의 책 《도시의 이미지》(*The Image of the City*, 1960)에서 도시 거주자가 자기 자신의 위치를 공간적으로 파악하기 위해서 지도보다는 이정표를 사용하는 방식을 설명하려고 착상한 개념. 린치는 세 가지 다른 도시, 즉 보스턴, 뉴저지, 로스앤젤레스의 거리에서 사람들을 멈춰 세우고 그들에게 그 도시의 지도를 즉석에서 그려달라고 요청하는 방식으로 이것을 연구·조사했다. 그가 발견해낸 것은 보스턴 같은 잘 알려져 있고 명확히 정의된 이정표(예컨대, 찰스강, 퍼네일홀과 보스턴 커먼공원)가 많은 밀집형 도시에 사는 사람들이 그 당시에는 상대적으로 그와 같은 이정표가 거의 없었던 로스앤젤레스와 같은 분산형 도시들에 거주하는 사람들보다 더 쉽게 이 임무를 완성할 수 있다는 점이다. 린치는 이정표가 그 도시를 '상상할 수 있도록' 만들어준다고 주장했다. 이 말은 이정표가 그 도시 거주자와 방문객에게 똑같이 전체로서 그 도시의 이미지를 마음속에 형성하도

록 만든다는 것을 뜻한다. 이런 점에서 린치는 도시를 사람이 거주할 수 있는 공간으로 만들기 위해서 도시에는 실제적이든 인공적이든 이정표가 필요하다는 결론을 내렸다.

2. 프레드릭 *제임슨은 자신의 글 〈포스트모더니즘 혹은 후기 자본주의의 문화 논리〉(Postmodernism, or the Cultural Logic of Late Capitalism, 1984)에서 문화적 텍스트들, 특히 영화와 문학은 전체로서의 세계에서 우리가 어떤 경향성을 형성하도록 도와주는데, 그런 문화적 텍스트들의 특색을 설명하는 데 이 개념을 적용했다. 제임슨은 세계에 있는 우리 위치를 지도로 만들 때 우리 존재의 실제 조건과 우리가 맺은 상상적 관계를 동시대의 텍스트들이 재현한다는 생각을 제시하려고 린치를 자크 *라캉, 루이 *알튀세르와 결합한다. 제임슨의 주된 주장은 *세계화가 도래한 이후(제임슨은 제2차 세계대전 종전에 뒤이어 나타난 자본주의의 엄청난 확장과 세계화를 동등하게 취급한다) 일반적인 모방 형식을 수단으로 재현하기에는 세계가 너무 복잡해졌다는 것이다. 제임슨에게 세계의 이러한 경향은 *계급의식과 동의어다(→ 지정학적 미학; 국가(민족) 알레고리; 포스트모더니즘).

+ 더 읽을거리

I. Buchanan, *Frederic Jameson: Live Theory*, 2006.
D. Gregory, *Geographical Imaginations*, 1994.

일상생활 everyday life

미시적 규모와 거시적 규모의 사회적·문화적 변화가 개인에게 미치는 영향을 등재하려고 발명된 대단히 많은 이론이 제기되는 용어. 일상생활의 중요성은 새로운 기술의 영향력에 관한 논의에서 쉽게 볼 수 있다. 예컨대, 전자우편을 도입했을 때 전자우편은 (거의 하룻밤 사이에) 일이 이루어지는 방식을 바꾸어놓았을 뿐 아니라 그와 비슷하게 사회적 삶에 중대한 연동 효과를 미쳤다. 전자우편은 편지를 시대에 뒤처진 것으로 만들었고 우리가 전화를 생각하는 방식도 실질적으로 변화시켰다. 바꾸어 말하면 전자메일은 가장 세속적이고 기본적 수위에서 삶이 이루어지는 방식을 실질적으로 바꾸어놓았다. 이것이 바로 일상생활이라는 개념이 포착하려는 지점이다. 즉, 삶은 일상의 집합, •실천, (우리가) 살고, 생각하고, 어떤 일을 행하는 방식을 말한다. 이 개념의 목적은 평범한 것 중 무엇이 평범하지 않은지를 알아보고자 한다는 역설로 요약할 수 있다. 이러한 역설이 가지고 있는 통찰의 의미를 파악하려면 우리는 전자우편이 출현하기 이전의 (혹은 전자우편이 없는) 삶을 생각해야만 한다.

일상은 거의 100년 동안 비평의 주목을 받은 주제였고 우리 시대의 대단히 유명한 몇몇 사상가의 관심을 끌었다. 가장 유명한 사상가인 지그문트 •프로이트의 •무의식이라는 개념은 적어도 일상적인 것의 어떤 한 양상에 대한 흥미에서 비롯했다. 프로이트는 《일상생활의 정신병리학》(*Zur Psychopathologie des Alltagslebens*, 1901 / *The Psychopathology of Everyday Life*, 1914)에서 대화 중에 종종 일어나는 단어와 생각의 우연한 (때때로 외설적인) 혼동을 뜻하는 '프로이트식 실수'를 이론화하기 시작했다. 프로이트는 이러한 실수가 우리의 의식적 활동 저변에 있는 무의식에 종종 자신들을 의식에 알려지도록 만드는 일련의 능동적 과정이 존재한다는 것을 드러내는 가설을 내놓았다. 그래서 그는 의식과 무의식, 생각과 생각되지 못한 생각, 의도된 것과 의도되지 않은 것 사이에 생산적인 긴장이 있음을 확인했다. 이러한 긴장은 모두 위장 상태에 있는 일상에 대한 사유를 계속해서 구조화한다. 일상은 우리가 주목하는 동시에 무시하거나 간과하는 어떤 것을 말한다.

의심할 여지 없이 프랑스 철학자 앙리 •르페브르는 일상이라는 개념이 •비평이론의 관심을 받을 수 있게 하려고 가장 많은 일을 한 사람이다. 그리고 그의 관심을 끈 것은 바로 일상을 주목하는 것과 일상을 보지 못하는 것 사이의 긴장이었다. 그는 이 주제를 다룬 책을 여러 권 썼는데, 잘 알려진 책은 《일상적 삶에 대한 비판》(*Critique de la vie quotidienne*, 1947~1981 / *Critique of Everyday Life*, 1991~2005) 3부작이다. 르페브르는 특히 새로운 상품의 도입으로 생기는 일상생활의 변화에 주목했다(한때 그의 연구 조교였던 장 •보드리야르가 더 많은 관심을 기울이기도 했다). 르페브르는 무의식의 식민지화라는 측면에서 상품에 따른 일상의 변화를 살펴보았다. 그러나 그가 가장 매료된 것은 평범한 것의 단조로움을 중단하는 혐오, 충격, *쾌락, 기쁨의 생생한 순간이었다. 그는 그러한 순간에서 일상적인 것에 대한 일종의 내재적 비판과 다른 삶에 대한 일시적 약속을 보았기 때문이다. 이런 점에서 그는 대단히 유토피아적인 사상가였고 창조성을 사회적 변화의 힘으로 특권화함으로써 *문화 연구에 여전히 강력한 영향력을 행사하고 있다.

미셸 드 *세르토의 성명서 《일상생활의 발명》(*L'Invention du quotidien 1. arts de faire*, 1980 / *The Practice of Everyday Life*, 1984) 때문에 르페브르의 주장은 미미한 수준이 되었다. 이 책은 창조성을 약자가 강자에게 대항하기 위해 사용하는 억제할 수 없는 *저항의 형식으로 다루었다. 그러나 르페브르와는 다르게 세르토는 물질적인 것보다는 덧없이 사라지는 것에 더 많은 관심을 두었다. 그의 핵심적 증거물은 프랑스어로 'la perruque'(영어로는 대략 '가발 쓰기(wigging it)'를 의미)라고 알려진 실천이다. 이것으로 노동자는 고용주의 시간에 개인적 일을 행한다. 오늘날 이러한 '가발 쓰기'의 가장 흔한 양식은 사람들이 일하는 동안 페이스북에 쏟는 시간이라 할 수 있다. 세르토에게 일상적인 것은 그것을 통제하거나 문서화하려는 그 어떤 시도에서 벗어나는 것을 뜻한다. 이런 점에서 일상적인 것은 흔적조차 남기지 않는다. 세르토는 일상적인 것을 통계학적으로 혹은 다른 방식으로 수량화하려는 사회학자들의 시도를 가차 없이 비판했다. 저항의 가능성을 사유하려 했다는 측면에서 이런 작업은 고무적이기는 하지만 연구 대상을 자체의 정의로는 포착할 수 없다는 점에서 또한 자기 패배적이기도 하다.

르페브르와 세르토가 정의한 물질적인 것에 대한 관심과 무관심이라는 양극단적 관점 사이에 일상적인 것의 문제를 건드리는 책을 쓴 저자는 많다. 이러한 저자 중 눈에 띄는 사람으로는 모리스 *블랑쇼, 페르낭 *브로델, 어빙 *고프먼, 라울 *바네겜, 아그네스 헬러가 있다. 블랑쇼는 일상적인 것은 표현 불가능한 것이라고 주장했고, 브로델은 포괄적인 3부작 《일상생활의 구조》(*The Structures of Everyday Life*, 1975~1979)에서 중세 시대까지 거슬러 올라가 모든 세부적 측면에서 일상적인 것의 깊이를 헤아렸다. 고프먼에게 일상은 수행(performance)이었다. 그리고 벨기에의 상황주의자 바네겜과 헬러는 (죄르지 •루카치의 뒤를 이어) 일상은 구원의 정치학이 가능한 장소라고 주장했다. 이러한 학자들의 목록에 롤랑 •바르트라는 이름을 추가해야 한다. 바르트의 《신화론》(*Mythologies*, 1957 / *Mythologies*, 1972)은 브레히트에게 영감을 받았는데, 이 책은 일상적인 것 속에서 일상적이지 않은 것을 인지하기 위한 기준을 지속적으로 수립하고 있다.

+ 더 읽을거리

M. Gardiner, *Critiques of Everyday Life*, 2000.
B. Highmore, *Everyday Life and Cultural Theory*, 2002.
A. Kaplan and K. Ross, (eds.) "Everyday Life", special issue of *Yale French Studies*, vol. 73, 1987.
J. Roberts, *Philosophizing Everyday Life*, 2006.

일상 언어철학 ordinary language philosophy

언어의 의미 능력에 관심이 있는 철학 분파. 일상 언어철학은 철학에서 이른바 •언어적 전회로 생겨났고, 철학에서 일어나는 오해가 언어를 이해하지 못하는 데서 빚어진다는 견지에 선다. •분석철학과 달리 일상 언어철학은 언어 자체의 의미를 혼란시키는 힘을 미심쩍게 보지는 않는다. 그 대신 이것이, 철학이 설명해야 하는 언어의 많은 힘 중 하나라고 본다. 일상 언어철학의 핵심 주장은 언어의 의미는 언어의 용례에 있다는 것이다. 다시 말해, 어휘의 의미는 그것으로 의미하고자 하는 바에 있다. 일상 언어철학을 이끈 주요 철학자로는 루트비히 •비트겐슈타인, 길버트 라일, 존 랭쇼 •오스틴, 존 로저스 •설 등이 있다.

임시 자율 구역 Temporary Autonomous Zone (TAZ)

•후기 자본주의라는 역사적 조건에 적합한 •유토피아 개념으로 아나키스트 시인이며 사회운동가인 하킴 베이가 내놓은 급진적 제안. 냉전이 지구정치적 사유를 지배하고 인터넷은 아직 초창기였던 1980년대에 구상된 TAZ는 냉전의 기저에 있는 자본주의/사회주의 이항 대립에 맞서는 대안적 정치 모델을 인터넷의 자원을 활용하는 데서 찾자고 제안했다. 전부가 아니면 아무것도

없다는 혁명의 •수사학이 정치를 마비시킨다(세계를 바꾼다는 일의 엄청난 규모가 가장 강인한 활동가도 좌절시킬 수 있기 때문에)고 주장하면서, 베이는 혁명이 아닌 반란이 운동의 모델이 되어야 한다고 말했다. 혁명이 요청하듯이 권력을 쟁취하는 것이 아니라, TAZ는 권력의 대안이 될 저항 세력을 위한 •공간을 창조하고자 했다. 질 •들뢰즈와 펠릭스 •가타리의 •유목주의에서 영감을 받은(역사적 선례는 사막의 부족이 아니라 바다의 해적에 있지만) TAZ는 1990년대 말에 퍼졌던 반WTO 구호들(예를 들어 '많은 세계를 품은 하나의 세계', '또 다른 세계가 가능하다')을 예고했다. TAZ의 목표는 영토를 쟁취하는 것이 아니라 찾을 수 있는 모든 수단(예술, 관념, 구호, 페스티벌, 극 등)을 동원해 사유와 삶의 새로운 방식을 위한 공간을 창조하는 것이었다. 베이는 이 과정을 '존재론적 무정부' 혹은 '시적 테러리즘'이라 했다. TAZ는 기존의 사회구조(예를 들어 가족)와 결별하고자 했고 영구성보다 일시성을 선호했는데, 이 점에서 반WTO 운동보다 급진적이었다. 베이는 TAZ가 정치 교리가 아니라고 말하고, 그것을 창조하는 데 적용할 수 있는 어떤 프로그램도 내놓지 않았다. 그에 따르면 TAZ는 심리 영적 상태 혹은 실존주의적 상태로서 언제나 창조되고 있다. 이 점에서 TAZ는 마이클 •하트와 안토니오 •네그리의 •다중 개념을 예고하기도 하며, 들뢰즈와 가타리의 •리좀 개념과도 비교될 수 있다.

+ 더 읽을거리

H. Bey, *T.A.Z.: Temporary Autonomous Zone, Ontological Anarchy, Poetic Terrorism*, 1985.

잉가르덴, 로만 Ingarden, Roman (1893~1970)

•현상학을 연구했고 •수용 이론과 •수용미학을 수립하는 데 중요한 영향을 미친 폴란드의 문학이론가. 당시 오스트리아-헝가리제국의 일부였던 크라쿠프에서 태어난 잉가르덴은 르비브에서는 수학을, 괴팅겐에서는 에드문트 •후설 밑에서 철학을 공부했다. 그는 후설과 함께 프라이부르크로 옮겼다가 1918년 후설의 지도 아래 앙리 •베르그송을 주제로 박사 논문을 완성했다. 그 뒤 잉가르덴은 폴란드로 돌아왔다. 1941년 전쟁 때문에 학교가 문을 닫을 때까지 처음에는 르비브 대학교에서, 전쟁이 끝난 후에는 니콜라우스

코페르니쿠스 대학교에서 가르쳤다. 잉가르덴은 공산주의 통치하에서 고통을 받았는데, 관념론자 혹은 유물론의 적수라는 이유로 기소되어 자주 교직에서 물러나야 했다. 잉가르덴은 자신의 이력 초반에는, 즉 제2차 세계대전이 일어날 때까지는 공용어였던 독일어로 글을 썼다. 그러나 이후 독일에 침략당한 모국과의 연대감에서 폴란드어로 바꾸어 글을 썼다. 결과적으로 그의 초기 저서들만 폴란드 밖으로 알려지게 되었다. 이런 그의 초기 저서에서 가장 잘 알려진 것은 의심할 바 없이 《문학예술 작품》(*Das literarishe Kunstwerk. Eine Untersuchung aus dem Grenzgebiet der Ontologie, Logik und Literaturwissenschaft*, 1931 / *The Literary Work of Art*, 1973)이다. 문학이 읽히는 바대로 문학을 이론화하려고 시도한 이 책은 •독자 반응 비평의 발전뿐만 아니라 르네 •웰렉과 볼프강 •이저, 특히 이저에게 막대한 영향을 미쳤다. 잉가르덴은 현실과 이상이라는 핵심적인 형이상학적 범주 중 어느 것도 문학작품의 •존재론을 기술하는 데 적합하지 않다고 주장했다. 그 대신에 문학작품은 층위가 중층화된 지향적 대상(a stratified intentional object)으로 이해해야 한다고 주장했다.

+ 더 읽을거리

A. Chrudzimski, (ed.) *Existence, Culture, Persons: The Ontology of Roman Ingarden*, 2005.

아도르노, 테오도어 Adorno, Theodor (1903~1969)

독일의 문화비평가, 철학자, •프랑크푸르트학파의 핵심 인물. 믿을 수 없을 정도로 다양한 분야에 관심을 둔 정밀한 비평가인 아도르노는 음악, 문학, 철학, 사회학 그리고 동시대의 대중문화에 영향력 있는 글들을 썼다. 그는 20세기의 중요한 사상가라고 진정으로 손꼽을 수 있는 사상가에 속한다.

아도르노는 프랑크푸르트암마인에서 태어났다. 안락한 중산층이었던 그의 아버지는 유대인으로, 성공한 와인 수출업체를 운영했다. 반면 그의 어머니는 독실한 가톨릭 신자였고, (결혼 전에는) 조금은 유명했던 오페라 가수였다. 아도르노는 카이저 빌헬름 김나지움에 다녔는데, 17세라는 조숙한 나이에 졸업했다. (나이 차가 14년이나 나는데도) 그의 친구이자 가정교사였던 지그프리트 •크라카우어의 조언에 따라 아도르노는 프랑크푸르트의 요한 볼프강 괴테 대학교에서 철학과 심리학, 사회학을 공부한 다음 1924년 에드문트 •후설의 •현상학에 대한 논문으로 박사 학위를 받았다. 같은 해에 그는 (아직 완성되지 않은) 알반 베르크의 오페라 〈보체크〉(Wozzeck)의 일부를 듣고 작곡가가 되겠다고 결심했다. 그 후 아도르노는 베르크, 쇤베르크와 함께 작곡을 공부하려고 빈으로 갔다. 하지만 원했던 대로 일이 잘 풀리지 않았고, 1925년 다시 프랑크푸르트로 돌아왔다. 아도르노는 여생을 계속해서 음악에 대한 글을 썼다. 그러나 그가 철학을 자신의 직업으로 삼겠다는 결정을 내린 때는 바로 프랑크푸르트로 다시 돌아올 무렵이었다.

독일 교육 제도에서 교수 임명의 열쇠가 되는 것이 박사예비논문인데, 이 논문을 쓰고자 했던 아도르노의 첫 번째 시도는 친구 발터 •벤야민을 떨어뜨렸던 논문심사위원들과 그의 논문심사위원들이 같았기 때문에 완전히 실패했다. 이후 아도르노는 아버지에게서 경제적 지원을 받으면서 주로 음악에 중점을 두고 벤야민의 발자취를 따라 비평가로서 경력을 쌓아가려고 노력했으나 성공하지 못했다. 그는 베를린으로 자주 여행을 떠나 베르톨트 •브레히트, 쿠르트 바일, 로테 레냐 같은 연극과 음악 분야의 전문가들과 어울렸다. 벤야민과 달리 아도르노에게는 박사예비논문을 완성할 두 번째 기회가 주어졌다. 1929년 프랑크푸르트 대학교에 임명된 신임 교수가 아도르노에게 박사예비논문을 완성할 또 다른 기회를 준 것이다. 마침내 1931년 그는 쇠렌 키르케고르에 대한 논문을 쓰는 데 성공했다.

아도르노가 학술 활동의 문턱에 접어들 무렵, 역사적 상황과 맞물려 그의 계획은 좌초되었다. 1933년 나치당은 집권하자마자 즉각 유대인 탄압에 착수했다. 그래서 1934년 아도르노는 교원 자격을 빼앗겼다. 그 후 아도르노는 영국에서 경력을 쌓아가려면 길버트 라일의 지도를 받으며 다시 박사 학위를 마치는 것이 좋을 것 같다는 조언을 받아들여 옥스퍼드로 갔다. 그러나 결과는 만족스럽지 못했다. 1937년 그는 뉴욕의 컬럼비아 대학교에 재건한 사회조사연구소에서 함께 일해보자는 막스 *호르크하이머의 초청을 수락했다. 또한 아도르노는 뉴욕에 기반을 두고 있는 동안 라디오의 이데올로기적 영향력에 관심이 있던 프린스턴 라디오 프로젝트에도 기여했다.

1941년 아도르노는 또다시 호르크하이머의 요청에 따라 뉴욕에서 로스앤젤레스로 이동했다. 그는 로스앤젤레스에서 쇤베르크, 브레히트 그리고 노벨상 수상 작가 토마스 만이 포함된 많은 국외 거주자로 이루어진 모임에 참여했다. 아도르노는 만의 반나치적 *알레고리 작품《파우스트 박사: 한 친구가 말하는 독일 작곡가 아드리안 레버퀸의 생애》(*Doktor Faustus. Das Leben des deutschen Tonsetzers Adrian Leverkühn erzählt von einem Freunde*, 1947 / *Doctor Faustus: The Life of the German Composer Adrian Leverkühn, as Told by a Friend*, 1948)를 위해서 만에게 음악적 문제를 조언해주기도 했다. 아도르노는 자신의 여행 가방에 《현대 음악의 철학》(*Philosophie der neunen Musik*, 1949 / *Philosophy of Modern Music*, 1973)의 완성된 원고를 가지고 로스앤젤레스에 도착했다. 그는 이 원고를 호르크하이머와 공유했는데, 호르크하이머는 동시대적 삶의 파편성에 대한 아도르노의 공격에 즉시 호감을 표했다. 이를 계기로 함께 연구해보고자 하는 두 사람의 의욕이 굳건해졌고, 이후 그들은 두 해에 걸쳐 이루어진 공동 연구 작업으로 이 시기의 중요한 책 중 하나인《계몽의 변증법》(*Dialektik der Aufklärung*, 1944 / *Dialectic of Enlightenment*, 1972)을 생산해냈다.

《계몽의 변증법》은 말 그대로 홀로코스트를 피해 온 두 망명자가 썼기 때문에 특별히 밝은 메시지를 담지는 않았지만 그 시대와는 호응했다. 특히 두 가지 주제가 눈에 띄는데, 첫째는 미디어 혹은 *문화 산업에 대한 비판이고 둘째는 서구 합리성 비판이다. 아도르노와 호르크하이머는 과학과 철학 모두를 의미하는 *합리성이 유럽의 유대인에게 가해진 집단 학살을 막지 못했다고 지적했다. 따라서 그들은 미래를 위한 구원은 그런 합리성을 추구하는 노선에 있지 않다는 근본적인 주장을 펼쳤다. 그들은 매스미디어가 너무나 쉬운 작품들을 퍼뜨림으로써 문제를 일으켰고, 그 결과 우리의 비판 능력이 무력화되었다고 주장했다. 이러한 주제들은 아도르노의 가장 잘 알려진 저서《부정의 변증법》(*Negative Dialektik*, 1966 / *Negative Dialectics*, 1973)에서 좀 더 극명히 드러났다. 이 책에서 아도르노는 아우슈비츠가 반복되지 않도록 하려면 우리의 생각과 행동을 정리해야 한다는 새로운 정언명령이 부과되었다고 표명한 것으로 유명하다.

비록 아도르노의 편지들이 산타 모니카에서의 삶이 결코 즐겁지 않았던 것은 아니었다는 점을 보여준다 해도, 미국에서 체류했던 7년 동안 아도르노가 쓴 글들은 그 성격상 결코 희망적이지 않았다. 실제로, 1942년 시작되었으나 1951년에야 비로소 완성된 그의 다음 책《미니마 모랄리아》(*Minima Moralia*)는 나중에 '상처받은 삶에서 나온 성찰(Reflexionen aus dem beschädigten Leben, Reflections from a Damaged Life)'이라는 매력적인 부제가 추가되었다. 그러나 그 당시 유럽에 닥쳐온 재앙에 자신의 고국이 가지고 있을 집단 죄의식을 진단하는 독일인으로서 아도르노에게 즐거운 일은 거의 아무것도 없었다. 짧은 아포리즘으로 구성된《미니마 모랄리아》는 나치즘의 이데올로기적 매력과 왜 독일의 패배가 필연적으로 파시즘의 종말을 가져오지 않았는지를 설명하려 했다.《미니마 모랄리아》는 출판되자마자 베스트셀러가 되었고 여러 분야에서 호평을 받았다.

독일의 상황에 우려가 많았는데도, 마침내 1953년 아도르노는 프랑크푸르트 대학교의 철학과 사회학 교수로 독일로 돌아갈 기회를 잡았다. 1949년에 이미 그는 독일로 돌아가겠다는 방침을 세우고 그에 도움이 될 임시 조치를 취했다. 하지만 그가 자신에게 맞는 적절한 직책을 가려내는 데는 2년이나 걸렸다. 그사이에 그는 매스미디어에 대한 책을 두 권 완성했다. 하나는《지상에 떨어진 별들》(*The Stars down the Earth: And Other Essays on the Irrational Culture*)이라는 제목으로 2001년 영역되어 출판된 점성술 연구서이고, 다른 하나는 텔레비전의 유사 문화(pseudo-culture) 연구서다(이 주제에 대한 에세이 선집의 영어판은《문화 산업》(*The Cultural Industry*)이라는 제목으로 1991년 출판되었다). 그러나 이 무렵 아도르노가《권위주의적 성격》(*The Authoritarian Personality*, 1950)이라는 훌륭한 공동연구서의 출판을 준비했다는 것이 어쩌면 가장 중요한 일일 것이다. 이 책에서 아도르노는 현대 미국인의 권위적 성격을 해부하려 했다.

이 책과 함께 독일로 돌아온 아도르노는 믿을 수 없을 정도로 황홀함을 맛보기도 했지만 처참한 낙담도 맛보게 된다. 1950년 사회조사연구소가 독일로 돌아온 이래 아도르노가 사실상 연구소의 실질적 연구소장을 담당했지만, 1958년 호르크하이머가 은퇴하면서 공식적으로 연구소장직을 인계받았다. 아도르노는 기념비적 저서《부정의 변증법》을 출판하면서 아우슈비츠 이후 문화에 대한 자신의 사상을 완성했다. 이 책은 많은 사람에게 홀로코스트 이후 나타난 윤리적 논의를 하는 데 의제를 마련해주었다. 이 책에서 아도르노는 •형이상학에 대한 옹호로서 •부정 변증법이라는 개념을 구상했다. 그는 철학이 자기 자신을 실현할 순간을 놓쳐버렸다고 주장했다. 이 프로젝트와 병행해 또한 아도르노는《본래성이라는 은어》(*Jargon der Eigentlichkeit: Zur deutschen Ideologie*, 1964 / *The Jargon of Authenticity*, 1973)에서 마르틴 •하이데거 비판을 강력하게 발전시켰다. 이 책에서 그는 가히 서양철학에 대한 하이데거의 패권 장악에 가까운 지배와 그에 맞서는 대항 논의를 제시했다. 마침내 아도르노는 자신의 모든 사상을 미학에 집약하려고 했다. 하지만 이 프로젝트는 완성될 수 없었으며 미처 완성되지 못한 여러 단계의 원고가 아도르노 사후《미학이론》(*Ästhetische Theorie*, 1970 / *Aesthetic Theory*, 1984, 1998 2회 번역)으로 출판되었다. 이 책에서 아도르노는 시장에 점령당한 상황에서 사회를 비판하는 예술작품의 불편한 지위를 연구했다.

1960년대 후반 아도르노는 학생운동에 휘말리게 되었는데, 몇 가지 측면에서 학생운동의 목표가 아도르노로 변하게 되어버렸다. 학생들의 시위에 대한 국가의 권위주의적 반응에 크게 실망한 아도르노는 기꺼이 학생들의 반전 주장과 연대하겠다는 의사를 표명했다(그는 베트남전쟁이 홀로코스트를 연상시키는 공포 국가의 연속이라고 보았다). 그러나 그는 학생들의 반미주의에 동조하지 않았고 반지성주의적 자세에도 공감하지 않았다. 학생 시위, 파업과 연좌 농성이 이어진 몇 달이 지난 1969년 1월, 학생들 한 그룹이 사회조사연구소의 연구소장을 발기인으로 추대할 의도로 연구소에 접근했다. 그러나 아도르노는 알려지지 않은 어떤 이유 때문에 공황 상태가 되었고 학생들이 연구소와 근처 시설들을 훼손하거나 파괴할까 봐 두려워한 나머지 경찰에 전화를 걸어 개입을 요청했다.

1969년 8월, 학생운동가들과 몇 번의 위협적 만남으로 지쳐버린 아도르노는 휴가를 가야겠다는 결정을 내리고 1969년 8월 스위스 알프스산의 체르마트로 여행을 떠났다. 그는 의사의 권고를 어기고 그곳에서 해발 3,000미터까지 올랐다. 정상에 도달하자마자 그는 바로 심각한 흉통을 느끼기 시작했고, 부인의 고집에 따라 예방 차원에서 비스프에 있는 병원에 갔지만 그날 저녁 세상을 떠났다.

+ 더 읽을거리

D. Claussen, *Theodor W. Adorno: One Last Genius*, 2008.
L. Jäger, *Adorno: A Political Biography*, 2004.
프레드릭 제임슨, 《후기 마르크스주의》, 김유동 옮김, 한길사, 2000.
S. Jarvis, *Adorno: A Critical Introduction*, 1998.
마틴 제이, 《변증법적 상상력: 프랑크푸르트학파의 역사와 이론》, 황재우 · 강희경 · 강원돈 옮김, 돌베개, 1979.
S. Müller–Doohm, *Adorno: A Biography*, 2005.
A. Thomson, *Adorno: A Guide for the Perplexed*, 2006.
R. Wiggershaus, *The Frankfurt School*, 1994.

자기기만(거짓 신념) bad faith / *mauvaise foi*

자기기만, 자신의 자유에서 도피하는 한 형식. 프랑스 •실존주의 철학자 장 폴 •사르트르와 시몬 드 •보부아르는 (미묘하게 다른 방식으로) 이 용어를 사용해서 그들이 현대사회에 내재한 비본래성(허위성, 비진정성)이라고 간주한 것을 설명했다. 두 사람은 비본래성이라는 용어로 개별 주체가 •후기 자본주의에 처해 있는 자신들의 상황이 가지고 있는 참모습을 파악하는 데 실패했다는 것을 나타냈다. 다시 말해, 우리 자신에게 한 거짓말을 자기기만이라 생각할 수도 있지만, 이 경우 거짓말을 한 사람이 그 사실(자기가 자신에게 거짓말을 했다는 것)을 파악하지 못하기 때문에 자기기만을 거짓말의 한 가지 유형이라 생각해서는 안 된다. 사실상, 사르트르가 《존재와 무》(*L'Être et le néant*, 1943 / *Being and Nothingness*, 1958)에서 논의했듯이, 진짜 거짓말쟁이, 즉 진실을 알고 있고 속이기로 작정하는 사람은 실제로 자기기만 상태에서는 전혀 행동하지 않는다. 여기서 사르트르가 이해시키고자 했던 논점은 자기기만은 우리가 •타자에게 행하는 것이 아니라 우리 자신의 자아에 행하는 방식이라는 점이다. 사르트르는 웨이터와 유혹당한 여성이라는 이제는 '고전적'인 두 가지 예시를 제시하면서 모든 사회적 역할에는 그 역할 속에 우리가 자기기만 상태에서 행동해야 한다는 요구가 포함되어 있다고 보았다. 예를 들어, 우리는 웨이터 역할을 할 수는 있지만 실제로 우리가 웨이터일 수는 없다. 마찬가지로 유혹당한 여성은 사회적 관습에 따라 자신의 욕망과 그녀에게 구혼한 사람의 욕망을 인정하도록 강요받는다. 토릴 모이는 보부아르에 관한 이지적 전기라 할 수 있는《시몬 드 보부아르: 지식인 여성의 탄생》(*Simone de Beauvoir: The Making of an Intellectual Woman*, 1994)에서 이 후자의 문제에 관한 탁월한 페미니즘적 비평을 제시한다. 어빙 •고프먼의 수행 이론은《일상생활에서 자기 연출》(*The Presentation of Self in Everyday Life*, 1959)에서 사르트르가 현대 삶에서 문제적이라고 생각했던 분열된 의식 상태를 정상 상태로 받아들인다.

자리, 알프레드 Jarry, Alfred (1873~1907)

프랑스의 소설가이자 극작가. •초현실주의와 •다다뿐 아니라 그가 탐구했던 •파타피직스 혹은 상상적 해법의 과학에 이끌린 상황주의자들과 •울리포의 작가들에게 영향을 미쳤다. 어디서나 주목을 끄는 기인이었던 그의 가장 널리 알려진 작품은 희곡《위비 왕》(*Ubu Roi*, 1896)이다. 초연 첫날,《위비 왕》은 큰 물의를 빚었다. 작품에 담긴 외설적 언어 때문이었다. 이 작품은 초연 이후 10년이 넘은 뒤에야 다시 상연되지만, 그 후 •부조리극 정전의 확고한 일부가 되었다. 자리의 후기 소설《초남성》(*Le Surmâle*, 1902 / *The Supermale*, 1964)은 질 •들뢰즈와 펠릭스 •가타리의 •욕망하는 기계 개념에 영감을 제공했다.

+ 더 읽을거리

K. Beaumont, *Alfred Jarry: A Critical and Biographical Study*, 1984.

+ 참고

알프레드 자리,《위비 왕》, 장혜영 옮김, 연극과인간, 2003. 이 외 1종의 국역본이 있다.

자아 이상 ego-ideal / *Ichideal*

•에고가 아동기의 •나르시시즘(혹은 지그문트 •프로이트가 이름 붙인 •이상적 자아)을 극복한 후 •투사하는 '주체(I)'의 이상적 형태. 프로이트는 초기 연구에서 자아 이상과 •초자아를 거의 구별하지 않았다. 그러나 그는 점차 자

아 이상을 심리 기제에서 인간의 집단성을 가능하게 만드는 것이라고 구별했다. 프로이트가 1921년판 집단심리학에 관한 책에서 설명했듯이, 그는 강력한 지도자들에 대한 집단적 매혹으로 대규모 집단이 형성된다고 보았다. 주체는 집단의 의지에 굴복해서 효과적으로 집단의 자아 이상을 자신의 자아 이상으로 대체한다. 지도자는 주체가 실제로 가지고 싶어 하는 에고의 이미지다.

자유 간접 스타일 free indirect style / *le style indirect libre*

3인칭으로 서술된 서사가 1인칭 관점을 표현하도록 만드는 글쓰기 형식. 자유 간접 스타일은 서술자와 등장인물의 차이를 불분명하게 하므로 작가가 등장인물의 가장 내밀한 생각과 관심을 즉각적인 방식으로 재현할 수 있도록 한다. 자유 간접 스타일의 글쓰기를 사용한 가장 유명한 예는 귀스타브 플로베르의 《마담 보바리》(*Madame Bovary*)다.

자유연상 free association / *freie Assoziation*

꿈, 판타지, 징후를 지탱하는 무의식적 사고에 접근하는 수단으로서 지그문트 *프로이트가 발전시킨 *정신분석의 치료적 기술. 이 기술은 *피분석자에게 타당성이나 당혹스러움 같은 공포는 무시하고 분석 과정 동안 마음에 떠오르는 것은 무엇이든 말해달라는 요청으로 이루어진다. 따라서 이 기술은 검열과 제한에서 벗어나 있다는 점에서 자유롭다. 이 기술의 구체적 목적은 질문에 대한 의지적 반응을 제거하는 것이다. 질문에 대한 의지적 반응은 그 성격상 정보 흐름을 통제하는 것을 목표로 삼기 때문이다. 프로이트는 초창기에 무의식적 사고에 접근하고자 환자들에게 최면술을 사용했다. 그러나 곧 그는 최면술을 훨씬 더 효과적이라고 생각한 자유연상 기술로 교체했다.

작가성 writerly →독자적 텍스트와 작가적 텍스트

작가 이론 *auteur* theory / author theory

영화의 최종 모양새를 저자(작가)처럼 통제할 수 있는 권한을 감독의 것이라 생각할 뿐 아니라 영상에 대한 그 어떤 통일성도 식별할 수 없는 영화는 무가치하다고 일축하는 영화 이론. 이 이론 모델에 따르면, 비록 마이클 베이의 스릴러 영화가 오늘날 대다수 관객에게 알프레드 히치콕의 스릴러 영화보다 더 짜릿한 흥분을 준다고 하더라도, 히치콕이 감독한 어떤 영화이든, 가령 〈찢겨진 커튼〉(Torn Curtain, 1966)과 〈토파즈〉(Topaz, 1969) 같은 후기의 설구워진 영화들까지도, 〈나쁜 녀석들〉(Bad Boys, 1995)과 〈아마겟돈〉(Armageddon, 1998) 같은 블록버스터 영화를 포함한 베이 감독의 어떤 영화보다도 언제나 더 훌륭하다고 생각한다. 일반적으로 작가 이론은 1951년 창간된 프랑스의 영화 평론지 《카이에 뒤 시네마》(*Cahiers du cinéma*)와 연관되어 있다. 특히 1954년 비평가이자 영화감독인 프랑수아 트뤼포가 쓴 〈(프랑스) 영화의 어떤 경향〉(Une certaine tendance du cinéma)이 •프랑스 뉴웨이브 혹은 •누벨바그를 위한 일종의 성명서가 되었다. '작가 이론'이라는 표현 자체는 미국의 영화 비평가 앤드루 새리스와 함께 시작되었다. 새리스는 《카이에 뒤 시네마》의 작가의 정치학(*politique des auteurs*)이라는 면에서 다루었던 논쟁을 특색 있는 방법론적 프로그램으로 변형했다. 이 논쟁은 제2차 세계대전 종전에 뒤이어 몇 년간 공백기 이후 프랑스에 수입된 할리우드 영화에 깊은 인상을 받은 《카이에 뒤 시네마》 필자들이 이전에는 상업적인 싸구려 영화라고 일축했던 미국 영화에 대한 관점을 재평가하면서 시작되었다. 그들은 할리우드 영화에서 (좋아했던 두 감독인) 하워드 호크스와 존 포드 같은 미국 감독들이 영화 촬영 스튜디오와 스타 시스템이 작동하는 방식 때문에 영화 제작을 거의 통제하지 않는 반면 영화의 스타일에는 상당한 통제력을 발휘한다는 사실에 주목했다. 《카이에 뒤 시네마》 필자들은 영화 제작의 실제 과정보다는 완성된 스타일에 초점을 맞춰 감독의 권한을 사유하는 새로운 방식을 고안했다. 이 점에서 작가 이론의 핵심에는 역설적인 부분이 있다. 이는 작가 이론이 영화가 개인이 창작하는 것이 아니라, 사실상 원가 계산 담당자부터 스크립트 작가와 카메라 촬영기사에 이르는 창의적인 사람들로 이루어진 실제

ㅈ

집단이 영화의 실현을 요구한다는 점을 인정하는 반면, 영화에 대한 최종적 조망은 개인 단 한 사람의 권한이라고 보는 생각을 지지하기 때문이다. 결국, 이러한 작가 이론의 주장은 지지될 수 없다는 것이 드러났고, 이후 영화 이론은 영화에 대한 훨씬 더 '다양한' 접근 방식을 취하게 되었다.

+ 더 읽을거리

P. Wollen, *Signs and Meaning in the Cinema*, 1972.

작품과 텍스트 work and text / *oeuvre* and *texte*

프랑스의 문학비평가 롤랑 *바르트가 에세이 〈작품에서 텍스트로〉(De l'oeuvre au texte, 1971 / From Work to Text, 1977)에서 이 둘을 구분하자고 제안했다. 바르트의 글은 자크 *데리다의 〈인간 과학 담론에서 구조, 기호, 유희〉(La structure, le signe et le jeu dans le discoursdes sciences humaines, 1966 / Structure, Sign and Play in the Discourse of Human Sciences, 1978)와 함께 *후기 구조주의의 출범을 알린 텍스트로 꼽히며, 바르트 자신의 사유에서 심대한 변화의 시작을 알린 글이기도 하다. 알베르트 아인슈타인의 상대성 이론과 함께 과학자들은 그들의 참조 틀의 상대성을 반드시 감안해야만 하게 되었음(과학에서 절대는 사라지고, 그 자리에 확정 불가의 한계점이 들어섰다는 것이 이 변화의 함의다)을 언급하면서, 바르트는 *정신분석, *마르크스주의, *기호학이 결합해 과학에서 일어난 변화와 비슷한 방향으로 문화적 대상을 재사유할 것을 요청한다고 말했다. 이렇게 새로이 상대화된 문화적 대상(여기에 바르트는 독자, 작가, 비평가의 관계도 포함시킨다)을 그는 텍스트라 부르고자 했다(때로 바르트는 자신이 제안한 구분이 존재론적 구분임을 강조하려고 텍스트를 대문자 'Text'로 표기하기도 했다). 이에 반해, 작품은 문화적 대상에 대한 오래된 뉴턴적 개념이다. 작품은 자기 충족적이며 독자적이고 닫힌 세계다. 바르트는 자신의 구분을 자크 *라캉이 제시했던 실재와 *실재계의 구분과 비교했다. 작품은 손 안에 들고 살펴볼 수 있다는 점에서 실재에 속하는 반면, 텍스트는 문제적이거나 실험적인 장이며 구체적 대상이 아니라는 점에서 실재계에 속한다. 텍스트는 작품이 *모더니즘 비평가들이 새로움으로 칭송했던 무엇을 성취하고자 한다면 반드시 통과해야 할 어떤 한계다. 작품과 텍스트의 구분은 바르트가 이 구분 이전에 제안한 독자성(작품)과 작가성(텍스트)의 구분을 재진술하며 더 복잡하게 만들었다(→독자적 텍스트와 작가적 텍스트).

+ 더 읽을거리
M. Moriarty, *Roland Barthes*, 1991.

잔혹극 Theatre of Cruelty

프랑스의 시인이자 극작가인 앙토냉 *아르토의 제안. 연극 고유의 행동하는 힘과 언어를 회복하자는 이 제안을 그는《잔혹 연극론》(*The Theatre and Its Double*, 1970)에 실린 짧은 선언문 두 편에 제시했다. 아르토에 따르면, 극은 텍스트에 대한 종속을 떨쳐야 하고, 자기표현을 위한 자기만의 방법을 찾아야 했다. 그는 그것은 제스처와 생각 사이 어딘가에 있다고 보았다. 그는 말해지는 언어를 아예 없애고자 하지는 않았다. 그 대신, 극은 우리에게 알려진 어휘들을 사용하는 것이 아니라 사물의 언어를 사용해야 한다고 말했다. 사물의 언어는 그가 '숨/호흡 소리(breath sounds)'라 부른 발성으로 구성될 것이었다. 그는 또한 조명과 음악을 극의 부속물이 아니라 공연의 일부로 삼고자 했다. 구체적 인물들의 심리 상태에 집중하면서, 연극의 가능성에 대한 낡은 관념에 충실한 극을 만들지 않기 위해서였다. 아르토는 이런 이유에서 연극에서의 *리얼리즘에 격렬하게 반대했다. 베르톨트 *브레히트처럼 그는 *리얼리즘의 관습과 절연하려고 배우들이 무대 위에서 움직이는 방식이 바뀌어야 한다고 말했다. 잔혹이란 말로 아르토가 뜻한 것은 사디즘이나 공포가 아니다. 그것은 집중된 규율, 공연의 모든 디테일에 기울이는 섬세한 관심, 예전의 낡은 방식의 연극으로 후퇴하지 않기 위한 끝없는 경계를 뜻한다. 아르토에게 잔혹은 명석함의 동의어다. 연극 비평가와 현장 연극인은 대부분 아르토의 제안을 온전히 실천할 수 없다고 여기지만(이 점에서 아르토의 잔혹극은 실제 건축이 불가능한 개념적 건축 설계와 비슷하다) 그 불가능성이 아르토 제안의 중요성 혹은 영향에 타격을 준 것은 아니다. 피터 브룩이나 리처드 셰크너 같은 연극에서 가능성의 한계를 확장하던 급진적이며 실험적인 감독들에게 아르토의 제안은 큰 영향을 미쳤다.

+ 더 읽을거리
S. Barber, *Antonin Artaud: Blows and Bombs*, 1993.

+ 참고
앙토냉 아르토, 《잔혹 연극론》, 박형섭 옮김, 현대미학사, 1994.

잠재 내용 latent content →명시 내용과 잠재 내용

잡종성(혼종성) hybridity

현대 *탈식민주의 연구에서 전 지구적 혼합 상태, 즉 문화, 인종, 민족, 국가, 기타 등등의 혼합을 이론화하고 그런 혼합 상태를 어느 정도 치켜세울 때 사용하는 용어. 이 용어는 생물학에서 유래했다. 생물학에서 잡종성은 식물과 동물의 서로 다른 품종이나 종을 '새로운' 종을 생산하려고 섞는 것을 설명하는 데 사용된다(당나귀와 말의 새끼인 노새는 잡종의 완벽한 예다). 흥미롭게도 19세기 식민주의 담론과 제국주의 담론에서 잡종성이라는 용어는 부정적 의미를 함축했다. 그리고 주로 만일 다른 종족과 백인의 결혼이 억제되지 않는다면 '백인'이 두려워해야만 하는 것을 시사하려고 사용되었다. 그러다가 잡종성의 의미가 효과적으로 전복되었는데, 이는 부분적으로 러시아의 문학비평가이자 이론가인 미하일 *바흐친의 연구를 통해 이 용어의 대안적이며 긍정적 사용이 가능해졌기 때문이다. 바흐친은 잡종성을 *카니발성과 *대화주의라는 핵심 개념을 발전시킬 때 사용했다. 오늘날, 잡종성과 가장 밀접히 연관된 학자는 아마도 호미 *바바일 것이다. 바바는 식민 지배자와 피식민지인의 상호 의존성을 강조하고, 인종적 정체성이나 국가적 정체성의 '순수성'을 주장할 수 없다는 것을 입증하려고 이 용어를 사용했다. 바바는 일종의 제3의 공간, 즉 주체와 주체에 따라 이상화된 *타자의 '사이(in-between) 공간'에서 모든 *정체성이 생산된다고 주장했다. 그러나 심지어 *탈식민주의 연구의 내부에서조차 이 용어를 비판하는 사람들이 없지 않다. 아이자즈 아마드, 찬드라 탈파드 모한티, 베니타 패리는 모두 잡종성이라는 개념이 이상주

의적이고 토대를 이룬 현실을 정확히 반영하지 않았다는 점을 근거로 이 용어에 대한 비판을 제시했다(다른 말로 표현한다면, 이 용어는 토니 모리슨이 재치 있게 설명한 '택시 테스트'를 통과하지 못한다. 즉, '잡종적 정체성은 이론상 훌륭할 수 있지만 택시가 여러분을 위해 여전히 멈추어 서겠는가?'). 이들과 같은 비평가들은 잡종성이 존재의 상태를 분석하기보다는 너무나 자주 무비판적으로 존재의 상태를 단순히 설명하려 사용된다는 점을 정확히 지적했다. 그러나 네스토르 가르시아 칸클리니는 이 용어에 대한 유토피아적 설명을 또한 제시했다. 그의 설명은 아마드와 패리, 모한티가 신뢰받는 것보다 훨씬 더 깊은 깊이를 제시했다.

+ 더 읽을거리

A. Ahmad, *In Theory: Classes, Nations, Literatures*, 1992.
호미 바바, 《문화의 위치》, 나병철 옮김, 소명출판, 2012.
로버트 J. C. 영, 《식민 욕망》, 이경란 외 옮김, 선학사, 2013.
N. Garcia Canclini, *Hybrid Cultures*, 1995.

장(필드) field

지역(도시나 마을 같은), 직업(예술가, 교수 기타), 계급(블루칼라, 화이트칼라, 기타 등등)으로 정의될 수 있는 어떤 사회집단 특유의 사회적 관계, 규정, 적응 가능성으로 이루어진 네트워크. 프랑스 사회학자 피에르 •부르디외가 발전시킨 장(場)은 객관화될 수 있는 구조화된 •공간을 말한다. 이는 우리가 장의 경계 안에서 작업하는 동안 이용할 수 있는 전략의 성질뿐만 아니라 포함과 배제의 규칙이 동일시되고 구분될 수 있음을 의미한다. 부르디외가 《호모 아카데미쿠스》(*Homo Academicus*, 1984 / *Homo Academicus*, 1988)와 《예술의 규칙》(*Les Règles de l'art*, 1992 / *The Rules of Art*, 1996)에서 입증했듯이, 아카데미와 •예술 세계 모두와 삶의 어떤 다른 영역의 구조를 동일시하는 것이 가능하다. 예술에 대해 부르디외는 고립된 상태에서 고민하는 창조적 천재라는 개념은 불가능한 것으로 폐기했다. 그는 무엇이 예술로 간주되고 어디에서 예술의 존재론적 경계가 그렇게 추구될 수 있는지를 알기 위해서 예술가는 장(단지 종종 이야기하는 것과 같은 '예술 세계'가 아니라 사회적 관점에서 보는 예술 자체의 가능성)

을 의식해야만 한다는 것을 보여주었다. 예술가가 만들어지는 것은 이러한 장과 만나면서 비롯된다. 부르디외는 •아비투스와 •실천의 접점에서 이 용어를 발전시켰다.

+ 더 읽을거리
M. Grenfell, *Pierre Bourdieu: Key Concepts*, 2008.

장기 지속 *longue durée*

말 그대로 '장기 지속'을 뜻한다. 프랑스의 역사학자 페르낭 •브로델이 도입한 용어. 브로델이 창설에 기여했던 •아날학파의 저술에서 자주 쓰인다. 인간의 기억 그리고 고고학적 기록보다 더 먼 과거로 확장되는 역사에 대한 한 관점을 말하려 할 때 쓰인다. 기후학, 인구학, 지질학, 해양학 등이 그 안에 융합되며, 그것을 경험하는 사람은 자각하지도 못할 만큼 천천히 일어나는 사건들의 영향을 추적한다. 지구 성격의 변화 혹은 특정 지역에서 인구의 지속적 증가 등을 장기 지속의 예로 들 수 있다.

장르 genre

궁극적으로 라틴어의 (생물학에서 특수한 종의 하위 그룹을 분류할 때 사용하는) '속(genus)'에서 유래했다. 장르는 문학 연구와 영화 연구에서 구성, 구조, 주제의 측면에서 '가족 유사성'이 있는 서로 다른 유형의 작품을 구별하는 데 사용된다. 문학 연구에서 장르는 두 가지 방식으로 사용되는데, 첫째 메타적 층위에서 산문, 시, 희곡의 차이를 구분하기 위해서, 둘째 이들 각 장르 안에서 서로 다른 유형의 작품(예를 들어, 서정시, 서사시, 하이쿠, 기타 등등)을 구분하기 위해서 쓰인다. 영화 연구에서 장르는 전통적인 서사 유형(예를 들어, •로맨스, 스릴러, 액션-모험, 기타 등등)을 구분하기 위해서만 사용되는 경향이 있다.

+ 더 읽을거리
J. Frow, *Genre*, 2005.

장치 *dispositif*

•진술문의 조직. 미셸 •푸코는 이 용어를 진술문의 체계적 연결을 기술하려고 사용했다. 이런 이유로 이 용어는 종종 '장치'로 번역되기도 한다. 하지만 이것은 실제적 실체라기보다는 잠재적 과정이므로 정말로 작동하지는 않는다. 아마도 이와 가장 가까운 동족어는 질 •들뢰즈와 펠릭스 •가타리의 배치라는 개념이라 할 수 있다(들뢰즈와 가타리의 글은 그들이 이 개념을 전유했고 그것을 자신들의 것으로 만들었다는 것을 명확히 제시한다).

+ 더 읽을거리

C. O'Farrell, *Michel Foucault*, 2005.

재현 representation

아이디어 혹은 사물의 이미지. 가장 기본적인 차원에서, 재현에는 두 가지 뜻이 있다. ① 다른 사물을 대표할 수 있는 무엇을 창조하기. 예를 들어, •은유가 재현의 한 형식이라고 말할 때 재현의 뜻이 이것이다. 이런 의미에서 재현은 또한 대의 정치에도 적용된다. ② 다른 사물과 유사하며, 그것의 등가물로 여겨질 수 있는 무엇을 창조하기. 예를 들면, 사진은 이차원 공간 안에서 그것의 피사체를 거의 똑같이 담아내므로 재현이지만, 동시에 그것은(이 점은 종종 망각된다) 그 피사체와 동일하지 않다. •비평이론, 특히 •후기 구조주의의 영향을 받은 비평이론은 사물과 그것의 재현이라는 핵심 질문에 답하려고 재현에 큰 관심을 보였다. 재현은 •문화 연구에서도 중요한 주제다. 재현 문제가 •정체성을 둘러싼 정치적 질문에 핵심적이기 때문이다.

재현체 representamen

미국 철학자 찰스 샌더스 •퍼스의 •기호 개념을 구성하는 세 가지 요소 중 하나. 다른 둘은 해석소 •대상이다. 재현체는 관찰자의 정신에서 창조되는 기호의 이미지다. 이런 의미에서, 재현체는 기호의 기호다. 그러나 재현체는 기호를 구성하는 세 요소 중 다른 둘과 분리해서 고려할 수는 없다.

쟁론 differend / *différend*

부당함이 표현될 수 있는 •담론이 존재하지 않아서 생기는 부정이나 불평등. 다른 말로 표현한다면, 쟁론은 지배 담론 혹은 •헤게모니를 가지고 있는 담론이 부당하다고 표현될 가능성을 배제하기 때문에 발생하는 부당함 혹은 불공평을 말한다. 이것을 다른 말로 표현한다면, 쟁론은 부당함이나 불공평함을 증명할 수단이 희생자에게 부정되기 때문에 부당하다거나 불공평하다는 것이 입증될 수 없는 부당함이나 불공평을 뜻한다. 장 프랑수아 •리오타르는 이 용어를 《쟁론》(*Le Différend*, 1983 / *The Differend: Phrases in Dispute*, 1988)에서 제시했다. 리오타르는 쟁론의 핵심 증거물로 홀로코스트를 인정하지 않는 로베르 포리송을 꼽았다. 포리송은 가스실의 존재를 합법적으로 증언할 수 있는 유일한 사람은 실제로 가스실에서 죽은 사람밖에는 없다는 태도를 취했다. 또한 혹자는 이른바 '테러와 전쟁'에서 용의자나 요주의 인물로서 적국의 전투원(제네바협약에 따라 보호될 수도 있다)도 아니고 미국 땅에 있지도 않다(미국 사법부의 사법권 아래 그들을 배치할 수 있다)는 것을 근거로 재판 권리를 부인당하게 된 관타나모만의 캠프 엑스레이(Camp X-Ray)에 구금된 억류자들의 상황을 가리키기도 한다. 그들에게 닥칠지도 모르는 어떤 부당함을 표출할 언어와 기회, 수단이 그들에게 허용되지 않는다(→ 헐벗은 삶; 생명권력).

+ 참고

장-프랑수아 리오타르, 《쟁론》, 진태원 옮김, 경성대학교 출판부, 2015.

저자의 죽음 death of the author

롤랑 •바르트의 〈저자의 죽음〉(La mort de l'auteur, 1968 / The Death of the Author, 1977)이라는 글의 제목에서 가져온 표현인 이 용어는 학계와 미디어에서 폭넓게 •후기 구조주의와 •포스트모더니즘을 대변하는 하나의 상징으로 간주된다. 텍스트의 절대적 상대성과 그에 상응해 강화된 비평가의 위상을 시사하는 것이 이 용어의 목적이기 때문이다. 간단히 말해, 바르트의 기본적 핵심은 저자의 삶(다른 말로 표현한다면, 저자의 전기를 구성하는 복잡한 세부 사항)이 문학적 연구 대상의 일부가 되지 않는다는 것이다. 비록 바르트가 이에 대한 어떤 언급도

하지 않았지만 그의 논의는 W. K. 윔샛과 먼로 비어즐리의 연구를 반향하고 확장했다. 윔샛과 비어즐리는 〈의도의 오류〉(The International Fallacy, 1946)와 〈정서의 오류〉(The Affective Fallacy, 1946)라는 두 유명한 글에서(이 글들은 수정되어 윔샛의 《언어적 도상》(*Verbal Icon*, 1954)에서 게재된다) 저자에 대한 우리의 지식이나 어떤 작품이 독자에게 미치는 특별한 정서는 텍스트의 질을 판단하는 유효한 토대가 되지 못한다고 주장했다. •신비평의 이 두 선구자와 달리 바르트는 어떤 문학적 대상의 상대적 장점을 판단하는 데 관심을 두지 않고 오히려 문학적 대상에 있는 특정 •존재론을 해설하려고 시도한다는 점에서 다르다. '저자의 죽음'에 대한 바르트의 주장에는 세 가지 맥락이 있다. 이들 각각은 비록 지금 여기에서 설명하는 것처럼 통합되어 있지는 않았지만 글을 쓸 당시에 유통되던 사상의 영향력을 반영했다. 첫째, 저자가 등장인물을 창조하고 그 인물에게 목소리를 부여할 때 저자는 말하고 있는 그 사람이 아니다(이 점은 미하일 •바흐친의 •대화주의 개념을 상기시킨다). 둘째, 모든 글쓰기는 단순히 종이 한쪽에 쓰인 말들일 뿐이다. 따라서 저자가 아니라 언어 자체가 말한다(이것은 •구조주의의 근본적 전제다). 셋째, 모든 글쓰기는 인용이다(이 점은 줄리아 •크리스테바의 •상호텍스트성이라는 개념을 반영한다)(→독자적 텍스트와 작가적 텍스트; 작품과 텍스트).

저항 resistance

•비평이론, 문화 이론의 일반 용어. •헤게모니를 쥔 권력을 향한 문화적·사회적 반항으로 표현되는 비폭력 행위를 가리키는 이 용어는 •문화 연구에서 널리 쓰인다. 문화 연구는 직장이나 학교에 청바지를 입고 가는 아주 단순한 행위도 모종의 사회적 관습을 위반한 것이므로 저항적일 수 있다고 아주 낙관적으로 말할 준비가 되어 있다. 물론 직장이나 학교에 청바지를 입고 가는 행위는 수많은 사람이 그렇게 해오면서 이미 때 지난 것이 되었다. 저항에 대한 이와 같은 관점은 문화 연구 내에서 비판받기도 한다. 권력이 이런 저항 행위를 손쉽게 전유할 수 있음에 대해 순진하다는 것이 비판 내용이다. 청바지의 경우, 전보다 더 큰 청바지 시장이 생겨났을 뿐이다. 이 점을 감안

하면, 저항은 사회적 사실이기보다 •문제 틀로 여겨지는 것이 옳다. "무엇이 저항이 될 수 있는가?"는 유용한 질문이다.

전략과 전술 strategy and tactics

미셸 드 •세르토는 이 두 용어(독일의 전쟁 이론가 카를 폰 클라우제비츠에게서 차용한)가 자신이 •일상생활의 •실천이라고 한 것을 분석하는 데나 사용될 수 있다고 제안했다. 전략과 전술은 두 가지 다른 유형의 상황 판단으로 정의된다. 전략은 내가 모든 변수를 통제할 수 있을 때 하게 되는 상황 판단이다. 그에 반해 •전술은 내가 모든 변수를 통제할 수 있는 게 아닐 때 해야 하는 상황 판단이다. 세르토에게 •파놉티콘은 전략이 가장 충실하게 실현된 사례다. 하지만 미셸 •푸코와 달리, 세르토는 파놉티콘이 수감자들의 행동을 통제할 수 있는 힘이 절대적이라고 보지 않았다. 도리어 그는 감시를 따돌리는 수감자들의 독창성, 자율성에 근접하는 무엇을 유지하는 능력을 칭송했고 이들이 보여준 다양한 방책을 전술이라 불렀다. 따라서 전술은 내 환경을 온전히 통제할 수 없을 때, 그럼에도 내가 할 수 있는 무엇이다. 전술은 양가적 용어이고, 권력에 •저항하는 행위로 설명되기도 하지만(존 피스크의 경우를 예로 들 수 있다), 실상 쉽사리 바꿀 수 없는 상황에 대한 일종의 적응으로 보는 것이 정확하다.

+ 더 읽을거리

I. Buchanan, *Michel de Certeau: Cultural Theorist*, 2000.
M. de Certeau, *L'Invention du quotidien 1. arts de faire*, 1980 / *The Practice of Everyday Life*, 1984.
존 피스크, 《대중문화의 이해》, 박만준 옮김, 경문사, 2002.
J. Frow, *Cultural Studies and Cultural Value*, 1995.
B. Highmore, *Michel de Certeau*, 2006.

전략적 본질주의 strategic essentialism

후기 구조주의적 관점에서 보면 •본질(철학적 의미의)이란 존재론적으로도 인식론적으로도 견지하기 어렵다는 사실을 간과하기로 선택하는 정치적 실천이다. 예를 들어, 여성이라는 아이디어, 개념 혹은 그것의 현실성에 불가결한 명확한 일련의 특징이 있다고 말할 페미니스트 이론가는 거의 없을 것이다. 그러나 이와 같은 •해체적 관점을 밀면 밀수록, 정치적 행동을 위해 필요한 공통 지점, 공통 명분을 수립하기가 어려워진다. 모든 여성이 근본적으로 서로 다르다면, 왜 그들이 함께 행동해야 하는가와 같은 문제가 •정체성(예를 들어 •인종, •계급, 민족, 성적 취향)으로 정의되는 모든 정치 집단을 난감하게 한다. 이와 같은 이유에서, 미국에서 활동하는 인도 출신 비평가 가야트리 •스피박은 전략적 본질주의의 개념을 제안했다. 이 전략은 본질주의의 불가능성을 인정하는 동시에 정치적 행동을 목적으로 하는 모종의 본질주의의 필요성도 인정한다. 프랑스의 •페미니즘 비평가 뤼스 •이리가레 역시 같은 이유로 작업에서 이 용어를 동원했다.

전술 tactics →전략과 전술

전의 trope

•어휘의 의미에 변화가 있게 하는 수사법 혹은 •수사학의 한 양식. •은유, •환유, •제유, •아이러니를 전의의 주된 예로 들 수 있다. 헤이든 •화이트가 《담론의 열대》(*Tropics of Discourse*, 1978)에서 보여주듯이, 전의는 확장될 수도 있다. 화이트는 역사학자들이 역사적 기록에 의미를 부여하는 방식을 설명하면서 전의 개념을 썼다. 화이트에게는 모든 서사가 실상 전의다. 거시 구조적 층위에서 서사가 모든 어휘의 의미를 형성하기 때문이다.

전이 transference / *Übertragung*

처음 지그문트 •프로이트가 이 용어를 썼을 때, 이 용어는 무의식적 사고나 소망의 관념적 표현 사이에 일어나는 •리비도 에너지의 이동을 가리키는 •전치를 대신할 말이었다. 그러나 프로이트는 분석자와 •피분석자의 관계에서 일어나는 일을 가리키는 말로도 이 용어를 사용했으며, 현재 이 용어는 주로 그 맥락에서 사용된다. 여기에는 무엇보다 자크 •라캉의 영향이 크다. 라캉은 분석자와 피분석자의 관계가 •정신분석을 정의하는 핵과도 같다고 보았다. 이 두 번째 유형의 전이는 피분석자가 분석자에게 분석 상황이 유발하는 애정(긍정적 전이)이나 적의(부정적 전이)를 •투사하는 과정을 가리킨다. 전이가 일어날 때, 피분석자는 분석자를 향해 마치 분석자가 그에게 유년기부터 시작해 중요했던 인물(아버지, 어머니, 삼촌 등)을 표상하듯이 행동한다. 프로이트는 피분석자가 무엇인가 결코 드러내고 싶지 않을 때 전이가 일어난다고 관찰했다. 따라서 전이를 •무의식이 갖는 방어기제 중 하나로 보았다. 전이는 저항의 한 형식이다. 그러나 피분석자가 전이를 통해 그들이 한때 아버지 같은 중요한 인물과 맺었던 관계의 핵심을 되풀이하는 한에서, 전이는 긍정적 치유의 목적에 봉사하게 될 수 있다. 과거의 문제를 현재라는 즉각성의 상황 안에서 훈습할 기회를 주기 때문이다.

전쟁 기계 war machine

•유목주의를 탐구하는 《천 개의 고원》(*Mille Plateaux*, 1980 / *A Thousand Plateaus*, 1987)에서 질 •들뢰즈와 펠릭스 •가타리가 제시한 개념. 예술적이며 정치적인 저항과 창조성을 규정하고 이론화하는 개념이다. 전쟁 기계는 대단히 모호한 개념이다. 들뢰즈와 가타리는 먼저 이것을 역사적 개념으로 소개하고 이어 미학적 개념으로 발전시켰다. 이 개념이 어떻게 역사적 개념에서 미학적 개념으로 이행하는지 언제나 분명한 것은 아니다. 역사적 개념으로서 전쟁 기계는, 국가 소속이 아니라 국가에 직접 맞서는 수단으로 형성되었다는 반직관적이지만 인류학적으로 설득력 있는 논의에 기원을 둔다. 전쟁 기계는 상비군(국가 영역에 속하는)과 같은 것이 아니다. 전쟁 기계의 주요 목적이 전쟁인 것도 아니다. 그러나 전쟁 기계는 쉽사리 포획될 수 있다. 약탈하려고 사막을 건너 몰려드는 무리는 포획되어 국가에 넘겨지고 그들의 목적은 변경된다. 미학적 개념으로서 전쟁 기계는 모든 형식에 내재하는, 그것이 전환될 수 있게 하는 이탈의 힘/노선이다. 이 경우 전쟁 기계는 변화를 향한 순수 가능성이다.

전치 displacement / *Verschiebung*

지그문트 •프로이트의 •꿈작업 개념을 구성하는 네 가지 핵심 기제 중 한 가지. 전치는 •신경증과 •히스테리 증상 형성에도 작동한다고 알려져 있다. 전치라는 개념은 프로이트가 발전시킨 이전의 전제, 즉 우리가 우리 자신에게 만들어주는 •본능의 재현과 그것의 •정동 혹은 •리비도의 충전이 사실상 반자동적이라는 전제에 의존한다. 물신(혹은 연물)이 이에 대한 고전적 예다. 예를 들어 발에 대한 물신이 있는 사람에게 맨발 이미지는 나신이 불러일으키는 것과 똑같은 정동을 불러일으킨다(실제로 임상적 의미에서 그들이 진짜 연물주의자라면 발만 쾌락을 줄 수 있을 것이다). 이와 비슷하게, 광고는 어떤 상품에 대한 생각 역시 리비도적 정동을 가지기를 바라면서 성적 이미지들에 대한 리비도의 충전을 상품 쪽으로 전환하는 것을 목표로 지속적으로 그러한 전략을 사용한다. 전치는 꿈속에서 과도하게 중요시되는 것 같아 보이는 그러나 그 꿈과는 명백히 무관한 세부 사항에서도 발견되는 경향이 있다. 즉, 전치는 환자들이 꿈에 관해 토론하면서 꿈에 대해 부적절한 반응을 보일 때 치료에서 확연해진다(예컨대, 환자들의 반응을 나타내는 정동이 관념에 따른 것처럼 보이는 정동보다 더 크다). 《꿈의 해석》(*Die Traumdeutung*, 1900 / *The Interpretation of Dreams*, 1953)에서 프로이트는 누군가 자신들이 계단을 오르는 것을 보고 있는 꿈을 예로 든다. 처음에 이 행동은 상대적으로 무의미해 보인다. 그러나 더 면밀히 검토한 후, 프로이트는 꿈을 꾼 당사자가 더 낮은 사회적 계급에 속한 누군가와 맺을지 모를 성관계의 위험을 걱정하는 것이 그 꿈의 진짜 의미라고 주장한다. 러시아의 언어학자 로만 •야콥슨은 전치는 사실상 환유의 형식이고 그런 의미에서 전치는 언어를 구성하는 기본 축의 하나라고 주장했다. 자크 •라캉은 야콥슨의 주장을 자신의 연구에 적용해 •욕망은 그 본성상 환유적이라고 주장했다.

전환사 shifter

발신자와 수신자 사이의 구체적인 메시지 문맥에서만 온전히 그 의미가 결정되는 유형의 어휘들을 가리킨다. •지시어로 불리기도 한다. '나' 혹은 '이것' 등이 전환사의 예다. 이런 어휘들의 의미는 문맥에 따라 달라진다. 이들의 기능은 의미의 표현에 있기보다 대상의 연결에 있기 때문이다. 전환사 개념을 처음 쓴 사람은 러시아의 언어학자 로만 •야콥슨이다.

접촉 지대 contact zone

《제국의 눈: 여행 문학과 문화 이식》(*Imperial Eyes: Travel Writing and Transculturation*, 1992)에서 메리 루이스 프랫이 사용한 용어. 서로 다른 문화가 만나 절충하려고 시도하는 사회적 장소와 •공간을 나타낸다. 이 용어는 •탈식민주의 연구뿐만 아니라 문학 연구와 •문화 연구에서 서구의 백인 여행자가 자신의 문화적 · 민족적 · 인종적 •타자와 만나고 그 경험으로 변화되는 체험을 하는 장소를 나타내는 일반적 용어로 꽤 널리 사용된다. 가장 흔한 접촉 지대는 무역 거래소나 국경도시, 사람과 상품의 이동이 접촉을 일으키는 도시다(→ 크레올성; 잡종성).

정동 affect

(고전 철학적 의미에서) 몸과 정신이 겪고 있는 것. 단순히 말하면, 정동은 우리가 능동적이기보다는 수동적으로 경험하는 어떤 것을 뜻한다. 우리는 상상력, •본능 혹은 좀 더 일반적으로 말해 (•정신분석 일반이 전제하는) •무의식에서 나오는 내적 자극이나 단순한 신체적 혹은 감각적 자극부터 복잡하고 인지적인 자극에 이르기까지 엄청나게 다양한 형식의 외적 자극 모두에 영향을 받을 수 있다. 때때로 정동은 감정과 동의어로 취급되기도 하지만 브라이언 마수미가 《가상계: 운동, 정동, 감각의 아상블라주》(*Parables for the Virtual: Movement, Affect, Sensation*, 2002)에서 주장했듯이 정동은 우리의 의지적 통제 너머에 있기 때문에 감정과 다르다. 예를 들어, 우리는 신체적 훈련 과정을 거치면서 고통을 무시할 정도로 자신을 단련할 수 있지만 여전히 그 고통을 느끼게 될 수 있다. 그렇다면 고통은 정동의 질서에 속해 있고 실질적으로 고통에 대한 우리의 심리적 반응인 감정의 순환에서 자율적이다. 정동은 •문화 연구에서 •이데올로기를 다시 생각하기 위한 핵심 용어가 되었는데, 이는 부

분적으로는 마수미, 로렌 벌랜트, 로렌스 그로스버그, 메건 모리스, 엘스페스 프로빈이 한 연구 때문이다. 일반적으로 정동은 왜 이데올로기가 통제를 행사하는지 설명하기 위해 쓰인다. 정동에 대한 이러한 주목은 어느 정도까지는 질 •들뢰즈의 연구 작업에 대한 관심으로 점화된 것이다. 그러나 이는 또한 인지심리학을 향한 강력한 전환을 나타내기도 한다. 철학에서 정동은 들뢰즈가 상당한 영감을 받은 저자들이라 할 수 있는 바뤼흐 스피노자와 앙리 •베르그송의 저서에서도 중요하다.

+ **더 읽을거리**
J. Halley, *The Affective Turn*, 2007.

+ **참고**
브라이언 마수미, 《가상계: 운동, 정동, 감각의 아쌍블라주》, 조성훈 옮김, 갈무리, 2011.

정동의 쇠퇴 waning of affect

프레드릭 •제임슨의 에세이 〈포스트모더니즘 혹은 후기 자본주의의 문화 논리〉(Postmodernism, or, the Cultural Logic of Late Capitalism, 1984)에서 정의되는 •포스트모더니즘이 가져온 문화적 전환에 그 이유가 있다고 여겨지는, 예술에서 새롭게 등장한 깊이 없음이라는 특징. 제임슨에 따르면, 1960년대에 들어서서 픽션과 현실 모두에 (유명인 예술가라는 형식으로) 새로운 인물 유형이 등장했다. 이 새로운 인물 유형은 그것의 복잡성 때문에 •에고 같은 범주, 실상 지그문트 •프로이트가 에고의 여러 병리학과 관련해 제시했던 •긴장이나 •히스테리 등의 범주로 설명될 수 없었다. 제임슨은 자신의 논점의 예로 빈센트 반 고흐의 〈장화〉(1887)와 앤디 워홀의 〈다이아몬드 가루 신발〉(1980)을 들었다. 그는 고흐의 그림을 낳게 한 •상황을 상상하는 것은 가능하다고 말한다. 종일 밭에서 힘들게 일하고 집으로 돌아와 신발을 벗어 벽에 던지는 피곤한 농부의 이미지를 우리는 바로 떠올릴 수 있기 때문이다. 하지만 워홀의 그림은 다르다. 워홀의 그림은 죽은 사물들을 무작위로 늘어놓은 이미지를 제시할 뿐이다. 이런 이유에서, 워홀 그림의 힘은 •정동이 아니라 •강도의 관점에서 이해되어야 한다고 제임슨은 주장한다. 워홀의 그림은 보는 이에

ㅈ

게 그것의 참조 지점, 현실 속에서 우리의 닻으로 작용할 개인의 삶 혹은 삶 세계를 재구성하게 하지 않는다. 그 결과 워홀의 그림에는 깊이가 없다. 이 말로 제임슨이 뜻하는 것은 그림 뒤에 혹은 그림을 넘어서 우리가 그 그림을 해독하기 위해 쓸 수 있는 그 무엇도 없다는 것이다. 그림의 표면과 그림의 의미가 하나이며 동일하다.

+ 더 읽을거리

I. Buchanan, *Fredric Jameson: Live Theory*, 2006.

정서의 오류 affective fallacy

•신비평의 핵심 아이디어. 〈정서의 오류〉(The Affective Fallacy, 1954)라는 제목의 유명한 글에서 W. K. 윔샛과 먼로 비어즐리는 작품이 독자에게 영향을 미치는 방식(작품이 우리를 웃기고, 울리고, 지루하게 하든지 간에)은 문학으로서 텍스트의 상대적 •가치에 대한 비판적 판단의 유효한 근거가 되지 않는다고 주장했다. 오히려 우리는 작품의 형식적 특징에 집중해야 한다. 그러한 형식적 자질만으로 좋은 문학과 나쁜 문학을 구분하는 것이 충분하기 때문이다(→ 의도의 오류).

정신병 psychosis

19세기 정신의학에서 광증을 가리켰던 용어. •정신분석은 극심한 정신장애(예를 들어 정신분열증)를 가리키는 말로 이 용어를 채택하고, 이것을 그보다는 덜 심한 장애인 •신경증과 대조했다. 일반적으로, 정신병의 주요 징후가 의사소통의 완전한 붕괴이고 •구술 치료가 불가능하다는 점에서 정신분석은 정신병이 치료 불가라고 여긴다. 그러나 자크 •라캉의 작업이 명백히 보여주듯이, 정신분석은 또한 정신병이 정신 기구가 어떻게 작동하는가에 관한 연구 관점에서 대단히 중요한 현상이라고 간주한다. 정신병의 발병에 관한 라캉의 이론은 •오이디푸스 과정의 실패, 아버지의 이름(Name-of-the Father)의 •폐제, 그로 말미암아 발생하는 상징 질서의 온전하지 못한 형성과 •상상계가 지배하는 악몽의 세계에 •주체가 갇혀버린다는 것에 근거를 두었다. 현실과 비현실을 구분할 수 없기 때문에 정신병적 주체는 망상의 에피소드들을 겪게 되고, 그것이 그들에게 삶을 무척 힘겨운 것이 되게 한다. 질 •들뢰즈와 펠릭스 •가타리는 정신병의 발병에 대한 정신분석의 설명을 거부했다. 그들이 보기에, 정신병의 기원은 순전히 유기적인 것이다. 다시 말해, 뇌에서 일어나는 생리학적 변화의 결과인 것이다. 그들의 작업은 정신병 치료에 이론을 제공하지 않는다. 그 대신에 세계('환자'가 아니라)가 정신병 징후들을 수용할 수 있는 공간이 되게 하는 데 주력한다.

정신분석 psychoanalysis

자기분석과 •히스테리 환자, •신경증 환자를 다룬 경험에 기초해 지그문트 •프로이트가 수립했던 인간 정신의 무의식적 차원을 탐구하는 수단. 프로이트 자신은 정신분석에 세 가지 차원이 있다고 말했다. ① 정신분석은 환자들이 말하는 것들, 행하는 것들의 무의식적 의미를 탐구하는 방법이다. ② 정신분석은 치유의 기술이다. ③ 정신분석은 정신기제가 기능하는 방식을 체계적으로 설명하려고 시도하는 서로 연관된 일군의 이론이다.

정신분석을 일군의 이론이라고 하는 것은, 정신분석을 창시한 이는 프로이트이지만 정신분석의 다른 실천자들이 곧 그에게 모여들었고, 그들은 때로는 프로이트의 논의를 확장하고 때로는 그의 가설에 도전하고 맞서는 논의를 제공함으로써 정신분석에 그들 나름의 이론을 기여했기 때문이다. 시간이 흐르면서 여러 분파가 생겨났고 운동으로서 정신분석은 여러 다양한 단층선을 따라 분열했다. 그렇기에 정신분석을 단 하나의 무엇으로 볼 수 없는 것이다. 정신분석에 존재하는 다양한 학파가 여러 공통의 지점을 공유하는 것은 사실이지만, 그들 사이의 차이는 상당히 급진적일 수 있다. 카를 •융이 형성했던 분파, 멜라니 클라인학파 등이 이 점을 잘 보여준다.

프로이트의 중요한 해석자(특히 •비평이론의 관점에서) 중 한 사람인 자크 •라캉은 프로이트의 이론은 분석 상황의 문맥에서만 온전히 이해될 수 있다고 자주 강조했다. 다시 말하면, 이것은 분석자와 •피분석자의 치유적 관계의 문맥에서만 이해될 수 있다는 뜻이다. 정신분석이 '프로이트로 귀환'해야 한다는 그의 유명한 구호는 바로 이것을 뜻한다. 정신분석의 핵심이 *전이, 다시 말해 분석자와 피분석자 사이의 관계에 있다는 것이다. 정신분석 발전사는 라캉의 주장을 지지하는 편이다. 우리가 지금 알고 있는 대로의 정신분석이, 프로이트가 최면(프랑스의 탁월한 신경학자 장 마르탱 샤르코에게서 빌려와 그의 동료 요제프 브로이어와 함께 발전시킨 테크닉이다)과 *유혹 이론이 치유적 면에서 한계가 있다고 보아 폐기한 후에야 태어났다고 볼 수 있기 때문이다.

프로이트가 최면 기법을 포기한 것은, 사람들이 암시에 따른 유도 없이 자유롭게 말하는 것이, 그것을 해석할 방법을 알고 있다면, 그들의 무의식에서 일어나는 일들을 덜 알려주는 것이 아니라 '더' 알려준다는 것을 깨달았기 때문이다. 《일상생활의 정신병리학》(*Zur Psychopathologie des Alltagslebens*, 1901 / *The Psychopathology of Everyday Life*, 1914)에서 그가 상세히 탐구하듯이, 우리가 일상 대화에서 하게 되는 사소한 반복, 망설임, 실수 같은 것이 우리의 *무의식이 어떻게 작동하는지 드러낸다. 프로이트는 자신의 환자들이 그에게 들려준 이야기, 유년기에 당했던 강간 이야기 그리고 나중에 오이디푸스적 환상이라고 불리게 될 이야기를 자주 포함했던 이야기가 모두 옳을 수는 없다는 것(환자 자신은 그것들이 옳다고 고집하더라도)을 자각하면서 유혹 이론을 폐기했다. 이제 정신분석이 갈 길은 무의식의 기제, 프로이트가 1차 과정이라 부른 것을 이해하는 쪽에 놓일 것이었다.

실제의 유혹을 배제하고 난 다음 프로이트는 환상이 그토록 강한 영향을 줄 수 있다는 사실과 환상에 섹스가 편재한다는 사실 둘 다 설명해야 했다. 프로이트는 정신 기구의 유형학을 제안함으로써 그렇게 할 수 있었다. 그는 인간 정신을 구분되지만 상호 연결된 세 영역, 즉 무의식과 전의식, 의식으로 나누었다. 무의식은 *본능(여기에는 두 주요 유형이 있다. 삶 본능과 *죽음 본능이 그것이다. 둘 다 섹스와 긴밀히 연관되어 있다)의 영역이며, 본능은 정신 기구의 다른 영역들에 끊임없이 압력을 가한다. 그러나 본능은 날것 형태로는 정신적 교란이 없이 전의식을 통과해 의식으로 가지 못한다. 본능은 *억압이라 불리는 강력한 반대 세력에 제어된다. 억압은 반드시 전적인 부정을 뜻하지는 않는다. 그것은 왜곡(*꿈작업) 형식을 띨 수 있고, 이 과정을 거쳐 용납될 수 없는 사고와 충동이 용납 가능한 형식으로 위장된다. 신경증은 억압을 유지하려는 고단한 노력에 따라 그리고 그런 노력이 실패할 때 초래된다고 프로이트는 추론했다.

프로이트가 치료했던 초기 환자 중 한 사람인 안나 오(나중에 베르타 판 파펜하임으로 밝혀지는 인물)의 사례 연구를 다룬《히스테리 연구》(*Studien über Hysterie*, 1895 / *Studies on Hysteria*, 1955에서 발표했다)에서 프로이트는 정신분석이 *구술 치료라고 말했다. 프로이트의 치유적 테크닉이 환자들에게 그들의 꿈을 혹은 최근 그들의 경험을 묘사해보라는 요구, 그에 이어 그들 머릿속에 떠오른 모든 연상을 말해보라는 요구로 구성되었기 때문이다. 이 수단을 활용해 프로이트의 환자들은 서서히 무의식의 작동을 자각하게 되었다. 흥미롭게도, 프로이트는 환자들의 꿈을 그들 대신 해석하지 않고 그들 스스로 분석할 수단을 가르쳤다. 어떤 환자들은 이 과정에서 저항했고, 프로이트는 이를 그들에게 그 수단이 진정 필요했다는 뜻으로 해석했다. 그런 반면 어떤 환자들은 그 과정에 중독되다시피 했는데, 이것은 프로이트가 온전히 해결하지 못했던 문제다.

정신분석은 의심할 여지 없이 20세기의 영향력 있는 지적 운동 중 하나다. 그 자신이 정신분석에 대단히 비판적이었는데도 미셸 *푸코는 프로이트를 '담론의 창시자'라고 불렀다. 프로이트의 작업이 인간 주체를 사유하고 논의하는 새로운 길을 열어주었기 때문이다. 정신분석이 행사한 영향력은 가늠할 수 없을 만큼 크다. 정신분석이 중대한 영향을 미친 많은 분야 중에서 몇 가지 더 명백한 경우를 들면, 정신분석은 *비평이론, *프랑크푸르트학파, *다다, *초현실주의, 문학 연구에서 필수적이다.

+ 더 읽을거리

C. Surprenant, *Freud: A Guide for the Perplexed*, 2008.
T. Thwaites, *Reading Freud: Psychoanalysis as Cultural Theory*, 2007.

정신분석 비평 psychoanalytic criticism

문화 텍스트, 특히 문학과 영화 텍스트에 *정신분석을 적용하는 비평. 정신분석의 창시자 지그문트 *프로이트는 문화 텍스트에 매혹되어 그의 저술 전반에 걸쳐 광범한 인용과 인유를 한다. 정신분석의 토대가 되는 개념이라고 할 *오이디푸스 콤플렉스부터 프로이트가 문학에 가졌던 관심의 산물이라고 말할 수 있다. 소포클레스의 희곡이 쓰이고 2,500년이 지난 지금에도 우리를 매혹하는 것은 그것이 보편적 경험을 극화하기 때문이라고 프로이트는 생각했다. 문학에 관한 프로이트의 가장 중요한 생각은 짧은 에세이 두 편에서 발견된다. 하나는 백일몽에 대한 것이고 다른 하나는 *언캐니에 대한 것이다. 전자의 에세이 〈창조적 작가와 백일몽〉(Der Dichter und das Phantasieren, 1908 / Creative Writers and Day-dreaming, 1959)에서 프로이트는 창조적 글쓰기가 일종의 유희이고, 작가가 창조하는 환상의 세계는 작가 자신에게는 진지한 것이라고 말했다. 글쓰기의 예술성은 환상이 지닌 리비도적 차원을 위장하는 데, 아니 그보다는(그럴 수 있다면) 승화하는 데 있다. 그렇게 해서 독자들이 그것에 당혹감을 느끼거나 분개하지 않게 하는 것이다. 두 번째 에세이 〈언캐니〉(Das Unheimliche, 1919 / The Uncanny, 1955)에서 프로이트는 우리를 무장해제하는 문학의 힘이, 독자들이 유년기에 겪어 외상을 남겼으나 무의식적인 사건들을 기억하게 하는 힘에서 기원한다고 말했다. 이 두 에세이에서 프로이트는 이후 정신분석 비평이 가게 될 두 갈래 중요한 길을 열었다. 한편에서, 정신분석 비평은 저자의 작품을 이해하려고 저자의 전기를 활용한다. 작품을 작가의 무의식적 욕망의 산물로 보는 것이다. 다른 한편에서, 정신분석 비평은 모든 독자가 동일시할 수 있는 문학작품에서 반복되는 공통의 징후와 *신경증을 파악함으로써, 문학작품이 독자들에게 갖는 효과를 이해하고자 했다. 양쪽 모두에서, 문학작품은 무의식적 소망의 재현(그것이 저자의 것이든 독자의 것이든)으로 이해된다. 정신분석 비평에서 연구한 성과는 막대하고 *비평이론을 이끈 중요한 이름들 다수를 여기서 발견할 수 있다. 현재 이 분야의 가장 주목받는 이론가는 슬라보예 *지젝이지만 정신분석에 도전했던 이론가로 질 *들뢰즈와 펠릭스 *가타리 또한 언급해야 한다. 많은 이가 두 사람이 정신분석을 거부했다고 생각하지만 실은 그렇지 않다. 들뢰즈와 가타리의 이의 제기는 모든 텍스트가 무의식적 환상의 재연/반복이라는 정신분석의 핵심 아이디어로 향한다. 두 사람은 텍스트를 꼭 필요한 정신적 작업을 수행하는 기계로 보아야 한다고 주장했다.

+ 더 읽을거리
엘리자베드 라이트, 《정신분석 비평: 이론과 실제》, 권택영 옮김, 문예출판사, 1989.

정신지리학 psychogeography

건축 환경이(그것이 의도되었든 아니든) 개인의 감정과 행동에 갖게 되는 효과와 정서 연구. 일반적으로 상황주의자들과 연계되곤 하지만, 정신지리학의 기원은 사실 *상황주의 창시자 기 *드보르가 상황주의 이전의 '문자주의 인터내셔널'에 참여하던 때로 거슬러 올라간다. 이 용어는 단명한 문자주의자 기관지 《포틀라치》(*Potlach*)에 드보르가 실었던 에세이 〈도시지리학 비판 서론〉(Introduction to a Critique of Urban Geography, 1955)에서 처음 등장했다. 1953년 드보르가 소속된 연구 집단에서 연구하던 다양한 현상을 가리킨 명칭으로, 한 북아프리카 카빌리아 출신의 문맹인 사람이 '정신지리학'을 제안했다고 드보르는 말했다. 간단히 말하면 정신지리학의 목적은 습관 대신 욕망의 관점에서 도시 공간을 보는 데 있다. 이를 위해 정신지리학은 길을 잃는 다양한 방식을 실험했다. 독일의 하르츠 지역에서 런던 지도를 안내서로 삼아 걸으며 길을 잃는 것이 한 예다. 그러나 정신지리학은 또한 도시가 단지 자본주의의 산물, 자본주의를 위한 봉사 기관에 머물지 않게 함으로써 도시를 개혁 혹은 재상상하는 프로젝트이기도 하다. 정신지리학은 정밀과학과는 거리가 멀었고 여전히 정밀과학이 아니다. 이것은 정확한 개념이나 방법론보다는 도시의 명령에서 벗어나기 위해 고안된 일련의 실천으로 보는 것이 최선일 것이다. 그렇다고 해서 정신지리학이 단지 유희적인 것으로 의도되었다는 뜻은 아니다. 방법은 그렇지 않았다 해도, 정신지리학의 목적은 언제나 진지했다. 정신지리학은 상황주의자 운동이 종결되면서 끝난 것이 아니라 지금도 계속 발전하고 있다. 이언 싱클레어, 피터 애크로이드, 스튜어트 홈, 윌 셀프 같은 소설가와 문화사학자는 도시의 은밀하고 내면적인 삶에 대한 글쓰기를 정신심리학의 실천으로 여긴다. 윌리엄 블레이크, 토머스 드퀸시, 샤를 보들레르, 발터 *벤야민의 작업에서 발견되는 도시에 관한 어둡고 신비로운 이야기들이 그들 시대 이후 발전한 정신지리학에 밑그림을 제공했다고 볼 수 있다는 논의도 있다.

+ 더 읽을거리

M. Coverley, *Psychogeography*, 2006.
K. Knabb, (ed.) *Situationist International Anthology*, 2007.
레베카 솔닛, 《걷기의 역사: 철학과 예술과 축제, 혁명과 순례와 방랑, 자연과 도시 속으로의 산책》, 김정아 옮김, 민음사, 2003.

정체성 identity

자신이 누구인지를 나타내는 이미지. 정체성은 자신이 만들어낸, 즉 우리가 우리 자신에게 가지고 있는 이미지이거나 외부에서 부과된, 다시 말해 타인들이 우리에게 가지는 이미지일 수 있다. 이러한 두 가지 이미지가 언제나 서로 조화를 이루지는 않는다. 정체성은 성, *젠더, *인종, *민족성을 다루는 문제와 질문에서 중요한 관건이 된다.

정체성 정치학 identity politics

정치학의 한 양식으로서 모든 사람이 다르다는 것과 그 차이는 존중되어야 할 뿐 아니라 그런 차이로 어떤 한 사람이 다른 사람을 전적으로 이해한다거나 공감하는 것이 불가능해진다고 전제한다. 이러한 맥락에서 정체성 정치학은 *아노미를 나타내는 다른 이름일 수 있다. 그러나 개별 주체의 맥락에서 정체성 정치학은 거의 실현되지 않는다. 이 문맥에서는 일반적으로 *계급, *인종, *젠더, 종교, 민족성 기타 등등과 같은 여러 기본적 사회 범주 중 하나 혹은 그 이상에 의해 결정된 집단에 속해 있다는 측면에서 *정체성을 생각한다. 레즈비언과 유색 여성, *제3세계 출신 여성, 기타 여성들이 젠더 자체는 모든 여성을 하나의 깃발 아래 결속할 수 있는 보편적 범주가 아니라고 주장하기 시작한 1970년대 여성운동이 발견했듯이, 그 효과는 역설적일 수 있다. 같은 이유로, 정치학으로서 정체성은 어떤 다른 비주류 단체의 이익을 위해 기여하는 것만큼 기업 은행가의 이익에 기여하는 것이 좋다고 보는 세계를 이해하는 특별한 이해관계로부터 그것을 분리하는 것과 같은 어려움이 많다. 그러나 1990년대 후반 이래 쟁점 중심적이고 포괄적인 •사회운동의 정치학이 대체로 정체성 정치학을 대체하고 있다(→ 전략적 본질주의).

정치적 무의식 political unconscious

문학작품에 암묵적으로 내재하는 정치적 차원을 부각하고 강조하려는 프레드릭 •제임슨의 개념. 《정치적 무의식》(*The Political Unconscious*, 1981)에서 처음 제시된 개념으로, 정치적 무의식은 지그문트 •프로이트의 •소망 충족과 클로드 •레비스트로스의 야생의 사고 개념을 차용해 예술 작품은 실제적이지만 무의식적으로 체험되는 사회적·문화적 문제를 해결하는 상징적 해결책으로 볼 수 있다는 가설을 구축했다. 문화비평가가 할 일은 상징적 행위로서 텍스트가 해결책이 되는 원래 문제를 재구성하는 데 있다. 텍스트 비평에 대한 이와 같은 접근은 특정 텍스트가 무엇을 의미하느냐는 질문보다는 왜 그 텍스트가 그것이 취한 형식으로 존재하느냐는 질문을 축으로 한다.

+ 더 읽을거리

I. Buchanan, *Fredric Jameson: Live Theory*, 2006.
숀 호머, 《프레드릭 제임슨: 맑스주의, 해석학, 포스트모더니즘》, 이택광 옮김, 문화과학사, 2002.
C. Irr and I. Buchanan, *On Jameson*, 2006.
F. Jameson, *Jameson on Jameson: Conversations on Cultural Marxism*, 2007.

정치적 올바름 political correctness

정치적 소수 집단에 경멸적이거나 그들을 배제하는 것으로 여겨질 수 있는 언어 사용과 행동을 의도적으로 피하기. 의사소통 정책의 일환으로 정치적 올바름을 택하는 기관과 조직은 그에 따라 인종차별주의적·성차별주의적·기타 차별/편견의 언어 사용을 금하며, 어떤 상황에서든 정치적으로 중립적 용어를 사용하라고 요구한다. 이에 따라, 예를 들면 'chairman'이라는 단어 대신에 'chairperson'을 쓴다. 이 말이 가리키는 역할이 어떤 방식으로든 젠더화되었음을 암시하지 않기 위해서다. 비슷하게, '원주민' 혹은 '인디언'이라는 말 대신에 '토착민'이라는 표현을 쓴다. 후자의 명칭을 쓸 때, 땅의 소유와 결부된 이전 주권이 암시되기 때문이다. 우익 논평가들은 정치적 올바름을 불필요한 언어 폭정으로 보면서 조롱하고 불평하기를 좋아하지만, 언어가 사용되는 방식이 사람들에게 중요하므로 언어 사용에 감독이 필요한 것이 사실이다. 이 문제와 관련한 난점은 'nigger' 같은 구체적 단어 사용을 금하는 법안을 마련하고자 할 때 생긴다. 'nigger'는 문맥에 따라 모욕의 표현일 수도 있지만 연대의 표현일 수도 있다. 주디스 *버틀러는《혐오 발언: 너와 나를 격분시키는 말 그리고 수행성의 정치학》(*Excitable Speech: A Politics of the Performative*, 1997)에서 '혐오 발언'을 논의하면서 이 난점에 중요한 고찰을 제공했다.

제1세대 페미니즘 First Wave feminism

1800년대 초반에서 20세기 초반까지의 초기 페미니스트 운동가들과 참정권 확장론자들의 활동을 가리킨다(*제2세대 페미니스트들이 소급해 지칭했다). 이러한 제1세대 페미니스트들은 미래의 페미니스트들이 대학에 갈 수 있고 투표를 할 수 있으며 경제적으로 독립할 수 있는 조건을 만들려고 투쟁함으로써 미래의 페미니스트들을 위한 토대를 깔아놓았다. 제1세대 페미니스트들은 여성들이 어떤 경력이나 삶을 선택하기로 결정하든지 간에 그것을 추구할 기회를 주려고 법과 규정 측면에서 평등권뿐만 아니라 평등한 문화적 권리를 얻기 위한 캠페인을 벌였다.

제2세대 페미니즘 Second Wave Feminism

미국과 다른 나라들에서 1960년대에 부상한 정치적으로 적극적이었던 *페미니즘을 가리킨다. 통합된 운동도 동질적 운동도 아니었지만, 양성 평등이라는(그것이 얼마나 상이하게 구상되었든) 공동 목표를 공유했다. 후속 세대가 *제1세대 페미니즘이라 부르게 된 여성운동이 상당한 진보를 가져왔음에도, 여성은 삶의 모든 면에서 남성과 진정한 평등을 성취하지 못했다는 인식에서 출발했다. 미국에서 2세대 페미니즘이 출발한 지점은 베티 *프리던의《여성의 신비》(*The Feminine Mystique*, 1963)였다. 이 책에서 프리던은 여성이 여성으로서 자기정체성을 부정하고 남편과 아이를 통해 충족감을 찾게 하는 시스템 안에 갇혀 있다고 말했다. 프리던 이후의 저자들, 특히 급진적 페미니스트라 알려진 저자들은 *가부장제라는 용어를, 이처럼 개별 남성 차원이 아니라 *문화 자체 차원에서 일어나는 여성의 체계적 종속을 가리키는 용어로 사용했다.

1966년 여성을 위한 민권운동 단체로 전미여성연합이 결성되었고, 여러 면에서, 특히 정치적 활동의 면에서 전미여성연합은 제2세대 페미니즘에 동력을 제공했다. 전미여성연합은 미국 정부가 평등법안을 채택하도록 로비했다. 주정부 차원에서는 많은 승리를 거두었지만, 연방정부 차원에서는 궁극적인 승리를 거두지 못했다.

1970년에 전미여성연합 위원회 위원이었던 케이트 *밀레트가 박사 학위 논문《성 정치학》(*Sexual Politics*)을 출판했다. 이 책에서 그녀는 글쓰기에 가부장적 방식과 비가부장적 방식이 있는데 데이비드 허버트 로렌스, 노먼 메일러, 헨리 밀러가 전자에 속하고 장 주네가 후자에 속한다고 주장했다. 밀레트의 책은 엄청난 논란을 자극했고, 메일러는 밀레트의 책을 혹평했다.《성 정치학》은 *정치적 올바름의 무엇이 문제인지의 사례로 자주 거론된다. 그렇기는 하지만, 밀레트의 저서는 예술과 문학에서 보는 가부장적 가치에 대한 선구적이고 강력한 비판을 제공했다. 오스트레일리아의 페미니스트 비평가 저메인 *그리어의《여성, 거세당하다》(*The Female Eunuch*)도 같은 해인 1970년 출간되었는데, 여성이 *가부장제와 싸우려면 자신이 섹슈얼리티의 주인이 되어야 한다고 말함으로써 밀레트의 책과 비슷한 논란의 대상이 되었다.

수전 브라운밀러의 분노에 찬 폭로《우리 의지에 반하여》(*Against Our Will*, 1975)는 폭력과 착취 대상으로서 성이라는 문제가 얼마나 등한시되는지에 관심을 집중시켰다. 브라운밀러의 책은 페미니즘을 적대하는 두 진영으로 분리했다. 한편에는 그리어처럼 정치적 무기로서 여성의 성적 방종을 옹호하는 이들이 있고, 다른 한편에는 브라운밀러처럼 이것을 *욕망에 대한 남성 지배 관점에 영합하는 것으로 보는 이들이 있다. 제2세대 페미니즘은 1980년대 초에 종언을 고했다. 한편, 이것은 제2세대 페미니즘이 자신이 거

ㅈ

둔 승리에 희생된 것이기도 하다. 제2세대 페미니즘이 보여준 정치적 올바름에 대해서는, 심지어 여성들 사이에서도(제2세대 페미니즘의 일부 메시지들이 '지나치다'고 보았던) 반발이 심했다. 하지만 이보다 훨씬 큰 문제는 1980년대에 현실화된 심대하게 적대적인 정치적 조건이었다. 미국의 로널드 레이건 행정부나 영국의 마거릿 대처 내각 둘 다 그들 관점에서나 실제 정책에서나 여성평등법안에 반대한 반여성적 정권이었다. 제2세대 페미니즘은 한편에서는 *제3세대 페미니즘에, 다른 한편에서는 *포스트 페미니즘에 계승되었다.

+ 참고

케이트 밀레트, 《성 정치학》, 김전유경 옮김, 이후, 2009.
저메인 그리어, 《여성, 거세당하다》, 이미선 옮김, 텍스트, 2012.
수전 브라운밀러, 《성, 성폭력, 성폭력의 역사》, 편집부 엮음, 일월서각, 1990.

제3공간 Third Space

지배 주체의 담론 혹은 위치와 *서발턴 주체의 담론 혹은 위치 사이에 존재하는 창조적 공간. 이 용어를 처음 쓴 호미 *바바에 따르면, 제3공간은 의사소통 상황 자체에 내재한다. 의사소통 상황은 결코 자기 충족적이지 않다. 진술과 표현 사이에 언제나 간극이 있기 때문이다. 그의 이런 생각은 언어에 대한 여러 *후기 구조주의적 설명에 기대는데, 그중에서도 특히 자크 *데리다와 데리다의 *차연 개념에 빚졌다. 말하는 '나'와 말해지는 '나'는 결코 일치하지 않는다. 이 점을 이해한다면 우리는 문화의 순수성 혹은 독창성에 대한 주장이 정의상 성립하지 않는다는 점을 인정하게 된다고 바바는 주장했다. 도시지리학자 에드워드 *소자는 이 용어를 현대 로스앤젤레스의 문제적 공간들을 설명하는 수단으로 썼다. 그의 연구가 분명히 보여주듯이, 로스앤젤레스의 어떤 공간들은 이 도시의 홍보 이미지들이 보여주는 완벽하게 미국적이거나 완벽하게 제1세계적인 공간이 아니다. 이 도시에 살고 있는 막대한 이민자, 도심의 슬럼가에 있는 노동 착취 공장들 때문이다. 소자는 한 걸음 더 나아가 영화적 재현의 생산자로서 로스앤젤레스와 이미지에 재현되는 도시로서 로스앤젤레스 사이의 간극을 고려했다. 그리고 영화에서 보는 환상의 이미지들이, 이 도시가 자신을 보는 방식, 이 도시 거주자들이 삶을 살아가는 방식에 스며든다고 말했다. 제3공간은 지리적 •잡종성의 사유 수단으로 •탈식민주의 연구에서 중요한 용어가 되었다.

+ 더 읽을거리

호미 바바, 《문화의 위치: 탈식민주의 문화 이론》, 나병철 옮김, 소명출판, 2012.
M. Doel, *Poststructuralist Geographies*, 1999.
E. Soja, *Thirdspace: Journeys to Los Angeles and Other Real-And-Imagined Places*, 1996.

제3세계 Third World

개발 도상 혹은 저개발 지역을 가리키는 대안 용어. 이 용어의 기원은 프랑스 경제학자 알프레드 소비가 《옵세르바퇴르》(*Observateur*)에 1952년 실은 논문이다. 이 글에서 소비는 정치적 비연합 국가(냉전에서 어느 쪽도 택하지 않은 국가)들을 혁명 당시 프랑스의 제3계급(농민과 평민)과 비교했다. 그의 논점은 혁명 당시 농민들처럼, 제3세계 사람들은 물질적 부를 거의 갖지 못했지만 이제 지구 자원에서 그들의 몫을 향한 권리와 욕망을 표현하기 시작했다는 것이다. 제2차 세계대전 이후 활발하게 일어났던 •탈식민화 과정에서 이런 점이 여실히 드러났다. 1955년, 아프리카와 아시아의 지도자들이 집단적 미래를 논의하고 참여국가 29개국 사이에서 어떤 형식의 협력을 도모할지 협의하려고 개최한 반둥회의에서 제3세계라는 개념은 연대를 향한 구호가 되었다. 이 개념은 제1세계(이전의 식민 권력 국가들, 현재 G8 국가들)를 규탄하고 공동 명분을 표현하는 데 동원되었다. 최근 •탈식민주의 연구는 지나치게 일반화하고 비하적이라는 이유로 이 용어 사용을 거부했다. 사용을 거부하는 논의에서는 제1세계 국가 내에도 제3세계의 가장 가난한 지역만큼 가난한 구역(예를 들어 로스앤젤레스 다운타운의 가먼트 지구 혹은 스키드로)이 있으며 제3세계 국가 내에는 제1세계 도시만큼 부유한 지역(예를 들어 뭄바이)이 있다는 점이 지적되곤 했다.

+ 더 읽을거리

M. Denning, *Culture in the Age of Three Worlds*, 2004.

제3세대 페미니즘 Third Wave Feminism

•페미니즘의 본래 기획(양성 평등의 실현)을 •제2세대 페미니즘에서 제외된 여성들, 특히 유색 여성과 •제3세계 여성까지 확장하면서 페미니즘의 부활을 도모한 운동. •포스트 페미니즘과 같은 것으로 이해될 때가 많지만, 둘은 전혀 다르다. 제3세대 페미니즘은 제2세대 페미니즘을 중단시켰던 실망, 갈등에 뿌리를 두고 있다. 글로리아 •안살두아, 벨 •훅스 같은 저자들이 •계급, •젠더와 함께 •인종도 감안하는 새로운 페미니스트 주체성의 구상을 시도했다. •공적 영역에서 미국의 레이건 행정부와 영국의 대처 정권이 벌인 평등권 압살 정책에 맞서 페미니즘은 자신이 거둔 성취를 유지하려고 투쟁했다. 티핑 포인트는 1991년 대법관 후보 클래런스 토머스를 상대로 아니타 힐이 제기했던 성희롱 소송을 둘러싸고 일어난 일들이었다. 힐의 증언에도 토머스는 대법관으로 임명되었고, 이에 분노한 레베카 워커(《더 컬러 퍼플》(*The Colour Purple*, 1982)의 작가 앨리스 워커의 딸)는 《미즈》(*Ms.*)에 "나는 제3세대다"라는 도발적인 반격의 글을 실었다. 이 글이 제3세대 페미니즘이라는 명칭의 기원이 되었다.

+ 더 읽을거리

S. Gillis, G. Howie, and R. Munford, *Third Wave Feminism: A Critical Exploration*, 2007.

+ 참고

앨리스 워커, 《더 컬러 퍼플》, 안정효 옮김, 한빛, 2004.

제국 Empire

20세기 후반에 •세계화와 더불어 등장한 새로운 •패러다임의 권력과 권리의 본질을 철학적 용어를 빌려 이론화하려고 한 예언적이고 유토피아적인 개념. 이탈리아의 마르크스주의자 안토니오 •네그리와 미국의 마르크스주의자 마이클 •하트가 베스트셀러가 된 자신들의 책 《제국》(*Empire*, 2000)에서 고안해낸 제국은 •주권의 새로운 형식이다. 주권은 피로 물든 잔혹한 새로운 권력-정권이기도 하고 자유를 향한 가능성의 새로운 집합이기도 하다. 하트와 네그리는 민족국가들의 주권이 제2차 세계대전 이후 절대적으로 쇠퇴해버렸다고 주장했다. 지배나 *통치성의 새로운 논리, 즉 제국이 민족국가들의 주권이 차지했던 자리를 차지했다. 제국은 새로운 형식의 주체성뿐만 아니라 새로운 형식의 *가치를 생산하기 위해서 다국적기업과 초국적 기구(예컨대, 국제통화기금)를 함께 결합했다. 하트와 네그리는 제국의 존재를 보여주는 증거를 어떤 나라, 심지어 미국도 모든 면에서 전 세계를 스스로 통제할 수 없다는 사실에서 찾을 수 있다고 말한다. 이와 마찬가지로, (2007년 서브프라임 론의 붕괴로 명백해졌듯이) 모든 국가가 금융자본의 세계적 동향에 휘둘리고 있다는 사실은 포스트모던 세계에서 국가 *권위의 상대적 결핍을 보여준다는 측면에서 징후적이다. 주권이라는 민족국가의 모델과 대조적으로 제국은 탈중심화되고 *탈영토화된 통치 기구다. 제국은 어떤 역사도, 고정된 중심도, 자신의 영토를 표시할 수 있는 경계선도 가지고 있지 않다. 장 프랑수아 *리오타르와 반대로 제국은 언제나 그곳에 있어왔고 전 세계 신경조직까지 모든 세계를 포함했던 것처럼 자신을 보편적이고 포괄적인 것으로 제시하는 *거대 서사를 끊임없이 지지했다. 하트와 네그리는 미셸 *푸코의 *생명권력, 질 *들뢰즈와 펠릭스 *가타리의 *욕망 생산이 제국이라는 개념에 영감을 주었다는 것을 인정하기는 하지만 푸코가 *생명권력의 진정한 역동성을 파악하지 못했다고, 들뢰즈와 가타리가 권력을 대단히 혼란스럽게 만듦으로써 그들의 개념을 망쳤다고 평가했다. 푸코가 생명권력을 논의했듯이 제국이 사람들보다는 인구 전체에 관심을 두는 권력 형식이라는 점에서 암울해 보이기는 하지만 그것은 또한 긍정적 차원을 가지고 있다. 제국의 주권 수정은 새로운 정치 조직체를 만들어냈다. 하트와 네그리는 이를 *다중이라고 지칭한다. 그들의 관점에 따르면 다중은 제국의 매력 없는 풍경 너머 좀 더 희망적이고 평등한 *공간으로 우리를 데려다줄 민주주의의 새로운 형식을 발명할 운명에 놓여 있다. 제국은 격렬한 논쟁을 도발했다. 우파는 그것이 공상적이라는 이유로 손을 놓은 반면 좌파는 경험적 분석의 측면에서 더 많은 엄정함을 요구하고 있다.

+ 더 읽을거리

고팔 발라크리슈난 외, 《제국이라는 유령: 네그리와 하트의 제국론 비판》, 김정한·안중철 옮김, 이매진,

2007.

A. Boron, *Empire and Imperialism: A Critical Reading of Michael Hardt and Antonio Negri*, 2005.

마이클 하트·안토니오 네그리, 《제국》, 윤수종 옮김, 이학사, 2001.

마이클 하트·안토니오 네그리, 《다중: '제국'이 지배하는 시대의 전쟁과 민주주의》, 조정환·정남영·서창현 옮김, 세종서적, 2008.

안토니오 네그리, 《(네그리의) 제국 강의: 제국 시대의 정치와 운동에 관한 서른여섯 번의 전 세계 순회 강연》, 서창현 옮김, 갈무리, 2010.

P. Passavant and J. Dean, *The Empire's New Clothes: Reading Hardt and Negri*, 2003.

제네바학파 Geneva School

1. 20세기에 접어들 무렵 제네바에 기반을 둔 언어학자들의 작은 모임. 페르디낭 드 *소쉬르가 가장 눈에 띄는 인물이다. 언어학적 *기호에 대한 소쉬르의 연구는 *구조주의와 *기호학 창시에 필수적인 선구적 연구가 되었다. 만일 소쉬르의 이전 제자들과 샤를 바이와 알베르 세슈에 같은 제네바학파의 동료 연구자들이 없었다면, 소쉬르의 업적은 결코 알려지지 않았을 것이다. 이들은 미완성된 강의 노트를 소쉬르 사후에 출판된《일반 언어학 강의》(*Cours de linguistique générale*, 1916 / *Course in General Linguistics*, 1959)로 탈바꿈시켰다. 소쉬르의 지속적인 명성은 이 책 덕분이다.

2. 특정한 예술 형식과 정서적 경험으로서 문학의 *존재론을 분석하려고 (에드문트 *후설의 연구에 영감을 받은) *현상학과 *러시아 형식주의의 조합을 이용하는 문학 연구자들의 작은 모임. 이들은 텍스트를 저자의 의식 실현으로 취급했고 비평가들은 텍스트에서 반복적 이미지와 상징 패턴을 찾고 해석함으로써 텍스트의 심층 구조를 찾아내고자 했다. 저자의 전기나 역사적 문맥 같은 모든 물리적 사실은 외재적이라고 무시했다. 제네바학파의 핵심 연구자로는 조르주 풀레, 장 피에르 *리샤르, 마르셀 레몽, 장 스타로뱅스키가 있다. 미국의 문학비평가 J. 힐리스 *밀러는 이들의 접근 방식에 영향을 받았다.

+ 더 읽을거리

테리 이글턴, 《테리 이글턴의 문학이론 입문》, 김현수 옮김, 인간사랑, 2006.

제유 synecdoche

부분이 전체를 상징하거나 전체가 부분을 상징하는 •수사학의 표준 형식. 예를 들어, 텔레비전 뉴스에서 흔히 듣게 되는 "워싱턴은 오늘 …… 라고 말했다"는 구절에서, 워싱턴은 미국 연방정부에서 일하는 실제 개인들을 대신 가리키는 전체이며 동시에 미국이라는 나라 전체를 가리키는 미국의 일부이기도 하다.

제임슨, 프레드릭 Jameson, Fredric (1934~)

•마르크스주의 문화비평가. 오하이오 주 클리블랜드에서 출생했고, 해버퍼드 대학교와 예일 대학교에서 수학했다. 기념비적 논문 〈포스트모더니즘 혹은 후기 자본주의의 문화 논리〉(Postmodernism, or, the Cultural Logic of Late Capitalism, 1984)로 명성을 얻었다. 그를 추종하는 독자에게나 그에게 비판적인 독자에게나 이 논문은 우리 시대 상황의 본질을 규정하는 시도로서 하나의 예리한 초점을 제공한다. 제임슨처럼 박학과 다식을 보여주는 학자는 드물다. 그는 여러 언어에 통달했고 건축, 미술, 영화, 역사, 정치, 문학 분야에 백과사전적 지식을 갖고 있다.

제임슨은 쉽게 모방이 가능한 하나의 방법을 개발한 이론가가 아니다. 이것이 그가 폄하하는 의미에서 '브랜드'로 자신의 작업이 축소되는 일을 막았다. 그는 그의 방법이(메타논평, 코드 전환, 변증법적 비평 등 다양한 이름으로 그 자신이 불러온) 영원한 미완 상태에 있다고 말했다. 또한 그에 따르면, 변증법에 단 하나의 형식만 있는 것은 아니며, 최종적인 형식이 있는 것도 아니다. 변증법은 급변하는 역사적 상황이 제기하는 새로운 도전에 대한 대응으로 부단히 변신해야 한다.《변증법의 원자가》(*The Valences of the Dialectic*, 2009)는 변증법적 방법을 사유하는 글들을 모은 책이다.

제임슨은 1959년 예일 대학교에서 박사 학위를 받았다. 그의 학위 논문은 1961년《사르트르: 스타일의 기원》(*Sartre: The Origins of a Style*)이라는 제목으로 출간되었다. 이 책의 주관심사는 장 폴 •사르트르의 철학적 저술이 아니라 소설과 희곡이다. 그는 과연 어느 정도까지 저자의 문체를 그가 처한 정치 상황이 개입한 징후로서 변증법적으로 읽어낼 수 있을지 탐구했다. 이와 같은 주제의식 면에서 이후 이어질 제임슨의 작업 모두의 밑그림이 여기서 이미 그려졌다. 이후 저작에서 더 명확히 표명하듯이, 제임슨에게 모든 문화적 작업은 그것의 주인 텍스트가 다름 아닌 역사 자체임을 나타내는 *알레고리로 해석될 수 있다.

1960년대 동안, 제임슨은 테오도어 *아도르노, 에른스트 *블로흐, 발터 *벤야민, 죄르지 *루카치, 허버트 *마르쿠제 등 좌파의 핵심 사상가들에 대한 긴 논문들을 썼다. 이 사상가들이 (당시 그들의 저작이 영어로 번역되어 있지 않은 경우였다면) 영어권 학계에 더 많이 알려지게 하고, 그들의 작업이 당대 문화 정치에 주는 유용성을 검토하는 것이 목적이었다. 이 글들을 모은 책《마르크스주의와 형식》(*Marxism and Form*, 1971)은 20세기 후반에 나온 마르크스주의 미학에 관한 가장 중요한 책이다. 이 책의 자매서인《언어의 감옥》(*The Prison-House of Language*, 1972)에서 제임슨은 *러시아 형식주의와 *구조주의에 대한 비판적 논평을 제공했다.

《정치적 무의식》(*The Political Unconscious*, 1981)에서 제임슨은 문체와 정치 사이의 고리 탐구를 계속했다. 이 책에서 제시되는 *정치적 무의식의 개념은 문학 연구와 *문화 연구에 큰 영향을 미쳤다. 정치적 무의식 개념은 문화적 작업에 *무의식으로 내재하는 사회적이며 정치적인 가설과 기대를 설명하는 데 *소망 충족이라는 *정신분석의 개념을 원용한다. 문화 텍스트는 실제 역사적 문제를 상징적으로 해결한다는 것이 제임슨의 주장이다. 문화 텍스트는 현사회가 실현하지 못하는 사회 전망을 텍스트 형태로 제시한다. 따라서 텍스트 분석은 그 텍스트를 추동하는 역사적 하위 텍스트 혹은 *문제 틀이 어떻게 작동하는가 하는 질문에 답하면서 그 하위 텍스트 혹은 문제 틀을 재구성(혹은 역설계)하는 것을 과제로 한다. 제임슨이 제시하는 주요 사례는 *원한 개념에 대한 19세기의 강박이다. 특히 프리드리히 *니체와 조지프 콘래드의 저작에서 보게 되는 이 강박은 모든 형태의 정치 행위에서 권위를 박탈하는 이데올로기적 목표를 수행했다고 제임슨은 주장했다.

1982년 제임슨은 휘트니 현대미술관에서 '포스트모더니즘과 소비자 사회

(Postmodernism and Consumer Society)'라는 제목으로 강연을 했다. 페리 •앤더슨의 말을 빌리면, 제임슨은 이 강연에서 단 한 번 붓질로 인문학 전 분야의 지도를 다시 그렸다. 개고된 강연 원고가 1984년 《뉴 레프트 리뷰》(*New Left Review*)에 〈포스트모더니즘 혹은 후기 자본주의의 문화 논리〉라는 새로운 제목으로 실렸다. 이 논문은 •포스트모더니즘의 구체적 특징을 해명할 뿐 아니라 그것의 근본적 원인을 설명하고자 모색했는데, 1980년대를 통틀어 가장 많이 논의되고 인용된 논문이 되었다. 제임슨은 우리가 자본주의의 내적 모순이 모두 해소된 •후기 산업사회로 진입했다는 주장을 거부했다. 그 대신에 《후기 자본주의》(*Der Spätkapitalismus*, 1972 / *Late Capitalism*, 1975)에서 에르네스트 만델의 주장을 원용해 자본주의가 마침내 인간의 의식을 포함해서 삶의 모든 국면에 침투한 시기로 현재를 이해해야 한다고 주장했다. 제임슨에게 문화는 •생산양식의 기저를 이루는 경제적·정치적 세력에 대한 반응이자 표현이다.

이와 같은 그의 논지가 품은 함의를 상세하게 개진한 결과가 《포스트모더니즘 혹은 후기 자본주의의 문화 논리》(*Postmodernism, or, the Cultural Logic of Late Capitalism*, 1991)로 출간되었다. 이 책에서 제임슨은 포스트모던 상황을 결정하는 두 가지 역사적 조건이 있다고 논했다. 첫째, '녹색 혁명'으로 일컬어지는 •제3세계 농업의 산업화다. 이 현상은 두 가지 막강한 파급 효과를 가져왔다. 우선 식량의 대량 증산이 가능해지면서 식량 안전보장이 향상되었지만, 그 과정에서 농부 수백만 명이 삶의 터전에서 밀려나고 취업을 위해 도시로 이주했다. 둘째, 제1세계 경제가 1차와 2차 산업(농업, 광업, 제조업)이 아닌 3차 산업(지식과 정보 산업) 중심으로 재편성되었다. 이런 변화는 1950년대부터 드러나지만, 제임슨이 전 지구적 문화의 정치적 무의식이라 부르는 것 안에 그 결과가 기록되는 것은 1970년대부터라고 제임슨은 주장했다. 예술의 전 분야에 걸쳐 방대한 범위의 텍스트들을 검토하면서, 제임슨은 활짝 핀 포스트모더니즘으로 향하는 문화적 이행이 보여주는 다섯 가지 징후를 판명했다. •정동의 쇠퇴, •패스티시, •히스테리적 숭고, •지정학적 미학, 상황에 대한 •인지적 지도를 그리는 우리 능력을 방해하는, 건축 공간에 일어난 변화가 그 다섯 가지 징후다.

《지정학적 미학》(*The Geopolitical Aesthetic*, 1992), 《시간의 씨앗》(*The Seeds of Time*, 1994), 《단독적 모더니티》(*A Singular Modernity*, 2002) 등 이어 출간된 책들에서 제임슨은 포스트모더니즘 이전에 왔던 것은 무엇인가 하는 문제, 포스트모더니즘의 지속적 의미를 탐구하면서 《포스트모더니즘 혹은 후기 자본주의의 문화 논리》에서 펼친 논의를 확장했다. 다수의 마르크스주의자 비평가와 달리, 제임슨은 카를 *마르크스 사상의 정확한 해석과 관련한 교조적 논쟁이나 마르크스 사상의 정치적 활용(예를 들어 레닌주의, 마오주의, 스탈린주의, 트로츠키주의)과 관련한 당파주의적 싸움에 가담하지 않았다. 제임슨에게 형식을 떠나 사상과 예술 작품을 판단하는 가장 중요한 기준은, 그것이 우리에게 현재와 다른 미래를 (그것이 재앙으로만 가능할지라도) 상상할 수 있게 하느냐에 있다. 제임슨이 평생 *모더니즘과 과학소설에 대한 관심을 견지한 이유가 여기에 있다. 그가 보기에, 모더니즘과 과학소설은 그가 옹호하는 유형의 *유토피아 사유의 중요한 사례들을 제공한다. 근래의 두 저서는 둘 다 30년이 넘는 동안 쓰인 글들을 취합하면서 이 주제들을 다루었다. 《모더니즘 논문》(*The Modernist Papers*, 2007)과 《미래의 고고학들》(*Archeologies of the Future*, 2005)이 그것이다.

제임슨은 2008년 권위 있는 홀베르상을 수상했다.

+ 더 읽을거리

P. Anderson, *The Origins of Postmodernity*, 1998.
I. Buchanan, *Fredric Jameson: Live Theory*, 2006.
숀 호머, 《프레드릭 제임슨: 맑스주의, 해석학, 포스트모더니즘》, 이택광 옮김, 문화과학사, 2002.
C. Irr and I. Buchanan, *On Jameson*, 2006.
F. Jameson, *Jameson on Jameson: Conversations on Cultural Marxism*, 2007.

+ 참고

프레드릭 제임슨, 《변증법적 문학이론의 전개》, 여홍상·김영희 옮김, 창작과비평사, 1984.
프레드릭 제임슨, 《언어의 감옥: 구조주의와 형식주의 비판》, 윤지관 옮김, 까치, 1990.
에르네스트 만델, 《후기 자본주의》, 이범구 옮김, 한마당, 1985.

젠더 gender

•남성성과 •여성성에 연관된 일련의 행동주의적·문화적·심리학적·사회적 특성과 실천. •제2세대 페미니즘에서 젠더 개념은 생리학으로부터 개인의 태도와 행동을 구별하려고 사용되었다. 이는 문화적 태도가 단순히 •몸의 구체적 성질을 반영한다고 주장하는 생물학적 결정론자의 논제를 약화하려는 것이었다. 그에 반해서 •페미니즘은 생물학적 성에 대한 태도가 유동적이어서 이러한 태도를 형성하는 것은 자연이라기보다 •문화라고 주장했다. 시몬 드 •보부아르가 탁월하게 표현한 것처럼, 우리는 여성으로 태어나지 않는다. 젠더는 오히려 우리가 채택하거나 창조하는 •정체성이다. 미국의 민속방법론자 해럴드 가핑클과 사회학자 어빙 •고프먼은 젠더 정체성은 학습되어야만 하고 끊임없이 관리되어야만 한다고 주장했다. 이들의 연구는 성전환 수술의 경우에 성전환 수술 자체는 몸을 교정하는 상대적으로 단순한 절차였지만 학습된 사회적 행동을 무효화하는 것이 훨씬 더 문제적이라는 것을 보여준 미국의 심리학자 로버트 스톨러와 일치한다. 그러나 페미니즘은 젠더라는 개념 자체가 •인종과 •계급 같은 똑같이 강력한 다른 문화적 힘에 영향을 받고 형성된다는 생각을 심도 있게 반박했다. 서구 도시에서 살아가는 백인 중산층 여성과 가난한 비백인 여성 사이에는 상대적 기회의 측면에서 중대한 차이가 있기 때문이다. 최근 주디스 •버틀러는 젠더 연구를 주도했는데, 그녀는 성/젠더 구분이 젠더 역할을 '정상적인' 것으로 만들기 위해서 성을 '자연스러운' 것으로 자리매김하는 규정적 장치로 간주해야 한다고 주장한다. 버틀러의 주장에 따르면, 사회는 우리에게 남성성과 여성성을 수행하라고 요청한다. 그리고 우리는 둘 중 하나를 선택할 수 있는 것 같지만 중요한 것은 우리가 어떤 젠더도 선택할 수 없다는 것이다. 그러므로 버틀러의 관점에서 젠더는 대단히 양가적인 범주다. 도나 •해러웨이가 《유인원, 사이보그 그리고 여자》(*Simians, Cyborgs and Women*, 1991)에 수록된 젠더 문제를 다룬 글에서 지적하듯이, 성/젠더 구분은 영어가 만들어낸 하나의 인공물이기도 하다. 예를 들어 독일어는 오직 한 단어 성(*Geschlecht*)만 사용해 성과 젠더 둘 중 어느 한 가지와 정확히 부합하지 않으면서 두 가지 의미 모두를 포함

한다. 그리고 다른 문화들은 다른 사회적·문화적 압력에 따라 또 다른 방식으로 이런 문제와 직면한다.

+ 더 읽을거리
C. Colebrook, *Gender*, 2004.

존재론 ontology

철학에서 사물의 존재에 관한 이론. 가장 기본 혹은 근본적 차원에서, 존재론은 왜 무엇이 존재하는가(아무것도 존재하지 않는 것이 아니라)라는 질문에 답하고자 한다. 구체적인 사물들의 존재를 검토하는 것은 아니다. 존재론의 초점은 그게 무엇이든, 그것이 존재한다는 것의 가능성과 현실성을 더욱 일반적 층위에서 검토하는 데 있다. 20세기 존재론 탐구에서 가장 큰 영향력을 행사한 이는 마르틴 *하이데거다. 하이데거는 이 주제를 다룬 방대한 저술을 남겼다.

종속 이론 dependency theory

*제3세계의 지속적 가난을 전 지구적 자본 시스템의 징후로 설명하려는 시도. 바로 이 구조 속에서 전 지구적 자본 시스템은 값싼 노동력과 원자재의 원천으로서 빈곤한 전 세계적 남반구가 필요한 것 같다. 1960년대와 1970년대 마르크스주의적 관점에서 폴 바란이 발전시킨 종속 이론은 제3세계의 빈곤을 단순히 저개발 문제라고 보는 신자유주의적 개념, 즉 제3세계가 시간이 지나 올바른 기업 정신을 갖추면 제1세계를 따라잡을 것이라는 생각에 도전한다. 그 대신에 종속 이론은 제3세계의 빈곤 상태가 식민주의 시대로 거슬러 돌아가려는 제1세계 국가들의 의도적 정책의 결과라고 주장한다. 산업혁명 초창기에 인도의 초기 섬유 산업을 영국이 의도적으로 파괴하고 인도를 강압적으로 원면 수출국이자 직물 수입국으로 변화시킨 것을 제3세계가 사실상 제1세계에 의해 생산되는 방식을 보여주는 교과서적인 예로 들 수 있다. 마이크 데이비스가 《엘리뇨와 제국주의로 본 빈곤의 역사》(*Late Victorian Holocausts: El Nino Famines and the Making of the Third World*, 2002)에서 지적했

듯이, 그런 일이 일어났던 당시 인도 농민은 실제로 영국 농민보다 더 나은 삶의 기준을 가지고 있었다. 그러나 영국은 자국 이익에 맞춰 자국의 더 큰 군사적·경제적 힘을 균형에 맞지 않게 사용했다. 그리고 그 과정에서 영국의 많은 이전 식민지가 여전히 오늘날에도 극복하려고 분투하는 조건을 만들어냈다. 안드레 군더 프랑크와 이매뉴얼 *월러스틴 같은 종속 이론 학자들은 *세계화 개념을 거부했다. 그들 관점에서 자본주의는 규모와 영역 면에서 언제나 전 지구적이기 때문이다(→ 세계체제이론).

+ 더 읽을거리

M. Blomstrom and B. Hettne, *Development Theory in Transition: The Dependency Debate and Beyond: Third World Responses*, 1984.
A. G. Frank, *Capitalism and Underdevelopment in Latin America*, 1979.

종 편견 speciesism

하나의 종(인간)이 다른 종들(일반적으로 동물들)에 보이는 편견 혹은 우월주의. 영국의 심리학자 리처드 라이더가 1973년에 처음으로 사용했고, 이후 여러 비평가가 이 용어를 채택했다. 동물 해방 운동가인 피터 싱어가 그중 가장 유명하다. 일반적으로 말해, 인간이 누리는 권리가 다른 종들에게 확장되지 않는 모든 경우에 종 편견이라는 비판을 적용할 수 있다. 더 구체적으로 말하면, 포획 및 감금되지 않을 권리, 식용 대상이 되지 않을 권리, 실험 대상이 되지 않을 권리가 동물에게 있다는 인식이 여기에 있다. 핵심 문제는 인간이 다른 종들보다 우월한 종이라서 지구에 존재하는 다른 종들을 자원으로 여길 권리가 있다는 관점이 도덕적·윤리적으로 정당화될 수 있는가 하는 것이다. 예상할 수 있겠지만, 이 문제에 대한 의견은 날카롭게 대립한다.

주권 sovereignty

*권위의 한 형식. 주권의 주요 특징은 최고의 혹은 최종의 권위라는 데 있다. 주권을 능가하는 권위의 형식은 없다는 뜻이다. 역사를 통틀어 주권은 부족의 추장에서 봉건시대의 왕 그리고 민주적으로 선출된 대통령에 이르기까지

여러 형식을 취했다. 주권이 제기하는 중요한 정치적·이론적 문제는 정통성과 관련한다. 주권은 결코 순수하게 내재적이지 않고 자연 발생하지도 않는다. 그것은 그것을 위한 가능성의 조건으로 기능하는 사회구조 속에 자리해야 한다. 예를 들어, 봉건시대 왕들은 그들의 왕족 혈통과 천부 왕권에 따라 통치했다. 궁극적으로, 주권은 누가 통치 권력을 갖는가, 그 권력은 어떻게 부여되는가 하는 문제와 관련한다.

주네트, 제라르 Genette, Gérard (1930~)

프랑스의 *구조주의 문학이론가. 파리에서 태어난 주네트는 파리 고등사범학교에서 공부했다. 같이 공부한 친구로는 자크 *데리다와 피에르 *부르디외가 있다. 국립고등학교에서 가르쳐야 하는 의무 기간을 마친 주네트는 1963년 소르본 대학교에서 교수를 한 다음 1967년 인문사회과학대학에서 좀 더 영구적인 종신직을 얻었다. 그는 츠베탕 *토도로프와 엘렌 *식수와 더불어 1970년에 《포에티크》(*Poétique*)라는 잡지를 창간했다. 《포에티크》는 파리에서 구조주의와 *후기 구조주의 운동의 핵심 기관이 되었고 《텔켈》(*Tel Quel*)과는 중요한 경쟁자가 되었다. 주네트의 연구는 어떻게 문학적 글쓰기가 작동하는가, 즉 무엇이 문학적 글쓰기를 다른 형식의 비문학적 글쓰기와 다르게 하는가, 하지만 또한 어떻게 문학적 글쓰기가 어떤 문학적 글쓰기의 효과를 달성하는가와 같은 문제에 집중했다. 그의 접근 방식은 중층화되는 경향이 있다. 이는 클로드 *레비스트로스가 본래 지질학에서 구조주의의 영감을 얻은 것과 일치한다. 다시 말하면, 주네트는 문학 텍스트의 서로 다른 부분이 상호작용을 일으키는 방식을 조사하고 이들 각 부분이 무엇인지 검증하고 분석하는 데 상당한 관심을 기울였다. 그는 자신이 서사적 사례라고 부른 것, 즉 이야기를 말하는 행위 자체를 첨가하고 서사의 수행적 차원을 고려함으로써 러시아 형식주의자의 이분법, *파불라와 수제를 세 가지로 확장했다. 주네트의 명성은 최근 문학 이론에서 문학에 관한 그러한 순전히 형식적인 질문에서 벗어나 좀 더 정치적으로 동기화된 문제로 나아가려는 움직임 때문에 시들어버렸다. 그의 핵심 연구는 《수사 I》(*Figures I*, 1966), 《수사

II》(*Figures II*, 1969), 《수사 III》(*Figures III*, 1972)라는 표제의 연작물에 모여 있다. 그중 일부 엄선된 글을 모아 《문학 담론에서 수사》(*Figures of Literary Discourse*, 1984)로 영역했다.

주이상스 jouissance

향락을 뜻하는 프랑스어. 영어권 •비평이론, 특히 정신분석학에서 쓰는 주요 어휘 중 하나다. 롤랑 •바르트, 조르주 •바타유, 줄리아 •크리스테바, 자크 •라캉 등의 저작들이 번역되면서 함께 유입되었다. 영어의 대응 단어인 '향락(enjoyment)'과 달리, 프랑스어 주이상스에는 오르가슴의 의미도 있다. 바르트의 《텍스트의 즐거움》(*Le Plaisir du Texte*)을 영역(《*The Pleasure of the Text*》)한 리처드 밀러의 경우처럼, 이 어휘를 '희열(bliss)'로 옮긴 초기 시도가 있었다. 그러나 이 번역어 역시 오르가슴의 의미는 갖지 않고, 주이상스에 내포된 영적 차원을 포착하기는 하지만 그 강렬함까지 전하지는 못했다. 비평이론에서 이 용어를 사용할 때 핵심은 이것이 •'쾌락(plaisir/pleasure)'에 대립적 의미를 갖는다는 것이다. 쾌락에는 어떤 끝에 도달한다는 의미가 내포되지만, 주이상스는 무한한 것으로 이해된다. 이 점에서 주이상스와 오르가슴의 연관은 상당히 모호하다고 할 수 있다. 주이상스는 단지 육체적인 것 너머의, 그보다 더 높은 차원에서 일어난다. 주이상스는 단지 육체만이 아닌, 정신 혹은 영혼의 오르가슴을 뜻한다고 할 수 있다. 쾌락과 주이상스의 차이는 알렉상드르 •코제브가 정식화한, G. W. F. •헤겔의 '쾌락(Lust/pleasure)', '향락(Genuss/enjoyment)' 구분을 모델로 한다. •정신분석에서 이 대립은 주이상스에 대한 금제로 해석된다. •쾌락원칙은 주이상스를 과잉이며 불안을 야기한다고 여긴다. 이 관점에 따르면, 쾌락이 즐거운 것은 그것이 지나치게 즐겁지는 않을 때다. 대조적으로, 주이상스가 주이상스인 것은 그것이 단순한 쾌락을 넘어서며 죽음이라는 위험을 감수하고 재난과 연애하기 때문이다.

+ 참고

롤랑 바르트, 《텍스트의 즐거움》, 김희영 옮김, 동문선, 1997; 《텍스트의 즐거움》, 김명복 옮김, 연세대학교 출판부, 1990.

ㅈ

주인성 agency

사회학과 철학에서 •주체가 자신의 행위 과정을 결정할 수 있는 정도. 일반적으로 이 개념은 •일상생활을 형성하고 주인성에 한계를 지정하는 인자를 논의하는 문맥에서 사용된다. 예를 들어, 부의 상대적 수준은 누군가가 가지고 있을 주인성의 정도에 분명히 영향을 미친다. 카를 •마르크스가 훌륭하게 표현한 말에 따르면, 역사를 만드는 것은 민중이다. 그러나 민중 스스로 선택한다는 조건에서 그들이 역사를 만드는 것은 아니다.

주체 subject

통상 개인 혹은 자아라 불리는 것을 지칭하려고 •비평이론에서 널리 쓰는 일반 용어. 이와 같이 용어를 변경한 것은 비평이론, •마르크스주의, •정신분석이 내놓는 논의 앞에서, 전적으로 자신의 이성에 따라 생각하고 행동할 수 있는 자율적 개인이라는 관념은 지지될 수 없다는 사실을 표시하기 위해서다. 정신분석의 •무의식 개념은 어떠한 •행동자도 자신이 하는 모든 행동을 의식할 수 없음을 보여준다. 그런가 하면 마르크스주의는 어떤 행동자도 역사의 과정을 결정할 능력이 없음을 보여준다. 이것의 핵심적 함의는 주체가 자연적으로 발생하는 혹은 기성의 실체가 아니라 역사와 무의식의 접합으로 생산된다는 것이다. 이러한 인식은 •문화 연구의 중요한 기반이 되었다.

죽음 충동 death-drive / *Todestriebe*

모든 유기체 속에 내재한 비유기체적 상태로 돌아가고자 하는 경향. 이 개념은 지그문트 •프로이트가 자신의 경력 후반기에 발전시킨 삶 충동(*Lebenstriebe*)과 죽음 충동(*Todestriebe*)이라는 두 가지 힘으로 구성되어 있는 이원론의 일부다. 또한 삶 충동과 죽음 충동은 각각 사랑과 죽음을 나타내는 그리스 신화의 신들의 이름을 따서 명명된 에로스와 타나토스로도 알려져 있다. 죽음 충동과 삶 충동은 평정 상태에서 존재한다(이런 이유로 프로이트는 이것을 가리켜 종종 '니르바나(열반, Nirvana) 원칙'이라 지칭했다). 프로이트는 죽음 충동이 자기 파괴를 향해 나아가는 경향 혹은 좀 더 정확히 말해 외부로 표출될 수 있고, 외부로 표출되면서 공격성으로 변하게 되는 긴장을 제거하려는 경향으로 보고 그것이 •심리에 나타난다고 주장했다. 죽음 충동에 관한 그의 아이디어는 어느 정도까지는 •반복 강박 개념과 함께 시작하는데, 여기서 반복 강박은 •쾌락원칙의 개념으로 설명할 수 없는 행동을 가리킨다. 예컨대, 굴욕적인 사건을 곰곰이 생각하는 것이 •쾌락을 주지 않음에도 우리는 종종 그것을 머리에서 지울 수 없다. 그리고 우리는 그 사건을 계속해서 검토하고 검토한다. 프로이트는 이런 일이 일어나는 것을 관찰한 후 에로스 이외에 다른 충동이 심리에 작동하는 것이 분명하다고 추론했다. 이와 같은 맥락에서 그는 •양가성이나 공격성, 우울증도 쾌락원칙에서 도출될 것이라고 생각하지 않았다. 죽음 충동은 •정신분석에서 여러 이의가 제기되는 개념으로, 이 개념의 일관성이나 타당성에 어떤 합의가 된 것이 없다. 자크 •라캉은 충동에 대한 도식화 작업에서 죽음 충동의 개념을 유지하지만 프로이트의 죽음 충동에 대한 이중적 개념을 해체하고 죽음 충동을 모든 충동의 일부로 해석한다. 질 •들뢰즈는 통제할 수 없는 죽음 충동을 터무니없는 것이라 생각해 거부했다. 반면 슬라보예 •지젝은 셀 수 없이 많은 책에서 •소비사회의 많은 공허함을 충분히 사유할 때 죽음 충동이 정말로 유용한 개념이라는 것을 보여준다. 지젝은 죽음 충동을 일종의 좀비 충동(zombie-drive)으로 시각화한다. 그리고 소비주의의 텅 빈 만족, 즉 우리가 얼마나 많은 것을 사든 더 많이 사고자 하는 충동이 결코 소멸되지 않는다는 사실을 설명하는 데 죽음 충동을 이용한다.

중층 결정 over-determination

1. 지그문트 •프로이트가 •압축과 •전치로 알려진 •꿈작업 과정의 효과를 설명하려고 쓴 독일어 용어 '위버데테르미니룽(*Überdeterminierung*)'의 영어 번역어. 압축 과정에서는 상이한 일군의 꿈 사고가 하나의 이미지 아래 압축된다. 전치 과정에서는 특별히 강력한 꿈 사고가 품은 정동이 다른, 상대적으로 약한 이미지로 옮겨진다. 이 과정의 결과로, 보이는 대로 받아들여서는 안 되는 이미지가 몇 겹 생겨난다. 이 경우 표면 이미지는 심층의 부분적이며 믿을

수 없는 표지일 뿐이다.

2. 프랑스의 *마르크스주의 철학자 루이 *알튀세르가 프로이트의 용어를 도입해, 사회적 실천은 언제나 다층적으로 결정되기(혹은 사회적 실천은 하나 이상의 원인을 가지기) 때문에 모순적 성격과 표현을 갖는다는 테제를 이론화했다. 알튀세르의 중층 결정 개념의 한 고전적 예를 기후 변화와 관련한 논란에서 찾을 수 있다. 기후 변화라는 현재 위기를 초래한 것은 서구의 방만한 생활방식이지만, 위기 해결을 위해 필요한데도 서구인이 포기하지 않으려 하는 한 가지 역시 이 생활 방식이다. 우리가 이 위기를 그리고 이 위기의 본원적 *모순을 알고 있기 때문에, 우리는 쓰레기를 처리하는 방식에서 상품을 구입하는 방식에 이르기까지 *일상생활의 모든 면이 우리가 뭉뚱그려 *세계화라고 부르는 한 거대한 과정의 효과이자 마찬가지로 뭉뚱그려 기후 변화라 부르는 막대한 과정에 대한 한 기여라는, 완벽하게 알튀세르적 아이디어에 익숙해졌다. 공정 교역 혹은 유기농 상품을 구입하기로 하는 우리의 결정은 이런 의미에서 중층 결정된 것이다. 여기에는 개인적 욕망과 동시에 경제체제 전반에 대한 자각이 반영되어 있기 때문이다. 여기서 중대한 함의는, 한 층위에서 변화(기후 변화가 지구의 미래에 안기는 위협의 심각함에 대한 우리 의식 변화)가 자동으로 다른 층위의 실천으로 번역되지 않는다는 것이다. 우리는 소비지상주의적 생활방식을 포기하지 않았다. 다만 그것의 양상이 변했을 뿐이다. 이는 마치 쇼핑하는 방식을 바꾸면 소비의 해악에서 지구를 구할 수 있다고 말하는 것과 같다.

중층 기술 thick description

문화인류학에서 중층 기술이란 특정 진술 혹은 제스처의 분석을 넘어 그 진술 혹은 제스처의 온전한 의미를 이해하는 데 필요한 배경과 문맥까지 분석하는 경우를 가리킨다. 이 개념은 영국의 분석철학자 길버트 라일이 구상했지만, 인류학의 중요 용어로 자리 잡게 된 것은 클리퍼드 *거츠가 중층 기술의 방향을 정립한 에세이 〈중층 기술: 해석적 문화 이론을 향하여〉(Thick Description: Toward an Interpretive Theory of Culture)를 쓰면서였다. 이 에세이는 널리 읽힌 그의 저서《문화 해석》(*The Interpretation of Cultures: Selected Essays*, 1973)의 서론이다. 윙크의 의미를 결정하는 일의 복잡함에 대한 라일의 좀 억지스러운 예(그것은 윙크일까, 눈가가 무심코 실룩인 것은 아닐까? 그것은 윙크로 의도되었는가, 아니면 윙크의 희화화로 의도되었는가?)로부터 거츠는 문화 자체가 진행형으로서 해석 실천의 한 형식이라는 일반 가설을 도출했다. 그렇기 때문에 거츠는 다른 문화를 이해하기 위해 무엇보다 먼저 파악해야 하는 것은 이 문화에서 의미를 생산하고 해석하는 데 필요한 여러 코드와 규칙이라고 말했다. 우리는 관찰만으로 다른 문화를 이해할 수 없으며, 그 문화에 속한 사람들의 시각으로 그 문화를 볼 수단을 찾아야 한다는 것이 거츠의 견해다. 그런 수단이 있을 때에만 우리는 눈가의 실룩거림이 윙크였는지 아닌지, 그 윙크가 모종의 담합을 의미하는지 아닌지 알 수 있다.

+ 참고
클리퍼드 거츠, 《문화의 해석》, 문옥표 옮김, 까치, 2009.

즈다노프주의 Zhdanovism

1948년 소비에트연방의 원로 관료인 안드레이 즈다노프가 제시해 연방 내 모든 예술 생산에 적용해야 했던 강령. 실상 예술 생산의 외부 규제와 검열을 가리키는 말이 되었다.

ㅈ

즉자성 / 대자성 in-itself / for-itself *(an sich / für sich, en-soi / pour-soi)*

철학에서 존재의 두 가지 기본 양태 간의 차이를 구분하려는 이분법. 대자성은 의식을 가지고 있고 즉자성은 의식을 가지고 있지 않다는 차이가 있다. 이 구분은 *실존주의 철학자 장 폴 *사르트르의 연구에서 중요하다. 사르트르는 돌 같은 대상의 존재가 인간의 존재만큼 다양하지 않다는 것을 입증하려고 이 구분을 사용했다. 그러나 사르트르의 관점에서 모든 인간이 대자적 존재를 가지고 있는 것은 아니다. 대자적 존재는 자유로운 상태를 의식적으로 추구하면서 달성되어야만 하기 때문이다.

지금 시간 *jetztzeit* / now-time

발터 •벤야민이 〈역사철학 테제〉(Theses on the Philosophy of History)에서 쓰는 용어. 역사의 연속성에서 분리된 시간, 혁명적 가능성이 충만한 시간을 가리킨다. 가만히 정지해 에너지로 가득한 시간이고, 미래를 향해 벤야민이 '호랑이의 도약'이라 부른 그것을 할 준비가 된 시간이다. 이 시간은 자연스럽게 오지 않는다. 이 시간은 끝없는 흐름 속에 갇혀 있으며, 예술가나 혁명가가 그 흐름에 개입해 파괴적 힘으로 그것을 해방시킬 때 오게 된다. 벤야민은 이 시간을 지배계급의 '균질적이며 공허한 시간'과 대조했다. 지배계급의 '균질적이며 공허한 시간'은 승자 관점에서 기록되는 역사다. 베네딕트 •앤더슨은 •상상의 공동체로서 국가에 대한 그의 이론에서 이 점을 보여주었다.

지시 대상 referent

세계 속에서 •기호가 가리키는 실제 대상. 나무 이미지의 지시 대상은 실제 나무다. 지시 대상과 기의는 혼동되어서는 안 된다. 기의는 사물이 아니라 개념이기 때문이다. 모든 기호가 지시 대상을 갖는 것은 아니다. 다른 기호가 지시 대상인 수많은 기호가 있다.

지시어 deictic

의미가 완전히 문맥에 따라서만 결정될 수 있는 중요 단어들의 부류. 또한 •전환사(로만 •야콥슨이 선호했던 선택)로도 알려진 지시어는 '나(I)'와 '너(you)'처럼 대명사와 같은 단어다. 이런 단어의 의미는 문맥에 따라 다양하다. 그것의 중요한 기능이 의미론적이기보다는 지시적이기 때문이다. 간접화법에서는 지시어를 사용하기가 복잡하기 때문에 지시어의 역할은 문학적 연구와 비평적 연구에서 특히 관심을 둔다.

GIP → 감옥정보그룹

지정학적 미학 geopolitical aesthetic

서사의 근본 주제가 민족국가 간의 상호관계인 서사 유형. 프레드릭 •제임슨이 1990년 런던의 영국영화협회에서 제1세계, 제2세계, •제3세계 영화 간의 차이를 다루는 일련의 강의를 하려고 이 개념을 만들어냈다. 그 후 제임슨의 강의는《지정학적 미학》(*The Geopolitical Aesthetics*, 1992)이라는 제목의 책으로 출판되었다. 제임슨은 강의에서 영화제작자들이 국가 간의 관계를 재현할 때 직면하는 어려움을 강조했다. 더 나중에 출판된 책에서 제임슨은 〈더티 프리티 싱〉(*Dirty Pretty Things*, 스티븐 프리어스 감독, 2001), 〈이 세상에서〉(*In This World*, 마이클 윈터바텀 감독, 2003)와 영국의 텔레비전 미니시리즈 〈트래픽〉(*Traffik*, 엘라스테어 레이드 감독, 1989)과 같은 영화들이 이 세상의 서로 다른 부분에서 살고 있는 사람들의 삶이 빠져나갈 수 없이 연결되는 방식에 주목하고 있음을 시사했다(이 영화들은 각각 불법 인간 장기 거래, 밀수, 마약 밀거래 같은 국제적인 범죄 공모 사건들을 중심으로 진행된다)(→ 인지적 지도; 국가(민족) 알레고리).

지젝, 슬라보예 Žižek, Slavoj (1949~)

슬로베니아의 •마르크스주의 철학자이자 정신분석학자. 재미있고 도발적인 방식으로 •비평이론을 대중문화에 접목하는 탁월한 능력을 지닌 지젝은 지금 세계에서 유명한 지식인 중 한 사람이다. 믿을 수 없을 만큼 다작을 했는데, 수많은 분야를 넘나드는 지젝의 글은 수요가 높다. 영국의《더 가디언》(*The Guardian*)과《런던 리뷰 오브 북스》(*London Review of Books*) 같은 신문에서부터 블로그와 학술 저널에 이르기까지, 지젝은 여러 매체에 기고하고 있다. 몇 개 언어로 글을 쓸 수 있기도 하지만, 지젝의 탁월한 재능은 국제적 사건에 대해 반직관적인 비평적 반응을 거의 즉각적으로 내놓을 수 있다는 데 있다. 통념에 위배되며 다수 의견에 맞서는 주장이 지젝 고유의 상표 같은 것이 되었고, 이제 어떤 사안에 대해서든 지젝은 그 아닌 다른 모든 사람이 하는 말과 반대되는 말을 할 것으로 기대할 수 있는 비평가다. 지젝 비판자 혹은 지젝의 결점이 없는 것은 아니지만, 지금 지젝은 저항 진영의 중요한 목소리로 널리 인정받고 있다.

지젝은 당시 공산주의 유고슬라비아의 영토였지만 지금은 슬로베니아 수도인 류블랴나의 중산층 가정에서 태어났다. 류블랴나 대학교에서 철학과 사회학을 공부했고 1971년에 같은 대학에 연구원으로 취직했다. 당시 유고슬라비아는 사회주의국가로는 비교적 자유로운 분위기였지만 그 나름대로 강경 요소가 있었고, 지젝은 1973년 석사 학위 논문이 '비마르크스주의적'이라는 이유로 해고되었다. 이어지는 4년 동안 그는 유고슬라비아 군대에서 의무 병역을 수행했다. 1970년대 말 그는 류블랴나 대학교 사회학연구소에 연구원으로 채용되었고, 연구원으로 일하면서 독일관념론에 대한 박사 학위 논문을 완성해 1981년 박사 학위를 받았다. 학위 후 그는 파리로 가서 자크 *라캉의 사위인 자크 알랭 밀러와 *정신분석을 공부했으며, 교수자격 논문(라캉, G. W. F. *헤겔, 카를 *마르크스에 관한)을 완성했다. 학계 바깥에서 지젝은 슬로베니아 자유민주당을 공동 창당했고 1990년 4명으로 구성되는 슬로베니아의 공동 대통령직에 출마하지만 작은 차이로 낙선했다.

1989년, 영어로 쓴 최초의 저서《이데올로기의 숭고한 대상》(*The Sublime Object of Ideology*)의 출간과 함께 지젝의 이력은 큰 전기를 맞았다. 그가 이후 발표할 무수한 저작에서 공통적으로 보게 될 한 유형을 수립한 이 책에서, 지젝은 라캉과 헤겔을 융합해 마르크스주의적 *문제 틀에 적용했다. *이데올로기는 무엇이며 어떻게 작동하는가? 지젝은 이데올로기를 사회를 통합하고 유지하는 일군의 믿음으로 정의했다. 그 믿음은 허위일 때도 많고, 비일관적이며 비합리적일 때도 많지만 반드시 필요하다. 예를 들어, 돈이 돈으로 작동하려면 그것의 *가치를 우리가 믿어야만 한다. 실상 돈의 실체는 약속어음이다. 돈이 본원적으로는 무가치하다는 것을 우리는 감각으로 알면서도 돈의 가치를 믿는다. 우리는 실상을, 진실을 알면서도 진실이 다른 쪽에 있다고 믿는 쪽을 택한다. 여기서 지젝은 현실을 지지하는 것이 *환상이라는(환상을 지지하는 것이 현실이 아니라) 도발적 테제를 내놓는다. 환상은 이미 알고 있는 진실에 대한 의식적 거부와, 대안의 진실에 대한 무의식적이며 따라서 더 강력한 믿음의 결합이다. 환상은 *실재계와 접촉하면 와해될 수 있다는 상시적 위협을 받으므로 *문화는 그런 일이 일어나지 않게끔 하는 방법을 찾아내야 한다. 지젝이 내놓은 최선의 작업은 문화의 이 과정이 어떻게 작동하며 동시에 실패하는지 상세히 탐구한다.

+ 더 읽을거리

R. Butler, *Slavoj Žižek: Live Theory*, 2004.
S. Kay, *Žižek: A Critical Introduction*, 2003.
토니 마이어스, 《누가 슬라보예 지젝을 미워하는가》, 박정수 옮김, 앨피, 2005.
M. Sharpe, *Slavoj Žižek: A Little Piece of the Real*, 2004.

+ 참고

슬라보예 지젝, 《이데올로기의 숭고한 대상》, 이수련 옮김, 새물결, 2013.

○ 웹 링크

- 다작인 슬라보예 지젝의 출판되는 글과 대중 강연과 발표 등에 대한 정기적 업데이트를 하고 있는 웹사이트.

지표 index

찰스 샌더스 *퍼스의 *기호학에서 *기호와 *대상의 관계에 관한 세 가지 구분 중 두 번째 부분(다른 두 요소는 *성상과 *상징이다). 지표 기호의 특징은 그것이 대상을 보여준다는 점이다. 퍼스는 풍향계, 온도계, 야드 자(yardstick), 사진을 지표 기호의 예로 들었다.

ㅈ

지향성 intentionality

철학에서 사유와 사유되는 세계에 존재하는 대상 간의 관계. 만일 우리가 어떤 자동차를 생각한다면 그것은 그 자동차에 관한 우리 생각과 실제 자동차 자체 사이의 관계다. 지향성이 순수한 대상에만 쏠려 있어야 할 필요는 없다. 그뿐만 아니라 지향성은 관념이나 감정을 가리킬 수도 있다. 따라서 지향성은 의식의 직접성이라고 생각할 수 있다. 지향성은 행동을 위한 동기로서 의도를 가리키지는 않는다(예컨대, 지향성은 누군가의 의도가 훌륭한가, 그렇지 않은가를 나타내지는 않는다).

지형학 topography

《꿈의 해석》(*Die Traumdeutung*, 1990 / *The Interpretations of Dreams*, 1953)에서 지그

문트 *프로이트는 지리학의 이 용어(산의 높이, 호수의 깊이 등 지표 사물들의 특징을 그린 지도를 가리킨다)를 빌려와서, 자신이 구상한 세 영역(*무의식, 전의식, 의식)으로 이루어진 정신 기제를 설명했다. 프로이트는 이 지형도를 해부학적 도표(뇌의 한 부분을 무의식으로 명명하고 다른 부분을 의식으로 명명하는 것 같은)로 의도하지 않았다. 그가 조심스럽게 정신 기제라는 용어를 사용하는 이유가 여기에 있다. 환자들을 분석하면서 무의식과 연계한 충동, 사고, 소망 등이 의식과는 다른 단계에서 일어난다고 프로이트는 확신하게 되었고, 그에 따라 지형도 개념을 쓰게 되었다. 이 가설, 즉 무의식은 의식과는 다른 종류의 정신 기제이며 무의식의 산물은 1차 과정(다시 말해, *꿈작업)을 거쳐 왜곡되고 변형된 다음에야 의식으로 진입할 수 있다는 가설이 *정신분석의 출발 지점이다. 간혹 무의식이 불쑥 의식 속으로 침입할 때도 있지만(이것이 '프로이트적 말실수'라 알려진, 프로이트 자신의 용어로는 *파라프락스 현상이다) 의식은 대체로 무의식에서 일어나는 일을 자각하지 못한다. 그러나 의식이 자신의 무지를 유지하려고 수행하는 *억압은 그 나름대로 대가를 치르게 된다. 프로이트는 나중에 무의식, 전의식, 의식을 *이드, *에고, *초자아로 교체하지만 세 영역의 공간적 분리라는 아이디어는 그대로 둔 제2의 지형학을 제시했다. 두 유형학 사이의 주된 차이는 두 번째 지형학의 경우 심리적 충동이 둘 이상의 영역에서 동시에 일어날 수 있다고 본다는 데 있다. 첫 번째 지형학을 내놓았을 때, 프로이트는 정신적 충동이 무의식에서 발원하고 의식으로 이행한다고 보았다.

진술 statement / *énoncé*

*담론의 가장 기본 단위를 가리키는 미셸 *푸코의 용어. 진술은 문장, 단어, 명제에 대응하지 않는다. 진술은 언어, 대상과 같은 존재를 갖지 않으면서도 그 둘에 따라 구성될 수 있다. 진술에 대한 푸코의 가장 유명한 예로는 타자기 키보드가 있다. 키보드는 그 자체로 진술이 아니지만, 타자 매뉴얼에서 제시되는 키보드는 진술이다. 매뉴얼 속 키보드는 타자기 키보드가 특정 국가에서 만들어지는 방식의 진술이 된다. 이것은 일련의 가능성의 법칙 혹은 존

재의 규칙(키보드의 모양과 조직, 사용법에 숙달해야 할 필요 등)을 가리키기 때문에 진술이다.

+ 더 읽을거리
M. Foucault, *L'Archéologie du savoir*, 1969 / *The Archeology of Knowledge*, 1972.

진술사 constative

영국의 언어철학자 존 랭쇼 •오스틴의 용어로 단순히 정보를 전달하고 행동을 수행하지 않는 발화 유형을 가리킨다. 이런 의미에서 진술사는 •수행사와 논리적 대립을 이룬다. 수행사와 달리 진술사로 이루어진 표현은 진실 혹은 거짓일 수 있다.

질 기호 qualisign

찰스 샌더스 •퍼스의 •기호학 체계에서 •기호인 특질(qualia). 장미의 색깔은 특정 장미의 특질인 동시에 기호다.

짐멜, 게오르크 Simmel, Georg (1858~1918)

독일의 철학자. 사회 연구와 •비평이론을 창시한 인물 중 하나다. 그의 저작들이 영어로는 상대적으로 덜 알려져 있지만, 짐멜은 25권이 넘는 저서를 쓴 생산적인 저자였고, 20세기 중요한 사상 유파 중 하나인 •프랑크푸르트학파에 직간접으로 상당한 영향을 미친 사상가다. 그는 베를린에서 태어났는데, 도시 베를린은 그의 작업에서 일종의 시금석 역할을 했다. 그의 가장 유명한 에세이 〈대도시와 정신적 삶〉(Die Großstädte und das Geistesleben, 1903 / The Metropolis and Mental Life, 1948)에서 이 점을 특히 잘 볼 수 있다. 그의 친구들, 그가 서신을 교환했던 사람들의 명단은 화려하지만(슈테판 게오르게, 라이너 마리아 릴케, 오귀스트 로댕, 에드문트 •후설, 막스 베버 등이 여기 포함된다) 학자이자 사상가로서 짐멜은 평생 주변적 위치(그의 작업이 탁월하게 분석했던)에서 고립된 삶을 살았다.

짐멜은 1876년 베를린 대학교에서 공부를 시작했다. 처음 전공은 사학이

ㅈ

었고 나중에 심리학으로 전공을 바꾸며(그는 빌헬름 *딜타이를 가르쳤던 모리츠 라자루스에게서 배운다) 결국 철학으로 다시 바꾸었다. 처음 박사자격 논문은 요들을 다룬 한 장이 있는 음악에 대한 심리학적·민속학적 연구였는데, 이 논문은 통과되지 못했다. 그는 임마누엘 *칸트에 대한 더 전통적인 논문으로 두 번째 시도에서는 통과했다. 1885년 베를린 대학교에 강사로 임용된 짐멜은 1900년까지 이 대학교에서 재직했다. 그의 학문적 이력은 학자적 탁월함을 전혀 반영하지 못했다. 그는 15년 동안 종신 재직권 없이 가르쳤다. 이는 한편으로는 그가 유대인이었기 때문이고 다른 한편으로는 그를 밀어줄 힘 있는 동료들의 지지를 확보하는 데 실패했기 때문이지만, 무엇보다 당시 사회학이 지금과 달리 정당성을 갖지 못한 학문이었기 때문이다. 그러나 짐멜은 학생들 사이에서는 대단히 인기 있는 교수(그의 학생 중에 에른스트 *블로흐도 있었다)였다. 그는 1908년 여학생들의 대학 진학이 공식적으로 가능해지기 전에 여학생을 자기 수업에 받아준 교수 중 한 사람이었다. 몇 군데에서 교수직을 확보하는 데 실패한 짐멜은 1914년 제1차 세계대전이 일어나기 직전 스트라스부르 대학교의 철학과 학장직을 맡았는데, 1918년 타계할 때까지 이 자리에 있었다.

언뜻 보면 짐멜의 작업은 아주 다양한 범위의 주제를 아우른 듯한데, 이 모두의 기저에 세 가지 분명한 초점이 있다. 그의 관심은 무엇보다 ① 음악, 회화, 연극, 철학, 종교, 심지어 과학까지 문화 형식의 기원, ② 사회적 형식의 본질과 구조적 성격, ③ 아웃사이더 등의 성격 유형 세 가지에 있었다. 짐멜은 문화적 배경 속에서 형식과 내용을 구분하는데, 그의 작업은 이와 같은 구분에 토대를 두고 있다. 짐멜에게 내용은 형식의 렌즈를 통해서만 접근 가능한 것이 된다. 그리고 이 경우 형식은 임마누엘 *칸트의 범주와 기능적 등가물이다. 형식은 내용에 확정적이며 확정하는(determinate and determining) 존재를 부여한다. 예를 들어, 문화적 형식으로서 음악은 실제 일련의 실천으로 그 자체가 하나의 실체가 되었고, 이 실체와 함께 우리는 어떤 소리가 소음에 불과한지 아니면 미학적으로 흥미로운 무엇인지 결정한다. 짐멜은 성격 유형 문제에도 같은 방식으로 접근했다.

짐멜의 방법을 구성하는 네 가지 기본 원리는 다음과 같다. ① 세계는 당혹스러울 만큼 다양한 내용으로 구성되며, 한정된 수의 형식에 따라 질서를 갖게 된다. ② 사건과 대상의 의미는 다른 사건과 대상의 상호작용으로만 나오게 된다. ③ 형식의 특징 그리고 대상의 의미는 우리가 형식, 대상과 우리 사이에 확보할 수 있는 거리에 따라 발생하는 기능이다. ④ 서로 다른 범주 사이에서 발생하는 일련의 갈등을 보는 것이 세계를 이해하는 최선의 방법이다. 이 네 원리는 짐멜의 가장 유명하고 중요한 저서《돈의 철학》(*Philosophie des Geldes*, 1900 / *The Philosophy of Money*, 1978)에서 분명하게 드러났다. 이 저작은 그의 동시대 독자들을 양분했다. 죄르지 *루카치는 이 책을 찬탄했고 에밀 *뒤르켐은 혹평했다. 지그프리트 *크라카우어는 짐멜 사후에 이 책을 긍정적으로 연구한 논문을 썼지만 전체를 발표하지는 않았다.

+ 더 읽을거리

D. Frisby, *Georg Simmel*, 1984.
D. Frisby, *Fragments of Modernity*, 1985.

+ 참고

게오르크 짐멜, 《돈의 철학》, 김덕영 옮김, 길, 2013.

집단 무의식 collective unconscious

카를 *융의 분석심리학에 따르면 *심리의 선대로부터 계승된 차원. 융에 따르면 집단 무의식은 인간의 역사 전체로 구성되어 있고 원형 시스템의 형식으로 자신을 드러낼 때 모든 인간 존재가 공통적으로 가지고 있는 것이다. 집단 무의식이 그렇게 대단히 일반적인 생각이라 하더라도 또한 집단 무의식은 꽤 구체적인 모습으로 나타나는데, 신화와 상징, 제의로 예시할 수 있다. 집단 무의식은 심리 자체에서 가장 원시적 차원이라고 볼 수 있다. 통합된 자아를 형성할 때 집단 무의식은 개인의 *무의식으로 중재된다.

+ 더 읽을거리

A. Stevens, *Jung*, 1994.

징후적 독해 symptomatic reading

프랑스의 마르크스주의자 루이 *알튀세르가 제안한, 문학과 역사를 읽을 때 텍스트 기저에 있는 말해지지 않은 전제에 집중하는 방법. 징후적 독해는 특히 텍스트가 자신의 이데올로기적 확신 때문에 말할 수 없는 것 혹은 억압하는 것이 무엇인지 결정하고자 한다. 예를 들어, 미국과 오스트레일리아의 개척시대 문학을 비교한다면, 왜 두 나라 다 식민 정복의 결과로 생겨났으면서 문학 전통은 그토록 다른지 탐구할 수 있다. 미국에서는 서부 문학이 생겨났고, 오스트레일리아에서는 집을 잃은 아이들과 고립된 전사들 이야기가 생겨났다.

차연 *différance*

의미의 가능성의 조건을 나타내는 프랑스 철학자 자크 •데리다의 용어. 데리다는 차연을 개념이라 부르는 것을 명백히 배제한다. 대단히 유용한 인터뷰집 《입장들》(*Positions*, 1972 / *Positions*, 1981)에서 설명하고 있듯이, 데리다는 시간적 차원과 공간적 차원 모두를 나타내는 프랑스어 동사 '*différer*'의 방식을 드러나게 하려고 이 신조어를 고안했다. 프랑스어 동사 '*différer*'는 한편으로는 지연이나 유예를 나타낸다(연금과 같은 연기된 지불이나 미리 녹화된 텔레비전 프로그램 방송은 모두 이런 식으로 언급될 수 있다). 그리고 다른 한편으로 그것은 다른 것에서 같은 것을 구분하는 움직임이다. 이런 두 가지 '*différer*'의 의미에 데리다는 차연(差延)이 공표하는 바로 그 차이를 발생시키는 과정이 차연(*différance*)이라는 세 번째 관찰 결과를 첨부했다. 그러한 것으로서 차연은 우리가 결코 도달할 수 없는 기원(차연의 현존은 영원히 지연되기 때문이다), 우리가 만들어내는 데 완전히 성공할 수 없는 차이, 차연을 현존시키고 차이를 만드는 두 가지를 모두 해내려는 영속적이고 필수적인 시도를 뜻한다. 이 용어는 번역하기 어렵다. 영어권 사람들에게 '차연'의 내적 복잡성을 '들리게' 하는 것이 어렵기 때문에 '차연'의 이 세 가지 의미 중 첫 번째는 'to differ'라는 영어 동족어로는 충분하지 않다. 그러나 '차연'이 특별한 형식의 인과론이나 결과보다는 가능성의 조건을 가리킨다는 것을 기억한다면 '차연'의 목적은 상대적으로 쉽게 이해할 수 있다. 앞서 언급한 인터뷰에서 데리다는 이러한 개념의 '차연'을 가지고 자신이 명료화하려는 것이 무엇인지를 아주 유용하게 밝히며 계속해서 위반이라는 개념을 논의한다. 데리다는 위반이 결코 단번에 전부 달성될 수 없다고 말했다. 이는 법이 위반되는 한 법은 그 자신이 위반될 수 있는 것임을 입증하는 셈이고 그것을 척도로 삼아 그 행위 자체는 위반 행위이기를 멈추기 때문이다. 그러므로 위반은 자기가 위반하고 싶은 법의 온전함을 회복하려 멈추지 않고 움직여야만 한다. 자크 •라캉과 다른 정신분석가들이 지적했듯이, 이런 이유 때문에 아마도 대위반자(arch-transgressor), 즉 마르키 드 사드 또한 필연적으로 법의 열렬한 지지자라 할 수 있다. 데리다가 •해체라고 부른 읽기 전략은 '차연'이 모든 양상의 의미 만들기의 기초를 보강한다고 전제한다.

+ 더 읽을거리

S. Critchley, *The Ethics of Deconstruction*, 1992.
조나단 컬러, 《해체비평》, 이만식 옮김, 현대미학사, 1998.
크리스토퍼 노리스, 《해체비평: 디컨스트럭션의 이론과 실천》, 이기우 옮김, 한국문화사, 1996.

초근대성 supermodernity / *surmodernité*

현재의 역사적 국면을 가리키는 프랑스 인류학자 마르크 •오제의 용어. 이 개념은 《비장소: 초근대성의 인류학 서론》(*Non-Lieux, Introduction à une anthropologie de la surmodernité*, 1992 / *Non-Places: Introduction to an Anthropology of Supermodernity*, 1995)에서 시작하는 4부작 저작에서 탐구된다. 나머지 3부는 《타자의 감각: 인류학의 적실성》(*Le Sens des autres: Actualité de l'anthropologie*, 1994 / *A Sense for the Other: the Timeliness and Relevance of Anthropology*, 1998), 《우리 시대의 세계들을 위한 인류학》(*Pour une anthropologie des mondes contemporains*, 1994 / *An Anthropology for Contemporaneous Worlds*, 1998), 《꿈의 전쟁: 민속 픽션 연습》(*Le Guerre des rêves: exercises d'ethno-fiction*, 1997 / *The War of Dreams: Exercises in Ethno-Fiction*, 1999)

이다. 오제가 보기에 현대는 무엇인가의 끝을 알린다는 의미에서 '포스트'모던이 아니다. 현대는 모던 과잉의 시기, 우리가 *모더니티라 부르는 것에서, 그 종류는 다르지 않지만 정도 차이가 극대화되면서 점점 종류 차이로 근접해가는 시기다. 달리 말하면, 모더니티의 세 징후가 그들만의 다른 역사적 이유로, 현재를 이전 시기와 다른 시기로 규정하게 한다. 오제가 말하는 세 가지 과잉은 ① 시간, ② 공간, ③ 개인성에서 일어난다.

시간 과잉에 대해 오제는 주어진 어떤 한 시간에 우리가 인지하고 기록해야 할 사건들의 폭발로 말미암아 현재성에 대한 우리 감각이 그 한계를 넘어섰다고 말한다. 이 점을 보여주는 전형적 이미지로 프레드릭 *제임슨이 제시한 예는 영화 〈지구에 떨어진 사나이〉(The Man Who Fell to Earth, 니컬러스 뢰그 감독, 1976)에서 앙상하게 마른 데이비드 보위가 무력하게 50개 정도 되는 텔레비전을 동시에 보는 이미지다. 공간의 과잉은 시간의 과잉과 함께 일어나고 시간의 과잉을 악화하기도 하는데, 세계가 지구촌화하면서 일어난 역설적 현상이다. 항공기는 지구의 가장 오지도 쉽게 갈 수 있게 했고, 위성 테크놀로지는 우리 거실에서 세계를 보고 세계에서 일어나는 사건들을 실시간으로 목도할 수 있게 했다. 개인성의 과잉은 현대적 삶이 강제하는 고독(직장까지 출퇴근하는 데 필요한 긴 시간, 컴퓨터 앞에서 보내는 외로운 시간 등에서 보는)이 가져온 역설적 결과다. 전통 시대에 *일상생활을 조정했던 집단성이 붕괴된 시대에 필연적인 공백을 채우려고 우리의 자아는 확장한다. 오제의 분석에는 당연히 어떤 향수의 요소가 있다. 하지만 인류학에 대한 새로운 사유, 인류학을 하는 새로운 방법을 위한 진지하고 흥미로운 시도도 있다(→포스트모더니티).

+ 더 읽을거리

I. Buchanan, "Non–Places: Space in the Age of Supermodernity" in R. Barcan, and I. Buchanan, (eds.) *Imagining Australian Space*, 1999.
J. Frow, *Time and Commodity Culture*, 1997.

초자아 superego / *Über-Ich*

지그문트 *프로이트가 구축한 정신 기구의 3자 관계에서, 양심의 무의식적

ㅊ

의인화를 가리키는 용어. 초자아는 부모가 아이에게 내리는 금지와 요구의 내면화로 구성되며, 초자아가 하는 일은 부모를 모방하고 *에고의 내적 판단자이자 검열관으로 행동하는 것이다. 주체는 초자아의 작동 과정을 반드시 의식하지는 않는다. 그러나 애도와 우울증이라는 병리적 상황에서 초자아의 존재는 죄책감으로 날카롭게 자각된다. 두 번째 *유형학에서 프로이트가 이론화했듯이, 초자아는 아이가 오이디푸스적 욕망을 충족하려는 시도를 중단하고 오이디푸스적 욕망의 *카섹시스를 동일시로 전환하면서, 자아로부터 점진적인 분리 과정을 거쳐 형성된다. 이에 대조적으로, 멜라니 *클라인은 초자아가 아주 이른 시기부터 존재하고 좋은 *대상과 나쁜 대상을 *내면 투사한 결과로 형성된다고 보았다.

초현실주의 Surrealism

제1차 세계대전이 끝날 무렵 시작해서 1966년 초현실주의의 비공식 교황이었던 앙드레 *브르통의 죽음과 함께 끝난(초현실주의의 반(反) 공식 역사가인 모리스 나도라면 초현실주의가 여전히 살아 있다고 하겠지만) 예술운동. 초현실주의의 절정기는 양차 세계대전 사이의 20년 동안, 1929년 주가 폭락에 이어 이탈리아, 스페인, 독일에서 파시즘의 집권도 목도했던 격동기다. 이때는 국제 좌파에게 희망의 시기이기도 했는데, 초현실주의는 그들에게 동조했다.

초현실주의는 문학 운동으로 시작했지만, 충격적인 시각 이미지로 더 유명하다. 대표적 초현실주의 이미지라면, 살바도르 달리와 루이스 부뉴엘이 1929년 만든 영화 〈안달루시아의 개〉(Un Chien andalou / An Andalusian Dog)에서 고통스러울 만큼 선명하게 제시되는 안구를 자르는 장면일 것이다. 달리는 이 영화로 파리 예술계에 데뷔했다. 초현실주의의 유희적 미학은 로트레아몽 백작이 《말도로르의 노래》(*Chants de Maldoror*, 1868)에서 제시한 아름다움의 정의('수술대 위에서 일어나는 재봉틀과 우산의 우연한 만남')에 포착되어 있다. 이 구절은 초현실주의의 구호가 되었다.

'초현실주의'라는 말은 기욤 아폴리네르가 1917년 만들었다. 그러나 이 말에 우리가 지금 부여하는 의미를 준 것은 브르통이 쓴 1차 《초현실주의 선언》(*Surrealist Manifesto*, 1924)이다. 브르통은 초현실주의가 순수한 정신적 자동주의라고 말했다. 초현실주의의 자동주의는 글쓰기 그리고 다른 예술적 수단을 활용해 사고의 진정한 작동(이성 혹은 도덕적·윤리적·미학적 고려들에 제약받지 않는)을 표현한다. 지그문트 *프로이트의 《일상생활의 정신병리학》(*Zur Psychopathologie des Alltagslebens*, 1901 / *The Psychopathology of Everyday Life*, 1914)의 영향 아래 초현실주의는 *무의식 자체에 내재한 야생의 창조성을 이끌어내고 예술과 인생의 구분을 무너뜨리고자 했다. 흥미롭게도, 프로이트 자신은 초현실주의에서 별다른 인상을 받지 않았고, 1921년 빈에서 브르통을 만났을 때 그에게 호의적이지도 않았다.

초현실주의는 프로이트의 치료 테크닉인 *자유연상을 차용해 초현실주의를 대표하는 두 가지 예술 과정을 개발했다. 하나는 자동글쓰기(구문이나 의미에 구애받지 않고 어휘, 사고, 관념을 *의식의 흐름에 따라 기록하기)이고 다른 하나는 콜라주(이미지와 다른 예술적 재료의 무작위 조합)다. 1929년, 독일의 문화비평가 발터 *벤야민은 초현실주의의 테크닉이 가져오는 도발적 결과에서 '불경한 계시'를 받을 수 있다고 썼다. 초현실주의 운동의 전성기에 거의 모든 예술 매체가 초현실주의 테크닉을 실험했다. 음악이 그중 예외다. 음악은 초현실주의가 강조하는 우연, 무작위성을 음악 안으로 가져올 길을 찾지 못했다.

문학에서 초현실주의는 루이 아라공의 《파리의 농부》(*Paris Peasant*, 1924), 브르통의 《나자》(*Nadja*, 1928)를 생산했다. 영화에서는 앞서 말한 부뉴엘이 초현실주의적 영화를 주도했지만, 심지어 알프레드 히치콕도 초현실주의적 실험을 했다(그는 잉그리드 버그먼과 그레고리 펙이 주연한 1945년 작 《스펠바운드》(*Spellbound*)의 드림 시퀀스를 달리에게 맡겼다). 사진에서는 맨 레이, 리 밀러(맨 레이의 모델이고 뮤즈였던), 외젠 아제, 막스 에른스트가 초현실주의의 표준을 수립했다. 시각예술에서는 누구보다 주목을 받은 이는 달리지만 르네 마그리트, 앙드레 마송, 호안 미로, 이브 탕기도 그만큼 중요하다. 조형 예술에서 초현실주의의 가장 유명한 작품을 만든 이는 마르셀 뒤샹이다. 연극에서는 앙토냉 *아르토가 가장 악명이 높았지만, 나중에 그는 초현실주의와 절연했다(사실 이것은 그 자체로 초현실주의적 행위다. 초현실주의 그룹 안에서 얼마나 자주 초현실주의를 향한 비방과 축출이 있었나를 감안한다면).

초현실주의는 •비평이론의 세 주요 인물에게 직접적 영향을 미쳤다. 조르주 •바타유, 앙리 •르페브르, 자크 •라캉이 그들이다. 또한 장 •보드리야르와 기 •드보르에게도, 멀지만 작지 않은 영향을 미쳤다.

+ 더 읽을거리

W. Benjamin, "Surrealism" in *Reflections*, 1978.
M. Gale, *Dada and Surrealism*, 1997.
D. Hopkins, *Dada and Surrealism: A Very Short Introduction*, 2004.
모리스 나도, 《초현실주의의 역사》, 민희식 옮김, 고려원, 1985.

+ 참고

로트레아몽, 《말도로르의 노래》, 윤인선 옮김, 청하, 1997.
앙드레 브르통, 《초현실주의 선언》, 황현산 옮김, 미메시스, 2012.
지그문트 프로이트, 《일상생활의 정신병리학》, 이한우 옮김, 열린책들, 2003.
앙드레 브르통, 《나자》, 오생근 옮김, 민음사, 2008.

○ 웹 링크

- 초현실주의 운동의 간략한 개관. 유명한 초현실주의자들의 짧은 전기 제공.
- 초현실주의와 초현실주의 예술의 역사. 유명한 초현실주의자들 정보.
- http://www.surrealismcentre.ac.uk

촘스키, 노암 Chomsky, Noam (1928~)

미국의 언어학자, 인지심리학자, 철학자, 정치적 행동주의자. 촘스키는 마치 다른 두 가지 약력(두 방면 모두에서 탁월하다)을 가지고 있는 것 같은데, 이는 촘스키의 언어학 연구가 대단히 복잡해서 그가 일반 청중을 위해 대중적인 글을 쓸 수 있다는 것을 상상하기가 어렵기 때문이다. 하지만 그는 베트남전쟁을 열렬히 반대하던 시절부터 일반 청중을 위한 대중적 글쓰기를 했다. 결과적으로 그는 현재 살아 있는 학자 중에서 가장 널리 인용되고 가장 널리 알려진 학자다. 학계에서 촘스키라는 이름은 그의 발명품인 변형문법과 밀접한 연관이 있다.

그는 미국 필라델피아의 한 이민 가정에서 태어났는데, 그의 아버지는 우크라이나, 어머니는 벨라루스에서 온 이민자였다. 그는 주변에 있는 대다수 가톨릭 이웃 속에서 만난 노골적인 반유대주의에도 불구하고 히브리 문화와 문학에 의식적으로 심취했던 가정에서 성장했다. 그의 아버지는 세계산업노동자연맹(애칭으로 '워블리스'라고 알려져 있다)의 회원일 정도로 정치에 열렬한 관심을 둔 히브리 학자였고 명백히 영향력을 미치는 인물이기도 했다. 촘스키는 필라델피아에 있는 고등학교에 다닌 뒤 펜실베이니아 대학교에서 학사와 박사를 마쳤다. 박사 논문을 쓰는 동안 그는 하버드 대학교로부터 연구비를 지원받기도 했다. 그는 1955년 졸업하면서 매사추세츠 공과대학교에서 교수직을 얻었고, 그 이후 그곳에 재직했다.

촘스키의 첫 번째 책은 자신의 논문을 다시 고쳐 쓴 《통사구조》(*Syntactic Structures*, 1957)인데, 이 책은 언어학 분야에서 하나의 분수령이 되었다. 촘스키는 현존하는 언어 사용의 예들에 담긴 규칙적 패턴을 기술할 생각으로 그런 언어 사용의 예들을 연구하는 방향에서 어떻게 언어 사용자가 처음으로 언어 사용법을 알게 되는가와 같은 좀 더 사변적 문제로 언어학의 강조점을 바꾸려고 시도했다. 그는 언어를 사용할 수 있는 능력을 가리켜 *언어능력이라고 이름 붙인다. 그리고 그것은 언어의 실제적 사용을 뜻하는 *수행과 대조된다. 그의 주장에 따르면, 모든 인간은 언어능력을 알지는 못한다 해도 그것을 가지고 있다는 의미에서 언어 능력은 선천적인 것이다. 이와는 반대로 아동이 어떻게 언어를 대단히 빨리 학습하는 것이 가능한지를 우리가 설명할 수 없다고 주장한다. 그래서 그는 *행동주의 심리학자 B. F. 스키너가 1959년 출판한 《언어적 행동》(*Verbal Behaviour*, 1957)에 대한 유명한 리뷰에서 언어 습득과 사용의 자극 반응 모델을 거부했다. 인간의 언어는 동물의 언어와 반대로 (예컨대 벌은 꿀이 있는 곳을 같은 집에 있는 다른 벌들에게 알리려고 춤을 춘다) '개방적'이고 창의성과 변형이라는 특징이 있다(이런 이유로 촘스키 이론은 때때로 '변형문법'이라 언급된다).

1967년 촘스키는 〈지식인의 책임〉(The Responsibility of Intellectuals)이라는 에세이를 《뉴욕 리뷰 오브 북스》(*New York Review of Books*)에 기고했는데 이 글이 국제적 이목을 끌었다. 호전적인 국가들의 국민은 그들 정부가 취하는 행동에 책임이 있는지, 책임이 있다면 어느 정도인지를 질문한 제2차 세계대전을 다룬 드와이트 맥도널드의 에세이에서 영감을 받은 촘스키는 국민의 이름으로 국가가 저지른 것에 책임이 없다고 말할 수 있는 국민은 그들의 정부가 도덕적으로 비난받을 만한 행동을 하는 것에 능동적으로 저항하는 국민뿐이라고 주장했다. 이런 글을 쓸 때 촘스키는 한 가지 기준을 고수했다. 그가 행동을 취하는 방법은 정부가(특히, 미국 정부. 그러나 미국 정부에만 국한된 것은 아니다) 국내 정책이나 대외 정책에서 은폐, 기만, 거짓말을 하는 것을 노출하려고 지치지 않고 글을 쓰는 것이다. 분명히 이런 작업을 지치지 않고 해낼 수 있는 역량을 은총으로 선사받은 촘스키는 지난 30년간 그런 주제를 다룬 책을 1년에 평균 한 권씩 썼다. 촘스키의 이런 책 중에서 잘 알려진 것으로는 《미국의 권력과 새로운 중국》(*American Power and the New Mandarins*, 1969), 《정복은 계속된다》(*Year 501: The Conquest Continues*, 1993), 《헤게모니 혹은 생존》(*Hegemony or Survival: America's Quest for Global Dominance*, 2003), 《촘스키, 실패한 국가 미국을 말하다》(*Failed States: The Abuse of Power and the Assault on Democracy*, 2006)가 있다.

논란의 여지가 많은 인물, 촘스키의 관점은 보편적으로 공유되지 않거나 특별한 문제가 없지 않다. 그러나 고집스럽게 정치적 불법행위를 노출함으로써 분명히 그는 세상을 더 나은 곳으로 만드는 일에 일조하고 있다.

+ 더 읽을거리

로버트 바스키, 《촘스키, 끝없는 도전》, 장영준 옮김, 그린비, 1999.
A. Edgley, *The Social and Political Thought of Noam Chomsky*, 2002.
N. Smith, *Chomsky: Ideas and Ideals*, 1999.
볼프강 B. 스펄리치, 《(한권으로 읽는) 촘스키》, 강주헌 옮김, 시대의창, 2012.

추상주의 Abstractionism

예술에서 •재현과 •미메시스를 떠나 그것이 어떻게 보이느냐보다는 무엇인가 하는 반응을 불러일으키는 것을 목적으로 한 일종의 이미지를 향한 움직임. 이런 이유로 추상주의는 비구상적 예술이라고도 알려져 있다. 추상주의는 다양한 양식을 취할 수 있는데, 20세기에는 •아방가르드, •다다, •표현주의, •미래주의, •초현실주의가 (더 크거나 더 작은 정도 차이에 따라) 추상주의의 주요 양식이 되었다. •사회주의 리얼리즘 같은 예술운동은 사회주의의 업적을 찬양하고자 하는 목적과 추상주의가 어울리지 않는다는 이유로 추상주의를 거부했다. 시각예술의 바깥에서, 즉 글쓰기(예를 들어, 거트루드 스타인과 음악(예를 들어, 안톤 베베른) 분야에서도 추상주의를 시도했다.

충동 drive / *Tribe*

충동은 *심리에 기원을 두고 있는 행동하고자 하는 강박으로, 어떤 구체적인 *대상도 가지지 않는다. *본능과 대조적으로 충동은 만족될 수 없다. 비록 *정신분석 내부에서 본능과 충동의 구별에 상당한 논쟁이 있더라도 지그문트 *프로이트가 자신의 저서에서 본능과 충동을 명징하게 구분했다는 것은 분명하다. 불행히도 본능과 충동의 구분은 적어도 영어에서는 지워져버렸다. 이는 제임스 스트레이치가 '*Instinkt*'와 '*Trieb*' 두 가지 모두를 'drive'로 만족스럽지 않게 번역해버린 탓이다. 충동은 구성과 활동의 면에서 다양하기 때문에 본능과는 확연히 다르다. 그러나 좀 더 상세히 그 이유를 설명하면, 본능의 목표가 곧 대상이기 때문이다. (*동물행동학에 따르면 일곱 가지 기본적인 본능 중 하나인) 영양 섭취 본능을 예로 들어보자. 영양 섭취 본능의 목표는 신체에 영양분을 공급하는 것이고 그것의 대상은 음식이다. 우리가 먹으면 우리는 그 본능을 만족시킨다. 그런데 왜 우리 중 어떤 사람은 너무 많이 먹거나 충분히 먹지 않는 것 같은 식이 장애를 겪는가? 그 해답은 먹는다는 것이 단순히 본능의 문제가 아니라는 데 있다. 먹는다는 것에는 *욕망 관점에서 생각해보아야만 하는 또 다른 차원이 있다. 그것이 바로 충동 차원이다. 영양 섭취 본능을 충동으로 이해하면 그것은 일종의 구강 충동이 된다. 이는 먹는다는 것이 그 자체로 즐거움을 주는 특별한 일이 되며 대상은 이제 더는 음식이 아니라 입 그 자체가 된다. 하지만 입은 충동을 소멸하거나 만족을 제공할 수 없기 때문에 적절한 대상이 아니다. 이제 먹는다는 기쁨 이외의 다른 목표는 없다. 충동을 예리하게 분석한 이론가 자크 *라캉이 지치지 않고 주장했듯이 충동의 역설은 그것이 소유할 수 없는 것에 추동된다는 점이다. 바꾸어 말하면 충동은 결핍으로 촉발된다. 충동이 결핍하는 것은 정확히 자신에게 만족을 줄 수 있는 대상이다. 프로이트는 충동에는 그가 삶 충동(Eros)과 죽음 충동(Thanatos)이라 부른 두 가지 유형이 있다고 주장했다. 그는 이 두 가지 충동이 평정 상태에서 나란히 존재한다고 생각했다. 프로이트에 따르면, 이 두 가지 충동이 불안정한 상태에 빠지게 되면 병적 징후가 대두된다.

ㅋ

카니발성 carnivalesque

20세기 전반 러시아의 언어학자로 문학비평을 한 미하일 •바흐친이 전통적인 카니발 축제의 형식에서 일어나듯이 비록 일시적이더라도 권력 구조의 불안정화 혹은 전복을 그리는 글쓰기의 특징을 설명하려고 이 용어를 사용했다. 비록 카니발성이 글쓰기 형식을 취하거나 반대로 실제 카니발이나 가상 카니발을 (영화, 회화, 조각, 기타 등등에서) 재현한다고 하더라도, 바흐친에게는 작품 자체 역시 카니발 정신을 구현해야 한다는 것이 중요하다. 바흐친이 《라블레와 그의 세계》(*Rabelais and his World*, 1968)에서 보여주었듯이, 작품은 모든 형식의 유머, 풍자, 그로테스크 양식을 동원함으로써, 특히 그것이 몸 그리고 몸의 기능과 관계를 맺고 있다면 카니발 정신을 구현할 수 있다. 바흐친은 1500년대 초반의 프랑스 작가 프랑수아 라블레를 카니발적 글쓰기의 거의 완벽한 주창자로 간주했다. 라블레의 가장 유명한 책 《가르강튀아와 팡타그뤼엘》(*Gargantua and Pantagruel*)은 바흐친의 논제를 생생히 보여주는 실례다. 라블레의 책은 위반적인 사회적 행동이 끊임없이 사태를 거꾸로 뒤집으려 위협하면서 사회질서라는 얇은 판 아래에서 번성하는 세계를 보여준다. 바흐친의 개념은 엄청난 숙청과 제2차 세계대전이라는 암흑기를 겪으면서 구상된 탓에 도처에 퍼져 있는 권력이라는 억압 형식에 대한 유토피아적 해독제, 그리고 비록 일시적이라 하더라도 긍정적 변화의 가능성에 대한 찬사로 해석된다. 이런 해석을 잘 보여주는 강력한 예가 피터 스탤리브래스와 앨론 화이트의 《정치학과 위반의 시학》(*The Politics and Poetics of Transgression*, 1986)이다. 로버트 스탬의 《전복적 쾌락: 바흐친, 문화비평 그리고 영화》(*Subversive Pleasures: Bakhtin, Cultural Criticism and Film*, 1989)도 바흐친의 개념에 같은 해석을 보여준다. 이와 대조적으로 테리 *이글턴은 발터 *벤야민에 대한 책에서 카니발은 허가받거나 인준받은 형식의 위반이라서 변화라는 신기루 이상의 그 어떤 것도 제공하지 않는다고 주장했다(→ 대화주의; 이어성; 다성성).

+ 더 읽을거리

K. Clark and M. Holquist, *Mikhail Bakhtin*, 1984.
M. Holquist, *Dialogism*, 2002.
D. Lodge, *After Bakhtin*, 1990.

카섹시스 cathexis

(카섹시스라는 말이 사실상 그리스어라도) 지그문트 *프로이트의 '*Besetzung*' 개념의 영문 표준 번역어. 독일어로 '*Besetzung*'은 '한 마을을 군대가 점령하다'라는 뜻부터 '버스의 좌석을 차지하다'라는 뜻까지 의미가 다양하다. 프로이트 번역자인 제임스 스트레이치는 평범한 단어들을 사용하는 프로이트의 습관과는 정반대로 이 용어를 그리스어에서 차용했다. 프로이트의 책에서 카섹시스는 *리비도의 에너지, 즉 *심리 안에서 도출된 성적 에너지뿐만 아니라 정서적·감정적 에너지가 특정한 *대상에 들러붙게 되는 과정을 가리킨다. 극단적인 예를 들어보면 구두 연물주의자는 그의 카섹시스가 구두에 쏠린 사람이다. '*Besetzung*'의 프랑스어 번역어는 투자를 뜻하는 '*investissement*'인데, 이는 여러 면에서 만족스러운 어휘 선택이다. '*investissement*'가 카섹시스는 특정 대상에 대한 정신적 에너지의 투자라는 프로이트의 의미를 포착했기 때문이다. 이러한 의미에서 카섹시스는 단순한 흥분과 대비된다. 단순한 흥분은 순간적이고 본능적이며 *무의식에서 정보를 수령하지 않는다.

카스토리아디스, 코르넬리우스 Castoriadis, Cornelius (1922~1997)

파리에 기반을 둔 그리스의 정치철학자이자 정신분석가. 카스토리아디스는 콘스탄티노플(현재의 이스탄불)에서 태어나 그리스에서 교육을 받고 제2차 세계대전이 끝날 무렵부터 죽을 때까지 파리에서 살았다. 15세에 그는 아테네에서 청년공산당에 가입했다. 그리고 1941년 공산당에 가입했지만 1년 만에 공산당을 떠나 트로츠키주의자가 되었다. 나치의 그리스 점령 기간 카스토리아디스는 공산주의 단체들과 연합한 것 때문에 상당한 고초를 겪었다. 파리로 이주한 후 그는 트로츠키주의 국제공산당에 가입했다. 그러나 3년 후인 1948년 요시프 티토가 이시오프 스탈린과 단절한 것에 대한 대응으로 카스토리아디스는 당원 자격을 취소해버렸다. 그리고 나서 그는 (기 *드보르와 클로드 르포르, 장 프랑수아 *리오타르를 포함한) 탈퇴자들이 단체를 설립하는 것을 도왔다. 이 탈퇴자 모임은 그들이 창립한 저널《사회주의 혹은 야만주의》(*Socialisme ou Barbarie / Socialism or Barbarism*)의 이름으로 알려지게 된다.

*사회주의 혹은 야만주의 그룹은 언제나 대단히 작은 모임이었지만 카스토리아디스에게 저널은 중요한 출구를 마련해주었다. 그는 말년까지 대학에서 자리를 잡지 못했고 직업상 경력 대부분을 경제개발협력기구에 고용된 경제학자로 일했다. 또한 그는 1970년까지 프랑스 시민권을 갖지 않았는데, 이는 그가 사실상 언제든 그리스로 다시 추방될 수 있음을 의미했다. 따라서 그는 상당수 자신의 초기 저술을 여러 다양한 가명으로 썼다(폴 샤르당과 피에르 샬리외가 가장 흔히 사용된 가명이다).

그가 경제학자로 했던 연구가 *마르크스주의를 보는 그의 관점에 영향을 미쳤다. 카스토리아디스는 헌신적인 마르크스주의자였지만 반소비에트주의자였다. 그는 구소련을 공산주의 국가라기보다는 관료주의 국가로 보았고 소련의 중앙 집권화된 권력 구조에 대단히 비판적이었다. 그는 마르크스주의 경제 이론들을 거부했고 중요한 것은 카를 *마르크스의 원칙이 아니라 정신임을 강조하면서 혁명의 아이디어에 좀 더 집중했다. 비록 1960년대 내내 행동주의자로 활동하기는 했지만, 카스토리아디스는 또한 이 시기에 개인과 사회적 구성물의 관계를 이해하려고 시도하면서 세계에 대한 좀 더 정신분석적인 관점을 향해 움직였다.

카스토리아디스는(비록 자크 •라캉이나 프로이트학파와 함께 수련하지는 않았지만) 정신분석가로서 수련했고 1974년 개업할 수 있는 면허증을 얻었다. 이 시기부터 《사회의 상상적 제도》(*L'institution imaginaire de la société*, 1975 / *The Imaginary Institution of Society*, 1987)와 같은 그의 잘 알려진 저서들이 출판되어 나오기 시작했다. 이 책에서 카스토리아디스는 자율적 주체에 대한 자신의 이론을 명확히 표명했다. 카스토리아디스의 관점에서 주체는 사회를 이루어 이미 존재하는 자원을 이용하면서 자신들을 구성해야만 하기 때문에, 그는 주체를 완전히 자기 생산적이지 않다고 생각한다. 따라서 정신을 이루는 그러한 사회적 자원에 대해서 주체의 자율성을 증가시킬 수 있는 한에서만 혁명적 변화가 일어날 수 있다. 이러한 그의 견해는 자본이나 국가가 사회 통제를 위임받을 수 없다고 말하면서 사회주의의 유일한 희망은 노동자의 자율성에 있다고 주장한 초창기 정치적인 글들과 일치한다.

카스토리아디스는 때 이른 죽음 직전까지 다작을 한 저자였다. 그리고 그의 글들은 대체로 영어로 번역되었다. 그의 연구의 단면을 파악하려면 세 권으로 된 《정치적 그리고 사회적 글들》(*Political and Social Writings*, 1988~1993)을 살펴보라.

카우츠키, 카를 Kautsky, Karl (1854~1938)

마르크스주의자 지식인이자 정치 운동가. 프라하에서 태어났지만, 그의 가족은 그가 7세 때 빈으로 이사했다. 그는 빈 대학교에서 역사, 경제학, 철학을 공부했고 빈 대학교에서 정치적 활동을 적극적으로 시작했다. 그는 오스트리아 사회민주당 당원이 되었다. 1881년 그는 런던에 있던 프리드리히 •엥겔스를 찾아갔고 두 사람은 깊은 친분을 쌓게 된다. 1883년 슈투트가르트에서 카우츠키는 월간지 《신시대》(*Die Neue Zeit*)를 창간하고, 1917년까지 이 잡지의 편집장으로 일했다. 그 덕분에 그는 외국으로 나가는 일이 자주 있었는데도 기본적인 생계를 해결할 수 있었다. 카우츠키는 제1차 세계대전을 공개적으로 규탄했다. 독일에서 11월 혁명 이후(1918년 11월 제1차 세계대전이 끝나면서 1919년 8월 바이마르공화국이 수립되기까지 혼란기를 가리킨다) 그는 잠시 집권했던 혁명 정부의 외무 부처에서 고위직에 임명되었다. 이 직책을 맡은 동안, 그는 독일이 세계대전 기간 저지른 전쟁범죄를 증명하고자 했다. 그는 많은 글을 썼고, 엥겔스의 전기뿐 아니라 카를 •마르크스의 경제 이론에 대한 상세한 해설서도 썼다. 블라디미르 레닌과 레온 트로츠키에게서 강한 (부정적일지언정) 반응을 자극했을 만큼 그의 글은 생전에 존중받았다.

+ 더 읽을거리
M. Salvadori and J. Rothschild, *Karl Kautsky and the Socialist Revolution*, 1990.

카타르시스 catharsis

'정화하다', '세척하다', '설사하다'를 뜻하는 동사에서 나온 그리스어. 드라마 연구에서 이 용어는 급작스러운 웃음, 눈물 혹은 어떤 다른 형식의 정서적이고 감정적인 방출로 장면이 종결될 때 극의 최고조 순간을 기술하려고 사용된다. 이 용어가 처음으로 사용된 것은 아리스토텔레스의 《시학》(*Poetics*)이다. 일반적으로 《시학》은 시와 드라마가 인간에게 히스테리를 유도한다고 본 플라톤의 시와 드라마에 대한 적대적 관점에 응답한 것이라고 여겨진다. 의학 분야에서 이 용어는 월경을 표현하기 위해 사용되는데, 아리스토텔레스는 이 용어를 의학에서 차용해 플라톤과는 반대로 시와 드라마가 인간이 히스테리적 감정을 몰아낼 수 있도록 만들어 인간을 더 약하게 만드는 것이 아니라 효과적으로 더 강인하게 만든다고 주장했다.

칸트, 임마누엘 Kant, Immanuel (1724~1804)

독일의 철학자. 역사상 큰 영향력을 행사한 사상가 중 한 사람으로 꼽힌다. 실제로 유럽 철학은 대개 칸트 이전 철학과 이후 철학으로 분류되곤 한다. 철학 외의 분야에서는 •숭고와 •계몽에 대한 칸트의 에세이들이 칸트 이후 미학 연구의 방향을 거의 결정했다.

칸트는 당시 프러시아의 수도였고 현재 러시아의 외지 영토인 쾨니히스베르크에서 태어났다. 이 도시의 지명은 제2차 세계대전 말기 소련군이 주둔하면서 칼리닌그라드로 바뀌었다. 그가 살았던 시대의 기준으로 보아도 칸트는 대단히 탈속적인 인물이었다. 그는 고향에서 160킬로미터 이상 떨어진 곳까지 여행한 적이 없고, 직업적인 삶의 거의 대부분을 대학 학자로서 살았다. 마구를 만든 그의 부친은 자식에게 엄격했다. 집안 분위기는 금욕적이고 경건했다. 칸트는 쾨니히스베르크 대학교에서 문학, 철학, 자연과학을 공부했다. 그는 학위 과정을 끝마치지 못했는데, 고트프리트 라이프니츠의 사상에 동조하다가 대학에서 쫓겨났다는 일설이 있다. 3년간 개인 교사로 일한 후 대학으로 복귀할 수 있었고 결국 학위를 마쳤다. 그리고 강사로 일하기 시작했다.

철학자로서 칸트의 이력은 더디게 진행되었다. 처음에는 라틴어로, 나중에는 모국어인 독일어로 글을 많이 썼지만 칸트는 글을 대중적으로 발표하는 데는 어려움을 겪었다. 칸트의 글을 출판하던 출판사가 파산했던 것도 사정을 악화했다. 강의 부담과 생계 해결의 필요성 때문에 작업 진척이 더뎌지기도 했다. 그가 정기적 봉급을 받는 교수직에 임명되는 것은 1770년에 이르러서다. 이때부터 그는 전심으로 철학에 몰두할 수 있었다. 그럼에도《순수이성비판》(*Kritik der reinen Vernunft*, 1781 / *Critique of Pure Reason*, 1929)이 완성되기까지 10년이 필요했다. 이 책과 더불어 칸트는 역사상 위대한 철학자 중 한 사람의 반열에 확고히 올랐다.《순수이성비판》을 가리켜 칸트 자신은 코페르니쿠스적 전회라 부를 수 있는 무엇을 철학에서 수행하는 저작이라고 말했다. 감각 자료의 경험적 이해가, 우리가 그것에 부여하는 개념의 생산에 반드시 선행한다는 통념을 역전시켰다는 의미다.

이후 출간될 후속 '비판'인《실천이성비판》과《판단력비판》과의 맥락에서 제1비판으로 불리기도 하는《순수이성비판》은 인과관계에 경험주의자 데이비드 흄이 품었던 회의주의에서 칸트가 보았던 문제를 극복하고자 했다. 경험에 근거해 어떤 사건에든 원인이 있음을 증명하기란 불가능하다고 본 데서 칸트는 흄과 의견을 같이했다. 그러나 어떤 사건에든 원인이 있다는 일반 원칙을 포기해야 한다는 흄의 생각에는 반대했다. 칸트의 해결책은 심리적 기구를 둘로 나누는 것이었다. 한편에는 '직관'이 있다. 주어진 감각 자료의 인지를 말한다. 다른 한편에는 범주와 개념이 있다. 가령, 공간, 시간 같은 것들이다. 이것들은 인간 정신의 보편 법칙이다. 칸트의 설명은, 우리가 세계를 여러 상이한 방식으로 기술할 수 있는 것은 우리에게 세계를 여러 상이한 방식으로 보게 하는 개념이 있기 때문이라는 것이다. 이보다 더 중요한 점으로, 심지어 구체적 원인이 인지되지 않을 때에도 우리는 그 원인이 반드시 존재한다는 것을 알고 있고, 그러한 필연이 그 자체로 지식의 충분한 전제 기반이 된다고 칸트는 논했다.

칸트는 지식을 획득하는 과정을 판단이라 부르고 판단을 구성하는 세 단계를 적시했다. 우선 무엇인가 정신에 영향을 미친다면 그것에 대한 인식이 있다. 다음에, 상상력이 그것을 정신에서 재생산한다. 이어, 그것에 개념을 부여하는 정신에 따라 그것이 인식된다. 판단은 이해/오성의 법칙을 직관에 적용함으로써 얻어진다. 이 법칙들은 지식을 위한 가능성의 조건으로 기능한다는 의미에서 '초월적'이라고 칸트는 말했다. 제2비판인 《실천이성비판》(*Kritik der praktischen Vernunft*, 1788 / *Critique of Practical Reason*, 1909)과 제3비판인 《판단력비판》(*Kritik der Urteilskraft*, 1790 / *The Critique of Judgment*, 1952)에서 칸트는 그의 관심을 미학, 도덕, 정치와 관련한 문제에 집중했다. 칸트를 근본적으로 도덕철학자라 여기는 독자가 많은 것은 이 후기 저작들에 담긴 힘 때문이다.

도덕철학자로서 칸트는 엄격하고 타협이 없었다. 그가 보기에 유보 없이 선한 유일한 행위는 의무감에 바탕을 두고, 의무를 다하기 위해 자기를 돌보지 않으며 하는 행위다. 의무감에 바탕을 두고 행동한다는 것은 의지(지그문트 •프로이트의 용어를 따르면 •에고)에게서 욕망의 대상을 박탈하는 것이다. 다시 말하면, 그 같은 행동은 보편 법칙에 따라 수행되지 개인적 이득을 위해 수행되지는 않는다. 칸트 윤리학은 윤리는 구체적 대상이나 의지를 상정해서는 안 되며 언제나 보편 법칙에 따라야 한다는 원칙에 기반을 둔다. 그 보편 법칙을 칸트는 '정언명법'이라 불렀다. 정언명법은 합리적 존재라면 상상 가능한 모든 상황에서 단 하나의 예외도 없이 유효한 것으로 인식할 법칙을 말한다.

+ 더 읽을거리

H. E. Allison, *Kant's Transcendental Idealism*, 1983.
P. Guyer, *Kant*, 2006.
로저 스크러턴, 《칸트》, 김성호 옮김, 시공사, 1999.

+ 참고

임마누엘 칸트, 《순수이성비판》, 백종현 옮김, 아카넷, 2006.
임마누엘 칸트, 《실천이성비판》, 백종현 옮김, 아카넷, 2009.
임마누엘 칸트, 《판단력비판》, 백종현 옮김, 아카넷, 2009.

칼비노, 이탈로 Calvino, Italo (1923~1985)

이탈리아의 저널리스트이자 작가. 칼비노는 양친 모두 과학자로 일했던 쿠바에서 태어났다. 칼비노의 아버지는 농업 분야를 연구했고, 어머니는 식물학자였다. 칼비노가 2세 때 그의 가족은 이탈리아로 돌아와 산레모에 있는 작은 시골집에 정착했다. 칼비노는 의무감으로 토리노 대학교와 피렌체 대학교에서 농업 분야의 수업을 들었지만, 전쟁으로 학업은 중단되었다. 그는 징병을 거부하고 은신했다가 이탈리아 레지스탕스에 가담했다. 칼비노의 이러한 행동으로 말미암아 (그의 결정을 지지했던) 부모는 전쟁이 지속되는 동안 투옥되었다. 전쟁이 끝난 후 칼비노는 대학으로 돌아왔지만 농업을 포기하고 예술을 공부했다. 졸업 후 칼비노는 출판과 언론 분야에서 일했다. 그는 능동적이고 헌신적인 공산당 당원이었지만 1956년 소련의 헝가리 침공 이후 유럽의 많은 지식인처럼 공산당원직에서 사임했다. 1967년 칼비노는 파리로 이주한 다음 그곳에서 (그에게 •울리포에 참여할 것을 독려했던) 레몽 크노, 롤랑 •바르트, 클로드 •레비스트로스를 만났다. 칼비노는 매우 다양한 소설과 논픽션을 썼다. 그리고 비록 초기 작품 중 몇몇 작품이 스타일 면에서 사실주의적이기는 했으나 그에게 엄청난 국제적 추종자들을 가져다준 것은 포스트모던적, 마술적 리얼리즘적, 메타픽션적이라는 다양한 이름이 붙은 좀 더 실험적인 후기 작품들이다. 가장 널리 읽힌 칼비노의 책은《어느 겨울밤의 여행자라면》(*Se una notte d'inverno un viaggatore*, 1979 / *If on Winter's Night a Traveller*, 1981)이다.

캉길렘, 조르주 Canguilhem, Georges (1904~1995)

프랑스의 철학자이자 과학사학자. 캉길렘은 랑그도크 지방의 카스텔노다리에서 태어났다. 그는 레몽 아롱, 폴 니장, 장 폴 •사르트르와 같은 해에 국립고등사범학교에서 공부했다. 1927년 졸업 후 프랑스 곳곳의 지방 고등학교에서 가르쳤는데, 마지막 학교가 툴루즈에 있었다. 1940년부터 1944년까지 그는 레지스탕스에서 활동했다. 하지만 전투 능력을 발휘하는 분야가 아니라 인도주의적 역량을 보여주는 분야에 활발히 참여했다(그는 비밀리에 의료 활동을 했는데, 그의 이러한 활동은 죽음이라는 처벌을 받을 수 있는 위법행위였다). 이러한 활동으로 그는 무공십자훈장을 받았다. 그는 툴루즈에서 의학 공부를 시작했고 스트라스부르 대학교에서 〈정상적인 것과 병적인 것〉(Essai sur quelques problèmes concernant le normal et le pathological, 1943 / The Normal and the Pathological, 1978)이라는 제목의 논문을 제출하면서 학업을 마쳤다. 캉길렘은 정상적인 것과 병적인 것은 질적 측면에서가 아니라 양적 측면에서 다르다고 주장했다. 다시 말해, 양자의 차이는 정상적인 것과 병적인 것의 본질에서 발견되는 것이 아니라 오히려 정상적 요소와 병적 요소의 분배에서 발견된다는 것이 그의 논점이다(거칠게 말한다면 뾰루지 한 개는 정상적이지만 뾰루지 수백 개는 병적이다). 과학사학자로서 캉길렘은 가스통 •바슐라르가 말한 •인식론적 단절, 즉 하나의 학문 개념에서 다른 개념으로의 급진적 변화에 주로 관심을 두었다. 또한 캉길렘은 •비평이론에서 자크 •라캉과 미셸 •푸코 같은 학자의 중요성을 초기에 인식하고 그들의 역량이 발전하도록 도움을 준 것으로도 유명하다. 1956년 그는 철학 학교에서 대학 친구 다니엘 라가슈를 비판하는 강의를 했다. 라가슈는 탁월한 심리학자로 심리학은 엄밀성이 빠진 철학, 요구가 빠진 윤리학, 검증 없는 의학과 같다는 말을 한 것으로 유명하다. 캉길렘은 심리학과 •정신분석을 결합하는 라가슈의 프로젝트가 개개인의 심리적 삶에 정부가 간섭할 수 있도록 하는 일종의 도구주의로 귀결되는 방식을 반대했다. •행동주의 심리학에 대한 이러한 공격으로 라캉의 좀 더 개인주의적인 정신분석을 위한 출구가 창출되었다. 같은 선상에서, 캉길렘은 푸코의 논문을 지도했고, 후에 푸코가 콜레주 드 프랑스에 후보자로 올라 있을 때 그를 지지했다.

+ 더 읽을거리

E. Roudinesco, *Philosophy in Turbulent Times*, 2008.
도미니크 르쿠르, 《맑스주의와 프랑스 인식론》, 박기순 옮김, 중원문화, 2012.

+ 참고

조르주 캉길렘, 《정상과 병리》, 이광래 옮김, 한길사, 1996.

코드 전환 transcoding

미국의 문화비평가 프레드릭 •제임슨의 용어. 이론 담론 혹은 코드(예를 들어 •해체, •구조주의, •후기 구조주의 등)의 비교 분석을 가리킨다. 코드 전환에서 결정해야 할 핵심 문제는 하나의 이론 코드에서 가능하지만 다른 이론 코드에서는 그렇지 않은 종류의 사상, 아이디어가 무엇인가, 그리고 그것에서 알 수 있는 각 코드의 장점과 단점은 무엇인가라고 제임슨은 말했다. 이와 같은 비교 관점 자체가, '초월 불가능한' (제임슨이 《정치적 무의식》(*The Political Unconscious*, 1981)에서 마르크스주의를 설명하며 쓴 유명한 표현을 빌리면) 다른 코드를 암시한다(→ 메타서사).

코라 chora →코라(*khōra*)

코라 *khōra* / chora

주체의 기원이 되는 전언어적 단계. 자궁, 아니면 진화론에서 모든 생명이 그로부터 기원했을 가능성이 있다고 보는 생물 발생 이전의 원시 수프(prebiotic soup)에 비견할 수 있다. 불가리아 태생이며 파리에서 작업하는 언어학자이자 정신분석학자인 줄리아 •크리스테바가 플라톤의 《티마이오스》(*Timaeus*)에서 차용한 용어다. 《티마이오스》에서 코라는 의미의 수용체를 뜻한다. 크리스테바는 개별 어휘와 의미 생산의 기반이 되는 의미론적 연결망 혹은 비표현적 전체에 대한 이론화 작업에서 이 용어를 활용했다. 그녀가 보기에 의미의 생산에 앞서 가능성이 존재해야 한다. 그러나 의미의 가능성은 그 자체로는 아무 의미도 갖지 않는다. 다시 말해, 그것은 지각할 수 없거나 이해 가능하지 않다. 코라를 의미의 •무정부 상태에 대한 개념으로 보는 자크 •데리다와 달리 크리스테바는 모종의 규제가 개입하고 무정부적이라고 보았다. 의미의 가능성 혹은 잠재성인 코라는 그와 동시에 의미의 한계이고 분열이다. 의미 생산이 그것의 한계까지 밀어붙여질 때, 언제나 코라가 등장한다. 현대/모던 예술과 문학, 포스트모던 예술과 문학에서 보게 되는 현상이다. 정신분석학의 용어로 설명한다면, 코라는 •충동의 영역이다. 충동은 상징 전 단계에 속하고, 재현 불가능하지만, 그럼에도 인간 동기의 원천이다. 행동하는 데 필요한 에너지를 주체에게 주는 것이 충동이다.

+ 더 읽을거리

J. Derrida, *On the Name*, 1995.
줄리아 크리스테바, 《시적 언어의 혁명》, 김인환 옮김, 동문선, 2000.

+ 참고

플라톤, 《티마이오스》, 박종현·김영균 옮김, 서광사, 2000.

코르슈, 카를 Korsch, Karl (1886~1961)

독일의 •마르크스주의 철학자. 코르슈는 함부르크 근처의 토스테트 태생이다. 부계는 대대로 농업에 종사했지만, 그의 부친은 은행 사무직원이었다. 뮌헨, 베를린, 제네바와 예나 대학교를 다녔고, 박사 학위는 예나 대학교에서 1910년 법에 관한 논문으로 취득했다. 제1차 세계대전 전의 12년 동안 그는 영국에서 살고 일했지만, 1914년 전쟁이 발발하면서 독일로 돌아왔다. 그는 전쟁에 반대했고 무기를 소지한 적도 없었지만, 서부 전선에서 복무해야 했고 전쟁 중 입은 부상으로 두 번에 걸쳐 철십자훈장을 받았다. 전쟁 후 코르슈는 바이마르공화국의 최초 몇 년 동안 활발했던 무정부 조합주의 운동에 적극적으로 참여했다. 이 시기에 그의 저술은 노동자 의회를 중심으로 조직되는 국가 경제에 적합한 형태의, 가상의 경제체제를 구상하는 데 집중했다. 1920년대에 그는 노동자 운동의 실패와 관련해 그 내용을 정리하고 원인을 설명하는 글을 써야 했는데, 그의 접근 방법은 사회심리학적이었다. 사회주의경제의 가능성에 대한 사람들의 믿음이 부족하기 때문에 사회주의경제가 실현되지 못한다는 게 그의 주장이었다. 이 시기 그의 저작은 이탈리아의 마르크스주의자 안토니오 •그람시의 저작과 비교되곤 했다. 그람시 또한 노동자의 힘 부상과 추락 문제에 관심이 있었다. 그의 가장 널리 알려진 저술인《마르크시즘과 철학》(*Marxismus und Philosophie*, 1923 / *Marxism and Philosophy*, 1970)을 이 시기에 카를 그륀베르크가 출간했다. 그륀베르크는 프랑크푸르트 사회조사연구소 초대 소장이었다. 코르슈는 펠릭스 바일과 친분을 쌓았는데, 바일은 사회조사연구소에 기금을 제공했고 •프랑크푸르트학파의 초기 성원 중 몇몇을 결집하는 데 핵심적 역할을 했다. 이런 인연이 있었지만, 코르슈는 프랑크푸르트학파 내부의 핵심 인물이 되지는 못했다. 그렇기는 해도 1945년부터 1950년까지 그는 다시 사회조사연구소 소속으로 일했다. 그는 이론이 혁명적 실천에서 유리된 사정을, 이론 자체에 유물론적 방법을 적용함으로써 분석, 진단하고자 했다. 그의 분석은《역사와 계급의식》(*History and Class Consciousness*, 1923)에서 동료 마르크스주의자 죄르지 •루카치가 했던 분석과 같지는 않지만 여러 면에서 공명하며, 루카치의 저작이 그랬듯이 적대적 반응을 받았다. 그리고리 지노비에프와 카를 •카우츠키는 그를 극좌 경향이라며 비판했다. 공산당원으로서 코르슈는 바이마르 의회 의원직을 맡기도 했지만, 1926년 당 지도부와 의견 차이 때문에 당에서 축출되었다. 의원직을 사임한 뒤, 그는 다시 저술과 강의를 하는 생활로 복귀했고 마르크스주의에 대한 그의 강의를 수강한 극작가 베르톨트 •브레히트와 친분을 쌓았다. 1933년 2월 국회의사당 건물 화재 사건 이후 그는 독일에서 도피해 망명생활을 해야 했다. 국회의사당 건물 화재 사건은 아돌프 히틀러가 공산주의자들을 배후로 지목하고 비난했던 사건이다. 1933년에서 1936년까지 코르슈는 덴마크에서 살았다. 브레히트 또한 이 시기에 나치가 집권한 독일에서 덴마크로 도피해 살았다. 코르슈는 1936년 미국으로 이민했고, 브레히트는 몇 년 뒤 그의 길을 따랐다. 브레히트는 그의 사후 출간된《전환의 책》(*Me-ti: Buch der Wendungen*, 1965, *Book of Changes*)에 코르슈를 모델로 한 인물들인 'Ko'와 'Ka-osh'를 등장시킴으로써 코르슈가 그에게 중요한 의미였다는 것을 인정했다. 코르슈는 죽을 때까지 미국에서 살았고 뉴올리언스에 소재한 툴레인 대학교에서 사회학 교수로 일하기도 했다. 말년에 그는 자신의 뿌리를 잃고 매카시 광풍에 휩싸인 미국에 갇혔다고 느끼면서 삶을 환멸했던 것 같다. 그럼에도 타계할 당시 그는 바쿠닌의 전기를 쓰고 있었다.

+ 더 읽을거리

S. Bronner, *Of Critical Theory and Its Theorists*, 1994.
M. Buckmiller, *Karl Korsch und das Problem der materialistischen Dialektik*, 1976.
M. Jay, *Marxism and Totality*, 1984.
D. Kellner, (ed.) *Karl Korsch: Revolutionary Theory*, 1977.

+ 참고

카를 코르슈, 《마르크시즘과 철학》, 송병헌 옮김, 학민사, 1986.
죄르지 루카치, 《역사와 계급의식: 마르크스주의 변증법 연구》, 박정호 · 조만영 옮김, 거름, 1999.

코브라 COBRA

*초현실주의에 환멸을 느낀 덴마크, 벨기에, 네덜란드 출신의 예술가 그룹이 1948년에 창건한 예술운동('COBRA'라는 이름 자체가 각국의 주요 도시 이름, 즉 코펜하겐, 브뤼셀, 암스테르담의 머리글자로 만들어졌다). 앙드레 *브르통의 반공산주의적 지시에 복종하기를 꺼렸던 코브라 예술가들은 독자적으로 자신들의 예술을 시작하겠다는 결정을 내렸다. 그리고 이들 중 많은 예술가가 제2차 세계대전 중에는 레지스탕스 운동에 참가하기도 했다. 핵심 인물로는 아스게르 요른, 크리스티앙 도트르몽와 콩스탕 뉘베니가 있다. 코브라 그룹의 목표는 실험적이며 축제와도 같이 흥겹고 생동감 있는 예술을 만들려고 초현실주의적 실천과 혁명적 정치학을 통합하는 것이었다. 좀 더 광범하게 말해서 코브라 그룹 예술가들은 예술의 중심지를 파리에서 다른 곳으로 이전하고, 브르통의 정통적 초현실주의에서 벗어나 추상적이고 비구상적인 예술에서 앞으로 더 나아가고 싶어 했다. 이들은 예술의 중심지를 파리에서 다른 곳으로 옮기지는 못했지만 20세기 예술에 지속적인 영향력을 미쳤다. 그러나 코브라 그룹은 수명이 매우 짧았다. 이 그룹은 핵심 멤버들이 예술에서 정치의 역할과 위치를 두고 싸우다가 1951년 해체되었다. 요른은 나중에 기 *드보르와 협력해 *상황주의를 설립하는 데 일조했다. 코브라만의 특징

적 스타일은 초현실주의와 아트 부뤼와 유사한 일종의 창의적 미관 손상이다. 그러나 이들은 •무의식을 너무 개인주의적이거나 주관주의적이라고 해서 거부했다. 그리고 예술과 사회를 위한 집단적 토대를 찾으려고 노력했으며 그것을 위해 토템적 주제와 신화적 주제를 강조했다.

+ 더 읽을거리

W. Stokvis, *COBRA: The Last Avant-Garde Movement of the Twentieth Century*, 2004.
피터 웰렌, 《순수주의의 종언: 20세기 문화와 예술에 대한 새로운 시각》, 송평인 옮김, 시각과언어, 1998.

○ 웹 링크

- 코브라 성명서 번역.

코이레, 알렉상드르 Koyré, Alexandre (1892~1964)

러시아 태생의 프랑스 철학자이자 과학사학자. 중산층 수입업자의 아들로 러시아 남부 타간로크에서 태어났다. 십대 시절, 코이레는 실패했던 1905년 혁명에 참여했고 이와 같은 정치적 활동의 대가로 잠시 수감되었다. 17세이던 해 에드문트 •후설과 공부하려고 독일의 괴팅겐으로 갔고, 여기서 다시 파리로 가 레옹 브룅슈비크와 공부했다. 코이레는 또한 당시 프랑스에서 유명한 철학자 중 한 사람이었던 앙리 •베르그송의 강연에도 참석했고, 나중에는 독일에 베르그송의 저술들을 소개하는 최초의 철학자가 된다. 또한 그는 프랑스에 후설의 사상을 들여오는 데 핵심 역할을 했다. 1914년 전쟁이 일어나면서 코이레는 러시아로 귀국해 보병대에 입대했다. 그는 1917년의 성공하지 못했던 2월혁명에 가담하지만, 같은 해 일어나 성공한 10월혁명을 비판했다. 그는 1919년 러시아를 영원히 떠났고, 프랑스에서 철학 수업을 재개했다. 1931년부터 파리의 고등연구실습원 제5분과에서 종교와 철학을 가르쳤다. 1932년에서 1933년 동안 코이레는 G. W. F. •헤겔 사후 백주년을 기념하는 일련의 논문과 강연 원고를 썼다. 이어 카이로 대학교에서 교수직을 맡았는데, 카이로 대학교에 있는 동안 러시아 동포이며 친구인 알렉상드르 •코제브가 그를 대신해 강의했다. 코이레는 헤겔이 《정신현상학》(*Phänomenologie des Geistes*, 1807)을 쓴 이른바 예나 시기에 나폴레옹 전쟁이 헤겔에게 가졌던 중요성을 강조했다. 헤겔이 보았던 대로 역사가 가능하다면, 그 역사는 역사가 종결할 수 있다는 가능성 위에 세워진다고 그는 논했다. 나폴레옹이 예나에서 거둔 승리는 그런 순간 중 하나다. 헤겔이 보기에, 나폴레옹의 승리는 구질서의 종언을 촉발하면서 새 질서의 도래를 알린 사건이며 새 질서를 위해서는 새로운 철학이 필요하기 때문이다. 이것은 도발적인 테제였고 여러 학자에게, 특히 그의 친구 코제브에게 큰 영향을 미쳤다. 제2차 세계대전 동안 코이레는 뉴욕으로 피신했는데, 뉴욕에 있는 동안 로만 *야콥슨과 클로드 *레비스트로스(역시 망명 중이었고 이후 협력 관계를 맺게 될)가 서로 만날 수 있게 했다.

코제브, 알렉상드르 Kojève, Alexandre (1902~1968)

러시아 태생의 프랑스 철학자이자 정치 이론가. 저명한 러시아 화가 바실리 칸딘스키의 조카인 코제브는 혁명 이전 러시아에서 특권에 둘러싸인 환경에서 성장했다. 1918년 소규모 암시장 활동을 하다가 볼셰비키에 체포·투옥된다. 석방되고 나서 새로운 체제에서는 그가 하려는 공부를 할 수 없었으므로 폴란드로 도피했다. 여기서 그는 독일의 하이델베르크로 옮겨 에드문트 *후설, 카를 *야스퍼스와 함께 공부했다. 이 시기에 G. W. F. *헤겔을 읽기 시작하지만, 나중에 그는 이때 헤겔을 읽으면서 도저히 아무것도 이해할 수 없었다고 고백했다. 그는 곧 다시 근거지를 옮겼다. 이번에는 파리였는데, 그는 여기서 여생을 보내게 된다. 파리에서 그는 그와 마찬가지로 러시아 출신인 알렉상드르 *코이레를 알게 되어, 조르주 *바타유와 함께 그의 강의를 들었다. 1933년, 코이레의 초청에 따라 코제브는 파리 고등연구실습원에서 헤겔의 종교철학 강의를 시작했다. 그의 강의에 정기적으로 출석했던 이 중에 정신분석학자 자크 *라캉, 초현실주의자이며 나중에 이 강의의 강의록을 편집해 출판하게 될 레몽 크노, 앙드레 *브르통, 철학자 모리스 *메를로 퐁티와 에릭 베유가 있었다. 프랑스 사람들이 코제브에게서 헤겔을 읽는 법을 배웠다고 하는 말이 근거가 없는 것은 아니다. 친구이자 스승인 코이레의 영향 아래에서 코제브는 예나에서 나폴레옹이 거두었던 승리가 헤겔에게 미친 중요성을 강조했다. 이 역사적 장면에 주인과 노예의 변증법이 마침내 극복되는 '역사의 종언'에 관한 헤겔의 테제가 체현된다는 것이 코제브의 주장이었다. 나중에 코제브는 이 주장을 수정하면서 헤겔이 내린 진단은 1세기 이른 것이었고, 역사의 종언 테제의 가장 완벽한 실현은 이시오프 스탈린에게서 본다고 주장했지만, 몇 년 뒤 이 주장을 번복하고 애초의 주장으로 돌아갔다. 코제브에게 역사의 종언은 보편성과 동질성의 도래와 함께 한다. 처음 그는 이것이 공산주의에서 실현된다고 생각했지만, 이후 태도를 바꾸어 미국식 자본주의의 풍요 속에서 온전한 실현을 본다고 보았다. 코제브의 가장 유명한 저서는《헤겔 읽기 서설》(*Introduction à la lecture de Hegel*, 1947 / *Introduction to the Reading of Hegel*, 1980)이다. 전후 그의 제자인 로베르 마르졸랭의 초청에 따라 코제브는 프랑스 재무부에서 국제 교역 부문 고문으로 일하게 된다. 여기서 일하는 동안에도 그는 계속 글을 썼고 미국의 보수적 철학자 레오 •스트라우스와 유명한 논쟁을 벌이기도 했다(→후쿠야마).

+ 더 읽을거리

P. Anderson, *A Zone of Engagement*, 1992.
D. Auffret, *Alexandre Kojève*, 1990.
J. Butler, *Subjects of Desire*, 1987.
M. Roth, *Knowing and History*, 1988.

+ 참고

알렉상드르 코제브,《역사와 현실 변증법: 헤겔 철학의 현대적 접근》, 설헌영 옮김, 한벗, 1981.

코즈모폴리터니즘 cosmopolitanism

•세계화 조건과 상응하는 세계에서의 존재 양태나 존재 '방식.' 타자들의 권리와 민족적·문화적·정치적·국가적 차이에 대한 일반화된 관용의 수준 높은 상호 존중을 특징으로 한다. 이런 의미에서 코즈모폴리터니즘은 역설적 개념이다. 코즈모폴리터니즘은 어떤 사람의 차이나 특이성에 대한 동일시와 어떤 사람의 동질성에 공감할 수 있는 인정을 시사하기 때문이다. 이런 의미에서 코즈모폴리터니즘은 다원주의, 국제주의와 비교될 수 있다. 코즈모폴리터니즘은 그리스어로 세계나 우주를 뜻하는 '코스모스(*Kosmos*)'와 도시

나 정치조직(polity)을 뜻하는 '폴리스(*polis*)'가 조합되어 만들어진 말이다. 견유학파의 창시자 시노페의 디오게네스에서 기원했다고도 한다. 디오게네스는 사실 자기가 충성해야만 하는 도시국가의 권력보다 '더 높은' 권력에 대답했다는 것을 암시하면서 자기 자신을 '세계의 시민(*kosmopolitēs*/citizen of the world)'이라고 선언한 것으로 유명하다. 코즈모폴리터니즘은 유토피아적 개념이다. 비록 이른바 런던, 뉴욕, 파리, 이스탄불 같은 '세계 도시'가 코즈모폴리터니즘의 여러 이상을 구현한다고 종종 주장되기도 하지만 코즈모폴리터니즘은 존재로 합법화될 수 없고 어느 곳에도 순수한 상태로 존재하지 않기 때문이다. 코즈모폴리터니즘은 서구 철학에서 임마누엘 •칸트부터 자크 •데리다에 이르는 몇몇 훌륭한 논평가에게 논의를 불러일으켰다. 그러나 모호한 부분들이 없지 않다.

+ 더 읽을거리

콰메 앤터니 아피아, 《세계시민주의: 이방인들의 세계를 위한 윤리학》, 실천철학연구회 옮김, 바이북스, 2008.

U. Beck, *Cosmopolitan Vision*, 2006.

T. Brennan, *At Home in the World: Cosmopolitanism Now*, 1997.

P. Cheah and B. Robbins, (eds.) *Cosmopolitics: Thinking and Feeling Beyond the Nation*, 1998.

J. Derrida, *On Cosmopolitanism and Forgiveness*, 2001.

J. Kristeva, *Strangers to Ourselves*, 1991.

스티븐 툴민, 《코스모폴리스: 근대의 숨은 이야깃거리들》, 이종흡 옮김, 경남대학교출판부, 2008.

콤플렉스 complex

카를 •융의 분석심리학에서 결정적인 개념. 콤플렉스는 한 가지 혹은 그 이상의 •원형을 중심으로 모여드는 이미지, 아이디어, 한결같은 정서적 분위기와 연결된 연상으로 이루어진 조합을 말한다. 콤플렉스는 원형의 의인화, 즉 심리가 원형 속에서 알거나 보게 되는 것을 가리킨다. 콤플렉스에 관한 이러한 개념이 대중적 담론의 일부가 되었지만 융과의 연결은 종종 거의 알려지지 않았다. •'오이디푸스 콤플렉스'(지그문트 •프로이트는 융에게서 이 용어를 차용했다) 이후 '아버지 콤플렉스'와 '어머니 콤플렉스'가 가장 알려지고 보통 널리 인정되는 콤플렉스의 예다. 이러한 사실은 어떤 사람들에 대한 우리의 관계가 급진적으로 서로 다른 다양한 이유 때문에 우리가 우리 부모님과 맺는 관계와 많은 부분 유사하고 같은 특성을 공유할 수 있음을 가리킨다. 하지만 아마도 콤플렉스 개념이 함축한 가장 중요한 것은 자아가 통일되어 있지 않고 단독적이지 않다는 것이 아니라 자아는 언제나 복수적이고 유동적인 상태에 있다고 전제한다는 점이다.

+ 더 읽을거리
A. Stevens, *Jung*, 1994.

쾌락 pleasure / *plaisir*

1. 《텍스트의 즐거움》(*Le Plaisir du Texte*, 1973)을 포함해 여러 저서와 에세이에서 프랑스 문학비평가 롤랑 •바르트는 번역으로는 전달되지 않는, 쾌락과 •주이상스 사이의 의미 차이를 문화와 문학에 대한 그의 사유가 진행되는 핵심 축으로 제시했다. 불행히도 영어 번역《*The Pleasure of the Text*》(1975)는 '주이상스'를 '희열(bliss)'로 번역함으로써 둘의 차이에 있는 의미를 둔화시킨다. 영어 단어 'bliss'에는 주이상스라는 프랑스어 단어에 있는 의미 연쇄(오르가슴, 성적 절정)가 없다. 바르트에게 이 구분은 정치적인 것이다. 쾌락은 의식적이고 주체 중심적인 형태의 즐거움이다. 쾌락은 언어로 옮길 수 있지만, 바로 그 이유에서 순응적이며 온건하다. 이에 반해 주이상스는 무의식적이며 말로 표현될 수 없어서 혁명적이고 격렬하다. 쾌락을 경험할 때 우리는 우리 자신 안에 머물지만, 주이상스는 우리 자아의 경계를 무너뜨리고 교란한다. 이 논리를 문학에 확장하면서, 바르트는 쾌락과 주이상스의 차이를 •독자의 텍스트와 작가의 텍스트 사이를 구분하는 데 적용한다. 독자의 텍스트는 쾌락과, 작가의 텍스트는 주이상스와 동일시된다.

2. 미셸 •푸코의 성의 역사에 관한 일련의 미완 저작 중 2권《쾌락의 활용》(*L'Usage des plaisirs*, 1984 / *The Uses of Pleasure*, 1985)에서 푸코는 여러 방식으로 쾌락을 •문제화했다. 푸코의 논의는 이후, 특히 •문화 연구에서 큰 영향력을 행사했다. 언어 차원에서 푸코는 고대 그리스와 로마에 대단히 다양한 범위의 행동과 정동을 아우르는 하나의 단어, 쾌락이 존재하지 않았음을 지적했다.

푸코의 역사는 '쾌락'과 같은 단어가 어떻게, 왜 필요하게 되었는지를 추적했다. 의학에 대한 그의 이전 저서와 일치하는 맥락에서, 푸코는 '쾌락'이라는 용어가 규제적 기능을 수행한다는 것을 보여주었다. 그런데 이 용어의 규제적 기능이 적용되는 방식은 지역과 역사에 따라 모습을 달리한다. 예를 들어, 기독교 교리는 쾌락이 신자를 진정한 믿음의 길에서 벗어나게 한다는 이유에서 특정 유형의 쾌락을 금한다. 이와 대조적으로, 고대 그리스 사람들은 개인 행위의 윤리라는 더 중요한 문제보다 쾌락은 부차적 문제라고 생각했다. 푸코의 쾌락 개념은 그의 권력 개념처럼 열린 개념이다. 흥미롭게도, 그는 쾌락이 •욕망보다 더 나은 용어라는 태도를 견지했다(이는 그의 가까운 친구 질 •들뢰즈의 저서와 대조된다).

쾌락원칙 pleasure principle / *Lustprinzip*

지그문트 •프로이트에 따르면, 모든 행위는(의식적인 것은 물론 무의식적인 것도 포함해서) 인간의 정신 기구에 •쾌락 혹은 그것의 반대인 불쾌를 생산한다. •일상생활을 영위하면서 우리는 쾌락은 더 많이, 불쾌는 더 적게 가질 수 있도록 우리의 사고와 행위를 규제한다. 이와 같은 이유에서, 이러한 심리 기제는 심리적 기구의 '경제적 모델'로 불린다. 이 모델에서, 쾌락은 돈과 상응하고 불쾌는 빚과 상응한다. 이 모델은 또한 항상성 원칙 혹은 열반 원칙으로 불리기도 한다. 주체의 주요 목표가 충분히 쾌락적이며 지속적인 어떤 절정 상태를 성취하는 데 있기 때문이다. 육체적 쾌락이 프로이트가 염두에 두었던 것임은 분명하지만, 쾌락이 반드시 육체적일 필요는 없다. 여기서 쾌락은 •에고의 쾌락, 다시 말해 에고가 •초자아의 승인을 얻는 데서 획득하는 쾌락일 수도 있다. 마찬가지로, 불쾌는 자기비난의 형식을 취하거나(이것이 더욱 흔한 경우인데) 쾌락이 연기될 때 경험하게 되는 부정적 긴장의 형태로 나타난다. 다시 말해, 불쾌가 불쾌하다고 여겨지는 무엇과 연관될 필요는 없다.

쿠퍼, 데이비드 Cooper, David (1931~1986)

남아프리카공화국 태생의 정신과 의사이자 •반정신의학 운동의 주도적 인물. 쿠퍼는 케이프타운 대학교에서 의학 학위를 취득하고 졸업한 후 런던으로 이주했다. 그는 런던에서 '빌라 21'이라 불리는 젊은 정신분열증 환자를 위한 병동을 포함해 여러 병원에서 근무했다. 1965년 쿠퍼와 로널드 데이비드 *랭은 다른 몇몇 동료와 함께 필라델피아 연합을 창단했다. 필라델피아 연합은 그들이 이론적 작업으로 발전시켜왔던 정신 치료 아이디어들을 실천해볼 목적으로 킹슬리홀에 실험적·공동체적 정신 치료 프로젝트를 설립한 것이다. 지그문트 *프로이트, 카를 *마르크스, 장 폴 *사르트르의 영향을 받은 쿠퍼는 랭처럼 사람들을 미치게 만드는 것은 사회, 특히 사회의 핵심 제도인 가족이라고 주장했다. 같은 이유에서 그는 광기는 반드시 질병이라기보다는 사회에서 부과한 규칙이라는 제한적 구조를 넘는 실존주의적 여행이라고 주장했다. 쿠퍼는 자신의 의견을 기술하기 위해 1967년 반정신의학이라는 용어를 만들어냈다. 그의 중요한 저서들에는《가족의 죽음》(*The Death of Family*, 1971),《삶의 문법》(*Grammar of Living*, 1974),《광기의 언어》(*The Language of Madness*, 1978)가 있다. 랭의 저서처럼 쿠퍼의 저서는 그 시대의 정신과 아주 많이 닿아 있었다. 그래서 그의 저서는 학생들에게 널리 읽혔다. 또한 쿠퍼는 펠릭스 *가타리 같은 반정신의학 이론가들에게 많은 영향을 미쳤다. 하지만 가타리는 궁극적으로 반정신의학을 실패한 실험으로 간주하고 거부했다. 1970년대 말에 전통적 정신의학과 *비평이론은 쿠퍼의 저서를 비실용적인 것으로 간주하고 방치했다. 그 결과 현재 쿠퍼의 저서는 무시되고 있다.

+ 더 읽을거리

Z. Kotowicz, *R. D. Laing and the Paths of Anti-psychiatry*, 1997.

쿤, 토머스 새뮤얼 Kuhn, Thomas Samuel (1922~1996)

미국의 과학사학자이자 과학철학자. 신시내티에서 태어나 하버드 대학교에서 과학 학사·석사, 물리학 박사 학위를 취득했다. 1948년에서 1956년까지 하버드 대학교에서 과학사를 가르쳤다. 캘리포니아에서 몇 년 있은 뒤 프린스턴을 거쳐 MIT에서 재직했다. 그의 가장 유명한 저서《과학혁명의 구조》(*The Structure of Scientific Revolutions*)는 1962년 출간되었다. 이 책에서 쿤은 과학

지식이 과학적 사고와 모델, 개념의 진보적 격퇴를 거쳐 선형적으로 발전한다는 칼 포퍼의 논지를 반박했다. 포퍼는 과학의 관심 대상은 무엇이 있는가(what is)에 있지 않고, 무엇이 허위로 혹은 불가능한 것으로 증명되는가에 있다고 보았다. 이에 반해, 쿤은 과학이 과학적 사고에서 혁명에 근접하는 •패러다임의 변천(이는 그 의미가 더 좁기는 하지만 가스통 •바슐라르의 •인식론적 단절 개념과 비교할 만하다)을 거쳐 진보한다고 보았다. 과학적 발견은 이전 이론의 반박으로 그치지 않고 지식의 지도 자체를 다시 그리기도 한다는 것이 쿤이 제시하는 논거다. 예를 들어, 크리스토퍼 콜럼버스가 대서양을 횡단했을 때, 대서양 끝까지 가면 지구 가장자리 낭떠러지에서 떨어지는 것은 아님이 완전히 증명되었을 뿐 아니라 식민지 개척이라는 전혀 새로우며 방대한 기획이 시작되었다. 쿤은 과학적 진보에서 세 단계 모델을 제안했다. 첫째, 전 과학 단계가 있다. 이 단계에서, 모종의 발견이 일어나지만 전체를 포괄하는 가설은 존재하지 않는다. 다음에 '정상 과학'의 단계가 있다. 이 단계에서 과학적 발견은 패러다임 혹은 사고의 기반으로 전환된다. 그리고 이 패러다임 혹은 사고의 기반에 근거해 과학적 작업이 진행된다. '정상 과학'의 단계에 이어, 세 번째 단계는 위기 단계다. 두 번째 단계가 실패할 때 위기 단계가 온다. 새로운 패러다임이 낡은 패러다임을 교체할 때 위기가 해소된다. 쿤은 새로운 패러다임은 이전 패러다임과 양립 불가라고 보았지만, 이와 같은 쿤의 관점은 불필요하게 상대주의적이라는 이유에서 받아들여지지 않았다.

+ 더 읽을거리

S. Fuller, *Thomas Kuhn: A Philosophical History of Our Times*, 2000.
J. Preston, *Kuhn's 'The Structure of Scientific Revolutions': A Reader's Guide*, 2008.

+ 참고

토머스 새뮤얼 쿤, 《과학혁명의 구조》, 김명자 옮김, 까치, 1999. 이 외 몇 가지 국역본이 있다.

퀴어 연구 Queer Studies

성 정체성 그리고 그와 관련한 문화사 연구. 퀴어 연구는 1969년 스톤월 항쟁에 대한 학계의 반응으로 부상했다. 처음 그것은 학계에 대한 도전이었으나 빠른 속도로 인문학과 사회과학 교수진에 표준적으로 포함되는(대단히 명목적인 방식이기는 하지만) 전공이 되었다. 퀴어 연구가 주류가 되었다고 말한다면 과장이겠지만, 어쨌든 퀴어 연구의 예외적 지위는 이제 과거의 일이 되었다. 하나의 독자적 분야로서 퀴어 연구는 몇 가지 세부 분야(아시아 퀴어 연구, 흑인 퀴어 연구, 퀴어 시네마, 퀴어 네이션, *퀴어 이론 등)를 낳을 만큼 풍성하게 발전했다. 퀴어 연구의 초점은 *게이와 레즈비언이지만, 그것의 더 깊은 목적은 사실상 그 같은 명칭의 목적과 의미 자체에 도전하는 데 있다. 퀴어 연구는 왜 *사회가 성적 취향에 따라 자원을 분배하고 특권을 부여하는지 탐문한다. 이와 같은 특징에서 퀴어 연구의 접근은 대단히 다학제적이며 그 점에서 *탈식민주의 연구, *페미니즘, *인종 연구와 닮아 있다.

+ 더 읽을거리
R. Corber and S. Valocchi, *Queer Studies: An Interdisciplinary Reader*, 2003.

퀴어 이론 Queer Theory

인간 섹슈얼리티의 분석, 기록, 역사, 이해에서 후기 구조주의적 접근. 퀴어 이론은 특히 이성애 규범이라 불리는 것 바깥에 존재하는(혹은 그에 대한 대립/저항으로 정의되는) 섹슈얼리티의 형식에 관심을 두지만, 이것들이 퀴어 이론의 모든 관심사는 아니다. 퀴어 이론은 *퀴어 연구에서 발원해 퀴어 연구와 나란히 존재하고 바이섹슈얼, *게이, *레즈비언 혹은 이성애자가 된다는 것의 의미에 대한, 정의상의 그리고 존재론적 질문들을 제기하는 퀴어 연구 포럼으로 기능하고 있다. 미셸 *푸코의 작업, 특히 권력과 성의 역사에 대한 작업이 퀴어 이론의 주요한 이론적 추동력을 제공했다고 인정받고 있다. 푸코의 작업은 인간의 성이 어떻게 그리고 왜 지식의 대상이 되었는지, 그리고 인간의 성을 알 수 있는 무엇으로 만들고자 한 시도의 문화적·정치적 함의가 무엇인지 알고자 했다. 넓게 볼 때, 푸코의 작업은 포섭과 배제의 체제를 창조함으로써 권력이 자신을 실행한다는 것을 보여주었다. 푸코의 독자들은 푸코의 주관심사가 이항분립의 형식 자체라는 점(이항분립의 내용이 아니라)을 자주 놓친다. 달리 말하면, 푸코의 관심은 어느 특정 사회가 이성애는 포섭하고 퀴어는 배제한다는 사실이기보다는 섹슈얼리티의 탄력적 연속성이, 그것의 핵심 범주가 지닌 명백한 상호 침투성에도 그토록 간단히 분할될 수 있다는 사실에 있다. 푸코의 연구 이후 포섭과 배제의 체제가 존재함을 보여주는, 그것들의 범주가 상호 침투하는 수많은 방식을 보여주는 다양한 연구가 나왔다. 이 연구 중 유명한 예로, 이브 코조프스키 세지윅의 《옷장의 인식론》(*Epistemology of the Closet*, 1990)과 주디스 •버틀러의 《젠더 트러블》(*Gender Trouble*, 1990)을 들 수 있다.

+ 더 읽을거리

I. Morland and A. Willox, (eds.) *Queer Theory: Readers in Cultural Criticism*, 2004.
N. Sullivan, *A Critical Introduction to Queer Theory*, 2003.

○ 웹 링크

- 퀴어 문화, 퀴어 이론, 퀴어 연구, 젠더 연구, 기타 연관 분야에서 시각적 자료와 텍스트 자료를 제공하는 온라인 자원.

크라카우어, 지그프리트 Kracauer, Siegfried (1889~1966)

독일의 문화비평가, 저널리스트, 영화 이론가. 유대인인 크라카우어는 독일을 점령한 나치를 피해 미국으로 망명한 일군의 뛰어난 지식인 중 하나다. 그 자신 •프랑크푸르트학파의 내부 서클에 속하지는 않았지만, 핵심 멤버였던 테오도어 •아도르노, 레오 •뢰벤탈과 절친한 사이였다.

프랑크푸르트 암마인에서 출생한 크라카우어는 애초에는 건축을 공부했고, 베를린과 포츠담의 장식적 금속 구조물을 주제로 박사 학위 논문을 썼다. 1917년까지 건축가로 일했고 그해 군에 징용되었다. 전쟁이 끝난 후 건축업으로 복귀하고자 했지만 그러지 못하고 글을 쓰기 시작했다. 1921년에는 《프랑크푸르트 신문》(*Frankfurter Zeitung*) 편집진에 합류해 예술 분야 담당으로 주로 영화와 문학에 대한 글을 썼다.

그가 쓴 최초의 학술서 《봉급생활자들: 독일의 신계급》(*Die Angestellten: Aus dem neuesten Deutschland*, 1930 / *The Salaried Masses*, 1998)은 베를린의 화이트칼라 노동자에 대한 민속학적 연구서다. 막스 베버, 크라카우어의 은사였던 게오르크 •짐멜의 영향을 이 책에서 볼 수 있다. 이 책에서 크라카우어는 화이트칼라 노동자들이 마치 그 습속이 이국적이며 기이한 '원시 부족'의 표본인 것처럼 쓴다. *일상생활을 사유하는 중요한 초기 저작이지만 저평가된 《봉급생활자들》은 막스 *호르크하이머의 지휘 아래 프랑크푸르트 사회조사연구소가 내놓게 될 비판적인 사회학 작업들을 예고했다.

1921년과 나치 집권 아래에서 망명이 불가피해졌던 1933년 사이에 그는 700편이 넘는 영화평과 다른 문화적 주제에 관한 글을 수백 편 썼다. 그러는 사이 반자전적 소설인 《금작화》(*Ginster*, 1928)를 쓰기도 했다. 이 시기에 그가 쓴 글의 일부가 선집 《대중 장식》(*Das Ornament der Masse*, 1963 / *The Mass Ornament*, 1995)에 묶였다. 이 선집의 제목은 코러스라인 댄서들에 관한 그의 에세이 제목에서 가져온 것이다. 선집에는 《추리소설: 철학적 논고》(*Der Detektiv Roman: Ein philosophishcer Traktat*)에서 발췌된 한 단편도 수록되어 있다. 역시 프랑크푸르트학파의 일원이었던 에른스트 *블로흐처럼, 크라카우어는 추리소설에서 *모더니티의 소우주를 보았다. 그의 친구 발터 *벤야민처럼, 크라카우어도 뒤늦게야 유럽을 떠나기로 결정했다. 벤야민이 결국 유럽을 떠나지 못했던 반면 그는 비록 가족과 함께하지는 못했지만, 떠나는 데 성공했다. 그는 사회조사연구소의 도움으로 1941년 미국에 도착했고 51세에 모든 것을 새로 시작해야 했다. 그는 《네이션》(*The Nation*), 《하퍼스 매거진》(*Harper's Magazine*), 《뉴욕타임스 북 리뷰》(*The New York Times Book Review*) 등의 매체에 기고하고, 유네스코 같은 정부 기관들을 위한 보고서를 쓰는 일로 생계를 해결했다. 그러다 뉴욕의 현대미술관에서 영화 담당 큐레이터로 일하게 되고, 이로써 얻은 어느 정도 생활의 안정 속에서 야심적이며 널리 알려진 저서 《영화 이론: 물리적 현실의 구제》(*Theory of Film: The Redemption of Physical Reality*, 1960)를 썼다. 이 책은 처음부터 영어로 쓰였다.

《영화 이론》은 앙드레 *바쟁의 《영화란 무엇인가?》(*What is Cinema?*, 1958)와 더불어 영화 연구의 선구적 저서로 꼽힌다. 크라카우어의 이론에 따르면, 영화는 모더니티(그에게는 사회 분열로 이어지는 변화를 뜻한다)의 일부이며 동시에 구원의 한 가능한 원천이다. 영화 이미지에는 총체성을 담는 유토피아적 이미지를 제공하는 힘이 있다. 이것은 사회는 하지 못하는 일이다. 하지만 이 이미지의 이해는 영화의 세미학적(micrological) 세부를 면밀히 분석해야만 얻을 수 있다.

미리엄 한센은 프린스턴 출판부에서 낸《영화 이론》에 수록된 탁월한 서론에서, 크라카우어의 저작이 최근 상대적으로 등한시되는 것은 영화와 현실 사이의 연속성에 대한 그의 강조가, 현재 영화 연구가 영화의 가상성에 갖는 관심에서 동떨어져 있기 때문이라고 지적했다. 그런가 하면, 학술지《뉴저먼 크리틱》(*New German Critique*)과《뉴 포메이션스》(*New Formations*)에서는 각각 1991년과 2007년에 크라카우어의 저작들을 다루는 특별호를 기획했다. 그의 이론이 중요하게 재부상할 가능성을 여기서 짐작할 수 있다.

+ 더 읽을거리

M. Brodersen, *Siegfried Kracauer*, 2001.
T. Forrest, *The Politics of Imagination,* 2008.
D. Frisby, *Fragments of Modernity*, 1985.
G. Koch, *Siegfried Kracauer: An Introduction*, 2000.
I. Mülder-Bach, *Siegfried Kracauer-Grenzgänger zwischen Theorie und Literatur,* 1985.

+ 참고

지그프리트 크라카우어,《역사: 끝에서 두 번째 세계》, 김정아 옮김, 문학동네, 2012. 이 항목에서 언급된 크라카우어의 저작들은 아직 국역되지 않았다.
앙드레 바쟁,《(앙드레 바쟁의) 영화란 무엇인가: 존재론과 영화언어》, 안병섭 옮김, 집문당, 1987.

크레올성 Creoleness / *Créolité*

1980년대 카리브해, 특히 마르티니크와 과들루프 출신으로 이루어진 소규모 집단의 프랑스어권 작가들이 정교화한 문학 이론이면서 문화 이론. 이 그룹의 작가 중 가장 두드러진 작가는 파트리크 샤무아조, 장 베르나베, 라파엘 콩피앙이다. 주요 이론가로는 나중에 이 그룹에 참여한 에두아르 *글리상이 있다. 글리상은 질 *들뢰즈와 펠릭스 *가타리가 이 그룹에 미친 영향력을 인정한다. 크레올성은 *네그리튀드와 대립해서 수립되었다. 네그리튀드는 1930년대에 에메 *세제르, 레오폴 *상고르와 레옹 다마 같은 (프랑스어권) 카리브해와 아프리카의 작가들이 설립한 문학 운동이다. 이 네그리튀드 작가들은 흑인 *디아스포라의 일부로서 자신들이 공유한 유산을 식민지 주민들을 위한 권한 이행의 원천으로 간주하면서 아프리카 대륙과 자신들의 연결 관계를 통해 자신들을 정의하려고 했다. 이와는 반대로 크레올성을 추구하는 작가들은 그런 자세를 과거 회고적일 뿐만 아니라 실행할 수 없는 전망으로 간주하고 거부했다. 카리브해 사람들과 아프리카 사람들은 너무나 달라서 온전히 통합될 수 없기 때문이다. 그 대신에 이들은 탈본질주의적 미래를 기대하는 것을 더 선호했다. 궁극적으로 크레올성은 다양성에 대한 찬양이고 허위 보편성에 대한 부정이다.

크리스테바, 줄리아 Kristeva, Julia (1941~)

불가리아 태생이며 파리에서 활동하는 언어학자, 철학자, 정신분석학자. 20세기 후반의 중요한 페미니스트 저자 중 한 사람이기도 하다. 크리스테바의 사상적 궤적은 *후기 구조주의 언어학, *정신분석, 비평적 전기라는 각기 다른 세 관심 영역을 기준으로 세 시기로 구분할 수 있다. 이와 같은 관심의 변천은 이전 관심으로부터 전적으로 결별한 것이기보다는 언어, 욕망, 무의식에 대한 더욱 정교한 이론화를 향하는 행보였다고 할 수 있다. 2004년에 크리스테바는 권위 있는 홀베르상을 받았다.

크리스테바는 1965년에 파리로 유학을 왔고 롤랑 *바르트의 세미나에 등록했다. 이때 이미 동유럽 언어학과 철학, 특히 러시아 형식주의자와 미하일 *바흐친의 저작들에 조예가 깊었던 그녀는 세미나 발표에서 이 주제가 프랑스에 소개되는 데 일조했다. 방법론으로서 *구조주의의 한계를 인식하면서 크리스테바는 바흐친을 원용해 구조주의에 결정적으로 결여된 역동성과 역사 감각을 불어넣었다. 1966년, 프랑스 학술지 《코뮤니카시옹》(*Communication*)에 발표된 유명한 논문(이 논문은 1969년 《세미오티케》(*Séméiotiké*)에 수록되고 그 일부가 《언어 속의 욕망》(*Desire in Language*, 1980)으로 번역된다)에서 크리스테바는 의사소통의 모든 면에 있는 상호 연계성을 설명하려고 *상호텍스트성 개념을 제안했다. 바흐친의 *대화주의 개념에 부합하는 상호텍스트성 개념에 따르면, 내재적 의미란 없고, 모든 의미는 기존에 수립된 의미와 협상해서 생산된다. 크리스테바는 자신의 이론을 위한 영감을 모더니스트 작가들에게서 찾았다. 특히 루이 페르디낭 셀린, 제임스 조이스, 마르셀 프루스트가 그들이다. 그녀의 스승인 바르트는《*S/Z*》(1970)에서 상호텍스트성 개념을 채택했고, 그녀와 동시대 이론가인 자크 *데리다 또한 이 개념을 활용했다.

1965년 크리스테바는 텔켈 그룹에 합류했다. 텔켈은 당시 크리스테바의 남편이던 필리프 *솔레르가 창간하고 편집했던 동명의 저널에 기고하며 그 저널과 동일시된 일군의 철학자와 사상가(바르트, 데리다, 피에르 *클로소프스키 등이 여기 포함된다) 그룹이다. 크리스테바는 1974년 텔켈 그룹 중국 학술 탐방에 참여했다. 당시 중국은 '문화혁명'의 격동기에 있었고 텔켈은 이미 1960년대 말 마오주의로 전향한 뒤였다. 이 탐방 후 크리스테바는《중국의 여자들에 대하여》(*About Chinese Women*, 1986)라는 제목으로 중국에서의 삶에 대한 대단히 이상화된 기록을 썼다. 이 시기 내내 정신분석을 공부한 크리스테바는 마침내 1979년 정신분석의 자격을 획득했다. 정치, 기호학, 정신분석에 대한 관심을 그녀가 *'의미 분석'이라 이름 붙인 새로운 방법론을 이용해 종합하는 시도를 했다.

1970년대가 진행되는 동안, 크리스테바는 텔켈 그룹과 멀어지면서 정신분석에 더욱 관심을 쏟았다. *비체, 사랑, 우울증에 대한 3부작을 쓰는데,《공포의 권력》(*Powers of Horror*, 1982),《사랑의 역사》(*Tales of Love*, 1983),《검은 태양》(*Black Sun*, 1987)이 그것이다. 그녀 작업의 초점은 주체의 상황, 주체가 스스로에게 또한 *타자에게 갖는 관계에 있다.

1980년대 말부터 크리스테바는 '여성 천재'라는 주제로 3부작을 시작해 한나 *아렌트, 시도니 가브리엘 콜레트, 멜라니 *클라인에 대한 방대한 평전을 썼다. 역사적 복원이라는 여성주의적 실천인 동시에 정신분석학적 예리함을 내비치는 작업인 이 3부작에서 크리스테바는 엄격하게 학술적인 글쓰기에서 넓은 독자층을 겨냥하는 '대중적인' 철학 영역으로 이행하는 모습을 보여주었다. 그녀는 일련의 반자전적 책들을 쓰기도 했다.《무사들》(*Les Samouraïs*, 1990)이 그 시작이었다. 이 책은 *실존주의자들에게 시몬 드 *보부아르 저서들이 가졌던 것과 같은 의미를 후기 구조주의 세대에게 갖는 책이다(→식수; 이리가레).

ㅋ

+ **더 읽을거리**

M. Becker-Leckrone, *Julia Kristeva and Literary Theory*, 2005.
A. Benjamin and J. Fletcher, (eds.) *Abjection, Melancholia and Love: The Work of Julia Kristeva*, 1990.
E. Grosz, *Sexual Subversions*, 1989.
J. Lechte, *Julia Kristeva*, 1990.
K. Oliver, *Reading Kristeva: Unravelling the Double-Bind*, 1993.

+ **참고**

줄리아 크리스테바, 《세미오티케: 기호분석론》, 서민원 옮김, 동문선, 2005.
줄리아 크리스테바, 《공포의 권력》, 서민원 옮김, 동문선, 2001.
줄리아 크리스테바, 《사랑의 역사》, 김인환 옮김, 민음사, 2008.
줄리아 크리스테바, 《무사들》, 홍명희 옮김, 솔, 1995.

클라인, 멜라니 Klein, Melanie (1882~1960)

•대상관계 이론을 주창한 오스트리아 태생의 아동 정신분석학자. 빈에서 중간계급이며 세속화된 유대인 가정에 태어났다. 그녀는 일찍 결혼해서 빈 대학교에서 학업을 중단해야 했다. 1910년, 그녀는 남편, 가족과 함께 부다페스트로 이주했는데, 여기서 처음으로 •정신분석과 만나게 된다. 1917년에는 지그문트 •프로이트도 만났다. 프로이트의 친구였던 산도르 페렌치 밑에서 정신분석의로 수련했고, 1919년부터 개업의로 활동했다. 카를 아브라함을 만난 다음, 그녀는 그의 격려를 받으면서 1921년 베를린으로 이주해 그곳에서 5년간 개업했다. 안나 •프로이트와의 경쟁 관계 때문에 베를린은 그녀가 개업의로 살기에는 불행한 도시였다. 그리하여 나중에 프로이트의 전기작가가 되는 어니스트 존스가 그녀에게 런던으로 옮길 것을 제안하자 그녀는 바로 그 제안에 따랐다. 그녀는 런던에서 여생을 보내게 되고 영국 정신분석학계에서 핵심 인물이 된다. 저명한 정신분석의 중 그녀에게서 수련한 이들이 여럿인데, 한나 세갈, 윌프레드 비온, 헤르베르트 로젠펠트 등을 꼽을 수 있다. 클라인은 프로이트의 '자유연상' 과정에서 성인이 하듯이 자기 감정을 말로 표현하기에는 너무 어린 아이들을 정신분석하는 방법으로 일종의 '놀이 치료'를 선구적으로 이끌었다. 그녀의 테크닉에 대한 상세한 해설을 《아동분석 서사》(*Narrative of Child Analysis*, 1961)에서 볼 수 있다. 이 책은 꼬마 리

처드 혹은 꼬마 딕으로 불리는 그녀의 한 환자를 대상으로 한 방대한 사례 연구다. 자크 *라캉과 질 *들뢰즈는 꼬마 리처드의 놀이에 대한 클라인의 해석에 대단히 비판적이었다. 이들은 아이들의 장난감을 손쉽게 상징으로 보는 잘못을 클라인이 범한다고 지적했다. 그러나 라캉과 들뢰즈 모두 그들의 개념적 발명에서 클라인 작업의 도움을 받았다는 점 또한 밝혀두어야 한다. 그녀가 정신분석 이론에 남긴 중요한 기여는 *부분 대상 개념이다. 이 개념이 대상관계 이론의 발전에서 핵심 역할을 한다. 클라인은 처음 유아는 모친을 일련의 단절된 부분 대상으로 인지한다고 논했다. 이때 아이 관심의 중심은 일차적 영양원으로서 어머니의 유방이다. 아이는 어머니의 유방에 *양가적인데, 유방에서 먹을 것을 구하기도 하지만, 그 먹을 것이 아기에게 부정되기도 하기 때문이다. 따라서 아기는 어머니의 유방을 '좋은' 대상과 '나쁜' 대상으로 나눈다. 자라는 과정에서 아이는 이 두 대상을 통합하고 그에 따라 어머니를 통합된 인간으로 인식하기를 배워야 한다. 어머니를 통합된 인간으로 인식하기 시작하면서, 아이에게는 처음 어머니에게 가졌던 양가감정에 기원을 둔 죄의식이 싹튼다. 클라인이 보기에 이것은 끝이 나지 않는 과정이다.

+ 더 읽을거리

P. Grosskurth, *Melanie Klein: Her World and Her Work*, 1986.
줄리아 크리스테바, 《정신병, 모친 살해, 그리고 창조성: 멜라니 클라인》, 박선영 옮김, 아난케, 2006.
한나 세갈, 《멜라니 클라인: 멜라니 클라인의 정신분석학》, 이재훈 옮김, 한국심리치료연구소, 1999.

클로소프스키, 피에르 Klossowski, Pierre (1905~2001)

프랑스의 철학자, 소설가, 예술가. 파리에서 태어났다. 양친이 모두 예술가였고 동생인 발튀스 클로소프스키 역시 예술가였다. 발튀스는 화가로 상당한 명성을 쌓았다(보노가 그의 장례식에서 애도하는 노래를 불렀다). 양친은 폴란드 출신이며 유대계였던 것으로 여겨진다. 클로소프스키는 어린 시절 가족과 자주 여행했다. 제1차 세계대전이 시작된 1914년부터 1923년까지 그는 스위스와 독일, 이탈리아에서 살았다. 1923년 파리로 돌아왔을 때, 어머니의 연인이었던 독일 시인 라이너 마리아 릴케가 그에게 앙드레 지드의 개인 비서로 일하는 자리를 주선했다. 당시 지드는 걸작《위폐범들》(*Les Faux-monnayeurs*, 1925 / *The Counterfeiters*, 1931)을 집필하고 있었다. 지드의 비서로 일하는 동시에 클로소프스키는 고등연구실습원에서 대학 과정을 시작했다. 그러나 그는 관습적인 학자의 삶을 살지 않았다. 그 대신 자유 기고하는 비평가이자 번역가라는 불안정한 삶을 택했다. 이러한 선택이 그에게 1920년대와 1930년대 유럽의 주요 사상가들과 만날 수 있게 했다. 그중 조르주 •바타유와 발터 •벤야민은 그와 가까운 친구로 지냈고, 그는 벤야민의 저작들을 프랑스어로 번역했다. 제2차 세계대전 동안 클로소프스키는 천주교 사제가 되려고 신학교에 등록했지만, 과정을 마치지는 않았고 사제직을 향한 소명을 결국 잃었다. 이 경험이 그의 첫 소설《유예된 소명》(*La Vocation suspendue*, 1950, *Suspended Vocation*)의 원천이 된다. 사드에 관한 저서《나의 이웃 사드》(*Sade, mon prochain*, 1947 / *Sade My Neighbor*, 1991), 프리드리히 •니체 연구서인《니체와 악순환》(*Nietzsche et le cercle vicieux*, 1969 / *Nietzsche and the Vicious Circle*, 1998) 이 두 저서가 클로소프스키의 널리 알려진 저서다.《나의 이웃 사드》는 롤랑 •바르트, 시몬 드 •보부아르, 모리스 •블랑쇼, 미셸 •푸코에게 영향을 미쳤다. 이들은 사드에게 바쳐진 저작들이라는 나날이 길어지는 목록에 각자 자신의 기여를 보탰다. 사드의 지속적 영향력은 피에르 파올로 파솔리니가 1975년 영화〈살로〉(Salo)의 크레디트에 사드 이름을 포함시킨 것으로도 알아볼 수 있다.《니체와 악순환》또한 클로소프스키의 가까운 친구가 될 질 •들뢰즈와 장 프랑수아 •리오타르에게 중요한 저작이었다. 1970년 이후 클로소프스키는 절필했고 그림에 집중했다.

+ 더 읽을거리

A. Arnaud, *Pierre Klossowski*, 1990.

I. James, *Pierre Klossowski: The Persistence of a Name*, 2000.

+ 참고

피에르 클로소프스키,《니체와 악순환: 영원회귀의 체험에 대하여》, 조성천 옮김, 그린비, 2009.

앙드레 지드,《위폐범들》, 원윤수 옮김, 민음사, 2010. 이 외 여러 국역본이 있다.

키치 Kitsch

저급하고 몰취향적이며 조야한 사이비 예술. *프랑크푸르트학파, 그중에서도 특히 테오도어 *아도르노는 키치와 *아방가르드를 연계하면서 현대 예술의 양극단을 규정했다. 아도르노는 한편에서는 *후기 자본주의의 *가치를 단지 재생산할 뿐인 키치를 규탄하고, 다른 한편에서는 이 가치에 도전하거나 그것들을 거부하는 아방가르드를 칭송했다. 미국의 저명한 미술 평론가 클레멘트 그린버그도 현대 미술에 이와 같은 이분법적 태도를 취했다. 그 역시 새롭거나 흥미로운 그 무엇도 생산하지 못한다는 이유에서 키치를 비판했다. 보통 키치는 폄하 의미로 쓰이는 용어이지만, 노스탤지어의 대상을 가리킬 때는 긍정적 의미를 띠기도 한다. 이전 공산국가인 중국과 러시아의 공산당 선전물은 '좋은' 키치로 여겨질 수 있다. 좌파에게는 그것이 사회주의의 꿈이라는 '잃어버린' 세계를 상기시키고, 우파에게는 자본주의의 승리를 확인해주기 때문이다. 비슷하게, 앤디 워홀이나 제프 쿤스 같은 예술가들은 그들의 작품에서 노스탤지어에 기반을 둔 키치를 활용했다.

키틀러, 프리드리히 Kittler, Friedrich (1943~2011)

독일 로흘리츠 태생의 미디어 이론가. 그의 가족은 1958년 동독에서 도피해 라르로 이주했다. 그는 프라이부르크 대학교에서 로망스 *문헌학과 독일학, 철학을 공부했다. 1976년 스위스 작가이며 시인인 콘라트 페르디난트 마이어 연구로 박사 학위를 취득했고, 1984년 현대 독일 문학사에 대한 논문으로 교수자격시험을 통과했다. 1986년에서 1993년까지 카셀 대학교와 루르 대학교에서 가르쳤다. 1993년 베를린 훔볼트 대학교 미디어미학 및 역사학과 학과장에 임명되었다. 키틀러는 자크 *데리다, 미셸 *푸코, 자크 *라캉의 저작에서 영향을 받았고, 한스 게오르크 *가다머의 저작에서 보는 해석학적 관습에 반대하면서, 미디어의 구체적 내용보다 미디어 테크놀로지라는 사실에 집중하고 미디어 역사를 담론 분석하는 작업을 했다. 하버트 마셜 *매클루언과는 대조적으로, 키틀러는 미디어가 '인간'의 인공 기관적 확장이라고 보지 않았다. 그 대신에 미디어(혹은 그가 쓰는 용어로 말하면 '기록시스템(*Auf-*

schreibesysteme)')가 '인간'이 존재하는 데 필요한 조건을 창조한다고 보았다. 영어로 번역된 키틀러의 저서 중 《담론 네트워크 1800/1900》(*Discourse Networks 1800/1900*, 1990), 《축음기 영화 타자기》(*Gramophone Film Typewriter*, 1999) 두 저서가 유명하다.

+ 참고

프리드리히 키틀러, 《기록시스템 1800/1900》, 윤원화 옮김, 문학동네, 2015.

타우시그, 마이클 Taussig, Michael (1940~)

*마르크스주의 문화인류학자. 파푸아뉴기니에서 태어나고 오스트레일리아와 영국에서 교육받은 타우시그는 학부에서는 의학을 공부했다. 그러나 일반 개업의가 되지 않았고 의료인류학으로 박사 학위를 받았다. 그는 무엇보다 남아메리카에서 마법에 대한 믿음 연구로 유명하다. 특히 《남아메리카에서 악마와 상품 물신주의》(*The Devil and Commodity Fetishism in South America*, 1980)는 이 분야를 개척한 연구로 꼽힌다. 콜롬비아 주석 탄광 노동자들의 현장 연구에 바탕을 둔 이 책에서, 타우시그는 이교도적 믿음이 사회에서 일어나는 변화(예를 들어 자본주의의 도래)를 수용하는 과정을 보여주었다. 대단히 다작하는 학자로서 타우시그는 중요한 책을 몇 권 썼다. 《샤머니즘, 식민주의, 야생의 인간: 공포와 치유의 연구》(*Shamanism, Colonialism, and the Wild Man: A Study in Terror and Healing*, 1987), 《미메시스와 타자성: 감각의 구체적 역사》(*Mimesis and Alterity: A Particular History of the Senses*, 1993), 《무법지의 법: 콜롬비아의 폭력 기록》(*Law in a Lawless Land: Diary of a Limpieza in Colombia*, 2003) 등이 그들이다.

타자 Other

엠마누엘 *레비나스의 윤리 개념은 존재, 그리고 존재와 다르게 있는 그것('존재와 다르게'는 그의 후기 한 저작의 제목을 이루는 구절이다)의 관계라는 문제를 그 중심에 두고 있다. 이것은 자아와 타자의 관계이기도 하다. 레비나스의 타자는 대문자로 표기되는데, 이는 낯섦의 체험이라는 더욱 일상적 형태의 타자성과 구분하기 위해서다. 레비나스에게 타자는 자아가 알 수도 없고 자기 것으로 동화할 수도 없는 것이다. 레비나스는 타자를 일종의 불가사의(종교적 의미에서)로, 상상할 수도 경험할 수도 알 수도 없는 것으로 설명했다. 타자는 '나의' 목적에 전적으로 저항하는 무엇이다. 나는 타자에게 묶여 있다. 타자는 나에게 명령하지만, 그럼에도 나에게 어떠한 권위도 갖지 않는다. 조금 다르게 표현하면, 타자는 '내'가 죽이고자 하지만 죽일 수 없는 무엇이다. 레비나스에 따르면, '내'가 소문자의 타자, 다시 말해 실제의 사람들을 죽인다면, 내가 진정 죽이고자 하는 것은 대문자 타자다. 이것이 불가능하기 때문에 폭력은 언제나 실패할 수밖에 없다. '나'는 타자를 *얼굴로서 만난다.

타자성 alterity

*타자의 타자성(otherness). 타자성은 타자에게 내재한 낯섦이라는 성질과 타자가 이방인이라는 사실 모두를 가리킨다. 여기서 낯설다는 것은 우리가 가지고 있는 선행 지식이나 경험이 이런 타자와의 만남을 우리에게 준비시키지 못한다는 것을 뜻한다. 타자성 개념을 확립한 사람은 파리에 기반을 둔 리투아니아인 철학자이자 윤리학자인 엠마누엘 *레비나스다. 그에게 신은 이러한 조건을 온전히 충족할 수 있는 유일한 존재다. 레비나스의 윤리학 개념은 우리가 신적인 신비, 즉 타자로서 신의 타자성을 향해 자신을 열어놓아야 한다는 생각을 중심으로 움직인다. 또한 이 개념은 인류학, 특히 마이클 *타우시그의 《미메시스와 타자성》(*Mimesis and Alterity: A Particular History of the Senses*, 1993)에서 식민 지배자와 피지배자의 관계를 생각하는 방식에도 이용되었다. 또한 *정신분석에서는 자아와 타자, 즉 우리가 부인하는 우리 자신의 낯선 일부(*비체 같은 것)와의 관계를 설명하려고 이 개념을 사용한다.

타자학 heterology

전통적으로 •타자나 '알 수 없는 존재'의 존재 문제를 중점적으로 다루는 철학의 한 갈래. 타자나 '알 수 없는 존재'는 다양한 방식으로 해석되어왔는데, 엠마누엘 •레비나스의 경우에는 신을, 미셸 드 •세르토의 경우에는 토착 주체(Indigenous Subject)를 가리킨다.

의학적 병리학에서 타자학(이종성)은 주변의 건강한 조직과는 다르게 구성된 병적이며 비정상적인 조직을 가리킨다. 이 정의에서 영감을 받아 조르주 •바타유는 타자학 개념을 동화될 수 없는 것 혹은 과잉적인 것에 대한 인류학으로 발전시켰다.

+ 더 읽을거리

G. Bataille, *Visions of Excess*, 1985.
M. de Certeau, *Heterologies*, 1986.
엠마누엘 레비나스, 《시간과 타자》, 강영안 옮김, 문예출판사, 1999.

탈산업사회 post-industrial society

경제가 더는 제조업 기반이 아닌 사회. 1973년 영향력 있는 미국의 사회학자 대니얼 •벨은 《탈산업사회의 도래》(*The Coming of Post-Industrial Society*)에서 미국 경제가 제조업에서 서비스 부문(이것은 오늘의 세계에서는 정보 경제라 불리는 것이다)으로 이행했고, 경제 전반이 한 단계의 변화를 거쳤다고 주장했다. 이른바 '오일 쇼크(OPEC 회원국들에서 일어났던 에너지 비용 급등)'가 불러왔던 세계경제의 심각한 위기 상황(특히 제조업이 받은 타격이 심대했다)에서 쓰인 이 책은 •시대정신을 완벽하게 포착한 듯 보였다. 이 용어 자체는 프랑스 사회학자 알랭 •투렌이 《탈산업사회. 내일의 사회사: 프로그램된 사회에서 계급, 갈등, 문화》(*The Post-Industrial Society. Tomorrow's Social History: Classes, Conflicts and Culture in the Programmed Society*, 1969)에서 고안한 것이다. 벨과 투렌은 경제에서 일어나는 대변화가 사회에서의 대변화를 유발한다고 말했다. 이전 산업사회 시대에서 사회에 문화적 일관성을 부여한 것은 프롤레타리아와 부르주아지 사이의 적대적 관계였다. 후기 산업사회에서는 블루칼라 노동자의 중요성이 쇠퇴하고, 그들의 자리를 화이트칼라 노동자가 대신한다. 그러나 이제 화이트칼라 노동자와 부르주아지 사이에 어떤 의미 있는 차이가 없기 때문에 사회를 구성하는 분명한 계급 구분이 사라지게 된다. 프레드릭 *제임슨과 데이비드 *하비 같은 이론가들은 후기 산업사회가 시작된 순간을 그들이 *포스트모더니즘이라 부르는 것의 시작 지점으로 본다.

탈승화(역승화) desublimation

허버트 *마르쿠제의 용어로 (엄격한 의미에서) 예술이 진부하고 무력하게 여겨지게 되는 과정을 나타낸다. *후기 자본주의로 만들어진 사회 변화에 대한 해설로 밀리언셀러가 된 책《일차원적 인간》(*One-Dimensional Man*, 1964)에서 마르쿠제는 *문화 산업이 *비평이론과 *사회 자체를 위해 제기한 현실적 문제는 고급문화와 저급문화 간의 경계를 지우는 것이 아니라 오히려 예술과 현실 간의 차이를 지우는 것이라고 주장했다. *프랑크푸르트학파 이론가인 동료 막스 *호르크하이머와 테오도어 *아도르노(이들은 문화 산업에 관한 논문의 저자들이다) 그리고 좀 더 각별히 기술복제 시대 예술에 대한 발터 *벤야민의 설명과 일관되게 마르쿠제는 예술의 대량생산과 분배 그리고 *일상생활의 거의 모든 양상에 영향을 미치게 된 예술의 침투가 예술에서 가장 강력한 것, 즉 일상성에 대한 예술의 적대를 파괴했다고 말한다(벤야민은 이것을 가리켜 *아우라라고 했다). 이러한 적대는 지그문트 *프로이트가 *승화라고 부른 과정을 거쳐 달성된다. *정신분석에 따르면 승화는 *리비도가 현실원칙에 통제될 때 일어난다. 성적 욕망의 만족은 지연되고 미학적 달성 혹은 마르쿠제가 말한 에로스로 변형된다. 이와 같은 조건에서 예술적 영역은 '다른' 차원, 즉 일상생활과는 근본적으로 다르고 본질적으로 일상생활과 적대적 차원이 된다. 그러므로 사회는 적어도 이차원적이라 말할 수 있다고 마르쿠제는 주장했다. 에로스가 성욕으로 환원되는 탈승화 과정을 거쳐 이러한 차원이 상실되면 그 결과 사회는 일차원적이 되고 그럼으로써 *생산양식의 변화에 따라 사회에 부과된 변화를 사회가 저항할 수 없게 된다. 전에는 예술과 문학 속에서 예술가, 매춘부, 간통자, 기타 등등에 대한 재현이 다른, 아마도 유토피아적 삶을 증명했던 곳에서 이제 그들은 현존하는 질서를 긍정하며 어떤 부정의 힘도 전달할 수 없다. 이런 의미에서 탈승화는 억압적이다. 마르쿠제의 주장에 따르면, 이른바 성적 해방은 에로스를 파괴한 대가로 이루어진다. 에로스 파괴는 우리를 강화된 성적 존재로 남기지만 현재에 대한 어떤 저항도 없고 '다르다'고 생각될 수 있는 어떤 공간도 남기지 않는다.

탈식민주의 연구 Postcolonial Studies

식민주의가 식민 종주국과 식민지의 문화에 미치는 영향에 대한 관심을 공유하는 여러 학제(특히 인류학, 역사학, 문학 연구)를 아우르면서 창작과 비평 양면에서 다양하게 존재하는 저술들을 가리키는 느슨하게 적용되는 명칭. 탈식민주의 연구의 주요 이론가로 호미 *바바, 가야트리 *스피박, 에드워드 *사이드를 꼽을 수 있다. *페미니스트 탈식민주의 연구, *퀴어 이론과 탈식민주의 연구 등 탈식민주의 아래 묶이는 여러 하위 분야들을 품는다.

탈식민주의 연구는 영어 문화권이 주도했지만, 지난 20년간 비교 연구가 흥성하면서 이제 프랑스어 · 포르투갈 · 독일어 · 스페인어 문화권(뿐 아니라 다른 많은 언어 문화권도 포함해)에서도 상당한 작업들이 이루어졌다. 이 용어는 애초 역사학자들과 경제학자들이 하이픈을 사이에 넣어('post-colonialism') 사용했는데, 이는 탈식민화에 이은 정치적 · 경제적 상황을 반영하기 위해서였다. 이렇게 썼을 때 이 용어에는 구체적인 역사적 참조 지점이 있었다. 그러나 이 용어가 가장 깊이 뿌리를 내린 것은 역사학이 아니라 문학 연구이고, 그 과정에서 *해체와 *신역사주의를 쉽게 따돌리면서(두 유파가 내세운 핵심 원리를 흡수하기도 했지만) 문학 연구 전체를 통틀어 가장 중요한 지적 운동이 되었다. 탈식민주의 연구는 진부하고 이데올로기적으로 순진한 영연방 문학 프로젝트에 맞서는 급진적 대안으로 자신을 내세운다.

문학 연구는 이 용어에 들어 있던 하이픈을 삭제하면서 그것이 가리켰던 정확한 역사적 참조 지점이 사라지게 했다. 이와 함께 이 용어에 근세 혹은 전식민지 시기에 있었던 유럽 국가들의 세계 탐험에서 현재에 이르기까지 식민화의 거의 모든 면에 대한 분석이 포함되게 했다. 하이픈 삭제는 식민주의가 안전하게 과거에 속하는 무엇이라는 관념 자체를 •문제화하는 근본적으로 논쟁적인 제스처로 보아야 한다. 실제로, 지구적으로 볼 때 식민주의가 남긴 기관, 실천(행위, 관습) 그리고 권력관계가 여전히 존재하는 많은 국가가 있는 한(토착민의 관점에서, 가장 명백한 예를 들면 오스트레일리아, 캐나다, 뉴질랜드, 미국이 여기 해당한다) 우리는 식민 시대에서 벗어나지 못했다고 말할 논자가 많다. 비슷하게, 식민 권력이 철수한 지역에서도 식민 권력이 수립했던 통치 모델이 여전히 남아 있고 그에 따라 •신식민주의 상황이 형성된다고 보는 이들도 많다. 최근 역사에서 식민화에 따른 영향이 끈질기게 온존하는 복잡한 사례를 제공하는 이스라엘과 팔레스타인 상황을 예로 들 수 있을 것이다.

탈식민주의 연구처럼 광범한 분야를 일반화하기는 어렵지만, 몇 가지 일반 경향을 지적할 수 있다. ① 탈식민주의는(•전략적 본질주의를 위해 필요한 여지를 남겨두기는 하지만) •정체성에 반본질주의적으로 접근한다. ② 탈식민주의는 동일성보다 •차이에 특권을 부여한다. 그와 동시에, 차이에 그것만의 •양가성이 없는 것은 아니라는 사실을 인정한다. ③ 탈식민주의의 정치적 관점은 다원주의적이고 반헤게모니적이다. 탈식민주의는 •크레올성, •디아스포라, •잡종성(혼종성)을 공공연히 찬미하며, 동시에 하위 주체성과 복속의 모든 형식을 문제화한다. ④ 탈식민주의는 •재현과 권력을 동일시한다(사이드의 •오리엔탈리즘 테제는 •재현의 통제가 권력의 지표이며, 탈식민주의 비평가들은 이 통제권이 어떻게 행사되는지 늘 폭로해야 한다고 말했다). 이론적으로, 탈식민주의 연구는 •마르크스주의(비마르크스주의적 방식이기는 하지만), •정신분석(특히 •타자성과 관련한 문제에서), 자크 •데리다, 미셸 •푸코 그리고 제한적이기는 하지만 질 •들뢰즈와 펠릭스 •가타리(특히 그들의 •리좀 개념)에 의지하고 있다.

+ 더 읽을거리

A. Ahmad, *In Theory: Classes, Nations, Literatures*, 1992.
빌 애슈크로포트, 《포스트 콜로니얼 문학이론》, 이석호 옮김, 민음사, 1996.
D. Gregory, *The Colonial Present*, 2004.
P. Hallward, *Absolutely Postcolonial: Writing Between the Singular and the Specific*, 2002.
로버트 J. C. 영, 《아래로부터의 포스트식민주의》, 김용규 옮김, 현암사, 2013.

○ 웹 링크

- 에모리 대학교 영문과 사이트에 개설된 탈식민주의 연구 사이트는 탈식민주의, 핵심 저자들, 용어들, 주요 이슈에 좋은 개관을 제공한다.

탈식민지화 decolonization

외국(보통 유럽)의 권력에 식민 통치를 당한 나라가 자력 통치로 전환하는 역사적 과정. 이 용어는 범위가 대단히 광범해서 방대한 지리적 영토(전 세계적으로 남부 혹은 이전의 *제3세계 대다수 국가)와 복잡한 연대기(탈식민지화는 모두 한꺼번에 일어나지 않았다)를 포괄하지만 탈식민지화가 어떻게 성취되었는가 하는 문제(폭력적으로 혹은 평화적으로)만이 아니라 탈식민지화에서 갈라져 나온 결과물(상대적인 번영과 참담한 가난) 측면에서 또한 의미심장한 차이를 보인다. 탈식민지화는 제2차 세계대전의 즉각적 여파로 시작되었다. 이는 부분적으로 영국과 프랑스 같은 유럽의 강국이 더는 그들의 제국을 고수할 수 없었을 뿐만 아니라 (적어도 인도의 경우에) 제2차 세계대전 중 지원을 해준 대가로 독립이 약속되었기 때문이다. 그러나 베트남전쟁이 증명하듯이, 식민 제국이 언제나 식민지를 어떤 싸움도 없이 포기한 것은 아니었다. 그래서 이 싸움은 때때로 식민 권력과 결탁해 피비린내 나는 전쟁으로 변해버렸다. 그러나 떠나가는 식민 권력의 뒤를 이어 내란이 빈번히 일어난 것처럼 당파들이 새롭게 탈식민화된 국가의 미래를 통제하려고 싸움을 벌였다. 모든 탈식민화한 국가가 똑같은 정도로 탈식민화된 것은 아니었다. 실제로 많은 경우에 탈식민 국가들은 식민 권력이 만들어냈으나 정부 요직은 토착인 손에 들어간 기본적 도시 구조를 보존하려고 했다. 가나의 독립 지도자 콰메 은크루마는 정부가 *신식민주의로 구상되는 방식에서 변화 없이 정부 안에서 그런 내부적 변화를 지시했다. 탈식민화는 *탈식민주의를 연구하는 기틀을 마련하는 계기가 되었다. 또한 탈식민화는 민족주의, 국가 정체성, *토착주의와 *초문화적인 것에 관한 다양한 질문을 불러왔다.

+ 더 읽을거리

R. Betts, *Decolonization*, 2004.
D. Brydon and H. Tiffin, *Decolonising Fictions*, 1993.
I. Szeman, *Zones of Instability: Literature, Postcolonialism, and the Nation*, 2003.

탈약호화 decoding →약호

탈영토화 deterritorialization

조직화되지 않은(조직의 와해를 뜻하는 것은 아니다) 방식으로 작동하는 •욕망을 나타내는 질 •들뢰즈와 펠릭스 •가타리의 개념. 두 사람에 따르면 이 개념은 •대상이 욕망을 유발하고 방향을 지정하도록 요구하지 않는 욕망의 양식을 뜻한다.《앙티 오이디푸스》(*L'Anti-Oedipe*, 1972 / *Anti-Oedipus*, 1977)에서 들뢰즈와 가타리는 자크 •라캉의 •충동 개념을 영토로 재정의했다. 그래서 탈영토화하는 것은 욕망을 충동과 연결하는 데서 단절하는 것을 의미한다. 그러나 또한 그들은 욕망이 끊임없이 재영토화, 바꾸어 말하면 충동과의 연결을 회복한다고 주장했다. 들뢰즈와 가타리에게 탈영토화는 창조적 에너지 방출에 필수적인 최적 과정이다. 그러나 탈영토화는 그 극단에서 분열증적 정신병과 같다. 그리고 후기 저서에서 들뢰즈와 가타리는 우리가 탈영토화할 때 경계해야만 한다고 조심스럽게 말했다. 그러나 그럼에도 그들은 사물들이 침체되지 않도록 하려면 적어도 탈영토화가 약간 필요하다는 생각을 고수했다(→표류).

+ 더 읽을거리

I. Buchanan, *Deleuze and Guattari's Anti-Oedipus*, 2008.

탈중심화된 구조 decentred structure

이 용어는 프랑스의 마르크스주의자 루이 •알튀세르의 용어로 G. W. F. •헤겔의 사회적 총체성 개념과 대립하는 카를 •마르크스의 사회적 총체성 개념을 가리킨다. 알튀세르의 관점에 따르면 헤겔의 총체(전체) 구조는 전체를 이루는 각 부분이 전체를 표현하거나 재현할 수 있다는 것을 의미하므로 표현적이다. 예를 들어, 경제가 전체로서 사회 상태를 기술하려 사용될 수 있다. 알튀세르는 한 부분이 전체를 대표할 수 있다는 관념을 거부하고 모든 부분이 모든 다른 부분에 상호 의존적이라고 주장했다(그는 이러한 관계를 반자동적(semi-autonomous)이라고 서술했다).

테크닉스 technics

미국의 철학자 루이스 멈퍼드의 용어. 가장 간단한 지렛대부터 복잡한 도시에 이르기까지 기계의 발명에 따른 인간 존재의 변화를 가리킨다. 프랑스 철학자 베르나르 •스티글러는 그의 3부작 《테크닉과 시간》(*La technique et le temps*, 1994~2001)에서 상세히 개진하는 인간과 테크놀로지의 상호 연계성 이론에서 이 용어를 사용했다. 마르틴 •하이데거, 앙드레 르루아 구랑, 질베르 시몽동, 베르트랑 질의 작업을 원용하면서 스티글러는 시간성이 테크놀로지에 기반을 두고 수립된다고 말했다. 시간을 측정할 테크놀로지 수단이 없다면 시간의 흐름을 감지하기는 불가능하다. 인간이 된다는 것의 의미에 시간성이 본원적으로 필요하다면, 인간성이란 기술성과 불가분이다. 이를 달리 말하면, 인간성의 본질은 없다는 것이다. 인간이 인간이려면 반드시 기술적 인공물이 필요하다.

텔켈 *Tel Quel*

1960년에서 1983년 사이에 발행된 프랑스의 문학, 철학 잡지. 필리프 •솔레르가 편집장이었던 이 잡지는 이후 •후기 구조주의 혹은 간단히 •이론이라 알려지게 되는 지적 조류를 이끈 이들 다수의 작업을 소개했고, 이로써 이론의 전파와 대중화에서 중요한 역할을 했다. 롤랑 •바르트, 자크 •데리다, 미셸 •푸코, 줄리아 •크리스테바가 모두 이 잡지에 글을 실었고, 또한 모두 철학적인, 특히 정치적인 이유로 이 잡지와 절연했다. 《텔켈》의 독특함은 전투적 태도에도 있었다. 이 잡지는 마오주의 같은 정치 이념을 노골적으로 지지했고, 비판자들에 맞서 •누보로망을 옹호했다. 그러나 충분히 실험적이지 않다는 이유로 누보로망을 공격하기도 했다. •정신분석과 •마르크스주의가 더는 지적 유행이지 않을 때에도 《텔켈》은 둘을 옹호했다. 《텔켈》은 당대의 영향력 있는 학술지 중 하나였다.

+ 더 읽을거리

P. ffrench, *The Time of Theory: A History of Tel Quel, 1960~1983*, 1995.

토대주의 foundationalism

모든 지식은 대개 경험과 이성의 조합에 따라 확보된 어떤 허물어질 수 없는 사실이나 진리의 토대 위에 세워져야 한다고 보는 철학의 견해. 이러한 견해의 유명한 두 가지 예는 르네 데카르트의 주장인 '나는 생각한다, 고로 나는 존재한다'와 임마누엘 *칸트가 이성을 철학의 토대로 지목한 것을 꼽을 수 있다(→반토대주의).

토도로프, 츠베탕 Todorov, Tzvetan (1939~2017)

불가리아의 문학이론가이며 *러시아 형식주의의 주요 전파자 중 한 사람. 소피아에서 태어난 토도로프는 불가리아에서 학사 학위를 마친 다음 줄리아 *크리스테바처럼 대학원 과정을 위해 파리로 갔다. 소르본에서 자기 학교는 문학 이론을 하지 않는다고 하는 차가운 반응을 받았지만, 토도로프는 포기하지 않았고 마침내 롤랑 *바르트를 만나 자신의 말에 귀 기울여주는 스승으로 삼게 된다. 그는 바르트의 지도로 1966년 고등사회과학연구소에서 박사 학위를 마쳤다. 토도로프의 초기 저작에서 주요 관심은 서사의 형식적 특징(특히 서사의 통사, 다시 말해 서사 요소의 조합 규칙)에 있었다(이 점에서 그의 작업은 제라르 *주네트, 알지르다스 쥘리앵 *그레마스의 작업과 만난다). 토도로프는 서사 명제와 이것들의 결합으로 이루어지는 서사 연쇄를 구분했다. 서사 명제(*행위자가 수행하는 하나의 행동. 예를 들어 주인공이 떠나게 되는 탐색)에는 한정된 숫자의 가능한 사건이 수반된다(예를 들어, 주인공은 자신의 탐색에 성공하거나 실패한다). 현재 대부분 창작 과정에서 가르치듯이, 서사 명제는 서사를 구성하는 기본 요소다. 토도로프는 환상 문학에 관한 책에서 이와 같은 통찰을 대단히 효과적으로 활용했다. 《환상성: 문학 장르에 대한 구조적 접근》(*The Fantastic: A Structural Approach to a Literary Genre*, 1973)으로 번역된 이 책은 장르 연구에서 표준 참고 지점으로 여전히 사용된다. 동료 주네트와는 대조적으로 토도로프의 작업은 구조주의적 출발을 넘어 진행되었고 순수하게 형식주의적 주제가 아닌 주제도 다루었다. 그는 《아메리카 정복: 타자의 문제》(*The Conquest of America: The Question of the Other*, 1982)에서는 식민주의에서 파생하는 윤리적·도덕적 문제를 탐구하기도 했고, 인종차별주의를 다룬《인간의 다양성에 대하여: 프랑스 사상에서 민족주의, 인종주의 그리고 이국주의》(*On Human Diversity: Nationalism, Racism and Exoticism in French Thought*, 1989), 홀로코스트를 다룬《극단의 체험: 집단 수용소에서의 도덕적 삶》(*Facing the Extreme: Moral Life in the Concentration Camps*, 1999)도 썼다.

+ 참고

츠베탕 토도로프,《환상 문학 서설》, 최애영 옮김, 일월서각, 2013.

토착문화부흥주의 nativism

식민화 세력이 억압하고 파괴하고 금지했던 토착문화(관습, 믿음 등)로 복귀하거나 아니면 그것을 복원하려는 욕망. 대체로 토착문화부흥주의는 채택되거나 강요된 서구의 관습보다 토착 관습이 더 진정하므로 더 많은 문화적 자양을 준다고 믿었다. 토착문화부흥주의의 담론은 특히 탈식민화 과정이 정점에 달하는 1950년대에 부상했다. *네그리튀드와 비교할 만한 개념이지만 토착문화부흥주의는 네그리튀드보다 초점이 더 좁다. 한 *인종이 공유하는 운명을 축복하기보다 그 인종의 절대적 차이를 전면에 부상한다. 토착문화부흥주의는 *탈식민주의 연구에서 두 방향으로 *문제화된다. 첫째, *모더니티라는 조건 아래에서 토착 관습 복원이 어느 정도까지 가능한가 하는 질문이 있다. 1970년대 캄보디아에서 폴 포트가 단행했던 서구식 병원 파괴는 이 딜레마의 극단적 사례를 제공한다. 둘째, 그러한 복원을 수행하는 일이 얼마나 바람직한가 하는 질문이 있다. 토착 관습 복원은 소수자 집단과 여성의 권리를 축소할 개연성이 크다. 1990년대 르완다에서는 한 민족 집단의 토착문화부흥주의적 관념이 다른 민족 집단을 대학살하는 참사로 이어지기도 했다. 치누아 아체베의《모든 것이 산산이 부서지다》(*Things Fall Apart*, 1958)는 이와 같은 곤혹스러운 역설을 극복하는 과정을 생생하게 그려 보였다.

+ 더 읽을거리

J. Beverley, *Subalternity and Repression: Arguments in Cultural Theory*, 1999.

I. Szeman, *Zones of Instability: Literature, Postcolonialism, and the Nation*, 2003.

+ 참고
치누아 아체베, 《모든 것이 산산이 부서지다》, 조규형 옮김, 민음사, 2008. 이 외 여러 국역본이 있다.

토착원주민성 aboriginality

토착 오스트레일리아 원주민 인류학자이면서 행동주의자인 마샤 랭턴이 만든 것으로 영화와 미디어에서 오스트레일리아 토착 원주민의 재현과 그들의 실제 생활환경 간의 불일치를 개념화한 용어. 에드워드 *사이드의 *오리엔탈리즘을 모델로 만들어진 이 용어는 백인 오스트레일리아인의 오스트레일리아 토착 원주민 묘사에서 기저에 깔린 백인의 전제와 편견이 토착 원주민 묘사를 유도한다는 것을 드러내고자 한다. 또한 이 용어는 백인 오스트레일리아인의 토착 오스트레일리아 원주민들 묘사가 토착 원주민 정책을 수립하고 토착 원주민의 *일상생활을 형성할 때 미치는 '현실 세계' 효과를 보여주고자 한다.

+ 더 읽을거리
C. Healy, *Forgetting Aborigines*, 2008.

토포스 topos

장소를 뜻하는 그리스 단어. *수사학에서 흔히 쓰이는 모티프(아름다움과 인생의 짧음 둘 다를 표현하는 꽃의 경우를 예로 들 수 있다)를 가리킨다. *문화 연구에서는 특정한 운동을 상징하는 장소들을 가리키는 용어로 쓰인다. 예를 들어 프레드릭 *제임슨의 논의 이래 로스앤젤레스의 보나벤처 호텔은 *포스트모더니즘의 토포스로 흔히 기술되어왔다.

톰슨, 에드워드 파머 Thompson, Edward Palmer (1924~1993)

영국의 *마르크스주의 문화사학자이자 반핵 운동가. 옥스퍼드에서 감리교 선교사인 부모에게서 태어났고, 고등학교는 바스에서, 대학은 케임브리지의 코퍼스크리스티 칼리지에서 다녔다. 제2차 세계대전 동안 그는 이탈리아에 파견된 탱크 부대에서 복무했다. 케임브리지 재학 시절 그는 공산당에 가입했고 1946년에는 크리스토퍼 힐, 에릭 •홉스봄, 로드니 힐턴과 함께 공산당 역사학자 그룹을 결성했다. 이 그룹이 발행한 저널《과거와 현재》(*Past and Present*)는 큰 영향력을 행사하게 된다.《영국 노동계급의 형성》(*The Making of the English Working Class*, 1963) 출간과 함께 톰슨은 그의 시대에 중요한 지식인 중 한 사람으로 널리 인정받게 된다. 리처드 •호가트의《문해력 사용》(*The Uses of Literacy*, 1957), 레이먼드 •윌리엄스의《문화와 사회》(*Culture and Society*, 1958)가 그랬듯이,《영국 노동계급의 형성》도 노동계급의 일상적 삶을 무시하고 귀족계급의 선언과 기행을 선호(문화는 귀족계급의 것이며 역사를 만드는 것도 귀족이라고 믿는 듯한)했던 문화에 대한 옛 모델을 폐기했다. 이 책이 중점적으로 다루는 것이 17세기 영국인데도 •문화 연구의 지속적 관심 대상이 된 이유가 여기에 있다. 문화 연구도 비슷한 이유에서 일상적 삶에 관심이 있다. 1970년대에 톰슨은 케임브리지에서 워릭 대학교로 옮기는데, 그가 워릭 대학교의 상업화라고 본 변화에 항의하면서 사직한 일은 유명하다. 사직 이후 톰슨은 자유 저술가로 생계를 유지했고, 넓은 범위의 역사적 주제와 시사적 주제를 다룬 짧은 글들을 썼다. 1978년《이론의 빈곤》(*The Poverty of Theory*)을 출간한 톰슨은 진정한 악명을 얻었다. 이 책에서는 •이론, 특히 당시 이론을 주도했던 루이 •알튀세르를 신랄하게(동시에 방향이 오도되고 무절제하게) 비판했다. 이 책에 대해 페리 •앤더슨은 그만큼 신랄한 반박을《영국 마르크스주의의 논의》(*Arguments within English Marxism*, 1980)에 썼고, 톰슨의 논점을 하나하나 논파했다. 1980년부터 타계할 때까지 톰슨은 관심과 에너지를 핵군축 운동에 바쳤고, 군사주의 이데올로기를 공격하는 논쟁적 글을 많이 썼다.

통각 apperception

자신의 내적 상태에 대한 정신의 이해를 기술하기 위해서 고트프리트 라이프니츠가 발명한 용어. 임마누엘 •칸트는 통각의 두 가지 유형, 즉 경험적인 것과 초월적인 것을 구분했다. 전자가 •일상적 자아의 변화하는 의식을 가리키는 반면 후자는 •주체의 실존에 필수적인 경험의 단위를 제공하는 불변하는 의식을 가리킨다.

통시적 diachronic →공시와 통시

통치성 governmentality / *gouvernementalité*

정부의 특별한 양태를 보강하는 일련의 가정을 나타내는 미셸 *푸코의 용어. 통치성을 연구한다는 것은 통치성의 논리를 해독하는 것에 해당한다. 푸코는 보안과 영토, 인구에 관한 일련의 강의를 하면서 이 용어를 조합했다. 그가 *생명권력을 말하기 이전에는 통치성이 사실상 그가 의도했던 것을 나타냈다. 비록 *생명권력과 통치성이라는 두 어휘가 분명히 관련되어 있고 공통 출발점을 공유했더라도 이 용어들은 차이가 있다. 통치성이 일반적 문제를 정의하는 반면 생명권력은 세부적인 역사적 사례를 가리킨다. '통치성'이라는 제목이 붙은 1977년부터 1978년까지 앞서 언급된 일련의 강의 중 별도로 출판된 한 강의에서 푸코는 통치성이라는 용어가 세 가지 의미가 있다고 설명했다. 첫째, 통치성은 대단히 구체적인 유형의 권력을 실행 가능하게 만드는 제도와 절차의 앙상블을 뜻한다. 둘째, 통치성은 시간을 두고 구체적인 권력(다시 말해, 생명권력)의 모델이 우세해지는 경향성을 뜻한다. 셋째, 통치성은 권력의 이전 모델들이 '정부 조직화된' 과정을 뜻한다. 푸코의 관점으로 본다면, 그가 '정부'(푸코는 이 용어로 관료제와 가까운 어떤 것을 뜻했지만 그것보다 좀 더 능동적인 것을 마음속에 품고 있었다)라고 칭한 것이 국가와 군주를 근본적으로 대체해버렸다. 또한 통치성은 일련의 실천 못지않게 사유 방식을 뜻하는 '사고방식'이라는 오래된 사회학적 용어를 내포하고 있다. 미첼 딘의 《통치성: 현대사회의 권력과 규칙》(*Governmentality: Power and Rule in Modern Society*, 1999)은 통치성 개념의 탁월한 설명과 사회조사 연구 분야에서 이 개념에 대한 활용을 제시했다. 그뿐만 아니라 이 개념을 중심으로 싹튼 이차적 연구에 대한 대단히 포괄적인 서지 목록도 제공했다.

+ 더 읽을거리

G. Burchell, (ed.) *The Foucault Effect*, 1991.

M. Foucault, "Governmentality" in P. Rainbow, (ed.) Essential Works of Foucault 1954~1984, vol. 3, 2000.

M. Foucault, *Security, Territory, Population: Lectures at the Collège de France 1977~1978*, 2007.

퇴니스, 페르디난트 Tönnies, Ferdinand (1855~1936)

공동사회(공동체/게마인샤프트)와 이익사회(사회/게젤샤프트) 구분으로 가장 유명한 독일의 사회학자. 이 둘의 차이 연구로 그는 에밀 •뒤르켐, 게오르크 •짐멜, 막스 베버와 함께 사회학의 아버지로 여겨진다. 퇴니스는 당시 덴마크 영토였지만 지금은 독일의 일부인 슐레스빅-홀스타인 노르트프리슬란트의 부농 집안에서 태어났다. 가족의 재산 덕택에 그는 학계에 초연할 수 있었고, 그 결과 그의 학자적 이력은 더디게 진행되었다. 그가 정교수직을 얻은 것은 은퇴하기 3년 전인 1913년이다. 은퇴 후 그는 킬 대학교에서 명예교수로 재직하다 1933년, 이전에 그가 했던 나치 비판 때문에 나치에 축출되었다. 퇴니스는 상당히 다작인 학자였지만, 그가 기억되는 것은 단 하나의 저작 덕분이다. 이후 연구 방향을 정초한 그의 최초 저서 《공동사회와 이익사회》(*Gemeinschaft und Gesellschaft*, 1887 / *Community and Society*, 1957)는 사회학 입문 과목에서 여전히 필독서다. 퇴니스는 실제 존재하는 실체이기보다는 이상적인 유형 혹은 경향으로 공동사회와 이익사회에 접근하며, 상호 연대감과 우의로 유지되는 사회집단(공동체), 상호 자기이해를 바탕으로 유지되는 사회집단(사회)을 구분했다. 이 두 유형의 사회집단은 대략 촌락(공동체)과 도시(사회)에 대응한다. 퇴니스는 이 두 유형이 실제 마을, 실제 도시에 작거나 큰 정도로 존재하는 경향이라고 생각했다. 퇴니스에 따르면, 이 경향은 특정 사회집단이 사회적 행동을 취하고자 할 때 드러난다. 한 사회를 묶어주는 끈이 '자발적' 성향이냐 '전략적' 계산에서 오느냐를 알 수 있다는 것이다.

+ 참고

페르디난트 퇴니스, 《공동사회와 이익사회》, 황성모 옮김, 삼성출판사, 1982.

E

투렌, 알랭 Touraine, Alain (1925~)

•사회운동과 민중 주도 정치의 가능성을 탐구하는 프랑스의 포스트 마르크스주의 사회학자. 바스 노르망디(1944년 디데이 상륙 작전이 일어났던 소드 해변이 여기 있다)의 부유한 해변 휴양 마을 에르망빌 쉬르메르에서 몇 대째 의업을 이어오는 집안에서 태어났다. 투렌은 우선 의학을 공부하지 않음으로써

그리고 고등사범을 졸업하면서 바로 상급 학교에 진학하지 않음으로써 가족의 전통을 깼다. 고등사범 졸업 후 그는 탄광으로 갔다. 탄광에서 일한 경험은 사회학을 공부해야겠다는 욕망을 일깨웠고, 1950년 그는 국립과학연구소에서 조르주 프리망 밑에서 연구 조교로 일하게 된다. 그러나 1952년, 다시 한 번 예상되는 진로에서 벗어난 그는 미국 사회학의 거장 탤컷 파슨스와 폴 라자스펠드에게서 배우려고 미국 유학을 떠났다. 그는 1960년 프랑스로 돌아왔고, 박사 학위는 고등사회과학연구소에서 마쳤으며, 학위 이후 줄곧 이곳에서 일했다. 사회학을 하겠다는 영감을 탄광에서 얻었던 경험에 충실하게, 투렌의 초기 저작들은 공장 노동자와 농부에 대한 치밀한 경험적 연구를 다뤘다. 그러나 마르크스주의자 동료들과 대조적으로, 투렌은 자신의 작업을 혁명적 잠재성의 관점에서 보지 않았다. 그 자신은 그 점을 자각하지 못한 듯하지만 예언적이었던 1969년의 저서 《후기 산업사회. 내일의 사회사: 프로그램된 사회에서 계급, 갈등 그리고 문화》(*The Post-Industrial Society. Tomorrow's Social History: Classes, Conflicts and Culture in the Programmed Society*, 1971)에서 그는 1960년대를 •탈산업사회(경제의 핵심 축이 적어도 서구에서는 제조업에서 정보산업으로 이행한 시기. 그 과정에서 조합 노동을 과거 유산으로 만든 시기)가 시작된 연대로 보았다(후기 산업사회는 흔히 대니얼 •벨이 쓰기 시작한 용어로 알려져 있지만, 투렌이 만든 말이다). 그는 •68년 5월 사건에도 바로 반응하는 글을 썼다. 68년 5월은 사회운동에 대한 그의 관심에 불을 붙였고, 그는 프랑스에서 반핵 운동 사례 연구, 폴란드에서 연대 운동 사례 연구 등 일련의 관련 저술을 썼다. 투렌 작업에서 하나의 일관된 방향은 역사의 압박에도 변화를 불러올 힘을 지닌 합리적 •행동자로서 주체 이론을 향했다고 볼 수 있다.

투사 projection

•정신분석에서 정신/심리가 생산하는 사고를 외부 세계로 옮기며, 그로써 주체가 자신의 것으로 보고 싶어 하지 않는 성격 특징을 제거하는 과정. 예를 들어, 지그문트 •프로이트가 주장하듯이, 고딕소설이나 공포소설은 사람 대부분이 경험하지만 뭐라 명명할 수 없는 긴장, 공포, 욕망을 육체가 체험케

한다. 투사는 더욱 편집증적 형식을 띨 수도 있다. 상대에게 계속 충실할 수 있을지 스스로 못 미더워하는 주체가 상대에게 부정을 투사하는 경우가 그 예다. 투사는 멜라니 *클라인의 저작에서 핵심 개념이다. 클라인은 아동 발달에 관한 작업에서 어떻게 아이들이 내면의 생각을 '행동으로 옮기는지' 설명하면서 이 용어를 사용했다. 아이가 일부러 장난감을 부순다면, 그것은 가족 상황에서 아이가 느끼는 무력감을 투사한 것으로 볼 수 있다(→ 내면 투사).

특질 qualia

특정한 의식 체험에 수반되는 구체적인 현상적 혹은 감응적 특징을 가리키는 철학 용어. 예를 들어, 포도주의 맛, 밤하늘의 색, 여름날 귀뚜라미의 울음소리 등이 모두 특질에 속한다.

TAZ → 임시 자율 구역

E

파놉티콘 panopticon

18세기 영국 철학자인 제러미 벤담이 자기가 구상한 감옥 건물의 모델을 묘사하려고 고안한 용어. 이 감옥이 실현하는 완전한 감시는 벤담이 생각하기에 수감자의 갱생에 도움이 되는 것이었다. 원통형 감옥 건물 중앙에 감시탑이 있으며, 감방 안이 언제나 그리고 온전히 교도관들에게 보이게 설치된다. 이는 감방의 위치와 수감자에게는 보이지 않는 조명 때문이다. 이와 같은 감옥 설계는 수감자의 공간을 배면광이 비치는 무대로 만든다. 이 무대 위에서 수감자는 모든 순간 교도관의 감시 시선에 노출된다. 벤담은 이와 같은 사생활의 완전한 부재가 수감자의 갱생을 도울 거라고 추론했다. 감시하고 처벌하는 교도관의 시선에서 도망칠 수 없을 때, 사회적으로 승인된 행동 표준을 채택하지 않을 수 없을 거라는 이유에서였다. 벤담은 이 독창적인 감옥 구조 덕분에 수감자들은 더 나은 행동 표준을 내면화할 것이며 그로써 사회로 재진출하기 위한 교화를 달성할 수 있다고 생각했다. 벤담이 보기에 이 감옥의 중대한 미덕은 행동의 강제라는 폭력적 형식이 덜 필요하게 된다는 데 있었다. 그러나《감시와 처벌》(*Surveiller et punir: Naissance de la Prison*, 1975 / *Discipline and Punish: The Birth of the Prison*, 1977)을 쓰는 동안 벤담의 저작을 읽게 된 미셸

•푸코에게 파놉티콘의 이와 같은 심리적 차원이 가장 흥미로우며 동시에 가장 충격적인 면이었다. 푸코에게 벤담의 파놉티콘 설계는(실제로 몇몇 감옥이 이 설계에 따라 지어졌다. 미국의 스테이트빌 교도소가 가장 유명한 예다) 수감자 처우에서만이 아니라, 사회 전체의 조직적 합리성 일반에서 일어난 •에피스테메의 이행을 상징했다. 푸코는 이 조직적 합리성을 나중에 •통치성이라 명명했다. 푸코는 18~19세기를 통틀어 공장, 학교, 병원, 군 막사 등에서 진행된 공간 편성의 혁신에서 이와 같은 이행을 추적했고, 그것의 이행 기제를 설명하면서 파놉티시즘(panopticism)이라는 용어를 사용했다. 이 이행은 푸코가 권력의 자동 작동이라 부른 과정으로 이어졌다. 푸코가 보기에 파놉티콘은 •감시(다시 말해, 기계에 종속되며 그 자신 모종의 기계로서 재편성되는 육체) 원리를 가장 완전하고 숭고하게 실현한 것이다.

+ 더 읽을거리

미셸 푸코, 《감시와 처벌: 감옥의 역사》, 오생근 옮김, 나남출판, 2003.
H. Dreyfus and P. Rabinow, *Michel Foucault: Beyond Structuralism and Hermeneutics*, 1983.

파농, 프란츠 Fanon, Frantz (1925~1961)

정신과 의사, 운동가, 혁명적 이론가. 파농은 카리브해의 마르티니크섬에서 태어났다. 그의 아버지는 노예의 후손이었고 어머니는 혼혈인의 후손이었다. 파농의 가족은 안락한 중산층의 삶을 누렸고 그는 훌륭한 학교에 다녔다. 시인이자 운동가였던 에메 •세제르가 파농의 스승 중 한 사람이었다. 파농이 •네그리튀드에 대한 세제르의 이론을 거부하기는 했지만 세제르는 파농의 여생에서 큰 영향을 미친 인물이었다. 제2차 세계대전 중 파농은 유럽에서 자유프랑스연합군과 함께 싸웠다. 1944년 그는 부상을 당했고 무공십자훈장을 받았다. 전쟁 후 대학입학 자격시험을 끝마치려고 마르티니크섬으로 다시 돌아왔다. 파농은 그곳에 있는 동안 시장에 출마한 세제르의 선거 캠페인을 보조했다. 그런 다음 리옹에서 의학과 정신의학을 공부하려고 프랑스로 돌아왔다. 파농은 리옹에서 모리스 •메를로 퐁티의 강의를 수강했다.

1951년 자격증을 획득한 후 2년간 프랑스에서 개업한 다음 1953년 알제리로 가서 빌다 조인빌 정신병원의 과장을 맡았다. 그는 1957년 추방당할 때까지 그곳에서 재직했다.

파농은 프랑스에 있을 때 첫 번째 책《검은 피부, 하얀 가면》(*Peau noire, masques blancs*, 1952 / *Black Skin, White Masks*, 1986)을 썼다. 그러나 이 책은 파농이 전쟁 중 주둔했던 마르티니크섬과 알제리에서 경험한 일을 다루었다. 이 책에서는 식민주의와 인종차별주의가 결합해 만들어진 심리적 피해를 연구했다. 이론적으로 이 책은 파농이 흑인 동료들을 관찰하며 본 (자기 자신을) 위축시키는 열등감 콤플렉스를 분석하려고 장 폴 *사르트르(나중에 사르트르는 그의 마지막 책에 대한 악명 높은 서문을 썼다), 특히 반유대주의에 대한 사르트르의 분석과 자크 *라캉의 *정신분석에 집중했다. 파농은 또한 백인들에게는 우월감 콤플렉스가 작동한다는 것을 인식했다. 그는 만일 점진적으로 변화해야 한다면 이러한 백인들의 콤플렉스 또한 반드시 설명되어야 한다고 생각했다.

그다음 몇 해에 걸쳐 파농은 치료 전략을 발전시키면서 정신의학의 실제 문제에 집중했다. 나중에 질 *들뢰즈와 펠릭스 *가타리는 파농을 그들이 이름 붙인 *분열분석의 선구자로 인정했다. 파농은 오로지 개인의 성 심리사(psychosexual history)에만 집중하지 않고 사회문화적 관심사에서 요인을 찾기 시작했다. 이 주제를 다룬 파농의 포괄적인 글들은 충분히 연구되거나 선집으로 출판되지 않았다. 그렇지만 파농에게 헌정된《정신의학정보》(*Information psychiatrique*, 1975) 저널 특별호에 몇 가지 유용한 글이 게재되기도 했다. 1954년 알제리혁명이 일어났을 때 처음으로 파농은 식민주의적 폭력의 결과물을 보게 된다. 그래서 그는 거의 혁명이 일어나는 것과 동시에 알제리 민족해방전선에 가입했고 자신의 직위를 이용해 혁명에 일조했다. 이 때문에 그는 1957년 알제리에서 추방되었다.

파농은 추방당한 후 은밀히 튀니스로 들어갔다. 튀니스에서 그는 저널《엘 무자히드》(*El Moudjahid*) 편집위원단에 참여했고 생을 마감할 때까지 이 저널에 글을 썼다. 파농은 아프리카 곳곳에서 열린 탈식민화 회의에 참석한 뒤 그것을《엘 무자히드》에 기고했다. 이런 글들의 일부가《아프리카 혁명을 향해》(*Pour la révolution Africaine*, 1964 / *Toward the African Revolution*, 1994)라는 책에 모여 있다. 바로 이 시기에 파농은《대지의 저주받은 사람들》(*Les Damnés de la terre*, 1961 / *The Wretched of the Earth*, 1965)을 썼다. 이 책은 파농이 죽은 뒤 출판되었는데도 그를 국제적으로 유명하게 만들었다.《대지의 저주받은 사람들》이라는 제목은 카를 *마르크스에게서 비롯되었다. 이 책은 단지 권력을 쟁취하기 위해서가 아니라 혁명주의자들의 정신에 그들이 수행하는 임무의 중요성을 각인하려면 폭력이 필요하다는 논쟁을 포함하고 있다는 오명을 받았다. 이 책이 담고 있는 메시지가 그 당시 급진적 과정의 *탈식민화라는 격동을 겪고 있던 *제3세계 도처에 울려 퍼졌다.

파농은 삼십대 초반에 백혈병 진단을 받았다. 처음에 그는 소련에서 치료를 받으려 했는데, 그 계획이 잘되지 않자 미국에서 치료를 받으려고 했다. 그러나 모든 것이 소용없었다. 결국 그는 36세에 메릴랜드에 있는 베데스다 병원에서 사망했다. 생전에, 특히 그의 책이 거의 팔리지 않았던 프랑스에서는 이름이 알려지지 않았던(프랑스 정부가 인정하거나 논의하고 싶어 하지 않았던 알제리전쟁을 파농의 책들이 논의했기 때문에 그의 책들이 종종 금지된 탓은 아니었다) 파농은 이제 탈식민적 투쟁의 상징이 되었다. 그의 이름은 체 게바라, 맬컴 엑스, 스티브 비코 같은 20세기 전설적 인물과 같은 반열에 놓여 있다. 이들은 모두 파농의 글에 영감을 받았다.

그의 삶은 적어도 존 에드거 와이드먼의 소설《파농》(*Fanon*, 2008)과 한 편의 영화, 아이작 줄리엔의 1996년 다큐멘터리 〈프란츠 파농: 검은 피부, 하얀 가면〉(Frantz Fanon: Black Skin White Mask)에 영감을 불러일으켰다. 저명한 이탈리아 감독 질로 폰테코르보는 〈알제리 전투〉(The Battle of Algiers, 1966)라는 영화를 찍을 때《대지의 저주받은 사람들》에 관심을 기울였다. 레이지 어게인스트 더 머신은 1996년 〈악의 제국〉(Evil Empire)을 출시했을 때 파농을 인용했다. 사실상 호미 *바바부터 헨리 루이스 *게이츠에 이르는 모든 탈식민주의 이론가가 파농의 저술에 경의를 표했다.

+ 더 읽을거리

N. Gibson, *Fanon: The Postcolonial Imagination*, 2003.

루이스 R. 고든, 《유럽을 떠나라: 파농과 유럽인의 위기》, 하상복 옮김, 현암사, 2013.
D. Macey, *Frantz Fanon: A Life*, 2000.
A. Sekyi-Otu, *Fanon's Dialectic of Experience*, 1996.

파라텍스트 paratext

프랑스의 문학이론가 제라르 *주네트의 용어. 작품에 맥락을 제공하고 관심을 자극하려고 저자와 출판사에서 쓰는 포장, 맥락 부여 장치. 뒤표지의 광고문, 부제, 유명 인사들의 추천사 등이 포함된다. 《문지방》(*Seuils*, 1987 / *Paratexts. Thresholds of Interpretation*, 1997)에서 주네트가 지적했듯이, 텍스트의 공식적 부분은 아니지만, 파라텍스트는 텍스트가 수용되는 방식에 의미 있는 영향을 미칠 수 있다.

파라프락시스 parapraxis

흔히 '프로이트적 말실수(Freudian slip)'라 불리는 현상에 실제로 지그문트 *프로이트가 썼던 용어. 이름을 잊어버리는 일에서부터 열쇠를 잃어버리고 우연히 틀린 말을 쓰는 일까지, 파라프락시스는 여러 형태로 일어날 수 있다. 프로이트에 따르면, 파라프락시스는 무의식적 사고가 검열을 피하면서 의식적 행동의 영역에서 영향력을 행사하는 한 경우다. 파라프락시스로 일어나는 실수는 우리 *무의식이 실제로 무슨 생각을 하는지 보여준다고 프로이트는 보았다. 예를 들어, 우리가 누군가의 이름을 계속 잊는다면, 이것은 우리가 그 사람을 싫어한다는 징후일 수 있다. 《일상생활의 정신병리학》(*Zur Psychopathologie des Alltagslebens*, 1901 / *The Psychopathology of Everyday Life*, 1914)에서 프로이트가 보여주었듯이, 파라프락시스는 아주 흔히 볼 수 있는 현상이다.

파롤 *parole* →랑그와 파롤

파리프로이트학파 *École Freudienne de Paris* / Freudian School of Paris

자크 *라캉이 국제정신분석협회에서 퇴출당한 후 정신분석가로 일할 수 있도록 분석가를 훈련하려고 1964년에 창립했다. 파리프로이트학파 창립 회원에는 미셸 드 •세르토, 코르넬리우스 •카스토리아디스, 펠릭스 •가타리, 뤼스 •이리가레가 있었다. 루이 •알튀세르의 초청으로 파리프로이트학파는 국립고등사범학교에 근거를 두었다. 정치적 조류의 변화에 따라 회원 수가 150명에서 600명 사이에서 변동을 거듭했다. 라캉은 1980년 1월에 갑자기 이 학파를 해체했다.

파불라와 수제 *fabula and sjužet* / story and plot

•러시아 형식주의에서 도출된 구분. 파불라(*fabula*)는 말해진 이야기를, 수제(*sjužet*)는 이야기가 실제로 어떻게 서술되는지에 관한 허구적 방식을 말한다. 빅토르 얼리치가 러시아 형식주의 운동에 관한 결정적 설명을 담은《러시아 형식주의》(*Russian Formalism*, 1955)에서 평했듯이, 레프 톨스토이의《안나 카레니나》(*Anna Karenina*, 1869)의 기본 이야기는 꽤 빈약하다. 기본 뼈대로 이야기를 축소해보면《안나 카레니나》는 한 젊은 여자가 자신과 어울리지 않는 남자와 사랑에 빠져 자살에 이르게 되는 멜로드라마적 이야기다. 그러나 그 빈약한 기본 뼈대가 많은 사람의 관점에서(특히 저자 자신의 관점에서) 모든 시대의 걸작 반열에 소설《안나 카레니나》를 높이 자리매김할 수 있을 정도로 풍부한 서사 기법의 지표가 되지는 않는다. 파불라와 수제의 구분은 특히 범죄소설을 생각할 때 유용하다. 범죄소설은 효과를 위해 발생했던 사건(*fabula*)과 사건이 발견되고 서술되는 순서(*sjužet*)의 괴리에 의존하기 때문이다. 러시아 형식주의자들은 그러한 괴리를 어떤 특별한 작품의 •문학성을 측정하는 척도로 간주하는 경향이 있다(→ 낯설게 하기).

파이어스톤, 슐라미스 Firestone, Shulamith (1945~2012)

캐나다 태생의 •페미니스트 학자, 행동주의자, 작가. •급진적 페미니즘 수립의 중심 인물인 그녀의 가장 잘 알려진 책《성의 변증법》(*The Dialectic of Sex: The Case for Feminist Revolution*, 1970)은 •젠더 연구 분야에서 중대한 획기적 사건으로 남아 있다. 여성을 남성에게 의존적 상태로 몰아넣는 여성의 재생산 능력에서 여성 불평등이 기원한다는 것이 파이어스톤의 논제다(여성의 남성 의존

상태가 도리어 정치적 선택을 정치적 필수품으로 보이게 만듦으로써 •가부장제의 권력을 강화한다). 파이어스톤의 정치적 프로그램은 여성이 재생산 수단을 통제함으로써 자신의 상황을 바꿔야 할 필요성을 중심으로 형성되어 있다. 그녀는 극단에 서서 복잡한 생명공학으로 이루어지는 재생산의 비인간적 수단을 옹호한다. 그녀의 책은 라이엇 걸 캐슬린 해나와 과학소설가 마지 피어시의 영향을 받은 것으로 평가된다. 그녀의 책은 •생물학적 결정론의 견지를 취했고, •계급과 •인종 같은 다른 사회적 요인을 고려하는 데 실패했다는 비판을 받고 있다. 파이어스톤은 •제2세대 페미니즘의 선봉에 있다.

파이어아벤트, 파울 Feyerabend, Paul (1924~1994)

오스트리아의 과학자. 빈에서 태어난 파이어아벤트는 1942년 고등학교를 졸업하자마자 근로봉사로 징병되었다. 그는 훈련을 마치기 전에 전쟁이 끝나기를 바라며 군대에 자원했다. 그러나 그의 바람은 이루어지지 않았고 그는 동부 전선으로 보내져 부상을 당했다. 전쟁 후 그는 잠시 극장에서 일할 정도로 여러 일을 시도해보았다. 그런 다음 그는 학교로 돌아가 처음에는 사회학과 역사를 공부했다. 그러나 곧 물리학으로 바꾸었다가 마침내 철학에 안착했다. 그는 런던 경제대학교에서 칼 •포퍼와 함께 공부했다. 파이어아벤트는 캘리포니아 대학교 버클리에서 생애 대부분 재직했지만 미국 바깥에 있는 대학에서 다양한 방문 교수직을 지냈다. 파이어아벤트의 책은 한 가지 형식만의 과학이 존재하고 과학적 진보에 도달하는 열쇠는 엄정한 과학적 방법의 적용에 있다고 보는 기존의 견해에 반대하는 주장을 펼친 것으로 유명하다. 오히려 그는 복수적 형식의 과학이 존재해서 어떤 형식의 과학도 특권에 대한 특별한 주장을 할 수 없다는 것을 보여주고 진보는 무정부주의적 방식으로, 즉 규칙이 고수되기보다는 깨졌을 때 일어난다는 것을 보여주었다. 파이어아벤트의 주요 저서에는 《방법에 도전: 새로운 과학관과 인식론적 아나키즘》(*Against Method: An Outline of an Anarchistic Theory of Knowledge*, 1975), 《이성과 작별》(*Farewell to Reason*, 1987), 《풍요 정복》(*Conquest of Abundance*, 1999)이 있다.

+ 더 읽을거리
J. Preston, *Feyerabend: Philosophy, Science and Society*, 1997.

파타피직스 'pataphysics / *'pataphysique*

프랑스 작가 알프레드 •자리가 《파타피지션 파우스트롤 박사의 성취와 견해》(*Gestes et opinions du Docteur Faustroll, pataphysicien*, 1911 / *Exploits and Opinions of Dr. Faustroll, Pataphysician*, 1965)에서 상상적 해결책들의 과학이라 정의했던 장난스러운 개념. 이른바 일반 과학이라는 것과 비교할 때, 파타피직스는 구체의 과학, 예외의 과학, 대안 혹은 보완 우주들의 과학으로 의도된다. 1948년, 이후 스스로를 •울리포라 부르게 될 그룹의 핵심 멤버들(레몽 크노, 장 주네, 외젠 이오네스코 등)이 파타피직스 연구회를 설립했고, 부조리 문학에 바쳐진 정기간행물을 발간했다. 파타피직스 연구회와 그들의 저널은 1975년 아무 설명 없이 갑자기 문을 닫고 폐간한다. 그의 마지막 저작인 《비평과 진단》(*Critique et Clinique*, 1993 / *Essays Critical and Clinical*, 1997)에 실린, 주제에 걸맞게 장난기 어린 에세이에서, 질 •들뢰즈는 그렇다는 인정을 받지는 못했지만 자리가 형이상학을 넘어서는 작업을 했다는 점에서 마르틴 •하이데거의 선배라고 말했다. 들뢰즈의 경우보다는 더 진지한 목적을 갖고 있지만 들뢰즈처럼 장난기 어린 방식으로, 장 •보드리야르는 《치명적 전략들》(*Fatal Strategies*, 1983)에서 핵무기가 '파타피지컬' 무기 체제라고 말했다. 핵무기는 사용되지 않을 것을 목적으로 하는, 실상 무기를 위한 필요 그 자체를 제거하고자 하는 무기라는 이유에서다. 돈 드릴로의 초기 소설 《그레이트 존스 거리》(*Great Jones Street*, 1973)에 이 개념에 대한 웃기는 •패스티시가 있다. 소설의 3분의 1 지점 즈음에 등장하는 한 장면에서, 소설의 한 인물은 그가 잠재 역사를 가르치는 교수라고 말한다. 잠재 역사는 거의 일어날 뻔한 사건들을 다루는 학문이다. 자리는 •부조리 문학의 중요한 선구자로 널리 인정받고 있고, 파타피직스는 정치가 부조리한 무엇이 되는 어디에서나 중요하게 부각되는 듯하다.

+ 더 읽을거리
C. Bök, *'Pataphysics: The Poetics of an Imaginary Science*, 2001.

+ 참고

질 들뢰즈, 《비평과 진단》, 김현수 옮김, 인간사랑, 2000.
돈 드릴로, 《그레이트존스 거리》, 전승희 옮김, 창작과비평사, 2013.

파편화된 몸 fragmented body / *corps morcelé*

•거울 단계 이전의 단절되고 조직화되지 않은 심리적 상태를 자크 •라캉이 개념화한 것. 라캉이 이론화했듯이 18개월 미만의 어린아이는 자신의 몸이 어머니 몸과 구분된다는 것을 인식하지 못한다. 그리고 이와 비슷한 맥락에서 자신의 몸이 하나의 전체라는 것도 인식하지 못한다. 이런 분리감에 대한 기억은 •무의식에 묻히지만 의식의 표면으로 귀환해서 주체가 의지해 살아가는 전체성이라는 환상을 깨뜨리겠다고 끊임없이 위협하며 주체가 살아가는 내내 주체와 함께 존재한다.

판타스마고리아 phantasmagoria

18세기 말 프랑스에서 발명된 영사기. 영화의 전신으로 볼 수 있다. 판타스마고리아는 이미지가 움직이게 하면서 더욱 효과적인 환영을 만들 수 있었다. 가장 초기의 판타스마고리아는 •투사한 이미지를 일종의 유령으로 제시했다. 이렇게 해서 새로운 테크놀로지와 낡은 미신이 병존할 수 있었다. 낡은 것과 새로운 것의 이와 같은 역설적 결합이 독일의 문화이론가 발터 •벤야민의 관심을 끌었다. 벤야민은 판타스마고리아라는 용어로 19세기 중반 파리에서 생겨났던 쇼핑 아케이드를 묘사했다. 현재 •비평이론에서 이 용어는 움베르토 •에코 등 포스트모던 이론가들이 •하이퍼리얼리티라 부르는 것에 대한 관심 혹은 매혹을 가리키는 일반 용어로 쓰인다.

+ 더 읽을거리

M. Warner, *Phantasmagoria: Spirit Visions, Metaphors, and Media into the Twenty-first Century*, 2006.

판타지 fantasy

•정신분석에서 판타지는 무의식적 •욕망을 상상계적 방식으로 무대화하는

것을 말한다. 지그문트 •프로이트가 •유혹 이론을 거부한 것은 판타지가 주체의 정신적 삶에 미치는 중요성을 깨달은 것과 맞물려 있다. 프로이트는 어떤 특수한 행동이 어떤 특수한 주체에게 의미 있는 것이 되려면 그 행동에 대한 충분한 판타지가 있어야 한다는 것, 그리고 그 특수한 행동이 실제로 발생할 필요가 없다는 것을 깨닫게 되었다. 자크 •라캉은 정신분석 설명에서 판타지를 중요한 개념으로 만들었다. 하지만 그는 판타지에 수행할 다른 역할을 부여했다. 프로이트는 판타지가 어떤 의미에서 현실과 갈등 관계에 있다고 보았다. 반면 라캉에게 판타지는 현실에 대항하는 방어물이면서 동시에 현실을 위해 불가피한 지지물이다. 이와 같은 라캉의 전제는 라캉주의 정신분석가 슬라보예 •지젝의 연구 작업에서 근본이 되었다.

팔루스 phallus

남근의 상상적·상징적 가치. 팔루스는 남근과 같지 않다. 팔루스는 하나의 재현이지 남성 해부학의 일부가 아니다. •정신분석, 특히 자크 •라캉 정신분석(실상 이것은 지그문트 •프로이트는 결코 제시하지 않은 구분이다)에서 가장 기본적 차원에서 팔루스는 어린아이와 성인의 •무의식에서 나타나는 남성 생식기관의 재현이다. 아이는 성공적으로 •오이디푸스 단계를 통과하면서 팔루스가 상징이라서 결코 소유될 수 없다는 사실을 자각한다. 이런 의미에서 팔루스는 거세와 동의어가 되며 소년과 소녀에게 똑같이 영향을 미친다. 이렇게 볼 때, 팔루스는 기의(•기호를 볼 것)의 궁극적 형태다. 의미화의 연쇄 고리가 최종 도달하는 지점이라는 뜻이다.

패러다임 paradigm

1. 페르디낭 드 •소쉬르의 언어학과 •기호학에서 의사소통의 수직축. 수평축 혹은 •신태그마는 의사소통의 특정한 단편이 지닌 심층 구조를 규정하며, 수직축은 이 구조가 의미 있게 수용할 수 있는 영역의 사전적 의미 변이를 구체화한다. '소년은 가게에 갔다'는 문장을 예로 들면, 우리는 '소년' 대신 '소녀'를, '가게에' 대신 '해변으로'를 쓸 수 있다. 이렇게 하더라도 이 문장의 관

계적 구조, '어느 사람이 어딘가에 갔다'는 구조는 바뀌지 않는다.

2. 미국의 과학사학자 토머스 새뮤얼 *쿤이 과학 발전의 다른 순간을 기술하면서 이 용어를 사용했다. '패러다임 이행'이라는 그의 조어는 새로운 발견과 함께 사상에서 일어나는 단절을 설명할 때 쓰인다. '패러다임 이행'의 가장 유명한 예는 물론 코페르니쿠스 혁명(다시 말해, 지구가 태양계의 중심이 아니라는 통찰)이다.

패스티시 pastiche

여러 예술 스타일을 차용하고 혼합하는 예술(가장 넓은 의미에서의) 작품. *포스트모더니즘에 대한 프레드릭 *제임슨의 탁월한 해설《포스트모더니즘 혹은 후기 자본주의의 문화 논리》(*Postmodernism, or, the Cultural Logic of Late Capitalism*, 1991) 서두 에세이에서 그는 포스트모던 예술이 모두 패스티시의 논리에 순응한다는 도발적인 주장을 했다. 제임슨의 규정에 따르면, 패스티시는 목적 없는 패러디다. 달리 말해, 포스트모더니즘이 이전 예술 스타일을 모방할 때 목적은, 그 스타일을 칭송하거나 비판/비평하는 데 있지 않고, 다만 그것을 이용해 흥미로운 새로운 작품을 만드는 데 있을 뿐이다. 포스트모더니즘의 전신인 *모더니즘 시기에 예술적 혁신이 사실상 소진되었기 때문에 포스트모더니즘은 이렇게 할 수밖에 없다고 제임슨은 주장했다.

팰림프세스트 palimpsest

이미 텍스트가 있지만 그 텍스트를 지우고 그 위에 새로 쓴 텍스트. 종이, 양피지, 석판, 모조 피지 등 여러 종류의 소재가 있을 수 있다. 종이가 보편화되기 전 중세 시대에 흔했다. 지금 이 용어는 보통 한 층위의 의미 이상의 의미를 갖는 텍스트의 *은유로 쓰인다. *알레고리가 그 한 예다.

퍼스, 찰스 샌더스 Peirce, Charles Sanders (1839~1914)

*화용론과 *의미론의 창시자 중 한 사람으로 꼽히는 미국의 철학자. 관심 영역이 여러 정통 과학에서 인문학 전반까지 아우르며 진정 박식했던 퍼스는

믿기 힘들 정도로 넓은 범위의 주제(수학, 물리학, 측지학, 분광학, 천문학, 인류학, 심리학, 철학은 그중 일부에 불과하다)에 대해 많은 글을 썼다. 그러나 생전에 출판한 저작은 거의 없고, 그의 저작을 출간하려는 노력이 상당한데도 지금까지 엄청난 양의 저작이 여전히 미간 상태로 있다. 현재 출간된 저작은 총 1만 2,000쪽에 이르고, 미간 저작은 수고 형태로 8만 쪽이 넘는다. 이 모두가 잘 보존되어 있지는 않다. 퍼스의 진정한 유산은 아직 제대로 이해되지 못했다고 하는 것이 공정할 것이다. 분명 그가 거둔 성취는 그의 생전에는 거의 알려지지 못했다.

퍼스는 매사추세츠 케임브리지에서 태어났다. 하버드 대학교의 저명한 수학 교수였던 그의 아버지는 스미소니언 연구소와 미국해상측지조사국의 창설자 중 한 사람으로, 나중에 퍼스는 아버지의 영향력 덕택에 여기서 일하기도 했다. 퍼스는 아버지의 전례를 따라 하버드 대학교에 진학해 놀라운 속도로 학사, 석사, 과학 석사 학위를 받았다. 하버드 재학 시절 그는 미국의 위대한 철학자 윌리엄 제임스와 친분을 쌓을 만큼 운이 좋았다. 제임스는 퍼스의 생애 내내 그에게 중대한 도움을 주었다. 그런가 하면 그는 찰스 엘리엇을 적으로 만들 만큼 운이 나쁘기도 했다. 엘리엇은 하버드 총장이 되며, 퍼스가 하버드에 취직할 수 없도록 막았던 인물이다. 1859년에서 1891년까지, 미국해상측지조사국에서 일하는 동안 퍼스는 어떤 기준으로 보더라도 근무 태도가 불량한 직원이었다. 그는 근무시간을 자기 연구를 하는 데 썼다.

대학에서 정년 교수직을 얻지 못했다는 불운과 함께(존스 홉킨스 대학교에서 몇 년 시간강사로 일한 것이 퍼스가 대학 강의를 했던 전부다) 완전히 무계획적으로 글을 쓰고 출판했기 때문에 퍼스의 아이디어는 더디고 불확실한 경로로 전파될 수밖에 없었다. *비평이론에서 가장 큰 영향력을 행사한 것은 물론 퍼스의 기호학 이론이고, 철학에서는 그의 논리론과 *실용주의가 좀 더 주목을 받았다. 그러나 퍼스 자신은 논리학과 기호학이 불가분의 관계라고 보았다. *기호를 수단으로 하지 않고는 사고가 일어날 수 없기 때문이다. 그의 기호학 이론은 영화에 관한 책들에서 이 이론을 광범하게 활용한 질 *들뢰즈와 움베르토 *에코, 줄리아 *크리스테바 등 다양한 학자에게 영향을 미쳤다.

화학반응에서 인간의 의사소통에 이르기까지 말 그대로 모든 것을 기호학적 관점에서 파악할 수 있다고 보았던 데서 퍼스는 범기호학적 관점을 갖고 있었다. 그의 기호 이론은 이와 같은 관점을 염두에 두고 구축되었다. 퍼스 저작의 핵심에 세 가지 서로 연관된 보편 범주의 체계가 있다. 그 세 범주를 그는 간단히 제일성, 제이성, 제삼성이라 불렀다. 이 용어들은 따로 놓고 보면 명확히 정의하기 힘들지만, 함께 고려하면 강력한 *존재론을 제공한다. 제일성은 그것을 제외한 어떤 참고 대상도 요구하지 않는 존재 방식이다. 이것은 즉각성 상태에서 존재한다. 대조적으로, 제이성은 참고 대상의 범주다. 다시 말해, 비교와 반성의 범주이며, 관계성이라는 매개적 상태다. 제삼성은 순수 매개다. 이것은 제일성과 제이성인 것들을 다른 제일성, 제이성을 지닌 것들과 결합한다. 기억이나 종합에서 일어나는 일이 이것이다. 퍼스가 이해/구상하는 기호는 제삼성의 범주에 속한다.

퍼스의 기호 모델은 페르디낭 드 *소쉬르가 채택했던 두 가지 요소가 아니라 세 가지 요소를 갖는다. 이것을 그는 *재현체, 해석소, *대상으로 명명했다. 재현체는 관찰자의 정신 속에서 상응하는 기호를 창조하는 무엇이다. 여기서 기호가 해석소가 된다. 다시 말해, 관찰자가 자신이 관찰한 바를 자신에게 제시하는 표상이다. 이 표상은 그 결과 *대상이 된다. 대상은 관찰자에게 원래 기호의 의미다. 모든 기호가 해석소를 창조하며, 이어 해석소는 다른 해석소에 재현된다. 이와 같은 과정은 연쇄되기 때문에 기호 생산 과정은 무한하다고 보아야 한다. 다시 말해, 최초의 혹은 최후의 기호 같은 것은 없다. 기호 생산의 회로에서 이와 같은 계기를 구분하려고 퍼스는 기호의 구성 부분에 대한 정교한 용어 체계를 구축했다.

+ 더 읽을거리

J. Brent, *Charles Sanders Peirce: A Life,* (rev. ed.) 1998.
움베르토 에코 외, 《논리와 추리의 기호학: 기호로 가득 찬 세상의 이해를 위하여》, 김주환·한은경 옮김, 인간사랑, 1994.
C. Misak, *The Cambridge Companion to Peirce*, 2004.

페르소나 persona

사회가 개인에게 기대하는 가면, 역할, 성격. 스위스의 심리학자 카를 •융은 사람들이 •일상생활에서 수행하는 각기 다른 사회적 역할을 설명하려고 이 용어(원래 뜻이 '가면'이다)를 썼다. 사회가 여성에게 아내, 엄마, 정부 등의 역할을 하라고 요구한다는 •페미니스트 비평가들이 내놓았던 불만은 일상생활에서 페르소나의 의미, 한 사람의 여러 페르소나가 서로 갈등을 일으킬 때의 난점에 대한 진술이 된다. 페르소나 개념과 관련해 중요한 것은, 페르소나를 연기하는 주체가 자신이 결코 그것이 아니라는 것을, 자신이 결코 자신으로 보이는 그 사람이 아니라는 점을 언제나 자각한다는 것이다. 이와 같은 자각은 긴장을 안기지만 위안의 원천이 될 수 있다. 페르소나는 문학 연구 용어로 쓰이기도 한다. 이때 페르소나는 저자가 어떤 특정한 이야기를 들려주려고 택하는 인물 유형을 가리킨다. 이 개념은 특히 1인칭 서사에서, 텍스트의 '나'를 실제의 저자와 구분할 때 유용하다.

페미니스트 이론 feminist theory

(성의 불평등을 말하는 데 중점을 둔 사회적 실천 운동으로서) •페미니즘을 이론적 담론으로 확장한 것. 의심할 여지 없이 20세기의 중요하고 영향력 있는 지적 흐름 중 하나인 페미니스트 이론은(모든 면에서 •마르크스주의와 •정신분석과 동등한 위치에 있다) 예술과 건축에서부터 과학과 기술에 이르는 모든 학문을 포괄하지만 사회과학과 인문학에 압도적으로 집중되어 있다. 현재 상황에서 페미니스트 이론은 다양하고 그 다양성은 거의 한계가 없다. 페미니스트 이론의 핵심에는 네 가지 주요 관심사가 있다. 첫째 •젠더 불평등의 기원과 원인을 설명하는 것, 둘째 젠더 불평등이라는 현 사태가 작동하고 지속되는 이유를 설명하는 것, 셋째 남성과 여성, 양성의 전면적 평등을 이루거나 적어도 지속적 불평등 결과를 개선하려는 효과적 전략을 기술하는 것, 넷째 성적 불평등이 더는 존재하지 않는 세상을 상상해보는 것이다. 이 네 가지 중에서 페미니스트 이론은 현장에서, 말하자면 1966년 미국에서 창립된 전미여성연합 같은 다양한 시민 단체에서 일하는 여성에게 전략적 문제를 남겨두고

처음 두 가지 것에 우선권을 부여해왔다. 반면 미래를 상상해보는 임무는 창의적인 작가들, 특히 어슐러 르 귄과 마지 피어시 같은 과학소설을 쓰는 작가들에게 분담되었다. 이러한 네 가지 문제 중 어느 것을 우위에 두느냐에 따라 세부적인 페미니즘의 모양새가 만들어지게 된다.

성적 불평등의 원인을 추적하는 것은 거의 불가능하다. 모든 기록된 역사에서 성적 불평등은 이미 자리 잡은 하나의 사실이기 때문이다. 따라서 궁극적으로 성적 불평등은 순수한 추론의 문제다. 역사 이전 시대에 생물학이 여성을 남성에게 종속된 위치에 놓았다는 것이 가장 널리 수용되는 가설이다. 임신과 자녀 양육은 여성을 취약한 상태로 만들고, 음식을 구하고 포식동물을 피하는 데 여성은 도움이 필요하다고 생각했기 때문이다. 아마도 인류학적 관점에서는 이런 *생물학적 결정론에 따른 가설에 일말의 진실이 있을 수 있지만, 여성을 보호해야 한다는 실질적 필요성이 널리 퍼져 있는 여성 비하와 여성을 더 열등한 존재로 사회화하는 것은 설명하지 못한다. 마찬가지로 사회가 점점 번영하고 기술이 자꾸 복잡해짐에 따라서 여성의 취약성은 감소하게 되었다. 그러나 오히려 여성을 종속적 위치로 자리매김하는 일은 심각해진 것 같다. 그렇다면 명백한 이유로 페미니스트 이론가들을 가장 많이 단련해온 문제는 '왜 *성차별주의가 그에 대한 기본적 정당화를 오래도록 이루지 못했는데 지속되는가?'와 같은 지속성 문제다.

이 문제에 세 가지 기본적 답변이 있다. 첫째, 생물학은 계속하여 결정적 요인이라는 점이다. 둘째, 여성의 종속화를 유지하는 것이 남성의 관심사에 있다는 점이다. 셋째, 여성이 여성 자신의 억압에 공모해왔다는 점이다. 놀랍게도, 슐라미스 파이어스톤 같은 급진적 페미니스트들이 첫 번째 답변을 지지한다. 그렇지만 파이어스톤은 여성의 재생산 역할을 종식하기 위해 생명공학의 사용을 요청하는 하나의 단계로 생물학을 이용한다. 두 번째 답변이 광범위한 지지를 받고 있고 마르크스주의의 영향을 보여준다는 점은 그리 놀랍지 않다. 사실상, 마르크스주의는 페미니스트의 투쟁과 *계급투쟁이 같다고 본다. 세 번째 답변을 자기비판의 한 가지 형태라고 한다면 그것은 가장 고통스러운 것이 된다. 그런 점에서 세 번째 답변은 많은 논쟁을 불러일으켜왔다. 그리고 바로 그런 이유 때문에 남성과 여성, 양성 간의 평등이라는 전략적 목표를 달성하고자 하는 생각의 측면에서 가장 많은 부분에 기여했다. *제1세대 페미니스트와 *제2세대 페미니스트는 여성이 어떻게 보여야 하고 행동해야 하는지에 대해 남성이 부과한 이상적 모습으로서 *여성성이 페미니스트 정치학에 주요한 한계 요인이라는 점에 동의한다. 그래서 메리 울스턴크래프트에서 저메인 *그리어와 케이트 *밀레트에 이르는 페미니스트 작가들은 여성성 해석이 대부분 요구하는 자기 부정의 실천을 다소라도 포기해야 한다는 의견을 옹호했다. 흥미롭게도 몇몇 제3세대 페미니스트는 이러한 주장을 반박하며 여성성의 찬미를 요청했다.

부과된 *정체성을 무시하는 것이 물론 해방감을 줄 수 있지만 또한 정체성의 위기를 초래한다. 잘 알려져 있듯이, 20세기 중요한 페미니스트 작가 중 한 사람인 시몬 드 *보부아르는 여성은 태어나는 것이 아니라 만들어진다고 선언했다. 이 선언에서 그녀는 정체성을 페미니스트 연구의 핵심 과제로 만들었다. 특히 프랑스 페미니스트들, 예컨대 엘렌 *식수, 카트린 클레망, 뤼스 *이리가레, 줄리아 *크리스테바, 미셸 *르 되프는 광범위한 철학적 자료에 관심을 기울였다. 이들은 특히 *정신분석에 초점을 맞추어 우리 시대에 '여성'이란 무엇을 의미하는가 하는 문제를 설명하고자 했다. 이 문제에 대한 대답이 문제가 없지는 않지만 여성들 간의 구체적 차이(예컨대, *계급, *인종, *민족성, 종교, 섹슈얼리티 차이)를 어떻게 다루어야 할지에 대한 상당히 많은 논쟁이 이 분야의 연구에 있다. 이러한 논쟁은 세계를 바라보고 평가하는 페미니스트의 관점을 점진적으로 정교화하고 있다. 그리고 그러한 관점의 변화로 말미암아 페미니스트 영화 비평과 문학비평뿐만 아니라 *생태페미니즘과 페미니스트 윤리학이 발전하게 된다. 이런 방식으로 페미니스트 이론은 대안적 미래를 상상하기보다는 생각하고 행동하는 새로운 방식을 현재 속에 새겨넣고 있다.

+ 더 읽을거리

C. Colebrook, *Gender*, 2004.

M. Walters, *Feminism: A Very Short Introduction*, 2006.

크리스 위든, 《포스트구조주의와 페미니즘 비평》, 이화영미문학회 옮김, 한신문화사, 1994.

페미니즘 feminism →636페이지를 보라.

페쇠, 미셸 Pêcheux, Michel (1938~1983)

프랑스의 *마르크스주의 철학자이자 언어학자. 페쇠는 1959년에서 1961년까지 고등사범에서 루이 *알튀세르와 함께 수학했고, 이후 알튀세르주의자들이라고 알려지게 되는 소수 학생 그룹의 일원이 된다. 그룹의 다른 멤버로는 에티엔 *발리바르, 피에르 *마슈레, 니코스 *풀란차스, 자크 *랑시에르를 꼽을 수 있다. 페쇠는 고등사범을 졸업하면서 국립과학연구센터의 사회심리학 실험실에서 일하게 되는데, 여기서 알튀세르의 사유를 사회과학적 주제에 적용하는 시도를 했다. 특히 그가 집중한 주제는 언어학이었다. 이와 같은 방향으로 진행했던 연구의 결실을 그는《자동 담론 분석》(*L'Analyse automatique du discours*, 1969)이라는 일종의 선언문으로 출간했다. 이 저작에서 그는 언어가 특정의 이데올로기적 태도 유지에, 그와 동시에 주체성의 형성에 기여하는 사회적 실천이라는 것을 보여주고자 했다. 페쇠는 페르디낭 드 *소쉬르가 제시한 *랑그와 파롤 구분을 거부했다. 그러한 형식주의가 분석에 도움이 되기보다는 이데올로기에 봉사한다고 주장했다. 영어로 번역된 페쇠의 가장 유명한 저서는《자명한 진리》(*Les Vérités de la Palice*, 1975)다. 이 책은《언어, 기호학 그리고 이데올로기》(*Language, Semantics and Ideology*, 1982)라는 제목으로 번역되었다.

편집증 비평적 방법 paranoid-critical method

스페인 화가 살바도르 달리가 *초현실주의의 제2단계를 제안하면서 쓴 용어. 제1단계와 대조적으로, 제2단계는 초현실주의의 *무의식 탐구를 의식적으로 내세우라고 추구한다. 달리 말하면, 자동 글쓰기 등의 방법으로 무의식의 작동 양상을 드러내기를 시도하는 데 그치지 않고, 무의식으로 일어나는 착란적 연관을 체계적으로 객관화하자고 제안한다. 네덜란드 건축가 렘 콜하스가 이와 같은 방법에 대한 좋은 설명을《착란하는 뉴욕》(*Delirious New York*, 1978)에서 제시했는데, 여기서 콜하스는 달리의 관점이 20세기 말 여러 건축 프로젝트에서 목도된다고 주장했다. 그의 가장 주목할 만한 사례는 애리조나에서 있었던 런던 브리지 재건 사업이다. 콜하스는 편집증이 해석(인지된 모든 사물이 정신의 현실성을 확증하는 데 봉사하는)의 착란이라고 주장했다. 편집증은 인식이라는 충격을 영구히 느끼는 상태다. 예술 용어로 표현하면, 착란증은 입증이 불가능한 세계관에 증거를 제공하려고 사실을 가공하는 일과 비슷하다. 이 사실은, 진짜의 사실을 대신하는 방식으로 세계에 삽입된다. 이것의 한 명징한 예가 달리가 그린 로트레아몽의 《말도로르의 노래》(*Chants de Maldoror*, 1868) 일러스트레이션이다. 이 일러스트레이션에서 달리는 프랑수아 밀레가 그렸던 전원 풍경화들을 성적인 에너지가 충만한 풍경으로 급진적으로 재해석했다.

+ 참고

로트레아몽, 《말도로르의 노래》, 윤인선 옮김, 청하, 1997. 이 외 여러 국역본이 있다.

폐제 foreclosure(forclusion) / *Verwerfung*

특정 •욕망의 거부를 뜻하는 •정신분석 용어. 폐제는 양립할 수 없는 욕망이 의식에 진입하는 것을 단순히 금지하지 않는다는 점에서 •억압과는 다르다. 마치 그 생각이 결코 떠오르지 않았던 것처럼 그런 생각이 존재했다는 모든 흔적이 부정된다. 자크 •라캉은 지그문트 •프로이트 읽기에서 폐제를 (•신경증과는 대조적으로) 정신병의 특수한 기제로 다뤘다. 라캉은 정신병적 •주체는 아버지의 이름(Name-of-the-Father, 아버지의 이름은 주체의 상징계적 영역을 조직하고 그것에 동일시를 일으키며 현실에 의미를 부여한다)으로 폐제한다고 주장했다. 그렇다면 사실상 폐제는 현실의 조직적(유기체적) 구조를 부인하는 것이다. 그러므로 라캉은 폐제를 정신병으로 도피하는 것으로 취급한다.

포드주의 Fordism

헨리 포드 이름을 따라 명명된 것으로 생산 모델(즉 조립 라인)은 물론, 임금 상승과 상품 가격 하락을 특징으로 하는 사회 현상을 가리킨다. 포드는 (도살장에서 채택된) 조립 라인 아이디어를 활용해 산업 생산력을 대량으로 늘리는 수단을 발전시켰을 뿐 아니라 자동차 가격을 내려 좀 더 널리 자동차를 구매할 수 있도록 만들려고 생산력 증가를 이용했다. 그렇게 포드는 대량 소비와 대량생산을 결합했다. 그는 또한 숙련된 노동력이 나타내는 회사의 •가치를 인정하고 노동자들을 붙잡아두기 위한 혁신적인 아이디어를 많이 시행했다. 그의 개혁안에는 정기적 급여 인상과 포드의 자동차를 노동자가 구매할 수 있게 하려는 신용판매가 포함되어 있다. 이탈리아 비평가 안토니오 •그람시는 포드식 모델에 매혹되었는데, 그에게 포드식 모델은 어떻게 발전을 관리해야 하는가에 대한 유토피아적 비전이 되었다.

포르트/다 fort/da

지그문트 •프로이트가 18개월 된 손자가 하고 있던 놀이에 붙인 이름. 프로이트의 손자는 아기 침대에서 무명실을 감은 실패를 반복적으로 떨어뜨리면서 '우' 하고 외치다가 자기 어머니가 실패를 빼앗아가려고 하자 그 순간 그것을 알아차리고 '아'라는 말을 내뱉었다. 프로이트는 이러한 소리가 '사라지다(gone)'를 의미하는 '포르트(fort)'와 '거기에(there)'를 의미하는 '다(da)'에 대한 아기의 유사한 발음이라고 해석했다. 프로이트는 〈쾌락원칙을 넘어서〉(Beyond the Pleasure Principle, 1920)에서 이 게임의 중요성을 논의했다. 그의 설명에 따르면, 이 게임은 어린아이가 불행한 상황, 즉 부모의 현존을 통제할 수 없는 상황을 부모가 자신이 시키는 대로 움직이는 행복한 상황으로 변형시킨다는 것을 보여준다. 또한 프로이트는 이것을 부모에 대한 일종의 복수, 즉 부모가 그렇게 중요하지 않다는 것을 부모에게 말하는 방식이라고 해석했다(→반복 강박).

포스트모더니즘 postmodernism →640페이지를 보라.

포스트모더니티 postmodernity →포스트모더니즘

포스트모던 postmodern →포스트모더니즘

포스트모던의 조건 postmodern condition →포스트모더니즘

포스트 페미니즘 post-feminism

•페미니즘(구체적으로는 급진적 혹은 •제2세대 페미니즘)이 현재 상황에서 더는 현실 유관성이 없다는 것을 다양하게 주장하는 견해. 페미니즘에 긍정적인 경우라면, 이전 페미니즘이 목표를 성취했으며 그것의 유용성이 한계에 도달했다고 본다. 부정적인 경우라면, 애초 페미니즘의 목표가 잘못 설정되었으며, 이제 그것은 더 진보한 견해로 교체되었다고 본다. 세심한 검토를 거친 개념이기보다는 사람들의 이목을 끄는 선전 어구에 가까운 용어이며 근본적으로 보수적 개념이다. 이 점에서 프랜시스 •후쿠야마의 '역사의 종말' 개념과 비슷하다. 포스트 페미니즘 역시 양성 평등을 향한 투쟁은 끝났으며, 그 투쟁은 애초부터 불필요하게 날카롭고 공격적이었다고 말한다. 그러나 많은 페미니스트 논평가가 지적하듯이, 포스트 페미니즘은 실제 여성의 현실을 반영하지 못한다. 실제 세계 여성 다수가 여전히 직장과 가정에서 성 편견을 마주하고 있다.

+ 더 읽을거리
S. Faludi, *Backlash: The Undeclared War against American Women*, 1991.

포스트 휴머니즘 posthumanism

•인본주의 시대가 끝났다는 비평적 견해. 인본주의의 두 가지 가정, 즉 인간은 인식 가능하며 합리적이라는 가정이 틀렸다는 견해를 전제로 한다. 인간이 인식 가능하다는 관점은 인간과 비인간 혹은 동물을 가르는 경계가 분명하게 설정되기 어렵고 대단히 유동적이라는 점에 기대어 거부된다. 도나 •해러웨이의 사이보그에 대한 작업이 이 점에서 대단히 중요하다. 그녀의 작업은, 인간에게 이성이 있기 때문에(혹은 최소한 그들 자신에게 그들에게 이성이 있다는 아이디어를 부여하기 때문에) 그것만으로 인간이 지구의, 그리고 지구 위의 모든 비인간 거주자들의 운명을 결정할 유일한 결정권자라는 아이디어를 거부한다. 포스트 휴머니즘은 환경 문제에 대단히 민감한 담론이다.

+ 더 읽을거리
C. Wolfe, *What is Posthumanism*, 2010.

포퍼, 칼 Popper, Karl (1902~1994)

오스트리아 태생이지만 영국에서 활동한 과학철학자이자 정치철학자. 20세기 후반의 영향력 있는 철학자 중 한 사람으로 꼽힌다. 특히 주목받은 것은 그의 '열린사회' 개념이다. 이 개념에서 그는 동구 공산주의 국가들의 닫힌 혹은 닫힌 것으로 그가 상정하는 사회와 비교해 서구의 자유민주주의를 찬미한다.

포퍼는 빈에서 중산층이던 개종한 유대인 부모에게서 태어났다. 그의 아버지는 포퍼 자신이 수학했던 빈 대학교 법학 교수였다. 학생 시절 그는 오스트리아의 사회민주당에 가입하지만, 곧 당이 내세운 •마르크스주의 이데올로기에 환멸을 느꼈다. 그가 특히 불만을 느낀 것은 •사적 유물론이라는 교리가 과학적 사고에 강제하는 제약이었다. 그는 1928년 심리학 박사 학위를 받았다.

1934년 그는 그의 첫 저서이자 가장 유명한 저서일 《발견의 논리》(*Logik der Forschung*)를 출간했다. 1959년 나온 영역《과학적 발견의 논리》(*The Logic of Scientific Discovery*)는 포퍼 자신이 번역했다. 이 책에서 그는 과학철학이 그 기초부터 다시 사유될 필요가 있다고 주장했다. 과학은 보편 진리의 발견을 중심으로 사유될 수 있는 것이 아니며, 잠정적이지만 궁극적으로 왜곡이 가능한 명제로서, 누군가 그것이 옳지 않다고 증명할 때까지 옳은 것으로 여겨지는 명제를 중심으로 사유되어야 한다는 것이 그의 주장이었다. 그는 데이터의 관찰에 기초해 귀납을 활용함으로써 보편적 진리에 다다를 수 있다고 보는 경험주의적 과학 모델을 거부했다. 오직 왜곡 가능한 것만이 과학적이라는 것이 그의 주장이다. 이와 같은 주장에 바탕을 두고 그는 •정신분석과 마르크스주의가 과학이라는 정신분석과 마르크스주의 쪽의 주장을 배격했다.

오스트리아가 나치 독일에 제의했던 합병이 그를 포함한 유대인에게 어떤 위협이 될지 자각한 그는 1937년 뉴질랜드로 이민했다. 전쟁이 끝날 때까지 그는 뉴질랜드에 머물렀고, 전쟁 후 런던 정경대학교 교수직을 받아들여 영국으로 옮겼다. 이후 그는 은퇴할 때까지 런던 정경대학교에서 일했다. 교수 시절 그의 동료로 과학철학자 파울 •파이어아벤트와 임레 •러커토시, 저명한 경제학자이자 자유시장 옹호자 프리드리히 하이에크를 꼽을 수 있다. 그의 가장 유명한 제자이자 억만장자 금융인 조지 소로스는 자신이 창립한 자선 기관의 명칭을 1945년 포퍼의 저서《열린사회와 그 적들》(*Open Society and Its Enemies*)에서 따왔다.

포퍼는 뉴질랜드에 있는 동안 쓴《열린사회와 그 적들》을 출간하는 데 상당한 어려움을 겪었다. 이 책이 나중에 얻게 되는 명성을 생각하면, 이는 상상하기 어려운 일이다. 이 책의 메시지가 공명을 얻은 것은 1950년대 초 냉전이 본격적으로 시작되면서부터다.《열린사회와 그 적들》에서 포퍼는 귀납적 추론에 대한 비판을 정치철학에 적용하며, 그로써 플라톤, 카를 •마르크스, G. W. F. •헤겔 정치철학의 •'역사주의'를 공격했다. 포퍼가 보기에 제2차 세계대전 동안 일어난 일이 대부분 그 기원을 이들 철학자에 두고 있었다. 그러나 페리 •앤더슨이《영국의 문제》(*English Questions*, 1992)에서 지적했듯이, 포퍼의 공격은 역사주의가 역사적 예측을 목적으로 하는 사회과학일 뿐이라는 상당히 앙상한 전제에 기반을 두고 있다. 실상 역사주의는 그렇게 이해될 수 없다. 마르크스도 헤겔도 역사를 예측한다고 주장하지 않았다.

냉전이 종식되면서 정치철학자로서 포퍼의 위상은 꾸준히 줄어들었지만, 과학철학자로서 그의 저술은 이전 동료들인 파이어아벤트와 러커토시의 강력한 비판에도 건재하는 듯하다.

+ 더 읽을거리

S. Gattei, *Karl Popper's Philosophy of Science*, 2009.
브라이언 매기,《칼 포퍼: 그의 과학철학과 사회철학》, 이명현 옮김, 문학과지성사, 1982.
G. Stokes, *Popper: Philosophy, Politics and Scientific Method*, 1998.

표류 drift / *dérive*

도시 공간의 디자인과는 반대지만 우리 자신의 욕망과 일치하는 방식으로 도시 공간을 걷거나 이동하는 실험적인 기술을 뜻한다. 이 용어는 상황주의자가 고안했다. 표류하는 목적은 두 가지다. 한편으로 표류는 어떤 특별한 도시의 •심리지리학을 드러내고자 한다. 다른 한편으로 표류는 상황주의자들이 애통해 했던 •일상생활에서 벗어나려는 의도적인 시도다. 표류는 무의식적으로 그것을 경험하려고 도시를 목적 없이 거닐지만 오토마티즘(automatism) 의존에는 대단히 비판적이었던 초현실주의자식 실천에 분명히 빚을 지고 있다. 그러나 표류는 그런 방식으로 우리의 의지를 굴복시키는 것에 관여하지도 않고 우연이나 우발적인 것에 흥미를 두지도 않는다. 표류 목적은 어떤 도시의 다른 부분이 열정과 욕망 같은 여러 다른 정신 상태를 공명하는 방식을 주목하고 의식하는 것이다. 흥미롭게도 상황주의자들은 공간에 대한 이러한 태도가 정신적 붕괴 위험 없이 하루 혹은 이틀 정도만 유지될 수 있다고 생각했다. 그들은 또한 표류는 오직 도시에만 적용할 수 있다고 생각했다. 레베카 솔닛의 《걷기의 역사》(*Wanderlust: A History of Walking*, 2000)는 이 두 번째 생각에서는 상황주의자들이 틀렸다는 사실을 시사했다. 반면에 《천 개의 고원》(*Mille Plateaux*, 1980 / *A Thousand Plateaus*, 1987)에서 너무 멀리 그리고 너무 빠르게 •탈영토화하는(•상황주의에 빚을 진 용어라는 점을 인정받지 못했지만 분명히 상황주의에 빚을 진 용어) 것에 대한 질 •들뢰즈와 펠릭스 •가타리의 경고는 상황주의자들이 첫 번째 생각에서는 옳았다는 것을 확인해주는 것 같다.

+ 더 읽을거리

K. Knabb, (ed.) *Situationist International Anthology*, 2007.
S. Plant, *The Most Radical Gesture: The Situationist International and After*, 1992.

표현주의 Expressionism

예술, 특히 회화에서 1930년대 즈음 발전한 전 유럽적 운동. 인상주의와 자연주의를 거부하므로 표현주의는 접근법과 주제 두 가지 면에서 모두 반사실주의적이다. 표현주의는 감정의 생생한 •정동과 성욕, 영성 같은 재현적 회화가 회피하는 것을 (표현주의의 선도적 화가 중 한 사람인 파울 클레의 유명한 어구를 사용하면) '보이게 만드는' 것을 목표로 삼는다. •무의식이라는 감추어진 세계를 탐사하는 *정신분석 창시자 지그문트 *프로이트의 글에서 영감을 받은 표현주의는 *일상생활의 밑바닥에 깔려 있는 복잡한 충동을 밝히고자 한다. 이러한 표현주의 운동의 주도적 인물에는 빈의 화가인 구스타프 클림트와 에곤 실레, 노스웨이 화가 에드바르 뭉크가 있다. 뭉크의 〈절규〉라는 그림들은 표현주의 스타일의 정수라 할 수 있다(→독일 표현주의).

푸코, 미셸 Foucault, Michel →646페이지를 보라.

풀란차스, 니코스 Poulantzas, Nicos (1936~1979)

파리에서 활동한 그리스 출신의 *마르크스주의 철학자이자 사회학자. 그리스에서 교육받은 풀란차스는 1950년대 학생운동에 적극적으로 참여했다. 그는 그리스 민주주의연합(활동이 불법화된 그리스 공산당을 가리키는 우회적 표현) 회원이었다. 1950년대 말에 법학 학위를 받고 나서 그는 법철학 박사과정을 시작하려고 파리로 이사했다. 파리에서 그는 루이 *알튀세르를 만나 그의 영향을 받게 된다. 그러나 풀란차스가 '알튀세르주의자'로 여겨지기는 하지만, 그의 작업에는 그만의 독특한 성격과 날카로움이 있었다. 그는 국가 이론가로 명성을 얻었다. 그는 영국 신좌파의 주요 이론가였던 역사학자 랠프 밀리밴드와 《뉴 레프트 리뷰》(*New Left Review*) 지면에서 국가 이론을 두고 장기 논쟁을 했다. 풀란차스는 국가가 기업이 사업을 성공적으로 하는 데 필요한 사회질서를 최소한 수준에서 유지함으로써 자본의 이해에 복무한다고 말했다. 국가는 문화적 수단을 동원해 사회질서의 정당화를 이끌어낸다. 여기에는 국가라는 것의 이미저리와 *수사학이 특히 중요한 구실을 하지만, 그와 동시에(그리고 더 은밀한 방식으로) 조직 노동을 명목적으로 인정하는 것으로도 그렇게 한다. 이와 같은 주장을 하면서 풀란차스는 이탈리아의 마르크스주의자 안토니오 *그람시의 *헤게모니 개념을 차용해 재해석했으며, 국가의 형성과 재생산 과정에서 *이데올로기가 순전히 조작적 기능만 하는 것이 아니라 긍정적 기능 또한 하는 것으로 보았다. 그는 특히 독재 국가가 막강한 억압적 수단에도 지속되지 못하는 이유에 관심이 있었다. 그의 주요 저작으로는《정치권력과 사회 계급》(*Political Power and Social Classes*, 1973),《파시즘과 독재》(*Fascism and Dictatorship*, 1974),《독재의 위기》(*The Crisis of Dictatorships*, 1976),《국가, 권력, 사회주의》(*State, Power, Socialism*, 1978)가 있다.

프라이, 노스럽 Frye, Northrop (1912~1991)

카를 •융의 •원형과 신화 이론을 혁신적으로 사용해서 저명해진 캐나다 문학비평가이자 이론가. 퀘벡의 셔브룩에서 태어난 프라이는 토론토에 있는 빅토리아 칼리지에서 영문학을 공부했다. 그런 다음 신학을 공부했고 종교적 과정을 끝마친 후 1936년 캐나다 연합교회의 목사가 되었다. 프라이는 짧은 기간 목회 일을 한 다음 장학금을 받아 옥스퍼드의 머튼 칼리지에 가서 학업을 계속했다. 옥스퍼드에서 공부를 마친 후 빅토리아 칼리지로 다시 돌아와 교수직을 맡았다. 프라이는 남은 일생을 빅토리아 칼리지에서 재임했고 결국 총장 자리까지 올랐다. 그는 문학비평의 인지도를 높이고 교육계 바깥의 독자들에게 문학비평의 중요성을 입증하는 데 결연했던 대단히 공적인 지식인이었다.《교육된 상상력》(*The Educated Imagination*, 1963)에 수록된 강의들은 본래 캐나다 라디오의 방송물이었다. 1968년부터 1977년까지 프라이는 캐나다의 미디어를 규제하는 캐나다 방송통신위원회 상임 위원으로 일했다.

프라이는 영국 시인 윌리엄 블레이크에 대한 연구서인 첫 번째 책《무서운 균형》(*Fearful Symmetry*, 1947)이 출판되자마자 국제적 주목을 받았다. 이 책이 •신비평의 텍스트 고립주의적 방식을 전복하기는 했지만 수정된 형식의 신비평적 꼼꼼히 읽기 독법을 유지하면서 당시 지배적이었던 신비평과 강력한 대조를 보여주었기 때문이다. 프라이는 신비평적 비평가들을 그림에 너무 가깝게 서 있어서 볼 수 있는 전부가 그림의 질감밖에 없는 미술관의 방문객과 같다고 기술했다. 반면에 그가 더 선호했던 방식은 (그림의) 내용의 경계가 흐려지고 그림 자체가 하나의 순수한 원형적 윤곽으로 드러날 수 있도록 그림에서 훨씬 멀리 뒤로 물러서는 것이다. 프라이는 신비평적 비평가들과 반대로 다른 문학적 텍스트들(사실상, 프라이에게 다른 문학적 텍스트는 문자 그대로 모든 문학적 텍스트를 의미했다. 왜냐하면 그의 관점은 놀라울 정도로 대의적이었다) 그리고 우선 문학 텍스트를 생산해낸 사회적 문맥 두 가지 모두와 관련해 문학 텍스트들을 읽었다. 프라이는 문학이 독자에게 무엇인가 의미를 주어야 한다고 생각했다. 그러므로 문학은 사회적 목적을 위해 봉사해야 한다고 생각했다. 따라서 그는 *신화에 많은 관심을 기울였다. 프라이에게 신화는 인간과 신의 관계에 대한 복잡한 *알레고리다. 프라이는 지금까지 가장 잘 알려진 그의 책이기도 하면서 많은 사람에게 20세기 비평에서 중요한 책 중 하나로 꼽히는 《비평의 해부》(*Anatomy of Criticism*, 1957)에서 신화에 대한 사유를 체계화했다.

프라이는 원형의 동원을 중심으로 신화가 작동한다고 보았다(비록 프라이가 카를 *융을 의식하고 그에게 경의를 표했지만 융과는 약간 다르게 원형 개념을 생각했다). 그는 전형을 창출함으로써 문학이 단순한 전형을 만들지 않게 된다고 주장했다. 프라이는 (지그문트 *프로이트의 *전치 개념과 똑같지는 않지만 그와 비교할 만한) 전치 개념을 사용해 마술적 요소가 벗겨져버린다 해도 신화적 구조가 사실주의 혹은 자연주의적 텍스트에 침투할 수 있는 방식을 설명했다. 이러한 신화적 구조의 모습으로 가장 잘 알려진 예는 제임스 조이스의 《율리시스》(*Ulysses*, 1922)다. 순수한 의미의 신화와 이른바 (프라이가 거부한) 사실주의 텍스트라는 양극단 사이에 *로맨스가 있다. 따라서 프라이는 신화에 세 가지 질서가 있다고 제안했다. 그는 이제껏 만들어진 훌륭한 문학적 유형학 중 하나를 창의적으로 만들면서 신화 분석과 양태, 상징과 *장르 연구의 균형을 맞추었다. 몇몇 비평가는 프라이의 끊임없는 유형 분류가 억압적이라고 생각했지만 다른 비평가들은 *구조주의의 선구자로 보았다. 그리고 이런 두 이유 때문에 프라이의 책은 상대적으로 등한시되었다. 그러나 프레드릭 *제임슨이 《정치적 무의식》(*The Political Unconscious*, 1981)에서 보여주었듯이 비록 프라이의 *존재론에는 전적으로 동의하지 않을지라도 그의 유형학은 현대 비평을 위해 대단히 유용하게 사용될 수 있다.

프라이는 죽기 바로 직전까지 많은 책을 쓴 저자였다. 그는 캐나다 문학과 T. S. 엘리엇, 윌리엄 셰익스피어, 존 밀턴, 《성경》에 대한 책을 썼다.

+ 더 읽을거리

J. Ayer, *Northrop Frye: A Biography*, 1989.
I. Balfour, *Northrop Frye*, 1988.
C. Cotrupi, *Northrop Frye and the Poetics of Process*, 2000.
J. Hart, *Northrop Frye: The Theoretical Imagination*, 1994.

프라하 언어학 서클 Prague Linguistic Circle

1926년 체코와 러시아 출신 언어학자들이 언어의 시적 기능을 분석할 목적으로 결성한 토론 그룹. 이 그룹의 좌장은 저명한 언어학자 로만 •야콥슨이었고, 다른 유명한 회원으로 니콜라이 투루베츠코이, 얀 무카르조프스키를 꼽을 수 있다. 프라하학파라고 불리기도 하는 이 그룹은 여러 멤버가 프라하를 떠나 타국에 망명해야 했는데도 제2차 세계대전 이후까지 존재했다. 그러나 공산당의 집권을 보지는 못했다. 1950년 공식적으로 해산했지만 사실 그 두 해 전에 이미 이들의 활동은 끝난 상태였다. •구조주의의 중요한 선구자로서 프라하 언어학 서클은 페르디낭 드 •소쉬르에게서 가져온 여러 아이디어를 탐구·해명했고, 구조주의 언어학에 처음으로 강력한 형식을 제시했다(•파롤이 아닌 •랑그에 대한 두드러진 관심이 구조주의 언어학의 특징이다). 프라하 언어학 서클은 선배 격인 •오포야즈, •모스크바 언어학 서클과 함께(실상 프라하 언어학 서클의 일부 회원은 이들 그룹의 회원이기도 했다) •시학과 언어학을 융합하려는 시도를 했다.

+ 더 읽을거리

토니 베네트, 《형식주의와 마르크스주의: 문예비평적 고찰》, 임철규 옮김, 현상과인식, 1983.
빅토르 얼리치, 《러시아 형식주의: 역사와 이론》, 박거용 옮김, 문학과지성사, 1983.

프락시스 praxis

'행위'를 뜻하는 그리스어. •비평이론에서 목적 지향적 인간 행위(다시 말해, 구체적 목적과 결과가 있는 인간 행위)를 가리키는 말로 널리 쓰인다. 프락시스라는 용어의 가장 유명하고 온전히 이론화된 용례는 의심할 여지 없이 장 폴 •사르트르의 《변증법적 이성비판》(*Critique de la Raison Dialectique*, 1960 / *Critique* *of Dialectical Reason*, 1976)에서 찾아볼 수 있다. 그러나 이탈리아의 마르크스주의자 안토니오 *그람시의 저작에서도 중요한 논의를 발견할 수 있다. 일부 이론가들에게 프락시스는 *저항과 동의어다. 프락시스는 이때 *헤게모니를 쥔 현상에 의식적으로 끼어드는 모든 행위를 가리킨다.

프랑스 뉴웨이브 French New Wave →누벨바그

프랑크, 만프레트 Frank, Manfred (1945~)

독일의 철학자이자 문화비평가, 철학적 문맥에서 독일 낭만주의 전통에 관한 책(특히 프리드리히 슐라이어마허와 요한 고틀리프 피히테 연구서)을 많이 쓴 저자다. 그의 많은 책 중 영어로 번역된 것은 극소수에 불과하다. 하지만 프랑크가 잘 알려지게 된 것은 *해체와 *후기 구조주의에 대한 그의 호의적 비판 덕분이거나 자기 자신이 명명한 *신구조주의 덕분이다. 프랑크는 한스 게오르크 *가다머와 폴 *리쾨르의 해석학적 전통에서 움직이지만 그들의 주장을 의미심장하게 급진화한다. 그래서 그는 롤랑 *바르트, 질 *들뢰즈, 자크 *데리다, 미셸 *푸코, 장 프랑수아 *리오타르가 *주체의 중요성을 소홀히 취급하고 *기호의 자의성을 지나치게 중시했다고 비판했다. 프랑크는 기호가 다른 기호와의 상호 연결이라는 체계적 네트워크로 구성되어 있다는 구조주의적 견해를 지지하지만 개별 기호의 의미가 완전히 임의적이라는 암시에는 저항했다. 오히려 그는 의미가 다층적이고 기호의 네트워크는 역사의 영향을 받는다고 주장했다. 그러나 프랑크는 *구조주의가 주장하는 대로 기호 시스템이 의미를 부여한다고 주장하기보다는 그 반대 견해를 취했다. 그리고 그는 기호의 역사적으로 침전된 의미가 구조를 생산한다는 생각을 제시했다.

프랑크푸르트학파 Frankfurt School

프랑크푸르트 대학교와 연계되어 있는 독립 연구소인 사회조사연구소와 직간접적으로 연관되어 있는 일군의 학자와 연구 작업을 나타내는 총칭. 1937년 막스 *호르크하이머는 사회적·문화적 분석에 대한 연구소의 접근

방식을 비판이론이라고 정의했다. 비판이론은 사실상 프랑크푸르트학파와 동의어가 되었다. 오늘날 특히 영미 •문화 연구 분야에 있는 많은 사람에게 프랑크푸르트학파는 음울한 엘리트주의적 전망과 대중문화에 대한 적대적 태도를 의미한다. 프랑크푸르트학파의 실제적 성과에 대한 그와 같은 엄청난 과소평가는 그들의 연구를 무시한 것일 뿐만 아니라 이데올로기적 편견을 나타낸다. 프랑크푸르트학파는 자본주의사회를 의심어린 눈으로 주목했다. 그래서 프랑크푸르트학파는 문화 연구의 몇몇 버전이 수용된 과정에서 보여지듯이 겉만 번지르르한 추종에 의해 흡수되지 않았다.

1923년 부유한 곡물상인 헤르만 바일의 아들 펠릭스 바일의 재정적 지원으로 설립된 사회조사연구소는 광범하게 해석된 •마르크스주의 사상의 발전과 실험을 위한 장소가 되고자 했다. 사적인 재정 지원으로 운영되었기 때문에 사회조사연구소는 현실적으로 자율성이라는 호사를 누렸다. 연구소는 학생들을 맡거나 그들의 목적에 적합한 것을 제외한 어떤 연구를 해야 할 의무가 없었다. 첫 번째 연구소장은 오스트리아의 마르크스주의 법학 교수이자 정치학 교수 카를 그륀베르크였다. 그러나 연구소의 젊은 연구원들은 그가 상상력이 부족하다고 생각했다. 교체 인물로 호르크하이머가 임명되고 나서야 연구소는 비로소 오늘날 우리가 알고 있는 연구소의 면모를 갖추게 되었다.

그륀베르크의 지휘 아래 사회조사연구소는 모스크바에 있는 마르크스-엥겔스 연구소와 밀접한 관계를 유지했고, 카를 •마르크스와 프레드릭 •엥겔스의 출판되지 않은 원고의 지하출판 사본을 수입했다. 이는 그 시대의 정치적 풍토를 감안할 때 용기 있고 도발적인 일이었다. 연구소의 초기 피임명자 중에는 이런 친공산주의적 자세를 나타내는 리하르트 조르게가 있는데, 그는 독일이 소련을 침공할 것이라는 사실을 불신하는 스탈린주의자에게 그 사실을 말해준 것으로 잘 알려진 스파이였다. 그러나 연구소의 친공산주의적 자세는 몇 년 후 극적으로 퇴색하게 되었다. 다른 초기 피임명자 중에는 카를 비트포겔이 있다. 비트포겔은 현재 거의 신뢰받지 못하는 '아시아적 생산양식'이라는 개념의 전문가이자 에르빈 피스카토르와 다른 사람들이 무대에 올린 작품을 쓴 극작가였다. 프랑크푸르트학파와 연결된 잘 알려진 이름, 예를 들어 테오도어 *아도르노, 레오 *뢰벤탈, 에리히 *프롬, 허버트 *마르쿠제는 몇 년 후 연구소에 합류했다. 1927년 그륀베르크는 심장 발작을 겪었는데 완전히 회복하지 못해서 1929년 연구소장직에서 물러났다. 호르크하이머가 그의 후임자가 되었고 호르크하이머의 지휘 아래 연구소는 명성을 얻게 되었다.

호르크하이머는 연구소에 새로운 동료들이 합류하면서 그들과 더불어 새로운 사상을 도입했다. 그리고 이런 방식으로 그는 연구소를 20세기의 영향력 있는 지적 운동의 산실 중 하나로 바꾸어놓았다. 호르크하이머는 선임자와 반대로 *마르크스주의의 근본 전제에 의문을 제기하는 것을 독려했고 마르크스주의자의 원칙을 이루는 쟁점에 대한 철학적 접근을 시도하도록 선도했다. 또한 그는 사회 분석을 위해 그 당시 아직 새롭고 급진적 방법론이었던 *정신분석을 이용하도록 장려했다. 그는 염가 문고판 대중소설에 관심을 둔 문학사회학자 뢰벤탈을 편집인으로 두고 연구소의 저널인 《사회 연구》(*Zeitschrift für Sozialforschung / Journal for Social Research*)를 창간했다. 이 저널의 기고자 중에는 결코 프랑크푸르트학파의 내부 핵심 중 일부가 되지 못했지만 프랑크푸르트학파의 명성에 중대한 몫을 한 발터 *벤야민 같은 인물들이 포함되어 있었다. 1930년대에 호르크하이머는 정치성의 본질을 질문하는 사회조사라는 야심 찬 프로그램을 기획했는데, 이를 완성하는 데 10년이 걸렸다.

독일에서 나치즘의 봉기를 경계했던 호르크하이머는 새로 시행되는 인종 관련 법률에서 대체로 유대인이었던 연구소 일원들을 보호하려고 1931년 침착하게 제네바로 연구소를 옮겼다. 1934년 사회조사연구소는 (연구소의 마르크스주의적 지식을 고려할 때 기대되었을 법한) 소련이 아닌 뉴욕으로 다시 옮겨져 콜롬비아 대학교 부속기관이 되었다. 호르크하이머는 자신의 새로운 위치에 기초를 두고 사회조사연구소의 영향력과 자원을 활용해 나치를 피하려고 비자를 얻고자 하는 많은 지식인을 보조해줄 수 있었다. 그러나 몇몇 좋지 않은 투자가 이어졌던 1939년 사회조사연구소는 재정적 어려움에 봉착했다는 사실이 드러났고 이전처럼 많은 연구자나 프로젝트에 기금을 더는 줄 수 없게 되었다. 정신분석가 프롬 같은 연구소 핵심 회원 중 일부는 하는 수 없이 연구소를 떠나 다른 곳에서 연구를 하게 되었다. 그리고 이것이 내부적 갈등과 분열의 상당한 원인이 되었다. 그러나 사회조사연구소는 살아남았고 1941년 다시, 이번에는 로스앤젤레스로 자리를 이동했다. 전쟁이 지속되는 동안 연구소는 훨씬 느슨해진 형태로 유지되었다.

제2차 세계대전이 끝난 후, 서독 정부의 초청을 받아 사회조사연구소와 연구소의 핵심 인사 몇몇은 프랑크푸르트로 다시 돌아왔다. '프랑크푸르트학파'라는 명칭이 실제로 사용되기 위해서 나타난 것은 사실상 이때뿐이다. 1958년 호르크하이머는 아도르노를 위해서 사회조사연구소 연구소장직에서 물러났다. 아도르노는 1969년 학생들의 항거가 있은 후 질서를 회복하려고 경찰을 불렀다. 그는 재임 기간 중 훌륭했지만 이렇게 서툴게 판단하고 내린 결정 때문에 빛이 바랬다. 그럼에도 아도르노는 위르겐 •하버마스 같은 미래의 저명인사도 포함되어 있는 몇몇 중요한 학생을 연구소로 이끌었다. 오늘날 사회조사연구소는 창립자들의 전통을 이어받아 조사 연구를 지속하고 있다. 프랑크푸르트학파가 지난 세기에 인문학과 사회과학 분야에서 조사 연구의 발전에 미친 영향력을 측정하기는 불가능하다. 그러나 프랑크푸르트학파가 가장 중대하게 기여한 것은 학제 간 연구를 도모하고 그것을 정당화한 점이다. 프랑크푸르트학파는 학제 간 분열이 근대성(모더니티)이 만들어낸 인공물이라는 것과 어쨌든 어떤 한 가지 학제도 근대적 세계의 복잡성을 다룰 준비가 되어 있지 않다는 것을 인식했기 때문에 철학, 정신분석, 마르크스주의 이론, 사회학, 경제학을 만족스럽게 결합했다.

+ 더 읽을거리

S. Bronner, *Of Critical Theory and its Theorists*, 1994.
D. Held, 《비판이론서설》, 백승균 옮김, 계명대학교 출판부, 1988.
마틴 제이, 《변증법적 상상력》, 황재우 외 옮김, 돌베개, 1979.
R. Wiggershaus, *The Frankfurt School*, 1994.

○ 웹 링크

- 프랑크푸르트학파의 역사, 주요 인물의 전기적 세부 사항, 다른 웹사이트와 링크.

프레게, 고틀로프 Frege, Gottlob (1848~1925)

독일의 철학자, 수학자, 논리학자. 그의 연구는 20세기 언어학과 언어철학에 강력한 영향력을 미쳤다. 포메라니아에 있는 비스마르에서 태어난 프레게는 예나 대학교와 괴팅겐 대학교에서 공부했다. 그는 일생을 대부분 예나 대학교 수학과에서 가르쳤다. 프레게는 생전에 철학에 관한 논문을 결코 출판하지 않았다. 그의 철학적 연구가 널리 알려지게 된 것은 오로지 버트런드 러셀, 루돌프 카르납, 루트비히 •비트겐슈타인 같은 영향력 있는 숭배자들 덕분이었다. 그의 첫 번째 중요 연구서는 《개념표기법》(*Begriffsschrift*, 1879 / *Conceptual Notation and Other Writings*, 1972)이다. 이 책은 논리를 위한 공식적 표기 체계를 만들어내는 일을 출범시켰다. 초기에는 이 책이 거의 수용되지 않았지만(그 시대의 주도적 인물들은 이 표기 체계를 무시했다), 이후 수학적 논리 영역의 발전에 지대한 영향을 미쳤다. 하지만 프레게의 진짜 걸작인 《산술의 기초》(*Die Grundlagen der Arithmetik: eine logische mathematische Untersuchung über der Begriff der Zahl*, 1884 / *The Foundations of Arithmetic: A Logico-Mathematical Enquiry into the Concept of Number*, 1968)는 몇 년 후 출판되었다. 이 책은 첫 번째 책과 비슷하게 적대적 반응에 부딪혔다. 그런 다음 프레게는 언어철학 문제로 관심을 돌렸다. 이 연구에서 그는 비로소 •비평이론 분야에 알려지게 되었다. 특히 〈의미와 지시대상에 관하여〉('Uber Sinn und Bedeutung', 1892 / 'On Sense and Reference', 1969)라는 글에서 간략히 서술된 의미(*Sinn*/sense)와 지시대상(*Bedeutung*/reference)의 구분은 •분석철학의 발전에서 가장 중대한 것이었다. 프레게는 두 가지 표현이 같은 지점의 지시대상을 가질 수 있다는 것에 주목했다. 새벽별과 저녁별이 그가 사용한 유명한 예다. 새벽별과 저녁별은 사실상 한 가지 별, 즉 금성을 말한다. 하지만 새벽별과 저녁별이라는 서로 다른 두 표현에 따라 아주 다른 의미를 지닌다. 프레게는 에드문트 •후설에게 직접 영향을 미쳤다. 당시 젊은 학자로서 후설은 프레게에 대한 비평을 썼다가 프레게에게서 강력한 비판을 되돌려받았다. 프레게는 후설을 꾸짖으면서 후설이 프란츠 브렌타노의 심리주의와 거리를 두도록 지도했고 후설이 •현상학 개념을 창안하는 길에 접어들도록 이끌었다.

+ 더 읽을거리

M. Dummett, *Frege: Philosophy of Language*, 1973.

안토니 케니, 《프레게: 현대분석철학의 창시자에 대한 소개》, 최원배 옮김, 서광사, 2002.

H. Noonan, *Frege: A Critical Introduction*, 2001.

프로이트, 안나 Freud, Anna (1895~1982)

오스트리아의 정신분석가이며 •정신분석 창시자인 지그문트 •프로이트의 막내딸. 안나는 아버지인 프로이트 곁에서 어린 시절부터 그에게 자신이 꾼 꿈들을 말해주었고(그녀가 5세 때 출판된 프로이트의 책《꿈의 해석》(*The Interpretation of Dreams*)에서 그녀의 많은 꿈이 분석된다), 십대 시절에는 그의 책을 읽기 시작했다. 1918년 그녀는 정신분석가가 되려고 수련 과정의 일부로 아버지와 함께 분석을 경험했고, 1922년 빈 정신분석학회에 가입했다. 그리고 얼마 되지 않아 그녀는 환자를 받기 시작했다. 그녀의 연구와 임상은 아동을 중심으로 이루어졌다. 아동 연구로 말미암아 안나는 자신과 의견이 달랐던 멜라니 •클라인과 경쟁자가 되었다. 실제로 이 두 사람의 경쟁으로 영국정신분석협회는 잠시 분열 조짐까지 보였으나 결국 평화적으로 해결되었다. 1925년부터 1934년까지 안나는 국제정신분석협회 총무를 지냈다. 1938년 그녀는 나치를 피해 도피할 때 그즈음에 악암(jaw cancer)으로 심하게 고통을 받던 아버지와 함께 런던으로 이주했다. 런던에서 그녀는 햄스테드에 있는 아버지 집의 건축을 감독했다(그녀는 여생을 그곳에서 살았다). 다소 불친절하게도, 후세대 학자들은 안나에게는 독창적이라고 언급할 것이 아무것도 없다고 폄하하는 경향이 있다. 이는 아버지 글을 편집하고 번역했던 그녀의 엄청난 수고에 대한 인지로는 변화시킬 수 없는 것이다. 그리고 비록 그녀 자신의 해석이 아버지인 프로이트의 사상을 상당히 많이 확장한 것이 사실이기는 하지만, 그럼에도 그녀는 •에고(프로이트의 관심사가 •이드였던 것과 달리)의 역할을 강조하면서 여러 것에 관한 그녀 자신만의 해석을 발전시키려 했다. 그녀의 핵심 저술은《에고와 방어 기제》(*Ego and the Mechanism of Defense*, 1936)이다.

+ 더 읽을거리

E. Young-Bruehl, *Anna Freud: A Biography*, 1988.

프로이트, 지그문트 Freud, Sigmund →652페이지를 보라.

프로프, 블라디미르 Propp, Vladimir (1895~1970)

러시아의 문학이론가이자 *서사학의 아버지. 상트페테르부르크 태생이며 상트페테르부르크 대학교에서 철학을 공부했다. 1918년 대학을 졸업한 후, 몇 년 동안 중등학교에서 러시아어와 독일어를 가르치다가 모교에 자리를 잡았다. 1928년, 프로프는 *러시아 형식주의 원리를 슬라브 민담의 서사 구조 연구에 적용한 《민담 형태론》(*Morfológija skázki*)을 출간했다. 이 책의 영향력은 처음에는 크지 않았다. 실상 1960년 클로드 *레비스트로스가 이 책의 영어 번역 《The Morphology of the Folktale》(1958)에 대해 긍정적이고 예리한 평문을 쓰기 전까지 이 책은 잘 알려져 있지 않았다. 레비스트로스의 평문이 발표된 이후 프로프의 저작은 가히 지진급 영향력을 행사했다. 서사 연구는 이 책과 더불어 거의 완전히 모습을 바꾸었다고 할 정도다. 롤랑 *바르트는 레비스트로스의 통찰을 1966년 에세이 〈서사 구조 분석 서론〉(Introduction à l'analyse structurale des récits / Introduction to Structural Analysis of Narratives, 1977)에서 문학비평이 가져다 쓸 수 있는 형식으로 번역했다. 프로프의 생각을 적용하는 가장 유명하고 강력한 사례는 장르 소설의 연구에서 찾아볼 수 있다. 제임스 본드 영화의 서사 구조를 다룬 움베르토 *에코의 에세이가 이 점에서 원형이라 할 수 있다. 프로프는 텍스트의 내용, 다시 말해 텍스트를 구성하는 실제 문장들을 옆으로 밀어두고, 텍스트의 추상적 형식에 집중했다. 그가 관심을 기울인 것은 이야기가 갖고 있는 사건 혹은 기능, 인물의 유형이었다. 이야기에 핵심 역할을 하는 사건과 유형 그리고 이야기에서 잉여적 사건과 유형을 구분하면서 프로프는 이야기에 보편적으로 존재하는 *신태그마를 보여주었다. 그는 서사에는 31개 기본 기능과 일곱 가지 인물 유형이 있다고 말했으며, 모든 민담은 이 표준 구성 요소의 복합적 조합으로 창조된다고 말했다.

+ 더 읽을거리

S. 리몬 케넌, 《소설의 현대 시학》, 최상규 옮김, 예림기획, 1999.

프롬, 에리히 Fromm, Erich (1900~1980)

독일의 정신분석가이자 비평이론가. 프롬은 여러 해 동안 *프랑크푸르트학파와 연관을 맺고 지냈지만 후기에는 독자적인 길을 개척했다. 프롬은 철학자이자 정신의학자였던 카를 *야스퍼스가 가르치던 하이델베르크 대학교에서 학부 과정과 대학원 과정을 마쳤다. 1922년 그는 박사 학위를 받고 졸업했다. 그런 다음 임상 정신분석가로서 수련을 시작했고 1927년 개업했다. 1930년 프롬은 프랑크푸르트에 있는 사회조사연구소에 합류했다. 나치당이 집권하게 되었을 때 사회조사연구소와 함께 제네바로 이동했고 그다음에는 뉴욕에 있는 컬럼비아 대학교로 자리를 옮겼다. 프롬은 1941년 베닝턴 칼리지에서 교편을 잡았다. 제2차 세계대전이 지속되는 기간에도 내내 그곳에서 재직하면서 정신치료사로서 개인적 개업 진료를 지속했다. 1950년 프롬은 멕시코 국립대학교에서 교편을 잡으면서 멕시코시티로 이동해 1965년 은퇴할 때까지 그곳에서 재직했다. 프롬의 책은 *정신분석의 사회심리학적 적용이라는 분야를 개척했다. 그의 글들은 정신은 끊임없이 환경의 도전을 만족시킬 수 있도록 적응한다는 핵심 메시지를 가지고 대규모 청중에게 다가갔다. 주요한 심리적 도전은 우리 자신을 권위에 종속시키고 스스로 자유라는 짐을 부정하고 싶은 충동에 저항해야 할 필요성이라고 보았다. 다작하는 저술가였던 프롬의 잘 알려진 책으로는 《자유로부터의 도피》(*Escape from Freedom*, 1941), 《고독한 인간》(*Man for Himself*, 1947), 《사랑의 기술》(*The Art of Loving*, 1956), 《소유냐 존재냐》(*To Have or To Be*, 1976)가 있다.

+ 더 읽을거리

R. Funk, *Erich Fromm: His Life and Ideas*, 2004.

프리던, 베티 Friedan, Betty (1921~2006)

미국의 페미니스트, 정치 운동가, 전미여성연합 공동 창시자. 일반적으로 *제2세대 페미니즘을 출발시킨 것은 엄청난 베스트셀러였던 프리던의 책 《여성의 신비》(*The Feminine Mystique*, 1963)라고 간주한다. 프리던의 책은 교외에 사는 '주부들'의 밀실공포증적 실존을 말했다. 그녀는 이후 페미니스트 비평가들이 지적하듯이 *계급, *민족성, *인종, 여성이 직면한 다른 문화적이고 법적인 장애물들은 의식하지 못한 듯하다. 그럼에도 그녀의 책은 여성이 자기 자신의 사회적 역할을 정의할 권리를 요구하도록 외치는 결집의 절규가 되었다. 프리던이 말하는 여성의 신비는 여성이 설득당하거나 강제로 수용할 수밖에 없도록 남성이 구성한 사회적 역할이다. 다시 말해, 생물학을 근거로 제시해 여성은 돌보고 양육하는 사람이므로 간호와 교육 같은 영역의 직업에 더 적합하다는 여성의 역할에 대한 생각은 남성이 여성을 위해 만들어낸 것이다. 그녀는 다른 책도 많이 썼지만 그 어느 것도 첫 번째 책만큼 효과를 거두지 못했다.

피분석자 analysand

*정신분석에서 사용되는 용어로 분석을 받는 사람을 의미한다. 모든 피분석자가 건강 상태나 정신의학적 상태 때문에 치료를 받는 것이 아니므로 피분석자라는 용어가 '환자'보다 우선 사용된다. 감정과 정서의 차이를 명백히 설명하려고 많은 사람이 피분석자라는 용어를 더 선호한다.

피시, 스탠리 Fish, Stanley (1938~)

미국의 문학이론가이자 문화비평가. 로드아일랜드 주 프로비던스에서 태어난 피시는 펜실베이니아 대학교와 예일 대학교에서 공부했다. 피시는 캘리포니아 대학교 버클리, 존스 홉킨스 대학교, 듀크 대학교, 일리노이 주립대학교와 플로리다 국제대학교에서 가르쳤다. 그는 밀턴 연구자로 학자로서 경력을 시작했고 상당히 높은 평가를 받은 밀턴에 관한 책을 다수 썼다. 비평 이론 분야에서 피시는 *해석 공동체라는 개념으로 잘 알려져 있다. 해석 공동체는 어떻게 의미가 사회 자체를 향해 생산되는가 하는 문제를 대체하고 텍스트보다는 독자의 실제적 생산이 의미가 되도록 만든다. 피시는 대체로 사건들에 대해 반직관적 관점에서 《뉴욕 타임스》(*New York Times*)와 《월스트리트 저널》(*Wall Street Journal*)에 칼럼을 써서 세간의 이목을 끄는 문화논평가다. 예를 들어 그는 인문학이 좋은 것이기는 하지만 쓸모가 없다고 말하고 정치적 올바름을 타진하는 것은 시간 낭비라는 주장을 한 것으로 유명하다.

필름 누아르 *film noir*

미국에서 1940년대 초반 시작해서 1950년대 후반까지 지속했던 영화 운동 혹은 영화 스타일. 필름 누아르라는 용어는 프랑스 비평가들이 하드보일드 범죄소설을 나타내는 프랑스 용어인 로만 누아르(*roman noir*)에서 착안해 만들었다. 제2차 세계대전 종전에 뒤이어 많은 미국 영화가 프랑스로 수입되면서 프랑스 비평가들은 이전에는 거의 당연한 일로 치부해버렸던 할리우드 제작물에 주목하게 되었다. 1941년 존 휴스가 대실 해밋의 《말타의 매》(*Maltese Falcon*, 1930)를 영화로 만든 것이 최초의 필름 누아르 작품이라고 널리 인정되고 있지만 그 이전에 만들어진 마르셀 카르네의 〈새벽〉(Le Jour se lève, 1939)이 최초의 필름 누아르 작품이라는 주장도 있다. 두 작품 모두에는 1920년대 *독일 표현주의의 영향력이 분명히 드러난다. 이는 적어도 중요한 필름 누아르 감독의 상당수(예를 들어 프리츠 랑, 요제프 폰 스턴버그, 빌리 와일더, 오토 프레민저, 더글러스 서크, 막스 오퓔스)가 사실상 독일 이민자라는 이유 때문은 아니다. 비록 필름 누아르 작품이 주로 탐정 스릴러물과 결합되어 있기는 하지만 필름 누아르 서부영화와 멜로드라마가 있기도 하다. 그래서 필름 누아르는 그 말의 진정한 뜻을 고려할 때 하나의 *장르로 볼 수 없다. 스타일 면에서 필름 누아르는 세 가지 분명한 특징으로 유형화할 수 있다. 첫째, 필름 누아르의 시각적 스타일은 '선'과 '악'을 상징화하려고 사용하는 빛과 어둠의 극명한 대조를 특징으로 한다는 점이 가장 두드러진다. 둘째, 필름 누아르의 서사는 종종 '승자가 패배한다'는 진부한 내용으로 끝난다는 점에서 도덕적으로 모호하다. 셋째, 필름 누아르의 등장인물들은 그로테스크한 악당, 아름답지만 결점이 있는 팜므 파탈, 정의를 추구하려고 법을 위반한다 할지라도 부당한 세계에서 정의를 추구하려는, 감정 면에서 상처를 입은 주인공과 같이 얼마 되지 않는 각양각색의 판에 박은 듯한 인물들이다. 이것의 가장 잘 알려진 예는 레이먼드 챈들러의 《빅 슬립》(*The Big Sleep*, 1939)을 1946년 하워드 호크스가 각색하고 험프리 보가트와 로렌 바콜이 주연한 작품이다. 필름 누아르는 •정신분석에 관심을 둔 영화 비평가들에게 특별한 흥밋거리가 되었다. 필름 누아르 작품의 이야기가 결국 세속적 범죄와 처벌의 플롯이라기보다는 인간 성욕의 복잡성에 관한 것이 더 많기 때문이다. 팜므 파탈은 자신의 성을 이용하고 여성을 수동적(어머니, 창녀, 아내, 정부)으로 묘사하는 할리우드의 관습을 깨뜨리는 방식 때문에 상당한 이론적 관심을 받아왔다. 또한 필름 누아르는 영화와 건축에 관심을 둔 영화 비평가들의 주목을 끌어왔는데, 이는 필름 누아르의 대단히 도시적인 특성과 건물을 재현하는 방식 때문이다.

+ 더 읽을거리

J. Copjec, (ed.) *Shades of Film Noir*, 1993.
J. Naremore, *More than Night: Film Noir in its Contexts*, 1998.
슬라보예 지젝, 《당신의 징후를 즐겨라!: 할리우드의 정신분석》, 주은우 옮김, 한나래, 1997.

핍진성 verisimilitude

진정한 유사성을 보여주는 상태를 일컫는 용어. 진실을 뜻하는 라틴어 'verum'과 유사성을 뜻하는 라틴어 'similis'가 어원이다. 예를 들어, 〈스타워즈〉 연작 영화들에서 로봇과 우주선에 묻어 있는 먼지와 검은 때는, 이것들이 '더 현실적'으로 보이게(막 상자에서 꺼낸 장난감처럼 반짝이고 새것인 상태일 때보다는) 하는 효과가 있다. 이 점에서 핍진성은 롤랑 •바르트가 •현실 효과에 대한 설명에서 분석하는 테크닉들이 지향하는 목표다. 핍진성은 또한 •리얼리즘 혹은 자연주의 작품들의 상대적 성취 척도로도 쓰인다. 핍진성이 높을수록 뛰어난 작품이 된다. 이런 때 핍진성은 •미메시스의 궁극적 형식으로 여겨진다. 철학에서 핍진성은 특정 가설이 얼마나 진실에 근접하는지 설명할 때 쓰인다. 이런 의미로 이 용어를 최초로 쓴 철학자는 칼 •포퍼다.

페미니즘 feminism

지난 200년간 이루어진 중요한 *사회운동의 하나로 인간 사회에 전 지구적 규모로 가장 지속적이고 진보적인 혁신을 가져온 사회운동. 관례상 페미니즘의 역사는 제1세대, 제2세대, 제3세대로 구분한다. 이들 각 시기는 남성과 여성 간의 평등을 달성하려고 투쟁하는 서로 다른 시대를 나타낸다. 오늘날 페미니즘은 서로 다른 사람들에게 매우 많은 다른 것을 의미한다. 그러나 만일 우리가 18세기 후반으로 페미니즘의 기원을 향해 거슬러 간다면, 페미니즘의 핵심에는 페미니즘은 근본적으로 여성 해방을 위한 사회운동이라는 사실이 있다. 여성 해방을 위한 운동은 느리게 시작되었다. 그래서 '페미니즘'이라는 용어가 실제로 나타난 것은 1880년대 후반 무렵이었다. 그 이전에는 '여성의 권리'라는 용어가 더 흔히 사용되었다. '여성의 권리'를 처음으로 지지한 옹호자들은 대부분 사회가 여성을 취급할 때 보이는 명백하고 분명한 부당성을 탄원하는 고독한 목소리를 냈다.

그러한 목소리를 보여주는 사례는 분명 초기 페미니스트 작품 중 하나인 메리 울스턴크래프트의 《여성의 권리에 대한 옹호》(*A Vindication of the Rights of Woman*, 1792)다. 이 작품은 프랑스혁명의 절정 무렵 쓰였다. 이 글에서 울스턴크래프트는 장차 많은 페미니스트의 글 곳곳에서 공통 주제가 될 만한 것을 확립한 후 두 가지 영역에 비판을 가했다. 한편으로 그녀는 *가부장제 사회(나중에 그렇게 불리게 되었다)를 교육과 자기표현 그리고 경제적 독립에 대한 여성의 기회뿐만 아니라 권리를 제한하는 부당한 방식이라고 비난했다. 반면 다른 한편으로 그녀는 여성들이 자신들을 단순히 '스패니얼 강아지'나 '장난감'으로 전락하게 하는 *여성성에 투자한다고 비난했다. 울스턴크래프트가 제시한 해결안은 젊은 여성들에게 동등한 기회를 부여하는 것이 아니라 더 좋은 교육을 제공하는 것이었다. 따라서 이러한 의미에서 페미니즘은 울스턴크래프트와 함께 시작한 것이 아니라 오히려 1800년대 초반 발흥했던 여성 참정권을 위한 여러 운동과 더불어 시작했다고 말할 수 있다.

연령, *인종 혹은 결혼 상태와 관계없이 모든 여성이 전면적 투표권을 획득하는 데는 페미니즘은 '가장 오래된 혁명이다'라는 줄리엣 미첼의 주장이 쉽게 정당화될 정도로 대략 1세기 이상 긴 투쟁 기간을 거쳤다. 오늘날 선거권이 중요한 만큼 그 당시에도 중요했다고 선거권에 초점을 맞추면 여성들이 싸워 얻은 것이 단지 선거권만은 아니었다는 사실이 모호하게 된다. 그렇지만 일단 여성들이 투표할 수 있게 되는 것은 다른 형태의 변화를 일으키려고 민주적 절차를 이용할 수 있게 된다는 점에서 상징적인 것이었다. 그러나 사실상 여성들이 20세기 전환기에 세계 곳곳에서 투표할 권리를 획득한 후에도 온전한 평등을 얻을 때까지 아직도 수십 년을 더 기다려야 했다. 그리고 많은 사람은 아직도 온전한 평등을 얻지 못했다고 말한다.

*제1세대 페미니즘이 오래 지속되는 동안 여성들이 몇 가지 다른 부당함과 맞서 싸웠다는 것은 언급할 가치가 있다. 여성들이 싸웠던 부당함 중 다음 세 가지 사항이 핵심적이다. ① 여성들이 상속받으려면 결혼을 해야 했기 때문에 여성은 소유권에 제약을 받고 있었다. 이로 말미암아 여성들은 진정한 독립을 달성하지 못하게 된다(제인 오스틴과 샬롯 브론테 같은 원형 페미니스트 작가들을 단련한 것은 바로 이 문제다). ② 여성들은 자신의 신체에 전면적 권리를 행사하지 못했다. 이것은 여성들이 성폭력에 맞서 합법적인 보호를 받지 못했다는 것을 의미한다(예를 들어 남편이 부인을 강간할 수 있다는 것은 20세기 후반까지도 법으로 인정되지 않았다). ③ 여성들은 직장에서 차별받았다. 이는 여성이 남성과 같은 일을 해도 남성보다 돈을 더 적게 받을 뿐 아니라 여성이 특정 직업에 지원하지 못하도록 제약하고 승진하는 것을 거부했으며 출산휴가 수당을 주지 않았다는 것을 의미했다. 이러한 문제 중 많은 것이 오늘날에도 지속되고 있다.

일단 투표권이 인정된 후 여성의 권리 운동은 쇠퇴했고 1950년대 후반과 1960년대 초반까지 잠잠했다. 이즈음 자신들을 *제2세대 페미니즘이라 불렀던 새로운 세대의 행동가들이 페미니즘을 재점화했다. 베티 *프리던의 《여성의 신비》(*The Feminine Mystique*, 1963)가 일반적으로 이러한 제2라운드 정치적 투쟁의 정점으로 여겨진다. 울스턴크래프트를 상기시키면서 프리던은 여성들이 여성성의 전망에 대한 거짓된 신념의 희생물이라고 주장했다. 그리고 그녀는 여성들이 성취를 하려면 가정적 상황 너머를 바라보아야 한다고 촉구했다. 1966년에 전미여성연합이 만들어져 미국에서 페미니스트 행동주의의 구심점이 되었다. 전미여성연합의 목표는 남녀평등 헌법 수정안의 비준이었다. 전미여성연합은 목표를 충분히 달성하지는 못했지만 남녀평등을 향한 큰 걸음을 내디뎠다. 또한 제2세대 페미니즘은 남성과 여성 모두의 일정 부분에 대한 문화적 태도에서 현저한 변화가 있다면 양성 평등이 일어날 것이라는 관점을 취했다. 저메인 *그리어와 케이트 *밀레트 같은 작가들은 여성의 성욕과 행동에 적용되는 이중 기준을 전복함으로써(시몬 드 *보부아르의 중요한 책 제목에서 빌려온) 제2의 성으로서 여성의 지위를 바꿀 수 있다고 주장하면서 성적 해방을 요청했다.

제2세대 페미니즘은 1980년대 초반에 끝났는데, 이는 부분적으로 제2세대 페미니즘이 성공한 결과였다. 많은 여성이 필요한 모든 전쟁을 치르고 승리했다고 느꼈기 때문이다. 그러나 제2세대 페미니즘이 1980년대 초반 끝나게 된 주된 이유는 정치적 풍토의 변화 때문이었다. 레이건과 대처 시대는 평등권에 대단히 비우호적이었고 성과물 중 많은 것을 되돌려놓았다. 이 시대는 페미니즘이 단순한 정치적 올바름으로 희화화되고 페미니즘의 정치적 의제가 언론에서 경멸당하는 이른바 '문화 전쟁'의 시기였다. 제3세대 페미니스트 학자 수전 팔루디는 자신의 저서《반격: 여성과의 선포되지 않은 전쟁》(*Backlash: The Undeclared War Against Women*, 1991)에서 레이건과 대처 시대 페미니즘의 모습을 기록했다. 그러나 페미니즘 내부에도 문제가 있었다. 피부색이 다른 페미니스트 학자들, 특히 *제3세계 출신 학자들은 페미니즘이 *인종과 *계급을 무시했다고 강력히 주장했다. 인종과 계급 문제는 제3세대 페미니즘에서 핵심을 이룬다. 많은 사람은 제3세대 페미니즘이 1991년 미국 연방 대법원 지명자 클래런스 토머스에 대한 상원의 인사 청문회 때 아니타 힐을 대하는 방식에 페미니스트 비평가들이 격분하면서 시작되었다고 이야기한다. 힐은 교육부에서 일할 때, 그리고 그 후 평등고용추진위원회에서 일할 때 토머스가 자신을 성희롱했다고 증언했다. 토머스는 단호하게 그것을 부정했으며, 나중에 상원의 인준을 받았다.

+ 더 읽을거리

C. Colebrook, *Gender*, 2004.

M. Walters, *Feminism: A Very Short Introduction*, 2006.

크리스 위든, 《포스트구조주의와 페미니즘 비평》, 이화영미문학회 옮김, 한신문화사, 1994.

포스트모더니즘 postmodernism

*모더니즘을 향한 비평/비판적 거리 두기를 표명하는 용어로 많은 논란을 일으켰다. 1970년대 중반에 두각을 나타내기 시작했고, 인문학과 사회과학의 거의 모든 분야에서 광범한 문헌이 이를 다루었다. 범박하게 정리하면, 이 용어가 쓰이는 세 가지 주요 방식이 있다. ① 역사적 시기로서 현재의 명칭, ② 예술과 건축에서 특정한 스타일의 명칭, ③ *인식론에서 일어난 단절 혹은 불연속 지점의 명칭(이 이유에서, 포스트모더니즘은 종종 *후기 구조주의와 *해체와 동일시되었지만 그것은 오해다). 용어 사용을 표준화하려는 시도가 있었는데, 이에 따라 역사적 시기를 뜻할 때는 *'포스트모더니티'를, 미학적 차원을 말할 때는 '포스트모더니즘'을, 인식론적 언급을 할 경우에는 '포스트모던'을 쓰는 편이다. 이와 같은 용어 표준화가 교육적 측면에서는 유용하겠지만, 실제로 이것이 보편화되었다고 하기에는 무리가 있다.

《포스트모더니티의 기원》(*The Origins of Postmodernity*, 1998)에서 페리 *앤더슨은 포스트모더니즘 개념이 처음 출현한 사례로 문학비평가 프레데리코 데 오니스의 저작을 언급했다. 1934년 편집한 현대 스페인어권 시선집의 서문에서 오니스는 '포스트모데르니스모(postmodernismo)'라는 말로 모더니즘 내부에 존재했지만 단명한 반동적 역류를 가리켰다. 오니스의 포스트모더니즘은 이후 이 말이 갖게 될 의미와 정확히 반대되는 뜻이었다. 포스트모더니즘은 유럽과 라틴아메리카에서 스페인어, 포르투갈어로 쓰인 비평에서 널리 쓰이는 용어가 되었지만, 영어권에서는 영국의 위대한 역사학자 아널드 토인비가 1954년《역사 연구》(*A Study of History*) 8권에서 프랑코-프러시아 전쟁과 함께 시작하는 시기를 나타내는 부정적 명칭으로 표현하면서 쓰이게 되었다. 그러나 토인비의 이 용어 사용은 호응을 얻지 못했다. 실상, 토인비와 동시대에 속하는 '블랙 마운틴 시인들'이라 불리는 찰스 올슨과 로버트 크릴리가 애초에는 사적인 서신으로만 지금 이해되는 것과 일치하는 의미로 이 용어를 썼으며 그들의 용례가 영향력을 갖게 되었다고 볼 수 있다.

올슨과 크릴리는 역사에 일어난 변화 그리고 그 변화와의 관계 속에서 그들이 개척했던 구체적인 시 프로젝트 둘 다를 '포스트모던'이라는 용어로 표현했다. 그러나 두 시인 모두 어떤 지속력 있는 원리를 생산한 것은 아니어서 이 용어는 다시 쓰이지 않게 되었다. 그러다 몇 년 후 1960년대가 시작되면서 뉴욕 좌파의 두 명사인 C. 라이트 밀스와 어빙 하우가 새로이 쓰게 된다. 올슨과 크릴리에게 포스트모던이라는 용어는 일정하게 긍정적 의미가 있었다. 그러나 밀스와 하우는 이 용어의 경멸적 의미를 바로 회복시켰다. 그들은 공산주의와 사회주의 개념 안에 체화되어 있던 정치적 이상에 대한 헌신이 전반적으로 약화된 경향을 묘사하는 데 이 용어를 썼다. 1960년대가 끝날 무렵, 문학비평가 레슬리 피들러가 다시 한 번 포스트모던의 의미를 역전시켰다. CIA가 후원한 학회에서, 피들러는 노동과 국가의 요구에 맞서 개인적 표현과 시민권을 우선시하는 새로운 '청년 문화'의 출현을 축복하면서 '포스트모던'이라는 용어를 썼다. 이 시점까지 포스트모던이라는 용어는 간헐적이고 비일관적으로 사용되었다. 어떤 실천력이 있는 개념이기보다는 모호한 무엇을 암시하는 형용사로 기능한 것이다. 그러나 곧 사정은 바뀌었다.

1971년에 이집트 태생의 문학·문화비평가 이합 핫산은 예술 전반을 아우르지만 특히 문학과 음악에 집중하면서 많은 작품을 조감하는 저술을 발표했다. 그가 보기에 이 작품들을 조직하는 충동이 모더니즘과는 급진적으로 달라서 더는 '모던'하다고 할 수 없었다. 따라서 '포스트모던'이 이들에게 맞는 명칭이었다. 흥미롭게도, 이 새로운 스타일을 보여주는 그의 주요 사례는 존 케이지, 로버트 라우션버그, 벅민스터 풀러 등 모두 블랙 마운틴 칼리지와 결부되어 있었다. 핫산은 이들이(애슈베리, 바스, 바셀미, 핀천, 워홀 등과 함께) 정신에서는 무정부적이고 기질은 모더니즘과 결부되는 거인적 초연성보다는 유희적 비결정성을 향한다고 주장했다. 포스트모던이 미셸 *푸코에게서 빌려온 개념인 *'인식론적 단절'의 한 형식이다보니 다다이즘이나 *초현실주의 같은 *아방가르드의 다른 형식과 친연성이 있다고 보았지만, 핫산은 그것을 역사적 단절로 보기를 거부했으며 이 새로운 예술 형식과 사회에 일어난 변화 사이에 어떤 연관의 지점을 보는 것 또한 거부했다. 따라서 핫산에게 포스트모더니즘은 근본적으로 예술사에 등장해 한때를 풍미하고 지나가는 유행에 불과하며, 그의 명칭을 따르면 '포스트 포스트모더니즘'에 곧 추월되었다.

예술 아방가르드와 사회적 변화를 연결하면서 마침내 주류의 관심을 끌 만큼 강력한 포스트모던의 비전을 제시한 이는 건축사학자 찰스 젱크스였다. 젱크스는 이전 시대가 1972년 7월 15일 오후 3시 32분에 끝났다고 다소 기발하게 선언했다. 이는 세인트루이스에 있던 프루이트 이고(Pruitt-Igoe) 집단주택 프로젝트가 폭파된 시각이었다. 프루이트 이고 프로젝트는 뉴욕의 세계무역센터 쌍둥이 건물을 설계한 미노루 야마사키가 설계했는데, 이와 같은 우연의 일치에 주목한 이들이 있었다. 어떤 이들은 뉴욕 쌍둥이 건물의 파괴야말로 포스트모더니티의 진정한 도래를 알린 사건이라고 말했다. 젱크스는 이 건물들의 파괴가 건축으로 사회적 변화를 이끌어낼 수 있다는 아이디어(유토피아적 건축가였던 르 코르뷔지에 등과 연계되곤 하는) 그리고 정부의 역할은 사회적 변화를 실현하는 데 있다고 보는 아이디어의 종언을 뜻한다고 보았다. 그것은 또한 지구적 시장이야말로 사회적인 것의 진정한 심판관이라는 아이디어가 자리 잡기 시작했다는 사실을 알리는 사건이었다. 여기에는 과거와 단절하겠다는 새로운 의지가 있다는 것이 젱크스의 주장이었고, 저술에서도 그는 포스트모더니즘의 이와 같은 면을 강조했다. 그러나 동시에 그는 이처럼 전통을 대하는 태도가 변하게 한 새로운 스타일의 폭발이 차이의 *다성적 조화로 이어지기를 희망했다.

포스트모던은 건축계와 예술계에서 널리 쓰이게 되었지만 여전히 미학 영역에서 새로운 스타일 혹은 유행을 가리키는 말로 여겨졌고, 많은 이가(처음에는 포스트모던을 홍보했다고 할 수 있는 핫산 같은 이들까지 포함해서) 포스트모던을 곧 유행이 지나갈 미심쩍은 무엇으로 간주했다. 이 용어에 대해 다음에 나온 선언이, 이 용어가 더 깊이 침투하게 하고, 지식 자체의 영역에 적용되게 함으로써 그때까지 이 용어에 부족했던 지적 품위를 부여하게 된다. 퀘벡주 정부의 대학평의회에서 위탁받은 연구 결과로 나온 장 프랑수아 *리오타르의 《포스트모던의 조건》(*La Condition postmoderne: rapport sur le savoir*, 1979 / *The Postmodern Condition: A Report on Knowledge*, 1984)이 그것이다. 이 책은 포스트모더니즘을 더는 무시할 수 없는 개념이 되게 했고, 그것의 존재 여부에 20년에 걸쳐 진행될 논쟁을 촉발했다. *거대 서사에 대한 불신이라는 리오타르의 포스트모던 정의는 유명하다. 거대 서사라는 말로 그가 뜻했던 것은 ① 혁명은 불가피하며 혁명이 실현되면 사회적으로 유익한 변화가 일어날 거라는 아이디어, ② 사회적 조건의 진보는 기술적 진보로 이루어질 거라는 계몽주의적 이상이다. 이렇게 이해되는 거대 서사에 대한 신뢰는 그들의 허상을 폭로한 제2차 세계대전을 겪으면서 붕괴했다. 혁명은 스탈린주의로 이어졌고 계몽주의는 나치즘으로 이어졌다. 여기서 리오타르의 논의는 *프랑크푸르트학파의 사상가 테오도어 *아도르노가 제시했던 몇 가지 핵심 진술을 확장했다.

거대 서사가 파괴되면서 '작은 서사' 혹은 리오타르가 루트비히 *비트겐슈타인의 저작에서 빌려와 보통 *언어 게임으로 부르는 것의 복합적 증식을 목도하게 된다. 언어 게임은 서로 양립할 수 없으며, *모순처럼 포괄적이며 총체화하는 개념으로 포섭할 수 없고, 위르겐 *하버마스가 제시한 합의 혹은 니클라스 *루만의 시스템 이론의 과정에 통합될 수도 없다. 리오타르는 조심스럽게 모든 사회관계가 이 유형은 아니라고 인정하지만, 그럼에도 언어 게임이 사회관계의 최소 형식이라고 강조했다. 여기서 귀결하게 되는 사회의 이미지(이것을 리오타르는 '리얼리즘'이라 부른다)는 각 언어 게임이 저마다 적법성을 인정받으려고 겨루는 대결의 장 혹은 논쟁의 장이다. 자신의 적법성을 인정받으려 기존의 거대 서사에 호소할 수 없기 때문에 이제 지식은 자신의 효율성, 실용성(실천성)을 인증함으로써 그렇게 하고자 한다. 리오타르는 경제적 합리주의로 지배되는 대학 체제에 암울한 초상을 그렸다는 점을 지적해야 한다. 그의 비관주의는 그의 표현대로 '총체성과 전쟁'을 해서 미래의 사유가 생존할 수 있게 할 아방가르드 예술을 향해 표방하는 믿음으로 단지 부분적으로만 보완될 뿐이다. 포스트모더니즘을 역사적 상황과 조건으로 논의하며, 포스트모더니즘과 함께 도래한 지식 상황을 그에 상응하는 사회 변화와(대니얼 벨과 다른 학자들이 *후기 산업사회를 부상하며 이론화한) 연결 짓지만, 리오타르는 이 변화의 기원은 말하지 않았다. 리오타르보다

10년 뒤, 영국의 •마르크스주의 지리학자 데이비드 •하비가 《포스트모더니티의 조건》(*The Condition of Postmodernity*, 1989)에서 이 문제에 대한 더욱 철저한 답을 제공했다.

그러나 리오타르가 제기했던 질문에 경제에 기초해서 답을 준 최초의 비평가는 마르크스주의 문화비평가 프레드릭 •제임슨이다. 포스트모더니즘에 대한 제임슨의 작업은 20년이 넘는 동안 여러 저서에서 나누어 진행되었다. 《마르크스주의와 형식》(*Marxism and Form*, 1971)과 《정치적 무의식》(*The Political Unconscious*, 1981)에서도 이 작업의 자취를 볼 수 있다. 그러나 이 책들에서 그가 쓴 용어는 •소비자 사회, •후기 산업사회, •스펙터클의 사회다. 그가 포스트모더니즘이라는 용어를 최초로 사용한 것은 1982년 가을 휘트니 현대미술관에서 〈포스트모더니즘과 소비자 사회〉(Postmodernism and Consumer Society)라는 제목으로 강연했을 때다. 여기서 발표했던 에세이를 보완·확장한 논문이 1984년 봄 《뉴 레프트 리뷰》(*New Left Review*)에 〈포스트모더니즘 혹은 후기 자본주의의 문화 논리〉(Postmodernism, or, the Cultural Logic of Late Capitalism)라는 새로운 제목으로 발표되었다. 이 논문은 막대한 영향력을 미쳤으며, 많은 이에게 이 논문이 포스트모더니즘의 결정적(그렇다고 해서 오류가 없는 것은 아니지만) 정의를 제공했다고 여겨진다. 제임슨은 《후기 자본주의》(*Der Spätkapitalismus*, 1972 / *Late Capitalism*, 1975)에서 에르네스트 만델이 제시한 논의로 시작했다. 이 책에서 만델은 카를 •마르크스가 관찰했던 세계경제 경향이 현대 자본주의에서 강화되었다고(벨을 포함해 다른 학자들이 주장하듯이, 마르크스가 틀렸다는 증거가 아니라) 말했다. 자본주의가 종식되었다, 급진적으로 변모했다, (그보다 더 나쁜 상황이 되겠지만) 절정에 도달했다는 등의 판단을 모두 거부하면서, 제임슨이 내놓는 테제는 포스트모던 문화가 •후기 자본주의(현대의 •생산양식을 뜻한다)의 상부구조적 표현이라는 것이다. 여기에는 미국의 경제적·군사적·정치적 지배라는 세계 상황이 연루되어 있다.

제임슨은 포스트모던 텍스트들과 모던 텍스트들 사이에 분명한 차이가 있다고 바로 인정하지만, 다른 많은 비평가와 대조적으로 포스트모더니즘의 징후적 특징이 그 기원에서 순수히 텍스트적이라고 보지는 않았다. 제임슨에게 문화는 경제 · 정치 상황에서 분리될 수 없는 것이다. 문화와 정치 · 경제에 대한 전통적 마르크스주의의 구분(다시 말해, 하부와 상부 구조 모델)은 붕괴되었으므로 문화는 정치 · 경제의 일부로 그 안에서 자신의 길을 모색해야 한다. 포스트모더니즘은 현대사회가 이와 같은 변화에 적응하고 반응하려고 필요했던 '문화 혁명'이라는 것이 제임슨의 주장이다. 포스트모더니즘의 다섯 가지 징후로 그는 *정동의 쇠퇴, *패스티시, *히스테리적 숭고, *지정학적 미학, 우리의 지구적 인지 지도를 혼란에 빠뜨린 건축 공간에 일어난 돌연한 변화를 들었다. 이 모두는 후기 자본주의의 정치 · 경제 상황을 배경으로 하면서 이해되어야 한다.

많은 이에게 제임슨의 포스트모더니즘 논의는 지나치게 '총체화하는' 것으로 여겨진다(일부 부주의한 비평가들은 '총체화하는' 경향을 바로 '전체주의'와 동일시하기도 했다. 그러나 제임슨의 '총체화'는 역사적 상황을 하나의 전체로 설명하는 시도일 뿐이다). 또 포괄적 개관을 제공하는 제임슨의 포스트모더니즘 논의에 맞서 고도로 국지화된 미학 혹은 인식론적 정의를 선호하는 강한 반대 방향의 논의도 있다. 캐나다의 문학비평가 린다 허천이 포스트모더니즘에 대한 순수한 미학적 정의를 옹호하는 주도적 이론가다. 그리고 작고한 미국의 철학자 리처드 *로티를 포스트모더니즘의 인식론적 차원에 대한 중요한 권위자로 꼽을 수 있다.

+ 더 읽을거리

P. Anderson, *The Origins of Postmodernity*, 1998.
I. Buchanan, *Fredric Jameson: Live Theory*, 2006.
알렉스 캘리니코스, 《포스트모더니즘 비판》, 임상훈, 이동연 옮김, 성림, 1994.
데이비드 하비, 《포스트모더니티의 조건》, 구동회 · 박영민 옮김, 한울, 1997.
I. Hassan, *The Postmodern Turn*, 1987.
F. Jameson, *Postmodernism, or, the Cultural Logic of Late Capitalism*, 1991.
찰스 젱크스, 《현대 포스트모던 건축의 언어》, 백상종 옮김, 태림문화사, 1987.
장-프랑수아 리오타르, 《포스트모던의 조건》, 유정완 외 옮김, 민음사, 1992.

푸코, 미셸 Foucault, Michel (1926~1984)

프랑스의 철학자, 사회사학자, 정치 운동가. 말년에는 *퀴어 이론의 우상이 되었다. 푸코는 *구조주의와 *후기 구조주의 운동 모두와 결부되어 있지만 결코 두 운동 중 어느 것과도 자신을 일치시키지 않았다. 푸코는 고고학자나 계보학자로 자신을 기술하는 것을 더 좋아했다. 푸코는 사망할 무렵 세계에서 영향력 있는 지식인 중 하나였고, 그의 저서는 사실상 인문학과 사회과학 모든 분야에서 연구되었다. 그는 엄청나게 생산적이었던 자신의 삶을 갑자기 중단하면서 57세에 에이즈로 사망했다.

푸코는 대략 40만 명이 거주하는 프랑스 서부의 작은 지방도시 푸아티에의 부유한 중상층 부모 슬하에서 태어났다. 푸코의 아버지는 외과 의사였고 어머니는 외과 의사의 딸이었다. 그래서 푸코 역시 적절한 시기에 의학 공부를 시작할 것이라는 기대를 받았다. 우수한 학생이었던 푸코는 1946년 파리의 명문 고등사범학교에 입학해 철학을 공부했다. 이때 파리 고등사범학교에는 루이 *알튀세르(잠시 푸코의 스승이었다)와 장 라플랑슈 같은 미래의 권위자가 있었다. 푸코 세대 대부분이 그랬던 것처럼 푸코의 지적 지평은 뱅상 데콩브가 이름 붙인 'H 3인', 즉 G. W. F. *헤겔, 에드문트 *후설, 마르틴 *하이데거가 지배했다. 푸코가 학부 시절 헤겔에 대한 논문을 썼다는 점이 이를 시사해준다. 푸코는 1950년 공산당에 가입했지만 공산당 활동에는 거의 가담하지 않았다. 1952년 그는 '음모 사건(doctors' plot)'이 일어나면서 공산당에서 탈퇴했다.

1951년 푸코는 고등사범학교를 졸업했고, 아버지의 중재 덕분에 병역을 피하고 공부를 계속할 수 있었다. 그는 박사 학위를 마치려고 티에르 재단에서 3년 장학금을 받았다. 그러나 릴 북부대학교 강사직을 위해 1년 후 장학금을 양도했다. 푸코의 첫 번째 책은《정신병과 성격》(*Maladie mentale et personnalité*, 1954)인데, 나중에 그는 지나치게 심리학적이라는 이유로 이 책을 부정했다. 이 책에서 푸코는 결국 자신의 일평생 관심사가 될 정상성과 비정상성의 구분에 관심을 드러냈다. 1962년 푸코는 이 책의 개정판을《정신병과 심리학》(*Maladie mentale et psychologie*, 1962 / *Mental Illness and Psychology*, 1976)이라는 새로운 제목으로 출판했다. 그러나 푸코는 이 책도 첫 번째 책과 같은 이유로 인정하지 않았다. 이즈음 푸코는 정신의학에 대한 관심을 더 이어가려고 의학을 공부하겠다는 생각을 했지만 우연한 계기로 1955년 위대한 신화학자 조르주 뒤메질의 요청에 따라 스웨덴 웁살라 대학교에서 프랑스어를 가르치는 강사직을 얻게 되었다.

웁살라의 방대한 발레리아나 도서관에서 푸코는 기념비적 작업을 시작했다. 이 작업이 결국 그의 박사 학위 논문《광기와 착란: 고전시대 광기의 역사》(*Folie at Déraison: Histoire de la Folie à l'âge classique*, 1961)가 되었다. 이 책은 축약된 형태로 1965년《광기와 문명》(*Madness and Civilization*)으로 영역되었고, 2006년 완결판 형태의《광기의 역사》(*History of Madness*)로 영역되었다. 광기의 침묵에 대한 *고고학이라고 발표된 최종 원고는 추가로 주석이 40쪽 첨부되어 943쪽이 넘었다. 그리고 이 최종 원고는 믿을 수 없을 정도로 방대한 범위의 물리적·과학적·의학적·예술적인 것, 완전히 비밀스럽고 신비로운 것을 담고 있지만 그 해석과 정확성에는 이의가 없지 않았다. 특히 '바보들의 배(Narrenschiff / ship of fools)' 읽기에 관해서 실제로 푸코는 엄청난 과장과 노골적 실수를 저질렀다는 비난을 받았다. 하지만 가장 강력한 공격은 이전에 푸코의 학생이었던 자크 *데리다에게서 나왔다. 푸코 자신이 1963년 참석했던 한 강의에서 데리다는 푸코의《광기와 착란》을 통렬히 비판했다(이것은 그 후《글쓰기와 차이》(*L'Ecriture et la différence*, 1967 / *Writing and Difference*, 1978)로 다시 출판되었다).

푸코는 논문을 마치기 전 두 번 넘게 다른 곳으로 자리를 옮겼다. 처음에는 폴란드에 가서 짧은 기간 때때로 문화담당관 역할도 하면서 바르샤바 대학교에 있는 프랑스 문화센터를 이끌었다. 그런 다음 함부르크로 갔다가 프랑스 문화원으로 갔다. 그곳에서 그는 임마누엘 *칸트의 상대적으로 중요성이 떨어지는 저서라 할 수 있는《실용적 관점에서 인류학》(*Anthropologie in pragmatischer Hinsicht*, 1798)에 대한 서문과 번역을 의무적으로 제출해야 하는 보충논문으로 완성했다. 1960년 푸코는 프랑스로 돌아와 파리에서 기차로 6시간 거리에 있는 클레르몽 페랑 대학교에서 심리학을 가르치는 직책을 맡게 되었다. 그곳에서 재직했던 6년 내내 푸코는 계속해서 파리에서 살았다. 1963년 푸코의 차기작《임상의학의 탄생》(*Naissance de la clinique*, 1963 / *The Birth of the Clinic*, 1973)과《레몽 루셀》(*Raymond Roussel*, 1963 / *Death and the Labyrinth*, 1986)이 동시에 출판되었다.《임상의학의 탄생》은 임상의학이 발전하는 방식을 조사하면서 의학적 시선 자체의 작업을 고고학자의 눈으로 들여다보았다. 반면《레몽 루셀》은 정신착란 혹은 '비이성'에 대한 푸코의 관심을 확장한 것이었다.

1966년까지 푸코의 경력은 탄탄하고 존경할 만했으며 높이 평가되었다. 그러나 그것은 대학 강의실에만 국한된 것이었다. 대단히 놀랍게도《말과 사물》(*Les Mots et les choses*, 1966 / *The Order of Things*, 1970)을 출판하면서 변화가 생겼다. 이전에 출판되었던 그의 책들만큼이나 모든 면에서 난해하고 복잡했는데도 이 책은 일주일 안에 초판 인쇄본 3,000부가 팔리면서 1966년 베스트셀러로 등극했다. 당시 푸코의 독자가 엄청나게 늘어났고 그로써 푸코는 장 폴 *사르트르와 비슷한 대중적 지식인의 임무를 떠맡을 수 있었다. 왜 어떤 특별한 책이 성공했는지 이유를 밝히는 작업은 어렵기로 악명이 높은 일이다. 그러나 일반적으로《말과 사물》이 베스트셀러가 된 이유는 여하튼 그 시대 분위기를 사로잡았던 사실상 인간의 죽음을 공표하는 묵시록적 결말에 있다고 본다. 하지만 학술적으로 사유의 특이성에 냉혹한 관심을 끌고 어떤 역사적 시기에는 특정한 것들을 사유하는 것이 어떻게, 왜 가능한지, 그리고 다른 것은 왜, 어떻게 가능하지 않은지에 대한 질문이《말과 사물》이 극적으로 시작되는 지점이었다. 이러한 작업을 하면서 이 책은 푸코의 밑천이 되었고 수십 년간 인간과 사회과학에 영향을 미치게 될 새로운 몇 가지 용어, 특히 *아카이브, *담론, *에피스테메를 소개했다. 이러한 다소 신비스러운 용어들은《지식의 고고학》(*L'Archéologie du savoir*, 1969 / *The Archeology of Knowledge*, 1972)이 출판되면서 구체적으로 설명된다. 이 책은 여러 가지 면에서《말과 사물》의 사용설명서로 읽힌다.

푸코는 새로이 발견된 대중적 명성에도 혹은 아마도 그 명성 때문에 1966년 튀니스로 가겠다는 결정을 내렸다. 그러나 그는 팔레스타인에 찬성하는 학생들과 연루되어 겨우 2년 만에 튀니스를 어쩔 수 없이 떠났다. 파리에서 *68년 5월 사건이 일어났을 때 푸코는 튀니스에 있었다. 곧 그는 파리를 방문했다. 하지만 언제나 그는 튀니스에서 자신이 직접 본 것 때문에 파리의 학생들이 지중해 저편에 있는 동료들보다 훨씬 쉽게 68운동을 했다고 생각했다. 푸코가 순전히 자신의 방법론을 쓴 유일한 책이라 할 수 있는《지식의 고고학》은 튀니스에서 썼다. 부분적으로 이 책은 푸코가 이전에 썼던 책들이 받은 비판에 대한 방어로 쓰였다. 하지만 이 책은 또한 그의 사상을 체계화하고 개념의 근간을 정리하려는 시도이기도 했다. 이 책은 전작인《말과 사물》이 이루어낸 상업적 성공을 거두지는 못했지만 푸코의 의도에도 곧 구조주의자를 위한 안내서와 같은 것이 되었다.

1968년 10월 푸코는 튀니스에서 돌아오자마자 새롭게 만들어진 뱅센의 '실험적' 대학교에서 철학과 초대 학과장직을 제안받았다. 그는 우수한 학과를 만들려고 자신의 지위를 이용했다. 몇 명만 이름을 거론하면 알랭 *바디우, 에티엔 *발리바르, 프랑수아 샤틀레, 질 *들뢰즈, 자크 알랭 밀레(자크 *라캉의 사위이자 지명된 후계자), 미셸 *세르를 그가 임용했다. 뱅센 대학교에서 종신 교수로 재임한 기간은 또다시 짧게 끝났다. 1970년 그는 42세에 프랑스에서 가장 탁월한 연구 기관이라 할 수 있는 콜레주 드 프랑스에 교수로 임명되었다. 그리고 그곳에서 세상을 떠나기 전까지 14년간 재직했다. 흥미로운 것은 1975년까지 푸코는 단독 저술한 책을 다시 출판하지 못했다는 사실이다. 그는 콜레주 드 프랑스에서 처음 몇 년간 공동 프로젝트를 연구하면서 보냈다. 푸코는 제자들과 함께 1835년 어머니와 누이동생, 남동생을 살해한 피에르 리비에르의 악명 높은 사건의 기록 일체에 주석을 달아 출판했다. 학계 바깥에서 푸코는 죄수들, 전직 재소자들, 사회복지사들, 경비요원들을 인터뷰해 정보를 책으로 편찬함으로써 프랑스의 감옥 상태를 드러내려고 애쓴 *감옥정보그룹을 만들었다.

이 두 작업은 푸코의 차기작인《감시와 처벌》(*Surveiller et punir: Naissance de la Prison*, 1975 / *Discipline and Punish: The Birth of the Prison*, 1977)과 함께 엮여 있다. 정신병자 보호소와 임상병원을 다룬 이전의 책들에서처럼《감시와 처

벌》은 두 가지 역사적 질문을 추적한다. 한편으로는 이러한 특별한 유형의 제도가 필연적으로 존재하게 된 역사적 조건을 검증하고 다른 한편으로는 먼저 그와 같은 제도를 고안해보라고 요구받았던 생각 자체에 어떤 변화가 있는지 살펴본다. 책을 읽은 후 많은 독자는 푸코가 감금에 대한 생각의 확산과 *일상생활의 현실에 대한 감시 기제, 즉 *파놉티콘을 기록하는 방식 때문에 이 책이 믿을 수 없을 정도로 음울하다는 것을 알게 된다. 푸코는 학교, 공장, 사무실, 가게가 모두 일상생활 감시 차원에서 조직되었다고 주장했다. 깜짝 놀랄 만한 예를 찾아낸 푸코 특유의 재능으로 《감시와 처벌》은 권력과 지식이 동의어라는 주장을 하려고 구체적 사례와 이론적 추론을 결합했다. *신철학자들이 이 책을 옹호했다. 푸코는 이들의 헌사에 양가적 태도를 취했다.

이제 푸코는 자기 자신을 향해 눈을 돌리게 된다. 1976년 그는 본래 여섯 권짜리 성에 대한 역사로 기획한 책 중에서 첫 번째인 《성의 역사》(*La Volonté de savoir* / *The History of Sexuality: An Introduction*, 1978)를 출판했다. 이 책의 출판에 뒤이어 몇몇 사람(특히 드레이퍼스와 라비노)은 푸코가 일종의 개인적 위기 혹은 적어도 지적 위기를 경험했다고 생각했다. 그리고 그들은 뒤이어 나온 푸코의 책은 이전과는 급진적으로 다르다고 생각했다. 이런 생각은 (다른 사람 중에서 질 *들뢰즈가) 열렬히 반박되었지만 이 연작물의 차기작 두 권이 1984년까지 등장하지 않았다는 사실이 드레이퍼스와 라비노의 주장을 뒷받침했다. 그사이에 푸코는 일종의 '전향' 경험을 한 것 같아 보였다. 이전에는 고집스럽게 권력과 저항의 변증법을 말해왔던 것에 반해 이즈음 푸코는 자기형성(스티븐 *그린블랫에게서 차용한 용어) 가능성을 말하기 시작했다. 이 시기 푸코의 정치적 활동은 좀 더 지정학적 색채를 띠게 되었다. 그는 1979년 이란에서 일어난 혁명을 보도하려고 이란을 여행했고 1981년과 1982년에 폴란드의 연대 운동을 공개적으로 지지했다.

차기작 《쾌락의 사용》(*L'Usage des plaisirs*, 1984 / *The Use of Pleasure*, 1985)은 푸코의 생전 마지막 책이 되었는데 *쾌락으로 자아가 규정되는 방식을 살펴보았다. 푸코는 성의 역사의 세 번째 책 《자기 배려》(*Le Souci de soi*, 1984 / *The Care *of the Self*, 1986)의 교정쇄를 임종 무렵 수정했다. 육체의 고백에 대한 네 번째 책은 거의 완성되었고, 포르노에 대한 다섯 번째 책은 초안이 쓰였다는 소문이 있었다. 하지만 푸코가 죽어가면서 내린 결정은 자기 사후에 출판되는 책이 더는 없다는 것이었다. 그리고 지금까지 그의 결정은 콜레주 드 프랑스에서 한 강의들을 제외한다면 존중되고 있다. 콜레주 드 프랑스에서 한 강의들은 (최근 집계에 따르면) 여섯 권이 기록되고 출판되었다. 푸코는 한때 유행했던 것처럼 지금 유행하는 이름은 아니다. 그러나 그의 유산은 결코 소진되지 않는다고 말하는 것이 안전할 수 있다. 출판되지 않은 푸코의 책들로 된 상당수 문헌 자료는 파리에 있는 솔슈아르 도서관에서 찾아볼 수 있다.

+ 더 읽을거리

질 들뢰즈, 《푸코》, 권영숙 · 조형근 옮김, 새길아카데미, 2012.

H. Dreyfus and P. Rabinow, *Michel Foucault: Beyond Structuralism and Hermeneutics*, 1983.

G. Gutting, *Foucault: A Very Short Introduction*, 2005.

D. Halperin, *Saint Foucault: Towards a Gay Hagiography*, 1995.

D. Macey, *The Lives of Michel Foucault*, 1993.

프로이트, 지그문트 Freud, Sigmund (1856~1939)

*정신분석의 창시자, 19세기와 20세기의 영향력 있는 지식인 중 한 사람. 미셸 *푸코는 프로이트 연구가 새로운 방식의 생각하기와 말하기를 가능하게 했다는 의미로 프로이트를 '담론의 창시자'라고 기술했다. 사실상 모든 '토크쇼'에서 그것이 리키 레이크, 제리 스프링어, 닥터 필, 오프라 쇼이든 간에 *구술 치료로서 정신분석의 기본 틀을 지탱하면서 정신분석의 기본 원리가 널리 알려지게 된다(비록 그런 원리가 널리 이해되지는 않는다고 하더라도).

프로이트는 모라비아에 있는 프리보르에서 태어났다. 프리보르는 그 당시에는 오스트리아대제국의 일부였지만 현재는 체코공화국의 일부다. 그의 아버지는 모직물 상인이었는데, 1857년 사업에 실패했다. 그러고 나서 프로이트 가족은 빈으로 이주했다. 프로이트는 마지막 한 해를 제외하고 여생을 빈에서 보냈다. 그는 정통파 유대인으로 양육되지는 않았지만, 그럼에도 유대주의에 대한 애착을 보였다. 그 당시 많은 유대인 가정처럼 프로이트 가족은 동화되었지만 압도적인 반유대주의 때문에 빈의 유대인 지역 레오폴트슈타트에서 거주했다.

1873년 프로이트는 빈 대학교 의과 대학에 다니기 시작해 1881년 졸업했다. 그는 의학 공부와 비교해부학을 결합했다. 프로이트의 첫 번째 연구 논문은 뱀장어의 생식기 해부에 대한 것이었다. 그는 학생 시절 상당 시간을 에른스트 브뤼케의 연구실에서 연구하며 보냈다. 프로이트는 그곳에서 요제프 브로이어를 만났다. 브로이어는 사실상 프로이트가 정신분석을 발명하는 길에 접어들도록 만든 인물이다. 1883년 프로이트는 빈 종합병원 정신의학과에서 3년간의 수련 과정을 시작했다. 이 기간에 프로이트는 코카인의 의학적 특성에 대한 당시 악명 높았던 연구에 착수했다(1884년 그는 모르핀 중독자의 심리적 자극과 최음제, 금단현상 치료법으로서 코카인의 이로움을 극찬하면서 이에 대한 논문을 출판했다).

1885년 프로이트는 연구 보조금을 받았다. 그는 이 연구 보조금 덕분에 신경의학의 아버지로 알려진 장 마르탱 샤르코와 함께 연구하려고 파리에 갈 수 있었다. 그는 *히스테리를 치료하려고 샤르코가 최면술을 이용하는 것을 보고 깊은 인상을 받았다. 비록 그가 나중에는 심리적 문제를 다루는 유용한 수단으로서 최면술을 거부했다고 할지라도 그것은 프로이트에게 중요한 임상학적 디딤돌이 되었다. 1886년 빈으로 돌아오자마자 프로이트는 신경과 전문의로서 개인 진료를 시작했다. 그는 그다음 10년간 뇌성마비와 *실어증에 대한 논문들을 발표하면서 지속적으로 과학적 연구를 했다. 그러나 프로이트의 향후 이력에 결정적 역할을 한 것은 브로이어와의 합동 연구였다. 이 연구는 1895년 《히스테리 연구》(*Studien über Hysterie*, 1895 / *Studies of Hysteria*, 1955)라는 책으로 출판되었다. 프로이트와 브로이어는 최면 상태에서 환자들이 망각되거나 억압되었던 심리적 외상을 떠올렸다는 가정을 토대로 연구했다. 그들의 치료법은 환자들이 외상을 기억할 수 있도록 해서 그것을 말함으로써 외상을 이해하고 해소하도록 하는 것이었다. 이런 이유 때문에 '안나 오양'이라고 알려진 첫 환자 중 한 사람은 프로이트와 브로이어의 치료법을 구술 치료라고 불렀다. 구술 치료는 정신분석에 붙여진 이름표가 되었고 정신분석을 대변하는 표준 관용구가 되었다.

프로이트는 환자들이 회상해낸 많은 외상이 어린아이였을 때 환자와 그들 부모 간의 성적 관계와 관련이 있는 것에 주목했다. 처음에 프로이트는 환자들의 이런 회상을 진짜라고 가정하고 그것을 중심으로 나중에 *유혹 이론으로 알려지게 된 히스테리 이론을 발전시켰다. 그러나 그는 점차 환자들의 그런 회상이 허구, 즉 실제 기억이라기보다는 환상이 되어야만 이론이 성립될 수 있다는 사실을 깨닫게 되었다. 이는 단순히 그렇게 많은 아동기의 강간 사건이 보고되지 않은 채 남아 있다는 것 자체가 불가능했기 때문이다. 그는 처음으로 히스테리를 이해해보려고 시도했던 자신의 프로젝트가 실패했다고 생각했다. 그러나 자기분석을 광범위하게 거친 후 프로이트는 결정적 문제가 정확히 기억이 허구라는 사실에 있다는 것을 알게 되었다. 따라서 프로이트는 자신의 논제를 수정했다. 그즈음 그는 상상해낸 사건들이 실제 효과를 낼 수도 있고 실제 효과를 만들어내기도 한다는 전제를 기점으로 연구하기 시작했다. 이런 의미에서 우리가 지금 알고 있는 정신분석이 탄생하게 되었다.

그때까지 그가 진행했던 연구는 그러한 상상된 사건들이 만들어지는 심리적 메커니즘이었다. 프로이트는 그 해답을 어떤 꿈, 지금은 '이르마(Irma)의 주사에 관한 꿈'으로 알려진 꿈에서 찾았다. 그는 이 꿈을 혼자서 분석했고 마침내 꿈이 어떻게 작동하는지 미스터리를 자신이 깨뜨렸다고 나중에 생각했다. 프로이트 자신도 전설을 만들어내는 데 일조했다. 이런 에피파니를 경험한 후 몇 년이 지나 프로이트는 가까운 친구 빌헬름 플리스에게 보낸 편지에서 '이 집에서 1895년 7월 24일에 지그문프 프로이트 박사에게 꿈의 비밀이 드러나게 되었다'고 쓰여 있는 명판이 언젠가 벨뷔(빈 근처의 휴양지)에 부착될지 아닌지를 적지 않게 헛되이 궁금해했다고 썼다. 이 꿈과 그것에 대한 분석은 실질적으로 프로이트의 경력을 발전시키고 정신분석을 낳게 한 책이라 할 수 있는《꿈의 해석》(*Die Traumdeutung*, 1900 / *The Interpretation of Dreams*, 1953)에서 핵심을 이룬다. 비록《꿈의 해석》이 지난 세기에 쓰인 영향력 있는 책 중 하나라는 것이 거의 틀림없다 할지라도, 그 당시 이 책은 즉각적으로 센세이션을 불러일으키지도 못했고 베스트셀러가 되지도 못했다.《꿈의 분석》은 출간된 지 6년 만에 겨우 351부가 팔렸다!

프로이트는 자기 자신이 적당한 잠, 깊은 잠에 빠지는 것을 인정하지 않으려고 몇 달 동안 일부러 딱딱한 침대에서 잠을 잤다. 그리고 깨어났을 때 즉각적으로 자기가 꾼 꿈을 기록하는 방식으로 포괄적인 자기 분석을 마친 후 자기 연구 방법의 초석이 된 네 가지 결론을 내렸다. 첫째, 꿈의 생물학적 기능은 잠을 보호하는 것, 바꾸어 말하면 우리를 깨어나지 못하게 하는 것이다(프로이트에 따르면 이것은 악몽도 마찬가지다). 둘째, 모든 꿈은 전날 했던 생각과 활동(이것들은 꿈의 이미저리의 기원이 된다)에 대한 *무의식의 '훈습(working-through)'이다. 셋째, 모든 꿈은 *소망 충족을 담고 있다(대개 소망 충족은 의식이 받아들일 수 없는 어떤 것에 대한 상징적 만족의 형식을 취한다). 넷째, 잠을 보호하려고 우리는 우리 안에 있는 불안의 존재를 인정할 수 있으면서 그것에 관해 생각할 필요가 없는 방식으로 꿈은 우리 불안을 겹코드화(overcode)해야 한다. 프로이트는 이 후자의 과정을 *꿈작업이라고 칭했다.

(《꿈의 분석》에서 납득할 만하게 설명되고 예시되어 있는) 꿈작업의 메커니즘이 두 가지 과정, 즉 *압축과 *전치로 이루어졌다는 것은 단언컨대 프로이트가

남긴 가장 중요한 개념적 유산이라 할 수 있다. 꿈작업의 중요성을 이해하려면 우리는 프로이트가 구축했던 정신의 *위상학 문맥 속에 그것을 자리매김해야 한다. 다시 말해, 꿈작업은 마치 활동적 여과지처럼 기능하면서 의식과 무의식 사이에 있다. 꿈작업은 다음과 같은 두 가지를 전제한다. 첫째, 무의식은 *본능이 재현되는 살아 있는 공간이다. 둘째, 의식은 무의식에서 무슨 일이 일어나는지 대체로 알지 못하고 있고 자기가 알고 있는 것이 거의 없다는 것을 승인하지 않는다. 결국 이것은 *심리가 이 세 가지 '영역', 즉 *이드, *에고, *초자아로 구성되어 있다는 가정을 만들어낸다. 이드는 순수한 본능의 영역이다. 에고는 이드를 덮은 피막처럼 쉬고 있지만 본능에 내몰리지 않는다. 초자아는 에고가 이드의 유혹에 굴복하지 않는지를 확인하면서 에고를 감시하는 지배적 힘이다.

그러나 의심의 여지 없이 *오이디푸스 콤플렉스 개념이 《꿈의 해석》을 통해 대략 3분의 1 정도 그 모습을 드러낸다. 이 개념은 《꿈의 해석》에서 가장 잘 알려진(그리고 가장 많은 논란을 일으키기도 했다!) 측면이기도 하다. 분석자로서 자기 경험을 곰곰이 생각해본 프로이트는 한 부모와 사랑에 빠지고 다른 부모를 증오하는 것이 *신경증 환자의 정신적 충동의 발작에서 빠지지 않고 볼 수 있는 기본적인 것이라고 진술했다. 그런 다음 프로이트는 믿을 수 없을 정도로 비약을 하는데, 신경증 환자에게서 관찰한 그 사실이 쓰인지 대략 2,500년이나 된 소포클레스의 《오이디푸스 왕》(*Oedipus Rex*, BC 429)이 보편적 매력을 가지고 있는 이유를 설명해준다고 제시했다. 다시 말해, 《오이디푸스 왕》이 모든 인간에게 매력적인 이유는 인간의 성욕 발전에 있는 기본적 역동성을 기술했기 때문이다.

《꿈의 해석》을 출판한 후 몇 년간은 프로이트에게 대단히 창의적이고 생산적인 시기였다. 그는 갈망하던 직책인 원외 교수로 승진했고 정신분석을 꿈의 분석 너머로 이동시키면서 구체화하는 일련의 책을 출판했다. 프로이트는 무의식 이해와 성욕의 중요성을 좀 더 구체적으로 드러낸 책 세 권, 즉 《일상생활의 정신병리학》(*Zur Psychopathologie des Alltagslebens*, 1901 / *The Psychopathology of Everyday Life*, 1914), 《농담과 무의식의 관계》(*Der Witz une seine Beziehung zum Unbewussten*, 1905 / *Jokes and the Relation to the Unconscious*, 1960)와 《성욕 이론에 대한 세 가지 에세이》(*Drei Abhandlungen zur Sexualtheorie*, 1905 / *Three Essays on the Theory of Sexuality*, 1949)를 재빨리 출판했다. 프로이트의 명성은 높아졌다. 그리고 그의 경력 나머지 부분은 여러 측면에서 정신분석 자체의 역사와 공존한다.

그 후 수년간 프로이트의 글은 점점 더 사변적이고 모험적으로 변했다. 그는 자기가 만나지도 않은 우드로 윌슨 미국 대통령 같은 사람들의 정신분석적 프로필을 제공했다. 그는 자기가 맡았던 환자들의 사례사들로 채워진 책을 출판했다(하지만 슬프게도 그는 자기가 적어놓은 모든 노트를 불태웠다). 그리고 이른바 문명화된 인간의 발생을 추적하는 인류에 대한 일종의 역사심리학을 썼다. 프로이트가 남긴 유산은 계산할 수 있는 영역 바깥에 있다. 프로이트의 저서는 사실상 모든 분야에 알려져 있다. 비록 프로이트의 책이 정확히 심리학과의 교과과정에 속해 있는 것은 아니지만 대부분 대학교에서 프로이트 책을 가르친다. 그리고 프로이트의 책은 수많은 지식인에게 영감을 주었다. 자크 *라캉과 슬라보예 *지젝 같은 몇몇 지식인은 명백히 프로이트가 했던 연구를 지속했고 장 폴 *사르트르와 프레드릭 *제임슨 같은 다른 많은 학자는 자신들의 연구를 하려고 프로이트가 제시했던 개념의 기본적 뼈대를 이용했다. 그다음에 카를 *융, 질 *들뢰즈와 펠릭스 *가타리처럼 노골적으로 프로이트와 대립하며 자기 연구를 발전시킨 사람들이 있다.

+ 더 읽을거리

H. Ellenberger, *The Discovery of the Unconscious: The History and Evolution of Dynamic Psychiatry*, 1970.

C. Surprenant, *Freud: A Guide for the Perplexed*, 2008.

T. Thwaites, *Reading Freud: Psychoanalysis as Cultural Theory*, 2007.

○ 웹 링크

- 지그문트 프로이트의 사상, 이론과 정신분석적 접근에 관한 정보뿐만 아니라 일대기와 관련한 정보. 또한 이 사이트는 프로이트에 관한 포괄적인 참고문헌과 다른 자료들을 담고 있다.

ㅎ

하버마스, 위르겐 Habermas, Jürgen (1929~)

•의사소통 행위와 •공적 영역이라는 개념으로 잘 알려진 독일 철학자. 하버마스는 특히 고국인 독일에서 막대한 영향력을 미치고 있는 인물로, 인문과학과 사회과학 분야의 거의 모든 연구에 그의 그림자가 폭넓게 드리워져 있다. 이 분야에 미친 영향력 측면에서 하버마스와 맞먹을 수 있는 인물로는 미셸 •푸코와 니클라스 •루만이 있다.

하버마스는 북부 독일의 뒤셀도르프에서 태어났지만 어린 시절을 보낸 곳은 굼머스바흐다. 그의 할아버지가 그곳의 프로테스탄트 신학대학교에서 학장을 지냈고, 아버지는 쾰른 인근의 한 도시에서 상공회의소 소장을 지냈다. 하버마스는 여러 인터뷰에서 자신의 아버지를 나치 동조자로 묘사했고 귄터 그라스처럼 히틀러 유겐트(the Hilter Youth, 독일 나치당이 만든 청소년 조직) 당원이었다고 인정했다. 이런 경험, 특히 독일의 패전과 뉘른베르크 전범 재판을 포함한 독일의 패전 여파가 하버마스라는 인물의 형성에 중요한 영향을 미쳤다. 이러한 경험을 하면서 하버마스는 엄중한 정치 비평가로 변모했다. 그는 괴팅겐 대학교와 취리히 대학교 철학과에서 학부 과정을 마친 다음 1954년 본 대학교에서 〈절대성과 역사: 셸링 사상의 모순에 관해〉(Das

Absolute und die Geschichte. Vonder Zwiespältigkeit in Schellings Denken)라는 논문으로 박사 학위를 받았다. 1956년 하버마스는 비판이론의 산실인 사회조사연구소에서 테오도어 *아도르노와 막스 *호르크하이머의 지도를 받으며 교수 자격을 갖추려고 프랑크푸르트로 갔다.

흥미롭게도, 하버마스는 자신의 나머지 경력에서 프랑크푸르트의 사회조사연구소와 이러저러한 방식으로 관계를 맺기는 하지만 그곳에서 교수 자격을 완성하지는 못했다. 자신의 논문이 수용해야 하는 지침을 두고 하버마스는 호르크하이머와 사이가 벌어졌다. 그래서 그는 마르부르크 대학교로 옮겼다. 1962년 한스 게오르크 *가다머의 부추김으로 하버마스는 하이델베르크 대학교에서 교수직을 제안받자 수락했다. 그러나 2년 후에 그는 호르크하이머의 공석을 맡아달라고 제안한 아도르노의 간청에 못 이겨 다시 프랑크푸르트로 돌아왔다. 그리고 1970년까지 그곳에 머문다. 1970년 하버마스는 슈타른베르크에 있는 막스 플랑크 연구소로 자리를 옮겼다. 그로부터 10년 후 그는 다시 프랑크푸르트로 돌아와 사회조사연구소 소장을 맡았다. 또한 1980년대 초반을 기점으로 하버마스는 미국에 있는 많은 대학의 방문 교수직을 수락했다.

하버마스의 첫 번째 저서 《공적 영역의 구조 변동: 부르주아사회의 범주 연구》(*Strukturwandel der Öffentlichkeit: Untersuchungen zu einer Kategorie der Bürgerlichen Gesellschaft*, 1962 / *The Structural Transformation of the Public Sphere: an Inquiry into a Category of Bourgeois Society*, 1989)는 논문으로는 흔치 않게 지속적인 성공을 거두었다. 이 책에서 하버마스는 *공적 영역이라는 중요한 개념을 도입했다. 공적 영역은 시민이 일반적 혹은 공적인 현안에 의견을 자유롭게 표현할 수 있는 사회 내의 영역을 말한다. 하버마스는 공적 영역을 역사적 범주로 취급했다. 그의 연구는 어떻게 특수한 유형의 공적 영역이 출현하게 되었고 그에 상응해 무엇이 그러한 유형의 소멸 원인이 되는지에 초점을 두었다.

장 프랑수아 *리오타르 같은 *후기 구조주의 비평가들은 공적 영역의 개념에 내재한 관념론을 날카롭게 비판했다. 그러나 오늘날 일반적으로 *포스트모더니즘이라고 알려진 것을 형성해온 변화를 충분히 사유하는 데 공적 영역이라는 개념이 대단히 유용하다는 것이 입증되었다. 하버마스의 영향력 있는 저술 중 하나는 〈모더니티: 미완의 기획〉(Modernity: An Incomplete Project, 1983)이라는 짧은 에세이다. 이 글은 포스트모더니즘이 탄생하는 순간에 포스트모더니즘의 기수 너머에서 날아온 논쟁적 공격을 담고 있다. 하버마스는 1980년대 초반 무렵 많은 비평가(특히, 프레드릭 *제임슨)가 했던 것처럼 새로운 시대의 도래를 인정하기보다는 탈근대성의 논리적 선행자인 *근대성(모더니티)이 아직도 정점에 이르지 못했고, 게다가 근대성의 해방 기획은 지속할 가치가 있어 그렇게 가볍게 포기해서는 안 된다는 반직관적 태도를 취했다.

공적 영역에 대한 하버마스의 관심은 그 후 20년에 걸쳐 사회에 대한 일반 이론으로 발전해서 그의 최고작《의사소통행위이론》(*Theorie des Kommunikativen Handelns*, 1981 / *The Theory of Communicative Action*, 1984)에서 정점에 이른다. 타인과 소통할 수 있는 인간 능력의 관점에서 모든 사회적 삶이 설명될 수 있다는 것이 그의 이론이다. 하버마스에게 가장 중요한 것은 단지 타인에게 어떤 특수한 행위를 수행하도록 명령하기 위해서라 아니라 어떤 사람, 어떤 장소, 어떤 대상의 상징적 상태를 변화시키기 위해서 언어를 사용할 수 있는 능력이다. 이 지점에서 하버마스는 존 랭쇼 *오스틴과 존 로저스 *설이 발전시킨 *수행사 이론과 루트비히 *비트겐슈타인의 *언어게임 이론에 관심을 기울이고 그것을 확장했다.《의사소통행위이론》 출판 이후 그는 수행사 이론과 언어게임 이론의 중요한 논제를 사용해 현시대의 세계적 사건과 연관된 윤리적 문제와 정치적 문제를 분석하고 비판해왔다. 이러한 작업의 정점은 권위 있는 연구서《사실성과 타당성: 담론적 법이론과 민주주의적 법치국가 이론》(*Faktizität und Geltung. Beiträge zur Diskurstheorie des Rechts und des demokratischen Rechtsstaats*, 1992 / *Between Facts and Norms: Contributions to a Discourse Theory of Law and Democracy*, 1998)에서 엿보인다.

+ 더 읽을거리

A. Bowie, *Introduction to German Philosophy: From Kant to Habermas*, 2003.
A. Edgar, *The Philosophy of Habermas*, 2005.
R. Holub, *Jürgen Habermas*, 1991.

T. McCarthy, *The Critical Theory of Jürgen Habermas*, 1984.
D. Rasmussen, *Reading Habermas*, 1990.

하부와 상부구조 base and superstructure

카를 *마르크스가 현대사회의 특징을 설명하려고 제시한 유추로 두 가지 반자치적(semi-autonomous, 루이 *알튀세르가 후일 이들의 특징을 설명할 때 이 표현을 사용했다) 작동 유형으로 이루어진 이중 시스템을 가리킨다. 하부구조는 생산 경제와 생산력, 생산관계를 뜻하는 반면, 상부구조는 사법부, 정부, 경찰뿐만 아니라 문화 자체도 절충하는 비경제적 보조 기구를 뜻한다. 이 개념에 대한 마르크스의 가장 명쾌한 설명은 《정치경제학 비판을 위한 기고》(*A Contribution to the Critique of the Political Economy*)의 1859년판 서문에 있지만 그가 무엇을 의도했는지에 대해서는 많은 이의가 제기된다. '하부구조'를 직접 혹은 간접적 방식으로 영향을 미치는 '상부구조'의 원인이라고 간주해야 할지 아닌지의 문제가 논쟁의 중심에 있다. 일반적으로, 이른바 '속류' 마르크스주의자는 하부가 원인이 된다는 관점을 취하는 반면, *'역사주의' 마르크스주의자나 '문화론적' 마르크스주의자는 두 시스템이 서로 보강한다는 관점을 유지하는 경향이 있다.

하비, 데이비드 Harvey, David (1935~)

영국 태생의 *마르크스주의 지리학자. 켄트에서 태어난 하비는 케임브리지 대학교 세인트존스 칼리지에서 학사와 박사 학위를 받았다. 그가 처음으로 부임한 곳은 브리스틀 대학교다. 그곳에서 그는 10년간 재직했다. 그 후 그는 존스 홉킨스 대학교로 자리를 옮겨 20년간 재직했는데, 그사이에 6년간 공백기를 가지고 옥스퍼드에서 머물기도 했다. 2001년 하비는 뉴욕 시립대학교에서 교편을 잡았다. 하비의 저서는 자본주의의 효과를 신랄하게 비판한 것이 특징이다. 《사회적 정의와 도시》(*Social Justice and the City*, 1973)에서 그는 도시의 빈곤과 그 원인에 직면해 지리학은 객관적일 수 없고 객관적인 상태로 남아 있어서도 안 된다고 주장했다. 그는 많은 경우에 도시의 빈곤은 자본의 편에 있는 의도적 전략의 결과라는 것을 보여주었다. 이론적 측면에서 가장 정교한《자본의 한계》(*The Limits of Capital*, 1982)에서 하비는 부동산 투기가 자본주의의 역학에 필수적이면서 취약점이 된다고 주장했다(2007~2009년의 신용 경색이 이를 입증한다). 그러나 그의 널리 알려진 저서는 1989년에 가장 잘 팔린 책《포스트모던의 조건》(*The Condition of Postmodernity*)이다. 이 책은 *포스트모더니즘이라고 널리 알려진 그 시대의 사회적·문화적·경제적 조건에 대한 풍부한 설명을 제공했다. 여러 면에서 더 유명한 장 프랑수아 *리오타르와 프레드릭 *제임슨이 제시한 탈근대성 설명과 달리, 하비의 탈근대성 설명은 포스트모더니즘이 기술하는 변화의 원인을 제시했다. 하비는 '유연적 축적(flexible accumulation)'이라 부른 것을 비판했다. 하비에 따르면 '유연적 축적'은 공장과 같은 고정자산에 대한 자본 투자에서 떠나 주식 같은 좀 더 유동적인 투자로 광범위한 체계의 이동을 뜻한다. 하비가 제시한 것은 사실상 대니엘 *벨과 알랭 *투렌의 후기 산업사회 이론의 좀 더 정교한 버전이다. 하비의 최근 책들, 특히《신제국주의》(*The New Imperialism*, 2003)와《신자유주의의 간략한 역사》(*A Brief History of Neoliberalism*, 2005)는 조지 W. 부시 행정부의 지정학과 기원이 레이건주의와 대처주의에 있다고 강력히 비판했다.

+ 더 읽을거리

N. Castree and D. Gregory, *David Harvey: A Critical Reader*, 2006.

하위문화 subculture

자신을 자기들이 공식적으로 속하는 문화와 다르다고 혹은 별개로 존재한다고 의식적으로 정의하는 집단. *문화 연구의 초기 역사, 특히 문화 연구를 정초하던 버밍엄 시절에 하위문화 연구는 중요했다. 하위문화가 1950년대와 1960년대에 지배적이었던 *문화 산업 테제의 비관적 전망을 타개할 길을 보여주는 듯 보였기 때문이다. 하위문화에 대한 이와 같은 견해를 개진한 가장 유명한 예는 딕 헵디지가 쓴 베스트셀러《하위문화: 스타일의 의미》(*Subculture: the Meaning of Style*, 1979)다. 이 책에서 헵디지는 하위문화는 *정체성을 창조하는 수단으로 스타일을 활용한다고 말했다. 이것은 다른 맥락에서 스티븐 •그린블랫이 자기창조라 부르는 것과 상통한다. 이렇게 이해되는 정체성은 당대 •헤게모니적 규범에 대한 반항으로 창조된다는 점에서 •저항의 한 형식이 된다.

+ 더 읽을거리

K. Gelder, *Subcultures: Cultural Histories and Social Practice*, 2007.

+ 참고

딕 헵디지, 《하위문화: 스타일의 의미》, 이동연 옮김, 현실문화연구, 1998.

하이데거, 마르틴 Heidegger, Martin (1889~1976)

독일의 철학자. 하이데거는 일반적으로 20세기의 중요한 철학자 중 한 사람으로 간주된다. 이는 적어도 그가 가장 결정적 인물이기 때문만은 아니다. 하이데거는 나치에 능동적으로 참여했기 때문에 논란의 여지가 많은 인물이다. 하이데거의 저서는 제2차 세계대전 이후의 대륙철학, 특히 •정신분석, •마르크스주의, 장 폴 •사르트르에 대한 역공이 하이데거에게로 귀환하는 것으로 나타났던 프랑스에서 중요한 핵심이 되었다. 눈에 띌 정도로 질 •들뢰즈를 제외한 •후기 구조주의의 중요한 인물(예컨대, 피에르 •부르디외, 자크 •데리다, 장 뤽 •낭시, 필립 •라쿠 라바르트, 장 프랑수아 •리오타르, 베르나르 •스티글러)이 대부분 하이데거의 사상과 폭넓게 연관되어 있다.

하이데거는 독일 바덴 지역에 있는 메스키르히라는 마을에서 태어났다. 그의 아버지는 마을 교구의 성당지기이자 재력이 그리 대단하지 않은 통제조업자였다. 메스키르히 마을 신부가 하이데거의 재능을 알아보고 그에게 라틴어를 가르쳤다. 하이데거는 그의 도움으로 콘스탄츠에 있는 훌륭한 문법학교에 입학한 뒤 거기서 대학에 입학하게 되었다. 그리고 프라이부르크 대학교에서 학사와 박사 학위를 받았다. 프라이부르크 대학교에서 재직했던 하이데거의 스승 중에는 •현상학의 창시자 에드문트 •후설이 있었다. 처음에 하이데거는 신학을 공부했다. 그러나 건강이 좋지 않았던 그는 자신이 성직자의 삶에 적합하지 않다는 것을 알고 철학으로 바꿨다. 1916년 학업을 마친 하이데거는 전쟁 중 복무했지만 종군 근무를 하지는 않았다. 전쟁 후 그는

1923년까지 후설의 조교로 일했다. 1923년에는 마르부르크 대학교에서 교편을 잡았다.

마르부르크 대학교는 하이데거의 종신 교수직 임명을 놓고 수년간 뜸을 들이다가 결국 하이데거가 신뢰하는 은사 후설의 뒤를 이으려 다시 프라이부르크 대학교로 돌아가고 싶은 유혹을 받았을 무렵에 겨우 하이데거를 정교수로 임명했다. 그러나 하이데거는 마르부르크 대학교에 재직했던 5년에 걸쳐 많은 사람이 20세기 철학에서 가장 중요한 책이라 여기는《존재와 시간》(*Sein und Zeit*, 1927 / *Being and Time*, 1962)을 결국 완성했다. 하이데거는 그의 관점에서 보면 철학이 부단히 무시했던 하나의 큰 철학적 문제, 즉 존재 자체의 문제와 씨름하기 시작했다. 그의 목적은 존재성(being-ness)이 가능해지는 과정을 드러내는 것이었다. 하이데거는 존재가 관건이 되는 실체, 즉 그가 *현존재(*Dasein*)라고 이름 붙인 실체가 있기 때문에 존재성이 가능해진다고 주장했다. 현존재라는 이 신조어는 문자 그대로 '거기에 있음(there-being)'을 의미한다. 하지만 이 새로운 용어를 번역하는 데 따르는 어려움 때문에 이 용어는 대개 번역되지 않은 채 그대로 쓰인다(어떤 번역물들에서는 현존재가 '인간(man)'으로 번역되어 있다. 그러나 현존재가 인간들(humans)을 함축했다고 해도 '인간'은 너무나 인본주의적이어서 만족스럽지 못한 번역어다).

1933년 히틀러가 독일 총통이 되고 나서 4개월 만에 하이데거는 프라이부르크 대학교 총장으로 임명되었다. 같은 해 5월 1일 하이데거는 나치당에 가입했다. 그리고 표면적으로는 그 후 몇 년간, 심지어 유대인 친구들의 모임에서도 그는 스와스티카 옷핀을 달고 다녔다. 5월 27일 하이데거는 학생들이 히틀러 총통에게 동조하고 독일의 국가적 운명을 포용하라고 호소하는 (지금은 오명이 되어버린) 총장 취임 연설을 했다. 총장으로서 하이데거는 나치의 인종법을 실행했다. 이는 그의 은사이자 가장 든든한 지지자였던 후설을 지원하는 대학의 특권을 폐지하는 것을 뜻했다. 국가사회주의에 대한 하이데거의 이러한 분명한 지지에도 나치당은 보답 차원에서 그를 지원하지 않았다. 그래서 하이데거는 1년 만에 총장직을 사임해야만 한다고 느꼈다. 나중에 그는 총장으로 재임했던 때를 실패한 시기라고 서술했다.

연합군이 독일을 점령했던 전쟁의 끝 무렵 하이데거는 나치와 연관된 것을 해명하라는 요청을 받았다. 탈나치화위원회는 하이데거에게 동조자라고 이름 붙인 후, 지식인으로서 그의 영향력을 고려해 교직을 금지했다. 1951년 하이데거는 복직되었고 1976년까지 계속해서 가르쳤다. 그러나 오늘날 누구도 하이데거가 나치즘에 공감을 표했다는 것을 진지하게 반박하지는 않는다. 남아 있는 문제는 이러한 그의 공감이 개인적인지 철학적 확신에서 비롯했는지 하는 것이다. 하이데거 옹호자들은 그의 철학적 생각과는 아무런 관련이 없는 성격상의 불행한 변덕이었다고 주장하는 반면 다른 사람들, 특히 카를 *야스퍼스와 테오도어 *아도르노는 하이데거 철학의 핵심에 파시즘이 있다고 주장했다. 홀로코스트를 공공연하게 비난하지 않은 하이데거의 충격적인 행동은 그가 *근대성(모더니티)과 가스실을 겉보기에 무감각하게 등가시킨 것이 그렇듯이 후자의 예, 즉 하이데거 철학의 파시즘적 측면의 증거로 종종 인용된다.

+ 더 읽을거리

R. Bernasconi, *Heidegger in Question: The Art of Existing*, 1993.
M. de Beistegui, *Heidegger and the Political: Dystopias*, 1998.
C. Fynsk, *Heidegger: Thought and Historicity*, 1986.
M. Inwood, *Heidegger: A Very Short Introduction*, 2000.
H. Ott, *Martin Heidegger: A Political Life*, 1994.
마크 A. 래톨, 《How To Read 하이데거》, 권순홍 옮김, 웅진지식하우스, 2008.

하이퍼텍스트 hypertext

인터넷 페이지에서 매우 자주 보이는 텍스트의 종류. 하이퍼텍스트는 비록 현존하지는 않지만 대개 하이퍼링크를 클릭함으로써 즉각 이용할 수 있는 텍스트를 말한다. 일반적으로 하이퍼텍스트의 목적은 선행하는 텍스트를 장식하거나 그것에 정보를 첨가하는 것이다. 각주도 일종의 하이퍼텍스트로 생각할 수 있다. 이런 의미에서 하이퍼텍스트는 보통의 정규 텍스트와는 별도의 공간적 차원에 있지만 어찌 되었든 같은 시간적 차원에 있다. 하이퍼텍스트 이면에 설계된 생각은 하이퍼텍스트가 텍스트의 본문과 동시에 읽힐 수 있다는 것이다. 자크 *데리다의 《조종》(*Glas*, 1974) 같은 좀 더 창의적인 저술들이 정확히 이러한 *문제 틀에서 작동하고 있다.

하트, 마이클 Hardt, Michael (1960~)

이탈리아 태생의 *마르크스주의 철학자인 안토니오 *네그리와 공동 저술 작업으로 잘 알려진 미국의 마르크스주의 철학자, 사회이론가, 문화비평가. 하트는 네그리와 함께 책 네 권을 공동 저술했다.

하트는 미국의 메릴랜드주 록빌에서 태어나 워싱턴 교외에서 성장했다. 그의 아버지는 워싱턴 의회도서관에서 (경제학을 전문으로 하는) 소련학자로 근무했다. 하트는 1970년대의 장기적 '에너지 위기' 동안 펜실베이니아주의 스워스모어 칼리지에서 공학을 공부했다. 그가 전공을 공학으로 선택한 것은 가난한 사람들을 위한 대안 에너지 기술 개발에 일조하고 싶은 정치적 *욕망 때문이었다. 그는 해마다 여름을 이탈리아의 태양열 패널 제작 공장에서 일하면서 보냈다. 1983년 그는 비교문학 박사 학위를 하려고 시애틀로 갔다. 이는 정치적 사유를 진척하는 데 비교문학 박사 학위를 마치는 것이 앞으로 가장 좋은 길을 제공할 것 같았기 때문이다. 또한 그 당시 하트는 과테말라와 엘살바도르에서 기독교적인 '불법이민자보호운동'을 위해 자원봉사를 했다. 이 운동은 미국 중앙정보국(CIA)의 자금 지원을 받아 과테말라와 엘살바도르 같은 중남미 국가를 유린하는 전쟁에서 벗어나려 애쓰는 난민에게 피난처를 제공하는 것이었다. 특유의 겸손한 태도로 하트는 나중에 자신이 남미에서 다른 사람들을 도울 수 있었던 것 이상으로 그곳에서 보낸 시간이 그에게 도움을 주었다고 말했다.

1987년 여름 하트는 안토리오 *네그리를 만나 《야만적 별종》(*L'anomalia selvaggia. Saggio su potere e potenza in Baruch Spinoza*, 1981 / *The Savage Anomaly: The Power of Spinoza's Metaphysics and Politics*, 1991)의 영어판 번역서에서 그가 가지고 있던 몇 가지 질문을 검토해보기 위해서 파리로 여행을 떠났다. 하트와 네그리의 만남은 행운이 되었다. 네그리는 하트에게 자기가 파리로 이동하겠다고 먼저 제안했다. 그래서 그는 파리로 가서 하트에게 그가 창간한 저널 《전미래》

(*Futur Antérieur*)의 편집국에 합류해달라고 청했다. 그 후 미네소타 대학교 출판국의 한 편집자가 네그리에게 출판을 위해 초기 글들을 모아달라고 요청하자 네그리는 하트와 공동으로 현시대 쟁점을 다루는 책을 쓰겠다고 제안함으로써 그 요청을 거절했다. 그 결과로 만들어진 책은 네그리의 전작《일과 국가》(*Operati e Stato,* 1972),《국가의 형식》(*La Forma Stato,* 1977)에서 발표한 글들과 그와 하트가 함께 쓴 새로운 글들을 결합한 것이었다. 이 책은 두 사람 모두에게 국제적 명성을 가져다주게 될 연구를 향해 나아가는 첫 번째 발걸음이 되었다.

하트의 첫 단독 책인《들뢰즈 사상의 진화》(*Gilles Deleuze: An Apprenticeship in Philosophy*)》는 박사 학위 논문을 다시 손질해 1993년 출판한 것이다. 질 •들뢰즈에 관해 출판된 첫 장편 논문 중 하나이자 여전히 중요한 책 중 하나인 하트의 책은 들뢰즈를 정치철학자로 읽어낸 예리한 해석을 제공했다. 하트는 1994년 캘리포니아 대학교 로스앤젤레스에서 2년을 보낸 후 듀크 대학교의 문학 프로그램에 교수로 임명되었다. 이후 몇 년에 걸쳐 그는 네그리와 또 다른 공동 프로젝트를 연구했다. 두 사람의 공동 프로젝트는 2000년《제국》(*Empire*)으로 출판되었다. 20세기가 끝날 무렵 시애틀, 제노바, 그 밖의 다른 곳에서 수백만 명이 세계무역기구 반대 운동을 하면서 길거리 시위에 나섰는데, 이를 계기로 점화된 변화에 대한 낙관적 열정이 강력히 울려 퍼지면서 •제국이라는 개념은 그 당시 밀레니엄 정신을 사로잡았다. 그리고 이 책은 즉각적으로 세계적 베스트셀러가 되었다.

《제국》은 우리 시대의 정치적 구성을 재사유하기 위한 방대하고 대단히 야심 찬 프로젝트의 첫 회분이다(2차분인《다중: 제국이 지배하는 시대의 전쟁과 민주주의》(*Multitude: War and Democracy in the Age of Empire*)는 2005년에, 3차분《공동체》(*Commonwealth*)는 2009년에 출판되었다).《제국》은 일반적으로 •세계화라고 지칭되는 경제적·정치적·사회적 변화의 전 세계적 과정이 세계에서 그들의 위치와 상관없이 구체적인 민족-국가들의 이해관계를 제어하고 세부적 주체의 필요에 더 많은 •공간을 내줄 수 있는 새로운 형식의 세계적 주권이 대두되기 위한 필수적 조건을 만들어왔다고 주장했다. 이 새로운 형식의 주권을 상정하려 봉기하는 새로운 사람들을 하트와 네그리는 •다중이라고 지칭했다. 같은 이유에서 하트와 네그리는 제국주의적 사유로 이루어진 낡은 형식은 과거에 작동했던 것과 마찬가지로 더는 원활히 작동하지 못한다고 주장했다. 제국 프로젝트는 논란의 여지가 많다. 그리고 이 프로젝트에 광적인 지지자가 많은 만큼 또한 좌파와 우파 양측에서 이 프로젝트를 엄중히 비판하는 비평가가 많다.

+ 더 읽을거리

G. Balakrishnan, (ed.) *Debating Empire*, 2003.
A. Boron, *Empire and Imperialism: A Critical Reading of Michael Hardt and Antonio Negri*, 2005.
안토니오 네그리, 《네그리의 제국 강의》, 서창현 옮김, 갈무리, 2010.
P. Passavant and J. Dean, *The Empire's New Clothes: Reading Hardt and Negri*, 2003.

함축 connotation →명시와 함축

합리성 rationality

취할 수 있는 행위를 결정하고 최적의 선택을 확정할 수 있는 방식으로 이성을 사용하는 능력을 가리키는 철학 용어. 철학은 본능적인 것, 열정적인 것, 의지적인 것보다 이성에 특권을 부여하는 경향이 있으며, 인간은 이성을 실천할 때에만 자유로울 수 있다고 주장하곤 한다. 어떤 경우에는, 합리성이 수학과 물리과학에서만 획득 가능하며, 다른 학문 분야는 비합리적 요소에 지나치게 물들어 있어 그럴 수 없다고 말하기도 한다. 일부 철학자들은 합리성이 인간에게만 존재한다고 보기도 하는데, 이와 같은 관점은 최근 진지한 도전을 받고 있다. 이들 철학자들과 대조적으로, •프랑크푸르트학파는 합리성에 비판적이다. 합리성이 개별 인간 행위의 비일관성을 무시하고 유연하게 작동하는 체계(예를 들어 경제)를 우위에 둔다고 보기 때문이다.

합리적 선택 이론 rational choice theory

경제적 선택의 모델을 제시하는 한 관점. 사람들이 이득을 최대화, 비용을 최소화함으로써 상황을 최적화하려고 선택하며, 자신에게 분명한 이득이 있을 때에만 다른 사람에게 득이 되게 행동할 것이라고 가정한다. 이것이 인간 사회를 완결적으로 설명했다고 경제학자들이 주장하는 것은 아니다. 다만 이것이 적용 가능한 가설이라는 것이다.

해러웨이, 도나 Haraway, Donna (1944~)

인간과 기계, 인간과 동물의 상호작용에 관한 저술로 유명한 미국의 문화비평가. 콜로라도주 덴버에서 태어난 해러웨이는 콜로라도 대학교에서 동물학과 철학을 공부한 다음 발생생물학 분야에서 연구 조사의 형성에 미치는 은유의 역할에 관한 연구로 예일 대학교에서 박사 학위를 마쳤다. 나중에 그녀의 이 연구 논문은《수정, 조직 그리고 필드: 20세기 발생생물학에서 유기체론에 관한 은유》(*Crystals, Fabrics and Fields: Metaphors of Organicism in Twentieth-Century Development Biology*, 1976)로 출판되었다. 그녀는 하와이 대학교와 존스 홉킨스 대학교에서 여성 연구와 일반 과학을 가르쳤다. 그 후 그녀는 캘리포니아 대학교 산타크루즈 캠퍼스에 있는 '의식의 역사 프로그램'에 참여하면서 그곳에 20년 이상 재직했다. 해러웨이의 연구는 세 단계로 나뉜다.《영장류의 비전: 현대 과학의 세계에서 젠더, 인종, 자연》(*Primate Visions: Gender, Race, and Nature in the World of Modern Science*, 1989)과 같은 초기 저술에서 그녀는 동물에 대한 인간의 분석에는 인간이 인간 자신에 관해 세운 전제가 반영되어 있다는 것을 보여주었다. 예를 들어, 동물의 공격에 대한 이론에는 *본능에 이끌려 움직이는 피조물로서 우리 자신에 대한 우리 (인간의) 관점이 반영되어 있다. 두 번째 단계에서 그녀는 〈사이보그 선언서: 20세기 후반의 과학, 기술, 사회주의 페미니즘〉(A Cyborg Manifesto: Science, Technology, and Socialist-Feminism in the Late Twentieth Century)이라는 에세이를 썼는데, 이 글로 대단히 유명해졌다. 이 글은《유인원, 사이보그, 여성: 자연의 재발명》(*Simians, Cyborgs and Women: The Reinvention of Nature*, 1991)이라는 모음집에 수록되어 있는데, 여기서 해러웨이는 우리가 인간적이라고 생각하는 만큼 우리는 인간적이지 않다고 주장했다. 다시 말해, 그녀는 기계에 대한 인간의 의존이 너무 막대해서 인간은 사실상 사이보그화되어왔다고 주장했다. 세 번째 단계는 이러한 주장을 다른 방향에서 수용함으로써 이루어진다. 또다시 해러웨이는 우리가 생각하는 것보다 인간적이지 못하다고 주장한다. 그러나 이번에는 동물에 대한 인간의 의존을 강조함으로써 그렇게 주장했다. 이러한 주장을 담은 책, 특히《반려종에게 고하는 선언》(*The Companion Species Manifesto*, 2003)은 동물에 대한 좀 더 공정한 대우를 요청하는 강력한 윤리적 요구를 담고 있다.

+ 더 읽을거리
J. Schneider, *Donna Haraway: Live Theory*, 2005.

해석 공동체 interpretive community

스탠리 •피시의 용어. 상이한 독자들에게서 특정 유형의 텍스트에 대해 지속적으로 유사한 독해가 생산되는 과정을 설명한다. •언어능력과 수행을 구분하는 노암 •촘스키의 논의를 차용하면서 피시는 특정 시기, 특정 국가에 존재하는 독자들은 무엇이 텍스트로 간주되며 텍스트는 어떻게 작동하는지에 대한 기대의 합을 내면화한다고 말했다. 이것이 이 독자들의 문학적 능력이다. 이 능력과 함께, 새로운 텍스트와 대면할 때 이 독자들은 거기에 어떻게 반응해야 하는지 이미 알고 있다. 피에르 •부르디외는 •아비투스 개념으로 아주 유사한 논의를 펼쳤다.

+ 더 읽을거리
S. Fish, *Is There a Text in this Class? The Authority of Interpretive Communities*, 1980.

해석학 hermeneutics

텍스트를 해석하는 이론과 실천에 대한 학문. 해석학의 기원은 그것이 •수사학과 밀접히 연관되어 있던 시기인 고대로 거슬러 올라간다. 그러나 기독교 시대가 시작된 이후 해석학은 대개 기독교와 이슬람교 같은 종교 연구와 관련을 맺어왔다. 이 두 가지 종교 연구에서 관건은 성서 텍스트 읽기의 정확한 방식을 결정하는 것이다.《성경》의 경우 그것이 어떻게 읽혀야 하는지는 결코 자명하지 않다. 여기에는 고려해야만 하는 문제가 여러 가지 있다. 첫째, 번역이라는 영원한 문제가 있다(《성경》은 결코 같은 언어로 쓰이지 않았다). 둘째, 시간을 두고 단어들의 의미가 변했다는 문제가 있다(《성경》은 결코 한 번에 쓰이지 않았다). 셋째, 기고하는 각각의 저자가 같은 단어로 같은 것을 의미했는가 하는 문제다. 넷째, 이야기들이 •알레고리로 다루어져야 하는가? 다섯째, 성서를 사실로 취급해야 하는가? 고려해야 할 이러한 문제의 목차는 쉽게 확장될 수 있다. 세속적 형식의 해석학은 18세기 무렵에야 비로소 프리드리히 슐라이어마허가 발전시켰다. 슐라이어마허는 단지 성스러운 텍스트만이 아니라 모든 텍스트에 대한 해석이 본질적으로 같은 이유에서, 즉 복수적 의미를 나타낼 수 있는 언어의 능력 때문에 문제적이라는 것을 증명했다. 그가 제시한 해결책은 저자의 심리에 의미를 고정하는 것이었다. 따라서 슐라이어마허는 저자의 의도는 문맥에 따라 이해되어야만 한다고 주장하면서(오늘날 •신역사주의가 이런 관점을 유지하고 있다) 저자의 의도에 관한 문제를 제기한 첫 번째 해석학자가 되었다. 저자의 의도는 20세기 중반 무렵까지 텍스트 연구에서 가장 중요한 문제였다. 20세기 후반에는 한스 게오르크 •가다머와 폴 •리쾨르의 연구가 해석학과 가장 밀접한 연관을 맺고 있다.

+ 더 읽을거리

리차드 팔머, 《해석학이란 무엇인가》, 이한우 옮김, 문예출판사, 2011.

해체 deconstruction

프랑스의 철학자 자크 •데리다가 발전시킨 읽기 전략. 겉으로 보기에 모든 철학적 견해가 얼마나 일관성이 있는가와 관계없이 모든 철학적 견해는 내부에 자신의 기반을 약화시키는 수단을 포함하고 있다는 것을 증명하는 것이 데리다의 근본 자세였다. 데리다는 마르틴 •하이데거의 용어 '파괴(*Destruktion*/destruction)'와 '해체(*Abbau*/unbuilding)'에서 이 용어를 차용했다. 데리다는 해체를 이중적 몸짓으로 설명했다. 첫 번째 움직임은 어떤 특정한 철학적 대립 구조의 위계질서를 전복하는 것인 반면 두 번째 움직임은 그 위계질서가 작동하는 바로 그 시스템을 전치하는 것이다. 종종 데리다의 연구를 현존의 철학에 대한 비판이라고 한다. 이는 데리다가 특히 •기호에 관해서 현존과 부재의 대립 구조를 불안정하게 만들기 때문이다. 그가 •차연에 대한 기술에서 설명했듯이 기호는 언제나 부재를 나타내는 표시다. 따라서 조너선 컬러가 데리다의 사상과 영향력에 관한 중대한 해석을 담은《해체 비평》(*On Deconstruction*, 1982)에서 설명했듯이, 기호는 자신이 단언하는 철학과 자신이 의존하는 위계적 대립 구조 두 가지 모두를 약화한다. 읽기 전략으로서 해체는 특히 개념이나 텍스트의 어떤 특이한 존재 상태가 비결정적인 상태, 즉 이것도 저것도 아니고 그 둘 중 어느 것도 아닌 것이 아닌 상태라는 것을 검증하는 데 흥미를 둔다. 기호는 이러한 비결정성 개념을 설명하기 위해 데리다가 제시한 중요한 예다. 기호로서의 기호는 그 밖의 다른 무엇을 나타내는 기호다. 따라서 기호가 그 밖의 다른 무엇으로 인지될 때 기호는 온전히 기호로서의 자신이 된다. 하지만 기호가 기호로 남기 위해서 기호는 또한 자기가 재현하는 것과 자신은 다르다는 것을 지속적으로 인지해야만 한다.

+ 더 읽을거리

S. Critchley, *The Ethics of Deconstruction*, 1992.
조너던 컬러, 《해체비평》, 이만식 옮김, 현대미학사, 1998.
크리스토퍼 노리스, 《데리다》, 이종인 옮김, 시공사, 1992.

행동자 actant

파리에 기반을 둔 리투아니아 언어학자 알지르다스 쥘리앵 •그레마스가 만든 서사 문법에 있는 논리적 범주. 그레마스의 표현을 그대로 가져와 설명하면, 행동자는 행동의 동위원소(isotope)다. 이는 인물이나 인물 유형에 관한 분석의 아래 층위에서 서사 분석이 발생한다는 것을 의미한다. 한 가지 아주 제한적인 예를 들어보자. 만일 탐정소설을 선을 행하는 것과 악을 행하는 것 사이의 싸움으로 이해할 수 있다면, 탐정소설이라는 서사 구조는 선한 행동자와 악한 행동자를 요구한다. 이러한 통찰은 서사의 형식 구조를 변화시키지 않고도 남성, 여성, 아이, 이방인, 선이나 악 모두가 탐정이 될 수 있다는 것을 함축한다. 게다가 복합적 인물은 각각의 서사 유형이 요구하는 다양한 행동자를 실행할 수 있다. 그레마스에게 실제 탐정은 행동자가 아니라 •행위자다. 행동자는 인물의 아래 층위에서 작동하고 대개 흔히 알려진 •이데올로기와 더 부합하는 경향이 있기 때문이다. 선의 구원을 보여주는 것은 살인자의 정의로운 면모를 밝히는 탐정이 수행한 실제 서사다. 이러한 심층 구조적 접근 방식은 우리가 흥미를 가지도록 만드는 서사의 내적 긴장이 표출될 수 있게 만든다. 같은 맥락에서 그레마스는 서사의 내적 긴장을 파악하고 그것들이 어떻게 상호작용을 하는지 보여주기 위한 수단으로서 기호학적 사각형을 제안했다.

+ 더 읽을거리
알지르다스 쥘리앵 그레마스, 《의미에 관하여》, 김성도 옮김, 인간사랑, 1997.

행동주의 behaviorism

심리학에서, 자극에 몸이 보이는 측정 가능한 물리적 반응만이 심리적 상태의 본성을 결정하는 데 사용될 수 있다는 방법론적 확신. 행동주의적 접근의 가장 잘 알려진 예는 파블로프의 개 실험이다. 이반 파블로프는 이 실험에서 저녁 종소리가 개의 침샘 반응을 자극하는 데 충분하다는 것을 보여주었다. 이런 식의 행동주의 심리학을 대표하는 가장 뛰어난 주창자가 바로 버러스 프레더릭 스키너다. 그는 인간이 의도가 아니라 경험에 따라 행동한다는 것을 보여주고자 했다. 인간 행동에 대한 스키너식 설명은 대단히 기계적인 모델 선정의 문제는 차치하더라도 단순한 사건으로는 유발될 수 없는 인간의 발명을 설명할 수 없다는 문제점이 있다. 예를 들어, 구리의 가단성(可鍛性)은 우연히 구리 광석을 요리용 화덕에 떨어뜨림으로써 발견되는 것이 아니다. 구리는 그런 요리용 화덕의 온도에서는 녹지 않고 공학적 원리가 적용된 과열이 필요하기 때문이다. 사실상 모든 인지적 성과물에도 이와 같은 사실을 말할 수 있다. 다시 말해, 자극에 대한 반응으로만 인지적 성과를 설명할 수 없다.

행위자 actor

•담론 차원에서 인지할 수 있고 서사에서 임무를 담당하는 대리인. •행동자

와 대조적으로 행위자는 언제나 구체적 개인 혹은 개별적 사물을 가리킨다. 예컨대 운명이 행위자가 될 수 있다.

행위자 연결망 이론 actor-network theory

사회적 행동에 대한 유물론적 기호학 이론. 1980년대 초반 파리 국립광산공과대학교 혁신사회학센터에 있던 브뤼노 라투르, 미셸 칼롱, 존 로가 혁신의 출현 조건을 설명하는 수단으로 이 이론을 발전시켰다. 행위자 연결망 이론은 사람, 사물 그리고 *행동자로서의 아이디어, 이 세 가지가 행위를 시작하고 지속할 수 있다는 것을 인식하고 이들을 다루는 것이 특징이다. 또한 행위자 연결망 이론은 행동자들이 자기 힘으로는 대부분 행위를 수행할 수 없지만 다른 행동자들로 이루어진 연결망의 지원을 요구한다는 것을 강조한다. 같은 맥락에서 연결망을 지속하려면 행동자들이 필요하다. 아마도 이런 유형의 사유를 가장 두드러지게 사용한 사례는 네덜란드 건축가 렘 콜하스의 《착란하는 뉴욕》(*Delirious New York*, 1994)일 것이다. 이 책에서 콜하스는 행위자 연결망 이론을 명확히 알지 못하는 상태에서 뉴욕의 발전에 대한 흥미로운 설명을 만들어냈다. 그는 세 가지 것, 다시 말해 격자형 도시 설계, 엘리베이터 발명, 그림자 생성에 관한 건축 규제 제한이 현재 뉴욕의 모습을 만드는 데 결정적이었다고 주장했다. 행위자 연결망 이론은 특정 기업의 중대한 요인 혹은 전 부문을 검증하는 데 특히 유용하지만 문화와 사회 같은 좀 더 확장된 제도를 다루기는 어렵다.

허위의식 false consciousness

*이데올로기의 위장 효과를 나타내는 *마르크스주의 개념. 이데올로기는 사물의 진정한 상태를 은폐하고 정치적 행동주의의 활성화를 금지한다. 토머스 프랭크의 베스트셀러 《왜 가난한 사람은 부자를 위해 투표하는가》(캔자스에 무슨 일이 있었는가, *What is the Matter with Kansas*, 2004)는 21세기 초반 캔자스의 투표자들이 공화당에 투표한 것이 실은 그들 자신의 이익과는 상반되게 투표한 것이라는 점을 의식하지 못했다는 사실을 기록함으로써 현대사회에

서 허위의식이 어떤 것인지에 대한 신빙성 있는 그림을 제공했다. 투표자들은 문화적 쟁점을 우선시하고 노동과 산업 문제를 소홀히 함으로써 무엇이 정치적으로 중요한지 자신들이 조금도 의식하지 않았다는 것을 입증했다. 분명히 마르크스주의적 관점에서 경제적 고려 사항은 언제나 우선권을 부여받는다. 그러나 우리는 문화적 쟁점이 일차적이라고 주장할 수도 있다. 카를 *마르크스 이래 지속된 마르크스주의 전통은 허위의식이 지식에 산산조각 날 수 있다는 다소 유토피아적인 관점을 가지고 있다. 그러나 허위의식과 판타지를 동일하게 취급하는 슬라보예 *지젝 같은 후기 비평가들은 사람들이 지식이 함축하는 바를 수용하는 것에 저항한다고 주장한다. 자신의 상황에 대한 진실을 알지만 마치 그것이 사실인 듯 행동하지 않는 견해를 가리켜 *냉소적 이성이라 한다.

헐벗은 삶 bare life / *nuda vita*

이탈리아 철학자 조르조 *아감벤의 동시대 삶에 대한 개념. 헐벗은 삶은 아감벤이 칭한 예외의 구조에 노출된 삶을 가리킨다. 그는 이 예외의 구조가 현대의 *생명권력을 구성하고 있다고 주장한다. 이 용어는 고대 그리스인이 현대 유럽어에서는 단순히 '삶(life)'이라고 지칭되는 것에 두 가지 다른 단어, 즉 '비오스(*bios*, 삶이 체험되는 방식이나 형식)'와 '조에(*zoē*, 생물학적 사실로서 삶)'를 가지고 있었다는 아감벤의 관찰에서 비롯했다. 아감벤의 논점은 이러한 구분을 상실한 것이 정치적 문맥에서 '삶'이라는 단어가 대략 생물학적 차원 혹은 '조에'만 가리킨다는 사실을 모호하게 만들었고 체험되는 삶의 자질에 대해서는 어떤 보증도 하지 않는다는 것이다. 그렇다면 헐벗은 삶은 삶의 순전한 생물학적 사실이 삶이 체험되는 방식, 즉 아감벤식으로 표현해본다면 삶의 가능성과 잠재성보다 우선시되는 삶을 가리킨다. 2008년 스코틀랜드 야드(영국 런던 경찰국의 별칭)와 영국의 공공정책연구소는 만일 5세 아동들이 미래의 범죄 행동을 나타내는 행동의 징후를 보인다면 그 아동들의 DNA 유형을 분류해야 하고 그 아동들이 가지고 있는 구체적 사항을 데이터베이스로 정리해야 한다고 제안했다. 이것이 바로 아감벤이 의미한 헐벗은 삶의 완벽한 예다. 헐벗은 삶은 어떤 특별한 아이의 삶에 대한 미래 전망을 생물학에 환원하고 아이들의 삶에 있는 실제적 상황에 대해 전혀 관심을 두지 않거나 고려하지 않는다(→호모 사케르).

+ 더 읽을거리

조르조 아감벤, 《목적 없는 수단: 정치에 관한 11개의 노트》, 김상운·양창렬 옮김, 난장, 2009.

헤게모니 hegemony

이탈리아 •마르크스주의 학자 안토니오 •그람시가 옥중 수고에서 오늘날 '유연(혹은 연성)' 권력이라고 알려진 것, 다시 말해 폭력적 강압을 행사할 필요 없이 권력의 •권위를 유지하는 힘을 이론화하려고 이 용어를 (아마도 •이데올로기를 대체하는 완곡한 표현으로) 채택했다. 헤게모니는 정부가 자체적으로 달성할 수 있는 어떤 것이 아니다. 왜냐하면 정부는 자기가 관리하는 주민들의 능동적인 공모가 필요하기 때문이다. 그러한 상황에서 혁명은 불가능하거나 혁명이 일어날 가능성이 희박한 것은 자명하다. 그리고 바로 그것이 그람시가 관심을 둔 문제다. 그람시는 •문화가 이런 점에서 단순한 군사력보다는 훨씬 더 잠재적인 정치적 도구가 된다는 사실을 깨달았다. 그람시에게는 주민들이 기꺼이 끔찍한 생활 조건과 노동 조건을 감내할 뿐만 아니라 그런 조건도 수호하기 위해 죽는다는 것이 이 점을 가장 극명히 보여주는 징후였다. 베네딕트 •앤더슨의 •상상의 공동체 연구는 아마도 서로 알 수 없는 사람들로 이루어진 대규모 집단에서 밀착된 통일감을 만들어내기 위해서 어떻게 국가의 개념이 헤게모니의 방식으로 기능한지를 입증한다.

+ 더 읽을거리

에르네스토 라클라우 · 샹탈 무페, 《헤게모니와 사회주의 전략: 급진 민주주의 정치를 향하여》, 이승원 옮김, 후마니타스, 2012.

헤겔, 게오르크 빌헬름 프리드리히 Hegel, G. W. F. (1770~1831)

독일의 철학자로 시대를 초월해서 지대한 영향을 미친 사상가 중 한 사람. 헤겔의 저서는 지극히 중요한 영향을 미치고 있다. 질 •들뢰즈와 같은 사상가의 경우에서처럼 헤겔과 같은 사상가가 되거나 헤겔처럼 보이는 것을 피하기 위해 많은 노력을 기울일 때도 사실상 *비평이론의 모든 사상가는 헤겔의 영향을 인정한다. 카를 *마르크스는 헤겔에 대단히 비판적이었는데도 그의 열렬한 독자였다. 그 결과 *마르크스주의 안에는 마르크스식 헤겔주의라고 알려진 대단히 중요한 연구의 흐름이 있다. 이러한 흐름의 잘 알려진 주창자가 프레드릭 *제임슨과 슬라보예 *지젝이다. 이런 흐름과 비등하게, 프랑스에서는 루이 *알튀세르 주도로 마르크스와 헤겔 사이의 연결 관계를 단절하려는 마르크스주의 내부의 강력한 움직임이 있었다. 이러한 움직임은 후기 구조주의자들이 헤겔을 무시하거나 더 심한 경우 그를 악의 인물로 희화화하려는 경향을 보인 결과와 맞물려 대체로 성공했다(제임슨은 프랑스 철학에서 헤겔은 이시오프 스탈린을 나타내는 코드명이라는 의견을 제시하기도 했다). 또한 헤겔은 *해체, *실존주의, *해석학, *실용주의에 비슷하게 강력한 영향을 미친 인물이다.

헤겔은 독일 남서부의 슈투트가르트에서 태어났다. 그의 아버지는 뷔르템베르크 공작의 수입을 관리하는 사무실 직원이었다. 헤겔이 13세가 되었을 때 어머니가 죽었다. 어린아이답지 않은 재능을 지녔던 헤겔은 어린 시절부터 광범하게 책을 읽었고 학교에서도 우수했다. 헤겔은 18세에 튀빙겐 대학교에 부속된 개신교 신학대학에 입학했다. 헤겔과 같은 학교를 다닌 동료 중에는 장차 시인이 될 프리드리히 횔덜린과 철학자가 될 프리드리히 셸링이 있었다. 헤겔, 횔덜린, 셸링 세 사람은 돈독한 평생 친구가 되었다. 졸업 후 1793년부터 1801년까지 헤겔은 베른과 프랑크푸르트에서 부유한 가정의 개인 교사로 일했다. 그 후 셸링의 도움으로 예나로 옮겨 예나 대학교 철학과에서 월급을 받지 않는 사강사가 되었다. 예나에서 헤겔은 나폴레옹과 만났다. 당시 나폴레옹 군대는 예나를 폐허로 만들었다. 잘 알려져 있듯이 헤겔은 나폴레옹을 '세계의 혼(world-soul)'이라 기술했다.

전쟁으로 재정 상태가 위태로워진 헤겔은 밤베르크로 옮겼고 1807년 밤베르크 지역신문의 편집장 자리를 수락했다. 헤겔의 첫 번째 중요한 책《정신현상학》(*Phänomenologie des Geistes*, 1807 / *Phenomenology of Mind*, 1910)이 같은 해에 출간되었다. 변경할 수 없는 마감일과 씨름하며 글을 썼기 때문에 헤겔은 출판업자에게 장별로 원고를 넘겼다. 그래서 전체 텍스트를 수정할 시간이 헤겔에게 결코 주어지지 않았다. 그 결과 바로 그러한 텍스트의 구조가 상당한 논쟁거리가 되었다. 이제껏 쓰인 철학서 중 지대한 영향을 미친《정신현상학》(*Phenomenolog of Mind*, 종종 *Phenomenology of Spirit*라고 번역되기도 한다)은 헤겔 철학 체계 전체의 도입부 구실을 한다. 헤겔은 *경험주의와는 대조적으로 철학을 위한 토대 구실을 할 수 있는 개념을 생산하는 과정 이전에는 아무것도 존재하지 않는다는 급진적 주장을 펼쳤다. 헤겔에 따르면 그런 의미에서 즉각적으로 주어진 것은 아무것도 없다. 모든 감각 데이터는 정신이 그것의 지각을 의미화할 수 있는 개념적 기제(conceptual apparatus)가 먼저 존재함으로써 가능해진다. 헤겔은 이러한 의미화 과정을 변증법적이라고 설명했다.

의심할 바 없이 헤겔의 이름과 가장 밀접히 연관된 개념은 *변증법이다(마르크스의 관심을 끌었던 개념이다). 그러나 그에 비해 상대적으로 잘 이해되지 못한 것이 또한 변증법 개념이다. 변증법의 핵심은 헤겔이 부정의 부정(the negation of the negation)이라 지칭한 변화의 순간이다. '부정적인' 감각 데이터가 똑같이 '부정적인' 개념과 결합될 때, 즉 각각의 부정적인 감각 데이터가 자기들이 부족한 것을 후자에 공급할 때 의미가 생산된다. 진리의 토대에는 감각 데이터가 불충분하기 때문에 감각 데이터는 부정적이다. 반면에 개념은 본래적·자체적으로 텅 빈 추상물이므로 부정적이지만 결합했을 때 감각 데이터와 개념은 각각 상대방의 부정성을 부정한다. 헤겔에 따르면 모든 지식은 이와 같은 방식으로 생산된다. 예컨대, 우리는 우리가 알고 있는 것을 가지고 출발한다. 그리고 좀 더 많은 정보를 이용할 수 있게 되었을 때 우리는 우리가 알고 있던 지식을 부정하고 더 새롭고 세련된 지식을 획득한다. 이러한 과정이 지양(*Aufhebung*)이다. 지양은 종종 영어로는 'sublation'으로 번역되기도 한다. 하지만 대개의 경우 번역되지 않고 그대로 쓰인다. 이는 '지양'이 '들어 올리다', '보존하다', '부정하다'라는 세 가지 복잡한 의미를 가지고 있기 때문이다. 궁극적으로 헤겔이 흥미를 둔 것은 자아가 스스로 의식하게 되는 과정이다.

《정신현상학》을 출판하고 1년이 지난 뒤 헤겔은 뉘른베르크로 다시 이사했다. 이번에는 김나지움 교장으로 근무하기 위해서였다. 헤겔은 1816년까지 그곳에 머물렀다. 이 시기에 헤겔은 방대한 책《철학백과사전》(*Enzyklopädie der philosophischen Wissenschaften*, 1817 / *Encyclopedia of the Philosophical Sciences*, 1970)을 쓰겠다는 생각을 품었다. 1816년 그는 하이델베르크 대학교로 가게 되었고 1818년에는 그 당시 독일의 철학 분야에서 가장 명망 높은 위치에 있던 베를린 대학교 철학과 학과장 직위를 수락했다. 헤겔은 계속해서 예술, 역사, 철학 관련 책을 많이 썼다. 이러한 헤겔의 책들은 오늘날 구체적으로 계속해서 연구되는 철학의 정전을 만드는 데 공헌했다. 대다수 헤겔 논평가에 따르면, 헤겔의 대표작《논리학》(*Wissenschaft der Logik*, 1812~1816; 2판 1832 / *The Science of Logic*, 1989)은 헤겔의 *형이상학 체계를 지나치게 복잡할 정도로 상세히 펼쳐보이고 있다.

헤겔은 종종 관념론자나 역사철학자 혹은 두 가지 모두로 설명된다. 이것은 헤겔의 저서가 헤겔이 절대적 존재라고 부른 완벽성을 갖춘, 아마도 실현 불가능한 어떤 이미지를 향해 앞으로 끊임없이 밀고 나아가는 역사의 모델 속에 파묻혀 있기 때문이다. *후기 구조주의는 헤겔 저서의 이러한 측면을 거부한다. 헤겔에게 인간 역사의 진보는 자기규정성을 향한 행군과 같다. 자기규정성은 온전한 자기의식이 달성될 때만 성취된다. 헤겔의 관점에서 자기의식은 자유와 같다. 그리고 바로 이것을 헤겔의 후기 저서들은 기본적으로 말한다. 헤겔의 저서 중에서 이런 부분에 관한 가장 잘 알려진 예는《정신현상학》에서 그가 주인과 노예의 관계를 설명한 부분이다. 주인과 노예에 관한 헤겔의 설명은 많은 독자에게는 전체로서 헤겔의 작업을 상징적으로 보여주는 글이라 할 수 있다. 헤겔은 주인과 노예의 자기의식은 실상 그들이 처음에 그러하다고 생각하는 것의 정반대라고 주장했다. 노예는 자기에게는 자유가 없다고 생각하지만 자기가 놓여 있는 노예로서의 상태 때문에 자기 *상황을 생각해야 하는 짐에서 벗어나 있다는 것을 발견한다. 그래서 그들은 정말로 의식의 자유를 가지게 된다. 반면 주인은 *타자를 노예로 만들어야 할 필요성을 생각하는 것이 그 자체로 자기 자유를 축소하는 짐이라는 사실을 깨닫게 된다.

+ 더 읽을거리

S. Houlgate, *An Introduction to Hegel,* 2005.
R. Pippin, *Hegel's Idealism: The Satisfactions of Self-Consciousness*, 1989.

○ 웹 링크

- 헤겔의 전기, 저술, 논문에 대한 포괄적 자료.

헤테로토피아 heterotopia

1967년 미셸 *푸코가 〈다른 공간에 관하여〉(Des espaces autres)라는 강의에서 제안한 개념. 그는 영화관과 묘지 같은 '호기심을 자아내는' *공간을 설명하려고 이 개념을 제안했다. 영화관과 묘지 같은 공간은 관계의 복잡한 네트워크를 경유해 다른 장소들과 연결된다. 그러나 그런 공간들은 그들이 지정하거나 반영, 재현하는 관계를 유예하거나 취소, 역전하는 방식으로 연결되어 있다는 것이 푸코의 논점이다. 헤테로토피아는 가스통 *바슐라르의 '내적 공간'과 대비될 때 명쾌하게 정의된다. 하지만 푸코의 흥미를 사로잡은 것은 이러한 공간이 상상력이라는 우리의 내적 영역을 외면화하는 것 같아 보이는 방식에 있다.

푸코는 관계의 그물망 안에 있기도 하고 밖에 있기도 한 이런 자질을 가지고 있는 두 가지 공간, 즉 *유토피아와 헤테로토피아가 있다고 생각했다. 그는 유토피아는 본질적으로 비현실적이라고 일축하고 헤테로토피아에 집중했다. 푸코는 헤테로토피아가 어떤 면에서는 실현된 유토피아라는 생각을 첨가하면서 사회라는 바로 그 제도 속에 건설된 현실적 공간들이 헤테로토피아라고 주장했다. 그는 헤테로토피아에는 두 가지 주요한 유형, 즉 그가 '위기 헤테로토피아'와 '일탈 헤테로토피아'라고 부른 것(푸코는 이를 표현할 더 좋은 말이 부족하다고 말했다)이 존재한다고 생각했다. 전자는 인류학자 빅터 터너가 좀 더 생산적 차원에서 '극한의 장소'라고 불렀던 것에 해당한다. 후자는 푸코가 좀 더 생산적 차원에서 '규율 장소'라고 부른 것에 해당한다. 푸코가 제시한 '위기 헤테로토피아'의 예들은 주로 원시사회에서 선택되었고 사춘기 청년, 월경하는 여성, 산고를 겪는 여성 기타 등등을 위해 지정된 성스러운 장소 혹은 터부의 장소를 포함하고 있다. 푸코는 주위에 여전히 그런 공간의 몇몇 흔적이 남아 있다고 과감히 말하지만 (허니문 호텔이 그가 제시한 주요한 예다) 서구 사회에서 그러한 공간이 거의 사라졌다는 인상을 받는다. 푸코는 질 *들뢰즈의 '무규정적 공간' 개념보다 앞질러 이런 공간을 '열린 공간'이라고 한다. 이 장소는 정확히 '그냥 아무 곳이나'가 아니라 '어느 곳도 아닌' 장소를 말한다. 푸코의 '일탈 헤테로토피아들'은 그가 과거에 쓴 책과 미래에 쓰게 될 책의 목록처럼 적혀 있다(푸코는 정신병원, 감옥 그리고 노인들을 위한 집을 목록에 넣는다). 그는 사회가 대략 자기 마음대로 헤테로토피아의 본성과 기능을 변화시킬 수 있고 정말로 새로운 유형의 헤테로토피아를 존재하게 할 수 있다고 진술함으로써 유형학에 그러한 예비 작업을 한정했다.

헤테로토피아를 설명하려고 푸코는 전체적으로 여섯 가지 원칙을 제시한다. 이미 제시된 두 가지 원칙은 ① 헤테로토피아는 특정 유형에 해당한다, ② 헤테로토피아는 변형되고 재발명되고 새롭게 만들어질 수 있다는 것이다. 그다음 네 가지는 ③ 헤테로토피아는 단 하나의 실제 장소에 그들 자체로는 양립할 수 없는 몇 가지 설치물을 병치할 능력을 가지고 있다(푸코는 영화관을 이것의 주요한 예로 제시했다), ④ 헤테로토피아는 푸코가 말한 헤테로크로니아(heterochronia), 즉 시간상 파열이나 위반과 연결된다, ⑤ 헤테로토피아는 언제나 자기를 고립시키면서 동시에 관통할 수 있게 하는 개폐 시스템을 언제나 전제한다, ⑥ 헤테로토피아는 우리가 다른 실제 공간과 맺는 관계를 변형시켜 우리가 다른 실제 공간을 그다지 사실적으로 보지 않게 하거나 우리에게 그런 공간의 상대적인 조잡함을 보상해준다(장 *보드리야르와 움베르토 *에코가 전자의 전제를 지지한 반면 에드워드 *사이드는 후자의 전제를 지지했다).

현대화 modernization

새로운 사고방식과 새로운 테크놀로지의 조합을 적극 수용하면서 일어난 문화와 사회의 심대한 변화. 사회학과 개발 연구에서 대단히 문제적인 개념으로, 현대화 이론은 모든 사회가 '원시'에서 '현대'로 나아가는 진화적 경로에 있다고 가정하며, 만일 어느 사회가 아직 현대적이지 않다면 그 사회가 퇴행적이거나 저개발 상태이기 때문 혹은 둘 다이기 때문이라고 간주한다. 이 관점은 서구의 생활수준과 생활양식이 모든 사회가 성취하고자 하는 규범이라고 전제하기 때문에 문제적이다. 이 관점은 또한 암묵적으로 서구의 생활수준과 생활양식이 최선의 것이라고(환경 과학이 내놓은 여러 반대 증거에도) 전제한다. *모더니즘은 흔히 현대화 과정에 대한 반발로, 다시 말해 급속하고 급진적인 변화가 주는 충격을 한 사회가 흡수할 수 있게 한 수단으로 여겨진다. 현대화는 *아날학파에게도 중요한 개념이다. 아날학파의 연구는 왜 현대화가 한 곳에서는 일어나고 다른 곳에서는 일어나지 않았는지 묻는다.

+ 더 읽을거리

J. Timmons Roberts and A. Bellone Hite, *From Modernization to Globalization: Social Perspectives on International Development*, 1999.

현상학 phenomenology

19세기 말 독일 철학자 에드문트 *후설이 창시한 의식의 지향적 존재에 관한 철학. 1950년대 *구조주의가 도래하기 전까지 유럽을 지배한 철학 양식이 현상학이다. 현상학을 받아들인 주목할 만한 철학자로 후설의 제자였던 마르틴 *하이데거(그러나 두 사람은 견해가 같지는 않았다. 후설은 하이데거가 현상학을 오해했다고 생각했으며, 하이데거는 후설의 현상학에 오류가 있다고 생각했다), 모리스 *메를로 퐁티, 엠마누엘 *레비나스를 들 수 있다. 현상학의 탐구 대상, 다시 말해 지향성은 '내적 경험'이라 불리는 것과 피상적 유사성이 있다. 지향성이 반성, 다시 말해 사후에만 얻어질 수 있는 것이기 때문이다. 후설의 연구는 이와 같은 문제를 두 가지 환원으로 배격했다. 첫째, 그는 인지의 정초를 목적으로 하는, 초월적 대상(다시 말해, 그것의 의미가 내재적인 대상)에 대한 모든 호소를 배제했다. 둘째, 그는 지향성의 우연한 사례들을 보편성과 구분했다. 이를 그는 형상(eidetic)이라 불렀다. 후설의 유명한 진술을 빌리면, 의식은 언제나 무엇인가에 대한 의식이다. 이렇게 이해되는 의식에는 두 가지 차원이 있다. ① 어떤 대상으로 향하는 의식. 이것을 후설은 *노에시스(noesis)라 했다. ② 의식이 그것으로 향하는 대상. 이것을 후설은 노에마(noema)라 했다. 이 둘은 그것들이 발생하는 양상과 시간성에 따라 달라질 수 있다. 하이데거의 현상학 비판은 후설이 지향성에 부여하는 우위성에 초점을 두었다. 하이데거가 보기에 인간 존재가 지향성에 우선한다(이와 같은 이유에서 하이데거는 때로 실존주의적 철학자로 불린다. 하이데거 자신은 그 같은 평가에 동의하지 않았다). 후설에 대한 메를로 퐁티의 더 우호적 비판 또한 지향성의 우위성을 문제 삼지만, 메를로 퐁티는 육체의 전(前)인지적 능력을 전경화함으로써 그렇게 했다. 메를로 퐁티의 저작이 여전히 읽히는 것은 이 때문(그가 육체를 강조했다는 점)이다. 그러나 현상학은 전반적으로 그 중요성이 상당히 쇠락했다.

+ 더 읽을거리

D. Cerbone, *Understanding Phenomenology*, 2006.
D. Moran, *Introduction to Phenomenology*, 1999.

현실시험 reality-testing / *Realitätsprüfung*

우리가 외부 자극과 내부 자극을 구분하는 과정. 다시 말해, 세계에 실재하는 대상에 대한 인지와 실재하지 않는 혹은 가상적인 대상에 대한 환각을 구분하는 과정. 현실시험은 정신 기구의 의식적 영역에서 작동한다. 그렇다고 해서 현실시험에 오류가 없는 것은 아니다. *정신병 환자라면 현실시험을 할 능력이 없다.

현실원칙 reality principle / *Realitätsprinzip*

정신 기능에 대한 지그문트 *프로이트의 초기 저술들에서 *쾌락원칙에 반대되는 개념. *욕망의 즉각적 만족을 향한 *주체의 추구를 규제하고 제한하며, 외부 현실이 강제하는 조건에 따라 만족을 연기한다. 현실원칙은 쾌락원칙 다음에 생겨나며, 정신 기구가 상당 정도 발전을 거친 다음에야(다시 말해, 판단하는 합리적 과정이 의식 속에서 우위를 점한 다음에야) 형성된다. 현실원칙은 쾌락원칙에 대항해(특히 성 본능이 관련된 영역에서) 완전한 지배권을 결코 갖지 못한다. 따라서 현실원칙은 부단히 자신을 다시 내세워야 한다.

현실효과 reality-effect / *effet de réel*

서사에 기여하는 바는 거의 혹은 아예 없지만, 이야기에 분위기를 부여하며 그로써 이야기가 현실적으로 느껴지게 하는 사람, 장소, 행위의 작은 디테일을 말한다. 제임스 본드라는 캐릭터가 이집트면으로 된 셔츠를 입는다는 것을 아는 것이 플롯 이해에 도움이 되지는 않지만, 본드라는 인물을 이해하는 데는 도움이 된다. 마찬가지로, 그가 자기 먹거리를 포트넘앤메이슨에서 구입한다는 것을 알 때 그라는 인물이 더 현실적으로 느껴지게 된다. 이 개념을 소개하는 에세이 〈현실효과〉(The Reality Effect, 1968)(《언어의 바스락거림》(*The Rustle of Language*, 1984)에 재수록된다)에서 롤랑 •바르트가 주장하듯이, 겉보기에 사소한 디테일을 감안하지 않는다면 텍스트 분석은 온전하다고 여길 수 없다.

현재를 향한 향수 nostalgia for the present

프레드릭 •제임슨이 쓴 역설적 용어. 어떤 영화들에서 보게 되는 과거에 존재했던 '지금 여기'의 스펙터클에 대한 매혹을 가리킨다. 제임슨의 중요한 예는 로렌스 캐스단 캐슬린 터너와 윌리엄 허트가 주연한 영화 〈보디 히트〉(1981)다. 이 영화의 배경은 현재 플로리다이지만, 영화는 동시대성이 모호해지고, 마치 1940년대(캐스단의 영화가 차용하는 테크니컬러 버전의 •필름 누아르 미장센 시대)가 실제 배경인 것처럼 느껴지게 하도록 촬영되었다. 예전 영화에서 그려 보이는 현재, 그것을 향한 갈망이 이 개념의 핵심이다. 영화에서 현재를 향한 향수의 더 최근 예는 피터 잭슨의 〈킹콩〉(2005)이다. 이 영화에서는 1930년대 뉴욕의 화려한 '현재'가 그려진다.

+ 더 읽을거리

I. Buchanan, *Fredric Jameson: Live Theory*, 2006.
C. Burnham, *The Jamesonian Unconscious: The Aesthetics of Marxist Theory*, 1995.
F. Jameson, *Postmodernism, or, the Cultural Logic of Late Capitalism*, 1991.

현존재 *Dasein*

독일 철학자 마르틴 •하이데거의 용어로 개별 •주체를 가리킨다. 이 용어는 따로 쓰이면 '거기에(there)'와 '있음(being)'을 의미하고, 함께 쓰이면 보통 '존재(existence)'로 번역된다. 독일어 '*da*'와 '*sein*' 두 단어로 만들어진 현존재는 대개 번역되지 않고 쓰인다. 그리고 이 용어를 있는 그대로 읽는 것이 가장 추천되는 읽기다. 바꾸어 말하면, 현존재는 주체와 동일하지 않다. 현존재는 주체라는 개념과 연관된 모든 케케묵은 생각과 전제를 자신의 사유에서 제거하는 것을 목표로 삼았던 하이데거 철학에서 주체를 대신한다. 우리는 우리의 사유에서 오래된 이런 전제를 하이데거처럼 중지할 때 무엇보다도 먼저 현존재로 존재하는 주체를 이해할 수 있다.

형이상학 metaphysics

물리적 영역, 다시 말해 측정 가능하며 인식 가능한 세계의 바깥에 혹은 그 너머에 존재하는 것의 탐구. 형이상학은 눈으로 즉각 파악 가능하지 않은 모든 것을 포함해, 세계를 그 총체성에서 인식하고 기술하고자 한다. 이런 의미에서 형이상학은 필연적으로 사변적이다. 인과성, 존재, 가능성과 같은 미지의 그리고 미지일 수밖에 없는 대상을 탐구하기 때문이다. 데이비드 흄 같은 경험주의 철학자들과 임마누엘 •칸트 같은 비판철학자들 모두가 형이상학에 가혹했던 이유가 여기에 있다. 형이상학, 즉 'metaphysics'라는 명칭의 기원은 아리스토텔레스에게 있으며, 아리스토텔레스가 물리학(physics)에 대한 저술 이후 쓴 저술들을 가리킨다. 아리스토텔레스 자신은 'metaphysics'라는 말을 쓰지 않았다. 그가 탐구했던 주제, 그 이후에 'metaphysics'라 불리게 된 주제를 아리스토텔레스 자신은 '제1철학'이라 불렀다. 자크 •데리다는 •해체를 서구 형이상학 비판으로 규정했다. 그가 이렇게 말할 때, 서구 형이상학은 서구 철학 전체를 가리키는 것으로 보인다. 이와 대조적으로, 질 •들뢰즈의 작업은 형이상학의 물리적 토대를 간파하려는 평생의 시도로 간주될 수 있다.

호가트, 리처드 Hoggart, Richard (1918~2014)

•문화 연구를 수립하는 데 중요한 구실을 한 영국의 좌파 문학사학자이자 사회학자. 리즈에서 태어나고 교육을 받은 호가트는 제2차 세계대전 동안 왕립포병대와 함께 활동했고 대령 지위에 올랐다. 호가트의 첫 교수직은(레이먼드 •윌리엄스처럼) 헐 대학교 성인 교육(사회교육) 강사였다. 그는 1946년부터 1959년까지 헐 대학교에서 재직했다. 이 기간에 반자서전적인 책《문맹의 사용》(*The Uses of Literacy*, 1957)을 썼는데, 지금도 여전히 이 책으로 유명하다. 출판 당시 베스트셀러였던 이 책은 두 가지 주요한 이유 때문에 영향을 미치고 있다. 첫째, 이 책은 리비스학파 전통의 고급문화 강조와 단절하고 진정한 노동자계급의 문화가 고려할 •가치가 있다는 것을 증명했다. 둘째, 노동자계급의 문화(호가트 자신의 문화이기도 함)의 진정한 전통이 수입된 미국 대중문화 때문에 해체 위협을 받고 있다고 주장했다. 호가트는 잠시 헐 대학교에서 레스터 대학교로 옮겼다가 1962년 레스터 대학교에서 버밍엄 대학교로 옮겼다. 그는 그곳에서 스튜어트 •홀과 함께 현대문화연구센터를 창립했다. 많은 사람이 이 연구소를 학제로서 문화 연구의 탄생지라고 간주한다. 호가트는 10년간 현대문화연구센터를 지휘했다. 그 후 유네스코에서 3년간 재직한 다음 런던 골드스미스 칼리지 학장으로 학계 이력을 마쳤다. 1984년 호가트는 은퇴했지만 이후 영국 문화 전통의 상태를 사유하는 책을 몇 권 더 쓰면서 활발한 출판 스케줄을 유지했다.

호르크하이머, 막스 Horkheimer, Max (1895~1973)

독일의 철학자이자 •프랑크푸르트학파 창시자 중 한 사람. 호르크하이머는 독일과 미국에서 모두 프랑크푸르트학파 학자들의 조사 연구를 용이하게 만들려고 막후에서 막대한 양의 일을 해낸 탁월한 기획자였다. 어린 나이부터 그가 받은 특권적 양육, 어쩌면 이 양육 때문에 호르크하이머는 자본주의 시스템이 사회적으로 부당하다는 사실을 강하게 인식했다.

그는 슈투트가르트의 부유한 유대인 직물 제조업자 가문에서 태어났다. 처음에 그는 가업을 계승한 아버지의 뒤를 이었다. 그러나 그는 심장이 좋지 않아 결코 가업에 맞지 않았다. 1917년 군대에 징집되었지만 건강상의 이유로 군복무에 적합하지 않아서 거부당했다. 1919년 마침내 심리학과 철학, 경제학을 공부하려고 뮌헨 대학교에 입학했다. 뮌헨에 사는 동안 그는 혁명적 극작가 에른스트 톨러라고 오인되어 체포돼 감옥에 갇혔다. 석방된 후 프랑크푸르트 대학교로 옮겨 학업을 계속했다. 그는 프라이부르크 대학교에서 에드문트 *후설과 함께 공부하면서 1년을 보냈고 후설의 연구 조교였던 마르틴 *하이데거를 만났다. 한스 코르넬리우스의 지도를 받아 박사 학위를 마치고 대학교수 자격을 얻었다(코르넬리우스는 나중에 호르크하이머의 친구들인 테오도어 *아도르노와 발터 *벤야민의 박사 학위 논문을 통과시키지 않았다).

1930년 호르크하이머는 프랑크푸르트 사회조사연구소 연구소장이 되었다. 1931년 발표한 취임사 〈사회철학의 현재 상황과 사회조사 연구서의 임무〉(The Present Situation of Social Philosophy and the Tasks of an Institute for Social Research)에서 그는 연구소의 세 가지 핵심 과업의 개요를 설명했다. 연구소의 첫 번째 과업은 사회를 연구하려고 학문 간 상호 접근법을 개발하는 것이었다(호르크하이머는 그때까지 독일의 학술 시스템에서 들어본 적 없는 다학제적 상호 연구라는 말로 철학과 사회학을 조합했다). 두 번째는 경제적 문제만 중점적으로 강조하기보다는 사회적·문화적 쟁점을 강조하려고 *마르크스주의 프로젝트를 재구성하는 것이었다. 세 번째는 사회, 경제, 문화, 의식의 상호작용을 명백히 밝히는 것이었다.

호르크하이머의 통솔 아래 사회조사연구소는 기금을 만들어 독일 노동자계급의 '정신 구조'를 연구했다. 이는 당시의 정치적 조건, 즉 나치당이 모든 곳에서 상승세를 타는 상황을 고려하면 믿을 수 없을 정도로 용감하고 도발적인 것이었다. 정치적 상황에서 그런 변화가 전조하는 어떤 위험을 비록 완전히 의식하지는 못했지만 어느 정도 의식하게 되면서 연구소는 1931년 연구소 업무들을 제네바로 이전했다. 사회조사연구소는 1934년 이번에는 뉴욕의 컬럼비아 대학교로 이전했다. 이때 처음으로 호르크하이머는 미국에 갔다. 그 후 마찬가지로 망명길에 오른 자신의 동료들이 뒤따라 미국으로 올 수 있도록 일을 주선했다. 대부분 그의 동료들은 적절한 시기에 미국에 왔지만 벤야민이라는 주목할 만한 슬픈 예외자가 있었다. 뉴욕에서 사회조사연구소는 *권위와 가정에 관한 포괄적인 질적·양적 프로젝트에 착수했다. 그러나 1939년 적절치 못한 투자 몇 건 때문에 연구소는 재정적 어려움에 봉착했다. 그래서 연구소가 그동안 모아왔던 연구원들로 구성된 훌륭한 팀은 해체되었고 뛰어난 연구원들은 할 수 없이 다른 곳에서 직업을 구하기 시작했다.

호르크하이머의 가장 유명한 글이면서 전체로서 프랑크푸르트학파를 대변하는 것으로 정평이 난 글이라 할 수 있는 〈전통 이론과 비판이론〉(Traditionelle und Kritische Theorie)은 1937년 연구소의 기관지 《사회 연구》(*Zeitschrift für Sozialforschung*)에 발표되었다. 이 글은 과학 혹은 *도구적 이성과 어떤 연결을 피하는 사회분석의 유물론적 형식을 표방하는 키워드로 비판이론을 설정했다. 이 글은 *정신분석과 연결을 유지하고 있는데, 이는 정확히 *정신분석이 과학으로 인정받지 못했기 때문이다. 이 글은 여러 가지 면에서 의심할 여지 없이 호르크하이머의 가장 잘 알려진 책, 즉 아도르노와 함께 연구한 공동 연구서 《계몽의 변증법》(*Dialektik der Aufklärung*, 1944 / *Dialectic of the Enlightenment*, 1972)의 전조가 되었다. 《계몽의 변증법》은 망명 시절 연구소의 새로운 소재지가 되었던 로스앤젤레스에서 완성되었다. 부분적으로 이 프로젝트는 나치즘이 사회를 통제할 수 있었던 조건을 설명하기 시작했다. 그러나 그뿐 아니라 대중 미디어가 이념적 메시지 수신에 대한 저항을 축소했다는 것을 증명함으로써 나치즘이 독특한 독일적 현상이 결코 아니었다는 것을 보여주고자 했다. 1980년대 초반까지 이러한 관점이 지배적이었다. 그러나 1980년대 초반 *문화 연구는 이들의 프로젝트가 엘리트주의적이라고 단정하고 좀 더 수용지향적 이론의 견지에서 그것을 전복했다.

호르크하이머는 1949년 프랑크푸르트로 돌아왔다. 그리고 1950년에 그곳에서 다시 사회조사연구소의 문을 열었다. 1954년 그는 시카고 대학교에서 강연을 하려고 다시 미국으로 갔고 1955년 은퇴했다. 말년에 호르크하이머는 책을 거의 쓰지 않았지만 영향력 있는 인물로 남았다.

+ 더 읽을거리

S. Benhabib, W. Bonss and J. McCole, (eds.) *On Max Horkheimer*, 1985.
데이비드 헬드, 《비판이론서설》, 백승균 옮김, 계명대학교 출판부, 1999.
마틴 제이, 《변증법적 상상력》, 황재우 옮김, 돌베개, 1981.
R. Wiggershaus, *The Frankfurt School*, 1994.

호명 interpellation

프랑스의 *마르크스주의 철학자 루이 *알튀세르가 창안한 용어. 특정한 사회적 구성이 *주체를 지명하는 비강제적 과정을 가리키며, 존재의 실제 조건에 개인이 갖는 상상적 관계로서 *이데올로기 이론에서 핵심 역할을 한다. 호명 과정에서 개인은 자신을 주체로 *오인하고, 그가 상상하듯 자신이 사회를 구성하는 것이 아니라 사회가 자신을 구성한다는 사실을 망각한다. 이데올로기는 개인을 설득해 그를 주체로 탈바꿈한다. 사회의 주체인 개인은 사회에 종속되는 개인이기도 하다. 이데올로기가 벌이는 설득 과정에서, 개인에게 그를 위한 주체 위치가 제공되고, 실상은 비어 있는 이 위치에서 개인은 스스로를 보게 된다. 이 과정의 대표적 사례로 국적을 들 수 있다. 정부는 시민에게 개인적·집단적 정체성의 근거로서 국적의 위치를 항상 홍보한다. 호명 과정을 일종의 '되기' 과정으로 생각해서는 안 된다. 알튀세르에게 이데올로기는 영원하므로 개인은 언제나 그리고 이미 호명되어 있다. 달리 말하면, 이데올로기의 바깥은 없다. 개인은 언제나 그리고 이미 이데올로기 안에 있다. 오인이라는 중요한 개념은 프랑스 정신분석학자 자크 *라캉이 제시한 영유아 심리 발달 단계 중 *거울 단계 이론에서 차용했다. 알튀세르는 아기가 거울에 비친 가상 이미지를 실제 자아로 오인하듯이, 이데올로기 조건에서 개인들은 사회적으로 생산된 가상 재현을 그들의 실제 자아로 오인한다는 가설을 제시했다. 다양한 급진적 소수 세력이 이 개념을 수단으로, 정치적으로 주변화된 집단의 긍정적 재현에 있는 사회적이며 문화적인 중요성을 강력히 옹호할 수 있었다(→ 헤게모니; 이데올로기적 국가장치; 상상의 공동체).

+ 더 읽을거리

루이 알튀세, 《레닌과 철학》, 이진수 옮김, 백의, 1997.

호모 사케르 *homo sacer*

문자적으로는 '신성한 사람'이라고 번역되는 이 고전적 개념은 현대비평이론에서 의미심장한 주목을 끌고 있다. 이는 이탈리아 철학자 조르조 *아감벤이 호모 사케르의 다층적 의미의 복잡성을 연구하려고 책을 여러 권 썼기 때문이다. 호모 사케르는 역설적 인물이다. 그는 희생될 수 없는 자인데, 그럼에도 혐의 없이 살해될 수 있는 자이기 때문이다. 이런 의미에서 호모 사케르는 신의 법과 인간의 법, 두 가지 모두의 밖에 있거나 두 법 너머에 있다. 아감벤의 도발적 논제는 호모 사케르가, 오랫동안 *고고학이 주장했듯이, 단지 성스러움이라는 개념에 있는 기원적 양가성의 증거일 뿐만 아니라 호모 사케르가 만들어지는 이름 속에서 바로 그 사람들에 대한 예외를 만듦으로써 정치적인 것의 영역 자체가 구성된다는 것이다. 따라서 호모 사케르는 삶과 죽음에 대한 주권적 권력, 구원할 *가치도 죽일 가치도 없는 생명을 지정하는 권력을 상징한다. 아감벤의 관점에서 호모 사케르를 가장 완벽히 실현한 이들은 강제수용소 수감자, 즉 신이나 운명에 명백히 굴복하기 때문에 캠프에서 사용하는 회화체 언어로 '무슬림인들(die Muselmänner/the Muslims)'이라고 알려진 특히나 불운한 인물들이다. 그러나 아감벤은 일반적으로 말해서 호모 사케르가 나치즘이나 전체주의 정치의 산물이라고 주장하기보다는 나치즘의 몰살주의 정치를 가능하게 했던 인간의 삶을 그렇게 고찰하는 순수한 가능성이라고 논박했다. 그는 바로 그와 동일한 가능성이 민주주의의 기원, 즉 개인이 아니라 인구 집단 전체에 초점을 둔 *생명권력으로서 정치가 구성되어온 방식에서 드러나는 사실에도 존재한다고 주장했다(→ 헐벗은 삶).

+ 더 읽을거리

조르조 아감벤, 《호모 사케르: 주권 권력과 벌거벗은 생명》, 박진우 옮김, 새물결, 2008.
조르조 아감벤, 《아우슈비츠의 남은 자들: 문서고와 증인》, 정문영 옮김, 새물결, 2012.

혼합성 / 문화융합 syncretism

문화인류학과 *문화 연구에서 *디아스포라 문화가 한곳에 모이면서 발생하는 종합적 문화 생산을 가리키는 말. 방그라(bhangra)와 레게가 예가 될 수 있다. 그 종합이 계급을 가로질러, 또한 인종 장벽을 가로질러 일어날 수 있다는 점에서 혼합성은 *잡종성과 다르다.

홀, 스튜어트 Hall, Stuart (1932~2014)

영국의 좌파 사회학자이자 문화비평가. 홀은 영국에서 문화 이론을 하나의 학문으로 창시하는 데 중요한 구실을 했다. 그는 자메이카에서 태어나 그곳에서 교육을 받은 다음 1951년 영국의 브리스틀로 이주했다. 이후 로즈 장학생으로 선발되어 옥스퍼드 대학교 머튼 칼리지를 다니면서 석사 학위를 받았다. 그 후 버밍엄 대학교에서 교편을 잡았다. 1960년 홀은 레이먼드 *윌리엄스, 에드워드 파머 *톰슨과 함께 *마르크스주의 잡지《뉴 레프트 리뷰》(*New Left Review*)의 창간을 도왔고 페리 *앤더슨에게 자리를 양도하기 전 2년간 잡지를 편집했다. 1964년 리처드 *호가트의 초청을 받고 현대문화연구소에 합류했다. 1968년 홀은 연구소장이 되었고 15년간 이 연구소에서 재직했다. 15년에 걸쳐 홀은 버밍엄 대학교에서 다양한 협동 프로젝트에 참여했다(그의 연구 경력의 많은 부분은 이런 패턴으로 이루어졌다). 그는 협동 프로젝트에서 영국적 삶의 다른 양상을 각각 분석했고, 이것을《위기의 정치화: 강도, 국가, 법과 질서》(*Policing the Crisis: Mugging, the State and Law and Order*, 1978)와《제의를 통한 저항》(*Resistance through Rituals*, 1976) 같은 책으로 출판했다. 이 책들은 오늘날 문화 이론이라는 학문의 초석을 마련했다. 그에 반해 영국 도처에 있는 많은 사회학과 동료들에게 홀은 단지 '이론'으로 알려진 것, 특히 이탈리아 마르크스주의자 안토니오 *그람시와 프랑스 *구조주의자 루이 *알튀세르와 미셸 *푸코의 이론을 시대에 앞서 수용한 사람이었다. 1979년 그는 오픈 유니버시티로 자리를 옮겼고 1997년 퇴직할 때까지 그곳에서 재직했다. 1979년 마거릿 대처가 당선되면서 그는 좌파의 패배와 억제할 수 없을 것 같은 우파의 대두 모두를 기록하겠다는 소명을 찾았다. 그리고 논란의 여지가 있기는 하지만 그의 가장 중요한 책이라고 할 만한 책, 단호하지만 위엄 있는 책《대처리즘의 문화정치》(*The Hard Road to Renewal: Thatcherism and the Crisis of the Left*, 1988)를 썼다. 그의 모든 책에서처럼, 그는 이 책에서 *정체성을 이데올로기적으로 조작하는 것에 특별한 관심을 기울이면서 *헤게모니가 포착되는 재현 수단을 검증하려고 시도했다.

+ 더 읽을거리

K-H. Chen and D. Morley, (eds.) *Stuart Hall: Critical Dialogues in Cultural Studies*, 1996.
H. Davis, *Understanding Stuart Hall*, 2004.
P. Gilroy et al., (eds.) *Without Guarantees: In Honour of Stuart Hall*, 2000.
제임스 프록터, 《지금 스튜어트 홀》, 손유경 옮김, 앨피, 2006.
C. Rojek, *Stuart Hall*, 2002.

홉스봄, 에릭 Hobsbawm, Eric (1917~2012)

영국의 *마르크스주의 역사학자. 이집트 알렉산드리아에서 태어난 홉스봄은 1933년 런던으로 이주하기 전에 빈과 베를린에서 학교를 다녔다. 그는 케임브리지 대학교 킹스 칼리지에서 학사와 박사 학위를 받았다. 이곳에서 그는 공산당에서 왕성한 활동을 했고 동료 마르크스주의자 레이먼드 *윌리엄스와 만났다. 제2차 세계대전 중 그는 영국 육군 공병대와 왕립육군교육단에서 복무했다. 1947년 그는 런던 대학교 버크벡 칼리지에 역사학과 교수로 임명되었다. 홉스봄은 미국의 스탠포드 대학교와 뉴스쿨 대학교에서 방문 교수직을 맡은 것과는 별도로 정년퇴직할 때까지 사실상 버크벡 칼리지에 재직했다. 매력적인 스타일과 예술과 학문에 대한 박학다식함을 갖춘 다작 저자인 홉스봄은 대중적 잡지와 신문을 위한 짧은 글이나 긴 논평도 똑같이 능숙하게 잘 썼다. 심지어 그는 1955년부터 1965년까지 《뉴 스테이츠먼》(*New Statesman*)에서 프랜시스 뉴턴이라는 필명으로 글을 쓰면서 재즈 비평가로서 10년간 활약했다(이때 쓴 글들은 나중에 수집되어 홉스봄 자신의 이름으로 《재즈의 명장면》(*The Jazz Scene*, 1989)이라는 책으로 출판되었다). 홉스봄은 '세계 역사의 시대'에 관한 4부작으로 유명하다. 이 4부작은 《혁명의 시대》(*The Age of Revolution 1789-1848*, 1962)에서 시작해서 거기서부터 《자본의 시대》(*The Age of Capital 1848-1875*, 1975)와 《제국의 시대》(*The Age of Empire 1875~1914*, 1987)로 나가서 논쟁의 여지가 있는 《극단의 시대》(*The Age of Extremes 1914~1991*, 1994)로 매듭지어졌다. 《극단의 시대》에는 홉스봄이 이름 붙인 '짧은 20세기'에 관한 날카로운 논평이 제시되어 있다. 홉스봄은 테렌스 레인저와 함께 현대 생활에서 이른바 전통적 요인이라고 불리는 많은 것(스코틀랜드의 타탄 직물 같은 것)이 실은 근대에 만들어졌다는 사실을 증명함으로써 •문화 연구에 막대한 영향력을 미친 에세이집《전통의 발명》(*The Invention of Tradition*, 1983)을 편집했다.

+ 더 읽을거리

G. Elliott, *Ends in Sight: Marx, Fukuyama, Hobsbawm, Anderson*, 2008.
에릭 홉스봄, 《미완의 시대》, 이희재 옮김, 민음사, 2007.

화용론 pragmatics

의미의 형성에서 문맥이 하는 구실을 탐구하는 언어학의 한 분야. 존 랭쇼 •오스틴의 •수행 이론에 바탕을 두었지만, 인류학과 사회학에서도 여러 요소를 끌어온다. 화용론은 특정 언어의 사용자가 비언어적 단서를 사용해 의사소통의 특정 단위가 지닌 의도를 분명하게 하는 방식에 관심이 있다. 화용론의 분석 대상으로, 가령 어떤 진술의 의도가 농담인지 모욕인지, 구애인지 희롱인지 등을 예로 들 수 있다.

화이트, 헤이든 White, Hayden (1928~)

미국의 역사학자. 역사학에 대한 후기 구조주의적 접근, •역사 기술에서 •전의의 중요성에 대한 강조로 유명하다. 웨인 주립대학교에서 학사 과정을 마쳤고, 미시간 대학교에서 1956년 박사 학위를 받았다. 로체스터 대학교, UCLA에서 잠시 재직했고 이후 주된 소속은 캘리포니아 산타크루즈 대학교였다. 화이트는 산타크루즈 대학교에 있으면서《메타역사: 19세기 유럽의 역사적 상상력》(*Metahistory: The Historical Imagination in Nineteenth-Century Europe*, 1973)을 출간해 국제적 명성을 얻게 되었다. 이 책은 20세기 후반에 역사 기술의 풍경을 바꾼 명저다. 19세기의 유명한 역사학자들, 야코프 부르크하르트, 베네데토 크로체, G. W. F. •헤겔, 쥘 미슐레, 프리드리히 •니체, 레오폴트 폰 랑케의 저작들을 논의하면서, 화이트는 역사 쓰기가 서사 유형(희극이냐, 소극이냐, •로맨스냐, 비극이냐 등)의 선택에 영향을 받으며 이 선택은 •이데올로기적 신념을 반영한다고 말했다. 화이트는《담론의 열대》(*Tropics of Discourse*, 1978)에서 이러한 논의를 더 밀고 나갔다. 이 책에서 주제를 다루려고 그는 '전의학(tropology)'이라는 용어를 고안했다.

+ 더 읽을거리

F. Ankersmit, E. Domanska, and H. Kellner, *Re-figuring Hayden White*, 2009.

+ 참고

헤이든 화이트, 《메타역사: 19세기 유럽의 역사적 상상력》, 천형균 옮김, 지식을만드는지식, 2013.

화행 speech act →수행사

환유 metonym

어떤 사물의 일부 혹은 그것과 관계가 긴밀한 무엇이 그 사물을 대표하는 수사적 전의. 미국의 대통령 집무실을 뜻하는 'the Oval Office' 혹은 백악관의 영어 명칭 'the White House'가 미국의 대통령직 자체를 가리키는 경우를 예로 들 수 있다. 이와 비슷하게 '워싱턴'은 미국 정부 전체를 가리키는 환유로 쓰일 때가 많다.

회복된 기억 recovered memory

*정신분석 치료 과정에서 회상되는, 억압되었던 외상적 사건의 기억. 정신분석에 대한 지그문트 *프로이트의 초기 저술에서 발전된 개념이다. 이 당시 프로이트는 오이디푸스적 욕망이 사실에 기반을 두었지만, 그 욕망을 자극하는 사건들이 개인에게 고통스럽기 때문에 그것들에 대한 기억이 회상이 불가능한 지점에 묻힌다고 보았다(이것이 그의 이른바 *유혹 이론이다). 프로이트는 오이디푸스적 욕망을 자극하는 생각이 상상된 경우에도 실제일 때만큼 강력할 수 있음을 깨달으면서 곧 이 이론을 폐기했다. 회복된 기억이라는 개념은 논란의 대상이다. 회복된 기억이라고 주장되는 것들이 대부분 실상 *무의식 속에서만 일어난 사건들의 환상이기 때문이다.

후기 구조주의 post-structuralism

선행했던 운동(*구조주의)에 대한 내부 비판으로 시작했고 *비평이론에서 영향력 있었던 운동. 후기 구조주의는, 특히 개인의 의식과 주체를 탈특권화하는 구조주의의 반인본주의를 포함해서 구조주의와 몇 가지 핵심적 특징을 공유한다. 그것이 지식이든 이해이든 완전성의 형식을 가질 수 없다는 회의주의(비판자들에게 이것은 비합리로 여겨진다)가 후기 구조주의의 주요한 특징이다. 후기 구조주의는 초월적이며 관념적인 *존재론과 *인식론 모두를 거부하며, 존재와 지식의 최종적 인식 불가능성을 전제로 하는 존재론과 인식론만 수용한다.

일반적으로 후기 구조주의는 1966년, 구조주의의 성취를 기념하고 미국의 학자들에게 그것을 소개하려고 존스 홉킨스 대학교에서 열린 학회에서 처음 모습을 드러냈던 것으로 여겨진다. 자크 *데리다라는 젊은 학자가 학회의 기조 발표자이자 구조주의의 창시자 중 한 사람인 클로드 *레비스트로스를 비판한 논문 〈인간과학 담론에서 구조, 기호, 유희〉(La structure, le signe et le jeu dans le discours des sciences humaines / Structure, Sign and Play in the Discourse of Human Sciences, 1978)를 발표했다. 이후 그의 사유 스타일로 알려질 스타일을 보여주는 이 논문에서, 데리다는 구조주의의 핵심에 있는 환상(언어의 보편적 특징을 규명하려고 언어를 순간 정지시킬 수 있다는)을 깨뜨렸다. 언어는 연속적 과정으로서, 언어의 구조(다시 말해, 언어의 내부 규칙)는 끝없는 변주에 종속된다고 데리다는 주장했다. 이 아이디어는 인간 사유의 거의 모든 면으로 확장되면서 그 어떤 아이디어, 개념, 사고, 사물도 온전히 우리가 생각하는 대로가 아니라는 일종의 원리가 되었다. 이것을 오늘 우리는 후기 구조주의적 사유로 본다. 이와 같은 사태에 데리다가 사용한 용어가 *차연이다.

후기 구조주의는 대단히 느슨하게 적용되는 용어다. *포스트모더니즘과 동의어로 쓰일 때도 많지만, 포스트모더니즘이 세계사적 차원의 변화에 관한 용어라면 후기 구조주의는 지적 견해만 가리키기 때문에 이것은 오해다. 비슷하게, 후기 구조주의는 해체와 동의어로 쓰일 때도 많다. 해체라는 지적 견해를 창시한 공이 데리다에게 주어지긴 하지만, 데리다에게는 그만의 해체

프로젝트가 있고 그것이 널리 이해되는 후기 구조주의와 모든 점에서 동의하지는 않기 때문에, 이 역시 부정확한 이해다. 알랭 •바디우, 롤랑 •바르트, 자크 •데리다, 질 •들뢰즈, 미셸 •푸코, 프레드릭 •제임슨, 장 프랑수아 •리오타르 등 다양한 저자가 후기 구조주의에 포함될 때가 많지만, 이 또한 오해의 소지가 있다. 이들 저자들의 작업이 구조주의는 몇 가지 중요한 면에서 부적합했다는 광범한 동의 이상의 무엇을 공유하는 것처럼 보이게 하기 때문이다. 위르겐 •하버마스나 만프레트 •프랑크 같은 후기 구조주의 비판자들에게 후기 구조주의는 비합리적이고 무책임한 철학을 칭하는 이름에 지나지 않는다. 따라서 이것은 상당히 주의를 기울이면서 써야 하는 용어다.

+ 더 읽을거리

C. Belsey, *Poststructuralism: A Very Short Introduction*, 2002.
J. Williams, *Understanding Poststructuralism*, 2005.

후기 자본주의 late capitalism / *Spätkapitalismus*

1930년대 이래 •마르크스주의 안에서 쓰인 용어. 경제사학자 에르네스트 만델이 《후기 자본주의》(*Der Spätkapitalismus*, 1972 / *Late Capitalism*, 1975)를 출간한 이래 •비평이론에서 중요하게 부상했다. 후기 자본주의라는 용어로 만델이 뜻한 것은 자본주의의 최근 혹은 현존하는 단계다. 다시 말해, 제2차 세계대전 이후 자본주의적 생산양식에서 일어난 심대한 변화를 포괄하는 단계다. 이 단계에서 미국과 독일, 일본에서 폭발적인 경제 성장이 일어났다. 프레드릭 •제임슨은 •포스트모더니즘이 현시대에 대한 가장 적합한 규정이라고 설명하면서 이 용어와 만델의 분석을 채택했다.

후설, 에드문트 Husserl, Edmund (1859~1938)

독일의 철학자이자 •현상학의 창시자, 20세기의 영향력 있는 사상가 중 한 사람. 후설의 저작은 마르틴 •하이데거, 모리스 •메를로 퐁티, 엠마누엘 •레비나스, 알프레드 슈츠, 루돌프 카르납, 로만 •잉가르덴, 자크 •데리다에게 중요한 영향을 미쳤다. 비록 후설이 살아생전에 상대적으로 출판을 적게 하기는 했지만 그는 많은 책을 쓴 저자다. 그는 4만 쪽에 이르는 책을 남겼고 이 책들은 꾸준히 출판되고 있다(점차 늘어나는 후설 전집의 판본을 마지막으로 세어보니 27권 이상이었다). 벨기에 루뱅 대학교에 후설 연구에 헌정된 주요 문서보관소가 있다.

후설은 오스트리아헝가리제국(현 체코 공화국)의 프로스테요프에 있는 한 유대인 가정에서 태어났다. 처음에 그는 라이프니츠 대학교와 베를린 대학교에서 학부 시절을 보낼 때 수학을 공부했다. 그 후 1883년 빈 대학교에서 미적분학으로 박사 학위를 마쳤다. 그 당시 빈 대학교에서는 프란츠 브렌타노가 심리학과 철학을 강의했는데, 후설은 점점 더 그쪽 방향으로 자기 자신이 끌리는 것을 느꼈다. 브렌타노는 종교적 차이 때문에 어쩔 수 없이 교수직을 사임하게 되면서 후설에게 할레 대학교에 있는 카를 슈툼프와 함께 연구 논문을 완성해보라고 조언했다.

1891년 후설의 학위 논문은《산수에 관한 철학》(*Philosophie der Arithmetik*)이라는 제목으로 출판되었다. 이 논문은 여전히 수학에 관한 것이었지만 심리학 쪽에 뚜렷한 성향을 보였다. 비록 숫자들의 존재에 논리적 토대를 부여하기 시작했음에도 후설의 프로젝트는 논리학자 고틀로프 •프레게로부터 엄격하게 심리학주의라는 비판을 받았다. 그 뒤에 후설은 자신의 생각을 수정했고 다음에 출판한 책《논리학적 통찰》(*Logische Untersuchungen*, 1901 / *Logical Investigations*, 1913)에서 심리학주의에 대한 비판을 발전시켰다. 이 책은 개념이 심리적이지 않다는 것을 보여주고자 시도했다. 이 책에 힘입어 후설은 1901년 괴팅겐 대학교 교수로 임명되었고, 같은 제목으로 책을 두 권 더 출판하면서 1916년까지 그곳에서 재직했다. 이 책들을 쓰면서 후설은 현상학을 학문으로 창시했다. 후설이 착안했던 것처럼 현상학은 정신적 통합의 특수한 과정과 정신적 통합 과정으로 파악되는 개념을 발견하는 데 관심을 두었다.

현상학은 접근법에서 경험주의적이지 않고 의식 행위의 •본질을 다룬다는 점에서 심리학과 다르다. 현상학은 주어진 것(the given)의 본성에 질문을 제기하기 때문에 경험주의적이지 않다. 다시 말해, 현상학은 어떤 식으로든 의식의 결정적 영향력에 따라 형성되지 않은 채 무엇인가가 나타난다고 전제하지 않는다. 정신에 등록되어 있는 감각 데이터와 그런 감각 데이터가 우리에게 의미하는 것을 실제로 아는 것 사이에는 차이가 있다. 뜨거움 같은 날것의 *정동조차 정신에서 '위험하다'는 의미로 읽히려면 과정을 거쳐야 한다. 어떻게 이러한 과정이 일어나느냐가 후설의 나머지 연구 이력에서 유일한 관심사였다. 현상학은 세계가 의식에 나타나는 대로 존재하고 정신은 세계의 현실을 직관할 수 있다고 전제한다. 현상학은 *상대주의의 한 형식이 아니다. 그러나 현상학은 자신의 출발점의 결과물을 피하기 위해서 이 세계에서 이루어지는 것과는 별개로 정신의 과정이 이루어질 수 있다는 것을 보여주어야 한다. 후설은 *에포케(*epochē*)라고 부른 방법 혹은 현상학적 환원을 발명했다. 후설은 이 방법으로 의식 행위, 즉 *통각과 의식이 지향하는 대상을 분리할 수 있었다.

1916년 후설은 프라이부르크 대학교 철학과 교수로 임명되어 남은 일생 동안 학생들을 가르쳤다. 그곳에서 마르틴 *하이데거와 엠마누엘 *레비나스 같은 정말로 유명한 학생들을 만났을 뿐 아니라 장차 *빈학파의 철학자가 될 루돌프 카르납과 모리츠 슐리크와도 만났다.

말년에 후설은 1933년 권력을 잡은 나치 정권에 대단히 불우한 대우를 받았다. 후설은 걸출하지만 정치적으로 그릇된 판단을 내린 제자 하이데거 때문에 상당한 불명예를 겪어야 했다. 하이데거는 (프라이부르크 대학교 총장으로서 그가 능력이 있었을 때) 명예 교수로서 후설의 지위를 철회하고 자기 책에서 후설에게 바친 헌사를 삭제해버렸다(이것은 후에 복원되었다). 후설의 책들은 유대인 저자들이 쓴 저서를 소장하고 있는 도서관들을 태워버리려고 나치당이 불 질렀던 화염 속으로 사라져버렸다. 만일 벨기에의 사제 헤르만 판 브레다가 조치를 취하지 않았다면 후설의 출판되지 않은 논문들도 같은 운명에 처했을 것이다. 후설의 문서보관소가 오늘날 루뱅에 있는 것은 이런 이유 때문이다.

+ 더 읽을거리

A. Bowie, *Introduction to German Philosophy: From Kant to Habermas*, 2003.

M. Russell, *Husserl: A Guide for the Perplexed*, 2006.
D. Woodruff Smith, *Husserl*, 2006.
D. Zahavi, *Husserl's Phenomenology*, 2003.

후쿠야마, 프랜시스 Fukuyama, Francis (1952~)

미국의 정치철학자. 후쿠야마는 시카고에서 훌륭한 교육을 받은 중산층 가정에서 태어났다. 그의 아버지는 (종교 수행과 더불어) 사회학 박사 학위가 있는 일본계 미국인 2세였고 그의 어머니는 교토 대학교 경제학과 창립자의 딸로 일본에서 태어났다. 후쿠야마는 코넬 대학교에서 학사 학위를 취득하고 고전과 정치철학을 공부했다. 그는 코넬에서 그에게 핵심적 영향력을 미친 인물 중 하나인 앨런 *블룸을 만났다. 보수적 문화비평가인 블룸은 미국 문화의 쇠퇴에 대한 논쟁적 해석을 담은 베스트셀러《미국 정신의 종결》(*The Closing of the American Mind*, 1987)의 저자다. 그 후 후쿠야마는 하버드 대학교에 진학해서 박사 학위를 마쳤다. 하버드에서 그는 대단히 영향력 있는 *신인종차별주의적 논문인《문명의 충돌과 세계 질서의 재편》(*The Clash of Civilizations and the Remaking of the World Order*, 1998)의 저자 새뮤얼 헌팅턴과 함께 공부했다. 후쿠야마의 이력은 랜드 연구소와 미국 국무부에서 구소련과 중동에 관한 정책과 계획 수립을 전문적으로 담당하던 직책과 조지 메이슨 대학교와 존스 홉킨스 대학교 같은 유력한 미국 대학들에서의 직책으로 구분된다. 후쿠야마는 우파 저널《내셔널 인터레스트》(*The National Interest*)에서 〈역사의 종결〉(The End of History, 1989)이라는 제목의 짧은 에세이를 출판하면서 명성을 얻었다. 1989년 11월 베를린 장벽의 붕괴와 함께 이른바 '실질적으로 존재하는 사회주의'가 붕괴하기 직전에 쓰인 후쿠야마의 글은 당시 일어나는 사건들의 정신을 포착하고 있는 것 같다. 그것은 단지 서구 자본주의의 승리였을 뿐만 아니라 보편적 적법성을 띤 자유 민주주의 질서의 최종적 수립이었다. 후쿠야마는 가능한 사회적 구성의 정점에 도달했기 때문에 (대단히 헤겔적 사유 방식을 따라) 역사는 종결되었다고 주장했다. 후쿠야마는 이 글을《역사의 종결과 마지막 인간》(*The End of History and the Last Man*, 1992)이라는 베스트셀러로 변환했다. 이 책은 자크 *데리다, 프레드릭 *제임슨, 페리 *앤더슨과 같은 몇몇 비평이론 전문가의 정교한 반론을 포함한 격렬한 논쟁의 불꽃을 점화했다. 데리다는《마르크스의 유령들》(*Spectres de Marx*, 1993 / *Spectres of Marx*, 1994)에서, 제임슨은《문화적 전회》(*The Cultural Turn*, 1998)에서, 앤더슨은《참여의 지대》(*A Zone of Engagement*, 1992)에서 후쿠야마의 주장을 부정했다. 이후 후쿠야마의 책은 신뢰, 비인간적인 것, 통치와 같은 쟁점을 중점적으로 다루었지만《역사의 종결》과 같은 비판적 관심을 끌지는 못했다(비록 그의 책이 계속해서 잘 팔리기는 했지만). 이것은 아마도 이후 그의 책이 첫 책과 같은 철학적으로 거창한 허세를 받아들이지 않았기 때문일 것이다.

+ 더 읽을거리

G. Elliott, *Ends in Sight: Marx, Fukuyama, Hobsbawm, Anderson*, 2008.

훅스, 벨 hooks, bell (1952~)

아프리카계 미국인 페미니스트이자 사회운동가인 글로리아 *왓킨스의 필명. 이는 자신의 어머니와 할머니 이름을 조합한 것이다. 그리고 중요한 것은 책등에 인쇄된 자신의 이름이 아니라 책의 내용이라는 것을 의미하려고 그녀는 이 필명을 소문자로 표기한다. 1981년《나는 여자 아닌가요》(*Ain't I a Woman?: Black Women and Feminism*) 출판 이후 훅스는 *제2세대 페미니즘과 인종 연구 모두에 대단히 비판적이었다. 그녀는 제2세대 페미니즘이 인종, 그리고 인종 연구가 *젠더를 소홀히 다루었다고 비판했다. 그래서 그녀는 *페미니즘 안에서 *성차별주의에 반대하고 흑인 해방 운동 안에서 인종차별주의에 반대하는 글을 썼다. 그녀는 또한 *공적 영역에서, 특히 미디어와 정치에서 여성을 종속시키기 위해 인종과 젠더가 이용되는 상호적 강화 방식에 대해서도 광범위하게 글쓰기를 하고 있다. 헨리 루이스 *게이츠처럼 그녀는 아프리카계 미국인의 문화 보존과 대중화에 지속적인 관심을 보이고 있다. 훅스는 *제3세대 페미니즘의 선봉에 있는 저자다.

흐름 flow

웨일스의 문화비평가 레이먼드 *윌리엄스의 개념으로 어떻게 텔레비전이 작동하는지를 설명한다. 《텔레비전론: 테크놀로지와 문화 형식》(*Television: Technology and Cultural Form*, 1974)이라는 제목의 짧은 책에서 윌리엄스는 텔레비전을 시청하는 실제 경험은 방대한 선택권이 있는 스뫼르고스보르드(smorgasbord, 온갖 다양한 음식이 나오는 뷔페식 식사)로 식사하는 것과 같기 때문에 텔레비전은 개별 프로그램의 관점에서 생각될 수 없다는 사실에 주목했다. 텔레비전은 단독 프로그램으로 시작하거나 끝나지 않는다는 것이 중요하다. 언제나 뒤이어 나올 다른 프로그램이 있다. 그러므로 텔레비전의 내용은 정의된 형태가 없다. 오히려 텔레비전은 강물처럼 흐른다. 비록 윌리엄스가 BBC 출판물인 《리스너》에 글을 쓰면서 수년간 텔레비전 비평가로 활약했다고는 하지만, 캘리포니아에서 안식년을 보낼 때까지 그는 자신의 이론을 발전시키지 못했다. 아마도 그것은 그가 BBC라는 대단히 구조화되고 규제된 텔레비전 환경에서 멀리 떨어져 캘리포니아의 더 느슨하면서 대단히 상업화된 텔레비전 환경으로 이주했을 때 텔레비전은 진정 무엇인가 하는 관점에서 텔레비전을 볼 수 있었기 때문일 것이다. 윌리엄스의 개념은 영국의 문화 이론에 수년간 막대한 영향을 미쳤다. 그러나 그를 비판하는 비평가들이 있다. 미국의 비평가 존 엘리스는 《보이는 픽션들》(*Visible Fictions*, 1982)에서 파편화된 상품으로서 텔레비전 이론을 대안으로 제시하면서 윌리엄스의 이론을 반박했다.

+ 더 읽을거리

R. Dienst, *Still Life in Real Times: Theory after Television*, 1994.

히스테리 hysteria / *Hysterie*

어떤 생리학적 이유도 명백하지 않은 신체적이거나 심리적인 성질의 병리적 징후를 나타낼 때 널리 사용되는 용어. 이런 의미에서 히스테리는 종종 상상으로 만들어낸 질병을 경멸하는 말로 사용되기도 한다. 이 단어는 그리스어로 '자궁(uterus/womb)'을 뜻하는 '*hystera*'에서 유래했다. 그리고 여성의 재생산 기관은 신체 곳곳에서 움직일 수 있고 이러한 움직임은 어린아이에 대한 충족되지 않은 갈망에 따라 초래된다는 고대 그리스와 로마뿐만 아니라 고대 이집트에서 통용되었던 생각에 그 기원을 두고 있다. 이런 이유 때문에 적어도 19세기 중반까지 히스테리는 '여성의 질병'으로만 생각되었다(빅토리아 시대에는 공공연하게 히스테리는 여성의 질병이라고 언급되었다). 지그문트 *프로이트는 프랑스의 훌륭한 신경학자인 장 샤르코에게 영감을 받은 후 히스테리에 흥미를 두었다. *정신분석의 발전 과정에서 프로이트는 히스테리가 *무의식에서 만들어낸 생각과 무의식을 보호하려는 검열 사이의 심리적 갈등의 산물이라는 전제에서 출발하는 병인학을 제안했다. 프로이트는 두 가지 히스테리, 즉 ① 그러한 갈등이 신체상의 징후로 표현되는 전환 히스테리, ② 갈등이 공포증(phobia, 예컨대 거미에 대한 공포)으로 나타나면서 대상을 향해 방향이 돌려지는 *불안 히스테리를 검증했다.

히스테리적 숭고 hysterical sublime

프레드릭 *제임슨이 제안한 용어로 자연보다는 기술에 중점을 둔 (칸트적 의미에서) *숭고를 재정립한 비전. 임마누엘 *칸트는 자연의 특수성이나 보편성을 포착할 수 있는 인간의 개념을 자연이 언제나 초월하기 때문에 자연을 숭고하다고 정의했다. 좀 더 실제적으로 설명한다면, 카를 *마르크스가 인식했듯이 자연의 변덕(예를 들어, 다양한 토양의 질, 물 공급, 기타 등등)은 인간 사회가 자신의 기본적 욕구를 충족하려면 극복해야만 하는 것이다. 20세기 중반까지 자연은 두려운 것이었고 외견상 인간이 자연의 힘을 통제할 수 없기 때문에 그만큼 감탄스러운 것이었다. 그러나 20세기 후반 기술이 이루어낸 빠른 진보로 말미암아 서구 *형이상학에서 자연의 압도적 위치가 흔들리기 시작했고 기술이 그 자리를 대신했다. 처음에 증기기관차와 자동차 같은 기계는 인간을 자연과 비등하게 하거나 자연보다 더 위대해 보이도록 했다. 그러나 디지털 기술이 도입되면서 인지적으로 반응하는 것이 어렵다는 사실을 입증하는 새로운 유형의 기계가 등장했다. 예를 들어, 컴퓨터의 놀랄 만한 능력은 질문할 여지 없이 분명하지만 물리적 대상으로서 컴퓨터는 그다지 인상적이지 않았다. 우리는 단순히 컴퓨터를 바라보는 것으로는 컴퓨터가 무엇을 할 수 있는지 알 수 없다. 따라서 재현의 관점에서 언제나 가장 의미 있는 것은 컴퓨터가 활용할 수 있는, 다른 컴퓨터들과 연결된 방대한 네트워크다. 제임슨의 제안에 따르면, 보잘것없는 휴대형 이동 전화기에서부터 궤도를 돌고 있는 인공위성에 이르는 서로 맞물려 있는 기계 장치들의 전 지구적 매트릭스 이미지가 새로운 형식의 숭고다. 기술이 인간의 능력과 범주를 넘어서는 것으로 제시되기 때문이다. 제임슨이 제시한 핵심적 증거물은 영화, 예를 들어 〈시차적 관점〉(The Parallax View, 파쿨라 감독, 1974)에서 나왔다. 그러나 한편으로 제임슨은 이러한 개념이 발전하는 데에서 문학, 특히 사이버펑크의 중요성을 인정했다. 히스테리적 혹은 기술적 숭고는 *포스트모더니즘에 관한 제임슨의 설명을 이루는 구성 요소이면서 그의 후기 개념인 *지정학적 미학에 필수적인 선구적 개념이다.

+ 더 읽을거리

I. Buchanan, *Frederic Jameson: Live Theory*, 2006.
프레드릭 제임슨, 《지정학적 미학》, 조성훈 옮김, 현대미학사, 2007.
F. Jameson, *Postmodernism, or the Cultural Logic of Late Capitalism*, 1991.

추천된 웹 링크

이 사전은 웹과 연결되어 있다.
웹 페이지 www.oup.com/uk/reference/resources/criticaltheory로 가서
자료 부분에 있는 웹 링크를 클릭한 다음 연관된 웹사이트로
바로 클릭해서 가라.

1. 영화 이론
   - 영화 이론과 리뷰 웹사이트에 대한 다양한 링크
     http://www.tau.ac.il/~haim/links.htm

2. 문학 이론
   - 이론가들의 목록과 그들의 저서에 관한 간단한 개요. 또 다른 도움을 주는 URL 목록이 있다.
     http://www.artandculture.com/cgi-bin/WebObjects/ACLive.woa/w...

3. 철학
   - 스탠퍼드 철학 백과사전(Stanford Encyclopaedia of Philosophy)은 철학 용어를 포괄적이고 학술적으로 엄정하게 설명하는 웹사이트로 주요 철학자에 관한 전기적 세부 사항이 자세히 수록된 훌륭한 웹사이트
     http://plato.stanford.edu/
   - 철학에 대한 동료 철학자들의 리뷰 사전
     http://www.iep.utm.edu/
   - 철학과 정치학, 인간의 조건에 관한 다양한 자료
   - 용어 사전, 주요 인물 소개, 서양철학의 주요한 발전에 관한 조망
     http://www.philosophypages.com/index.htm

4. 대중문화

- 미디어와 정체성의 관계를 살펴보는 대중문화 웹사이트
  http://www.theory.org.uk/ctr-ador.htm

5. 연극 연구와 이론

- 연대기적 순서와 알파벳 순서로 분류된 다양한 연극 자료뿐만 아니라 연극 분야 주요 인물의 전기적 사실을 살펴볼 수 있는 웹사이트
  http://www.theatredatabase.com/

표제어 목록

A

abject(비체) 281
aboriginality(토착원주민성) 592
absent cause(부재 원인) → structural causality(구조적 인과성) 46
Abstractionism(추상주의) 546
Absurdism(부조리주의) 260
actant(행동자) 671
active and reactive(능동적 그리고 반동적) 80
actor(행위자) 672
actor-network theory(행위자 연결망 이론) 673
actual and virtual(실제적인 것과 잠재적인 것) 366
Adorno, Theodore(아도르노, 테오도어) 479
affect(정동) 500
affective fallacy(정서의 오류) 502
Agamben, Giorgio(아감벤, 조르조) 376
agency(주인성) 526
alienation / *Entfremdung*(소외) 331
alienation-effect(소격 효과) 328
allegory(알레고리) 388
alterity(타자성) 582
alternate modernity(대안적 근대성) 94
Althusser, Louis(알튀세르, 루이) 389
ambivalence(양가성) 403
anaclisis(의존적 자기애) 459
analysand(피분석자) 633
analytic philosophy(분석철학) 262
anamorphosis(왜상) 437
anaphora(대용) 94
anarchy(무정부 상태) 187
Anderson, Benedict(앤더슨, 베네딕트) 395
Anderson, Perry(앤더슨, 페리) 395
androcentrism(남성중심주의) 70
androgyny(양성성) 404
Annales School(아날학파) 377
anomie(아노미) 378
anti-foundationalism(반토대주의) 227
anti-psychiatry(반정신의학) 226
anxiety / *angst*(불안) 264
anxiety of influence(영향에 대한 불안) 425
Anzaldúa, Gloria(안잘두아, 글로리아) 388
aphanisis(사라짐) 288

aphasia(실어증) 364
aporia(아포리아) 387
Appadurai, Arjun(아파두라이, 아르준) 386
apperception(통각) 593
archaeology(고고학) 38
archetype(원형) 441
archive(아카이브) 386
Arendt, Hannah(아렌트, 한나) 379
Artaud, Antonin(아르토, 앙토냉) 380
art worlds(예술 세계) 425
Auerbach, Erich(아우어바흐, 에리히) 384
Augé, Marc(오제, 마르크) 433
aura(아우라) 383
Austin, John Langshaw(오스틴, 존 랭쇼) 430
auteur theory / author theory(작가 이론) 487
authenticity(본래성) 253
authority(권위) 48
autopoiesis(오토포이에시스) 436
Avant-garde(아방가르드) 382
axiomatic / *L'axiomatique*(공리계) 42

B

Bachelard, Gaston(바슐라르, 가스통) 216
bad faith / *mauvaise foi*(자기기만) 484
Badiou, Alain(바디우, 알랭) 210
Bakhtin, Mikhail(바흐친, 미하일) 223
Balibar, Étienne(발리바르, 에티엔) 227
Balint, Michael(발린트, 마이클) 229
bare life / *nuda vita*(헐벗은 삶) 674
Barthes, Roland(바르트, 롤랑) 211
base and superstructure(하부와 상부구조) 660
Bataille, Georges(바타유, 조르주) 220
Baudrillard, Jean(보드리야르, 장) 247
Bauman, Zygmunt(바우만, 지그문트) 217
Bazin, André(바쟁, 앙드레) 219
Beauvoir, Simone de(보부아르, 시몬 드) 250
Beck, Ulrich(벡, 울리히) 237
behaviorism(행동주의) 672
Bell, Daniel(벨, 대니얼) 242
Benjamin, Walter(벤야민, 발터) 239
Benveniste, Émile(벤베니스트, 에밀) 238
Bergson, Henri(베르그송, 앙리) 233
Bettelheim, Bruno(베텔하임, 브르노) 235
Bhabha, Homi(바바, 호미) 214
Bildungsroman / development novel(교양소설) 44
binary opposition(이항 대립) 469
biological determinism(생물학적 결정론) 311
biopolitics(생정치) → biopower(생명권력) 310
biopower(생명권력) 310
Blanchot, Maurice(블랑쇼, 모리스) 271

blaxploitation(블랙스플로이테이션) 272
Bloch, Ernst(블로흐, 에른스트) 273
Bloom, Allan(블룸, 앨런) 275
Bloom, Harold(블룸, 해럴드) 275
body(몸) 184
body without organs[BWO](기관 없는 신체) 58
Bourdieu, Pierre(부르디외, 피에르) 256
Braudel, Fernand(브로델, 페르낭) 267
Brecht, Bertolt(브레히트, 베르톨트) 264
Breton, André(브르통, 앙드레) 268
bricolage(브리콜라주) 270
Butler, Judith(버틀러, 주디스) 231
BWO → body without organs(기관 없는 신체) 58

C

Calvino, Italo(칼비노, 이탈로) 556
Canguilhem, Georges(캉길렘, 조르주) 557
carnivalesque(카니발성) 549
Castoriadis, Cornelius(카스토리아디스, 코르넬리우스) 551
catachresis(오용) 431
cataphora(역행 대용) 423
catharsis(카타르시스) 553
cathexis(카섹시스) 550
Certeau, Michel de(세르토, 미셸 드) 324
Césaire, Aimé(세제르, 에메) 327
chiasmus(교차 배열법) 44
Chomsky, Noam(촘스키, 노암) 544
chora(코라) → *khōra*(코라) 558
chronotope(시공성) 347
cinema-vérité / film-truth(시네마베리테) 348
citizen(시민) 351
civil society(시민사회) 352
Cixous, Hélène(식수, 엘렌) 353
class(계급) 33
class consciousness(계급의식) 34
class struggle(계급투쟁) 35
COBRA(코브라) 561
code(약호) 402
cognitive estrangement(인지적 소외) 472
cognitive map(인지적 지도) 472
collective unconscious(집단 무의식) 537
College of Sociology / *Collège de Sociologie*(사회학 연구회) 297
collocation(연어) 424
commodity(상품) 305
commodity fetishism(상품 물신주의) 305
communicative action(의사소통 행위) 458
community(공동체) → imagined community(상상의 공동체) 301; inoperative community(무위의 공동체) 185
competence and performance(언어능력과 수행) 409
complex(콤플렉스) 565

complexity theory(복잡계 이론) 251
compulsion to repeat / *Wiederholungszwang*(반복 강박) 225
conceptual art(개념 미술) 27
condensation / *Verdichtung*(압축) 394
connotation(함축) → denotation and connotation(명시와 함축) 178
constative(진술사) 535
constellation(성좌) 319
constructivism(구성주의) 45
consumer society / *la société de consummation*(소비사회) 329
contact zone(접촉 지대) 500
contradiction(모순) 183
contrapuntal reading(대위법적 읽기) 94
Cooper, David(쿠퍼, 데이비드) 567
cosmopolitanism(코즈모폴리터니즘) 564
Creoleness / *Créolité*(크레올성) 573
critical theory(비평이론) 285
Cultural Materialism(문화 유물론) 194
Cultural Studies(문화 연구) 192
culture(문화) 189
culture industry(문화 산업) 190
cynical reason / *zynische Vernunft*(냉소적 이성) 73

D

Dada(다다) 86
Daly, Mary(데일리, 메리) 96
Dasein(현존재) 684
death-drive / *Todestriebe*(죽음-충동) 526
death of the author(저자의 죽음) 494
Debord, Guy(드보르, 기) 105
Debray, Régis(드브레, 레지) 108
decadence(데카당스) 96
decentred structure(탈중심화된 구조) 588
decoding(탈약호화) → code(약호) 402
decolonization(탈식민지화) 587
deconstruction(해체) 670
defamiliarization(낯설게 하기) → *ostranenie* / defamiliarization or estrangement(오스트라네니예) 429
deictic(지시어) 530
Deleuze, Gilles(들뢰즈, 질) 115
denotation and connotation(명시와 함축) 178
dependency theory(종속 이론) 522
drift / *dérive*(표류) 619
Derrida, Jacques(데리다, 자크) 111
desire(욕망) 437
desiring-machine(욕망하는 기계) 438
desiring-production(욕망-생산) 438
desublimation(탈승화) 584
deterritorialization(탈영토화) 588
détournement / turnaround or reversal(방향 전환) 229
diachronic(통시적) → synchronic and diachronic(공시와 통시) 43
dialectic(변증법) 243
dialectical criticism(변증법적 비평) 245

dialectical materialism(변증법적 유물론) 246
Dialectic of Enlightenment(계몽의 변증법) 36
dialogism(대화주의) 95
diaspora(디아스포라) 109
diegesis(디에게시스) 110
différance(차연) 539
differend / *différend*(쟁론) 494
Dithey, Wilhelm(딜타이, 빌헬름) 110
discipline(규율) 49
discourse(담론) 90
discursive formation(담론의 구성) 91
discursive practice(담론의 실천) 91
displacement / *Verschiebung*(전치) 499
dispositif(장치) 493
distributive justice(분배적 정의) 261
double-consciousness(이중 의식) 469
dreamwork / *Traumarbeit*(꿈작업) 63
drive / *Tribe*(충동) 547
Du Bois, W. E. B.(듀보이스) 105
Durkheim, Émile(뒤르켐, 에밀) 103

E

Eagleton, Terry(이글턴, 테리) 459
Eco, Umberto(에코, 움베르토) 413
ecocriticism(생태 비평) 313
ecofeminism(생태페미니즘) 314
École Freudienne de Paris / Freudian School of Paris(파리프로이트학파) 602
ecological imperialism(생태 제국주의) 314
écriture feminine / feminine writing(여성적 글쓰기) 422
ego / *Ich*(에고) 412
ego-ideal / *Ichideal*(자아 이상) 485
Eisenstein, Sergei(에이젠슈테인, 세르게이) 412
Empire(제국) 514
empiricism(경험주의) 32
Empson, William(엠프슨, 윌리엄) 416
encoding / decoding(약호화 / 탈약호화) → code(약호) 402
Engels, Friedrich(엥겔스, 프리드리히) 418
Enlightenment / *Aufklärung*(계몽) 35
epic(서사시) 318
Epic Theatre(서사극) 317
episteme(에피스테메) 416
epistemological break(인식론적 단절) 471
epistemology(인식론) 470
epochē(에포케) 416
essence(본질) 254
essentialism(본질주의) 254
estrangement-effect / *Verfremdungseffekt*(소격 효과) 328
ethnicity(민족성) 200
ethnocentrism(민족중심주의) 201
ethnography(민족지학) 201
ethnomethodology(민족방법론) 199
ethology(동물행동학) 102

everyday life(일상생활) 473
existentialism(실존주의) 367
Expressionism(표현주의) 620

F

fabula and sjužet / story and plot(파불라와 수제) 603
face / *visage*(얼굴) 411
false consciousness(허위의식) 673
Fanon, Frantz(파농, 프란츠) 599
fantasy(판타지) 606
femininity(여성성) 420
feminism(페미니즘) 636
feminist theory(페미니스트 이론) 611
fetishism(물신주의) 197
Feyerabend, Paul(파이어아벤트, 파울) 604
field(장) 491
film noir(필름 누아르) 634
Firestone, Shulamith(파이어스톤, 슐라미스) 603
First Wave feminism(제1세대 페미니즘)
Fish, Stanley(피시, 스탠리) 633
flâneur(산책자) 298
floating signifier(부유하는 기표) 259
flow(흐름) 699
Fordism(포드주의) 615
foreclosure(forclusion) / *Verwerfung*(폐제) 615
fort/da(포르트/다) 616
Foucault, Michael(푸코, 미셸) 646
foundationalism(토대주의) 590
fragmented body / *corps morcelé*(파편화된 몸) 606
Frank, Manfred(프랑크, 만프레트) 625
Frankfurt School(프랑크푸르트학파) 625
free association / *freie Assoziation*(자유연상) 486
free indirect style / *le style indirect libre*(자유 간접 스타일) 486
Frege, Gottlob(프레게, 고틀로프) 629
French New Wave(프랑스 뉴웨이브) → *Nouvelle Vague*(누벨바그) 78
Freud, Anna(프로이트, 안나) 630
Friedan, Betty(프리던, 베티) 632
Freud, Sigmund(프로이트, 지그문트) 652
Fromm, Erich(프롬, 에리히) 632
Frye, Northrop(프라이, 노스럽) 622
Fukuyama, Francis(후쿠야마, 프랜시스) 698
functionalism(기능주의) 59
fundamentalism(근본주의) 56
Futurism(미래주의) 197
futurology(미래학) 198

G

Gadamer, Hans-Georg(가다머, 한스 게오르크) 19
Gates, Henry Louis Jr(게이츠, 헨리 루이스 주니어) 30

gay(게이) 30
gaze / *le regard*(응시) 455
Geertz, Clifford(거츠, 클리퍼드) 28
Gellner, Ernest(겔너, 어니스트) 31
gender(젠더) 521
genealogy(계보학) 37
Genette, Gérard(주네트, 제라르) 524
Geneva School(제네바학파) 516
genre(장르) 492
geopolitical aesthetic(지정학적 미학) 531
German Expressionism(독일 표현주의) 100
Gestalt(게슈탈트) 28
GIP → *Groupe d'Information sur les Prisons* / Group for Information on Prisons(감옥정보그룹) 25
Glissant, Éduoard(글리상, 에두아르) 57
globalization(세계화) 321
glocalization(글로컬리제이션) 56
glossematics / *Glossematik*(언리학) 407
Goffman, Erving(고프먼, 어빙) 38
Goldmann, Lucien(골드망, 뤼시앵) 39
governmentality / *gouvernementalité*(통치성) 594
Gramsci, Antonio(그람시, 안토니오) 49
grand narrative / *grand récit*(거대 서사) 27
Greenblatt, Stephen(그린블랫, 스티븐) 54
Greer, Germaine(그리어, 저메인) 53
Greimas, Algirdas Julien(그레마스, 알지르다스 쥘리앵) 52
Groupe d'Information sur les Prisons / Group for Information on Prisons[GIP](감옥정보그룹) 25
group-in-fusion / *group-en-fuson*(융합 그룹) 454
Guattari, Félix(가타리, 펠릭스) 23
gynocriticism(여성 비평) 420

H

Habermas, Jürgen(하버마스, 위르겐) 657
habitus(아비투스) 382
Hall, Stuart(홀, 스튜어트) 690
Haraway, Donna(해러웨이, 도나) 668
Hardt, Michael(하트, 마이클) 665
Harvey, David(하비, 데이비드) 660
Hegel, Georg Wilhelm Friedrich(헤겔, 게오르크 빌헬름 프리드리히) 675
hegemony(헤게모니) 675
Heidegger, Martin(하이데거, 마르틴) 662
hermeneutics(해석학) 669
heteroglossia(이어성) 467
heterology(타자학) 583
heterotopia(헤테로토피아) 679
historical materialism(사적 유물론) 292
historicism(역사주의) 423
historiography(역사기술학) 423
Hjelmslev, Louis(옐름슬레우, 루이) 426
Hobsbawm, Eric(홉스봄, 에릭) 691

Hoggart, Richard(호가트, 리처드) 685
homo sacer(호모 사케르) 689
hooks, bell(훅스, 벨) 699
Horkheimer, Max(호르크하이머, 막스) 685
humanism(인본주의) 470
Husserl, Edmund(후설, 에드문트) 695
hybridity(잡종성) 490
hyperreality(극사실성) 55
hypertext(하이퍼텍스트) 664
hysteria / *Hysterie*(히스테리) 700
hysterical sublime(히스테리적 숭고) 701

I

icon(도상) 99
iconography(도상학) 99
id / *das Es*(이드) 463
ideal ego / *Idealich*(이상적 자아) 467
identity(정체성) 508
identity politics(정체성 정치학) 508
Ideological State Apparatus[ISA](이데올로기적 국가장치) 462
ideology(이데올로기) 461
imaginary / *imaginaire*(상상계) 301
imagined community(상상의 공동체) 301
imago(이마고) 467
immanence(내재성) 72
immaterial labor(비물질적 노동) 279
implied reader(내포 독자) 72
index(지표) 533
Ingarden, Roman(잉가르덴, 로만) 477
in-itself / for-itself[*an sich / für sich, en-soi / pour-soi*](즉자성 / 대자성) 529
inoperative community / *communauté désoeuvrée*(무위의 공동체) 185
instinct(본능) 252
instrumental reason(도구적 이성) 97
intensity(강도) 26
intentionality(지향성) 533
intentional fallacy(의도의 오류) 456
international style(국제적 스타일) 48
interpellation(호명) 688
interpretive community(해석 공동체) 669
intertextuality(상호텍스트성) 307
introjection(내면 투사) 71
invented tradition(만들어진 전통) 169
Irigaray, Luce(이리가레, 뤼스) 464
Irony(아이러니) 385
ISA → Ideological State Apparatus(이데올로기적 국가장치) 462
Iser, Wolfgang(이저, 볼프강) 468

J

Jakobson, Roman(야콥슨, 로만) 399
Jameson, Fredric(제임슨, 프레드릭) 517
Jarry, Alfred(자리, 알프레드) 485
Jaspers, Karl(야스퍼스, 카를) 398
Jauss, Hans Robert(야우스, 한스 로베르트) 399

jetztzeit / now-time(지금 시간) 530
jouissance(주이상스) 525
Jung, Carl(융, 카를) 452

K

Kant, Immanuel(칸트, 임마누엘) 553
Kautsky, Karl(카우츠키, 카를) 552
khōra / chora(코라) 558
kitsch(키치) 579
Kittler, Friedrich(키틀러, 프리드리히) 579
Klein, Melanie(클라인, 멜라니) 576
Klossowski, Pierre(클로소프스키, 피에르) 577
Kojève, Alexandre(코제브, 알렉상드르) 563
Korsch, Karl(코르슈, 카를) 559
Koyré, Alexandre(코이레, 알렉상드르) 562
Kracauer, Siegfried(크라카우어, 지그프리트) 571
Kristeva, Julia(크리스테바, 줄리아) 574
Kuhn, Thomas Samuel(쿤, 토머스 새뮤얼) 568

L

Lacan, Jacques(라캉, 자크) 158
lack / *manque*(결핍) 32
Laclau, Ernesto(라클라우, 에르네스토) 123
Lacoue-Labarthe, Philippe(라쿠라바르트, 필립) 122
Laing, Ronald David(랭, 로널드 데이비드) 126
Lakatos, Imre(러커토시, 임레) 128
language games(언어 놀이) 409
langue and parole(랑그와 파롤) 124
late capitalism / *Spätkapitalismus*(후기 자본주의) 695
latent content(잠재 내용) → manifest and latent content(명시 내용과 잠재 내용) 178
Leavis, Frank Raymond(리비스, 프랭크 레이먼드) 147
Le Doeuff, Michèle(르 되프, 미셸) 143
Lefebvre, Henri(르페브르, 앙리) 143
Levinas, Emmanuel(레비나스, 엠마누엘) 129
Lévi-Strauss, Claude(레비스트로스, 클로드) 132
libido(리비도) 146
lifeworld / *Lebenswelt*(삶세계) 299
liminality(역) 422
linguistic criticism(언어 비평) 410
linguistic turn(언어적 전회) 410
liquid modernity(액체 근대성) 394
literaturnost / literariness(문학성) 188
logical positivism(논리실증주의) 78
logocentrism(로고스 중심주의) 135
longue durée(장기 지속) 492
Löwenthal, Leo(뢰벤탈, 레오) 138
Luhmann, Niklas(루만, 니클라스) 139

Lukács, György(루카치, 죄르지) 140
Lyotard, Jean-François(리오타르, 장 프랑수아) 150

M

Macherey, Pierre(마슈레, 피에르) 168
magical realism(마술적 리얼리즘) 167
manifest and latent content(명시 내용과 잠재 내용) 178
Marcuse, Herbert(마르쿠제, 허버트) 162
Marinetti, Filippo Tommaso(마리네티, 필리포 토마소) 167
Marx, Karl(마르크스, 카를) 205
Marxism(마르크스주의) 164
Marxist Criticism(마르크스주의 비평) 165
masculinity(남성성) 69
masquerade(가장) 21
matheme(수학소) 337
May '68(68년 5월) 451
McDonaldization(맥도날드화) 171
McLuhan, Herbert Marshall(매클루언, 허버트 마셜) 170
mentality / *mentalité*(심성) 371
Merleau-Ponty, Maurice(메를로 퐁티, 모리스) 172
messianism(메시아주의) 174
metacommentary(메타논평) 175
metafiction(메타픽션) 177
metahistory(메타역사) 176
metalanguage(메타언어) 176
metalepsis(메탈렙시스) 177
metanarrative(메타서사) → grand narrative(거대 서사) 27
metaphor(은유) 454
metaphysics(형이상학) 684
metonym(환유) 693
Metz, Christian(메츠, 크리스티앙) 174
Miller, J. Hillis(밀러, J. 힐리스) 203
Millett, Kate(밀레트, 케이트) 204
mimesis(미메시스) 198
mimicry(모방) 182
mirror stage / *stade du miroir*(거울 단계) 27
misrecognition / *méconnaissance*(오인) 433
mode of production(생산양식) 312
modernism(모더니즘) 179
modernity(모더니티) 181
modernization(현대화) 680
moral criticism(도덕 비평) 98
Moscow Linguistic Circle(모스크바 언어학 서클) 183
multitude(다중) 89
myth(신화) 360
myth criticism(신화 비평) 363
mythopoeic(신화 시학) 363

N

Nancy, Jean-Luc(낭시, 장 뤽) 70
narcissism(나르시시즘) 68

narratology(서사학) 318
national allegory(국가(민족) 알레고리) 47
nativism(토착문화부흥주의) 591
negative dialectics(부정 변증법) 259
Negri, Antonio(네그리, 안토니오) 73
négritude / blackness(네그리튀드) 76
neo-colonialism(신식민주의) 357
neo-racism(신인종주의) 359
neo-realism(네오리얼리즘) 77
neostructuralism(신구조주의) 355
neurosis(신경증) 355
New Criticism(신비평) 356
New Historicism(신역사주의) 358
New Philosophers / *nouveaux philosophes*(신철학자들) 359
Nietzsche, Friedrich(니체, 프리드리히) 81
nihilism(니힐리즘) 84
noesis and noema(노에시스와 노에마) 78
nomadology / nomadism(유목주의) 448
nominalism(유명론) 448
non-linear system(비선형 체계) 279
non-place(비장소) 280
nostalgia for the present(현재를 향한 향수) 683
nouveau roman / new novel(누보로망) 79
Nouvelle Vague(누벨바그) 78

O

object / *Objekt*(대상) 92
object relations theory(대상관계 이론) 93
objet (petit) a(오브제 (프티) 아) 428
Oedipus complex(오이디푸스 콤플렉스) 431
ontology(존재론) 522
open and closed work(열린 작품과 닫힌 작품) 424
Opoyaz(오포야즈) 436
orality(구전성 / 구술성) 46
ordinary language philosophy(일상 언어철학) 476
organic intellectual(유기적 지식인) 447
Orientalism(오리엔탈리즘) 427
ostranenie / defamiliarization or estrangement(오스트라네니예) 429
Other(타자) 582
OULIPO(울리포) 439
over-determination(중층 결정) 527

P

palimpsest(팰림프세스트) 608
panopticon(파놉티콘) 598
paradigm(패러다임) 607
paranoid-critical method(편집증 비평적 방법) 614
parapraxis(파라프락시스) 602
paratext(파라텍스트) 602

parole(파롤) → *langue and parole*(랑그와 파롤) 124
part-object(부분 대상) → object(대상) 92
pastiche(패스티시) 608
'pataphysics / *'pataphysique*(파타피직스) 605
patriarchy(가부장제) 21
Pêcheux, Michel(페쇠, 미셸) 614
Peirce, Charles Sanders(퍼스, 찰스 샌더스) 608
performative(수행사) 337
performativity(수행성) 337
periodizing hypothesis(시기화 가설) 348
persona(페르소나) 611
phallocentrism(남근중심주의) 68
phallus(팔루스) 607
phantasmagoria(판타스마고리아) 606
phatic function(의례적 기능) 457
phenomenology(현상학) 681
philology(문헌학) 188
phoneme(음소) 455
phonocentrism(음성중심주의) 455
pleasure / *plaisir*(쾌락) 566
pleasure principle / *Lustprinzip*(쾌락원칙) 567
poetics(시학) 353
political correctness(정치적 올바름) 509
political unconscious(정치적 무의식) 509
polyphony(다성성) 88
Popper, Karl(포퍼, 칼) 618
positivism(실증주의) 368
Postcolonial Studies(탈식민주의 연구) 585
post-feminism(포스트 페미니즘) 617
posthumanism(포스트휴머니즘) 617
post-industrial society(탈산업사회) 583
postmodern(포스트모던) → postmodernism(포스트모더니즘) 640
postmodern condition(포스트모던의 조건) → postmodernism(포스트모더니즘) 640
postmodernity(포스트모더니티) → postmodernism(포스트모더니즘) 640
postmodernism(포스트모더니즘) 640
post-structuralism(후기 구조주의) 694
Poulantzas, Nicos(풀란차스, 니코스) 621
Practical Criticism(실제비평) 364
practices(실천) 369
practico-inert(실천적 타성태) 370
pragmatics(화용론) 692
pragmatism(실용주의) 364
Prague Linguistic Circle(프라하 언어학 서클) 624
praxis(프락시스) 624
primal scene / *Urszene*(원초적 장면) 440
problematic(문제 틀) 187
problematization(문제화) 188

projection(투사) 596
Propp, Vladimir(프로프, 블라디미르) 631
prosopopoeia(의인법) 458
psyche(심리 / 정신 / 프시케) 370
psychic reality(심리적 현실) 371
psychoanalysis(정신분석) 503
psychoanalytic criticism(정신분석 비평) 505
psychogeography(정신지리학) 507
psychosis(정신병) 502
public sphere / *Öffentlichkeit*(공적 영역) 43

Q

qualia(특질) 597
qualisign(질 기호) 535
quasi-cause(유사 원인) 449
Queer Studies(퀴어 연구) 569
Queer Theory(퀴어 이론) 570
quiddity(물성) 196
quilting point / *point de capiton*(봉합 지점) 255

R

race(인종) 471
radical feminism(급진적 페미니즘) 57
Rancière, Jacques(랑시에르, 자크) 125
rational choice theory(합리적 선택 이론) 667
rationality(합리성) 667
Rawls, John(롤스, 존) 137
reaction-formation / *Reaktionsbildung*(반작용형성) 226
readerly and writerly / *lisible and scriptible*(독자적 텍스트와 작가적 텍스트) 101
reader-response criticism(독자 반응 비평) 100
real / *réel*(실재계) 364
realism(리얼리즘) 149
reality-effect / *effet de réel*(현실효과) 683
reality principle / *Realitätsprinzip*(현실원칙) 682
reality-testing / *Realitätsprüfung*(현실시험) 682
Reception Aesthetics / *Rezeptionsästhetik*(수용미학) 335
Reception Theory / *Wirkungstheorie*(수용 이론) 335
recovered memory(회복된 기억) 693
referent(지시 대상) 530
Reich, Wilhelm(라이히, 빌헬름) 121
reification(물화) 197
relativism(상대주의) 300
representamen(재현체) 493
representation(재현) 493
repression / *Verdrängung*(억압) 405
repressive desublimation(억압적 탈승화) → desublimation(탈승화) 584

repression hypothesis(억압 가설) 405
Repressive State Apparatus[RSA](억압적 국가장치) 406
repressive tolerance(억압적 관용) 406
resistance(저항) 495
ressentiment(원한) 440
revisionism(수정주의) 336
rhetoric(수사학) 334
rhizome(리좀) 152
Richard, Jean-Pierre(리샤르, 장 피에르) 149
Richards, Ivor Armstrong(리처즈, 아이버 암스트롱) 154
Ricoeur, Paul(리쾨르, 폴) 155
risk society / *Risikogesellschaft*(위험 사회) 445
Ritzer, George(리처, 조지) 153
romance(로맨스) 135
Rorty, Richard(로티, 리처드) 136
RSA → Repressive State Apparatus(억압적 국가장치) 406
Russian Formalism(러시아 형식주의) 127

S

Said, Edward(사이드, 에드워드) 289
Sapir-Whorf Hypothesis(사피어-워프 가설) 292
Sartre, Jean-Paul(사르트르, 장 폴) 372
Saussure, Ferdinand de(소쉬르, 페르디낭 드) 330
-scapes(스케이프스) 339
schizoanalysis(분열분석) 262
scopophilia(시각애호증) 346
screen memory / *Deckerinnerung*(은폐 기억) 455
Searle, John Rogers(설, 존 로저스) 319
Second Wave Feminism(제2세대 페미니즘) 510
seduction theory(유혹 이론) 450
semanalysis(의미 분석) 457
semantic field(의미장) 457
semiotics(기호학) 62
semiotic square(기호사각형) 60
Senghor, Léopold(상고르, 레오폴) 299
seriality(연속성) 424
Serres, Michel(세르, 미셸) 324
sexism(성차별주의) 320
shifter(전환사) 499
Shklovsky, Viktor(시클롭스키, 빅토르) 352
sign(기호) 60
Simmel, Georg(짐멜, 게오르크) 535
simulacrum(시뮬라크럼) 350
simulation(시뮬라시옹) 349
singularity(단독성) 89
singular universal(단독적 보편) 90
situation(상황) 307
Situationism(상황주의) 307
Sloterdijk, Peter(슬로터다이크, 페터) 345
social formation(사회구성체) 293
Socialism or Barbarism / *Socialisme ou*

Barbarie(사회주의인가 야만인가) 296
socialist feminism(사회주의 페미니즘) 297
socialist realism(사회주의 리얼리즘) 295
social movement(사회운동) 294
society (사회) 293
society of the spectacle(스펙터클의 사회) 343
sociobiology(사회생물학) 293
Soja, Edward(소자, 에드워드) 331
solipsism(유아론) 449
Sollers, Philippe(솔레르, 필리프) 333
Sontag, Susan(손택, 수전) 332
sovereignty(주권) 523
space(공간) 40
speciesism(종 편견) 523
spectacle(스펙터클) → society of the spectacle(스펙터클의 사회) 343
speech act(화행) → performative(수행사) 337
Spivak, Gayatri(스피박, 가야트리) 343
Stanislavsky, Konstantin Sergeyevich(스타니슬랍스키, 콘스탄틴 세르게예비치) 340
statement / *énoncé*(진술) 534
Stiegler, Bernard(스티글러, 베르나르) 342
story and plot(스토리와 플롯) → *fabula and sjužet*(파불라와 수제) 603
strategic essentialism(전략적 본질주의) 496
strategy and tactics(전략과 전술) 496
Strauss, Leo(스트라우스, 레오) 341
stream of consciousness(의식의 흐름) 458
structural causality(구조적 인과성) 46
structuralism(구조주의) 64
structure of feeling(감정 구조) 25
subaltern(서발턴) 316
subculture(하위문화) 661
subject(주체) 526
sublimation(승화) 346
sublime(숭고) 338
superego / *Über-Ich*(초자아) 541
supermodernity / *surmodernité*(초근대성) 540
superstructure(상부구조) → base and superstructure(하부와 상부구조) 660
Surrealism(초현실주의) 542
suture(봉합) 254
symbol(상징) 303
symbolic / *symbolique*(상징계) 304
symbolic exchange(상징적 교환) 304
symbolic violence(상징적 폭력) 305
symptomatic reading(징후적 독해) 538
synchronic and diachronic(공시와 통시) 43
syncretism(혼합성 / 문화융합) 689
synecdoche(제유) 517
syntagm(신태그마) 360

T

tactics(전술) → strategy and

tactics(전략과 전술) 496
talking cure(구술 치료) 45
Taussig, Michael(타우시그, 마이클) 581
TAZ → Temporary Autonomous Zone(임시 자율 구역) 476
technics(테크닉스) 589
teleology(목적론) 184
Tel Quel(텔켈) 589
Temporary Autonomous Zone[TAZ](임시 자율 구역) 476
Theatre of Cruelty(잔혹극) 489
Theatre of the Absurd(부조리극) 260
theory(이론) 464
thick description(중층 기술) 528
Third Space(제3공간) 512
Third Wave Feminism(제3세대 페미니즘) 514
Third World(제3세계) 513
Thompson, Edward Palmer(톰슨, 에드워드 파머) 592
Todorov, Tzvetan(토도로프, 츠베탕) 590
Tönnies, Ferdinand(퇴니스, 페르디난트) 595
topography(지형학) 533
topos(토포스) 592
Touraine, Alain(투렌, 알랭) 595
transcoding(코드 전환) 558
transcultural(문화 이동) 196
transference / *Übertragung*(전이) 497
trope(전의) 497

U

uncanny / *unheimlich*(언캐니) 410
unconscious(무의식) 186
unreliable narrator(믿을 수 없는 화자) 202
utopia(유토피아) 450

V

value(가치) 21
Vaneigem, Raoul(바네겜, 라울) 209
Vattimo, Gianni(바티모, 잔니) 222
Veblen, Thorstein(베블런, 소스타인) 234
verisimilitude(핍진성) 635
Vienna Circle / *der Wiener Kreis*(빈학파) 287
Virilio, Paul(비릴리오, 폴) 277
virtual(가상) → actual and virtual(실제적인 것과 잠재적인 것) 366
vitalism(생기론) 310

Wallerstein, Immanuel(월러스틴, 이매뉴얼) 441
waning of affect(정동의 쇠퇴) 501
war machine(전쟁 기계) 498
Watkins, Gloria(왓킨스, 글로리아) → hooks, bell(훅스, 벨) 699
weak thought / *pensiero debole*(약한

사유) 401
Weiss, Peter(바이스, 페터) 218
Wellek, René(웰렉, 르네) 442
Western Marxism(서구 마르크스주의) 315
White, Hayden(화이트, 헤이든) 692
whiteness(백인성) 230
Williams, Raymond(윌리엄스, 레이먼드) 446
Winnicott, Donald Woods(위니컷, 도널드 우즈) 443
wish-fulfilment / *Wunscherfüllung*(소망 충족) 329
Wittgenstein, Ludwig(비트겐슈타인, 루트비히) 281
Wittig, Monique(위티그, 모니크) 444
Wölfflin, Heinrich(뵐플린, 하인리히) 255
work and text / *oeuvre* and *texte*(작품과 텍스트) 488
world-system theory(세계체제이론) 321
Wright, Eric Olin(라이트, 에릭 올린) 120
writerly(작가성) → readerly and writerly(독자적 텍스트와 작가적 텍스트) 101

Y

Yale School of Deconstruction(예일 해체학파) 426

Z

Zeitgeist(시대정신) 349
zeugma(액어법) 394
Zhdanovism(즈다노프주의) 529
Žižek, Slavoj(지젝, 슬라보예) 531

옮긴이의 말

사전이 사전으로서 정체성을 획득하려면 타협할 수 없는 선명하고 분명한 명징성을 갖추어야 한다. 사전의 타협할 수 없는 명징성은 각 표제어들의 선명하고 첨예한 경계에서 나온다. 따라서 모든 사전은 포괄적이고 개괄적인 지식을 담아야 하면서도 각 항목에 있는 고유성과 특수성을 놓치지 않아야 하는 이중의 부담을 안고 있다. 특히 이 사전처럼, 하나의 기원이 아닌 다양한 기원, 즉 역사, 철학, 정신분석 혹은 사회학, 인류학 등에서 발원한 특수한 전문용어들이 '비평이론'이라는 폭넓은 범주의 포괄적인 체계로 묶이게 될 경우, 포괄성으로 소진될 수 없는 특이한 표현(idiomatic expression)은 곧 어떤 항목과 다른 항목 간의 분명한 차이, 경계를 의미하게 된다. 그래서 사전을 쓰는 일은 경계, 즉 개념의 시작과 끝을 정하는 작업이기도 하다. 그리고 그런 경계를 정하는 일은 늘 모험과 위험이 동반되게 마련이다.

이 책의 저자인 이안 뷰캐넌은 현재 호주에 있는 울런공 대학교 사회변화 조사연구소의 연구소장을 맡고 있으며, 질 들뢰즈, 미셸 드 세르토와 프레드릭 제임슨에 관한 책을 편집하고 출판한 이력이 있는 문화이론가다. 그가 '머리말'에서 밝혔듯이, 사전에 수록할 용어나 인명을 선정하고, 그 항목에 관해 무엇을 쓸지를 결정하는 일은 상당히 복잡하고 까다로운 작업이다. 예컨대, 하이데거의 '현존재(Dasein)', 데리다의 '차연(Différence)', 라캉의 '욕망(desire)', 마르크스의 '계급(class)' 같은, 인문학에 조금이라도 관심을 두고 있는 사람이라면 한 번쯤 들어보았을 법한 용어들을 누구에게, 어디서부터 어디까지, 어느 정도 깊이 있고 전문적으로 다루어야 할지를 사전 집필자는 고심하게 된다. 이 사전의 항목들을 살펴보면, 이안 뷰캐넌은 비평이론에 내재한 도발적인 모험보다는 비평이론이라는 총체적 범주에 묶일 수 있는 전반적인 개념들을 안정적이고 무리 없이, 너무 소소하지 않게 설명하고 기술하는 데 초점을 맞춘 것 같아 보인다.

그렇더라도 이 사전의 면면을 훑어본 독자는 이 사전에서 설명하는 항목들이 왜 거기에서 그렇게 멈추어서야 하는지 의문을 가질 수 있다. 또 어떤 독자는 이 사전에서 다루지 않은 항목들을 떠올리며 사전이라는 시스템이 작동시키는 배제 혹은 예외의 구조를 발견하고 분개할 수도 있다. 이는 각 개념들의 보편적 경계선을 정하는 일이 어떤 우연성 혹은 가차 없는 중단의 결정에 의지한다는 것을 보여준다고 할 수 있다. 그러니까 사전은 사전의 생명과도 같은 타협할 수 없는 명징성을 완성하기 위해 어쩔 수 없이 자신의 보편성을 위험에 빠뜨릴 수 있는 임의적인 배제와 차단이라는 독소를 자신의 존재 조건으로 갖고 있는 셈이다.

이러한 역설은 이 사전에서 다루는 개개의 비평 담론과 그 개념들에도 적용된다. 저자는 이 사전을 집필하면서 비평이론이 예상보다 '틈이 많은', 즉 경계가 견고하지 못하거나 불확실하고 모호한 분야일 수도 있다는 의심을 해보았다고 고백한다. 이는 자신이 집필한 사전이 어느 정도 한계가 있을 수 있다는 것을 염두에 둔 겸손한 표현으로 해석될 수 있다. 그러나 좀 더 근본적인 측면에서 살펴보면, 각 개념이 구획하고 있는 경계선이 분명하다면 각 개념은 분명한 경계선에 따라 자신의 정체성(혹은 특수성)을 안정적으로 보증받게 된다. 이와는 반대로 경계선이 모호하거나 불확실하다면 각 개념은 자기 정체성을 보호받을 수 없고, 그 경계선은 개념의 불가능성을 보여주는 한계일 수 있다. 그러나 그 한계는 각 개념의 경계선에서 새로운 접촉이 시도될 수 있는 가능성의 장소가 될 수 있다.

따라서 다양한 비평이론가, 철학자 또는 그들이 생산해낸 개념들의 경계가 너무 분명해서 서로 배타적인 관계에 놓여 있다고 판단될 때에도 새롭게 개념의 경계선을 확장하거나 축소할 수 있는, 그리고 전면적으로 변개할 수 있는 가능성은 이미 항상 열려 있는 셈이다. 이제 사전을 펼치고 개념들을 이해하기 위해, 그래서 비평이론에 대한 자신만의 고유한 인식론적 지도를 그려볼 야심을 지닌 독자들은 저자가 우연 혹은 자의적인 결단으로 종결한 개념의 경계선들을 다시 열고 거기에 새로운 시작과 끝을 새겨 넣어야 한다. 저자의 개괄적인 설명과 재단에 희생된, 다시 말해 각 개념 속에 빈 구멍으로 남아 있는 개연성을 찾아내고 드러내는 것은 오롯이 독자의 몫이다.

마지막으로 한마디 덧붙이면, 이 사전을 번역하는 일은 원어(프랑스어나 독일어 등)에서 영어로, 그리고 영어에서 다시 우리말로 여러 언어의 경계선을 넘는 작업이었다. 한 언어가 다른 언어로 번역되면 한 언어의 특이성 차원은 다른 언어로 온전히 번역되지 않는다. 그래서 모든 번역에서는 그 언어만이 가지고 있는 특이성이라는 잉여물, 다른 언어의 보편 구조에 맞지 않는 찌꺼기들이 유령처럼 남아 있다. 다시 말해, 번역 가능성 속에는 자기 배반적인 번역 불가능성이라는 조건 또한 공존한다. 설혹, 우리말과 영어 사이에서, 그리고 원어와 영어 사이에서 서로 미세하게 어긋나는 표현의 차이, 그리고 그로써 의미가 불완전한 부분이 있을 수 있다는 점을 옮긴이로서 다소 비겁하게(?) 밝히는 바다.

끝으로 이 책을 번역할 기회를 마련해주신 복도훈 기획위원, 책의 감수를 맡아주신 이택광 교수님, 그리고 지지부진했던 번역과 상당한 시간이 걸렸던 초교 수정 작업을 인내심을 가지고 지켜보며 이 사전의 출판을 끝까지 포기하지 않은 임채혁 편집자에게 고마운 마음을 전한다.

2017년 5월

윤민정 · 이선주

교양인을 위한 인문학 사전

초판 1쇄 인쇄일 2017년 5월 26일
초판 1쇄 발행일 2017년 6월 16일

지은이 이안 뷰캐넌
옮긴이 윤민정 · 이선주
감수 이택광
펴낸이 정은영
편집 임채혁

펴낸곳 ㈜자음과모음
출판등록 2001년 11월 28일 제2001-000259호
주소 (04083) 서울시 마포구 성지길 54
전화 편집부 (02)324-2347, 경영지원부 (02)325-6047
팩스 편집부 (02)324-2348, 경영지원부 (02)2648-1311
이메일 inmun@jamobook.com / limchyuh@jamobook.com

ISBN 978-89-544-3658-8 (03100)

잘못된 책은 구입처에서 교환해드립니다.
이 책은 한국출판문화산업진흥원의 출판콘텐츠 창작자금을 지원받아 제작되었습니다.

이 도서의 국립중앙도서관 출판시도서목록(CIP)은 서지정보유통지원시스템 홈페이지(http://seoji.nl.go.kr)와 국가자료공동목록시스템(http://www.nl.go.kr/kolisnet)에서 이용하실 수 있습니다.(CIP제어번호: CIP2016021848)